JAMES SPADA

Julia Roberts
Die Biografie

Aus dem Amerikanischen von
Karin Miedler, Ursula Pesch,
Cäcilie Plieninger, Karin Schuler
und Cornelia Stoll

HOFFMANN UND CAMPE

Die Originalausgabe erscheint 2004 unter dem Titel
»Julia. An Intimate Biography«
im Verlag St. Martin's Press, New York.

1. Auflage 2004

www.hoffmann-und-campe.de
Dieses Buch wurde im Auftrag von St. Martin's Press, L.L.C., durch die Literarische Agentur Thomas Schlück GmbH, 30827 Garbsen, vermittelt.
Redaktion: Werner Wahls, VerlagsService Dr. Ulrich Mihr
Schutzumschlaggestaltung: Büro Hamburg/Mirja Winkelmann
Umschlagfoto: Frank Trapper/Corbis Sygma
Satz: seitenweise, Tübingen
Druck und Bindung: Clausen & Bosse, Leck
Printed in Germany
ISBN 3-455-09436-8

HOFFMANN
UND CAMPE

Ein Unternehmen der
GANSKE VERLAGSGRUPPE

INHALT

*Dieses Buch ist in tiefer und beständiger Liebe
meinem Partner Terry Brown gewidmet, der geholfen hat,
mir buchstäblich das Leben zu retten.*

PROLOG

25. März 2001

»Ich liebe die Welt! Ich bin so glücklich! Danke!«
Julia Roberts bei der Überreichung des Oscar
für die Beste weibliche Hauptrolle in Erin Brockovich.

Das Wetter spielte mit an jenem Tag, der der größte in Julia Roberts' Karriere werden sollte. Mit nur 17 Grad war es kühl für Los Angeles, und Regen war nicht zu erwarten – sehr gute Rahmenbedingungen also für eine Frau, die besser denn je aussehen wollte, nur für den Fall, dass ihr Name in der Kategorie Beste Hauptdarstellerin des Jahres 2000 ausgerufen werden sollte und sie vor 250 Millionen Zuschauern weltweit den Oscar in Empfang nehmen würde.

Ihr Äußeres – vor allem ihr Kleid – war von überragender Bedeutung, das Einzige, worauf sie noch Einfluss hatte. In *Erin Brockovich* hatte sie ihr Bestes gegeben, der Film hatte bei seinem Erscheinen ein Jahr zuvor überragende Kritiken bekommen, und er hatte mehr als 125 Millionen Dollar in den USA eingespielt. Ihr dritter Kassenschlager in weniger als einem Jahr.

Im Jahr 2001 verschwanden alle anderen Schauspielerinnen in Hollywood hinter Julia Roberts. Ihre Filme hatten seit ihrem Leinwanddebüt allein in den Vereinigten Staaten 1,5 Milliarden Dollar eingespielt (und international etwa dreimal so viel). Deshalb war sie mit einer Gage von 20 Millionen Dollar für *Erin Brockovich* zur bestbezahlten Schauspielerin aller Zeiten geworden.

Als der große Tag immer näher rückte, arbeiteten alle Modeschöpfer, die etwas auf sich hielten, verzweifelt daran, den Nominierten oder den anderen Berühmtheiten, die zur Oscar-Verleihung erscheinen würden, eines ihrer Kleider anzudienen. Wenn Joan Rivers während der Oscar-Show fragte: »Und wen tragen Sie?«, war der Werbeeffekt unbezahlbar, wenn die Schauspielerinnen antworteten: »Valentino« oder »Dior« oder »Vera Wang«.

Alle Modedesigner waren ganz wild darauf, Julia Roberts auszustatten, nicht nur, weil sie der größte Star der Show war, sondern vor allem, weil sie auch als Favoritin für den Oscar galt, nachdem sie sieben Preise als Beste Hauptdarstellerin in den letzten Monaten gewonnen hatte, darunter den Golden Globe, den British Film Academy Award und den Screen Actors Guild Award, deutliche Vorboten für einen Erfolg bei der Oscar-Verleihung. »Nichts ist sicher dieses Jahr«, verkündete die *New York Times*, »außer vielleicht Julia Roberts als Beste Hauptdarstellerin.«

Die Spekulationen darüber, welcher Modeschöpfer von der Roberts geadelt werden würde, wucherten. Der Londoner *Sunday Express* brachte einen ganzseitigen Artikel zu dem großen Tag mit der Schlagzeile: Die Schlacht um Julias Kleider-Oscar. »Im Moment«, so schrieb Gary Morgan für die Zeitung, »liegen der Amerikaner Calvin Klein und der Italiener Giorgio Armani an der Spitze. Aber wer von ihnen – oder von ihren vielen Rivalen – das Rennen macht, bleibt ein ebensolches Geheimnis wie der Gewinner des Besten Films.«

Modehäuser wie Versace, Armani, Calvin Klein und Prada, die hofften, mit Juwelieren, Näherinnen und Friseuren zu Julia ins Haus kommen zu dürfen, um sie mit dem Versprechen einer kompletten – und kostenlosen – Abendgarderobe zu umwerben, mussten eine Enttäuschung hinnehmen. Julia war auf Urlaub in Mexiko und kam erst am Freitag vor der Zeremonie nach Los Angeles zurück. Am Samstag probierte sie »einen Haufen« Kleider an (etwa zwei Dutzend), von denen ihr nur wenige gefielen.

»Schließlich, am Sonntagmorgen«, so erzählte Julia einem Reporter, »hatte ich die Auswahl auf zwei begrenzt. Eines von ihnen – das ich dann auch schließlich trug – hatte meine Freundin Debbie Mason vorbeigebracht. Sie ist Stylistin und hatte einfach nur gesagt: ›Oh, Schätzchen, ich dachte, dieser Fummel gefällt dir vielleicht.‹«

Julia mochte »den Fummel« wirklich, ein klassisches Valentino-Modell von 1982 aus schwarzem Samt mit weißen Satinbändern als Trägern, die sich auf dem Kleid unterhalb der Brust trafen und als ein Streifen in der Mitte des Kleides fortsetzten. Das eigentlich Beeindruckende allerdings war die Rückseite des Kleides: Sieben Streifen aus weißem Satin, die an den Schultern ansetzten, in der Taille zusammenliefen und sich dann als zehn Streifen ausgestellt die ganze Rückseite des Kleides hinabzogen, bis sie auf dem Boden in einer Schleppe ausliefen.

Was ihren Schmuck anging, so fand auch Carol Brodie, eine Beraterin vom Juweliergeschäft Harry Winston, dass bei Julia Zurückhaltung das Beste sei. »Eine Unmenge Schmuck würde von ihrer Schönheit nur ablenken. Für weniger als 150 000 Dollar sah Julia absolut fantastisch aus, in einem klassischen Stil, der ihre Ausstrahlung des ›Weniger ist mehr‹ unterstrich.«

Und genau so machte Julia es auch – sie trug nur tropfenförmige Diamant-Ohrringe und ein Diamant-Halsband von Van Cleef & Arpels. Ihre Schuhe, schwarze Riemchensandalen von Sergio Rossi mit winzigen Diamantapplikationen, konnte man wegen der Länge ihres Kleides eigentlich gar nicht richtig sehen, aber sie vervollständigten diesen eleganten, schlichten Auftritt.

Julia wartete nervös auf den Ausgang des Rennens, trotz – oder vielleicht gerade wegen – der beinahe einstimmigen Vorhersagen, die sie als die sichere Siegerin sahen. Sie war schon zweimal zuvor nominiert worden und hatte verloren, als Beste Nebendarstellerin in *Magnolien aus Stahl* im Jahr 1990 und als Beste Hauptdarstellerin in *Pretty Woman* 1991. Die Geschichte der Oscars ist voller ganz sicherer und dann umso schlimmer enttäuschter Hoffnungen, und Julia sagte später, sie sei überzeugt gewesen, dass Ellen Burstyn gewinnen würde. Die einzige sichere Stimme war ihre eigene. »Meine Liebe, natürlich wählen Sie sich selbst!«, erklärte sie Oprah Winfrey später. »Sie sehen Ihren Namen auf dem Stimmzettel, und dann ist die Überwindung nicht besonders groß.«

Ein Jahr zuvor war Julia für einen Golden Globe als Beste Hauptdarstellerin in einem Musical oder einer Komödie für ihre Rolle als gehetzter Filmstar in *Notting Hill* nominiert worden. Sie bekam die Auszeichnung nicht, aber ihr Lebensgefährte Benjamin Bratt hatte ihr vor der Zeremonie ein Telegramm geschickt mit dem Text: »Du hast schon gewonnen.« Man kann sicher davon ausgehen, dass er ihr etwas Ähnliches auch sagte, während sie sich auf die Oscar-Nacht vorbereitete. Sie und Bratt hatten ihren Urlaub in Mexiko mit ihrer Schwester Lisa und deren Ehemann Tony Gillian verbracht; das Paar würde Julia und Ben jetzt auch zur Preisverleihung begleiten.

Als die Zeit zum Aufbruch näher rückte, legte ein Team von Stylisten letzte Hand an. Serge Norman vom Jed Root Salon frisierte Julia und schuf mit einem Haarteil und Spangen einen straffen Knoten, der bis auf die Schultern hinabreichte. »Ich habe die Erfahrung gemacht, dass es besser ist, streng zurückgekämmte Frisuren [bei Preisverleihungen] zu tragen«, sagte Julia. »Wenn man sein Haar offen trägt, können alle sehen, wie man zittert.« Ihr Make-up machte Genevieve vom Sally Harlor Salon. Sie betonte ihre Augen mit rauchgrauem Lidschatten und schwarzem Eyeliner und legte nur ein helles Rouge auf. Julia entschloss sich, wie üblich, zu einer unauffälligen Lippenfarbe.

Etwa um fünf Uhr bestiegen Julia, Ben, Lisa und Tony eine schwarze Stretch-Limousine und machten sich auf den Weg zum Shrine Civic Auditorium nahe der Innenstadt von Los Angeles. »Wir vier waren an diesem Abend so voller freudiger Erwartung«, sagte Julia. »Es war einfach so aufregend, und ich spürte, dass ich auf der Welle reiten, mich den Ereignissen überlassen musste. Wenn man sich überwältigen lässt und nicht entspannt ist, dann geht so ein Abend vorbei und man sagt: ›Wow, was ist passiert? Hat es Spaß gemacht? Habe ich es genossen?‹«

Als Julia am Shrine ankam, begrüßte sie als erste Hilary Swank, die Beste Hauptdarstellerin des vorhergegangenen Jahres in dem Film *Boys Don't Cry*. Hilary wünschte Julia Glück, und sie antwortete: »Ich flippe gleich aus.« Außer Hörweite flüsterte Hilary ihrem Ehemann Chad Lowe zu: »Oh, Wahnsinn, ich habe das Kleid anprobiert, das Julia trägt!« Andere Frauen, die Julia begrüßten, warfen nur einen Blick auf ihr Kleid und gaben ihr gleich ein paar gute Ratschläge. »Ich bekam Tipps von einigen Mädels, die ebenso enge Kleider trugen wie ich selbst«, erzählte sie. »Und jedesmal, wenn ich an ihr vorbei ging, sagte Hilary: ›Atme. Versuch einfach, zu atmen.‹ Glauben Sie mir, das ist nicht so einfach in diesem Kleid.«

Julia hielt praktisch den ganzen Abend den Atem an, während die Preise für den Besten Hauptdarsteller, die Beste Hauptdarstellerin und den Besten Film bis ganz zum Schluss aufgespart wurden. *Erin Brockovich* war für fünf Preise nominiert worden, hatte aber keinen einzigen gewonnen, bis es um die Beste Hauptdarstellerin ging; das konnte ein schlechtes Omen sein. Julia hatte keine Dankrede geschrieben, weil sie fand, dass »es nichts Peinlicheres gibt, als wenn jemand sagt: ›Oh Gott, ich kann es gar nicht glauben!‹ – und dann ein dickes Redemanuskript aus der Tasche zieht, das er schon vor einer Woche geschrieben hat«.

Als der Beste Hauptdarsteller des Jahres 1999, Kevin Spacey, die Gewinnerin des Oscars für die beste weibliche Hauptrolle verkündete, konnten sich alle Propheten bestätigt fühlen. Julia hatte nach vierzehn Jahren Arbeit als Filmschauspielerin und zwei früheren Nominierungen endlich die höchste Ehrung errungen, die ihre Branche zu vergeben hatte.

Als sie die Treppe hinaufstieg, um die Statuette entgegenzunehmen, stolperte sie über ihre Schleppe, und ihr ritterlicher Begleiter sprang aus seinem Sessel, um ihr eine helfende Hand zu reichen. Julia war schwindlig vor Freude. »Ich war völlig außer mir«, sagte sie etwa ein Jahr später. »Bis heute – Benjamin, meine Schwester oder meine Freunde … sie alle lachen über mich, wenn sie daran denken, wie ich mich damals aufgeführt habe. Es war ein Gefühl, als würde man neben sich stehen. Allein schon das Adrenalin – ich habe seitdem großen Respekt für jeden, der auf diese Bühne kommt und irgendwie gelassen bleibt, denn für mich war das allein schon körperlich ganz unmöglich. Mein Herz schlug wie bei einem Kaninchen.«

Der Produzent der Oscar-Show hatte in einem Versuch, die mehr als vier Stunden lange Fernseh-Übertragung des Jahres zuvor abzukürzen, jedem Gewinner nur eine Dankrede von fünfundvierzig Sekunden zugestanden. In einem Versuch, dies durchzusetzen, hatte er dem Sieger mit der kürzesten Rede einen hochmodernen Breitwand-Fernseher versprochen.

Julia machte sehr schnell deutlich, dass ihre Freude und Dankbarkeit sich nicht durch Zeitlimits zügeln ließen. Nach dem üblichen »Danke, vielen, vielen Dank. Ich bin so glücklich. Danke«, erklärte sie: »Ich habe schon einen Fernseher, also werde ich jetzt ein bisschen länger reden.« Und dann sagte sie zu Bill Conti, dem Dirigenten, der mit seinem Taktstock Zeichen gab, um die Redner daran zu erinnern, dass ihre Zeit um war: »Und, Sir, Sie machen Ihre Arbeit wirklich großartig, aber Sie sind so schnell mit Ihrem Taktstock, warum setzen Sie sich nicht einfach hin, denn vielleicht werde ich nie wieder hier oben stehen.«

Sie würdigte die anderen Anwärterinnen und dankte dreiundzwanzig Menschen namentlich (und »meiner Mutter«). Ihre Rede dauerte drei Minuten länger als festgelegt, und Conti brachte die Nummer mit dem Musikeinsatz mehrere Male. Julia ignorierte diese Hinweise. »Sie mit dem Taktstock, ich sehe Sie durchaus«, sagte sie einmal. Sie schloss ihre Rede mit den Worten: »Ich liebe die Welt!«

Ein Mensch, den sie in ihrer Danksagung vergessen hatte, war Erin Brockovich selbst – die Frau, ohne die sie keine Rolle gehabt hätte. »Ich durchlebte einen Ausnahmezustand«, sagte Julia Monate später. »Ich habe einige Leute vergessen und habe ein schlechtes Gewissen. Aber ich bedauere trotzdem nicht, dass ich nichts aufgeschrieben hatte. Man kann die Zeit nicht zurückdrehen, man kann es nicht reparieren, man kann es nicht ändern.«

Julia und Ben feierten bis halb drei an diesem Abend nach der Zeremonie, die schon vor neun Uhr nach Westküsten-Zeit zu Ende war. Ihr erster Stopp war der unvermeidliche Academy Governor's Ball, bei dem Julia kaum still sitzen konnte; sie sprang alle paar Minuten auf, um Gratulanten zu begrüßen; sie umarmte und küsste Ben und erklärte, er habe ihr das Selbstvertrauen gegeben, um diesen Sprung vom Filmstar zur Hollywood-Legende zu schaffen. (Bratt hatte ihr zu *Notting Hill* und *Erin Brockovich*, zwei ihrer größten Erfolge, geraten.)

Dann ließen sie sich bei der anderen Party sehen, zu der man einfach hin musste, bei der Gala von *Vanity Fair.* »Julia trank viel Champagner, war aber zu aufgeregt, um zu essen«, sagte ein Beobachter. Ein Reporter fragte Bratt, ob er und Julia vorhätten, zu Hause noch weiter zu feiern. »Das darf ich Ihnen nicht sagen«, antwortete er mit einem verschmitzten Grinsen. »Das ist nicht jugendfrei.«

Julia Roberts, die nach ihrem enormen Erfolg in jenem Film ein Jahrzehnt lang einfach nur »Pretty Woman« gewesen war, wurde jetzt genauso oft »America's Sweetheart« genannt. Millionen bewunderten sie ganz offen und hatten mehr Geld ausgegeben, um ihre Filme zu sehen, als sie es für irgendeine andere Schauspielerin seit Barbra Streisand getan hatten.

Sie war das amerikanische Mädchen schlechthin, ein Mädchen aus Georgia, das sich in der Highschool noch plump und unattraktiv gefühlt und sich zu einer der elegantesten und schönsten Frauen der Welt entwickelt hatte. Ihr Lächeln erhellte die Filmleinwände wie »eine Tausend-Watt-Birne«, wie einer ihrer Schauspielerkollegen einmal sagte. Ihre Lebhaftigkeit und Lebensfreude, verbunden mit einer tiefen Verletzlichkeit, die vor allem in ihren braunen Augen aufscheint, gewannen ihr die Zuneigung von Millionen Menschen. Männer wollten mit ihr schlafen und sie beschützen; Frauen spürten, dass sie eine wunderbare Freundin wäre.

Aber vor allem ist es ihr Privatleben, das Julia Roberts von ihren Zeitgenossen unterscheidet und sie in jene herausgehobene Sphäre der Stars versetzt, die nur einige wenige in der Geschichte Hollywoods erreicht haben. Ihre Kindheit könnte einen ganzen Nachmittag füllen mit der Tragödie von zerbrochenen Familien, Kindesmisshandlungen oder dem frühen Verlust eines geliebten Elternteils. Ihr Liebesleben – eine lange Reihe berühmter Freunde, zwei geplatzte Verlobungen (eine wurde drei Tage vor einer geplanten aufwändigen Hochzeit auf dem Gelände der 20th Century Fox gelöst), eine kurzlebige Ehe mit einem erstaunlich gegensätzlichen Ehemann und eine zweite Ehe mit einem Mann, der verheiratet war, als sie ihn kennen lernte – all das böte sicher genügend Stoff für eine Mini-Serie mit Jackie Collins. Und ihre jahrelange Fehde mit ihrem berühmten Bruder Eric Roberts könnte ein Drehbuch für *Die Sopranos* liefern.

Julia Roberts ist, wenn man all diese Aspekte ihres Lebens und ihrer beruflichen Entwicklung heranzieht, nicht einfach nur »Pretty Woman«, sondern eine ebenso faszinierende wie schöne Frau.

TEIL EINS

Die Familie Roberts in Atlanta

»Ich komme aus einer Familie,
in der es viele Umarmungen gab,
viele Küsse, viel Liebe.«
– *Julia Roberts*

»Julia verdrängt.«
– *Eric Roberts*

KAPITEL 1

»Well, if that don't beat a goose a goblin!«, frei übersetzt etwa: »Das schlägt doch dem Fass den Boden aus!« Das waren der Überlieferung nach die Worte von Jimmie Glen Roberts, als sie am ersten Weihnachtstag des Jahres 1933 hörte, dass ihr 28-jähriger Sohn Walter Thomas Roberts, genannt Tom, und seine Frau Beatrice, geborene Beal, endlich ihr erstes Kind bekommen hatten, einen Jungen, den sie Walter Grady nannten. Dieser solcherart willkommen geheißene Enkel sollte der Vater von Julia Roberts werden.

Die damals 55-jährige Urgroßmutter von Julia Roberts, eine geborene Corbitt, hatte mit dem Kinderkriegen selbst viel Erfahrung. Von ihrer Hochzeit mit dem stämmigen, über ein Meter achtzig großen, in Florala in Alabama geborenen Farmer John Pendleton (J. P.) Roberts am 13. Dezember 1899 bis zu ihrer zweiten Totgeburt nacheinander im Jahre 1923 (im Alter von fünfundvierzig Jahren) hatte die lebhafte, nur ein Meter fünfzig große rothaarige Iroschottin neun Kinder zur Welt gebracht.

Der kleine Walter war J. P.s und Jimmie Glens vierzehntes Enkelkind, und sie bekamen später noch sieben hinzu. Walters Cousine Glenda Beard erinnerte sich, dass die Roberts' eine große Familie waren, die »aber sehr fest zusammenhielt und sehr ehrbar und christlich war«. Eine andere Cousine, Gloria Jones, erzählte: »Als meine Urgroßmutter starb, waren wir sechsundneunzig [in Atlanta und Umgebung].«

Alle Roberts', wenn man von den Eltern des kleinen Walter und zwei Tanten absah, wohnten nahe beieinander im Zentrum von Atlanta. Walters Vater Tom lebte mit seiner Familie etwas außerhalb von Atlanta an der Belleview Avenue im ländlichen Stadtteil West Fulton. Im Jahr 1933 hatte die Weltwirtschaftskrise Amerika fest im Griff, und Tom hatte zwar immer Arbeit, aber selten genug Geld. »Ihr Haus war sehr klein«, erinnerte sich Gloria Jones. »Es hatte nur drei Räume: eine riesige Küche – ich glaube, heute würde man es eine Wohnküche nennen – mit Feuerstelle und Herd, die recht hübsch war, sowie ein winziges

Wohn- und ein ebenso winziges Schlafzimmer. Die Kinder [Walter bekam 1942 noch eine Schwester, Shirley] schliefen in der Küche.« Sie hatten kein Telefon. »Wenn man einen von ihnen sprechen wollte, musste man schon hingehen.«

Tom Roberts liebte Pferde und hielt einige auf seinem Land. Als er in den sechziger Jahren in Rente ging, kaufte er ein Grundstück auf der anderen Seite der Straße und eröffnete eine Reitschule mit mehr als einem Dutzend Pferden. Hier lernte auch seine Enkelin Julia reiten.

Toms Frau Beatrice war nach Ansicht von Gloria kein besonders offener Mensch, »aber sie war wirklich nett, wenn man sie besuchte. Sie backte Schokoladenkuchen, sie kochte, was immer du wolltest, aber sie besuchte *dich* nicht. Sie belästigte nie jemanden. Sie war einfach ein sehr ruhiges Heimchen am Herd. Aber im Umgang mit den Kindern war sie großartig. Sie beteten sie an.«

Tom Roberts arbeitete sechsundvierzig Jahre lang bei derselben Firma – zunächst als Lastwagenfahrer und dann als Polier –, und zwar bei der Driveway Company, Inc., einer großen Baufirma, die vor allem bei Privatkunden Wege pflasterte. »Er überwachte die Bautrupps, die an einigen der größten und schönsten Häuser Amerikas Pflasterarbeiten ausführten«, erinnerte sich Gloria Jones. »Sie machten Auffahrten, die aussahen, als seien sie mit frischen Kiefernadeln bestreut, dabei waren sie aus Zement.«

Glenda Beard hatte Julias Großvater noch als »sehr harten Arbeiter« in Erinnerung. »Schon irgendwie ein Macho. Er hatte feste Meinungen darüber, wie ein Mann sein sollte.« Gloria Jones stimmte dem zu: »Ich habe Onkel Tom nie anders als in Arbeitshemd und Jeans gesehen«, sagte sie. »Er war *sehr* konservativ. Er fand es richtig, dass man zur Arbeit ging, bei derselben Firma blieb und den Mund hielt. Und wenn man das nicht tat, dann stimmte etwas bei einem nicht.«

Und nach Tom Roberts' Ansicht stimmte mit seinem Sohn Walter etwas nicht. Als der Junge in den dreißiger und vierziger Jahren heranwuchs, wurde deutlich, dass er seinem Vater kaum ähnelte; vielmehr zeigte er die Sensibilität und das künstlerische

Temperament eines überaus kreativen Menschen. Tom glaubte nicht, dass darin für einen jungen Mann die Zukunft liegen konnte.

»Walter hatte einen brillanten Verstand und war eine angenehme Persönlichkeit«, erinnerte sich Glenda. »Er war *anders* – das war sozusagen das Etikett der Familie für ihn. Walter mochte alles, Kunst, Musik, schöne Kleidung … er konnte sich gar nicht mit allem beschäftigen, was ihn interessierte. Wie den meisten brillanten Menschen wurde auch ihm schnell langweilig. Ich glaube, deshalb wandte er sich ständig neuen Dingen zu.«

Eine andere Verwandte, Lucille Roberts, hatte Walter als verweichlicht in Erinnerung, weil »er als Junge mit Puppen spielte und ein bisschen eine Heulsuse war«. Glenda war da ganz anderer Ansicht. »Ich glaube nicht, dass er eine weibliche Ader hatte. Als er älter wurde, zog er sich eben anders an als die anderen. Er liebte schwarze Rollkragenpullover. Vielleicht ein bisschen enger sitzende Kleidung, ein europäischer Schnitt bei den Jacketts, so etwas. Ein bisschen wie ein Bohemien.«

»Bohemien« – das Wort beschrieb Walter, als er ins Teenageralter kam, exakt, darüber war sich die ganze Familie einig. »Er war der Erste, den ich je eine Ascot-Krawatte tragen sah!«, erzählte Gloria, und an der West Fulton Highschool »war er ein echter Avantgardist«, der gern schrieb und Theater spielte. »Ich erinnere mich an Familientreffen, bei denen wir kleine Stücke aufführen mussten, die Walter sich ausgedacht hatte. Er schrieb nie irgendetwas auf, er erklärte einem nur, was man tun sollte. Er war immer der Star, hatte immer die Hauptrolle. Walter konnte singen und Klavier spielen. Sein Vater bezahlte ihm Klavierstunden.«

Ende der vierziger Jahre, als Walter und Gloria Teenager waren, lebten die Roberts' nunmehr seit vier Generationen in Atlanta. »Wir hatten Onkels bei der Polizei und einen Cousin bei der Feuerwehr«, erzählte Gloria. »Wir konnten nirgendwohin gehen, ohne dass jemand meinen Eltern erzählte: ›Ich habe soundso in soundso gesehen!‹« Anders als die meisten Verwandten waren Tom Roberts und seine Familie nicht besonders religiös. Gloria erinnerte sich nicht, »dass sie je zur Kirche gegangen wären, mit

Ausnahme der paar Mal, als wir bei unseren Großeltern waren und mit ihnen zusammen hingingen.«

Mit achtzehn war Walter fast ein Meter achtzig groß. Er sah einfach umwerfend aus, und das nicht nur wegen seiner breiten Seidenkrawatten und der europäisch geschnittenen Kleidung. Sein rabenschwarzes welliges Haar krönte ein scharf geschnittenes Gesicht mit hohen Wangenknochen und auffallenden dunklen Augen. (In der Familie Roberts hält sich die Legende, dass irgendwann in der Vergangenheit einmal ein Cherokee-Indianer zu ihrem Genpool beigetragen hat.) Walter war zwar nie besonders sportlich gewesen, aber er hatte einen schlanken und kräftigen Körperbau. »Die Mädchen liebten Walter«, erinnerte sich Gloria. »Jedes Mädchen an meiner Highschool, das keinen festen Freund hatte, wollte mit ihm ausgehen. Und ich beschaffte ihnen Rendezvous mit ihm.«

Im Dezember 1951, kurz vor seinem 18. Geburtstag, machte Walter seinen Highschool-Abschluss. Jetzt stand er am Scheideweg. Tom wollte, dass er Pflasterer wurde wie er oder zumindest einen ähnlich anständigen und sicheren Job annahm, der ihn in die Lage versetzen würde, eine Familie zu ernähren und das grundsolide Leben zu führen, das Tom und Beatrice in den letzten zwanzig Jahren genossen hatten. Walter dagegen wollte aufs College; die Aussicht, sich in alle möglichen Dinge vom Theater über Psychologie bis zu Englisch zu versenken, reizte ihn ungemein. Sein Vater hielt gar nichts davon.

»Tom fand, dass Walter zu intellektuell war!«, erzählte Gloria Jones kopfschüttelnd. »Er wollte nicht, dass er aufs College ging, und er wollte ganz sicher nicht, dass er sich mit Theater beschäftigte. Das war einfach nichts für einen richtigen Mann!«

Tom weigerte sich, auch nur einen Cent für Walters College auszugeben, und Vater und Sohn stritten sich häufig darüber. Da beide ziemlich jähzornig waren, endeten viele Auseinandersetzungen unangenehm. »Tom konnte fluchen wie ein Droschkenkutscher«, erinnerte sich Gloria, »und er kannte da auch gar keine Hemmungen.«

Doch schließlich gab Tom nach, weigerte sich aber halsstarrig, seinem Sohn finanziell unter die Arme zu greifen. Dank heimlicher Finanzspritzen seiner Mutter und eines Stipendiums konnte er sich schließlich im März 1952 am College of Arts and Sciences der Emory University einschreiben. Die methodistische Hochschule, bis zum Jahr 1963 eine rein weiße Ausbildungsstätte, befand sich in Druid Hills, einem Vorort fünfzehn Minuten außerhalb von Atlanta. Walter lebte dort in einer der provisorischen Baracken aus Sperrholz und Teerpappe, die nach dem Zweiten Weltkrieg die so zahlreich strömenden GI-Bill-Studenten in Emory aufnahmen. Aufgrund der von der Regierung ausgegebenen Studiengutscheine und Stipendien für Kriegsveteranen hatten sich die Studentenzahlen innerhalb von drei Jahren fast verdreifacht.

Walter erwies sich am College als breit interessiert und offen für alle möglichen neuen Anregungen. Trotz seines vorrangigen Interesses an den schönen Künsten belegte er als Hauptfach Psychologie und trat einer Studentenbruderschaft bei. Er studierte aber auch Schauspiel und wurde Mitglied der Emory Players und der Atlanta Theater Guild. Er trat in einigen Theaterstücken auf, darunter *Desire under the Elms* und *Ah, Wilderness!* von Eugene O'Neill, und schloss sich zudem der Theatergruppe des nahe gelegenen Agnes Scott College an: Black Friar war die älteste Theatergruppe in Atlanta. (Die größtenteils männliche Studentenschaft von Emory lieferte die Besetzung der Männerrollen in den Produktionen der Frauencolleges.)

Bei den Black Friars traf Walter auch die meisten Mädchen, mit denen er sich verabredete. Ein paar Mal ging er mit seiner Cousine Gloria und seinem Zimmernachbarn abends in die Stadt. »Walter liebte Shows mit nur sehr spärlich bekleideten Mädchen!«, erinnerte sich Gloria. »Er und sein Zimmergenosse, der witziger war als eine Horde Affen, stachelten die Mädchen an und machten sich einen Riesenspaß daraus. Sie klatschten und riefen ›Weiter, weiter!‹ und so etwas. Ich fand es *schrecklich*. Aber sie lachten nur und fanden mich so naiv.«

Walter verließ das Emory nach elf Monaten. Gloria glaubt, weil er zu schlechte Noten hatte. »Er amüsierte sich einfach zu viel und konzentrierte sich nicht auf seine Studien. Er war zum ersten Mal von zu Hause weg und stieß sich die Hörner ab.«

Am 12. März 1953 trat Walter in die Air Force ein, vor allem um die GI-Bill-Regelung auszunutzen, durch die jeder Soldat nach seinem Abschied weiterhin finanzielle Unterstützung zum Besuch einer Universität bekam – denn trotz seiner offensichtlichen Nachlässigkeit bei seinen Studien im Emory wollte er immer noch aufs College. Nach zehn Wochen Grundausbildung an der Lackland Air Force Base (AFB) in San Antonio, Texas, wurde Walter an die Keesler AFB in der feuchtheißen Stadt Biloxi, Mississippi, am Golf von Mexiko versetzt. Er diente im medizinischen Corps der Luftwaffe, zunächst als Auszubildender, dann als »Helfer« und schließlich als Spezialist in der Medizinverwaltung.

Walter Roberts nervte das Soldatenleben; er war keiner, der gern gesagt bekam, was er zu tun hatte, außerdem besaß er bereits ein ausgeprägtes Gefühl der intellektuellen Überlegenheit den meisten anderen gegenüber. Dennoch wurde er mit der Good Conduct Medal für besondere Treue und Pflichterfüllung und der National Defense Service Medal ausgezeichnet. Letztere erhielt allerdings jeder, der in der Zeit des Koreakrieges Dienst tat, unabhängig von seiner Einbindung in das Kriegsgeschehen. Um seiner weiteren Ausbildung willen hielt er durch, aber es gab durchaus auch positive Seiten des Soldatenlebens. So gewann er einen Kurzgeschichten-Wettbewerb der Basis, und er beschloss, für eine Rolle in der Keesler-Produktion von *George Washington Slept Here*, einem Stück von George S. Kaufman und Moss Hart (verfilmt als *Unser trautes Heim*), vorzusprechen. Er bekam nicht nur die Rolle, er gewann auch das Herz – und die Hand – der lebhaften jungen Naiven des Stückes.

Betty Lou Bredemus, geboren am 13. August 1934 in Minneapolis, hatte den Großteil ihres nunmehr 20-jährigen Lebens mit dem sehnsüchtigen Wunsch verbracht, Schauspielerin zu werden. Sie war das zweite Kind (ihr Bruder John war im Mai 1927 zur Welt gekommen) des damals 30-jährigen Wendell John Bredemus, eines früheren Footballstars und Trainers an der University of Minnesota, und der sechs Jahre älteren Elizabeth Ellen, geborene Billingsley, aus Indianapolis. Wendells Mutter, Eleanor

Johnson, stammte aus Schweden, war 1900 in die Vereinigten Staaten ausgewandert und hatte 1903 in Minneapolis einen Metzger namens John Bredemus geheiratet. Ein Jahr später kam Betty Lous Vater zur Welt.

Während Betty Lous Kindheit und auf dem Höhepunkt der Weltwirtschaftskrise zwang Wendell Bredemus' Beruf als Handelsvertreter die Familie, auf der Suche nach Arbeit zwölfmal umzuziehen. Ihren Highschool-Abschluss machte sie in Austin, Minnesota, einem Kaff einhundert Meilen südlich von Minneapolis. Eine Klassenkameradin, Barbara Gaddis, hat Betty Lou als ein hübsches, blondes Mädchen mit blauen Augen in Erinnerung, »eher ein bisschen klein und ein bisschen stämmig. Sie war attraktiv, mit schönen Augen. Ihre Augen und ihr Lächeln sind Julias so ähnlich.«

Betty war Mitglied des Schulchors und einer Theatergruppe namens Dirk & Bobbles. Für die Schulzeitung *The Sentinel* berichtete sie von den Klubaktivitäten ihrer Schulkameraden. Barbara Gaddis als Herausgeberin der Zeitung erinnerte sich, dass Betty »sehr zuverlässig war. Sie war ein ruhiger Mensch, aber sie konnte auch ein bisschen dick auftragen. Ich schätze, das war ihre theatralische Ader.«

Im Frühjahr 1952 schloss Betty Lou die Highschool ab und heuerte für den Sommer bei einer Repertoirebühne in Nord-Minnesota an, sie trat in einigen Stücken auf, darunter *A Date with Judy, The Hasty Heart* und *Deep Are the Roots.* Im September schließlich kehrte sie nach Austin zurück und schrieb sich am Junior College für das Hauptfach darstellende Künste ein, eine Schauspielkarriere fest im Blick. Doch gegen Ende des Jahres wurde ihr Vater krank und konnte nicht mehr arbeiten, von einem Tag auf den anderen fehlte das Geld für das College. Ihr Vater starb drei Jahre später.

Ihr sieben Jahre älterer Bruder John hatte als Navy-Pilot gedient und war dann mit Hilfe der GI-Bill aufs College gegangen; er schlug Betty vor, dasselbe zu tun. Sie entschied sich für die Air Force, unterschrieb einen Zweijahresvertrag und rückte am 27. August 1953 zur Grundausbildung in der Lackland AFB in San Antonio, Texas, ein. Noch nicht einmal drei Monate später wurde sie zur Chanute AFB in Rantoul, Illinois, versetzt. (Sie und Walter verpassten sich in Lackland um etwa einen Monat.) Schließlich bekam sie ihren endgültigen Posten am 1. April 1954 an der Keesler AFB zugewiesen, wo sie aufgrund ihrer Theatererfahrung den Special Services zugeordnet wurde, einer Untergliederung der Personalabteilung, die sich um die Unterhaltung der Soldaten kümmert, von Bunten Abenden bis zu Sportveranstaltungen alles organisiert und den Serviceklub sowie die Bücherei führt, in der auch Betty arbeitete.

Betty wurde ebenfalls die National Defense Service Medal verliehen, aber eine militärische Laufbahn reizte sie nie. Was sie besonders genoss, waren die Theaterproduktionen der Luftwaffenbasis, bei denen sie meist mitspielte. »Das war eine großartige Erfahrung, und ich genoss jede Minute«, erinnerte sie sich. »Das meiste über die Schauspielerei lernte ich wahrscheinlich von Rance Howard.«

Rance Howard, der Regisseur von *George Washington Slept Here,* hatte Betty ein Jahr zuvor in der Chanute AFB im Serviceklub kennen gelernt und mit Freuden vernommen, dass sie ebenfalls zur Keesler AFB versetzt worden war. In ihrem ersten Jahr dort arbeiteten sie und Howard zusammen an Stücken wie *Voice of the Turtle* und *My Three Angels.*

»Sie war eine attraktive, süße junge Soldatin«, erinnerte sich Rance Howard. »Sehr angenehm, eine nette junge Frau. Sie wirkte sehr lebendig und extravertiert, immer gut gelaunt und mit einem breiten Lächeln auf den Lippen.« In der Keesler-Produktion von *Command Decision,* einem Zweiten-Weltkriegs-Drama, bekam Betty eine Rolle, die ursprünglich für einen Mann geschrieben war. In *George Washington Slept Here* besetzte Howard sie als Rina Leslie – und als ihren Freund wählte er Walter Roberts aus, den er erst beim Vorsprechen kennen lernte.

»Er war hübsch und gepflegt, sehr einnehmend und sehr talentiert. Er las großartig, es haute mich um. Er hatte Enthusiasmus und ganz offensichtlich auch Erfahrung, also besetzte ich ihn. Ich arbeitete wirklich gern mit ihm.« Howard stellte fest, dass Betty ebenso enthusiastisch bei der Sache war wie Walter. »Ich setzte einmal eine Probe für den frühen Sonntagmorgen an, und Walter und Betty waren die Ersten. Das war ziemlich beeindruckend.«

Vielleicht waren sie zusammen aufgestanden, denn kurz nach Beginn der Proben hatte Howard bemerkt, dass sie nicht nur auf der Bühne, sondern auch im Leben ein Paar waren. »Ein sehr attraktives Paar«, erinnerte er sich. Als Betty die Grundausbildung abschloss, hatte sie eine hübsche Figur. Das gehörte zum Ersten, was Walter an ihr auffiel.

Bei den Proben zeigte sich bald ihrer beider Leidenschaft für das Theater. Doch während Betty von einer Karriere als Schauspielerin träumte, wollte Walter erklärtermaßen Schriftsteller werden. Er hatte diesen Kurzgeschichten-Wettbewerb in Keesler gewonnen und arbeitete, so erzählte er Betty, an verschiedenen Theaterstücken. Howard hielt ihn für einen guten Schauspieler, aber Walter winkte ab: »Schauspieler sind geistlos«, soll er Betty erklärt haben, was ihr kaum gefallen haben kann. Wohl aber gefielen ihr Walter Roberts' hübsches Gesicht, seine hypnotisch intensiven dunklen Augen und sein beredtes Schwärmen von den Freuden des Künstlerlebens in seiner tiefen Bassstimme.

Mehr als ein Jahr arbeiteten Walter (den Betty Rob nannte, ein Spitzname, der sich durchsetzte), Betty, Rance und seine Ehefrau Jean, ebenfalls eine Schauspielerin, mit der er seit sieben Jahren verheiratet war, im Rahmen der Truppenbetreuung in verschiedenen Theaterstücken zusammen. »Wir gingen mit zwei Stücken auf Tournee«, erinnerte sich Howard. »Ich weiß noch, wie wir nach Pensacola in Florida reisten und dort *Voice of the Turtle* aufführten, ein Drei-Personen-Stück, das sich deshalb hervorragend für derartige Tourneen eignete – es gab keine aufwändigen Bühnenbilder zu transportieren. Jean, Betty und ich spielten darin.«

Nur ein paar Monate nach ihrem ersten Zusammentreffen beschlossen Walter und Betty Lou zu heiraten. Am 1. Juli 1955 traute der Reverend Victor Augsburger von der First Presbyterian Church in Biloxi die noch nicht ganz 21-jährige Betty Lou Bredemus und den 21-jährigen Walter Grady Roberts, nun meist Rob genannt, im Haus einer Kollegin aus der Bücherei. Als ihre Tochter Julia Jahre später das Hochzeitsfoto betrachtete, rief sie aus: »Sie sehen aus wie Babys! Mein Vater, er ist so dünn, meine

Mutter so schön, aber beide wirken *völlig verschreckt!«* Rance und Jean waren bei der Hochzeit nicht dabei, weil Rance einen längeren Urlaub dazu genutzt hatte, eine Rolle in *Frontier Woman* an der Seite seiner Frau und seines achtzehn Monate alten Sohnes Ron anzunehmen.*

Weniger als einen Monat nach der Hochzeit erhielt Betty ihre Entlassung aus der Air Force, lebte aber weiterhin mit Rob, der noch zwei Jahre Dienstzeit abzuleisten hatte, auf der Basis und brachte am 18. April 1956 einen Jungen zur Welt; sie nannten ihn Walter Eric Anthony.

Am 21. Januar 1957 endete auch Robs aktive Militärzeit. Er erhielt seine Entlassungspapiere, nahm seine Abfindungszahlung in Empfang, belud sein Auto und machte sich mit seiner Frau und seinem Sohn auf nach Louisiana. Jetzt war es an der Zeit, mit Hilfe des GI-Bill noch einmal seinen Traum einer College-Ausbildung und einer Karriere als Schriftsteller aufleben zu lassen. Er wählte die Tulane University in New Orleans, eine der angesehensten Schulen im Süden des Landes. Weil er sein Jahr in Emory angerechnet bekam, trat er im Frühjahr 1957 als Student im zweiten Jahr in das College of Arts and Sciences von Tulane ein, mit englischer Literatur und Psychologie als Hauptfächer. Die Familie Roberts lebte auf dem Campus und Rob besuchte den Unterricht vier Trimester hintereinander, im Frühjahr, Sommer, Herbst 1957 und im Frühjahr 1958, nahm dann für den Sommer frei und kehrte zu den Trimestern im Herbst 1958 und Frühjahr 1959 zurück.

Um die Familie über Wasser zu halten, arbeitete Betty als Büroangestellte für eine Versicherungsgesellschaft, dann als Ver-

* Rance und Jean Howard gingen später mit Ron nach Hollywood und bekamen 1959 einen weiteren Sohn, Clint. Rance kann auf eine 47-jährige Karriere mit Auftritten in Fernsehserien wie *That 80s Show* und Filmen wie *The Music Man* und *Splash – Jungfrau am Haken* zurückblicken. Jean Howard trat in Dutzenden Filmen und Fernsehsendungen auf; sie starb im Jahr 2000. Clint war in mehreren Dutzend Filmen zu sehen, darunter in allen drei *Austin Powers*-Filmen. Ron spielte Opie in der *Andy-Griffith-Show* und Richie Cunningham in *Happy Days,* produzierte und führte Regie bei einigen der größten Kassenschlagern der achtziger und neunziger Jahre und gewann einen Oscar für seine Regie von *A Beautiful Mind.*

käuferin in einem Schach- und Spielwarenladen im French Quarter. Im Frühjahr 1958 besuchte sie zum ersten Mal als Gaststudentin Abendkurse am Tulane's University College mit Schwerpunkt in englischer Literatur. Walter belegte Kurse im Creative Writing, schrieb Kurzgeschichten und Gedichte und schuf im Jahr 1959 eine Sonntagsvormittagsfernsehserie für Kinder, *Creole Capers,* die im Regionalfernsehen von New Orleans ausgestrahlt wurde.

Das Leben der Roberts' in New Orleans endete abrupt, als Rob voller Wut sein Studium schmiss, obwohl nicht einmal zwei Trimester zu einem Abschluss fehlten. »Er war den Professoren gegenüber furchtbar feindselig«, erinnerte sich Betty, »und sowieso überzeugt davon, dass sie ihm nichts mehr beibringen konnten.« Sein Jähzorn und sein Überlegenheitsgefühl hatten die Oberhand gewonnen.

Rob setzte seine Hoffnungen auf Georgia und brachte seine Familie nach Decatur, einem Vorort von Atlanta, wo sie 1960 in einen kleinen Apartmentblock am Scott Boulevard zogen. Die nächsten fünf Jahre arbeitete Betty in der PR-Abteilung der Emory University, während Rob eine Reihe von Arbeitsstellen antrat und nach Streitereien mit seinen Chefs schnell wieder verlor. Er verkaufte Milch für die Atlanta Dairies Co-op, machte Werbung für das Academy Theater von Atlanta und baute Bühnenbilder für das Harrington Scenic and Lighting Studio.

»Walter Roberts war einer der bezauberndsten Menschen, die ich je kennen gelernt habe«, erzählte Frank Wittow, der Regisseur des Academy Theater, der Journalistin Aileen Joyce. »Er war sehr dynamisch, sehr wortgewandt und, da er eine gewisse Erfahrung im Theaterbereich hatte, schien er sehr gut für den Job geeignet.« Wittow kam allerdings zu dem Schluss, dass sein neuer Mitarbeiter eigentlich andere Interessen hatte und seinen Pflichten nicht genügend Zeit einräumte. Nach einem überaus unklugen Werbegag, bei dem ein gestohlenes Bild mit im Spiel war, verließ Rob das Theater nach einem knappen Jahr. »Er war sehr intelligent und für seine Familie der Größte«, sagte Wittow, »aber er war irgendwie manipulativ veranlagt, und ich glaube, dass er emotionale Probleme hatte.«

Robs Zeit bei Harrington Scenic and Lighting dauerte nicht viel länger. Der spätere Besitzer des Studios, Charles Walker, erinnerte sich, dass »er wie ein Schmetterling war. Es sah so aus, als würde er sich engagieren wollen, aber dann flatterte er wieder auf und davon … er war wirklich okay, solange man ihm nicht in die Quere kam. Er spielte sich immer ein bisschen auf und ich erinnere mich, dass er Mr. Harrington ziemlich auf die Nerven ging.«

Walters Cousine Gloria Jones erinnerte sich, dass er Anfang der sechziger Jahre auch als Kellner arbeitete, dass er aber keinen Job lange behielt. »Walter konnte ein richtiger Esel sein. Er war sehr jähzornig, und wenn er dich nicht mochte, ließ er es dich spüren. Mit Kindern kam er viel besser zurecht als mit Erwachsenen.«

KAPITEL 2

Am Samstag, dem 12. September 1964 – Roy Orbisons »Oh, Pretty Woman« war gerade der Nummer-Eins-Hit in Amerika –, saßen morgens überall in Atlanta und Umgebung Kinder vor flackernden Schwarz-Weiß-Fernsehern und schauten sich die erste Folge von *Bum Bum and His Buddies* an, einer neuen Kinderserie im Regionalfernsehen. Betty Lou Roberts, verkleidet als Bum Bum der Clown, stellte die erste Geschichte der Sendung vor, »Der Tag, an dem die Kinder versuchten, sich gut zu benehmen«, geschrieben von Walter Roberts. Der 13-jährige Evan Lee gehörte zu den Darstellern. »Es ging um kleine Kinder, die ein Hexenhaus entdecken«, erinnerte sich Lee. »Ich spielte das älteste Kind, und auch Eric Roberts machte mit. Eigentlich sollte Rob Bum Bum spielen, aber Betty musste es dann tun, weil er zu beschäftigt damit war, die Serie zu schreiben, Regie zu führen und zu produzieren. Betty leitete die Filme jede Woche mit einer sehr kurzen Einführung ein, in der sie erklärte, worum es in der Folge gehen sollte.«

Die Sendungen wurden am Donnerstagabend auf Video aufgezeichnet. Für die erste Folge, mit drei Kameras aufgenommen, brauchten sie acht Stunden. »Es hätte höchstens anderthalb Stunden dauern sollen«, erinnerte sich Lee. Der Stresspegel sank auch bei den folgenden Episoden selten unter den des ersten Abends. Ein späterer Darsteller der Serie, Blaise Dismer, damals ein gut aussehender Sechstklässler, erinnerte sich, dass »Mr. Roberts diesen explosiven, unvermittelten Jähzorn hatte, und das war wirklich unheimlich. Ich erinnere mich, dass wir einen Text probten und ich eine der Hauptrollen hatte. Ich vergaß meinen Text und Mr. Roberts brüllte mich an. Er war blass vor Wut. Ich war erst zwölf und zu Tode erschrocken. Ich brach in Tränen aus und Mrs. Roberts kam zu mir und sagte: ›Süßer, er war nicht wütend auf dich. Er war einfach nur überfordert von der Situation.‹ – Sie war wirklich nett und tröstete mich. Aber ich weiß noch, wie mich dieser eine Wutausbruch von Mr. Roberts erschreckt hat.«

In ihren kurzen Einführungen forderte Betty die jungen Zuschauer der Sendung auch auf, Bum Bum zu schreiben, und las einige Briefe vor. Blaise erinnerte sich, dass ihr dies allmählich Probleme bereitete. »Sie beklagte sich bei ihrem Mann, dass einige Briefe obszön waren. Walter sagte einfach: ›Ach, mach einfach weiter und lies sie vor – treib den kleinen Miststücken die Schamröte ins Gesicht!‹, aber daran hatte Betty kein Interesse.«

Insgesamt produzierte Walter fünfzehn Folgen von *Bum Bum and His Buddies,* darunter auch eine ironische Fassung von *Jack and the Beanstalk* und *The Little Pioneers,* ein Stück auf der Basis eines Zeitungsartikels aus dem 19. Jahrhundert, den er in einem von Erics Schulbüchern gefunden hatte. Darin ging es um Kinder im Wilden Westen, die allein zu Hause waren, als sie von Indianern angegriffen wurden. Eric spielte in dieser Folge ein behindertes Kind.

Der Stress, unter dem Walter Roberts stand, rührte auch von seiner finanziellen Lage her. Wie Evan Lee sich erinnerte, »finanzierten Rob und Betty diese Sache aus dem eigenen Portemonnaie, weil es außer den Ankündigungen der städtischen Versorgungsunternehmen keine Werbung gab«. Nach den ersten fünfzehn Folgen fand Roberts einen Sponsor, der sich die Videobänder ansehen wollte, und machte sich Hoffnungen auf eine zweite Staffel ohne finanzielle Sorgen. Doch als er beim Sender nach den Bändern fragte, erfuhr er, dass sie alle gelöscht waren. »Rob war am Boden zerstört«, sagte Evan Lee. »Aber dann machte er Schluss damit und begann mit dem Theater.«

Walters Interesse am Schreiben und Produzieren von Kindertheaterstücken reichte zurück bis zu den *Creole Capers.* Bei seinem Job als Bühnenmaler bei Harrington lernte er Mr. Harringtons Frau kennen. Edith war die ›Alte Dame‹ des Kindertheaters in Atlanta. Bei seinen Gesprächen mit ihr flammte sein Interesse wieder auf und führte zu *Bum Bum and His Buddies* – und zu seiner Entscheidung, den Actors and Writers Workshop zu gründen, eine nicht gewinnorientierte Bildungsinstitution, die Ende 1964 ins Leben gerufen wurde und Unterricht und Aufführungsmöglichkeiten für Kinder von fünf bis achtzehn Jahren bot.

Edith war nicht gerade begeistert, als Walter Roberts ein konkurrierendes Kindertheater gründete: »Dieser abtrünnige Niemand versucht unsere Kinder abzuwerben!« Aber das Vorhaben erwies sich als durchaus erfolgreich. »Ich verließ Edith Russell und schloss mich Robs Theater an, weil es bei Rob so unendlich viel mehr Spaß machte«, sagte Evan Lee. »Bei uns ging die Post ab. Wir machten neue Sachen, alle von Rob geschrieben, aber auch Shakespeare zum Beispiel – ich durfte mit fünfzehn den Haushofmeister Malvolio in *Was ihr wollt* spielen! Ich bin sicher, dass ich mich heute vor Lachen kringeln würde, wenn ich es mir ansähe, aber für ein Kind war das eine großartige Erfahrung.«

Zunächst unterrichteten Betty und Rob im Wohnzimmer ihres Apartments am Scott Boulevard. Eltern zahlten fünf Dollar pro Monat für ihre Kinder (bis zu vier aus einer Familie), und die bekamen dafür Schauspiel-, Sprech- und Bewegungsunterricht. Die Kinder traten dann in Stücken auf, die Walter geschrieben oder adaptiert hatte, spielten Kinder-, aber auch Erwachsenenrollen und lernten das Bühnenhandwerk als Licht- und Tontechniker, Kostüm- und Bühnenbildner. Im Sommer beauftragte die Stadt Atlanta den Workshop, im Rahmen des kostenlosen Sommer-Theaterfestivals im Piedmont Park Stücke aufzuführen. Im ersten Sommer, 1965, brachten Rob und Betty fünf Stücke und ein »neues Ballett« auf die Bühne, obwohl Betty mit ihrem zweiten Kind schwanger war, einer Tochter, die schließlich am 5. August zur Welt kam, den Namen Lelisa Billingsley bekam und Lisa gerufen wurde.

Die Kinder, die bei den Workshops und Aufführungen mitmachten, erlebten diese Arbeit als magische Erfahrung. »Rob war ein großartiger Regisseur, solange es darum ging, Kindern beizubringen, was es heißt, Theater zu spielen«, meinte Evan Lee. »Nach einem Jahr im Workshop wusstest du, was es bedeutet, Berufsschauspieler zu sein. Er holte das aus den Leuten heraus. Wir arbeiteten hart – es gab Tage im Sommer, an denen wir acht Stunden probten –, aber wir hatten einen Riesenspaß dabei.«

»Das Sommertheater war wie ein Repertoiretheater«, erklärte Lyn Deadmore, die mit fünfzehn zum Workshop kam. »Ich half bei den Kostümen und beobachtete eine Frau, die große Schmetterlingsflügel aus Draht und einem hauchdünnen Stoff machte. Zum ersten Mal in meinem Leben hatte ich das Gefühl, etwas gut zu können und Mentoren zu haben. Walter Roberts war wie ein erwachsenes Kind. Deshalb lagen ihm die Theaterstücke für Kinder so; er konnte so gut mit Kindern umgehen – er war einfach selbst ein großes Kind. Er sagte etwas und schaute dich an, wie du reagierst, und seine Augen funkelten.«

Ende des Jahres 1965 hatte der Workshop mehr als drei Dutzend Schüler, im Sommer noch mehr, und damit waren die Möglichkeiten des Apartments am Scott Boulevard eindeutig ausgeschöpft. Auch die Familie Roberts brauchte nach der Geburt von Lisa mehr Platz, und tatsächlich fand Rob nach kurzer Suche den perfekten Ort zum Leben und Arbeiten – ein weitläufiges, zweistöckiges viktorianisches Haus, 849 Juniper Street, mitten in Atlanta. Die Roberts' verwandelten das Erdgeschoss in Workshop- und Probenräume und machten den ersten Stock zu ihrer Privatwohnung.

Das imposante Haus stand fünfzehn Stufen über der Straße. Links von der Treppe befand sich im Erdgeschoss eine Bibliothek, rechts ein großes Wohnzimmer und ein Wintergarten. Im hinteren Teil des Hauses gab es neben der Küche eine große Vorratskammer, die sie in ein Kostümlager verwandelten. Die vier Räume des Obergeschosses wurden zu einem Büro für Rob, einem Schlafzimmer für ihn und Betty, einem Zimmer für den neunjährigen Eric und einem für die kleine Lisa.

Rob arbeitete achtzehn Stunden pro Tag, damit der Workshop reibungslos lief, er unterrichtete und schrieb, führte Regie und produzierte fast alle Stücke, mehr als fünfzig zwischen 1965 und 1970. Im Sommer kamen die Schüler um neun Uhr morgens und gingen nicht vor neun Uhr abends, und das sechs Tage die Woche. Betty kümmerte sich – zusätzlich zu ihrem Ganztagsjob als Büroangestellte – um die Öffentlichkeitsarbeit, unterrichtete und führte bei manchen Stücken Regie. »Während Rob oben ein Stück probte«, erinnerte sich Evan Lee, »führte Betty unten bei einem anderen Stück Regie.«

Im Dezember 1965 brachte der Workshop *Die Nachtigall,*

Walters Adaptation von Hans Christian Andersens Märchen, im Community Playhouse von Atlanta auf die Bühne. Es war ein riesiges Unternehmen: Fünfundfünfzig junge Leute spielten in der Produktion mit (einundzwanzig davon hatten Sprechrollen), darunter auch Blaise Dismer als Kaiser von China. Das Stück hatte einen Erzähler, eine Massenszene, siebzig verschiedene Kostüme, dreißig gelb geschminkte Kinder als Chinesen und fünfundzwanzig orange geschminkte als Japaner.

Walter Roberts war sich offenbar ganz sicher, dass seine jungen Schützlinge alles konnten, was er von ihnen verlangte; *Die Nachtigall* begann mit einem dreiseitigen Monolog, eine Herausforderung für jeden Schauspieler, egal welchen Alters.

Das Stück erwies sich als die erfolgreichste Produktion des Workshops. Achtmal spielten sie das Stück vor vollem Haus, also vor jeweils sechshundert Zuschauern. Ein ganzseitiger Artikel über die Produktion im *Atlanta Journal* fünf Tage vor der Premiere hatte das Interesse angeheizt.

Im Jahr 1966 war der Actors and Writers Workshop die einzige Kindertheatertruppe in Atlanta, denn Ediths Schule hatte sich aufgelöst. Es war außerdem das erste Theater Georgias mit Rassenintegration. Damals lautete Atlantas Motto: »Eine Stadt, die zu viel zu tun hat, um zu hassen«, aber die Rassentrennung fand sich dennoch überall. Lester Maddox hatte 1964 traurige Berühmtheit erlangt, als er, ohne sich um die staatlich verbürgten Bürgerrechte zu kümmern, Afroamerikaner mit vorgehaltener Pistole aus seinem Restaurant gedrängt und das Lokal lieber geschlossen hatte, als es auch für Schwarze zu öffnen. 1966 kandidierte er als bekennender Fürsprecher der Rassentrennung für das Amt des Gouverneurs von Georgia. Nach einer ergebnislosen Wahl wurde er durch die gesetzgebende Körperschaft des Bundesstaates zum Gouverneur ernannt.

»Rob war ein liberaler Südstaatler, der seine Überzeugung in die Tat umsetzte«, sagte Evan Lee. »Betty und Rob setzten sich nicht lautstark für die Bürgerrechte ein, aber sie trieben die Sache der Rassenintegration im Stillen voran. Ich zum Beispiel war ein Teenager, ein weißer Südstaatler, der im Workshop zum ersten Mal mit schwarzen Kindern zusammenkam. Das beeinflusste die Kinder in Atlanta sehr positiv.«

Unter den Schülern des Workshop waren die vier Kinder des Bürgerrechtlers Dr. Martin Luther King jr. und seiner Frau Coretta – Yolanda, 1966 elf Jahre alt, Martin, neun, Dexter, fünf, und später Bernice, die 1968 fünf Jahre alt wurde. »Wir nannten Yolanda ›Yokie‹«, erinnerte sich Evan Lee. »Sie war ein ziemlich ruhiges, sehr nettes Mädchen, das manchmal auch sehr lustig sein konnte. Yokie hat sich von den King-Kindern am meisten engagiert, und als Älteste hat sie auf ihre Brüder aufgepasst. Einmal kam Dr. King abends in den Unterricht. Ich habe ihn nicht kennen gelernt, aber er schüttelte vielen Kindern die Hand.«

Yolanda fand: »Mr. Roberts war so beeindruckend. Ich liebte ihn, aber ich hatte auch ein bisschen Angst vor ihm. Er hat mir so viel beigebracht – er und Mrs. Roberts –, über die Arbeit, und einfach über das Leben und darüber, wirklich offen zu sein, das Leben festzuhalten und das Beste daraus zu machen.«

Am 4. April 1968 hörten sie die entsetzliche Nachricht, dass Martin Luther King in Memphis ermordet worden war. »Alle reagierten panisch«, erinnerte sich Betty. »Wir hatten Angst, Yokie nach Hause zu bringen, weil wir weitere Übergriffe auf die Familie King befürchteten. Als ich sie schließlich heimfuhr, wurde ich sofort von Leuten des Secret Service abgefangen und ins Haus geschoben. Coretta King bat mich zu bleiben und ihr beim Empfang der vielen Prominenten zu helfen, die kamen, um ihr Beileid zu bezeugen. Ich war die Erste, die den [ehemaligen] Vizepräsidenten Richard Nixon begrüßte, als er im Haus der Kings ankam.«

Coretta King hat den Workshop nach den Worten Bettys »sowohl finanziell wie auch ideell sehr unterstützt«. Yolanda erzählte, dass »es ein ständiger Kampf war, die nötigen Mittel aufzutreiben, um den Workshop am Laufen zu halten. Meine Mutter hat sich da sehr engagiert. Aber es ging immer darum, einfach nur über die Runden zu kommen, die Miete zu bezahlen, die Kostüme zu kaufen.«

Tatsächlich gehörte das Spendensammeln zu Walters Zeit raubendsten Tätigkeiten. Ein Programm aus dem Jahr 1967 führt siebenundzwanzig Förderer des Workshops auf, darunter das Ehepaar King sowie Kings Eltern. Walter beschaffte dem Workshop einen staatlichen Zuschuss aus dem Programm des Educational Opportunity Act, um einen Teil des Sommerspielplans 1968 zu finanzieren; seine Bewerbung um ein Stipendium der Guggenheim-Stiftung hatte dagegen keinen Erfolg.

Aber obwohl sie kaum über die Runden kamen, machten Betty und Walter weiter, und sie waren äußerst kreativ und rundum zufrieden, weil sie tun konnten, was sie gern taten. Walter nutzte jede Gelegenheit, seine Produktionen so vielen Menschen wie nur möglich zu zeigen und damit ein bisschen Geld zu verdienen. Dazu gehörte auch das »Showmobil«, ein Lastwagen mit einer Bühne auf der Ladefläche, der die jungen Schauspieler, die Kostüme und das Bühnenbild von Stadtteil zu Stadtteil zog, meist zu einem Publikum von Innenstadtkindern oder Teenagern vom Lande, die noch nie Live-Theater gesehen hatten. »Wir gingen Ende der sechziger Jahre mit ethnisch gemischten Theatergruppen in die Viertel mit den Sozialwohnungen«, erklärte Evan Lee, »und karrten Kinder aus Orten heran, die zum Beispiel Buttermilk Bottom hießen. Rob machte der Stadt das Angebot: ›Für einen Vierteldollar holen wir sie mit dem Bus ab, damit sie mein Stück sehen.‹ Und dann gingen wir auf die Bühne, und da saßen fünfhundert schwarze Kinder im Publikum und hatten ihre erste Theatererfahrung.«

Nicht alle Angehörigen der schwarzen Gemeinde schätzten Walters Vorreiterrolle bei der Rassenintegration im Theater. Eric erinnerte sich später, dass, wenn das Showmobil in die Ghettos fuhr, die Truppe ab und zu mit Steinen beworfen wurde.

Im Frühjahr 1967 stellte Betty fest, dass sie wieder schwanger war. Nach einer neunjährigen Pause zwischen Eric und Lisa würden dieses Baby nur zwei Jahre von seiner Schwester trennen. Es war vielleicht nicht gerade der günstigste Zeitpunkt – die Roberts' waren mit den Verpflichtungen des Workshop mehr als ausgelastet und lebten von etwa 50 Dollar pro Woche an verfügbarem Einkommen –, aber Rob und Betty freuten sich offenbar über die Neuigkeit, und die Mitglieder des Workshop waren begeistert. »Ich erinnere mich, dass alle auf die Geburt des Babys hinfieberten«, erzählte Lyn Deadmore. »Ich fühlte mich wie ein Familienmitglied. Bettys Umfang zum Schluss war gewaltig – es war eine sehr deutlich sichtbare Schwangerschaft. Ich wünschte, ich könnte Ihnen erzählen, dass wir Ausschau hielten und bei Julias Geburt Sterne am Himmel erschienen, aber so war es leider nicht.«

KAPITEL 3

Im Jessica Parker Williams Pavilion des Crawford Long Hospital in Atlanta brachte am Samstag, dem 28. Oktober 1967, sechzehn Minuten nach Mitternacht, die 33-jährige Betty Lou Roberts ein gesundes Mädchen zur Welt, dem die Eltern den Namen Julia Fiona gaben. Es herrschte typisches Herbstwetter. Die Schlagzeile der *Atlanta Constitution* verkündete über den Vietnamkrieg: »USA verlieren 14 Jets in einer Woche der Bombardierungen«. Die großen Oscar-Filme des Jahres, *Bonnie und Clyde* und *In der Hitze der Nacht*, waren schon herausgekommen, während *Vom Winde verweht*, das in Atlanta achtundzwanzig Jahre zuvor Premiere gefeiert hatte, in einer neuen 70-mm-Kopie die Menschenmengen in Loews Grand Theater zog.

Betty brachte das Baby nach Hause, wo es von ihrer Großfamilie bewundert wurde (das *Atlanta Magazine* berichtete später, Walter habe die Krankenhausrechnungen für Julias Geburt nicht bezahlen können und Coretta King sei für ihn eingesprungen). »Ich erinnere mich noch, dass ich dieses gewickelte Baby auf dem Arm hielt«, erzählte Blaise Dismer, der jetzt als Psychologe arbeitet. »Wenn ich heute vor vielen Leuten spreche, sage ich immer noch, dass mich der Ruhm gestreift hat, als ich einmal Julia Roberts im Arm hielt.«

Die Familie nannte das Baby Julie, Eric begann sie bald »Hoolie« zu rufen. Anders als Eric und Lisa, die die blauen skandinavischen Augen ihrer Mutter geerbt hatten, bekam Julie braune Augen wie ihr Vater. Diese strahlenden Augen und ihr überschäumendes Temperament bezauberten alle. »Sie war einfach so süß«, erinnerte sich Yolanda King. »So strahlend und lebhaft – sie war an allem interessiert und wuselte einfach überall herum.«

Von Juni bis September des nächsten Jahres begleitete Julie ihre Eltern und Geschwister auf ihrer zweiten Sommer-Showmobil-Tour. Sie verfolgte mit weit aufgerissenen Augen die hektische, farbenfrohe Geschäftigkeit um sie herum. »Ich habe noch ein paar Erinnerungen an diese Zeit als Kleinkind«, hat Julia gesagt, »wie ich diese magische Welt beobachtete, die sich vor mir entfaltete.«

Betty erzählte: »Ich setzte Julie in ihre Karre, während ich die Tonanlagen aufbaute. In den Ghettos kamen immer Kinder und fragten: ›Darf ich sie spazieren fahren?‹, und ich sagte: ›Aber natürlich.‹ Dann fragte einmal jemand: ›Sind Sie sicher, dass sie sie wieder zurückbringen?‹ Aber die schwarzen Kinder waren fasziniert von ihr, weil viele von ihnen noch nie ein weißes Kind gesehen hatten.«

Aus allen Erzählungen kann man heraushören, dass Walter Roberts hingerissen von seinen kleinen Mädchen war. Er nannte Lisa »Lisa-Maus«, weil sie immer überall herumhuschte (und weil sie ihr Bühnendebüt mit fünf Jahren in einem Mauskostüm hatte). Als sie schon ein Star geworden war, sprach Julia überschwänglich von ihrem Vater. »Ich hatte eine großartige Beziehung zu meinem Dad. Nichts Intellektuelles, nur einfach Liebe und Spaß. Wir haben das Oompa-Loompas-Lied [aus dem Musical-Film »Charlie und die Schokoladenfabrik«] gesungen oder gezeichnet oder gemalt.«

Allerdings war Walter Roberts ganz sicher kein einfacher Mann. Der Kampf um das finanzielle Überleben des Workshops erschöpfte ihn, und seine Ehe – und sein Sohn Eric – litten darunter. »Es war die schönste Zeit überhaupt«, erinnerte sich Blaise Dismer in Bezug auf das Vergnügen, mit dem die Schüler alle Aspekte des Theaters kennen lernten. »Aber auch die schlimmste Zeit. Walter war unglaublich jähzornig, und das brach ab und zu aus ihm heraus. Die häufigste Zielscheibe für seinen Jähzorn war Eric. Walter hatte eine gewisse Geduld mit allen seinen Darstellern, aber nicht mit Eric. Der durfte einfach keine Fehler machen. Er hat Eric ganz ohne Frage emotional misshandelt, und auch auf andere Weise, vermute ich, obwohl ich das nicht genau weiß.«

Eric Roberts, der 1968 zwölf Jahre alt war, gut aussehend, ein bisschen verwahrlost und klein, hatte bis zum Alter von fünf Jahren nicht gesprochen, und dann auch nur unter schwerem Stottern, das fast einer Behinderung gleichkam. »Als ich Eric kennen lernte«, erklärte Blaise Dismer, »war er so bemüht zu gefallen, er war ein Sonnenschein – ein wirklich kluger, kleiner Junge, der stotterte und der sich immer wieder alle Mühe gab.« Kein Kind im Workshop machte sich über ihn lustig, obwohl es wegen seiner schleppenden Sprache schwierig war, sich mit Eric zu unterhalten. In der Schule dagegen sah die Sache ganz anders aus. Eric hatte solche Angst vor den Hänseleien seiner Klassenkameraden, dass er, wenn seine Lehrer von Bankreihe zu Bankreihe gingen und laut vorlesen ließen, auszurechnen versuchte, bei welchem Absatz er wohl drankommen würde, und diesen dann auswendig lernte. Wenn er etwas auswendig vortrug, stotterte er nicht. Doch allzu oft ging etwas schief und Eric musste unvorbereitet eine Passage lesen. Dann kam das Stottern wieder. »Ich musste mich deshalb immer prügeln«, erzählte Eric, »ich kämpfte bis zum Umfallen.«

Seine Lehrer wollten, dass Eric die Sonderschule besuchte, aber Walter weigerte sich, ihn dorthin zu schicken. Er hatte gesehen, dass Eric vor einem Spiegel ohne Stottern auswendig gelernte Verse sprechen konnte, und beschloss stattdessen, dass Eric auf die Bühne gehörte. Der Junge lernte die Schauspielerei mit erstaunlicher Leichtigkeit, stotterte auf der Bühne kein einziges Mal und wurde sehr rasch zu einer »echten Stütze der Theatertruppe«, wie Evan Lee sagte. Blaise Dismer ist derselben Meinung. »Eric nahm die Schauspielerei furchtbar ernst. Er kannte seinen Text in- und auswendig – Gott behüte, dass er einmal eine Zeile vergaß!«

Der Junge lebte offenbar ein einsames Leben und war immer darauf aus, seinem Vater zu gefallen. »Eric war irgendwie mit niemandem richtig befreundet«, sagte Lyn Deadmore. »Er war ein wunderbarer Junge, sehr talentiert, aber schüchtern und traurig. Er wirkte furchtbar unsicher. Irgendwie wollte er sich wohl mit seinem Vater messen. Ich konnte nur schwer damit klarkommen, dass Mr. Roberts für mich ein Vorbild war und er dennoch so gemein mit Eric umging. Es waren verbale Gemeinheiten – er machte sich über ihn lustig. Das machte er mit vielen Leuten – oft riss er über ein paar von den Schülern Witze hinter ihrem Rücken. Wir lachten, aber mir war schon klar, dass es irgendwie grausam war.«

Noch Jahre nachdem Eric ein Filmstar geworden war, erzählte er in Interviews, dass sein Vater ein »großartiger Mann« war, der ihm alles beigebracht hatte, was er über die Schauspielerei wusste. »Ich betete meinen Vater an«, sagte er. »Ich weiß noch, wie er immer mit einer solchen Weisheit sprach, aber nie herablassend wirkte. Ich war erst acht Jahre alt, als ich *Die Glasmenagerie* von Tennessee Williams las, und als ich älter wurde, erkannte ich, dass ich meine umfassende Bildung den Büchern verdankte. Mein Vater war ein ebensolcher Bücherwurm wie ich.«

Mitglieder des Workshops erinnern sich, dass Walter ihnen erzählte, seine wunderbarste Erinnerung sei, wie er einmal Hand in Hand mit Eric einen Hügel hinab zu einem Jahrmarkt gerannt sei. Eine der ersten Erinnerungen von Eric ist die an sein sechstes Weihnachten, als er und sein Vater in Rich's Department Store in Atlanta waren und Eric ein Matchbox-Auto sah, das er unbedingt haben wollte. Sein Vater erklärte ihm, dass er es sich nicht leisten könne. »Dann gehen wir nach Hause, und er öffnet seine Hand – und da ist das Matchbox-Auto. Ich wusste, dass er es gestohlen hatte. Aber es war ein Diebstahl aus Liebe.« In einem anderen Interview sagte er: »Mein Dad war mein bester Freund, und ich liebte ihn.«

Heute hat Eric eine ganz andere Meinung von seinem Vater. »Mit Hilfe vieler Therapiesitzungen«, schrieb er in einer E-Mail an den Autor dieses Buches, »bin ich zu der Erkenntnis gekommen, dass mein Vater nicht der Mann war, für den ich ihn hielt.« Erics Frau Eliza erklärte das, ebenfalls per E-Mail, näher: »Leider ist Eric klar geworden, und er musste sich mit dieser Tatsache auseinander setzen, dass sein Vater Walter ein sehr kranker Mann war und Eric Opfer des Stockholm-Syndroms* wurde, denn sein Vater hat das Leben vieler Menschen zerstört. Eric

---

* 1973 fühlten sich vier schwedische Geiseln, die nach einem Bankraub sechs Tage mit ihren Geiselnehmern in den Kellergewölben einer Bank verbrachten, ihren Peinigern so eng verbunden, dass sie später für sie Partei ergriffen, ein Phänomen, das deshalb das Stockholm-Syndrom genannt wird. Psychologen haben die Theorie, dass die Opfer in solchen Fällen eine Beziehung zu den Tätern aufbauen, um Gewalt zu vermeiden. Abhängig

kann Ihnen ganz sicher keine positiven Gedanken zu diesem Mann liefern. Er bedauert, je so liebevoll über ihn gesprochen zu haben.«

Walters Zornausbrüche wurden häufiger, als sich der Kampf um den Erhalt des Workshops zuspitzte. Obwohl Coretta King 1969 eine Stipendienstiftung für den Workshop in Erinnerung an ihren verstorbenen Mann einrichtete und ihn »eines der fantasievollsten und aufregendsten kulturellen Unternehmungen Atlantas in der letzten Zeit« nannte, war es den Roberts' nicht möglich, oberhalb der nationalen Armutsgrenze zu existieren. »Sie lebten von der Hand in den Mund«, erklärte Lyn Deadmore. Die Belastung forderte ihren Tribut von Eric, von manchen jungen Schauspielern im Workshop und von der Ehe der Roberts'. Lyn erinnerte sich, dass sie Betty einmal mit einem blauen Auge die Treppe aus der Wohnung der Familie herunterkommen sah. »Was ist passiert?«, fragte Lyn. »Oh, mich hat eine schwarze Katze getroffen«, antwortete Betty. Für Lyn ergab das keinen Sinn, »aber ich ließ sie in Ruhe. Damals fragte ich mich, ob Walter das getan hatte.«

Greg Patin, Ende der sechziger Jahre ein hübscher schlanker junger Mann, schloss sich als Teenager dem Workshop an und erlebte den Zerfall der Roberts-Ehe zwei Jahre lang aus nächster Nähe mit. Weil er älter war als die meisten anderen Schüler, wurde er in den inneren Kreis der Familie aufgenommen und hielt sich auch in ihren privaten Wohnräumen im ersten Stock auf. »Walter hatte Zornesausbrüche erster Güte, in denen er buchstäblich mit Gegenständen um sich warf«, erinnerte sich Greg. »Betty verließ einfach den Raum, die Kinder verschwanden, und er saß da und trank. Er trank immer. Er trug, wo er auch hinging, diesen großen Krug ›Wasser‹ mit sich herum, das mit Bourbon

---

vom Grad seiner Identifikation mit dem Täter kann das Opfer sogar leugnen, dass der Täter wirklich etwas Schlimmes tut. In Familiensituationen kann ein misshandeltes Kind unbändige Liebe für den misshandelnden Elternteil empfinden und dessen wahre Persönlichkeit sowie seine besondere Beziehung zu ihm leugnen.

versetzt war. Er sagte, er brauche das Wasser für seine kranken Nieren. Ich meinte: ›Dafür ist der Alkohol aber sicher auch nicht gut.‹ Dann machte er diese genießerisch schmatzenden Geräusche, wie Anthony Hopkins in *Das Schweigen der Lämmer*, als er über die Fava-Bohnen und den Chianti spricht.«

Gregs Ansicht nach war Walter »jemand, der die Schwächen anderer ausnutzte, ein sehr manipulativer Mensch. Er war sehr böse, glaube ich, pervers, abwegig. Er war ein brillanter Mann, sehr klug. Aber, meine Güte, er war auch ein wirklich kranker Mann.«

Lyn Deadmore zufolge rissen viele Jungen im Workshop Witze darüber, dass Walter ihnen sexuelle Avancen machte und ihnen offenbar gern in den Hintern kniff. »Ich glaube, er hatte eine Schwäche für kleine Jungs«, sagte sie, »und ich fragte mich, ob er Eric weh getan hatte, um ehrlich zu sein.« Blaise erinnerte sich, dass Walter den Jungen schmutzige Witze erzählte. »Im Rückblick gesehen, war das wirklich unpassend«, sagte er. »Aber damals waren wir Achtklässler irgendwie ziemlich dreist, und wir waren ein bisschen frühreif, wir ›vom Theater‹.«

Einer der Jungen, der anonym bleiben will, war dann aber doch noch nicht *so* frühreif und unverfroren, wie Walter dachte. »Wir waren Achtklässler und machten uns über Homosexuelle lustig«, erklärte er. »Das tat Mr. Roberts auch. Er sagte zum Beispiel: ›Wisst ihr, drüben an der Achtzehnten Straße wohnen ein paar Schwule!‹ Und eines Tages sagte er zu mir: ›Hey, warum gehen wir nicht rüber zu ihnen? Wir hätten bestimmt eine Menge zu lachen.‹ Ich verstand das so, dass wir dorthin gehen würden, und diese Jungs würden sich irgendwie komisch weibisch benehmen, und wir würden kichern und dann in die Juniper Street zurückkehren. Also sagte ich ja. Aber auf dem Weg dorthin sagte er: ›Immerhin gibt's dort kostenlosen Sex!‹

Ich dachte: *Oh mein Gott – er redet davon, dass wir da rübergehen und uns von diesen Typen einen blasen lassen!* Also sagte ich: ›Hey, warum gehen Sie nicht hin, und ich warte hier auf Sie.‹ Er antwortete nur: ›Nein, vergiss es, ist egal, gehen wir einfach zurück.‹ Und so gingen wir zurück. Dieser Zwischenfall hat mir irgendwie Angst eingejagt – er hatte mich völlig kalt erwischt.«

Greg hatte ähnlich verstörende Erfahrungen mit Walter. »Seine sexuellen Neigungen waren sehr seltsam«, sagte er. »Er war sehr gerissen und verschlagen, wenn es um Sex ging. Es ging über Avancen hinaus. Er hatte eine sehr tiefe Stimme – er wirkte weiblich in einigen seiner Gesten, aber er hatte eine breite Brust und eine sehr weit tragende Stimme. Aber er konnte auch eine weibliche Stimme einsetzen, die ganz und gar nicht wie ein Falsett klang, sondern wirklich wie die einer Frau. Und mit dieser Frauenstimme rief er die Leute an, mich auch, und redete über sexuelle Dinge. Mir war das damals nicht klar, aber er holte sich am anderen Ende der Leitung damit einen runter. Als mir klar wurde, was er da tat, war Eric nicht mehr der einzige Traumatisierte unter uns; mir ging es ebenso, weil ich an diesen Mann glaubte.«

Ein weiterer negativer Faktor in der »frühreifen Truppe« der Workshop-Teilnehmer war der Drogenmissbrauch. In der relativ progressiven Stadt Atlanta waren Drogen Ende der sechziger Jahre kaum zu meiden. »Grass und LSD gehörten zum Lebensstil der Theaterkompanie«, schrieb Fred Schruers in einem *Premiere*-Profil von Eric im Jahr 1995. »Wir probierten es alle mal«, zitierte Schruers Philip DePoy, einen Teenager aus dem Workshop, »aber bedenken Sie, wie viel jünger [Eric] war. Ein paar von diesen Drogen haben ihm den Kopf vernebelt, als er vielleicht elf war.« (Eric selbst hat zugegeben, dass er mit dreizehn zum ersten Mal Marihuana probierte.) Gloria Jones erinnerte sich (ohne wirklich Wissen aus erster Hand zu haben): »Wir hörten über andere Familienmitglieder, dass Betty Eric Marihuana gab.« Unabhängig davon, ob Eric die Droge von seiner Mutter bekam oder nicht – er setzte sie jedenfalls nicht zur Entspannung ein, sondern um seine Ängste, Unsicherheiten und Depressionen zu lindern. In den folgenden Jahren hatte er viele Gründe für diese drei Gefühle, und Drogen sollten sich als ein ernstes, beinahe tödlich ernstes Problem für ihn erweisen.

Der Zusammenbruch der Roberts-Ehe stellte auch für Betty eine enorme Belastung dar. Sie nahm zu (wie Walter auch) und verlor das sprühende Temperament, das die Menschen immer so an ihr geliebt hatten. »Sie war da, aber dann auch wieder nicht«, erklärte Greg. »Sie versuchte immer, an allem Anteil zu nehmen, aber sie wirkte einfach die ganze Zeit sehr deprimiert.«

1970 spielten Betty und Greg die Hauptrollen in einer Produktion von Tennessee Williams' *Süßer Vogel Jugend*, einem Drama über einen alternden Filmstar, der sich mit einem hübschen jungen Herumtreiber einlässt. Gregs Schilderung zufolge stand Betty eines Abends nach einer Probe vor der Tür seines Apartments. »Sie war betrunken und wollte mit mir ins Bett. Sie versprach, wenn wir nur einmal miteinander schlafen würden, würde es später keine sehnsüchtigen Blicke und all das Zeug geben, nichts, worüber ich mir Sorgen machen müsste. Ich sagte nein – sie war nicht attraktiv für mich. Sie verbrachte einen Teil der Nacht weinend vor meiner Tür.«

Als Greg genug von beiden Roberts' hatte und den Workshop verließ, fragte Betty ihn: »Wie kannst du einfach so abhauen, nach allem, was Walter für dich getan hat?« Er erklärte ihr: »Ich kann diesen Wahnsinn nicht länger ertragen. Sie wissen gar nicht, was ich durchmache.«

»Ich weiß, was Walter tut«, antwortete Betty.

1970 finden wir in einem Programm des Workshops eine Doppelbiografie von Betty und Walter Roberts, wohl von Walter geschrieben. »Sie arbeiten gemeinsam für den Workshop«, hieß es da, »obwohl Walter darauf besteht, dass Betty eigentlich die Lehrerin in der Familie ist, und sie behauptet, dass er der einzige Regisseur im Hause ist … Vor kurzem haben sie mit der Arbeit an einem Anleitungsbuch begonnen, über ihre eigenen, ziemlich einmaligen Ansätze in der Arbeit mit jungen Menschen. Der vorläufige Titel lautet: *Wie man zu einem schwachsinnigen Kinde spricht.*«

Das Buch erblickte nie das Licht der Öffentlichkeit, und der anvisierte Titel sprach Bände darüber, wie Walter wirklich über die Arbeit mit Kindern als Schauspielern dachte. »Ich weiß, dass Walter den Ehrgeiz hatte, den Workshop auch zu einem Erwachsenentheater zu machen«, erinnerte sich Lee Evans. »Er nannte den Kern der Truppe ›Junior-Compagnie‹, als ob er erwartete, dass es irgendwann einmal eine ›Senior-Compagnie‹ geben würde. Ich weiß nicht, warum es sie nicht gab – vielleicht, weil er sich so sehr im Tagesgeschäft aufrieb.«

Wegen des ewigen Kampfes ums Geld ging der ganze Workshop zugrunde; eine gemischtrassige Version der erotischen Komödie *Die Eule und das Kätzchen* mit der 16-jährigen Yolanda King in einer Hauptrolle als New Yorker Prostituierte wurde zu seiner gewagtesten und letzten Produktion, und im Winter des Jahres 1970 war auch die Roberts-Ehe am Ende, aufgerieben durch all die Kämpfe, die Untreue beider Partner, die immer häufigeren Auseinandersetzungen. Julia hat, wie sie einem Reporter erzählte, eine Erinnerung aus der Zeit, als sie vier war. Sie und Lisa gaben gerade eine Teegesellschaft, als ihre Eltern einen lauten, bitteren Streit anzettelten. »Also veranstalteten meine Schwester und ich die Teegesellschaft als eine Art ›Tun wir so, als ob dies alles nicht wahr wäre‹.«

Walter und Betty waren im Februar 1971 noch zusammen, als sie aus den weitläufigen Räumlichkeiten an der Juniper Street in ein kleines, aber hübsches Haus an der 8. Straße, Nr. 432, zogen, gegenüber der Grady Highschool, wo Eric gerade sein zweites Jahr abschloss. Walter nahm eine Hypothek von 17 800 Dollar auf das Haus auf und zahlte monatlich 136 Dollar ab.

Das Ende des Workshops und damit das Ende von Stress und finanzieller Belastung – Walter fand eine regelmäßige Arbeit als Staubsaugervertreter für Rich's Department Store – reichte nicht aus, um die Ehe der Roberts' zu retten. Laut Walters Cousine Dorothy Whitmire fand der entscheidende Vertrauensbruch, der die Verbindung schließlich zerstörte, kurz nach der Übersiedlung in das Haus an der 8. Straße statt. »Eric kam früh von der Schule nach Hause und fand seine Mutter im Bett mit Michael Motes [dem Mann, den sie später heiraten würde].« Völlig aufgewühlt von dem, was er als Betrug an seinem Vater auffasste, rief Eric Walter in Rich's Department Store an und erzählte ihm, was er gesehen hatte. Drei weitere Cousinen von Walter, Glenda Beard, Gloria Jones und Lucille Roberts, bestätigten diese Geschichte.

»Ein eklatanter Fehler in Walters Lebensgeschichte«, so Gloria, die bei dieser Angelegenheit eindeutig auf Seiten der Roberts-Familie steht, »ist, dass ihm die Schuld für die Scheidung von Betty zugeschoben wurde, aber das stimmte so nicht. Wenn Eric Ihnen gegenüber ehrlich wäre, könnte er Ihnen genau erzählen, was geschehen ist – kein schönes Bild. Es war ja auch nicht das erste Mal, aber es war das erste Mal, dass [eines der] Kinder sie erwischte. Eric verdächtigte seine Mutter, Affären mit anderen Männern vor Motes gehabt zu haben, und das stimmte auch. Walter wusste davon, aber er versuchte sie geheim zu halten. Er wusste, wie sein Dad ihn behandeln würde, wenn er sich scheiden ließ. Es hatte noch nie eine Scheidung in unserer Familie gegeben. Aber irgendwann ist das Maß voll. Man kann nur eine gewisse Menge an Erniedrigungen ertragen. Walter war mit einigen der wichtigsten Leute in Atlanta bekannt, und sie machte ihn lächerlich.«

Selbst nicht gerade schuldlos an dem Zerwürfnis, reichte Betty am 14. Juni 1971 die Scheidung ein. Sie warf Walter »unmenschliche Behandlung« vor, erklärte, dass er »einträglich erwerbstätig ist und einen beachtlichen Lohn bezieht und in der Lage ist, die Klägerin und ihre minderjährigen Kinder zu unterstützen«, und beantragte das Sorgerecht für Eric, Lisa und Julie. Drei Wochen später schlossen die Roberts' eine scheinbar freundschaftliche Abmachung. Walter willigte in die Scheidung ein und Betty bekam das Sorgerecht für alle drei Kinder sowie das Recht, in dem Haus in der 8. Straße wohnen zu bleiben und die Hypothek zu übernehmen. Walter behielt den 1968er-Volkswagen der Familie und musste pro Monat 195 Dollar Unterhalt für die Kinder bezahlen. Er erhielt außerdem »vernünftige« Besuchsrechte zugesprochen. Die Scheidung wurde am 28. Januar 1972 rechtskräftig.

Damals unterhielt Betty schon eine engere Beziehung zu Michael Motes, den sie dann im September 1972 heiratete. Diese Verbindung legte den Grund für eine bittere Spaltung, die die Roberts-Familie viel weiter auseinander riss als die Scheidung. »Offenbar wollte meine Mutter eine Beziehung und eine sichere Familie für ihre Kinder«, sagte Eric 1998. »Aber ich glaube, sie wusste nicht, worauf sie sich einließ, als sie einwilligte, Motes zu heiraten. Dort, wo wir aufwuchsen, wussten alle, dass Motes ein Verrückter war. Er wäre in einer Menge von zehntausend Menschen noch aufgefallen. Ob er meine Mutter heiratete, um ihren Kindern nahe zu sein, weiß ich nicht. Aber ganz offenbar war es für die Kinder nicht gut oder gesund, dass sie ihn heiratete. Der Mann meiner Mutter terrorisierte und misshandelte mich, und ich fürchte, dass er auch meine Schwestern Julie und Lisa terrorisierte.« 1997 erzählte Eric dem Journalisten J. Randy Taraborrelli: »Der Typ, bei dem wir aufwuchsen, war ein Scheißkerl. Es war ein Fehler, dass meine Mutter ihn geheiratet hat, aber sie hat es nun mal getan, was kann ich also dazu sagen? Das war ihre Entscheidung.« Gefragt, ob Julie und Lisa »eine schwere Zeit mit ihm hatten«, antwortete Eric: »Ich weiß, dass sie eine schwere Zeit hatten. Mehr sage ich Ihnen dazu nicht. Wer weiß, was sie mit diesem Typen durchgemacht haben?«

Aus der Tatsache, dass sie in Interviews nicht von ihrem Stiefvater spricht, kann man wohl schließen, dass Julias zehn Lebensjahre mit ihm wirklich unglücklich waren. »Nach der Scheidung meiner Eltern zogen meine Mutter, meine Schwester und ich nach Smyrna«, erklärte sie einmal, ohne die zweite Ehe ihrer Mutter zu erwähnen. In einem anderen Interview erklärte sie, warum sie nicht über Motes sprechen wird: »Ich habe sehr negative Meinungen dazu, aber ich habe eine kleine [Halb-]Schwester, die aus der zweiten Ehe meiner Mutter hervorgegangen ist, und aus Respekt vor ihr und meiner Mom fände ich es einfach nicht fair, mich dazu zu äußern.«

KAPITEL 4

Michael Motes, geboren als James Virlyn Michael Motes am 10. Januar 1945, war das erste von zwei Kindern des Virlyn Moore Motes aus Atlanta und der Nelle Birmingham aus Tallulah Falls, Georgia, die am 15. September 1942 in Atlanta geheiratet hatten. Als Teenager an der Campbell Highschool in Smyrna zog Motes die Hänseleien seiner Klassenkameraden auf sich und galt als »seltsam … eine Heulsuse«, wie ein Mitschüler Aileen Joyce erzählte. Er war groß und stämmig, trug eine Hornbrille und litt unter Alopecia areata, einer wenig bekannten Krankheit, die völlige Kahlheit zur Folge hat. Er trug Toupets, die, wie sich ein Klassenkamerad Joyce gegenüber erinnerte, »so ganz offensichtlich Toupets waren, sie sahen irgendwie so rötlich und nicht besonders natürlich aus«.

Motes beschäftigte sich intensiv mit der Genealogie seiner Familie, die er zwölf Generationen zurückverfolgte, und trat Dutzenden von Organisationen bei, die die Geschichte der Südstaaten und der USA verherrlichten, darunter auch den Children of the Confederacy und der National Society of Sons of the American Colonists. Er erhob sogar Anspruch auf eine ererbte Mitgliedschaft bei der britischen Society of the Descendants of the Knights of the Most Noble Order of the Garter, gegründet von König Edward III. im Jahr 1348.

1971 arbeitete der 26-jährige Motes als Theaterkritiker für *The Atlanta Constitution* und besuchte in Smyrna eine Stadttheaterproduktion von *Arsen und Spitzenhäubchen* mit der 37-jährigen Betty Lou Roberts als Tante Martha, einer der beiden so köstlich verrückten ältlichen Schwestern, die ihre Pensionsgäste vergiften und in ihrem Keller begraben.

Nach der Vorführung wurden Motes und Betty einander vorgestellt und begannen bald eine Affäre, obwohl niemand, der sie kannte, sich vorstellen konnte, was sie am jeweils anderen so anzog. Menschen, die Motes kannten, fanden, dass er seltsam aussah und seltsam auftrat und nannten ihn Mr. Clean wegen seiner glänzenden Schädelplatte. Äußerlich war er das genaue Gegenteil von Walter Roberts. Andere, die ihn kannten, machten sich Gedanken über seine sexuellen Präferenzen. »Ich war nicht überrascht, als Betty Michael Motes heiratete«, sagte Greg Patin, »selbst wenn er nicht so unbedingt an Frauen interessiert war … ich dachte, es ging eher um Betty als Person.«

Bettys Hochzeit mit Michael Motes am 11. September 1972 und Motes' übler Umgang mit Eric brachten Walter im Oktober dazu, vor Gericht um eine Abänderung der Scheidungsvereinbarungen zu bitten. Er brachte vor, dass Betty »die minderjährigen Kinder, besonders unsere Töchter, vernachlässigt [habe], indem sie abends lange fortging, ohne für einen Erwachsenen als Obhut und Aufsicht für die Kinder zu sorgen« und dass »die ganzen Wintermonate über unsere Töchter erkältet waren, äußerst erschöpft und lustlos wirkten und manchmal, wenn der Antragsteller [Walter] sie sah, Fieber hatten«. Walter brachte außerdem vor, dass Betty die Mädchen für längere Zeiträume in seiner Obhut ließ, »während sie abwesend … und nicht zu erreichen war«.

In Bezug auf Julie führte Walter an, dass »man sich überhaupt nicht richtig um sie kümmert. Sie ist ein unschuldiges Kind, das Zärtlichkeit braucht, und die bekommt sie eindeutig nicht. Ich fürchte, das wird sie in späteren Jahren beeinträchtigen. Ich will nicht, dass sie als Erwachsene darunter leidet, was ihr als Kind angetan wurde.«

Was Michael Motes betraf, so warf Walter ihm vor, dass er schon vor der Ehe »häufig über Nacht mit der Beklagten [Betty] in dem Haus geschlafen [habe] mit dem Wissen und in Anwesenheit aller minderjährigen Kinder«. Am 13. Mai 1972, so Walter, hatte Motes Eric »grundlos« geschlagen und verletzt, und zwei Tage später hatte Betty »unseren Sohn Eric aus dem Haus geworfen und sich geweigert, weiter für ihn zu sorgen … Michael Motes hat unsere minderjährigen Kinder, insbesondere unseren Sohn Eric, misshandelt und tut dies weiterhin.«

Eric hat nie dezidiert darüber gesprochen, was sich zwischen ihm und Michael Motes abgespielt hat. Einmal erklärte er, dass ein Mitglied seiner Familie, das er nicht genauer bezeichnete, ihn so geschlagen habe, »dass ich kaum noch gehen konnte«. Später erzählte er einem Reporter, dass seine Mutter ihn jahrelang brutal verprügelt hätte. Das ist »etwas, das man nie vergessen kann«. Und vor nicht allzu langer Zeit sagte er: »Meine Mutter hatte die Angewohnheit, sich einfach einen Stock zu greifen und auf jemanden einzuprügeln – auf mich. Als Kind hatte ich Angst vor allem und jedem.« Er fügte hinzu, dass »Julia verdrängt«, wenn es um all die Misshandlungen in ihrer Familie geht. »Ich versuchte mit ihr darüber zu sprechen, wie ich misshandelt wurde, und sie schrie mich einfach nieder. Sie wollte nichts von diesen Misshandlungen wissen. Sie sagte, mein Vater sei derjenige gewesen, der uns missbraucht habe. Er konnte einen psychisch völlig niedermachen [aber er hat uns nicht körperlich misshandelt]. Meine ganze Kindheit über setzte es fast täglich Prügel [von meiner Mutter]. Aber Julia will davon nichts hören, und das hat unsere Beziehung jahrelang beeinträchtigt.«

An dem Abend, an dem Betty den damals 16-jährigen Eric nach einem handgreiflichen Streit mit Motes aus dem Haus jagte, ging er in einem schweren Gewitter von Smyrna nach Atlanta – eine Strecke von mehr als zehn Meilen –, nachdem er seinen Vater telefonisch nicht hatte erreichen können, weil dieser mit seiner neuen Freundin Eileen Sellars, einer zwölf Jahre jüngeren Rechtsanwaltsgehilfin, ausgegangen war. Eric rief Eileens Mutter Virginia an, die ihn in der Innenstadt von Atlanta einsammelte. »Er tat mir so Leid«, erinnerte sich Virginia. »Er konnte seinen Vater nicht erreichen, und Geld hatte er auch nicht. Er war pitschnass und so außer sich, dass er furchtbar stotterte.«

Als Reaktion auf Walters Beschwerden über Bettys Verhalten und ihren Umgang mit den Kindern, bekamen er, Betty und Michael Motes die Auflage, »sich jeweils von Dr. W. J. Clark untersuchen zu lassen«, einem Psychologen in Atlanta, der dem Gericht dann einen Vorschlag für das Sorgerecht machen würde. Walter musste die Sitzungen bezahlen und erhielt bis auf weiteres das Sorgerecht für Eric. Betty durfte Lisa und Julie behalten. Walter bekam ein Besuchsrecht: Er durfte »alle drei Kinder an jedem zweiten Wochenende von sechs Uhr abends am Freitag bis sechs Uhr abends am Sonntag bei sich haben, beginnend mit dem Wochenende ab dem 24. November 1972«.

In einer Antwort vom Januar 1973 auf Walters Eingabe bei Gericht wies Betty alle Vorwürfe zurück und beschuldigte ihn im Gegenzug, er habe ihr nicht die Besitzrechte am Haus in der Juniper Street überschrieben und während des letzten Sommers (während sie mit den Mädchen in einem Sommerlager am Cass Lake, Minnesota, Urlaub machten) »eine große Menge von Gegenständen aus dem Haus [geholt], darunter Möbel, Haushaltsgeräte, Kleidung, Kunstgegenstände u. a., die er der Klägerin [Betty] größtenteils nicht zurückgegeben hat«.

Betty gab weiterhin zu Protokoll, dass Walter bei den Unterhaltszahlungen für seine Kinder im Rückstand sei und »sein Besuchsrecht grob missbraucht [habe], indem er den minderjährigen Kindern üble Lügen über die Klägerin erzählt [habe], um die Kinder gegen die Klägerin einzunehmen und sie dazu zu bringen, sich ihrer Obhut zu entziehen und mit dem Beklagten [Walter] zu leben. Weiterhin weist die Klägerin darauf hin, dass der Beklagte das älteste Kind der beiden Parteien, Eric, so weit gebracht hat, dass er seine Versuche, die jüngeren Kinder ihrer Mutter zu entfremden, unterstützte.«

Bettys Petition endete mit der Bitte an das Gericht, Walter die Erfüllung aller Abmachungen des ursprünglichen Scheidungsvertrags zu befehlen, sein gesamtes Besuchsrecht in Bezug auf Lisa und Julie zu widerrufen und das Sorgerecht für Eric dem Beklagten zu übertragen.

Im Mai 1973 erging das endgültige Urteil des Gerichts: Walter bekam das zeitlich befristete Sorgerecht für Eric zugesprochen und musste keinen Unterhalt für ihn zahlen. Betty bekam das dauerhafte Sorgerecht für Lisa und Julie. Walter durfte beide Töchter »für einen Zeitraum von zwei Wochen in jedem Sommer während der Schulferien bei sich haben … Zusätzlich hat [Walter] das Recht eines Besuchs seiner Töchter am ersten Weihnachtstag in den ungeraden Jahren und am Heiligabend in den geraden Jahren.« Betty bekam das Recht zugesprochen, dass Eric sie in den Sommerferien besuchen durfte, aber er wollte mit seiner Mutter nichts mehr zu tun haben. Er redete fünfzehn Jahre lang nicht mit ihr. Das änderte sich erst, als Julia einmal dem Tode nahe in einem Krankenhaus in Los Angeles lag. Zu Beginn seiner Schauspielerkarriere berichteten Journalisten, seine Mutter sei tot.

Das Gericht legte schließlich fest, dass sowohl Betty als auch Walter »jede Belästigung des anderen vermeiden« sollten. »Beide Parteien sind gehalten, jeden Versuch zu unterlassen, den Sohn als ein Druckmittel gegenüber der anderen Partei oder zur Schaffung emotionaler Verwirrung bei den Töchtern einzusetzen.«

Weder Walter noch Betty hielten sich an diese Aufforderung, einander nicht zu belästigen. 1974 hämmerten einmal tief in der Nacht Polizisten an der Tür des kleinen Bungalows der Familie Motes in der Privette Road in Smyrna und warfen Michael, Betty, Lisa und Julie aus den Betten. Die Polizei von Smyrna hatte telefonisch einen Tipp bekommen, dass in einer präparierten Bibel auf dem Kaffeetisch im Wohnzimmer der Familie Drogen zu finden seien. Mit einem Durchsuchungsbefehl in der Hand schauten sich die Polizisten die Bibel an und fanden tatsächlich Drogen. »Der Ehemann brach in Tränen aus«, erzählte einer der Polizisten, Troy Ballinger, Aileen Jones. »Er war wirklich entsetzt und rang die Hände, sagte, er habe kleine Kinder im Haus und würde nie zulassen, dass sie mit Drogen in Berührung kämen.«

Betty erklärte den Polizisten, dass Walter die Drogen in der Bibel versteckt und die Polizei angerufen habe, um seiner Forderung nach dem Sorgerecht für Lisa und Julie Nachdruck zu verleihen. Nun ist es zwar wahrscheinlich, dass er den Tipp gab (»Das klingt wie etwas, das er tun könnte«, sagte Gloria Jones), aber es ist unwahrscheinlich, dass er die Drogen dort versteckte, denn er durfte das Haus der Motes' nicht betreten – alle Treffen mit Lisa und Julie fanden bei ihm zu Hause statt. Betty bestand allerdings darauf, dass Walter hinter der ganzen Geschichte stecke, und die Polizisten kamen zu dem Schluss, dass hier »etwas nicht stimmte«, wie Ballinger es ausdrückte. »Deshalb haben wir sie nie vor Gericht gebracht, und die ganze Angelegenheit wurde fallen gelassen.«

(Neun Jahre später ließen sich die Motes' scheiden, und eine Sorgerechtsabmachung besagte, dass Motes Besuchsrechte bei ihrer gemeinsamen Tochter Nancy, geboren im Jahr 1976, bekommen sollte, vorausgesetzt, dass »der Ehemann sein Kind nicht zu irgendeinem Treffen der Narcotics Anonymous [einer Selbsthilfegemeinschaft von Drogenabhängigen] mitnimmt, und dass die Ehefrau das Kind nicht zu irgendwelchen Treffen der Narcotics Anonymous mitnimmt«.) Laut Gloria Jones rächte sich Betty schon bald an Walter. »Sie behauptete, Walter habe Fotos aus der öffentlichen Bücherei von Atlanta gestohlen, und ließ ihn festnehmen. Er hatte die Bilder nicht entwendet.«

»Ich wuchs in einer sehr gestörten Familie auf«, hat Eric erklärt. »Jeder hasste jeden und ließ ihn das auch deutlich spüren.«

Welche Auswirkungen all diese Familienstreitigkeiten auf Julie Roberts hatten, die im Oktober 1974 sieben Jahre alt wurde, kann man sich leicht vorstellen. Alle, die Julia beobachtet, sie interviewt und über sie geschrieben haben, stimmen darin überein, dass sie Konfrontationen, Auseinandersetzungen hasst. Ein ihr nahe stehender Hollywood-Autor hat einmal gesagt: »Julia vermeidet Konflikte um jeden Preis, selbst mit Menschen, denen sie nahe steht. In dem Moment, indem du sie mit jemandem streiten hörst – selbst mit einem Geliebten –, kannst du die Minuten zählen, bis es aus und vorbei ist.«

Ihre Eltern hatten sich gegen Ende ihrer Ehe wüst gestritten, und bei Betty und Michael Motes war es fast von Beginn ihrer Ehe an dasselbe. Ein Hauptkonfliktpunkt war wieder einmal das Geld. Wenn Betty gehofft hatte, dass sie durch ihre Ehe mit Motes finanzielle Sicherheit für sich und die Mädchen erlangen würde, merkte sie schnell, dass sie einem Irrtum aufgesessen war. Während ihrer zweiten Ehe wurden sie oder Motes nicht weniger als zehn Mal wegen nicht bezahlter Schuldzinsen, Kredite und anderer Rechnungen angezeigt. Am 24. März 1974 zeigte Rich's Department Store – Walters Arbeitgeber – Motes an, weil er offenbar einen ungedeckten Scheck über 23,33 Dollar ausgestellt hatte. Weder er noch Betty unternahmen auch nur den Versuch, den Betrag zu begleichen, und am 18. Juni wurde Bettys Lohn gepfändet.

Wenn Julie ihre Mutter und ihren Stiefvater bis spät in die

Nacht hinein streiten hörte, ließ sie sich von Lisa trösten, mit der sie ein Bett in ihrem kleinen, baufälligen Haus neben einem Wasserturm teilte. »Lisa hatte eine wirklich wunderbare Eigenschaft«, erklärte Julia 1989 dem GQ. »Ich wartete, bis sie eingeschlafen war, und berührte sie dann, um so an einen sicheren Ort zu kommen, damit ich nachts keine Angst haben musste.«

Als Erwachsene hat Julia einen Schutz entwickelt, der die schlechten Erinnerungen herausfiltert. »Wenn ich auf meine Kindheit zurückblicke, dann konzentriert sich mein Gedächtnis zunächst auf die besten Dinge«, sagte sie 1998 in *Parade.* »Ich bin jemand, für den die Zeit alle Wunden heilt.« Deshalb wissen nur wenige ihrer Fans, wie chaotisch, wie unglücklich die ersten vierzehn Jahre in Julies Leben waren. Sie destillierte die Erlebnisse ihrer Jugendzeit in der Bemerkung: »Ich komme aus einer Familie, in der es viele Umarmungen gab, viele Küsse, viel Liebe.«

Eric hat weit offener über die Vergangenheit der Familie Roberts gesprochen. »Kinder, die in einer problembelasteten Umgebung aufwachsen, geben sich normalerweise selbst die Schuld an ihren Schmerzen«, erklärte er dem Journalisten Leon Wagener im Jahr 1998. »Man stellt sich vor, dass man irgendetwas Böses getan haben muss, wenn man so leidet. Man kommt zu der Überzeugung, dass man den Schmerz verdient. Dieses Schuldbewusstsein führt zu selbstzerstörerischem Verhalten.«

Eric, der oft auf Lisa und Julie aufgepasst hatte, als sie klein waren, bedauerte es zutiefst, dass er nicht mehr bei ihnen war und sie vor der Gefahr schützen konnte, die Michael Motes seiner Meinung nach darstellte. »Ich hatte schreckliche Angst, wenn ich daran dachte, was meine armen Schwestern wohl bei Motes würden erdulden müssen.«

Wagener schrieb in seinem Porträt von Eric in der britischen Zeitschrift *Here!,* dass »als Julie zehn war und mit ihrer Mum und ihrem Stiefvater in Smyrna, Georgia, lebte, Motes einen Jungen im Teenageralter, der oft bei der Familie zu Gast war, sexuell zu belästigen begann. Er stellte Shawn Melton, damals dreizehn, vier Jahre lang nach ... Eric behauptet, dass Motes sich nicht nur an fremden Kindern vergriff – er sagt, er habe furchtbare Angst vor seinem Stiefvater gehabt –, und er glaubt, dass das Leben in

Motes' Haushalt während ihrer prägenden Jahre eine starke Wirkung auf Julie und ihn selbst hatte.«*

In einem Moment der Offenheit im Gespräch mit einem Journalisten hat Julia einmal zugegeben, dass die Kinder in ihrer Familie »alle schnell erwachsen werden mussten«.

* In einem Telefongespräch mit dem Autor hat Shawn Melton bestätigt, dass er von Michael Motes sexuell belästigt wurde. Er lehnt es aber ab, sich ausführlicher zu äußern.

KAPITEL 5

Trotz der Enttäuschung über den Verlust des Workshops hatte Walter Roberts 1973 einen Grad an Zufriedenheit erreicht, den er jahrelang nicht gekannt hatte. Er hatte sich mit seinem neuen Leben ausgesöhnt, verdiente als Vertreter für Eureka-Staubsauger bei Rich's mehr denn je zuvor und hatte sich mit Eileen Sellars verlobt, die auch die beiden Mädchen sehr mochten.

Wenn Michael Motes das genaue Gegenteil von Walter Roberts war, dann unterschied sich auch Eileen in vielerlei Hinsicht von Betty Lou. Ihre Tante Vivien McKinley beschrieb die gutherzige, fleißige Brünette mit einem Abschluss der Florida State University als einen »sehr schüchternen Menschen, einen sehr konservativen Menschen, was ihr Verhalten wie auch ihre Kleidung betraf. Walter hat sie wachgeküsst. Sie war wie eine plötzlich aufblühende Blume. Er mochte es, wenn sie ihr Haar offen trug. Er kaufte sogar einige ihrer Kleider, Sachen, die sie sich selbst nie ausgesucht hätte. Sie wiederum hatte eine beruhigende Wirkung auf ihn ... Er machte sich solche Sorgen wegen der Mädchen, wissen Sie. Dass er sie so selten sah. Aber man hatte den Eindruck, dass er verrückt nach ihr war und dass sie zusammen glücklich waren.«

Walter und Eileen waren Nachbarn in der Wohnanlage Ansley Forest in Atlanta und trafen sich zufällig, als Walter an einem Sommertag des Jahres 1973 dort mit Lisa an der einen und Julie an der anderen Hand spazieren ging. Als sie kurz stehen blieben und ein paar Worte wechselten, übernahm die siebenjährige Julie die Vorstellung: »Das ist mein Vater«, piepste sie. »Er heißt Walter. Aber du kannst ihn Daddy nennen!« In der nächsten Woche gingen Eileen und Walter abends miteinander aus, und ein Jahr später, am 4. April 1974, heirateten sie ohne großes Tamtam.

Durch Michael Motes' Begeisterung für die Geschichte der Konföderierten kamen Betty und ihre Töchter mit Menschen in Berührung, die um einen Süden trauern, den es nie wieder geben wird. Es gibt Bilder von Motes in der Uniform der Südstaaten, mit seiner Frau und ihren Töchtern neben sich. Die Zeitschrift der katholischen Erzdiözese Atlanta, *The Georgia Bulletin* (für das sowohl Betty als auch Motes später arbeiteten), brachte in ihrer Ausgabe vom 10. Oktober 1974 ein Foto von Julie und Lisa bei der Reinigung alter Grabsteine. Der Artikel dazu begann mit dem Satz: »Julie und Lisa Roberts, Gemeindemitglieder von St. Thomas, dem Apostel, in Smyrna, gehörten dem Alfred Hold Colquitt Jr. Chapter der Children of the Confederacy an, das am Südstaaten-Friedhof in Marietta zusammenkam, um die Grabsteine unbekannter konföderierter Soldaten zu reinigen. Die Aktion ist Teil der regelmäßigen Aktivitäten der jungen Leute.« Wenn man bedenkt, wie entschieden sich die erwachsene Julia Roberts gegen Bigotterie und Rassenvorurteile ausspricht, ist es kein Wunder, dass sie diesen Aspekt ihrer Erziehung nie erwähnt.

Wie sein Vater wirkte auch Eric im Jahr 1974 glücklicher als je zuvor. Walters perfektionistischer Anspruch an den Workshop und dessen Produktionen belastete ihn nicht länger, und Walter schien seine Theaterambitionen auf seinen Sohn übertragen zu haben. Er hatte Greg Patin erklärt, dass Eric zwar ein guter Schauspieler sei, »sich aber nie durchsetzen wird, weil er zu oft den Clown spielt«. Im Sommer 1973 jedoch war er bereit, alles, was er hatte, dafür einzusetzen, dass sein 17-jähriger Sohn sich den Traum eines Besuchs an der englischen Royal Academy of Dramatic Art, einer der weltweit angesehensten Schauspielschulen, erfüllen konnte. »Das ist schon auffällig«, erklärte Philip DePoy. »Rob sagte nur: ›Theater ist unglaublich hart … Mein Sohn will Theater spielen, also bleibe ich in einer gemütlichen kleinen Wohnung und gebe kein Geld aus, weil ich Eric zur Royal Academy schicken will.‹ Es war so eine Art Ersatzhandlung: ›Ich konnte mir diesen großen Traum nicht erfüllen, Eric kann es.‹«

»Eric hatte vielleicht am meisten unter Walters Jähzorn zu leiden«, erklärte Evan Lee, »aber meiner Ansicht nach gibt es keinen Zweifel daran, dass er Eric das Schauspielern beibrachte und der große Motor von Erics Erfolg war. Die Eltern bezahlten für die

Kinder, und die Kinder zogen den Nutzen daraus. Zumindest, was den Beruf angeht. Was das Persönliche angeht, bin ich mir nicht so sicher.«

Was als ein Sommer-Schulaufenthalt in London begann, entwickelte sich für Eric zu einer zweijährigen Lehrzeit. Als sein Sohn Tausende von Meilen weit weg war, vermisste Walter seine Töchter umso mehr und bat im Juni 1974, davon ausgehend, dass seine Ehe mit Eileen für seine Forderung sprechen würde, das Gericht um erweiterte Besuchsrechte. »Walter und seine Eltern waren nicht damit einverstanden, dass Betty die Mädchen hatte«, sagte Gloria Jones. »Niemand von der Roberts-Seite der Familie sah sie danach je wieder. Wir wussten nur, was die Leute uns erzählten. Seine Eltern waren traurig, weil sie diese beiden hübschen Enkelinnen hatten und sie nie zu Gesicht bekamen.«

Der Gerichtsbeschluss erlaubte Walter jeden Mittwochabend ein 15-minütiges Telefongespräch mit den Mädchen. Gleichzeitig wurde es ihm verboten, sich dem Motes-Haus in der Privette Road zu nähern, höchstwahrscheinlich ein Ergebnis von Bettys Unterstellung, er habe die Drogen in der präparierten Bibel versteckt.

Walter verlegte sich auf heimliche Besuche bei Lisa und Julie, manchmal mit seiner Mutter im Schlepptau. Irgendwie bekam Betty Wind davon. »Es quälte ihn«, sagte Eileens Tante Vivien. »Es machte ihn fertig, dass er die beiden kleinen Mädchen nicht sehen durfte. Und das wiederum regte Eileen auf. Ich weiß noch, wie sie sagte: ›Das ist einfach nicht fair. Er ist ein guter Vater. Er braucht sie und sie brauchen ihn.‹«

Betty versuchte Walters Kontakt zu seinen Töchtern offenbar so weit wie möglich einzuschränken. »Zum Beispiel«, erzählte Eric, »hat Betty einmal ein goldenes Armband abgefangen, das Walter Julie zu Weihnachten geschickt hatte. Dann erzählte sie Julie, ihr Vater hätte ihr Geschenk vergessen. Im Laufe der Jahre kam es zu vielen solcher Zwischenfälle. In einem Alter, in dem man noch sehr beeinflussbar ist, fühlte sich Julie von ihrem leiblichen Vater ungeliebt. Sie glaubte auch, dass er sie lieben würde, wenn sie anders wäre. Sie hätte alles an sich geändert, wenn sie sicher gewesen wäre, dass Dad sie dann lieber mögen würde.«

Walter wie auch Eric freuten sich auf die Sommer- und Weihnachtsbesuche von Lisa und Julie, die das Gericht Walter zugestanden hatte. Im Juli 1974 fuhr Walter mit seinen drei Kindern nach Washington D. C., wo Julie besonders das Lincoln Memorial gefiel. »Washington hat mich sehr beeindruckt«, erinnerte sie sich in einem Interview mit Kevin Sassums für *Vanity Fair,* »ich war ein Riesenfan von Präsident Lincoln. Ich kann mich noch erinnern, wie mein Vater mir das Lincoln Memorial erklärte und dass der Präsident dort begraben sei und dass sie ihn ausgegraben haben, um zu sehen, ob er wirklich noch da war, bevor sie den Zement und alles darüber taten. Ich fragte, warum sie das nachprüfen mussten, und er sagte, um zu sehen, ob ihn nicht vielleicht jemand mitgenommen hatte. Und ich sagte: ›Was für ein total Verrückter würde denn so etwas tun?!‹ Es war mein Vater, der mir als Erster erklärte, dass es *wirklich seltsame Menschen* gibt.«

Wie Atlanta zwanzig Jahre zuvor – wie im Grunde der Großteil des Südens Anfang der siebziger Jahre – war auch Smyrna eine Stadt im Umbruch. Es gab immer noch Rassenhass, Ignoranz und fehlgeleiteten Machismo, besonders in den ländlichen Gebieten, aber die Diskriminierung von ethnischen Minderheiten und Frauen ging doch langsam zurück. In den achtziger Jahren erlebte Smyrna dann einen Wirtschaftsboom – neue Häuser, neue Geschäfte, die Galleria und die Cumberland Mall gaben dem Gebiet ein multikulturelles Gepräge. Die wenige Zeit, die Julie mit ihrem Vater verbrachte, erwies sich als die ruhigste und glücklichste ihres jungen Lebens. Mit ihm erlebte sie Ferien, Ausflüge, die bedingungslose Liebe eines Mannes, der sie anbetete, und eine Stiefmutter, die sie mochte. »Wir malten mit Wasserfarben«, erinnerte sich Julia, »und er zeichnete diese wunderbaren Bilder. Er zeichnete die Figuren aus dem *Zauberer von* Oz – die Vogelscheuche, den Blechholzfäller, den Löwen und Frosty, den Schneemann! Darunter schrieb er: ›Wir gehen in das Land Oz, Frosty, willst du nicht mitkommen? Hallo? *Frosty?*‹ Alles [was er tat], hatte etwas ganz Eigenes an sich.«

In den sechs Monaten vor den Ferien 1975 baute Walter – mit Erics Hilfe, der an der Royal Academy pausierte und zu Hause war – ein großes, raffiniert ausgestattetes Puppenhaus als Überraschung für Lisa und Julie. Wenn Walter seine Töchter nicht sehen konnte, schrieb er ihnen Briefe. Julie hat im Laufe der Jahre viele verloren und erzählte, dass sie nur noch einen habe, geschrieben am 6. Juli 1977: »Wenn mir der entwendet würde, wäre ich am Boden zerstört. Für jemand anderen ist er ohne jede Bedeutung, aber ich kann diesen Brief zehnmal am Tag lesen, und er rührt jedes Mal eine andere Saite in mir an.« 1996 erzählte sie, sie habe noch mehr Briefe ihres Vaters gefunden. »Ich glaube, ich habe jetzt vier Stück, und sie sind lustig. Ich lese seine Briefe und denke wieder an die Gespräche, die wir führten … Er war immer amüsant und interessiert an dem, was man sagte.«

Anders als bei Eric, den Walter quasi zur Schauspielerei geprügelt hatte, hielt er sich bei Julie zurück – wahrscheinlich, weil sich seine Welt nicht mehr länger um das Theaterleben drehte. »Das Einzige, was mein Vater mir je direkt über die Schauspielerei sagte«, erinnert sich Julia, »war: ›Sag nie etwas, wenn es nicht etwas bedeutet, wenn du den Leuten nicht etwas erzählst, das sie noch nicht wissen. Sonst gibt es keinen Grund zu reden.‹«

Walter träumte von dem Tag, an dem alle drei Roberts-Kinder wieder ganz mit ihrem Vater zusammen sein würden. »Eric und Walter redeten stundenlang darüber, dass die Mädchen, wenn sie alt genug wären, um sich selbst zu entscheiden, vielleicht lieber bei Walter leben würden«, erinnerte sich Vivien McKinley. »Eileen erzählte mir, dass Eric immer sagte: ›Wenn ich berühmt bin, dann werde ich ein großes Haus in Hollywood kaufen, und da können wir dann alle wohnen.‹ Das waren natürlich Kinderträume. Aber es macht mich wirklich traurig, wenn ich daran denke, welche Hoffnungen Walter in diese Träume setzte.«

Für Eric wurden viele dieser Träume allmählich wahr. Nach zwei Jahren an der Royal Academy zog er nach New York City, wohnte beim YMCA und studierte an der American Academy of Dramatic Arts, die schon Schauspieler wie Spencer Tracy, Grace Kelly und Robert Redford ausgebildet hatte.

Er tauchte also in die Theaterwelt ab, die er so liebte, aber dennoch erlebte er aufgrund seiner Kindheitstraumata Depressionsschübe und Phasen der Selbstzerstörung. »Ich suchte die Gesellschaft von Leuten, die schwarz waren, die homosexuell waren, die auf der Flucht waren, die unglücklich waren«, erklärte er 1996 der Zeitschrift *The Advocate.* »Es waren Menschen, die nach etwas suchten, das sie nicht finden konnten.«

Während seines Studiums an der AADA nahm er die seltsamsten Jobs an. »Es war ein Abenteuer. Manchmal war es auch sehr deprimierend. Aber das war mir egal. Ich konnte Laufbursche sein und war zufrieden damit. Meine erste feste Stelle fand ich in einer Buchhandlung. Ich liebte den Job … [aber] ich wurde beim Bücherklauen erwischt und gefeuert.«

Nach einem Studienjahr an der American Academy bekam Eric ein paar Rollen in Off-Broadway-Produktionen, und 1977 stand er schließlich auf der Besetzungsliste der Nachmittags-Fernsehserie *Another World,* in der er die Rolle des Ted Bancroft spielte – einen sexy Beau, wie er in allen Soaps immer wieder zu sehen ist. Mit zwanzig wurde Eric oft als »gut aussehend« und »intensiv« beschrieben. Sportliche Aktivitäten an der Highschool hatten seinen Körper schlank, aber muskulös werden lassen, und die Regisseure von *Another World* ließen keine Gelegenheit aus, dies auch den Zuschauern zu zeigen. Seine Serienfigur, ein verwöhntes reiches Kind, hatte ein Drogenproblem.

In Julies Augen wurde ihr Bruder Eric »unendlich berühmt«, als sie ihn im Fernsehen sah: »Ich hatte immer diesen Traum, dass Farah Fawcett seine Freundin wäre und sie mich von der Schule abholen würden, und dass alle meine Freundinnen Farah Fawcett und meinen Bruder und mich mit meinen Schulbüchern sehen würden.«

Walter war begeistert davon, dass sein Sohn eine feste Arbeit als Schauspieler hatte. An dem Tag, an dem Eric zum ersten Mal in *Another World* zu sehen war, stellte er alle Fernseher bei Rich's auf die Soap ein und erzählte jedem, der es hören wollte: »Das ist mein Junge.«

Im August 1977 nahm Walter Lisa und Julie in den beiden Besuchswochen mit nach New York City. Die Mädchen freuten sich Eric zu sehen, der als Führer zu den Attraktionen der Stadt fungierte. Er pausierte gerade bei *Another World*, deshalb konnten sie ihm nicht bei den Dreharbeiten zuschauen, aber er zeigte ihnen das Set. Lisa, die schon davon träumte, Schauspielerin zu werden, war hingerissen – und die noch nicht ganz zehn Jahre alte Julie, die bis dahin eigentlich Tierärztin hatte werden wollen, ebenso. Erst durch ihren Trip nach New York erwachte in ihr die Vorstellung, eine zweite Grace Kelly oder Audrey Hepburn zu werden.

Walter war traurig, als er die Mädchen wieder bei Betty abliefern musste, aber zumindest konnte er sich auf ein Wochenende freuen, das er und Eileen mit Eric für die dritte Septemberwoche am Lake Lanier etwa fünfzig Meilen nördlich von Atlanta geplant hatten.

Am Freitag, dem 16. September 1977, banden Walter und Eric ein Kanu auf Eileens grünen Ford Maverick und machten sich mit ihr auf zu dem See, wo Walter ein Hausboot im Gebiet des Six-Mile Creek gemietet hatte. Am nächsten Morgen, etwa um neun Uhr dreißig, beschlossen Eileen und Eric mit dem Kanu hinauszufahren. Obwohl sie nicht schwimmen konnte und ihrer Tante Vivien versprochen hatte, eine Rettungsweste zu tragen, wenn sie mit dem Kanu draußen war, legte Eileen keine an, weil es ihr zu warm war. Während Eric vom Hausboot wegpaddelte, schoss Walter, wie seine Cousine Glenda Beard erzählte, ein paar Fotos. Eileen lächelte und winkte in die Kamera. Niemand achtete auf ein vorbeifahrendes Schnellboot, bis einige schwere Wellen ein paar Sekunden später das Kanu ins Schaukeln brachten.

Eileen sprang in Panik auf und fiel über Bord. Sie schrie um Hilfe und schlug mit aller Kraft mit den Armen im Wasser. Eric rief seinen Vater, und beide Männer tauchten in den See. Sie versuchten immer wieder, Eileen hochzuholen, aber »sie rutschte einfach weg«, wie ein völlig verzweifelter Eric später der Polizei berichtete.

Anfang Oktober war Walter in tiefe Depressionen verfallen und fühlte sich nicht gut; ein Husten, mit dem er sich schon mehrere Monate herumgeplagt hatte, war schlimmer geworden, und er konnte kaum schlucken. Seine Ärzte glaubten zunächst, die Symptome seien vielleicht eine psychosomatische Reaktion auf Eileens Tod, und schickten ihn zu einem Psychiater. Der stellte jedoch fest, dass es wirklich körperliche Gründe für die Beschwerden gab, Walter wurde für Untersuchungen Mitte November ins Emory University Hospital eingewiesen.

Er sollte es nie wieder verlassen. Die Untersuchungen ergaben, dass Walter, noch keine vierundvierzig Jahre alt und Nichtraucher, Speiseröhrenkrebs hatte. »Walter war so traurig über Eileens Tod«, sagte seine Cousine Dorothy Whitmire, »und wurde kurz darauf sehr krank. Ich glaube ganz sicher, dass es da einen Zusammenhang gab.«

Eric, der bei *Another World* wegen Meinungsverschiedenheiten mit den Produzenten gefeuert worden war, steckte mitten in einer Reihe von Vorsprechterminen in New York für die Titelrolle in dem Spielfilm *König der Zigeuner.* Sein Vater rief ihn an und erklärte ihm: »Ich habe Krebs im letzten Stadium und sie sagen, dass ich noch neunzig Tage zu leben habe.« Eric flog am nächsten Tag zu ihm. Walter sagte, er solle zurückgehen und sich die Chance auf eine Hauptrolle in seinem ersten Kinofilm nicht entgehen lassen. Eric gehorchte, bekam die Rolle und kehrte ans Krankenbett seines Vaters zurück. »Ich sah zu, wie er schrumpfte und immer weniger wurde«, sagte er.

Walter bekam zwar ständig Besuch von Verwandten, Freunden und Kollegen, seine Töchter aber kamen nicht. Betty erlaubte Lisa und Julie nicht, ihn zu sehen – sie sagte ihnen noch nicht einmal, dass er krank war. »Ich war ziemlich wütend darüber«, sagte Julia Jahre später.

Walters Cousine Lucille Roberts berichtete von einem Besuch ein paar Tage vor seinem Tod. »Er erzählte mir, er sei zufrieden, weil Eric ›einen Film im Kasten‹ habe. Ich wusste nicht, was er meinte.« Normalerweise bedeutet der Ausdruck, dass ein Film abgedreht, also fertig produziert ist, aber Walter meinte offensichtlich, dass Eric die Rolle in *König der Zigeuner* bekommen hatte. Er war nach New York zurückgeflogen, um sich darauf vorzubereiten.

Am Donnerstag, dem 1. Dezember 1977, benachrichtigte das Emory Hospital Eric, dass Walter im Sterben liege. Er flog noch am Abend aus New York ab, und ein Highschool-Freund, George

Pefanis, holte ihn am Flughafen ab. Zwei Tage später erlag Walter seiner Krankheit. »Ich war bei Eric in der Nacht, als Walter starb«, erinnerte sich Pefanis. »Walter wollte nicht, dass Eric ihn unter solchen Qualen sterben sah – er fühlte seinen Tod nahen –, und deshalb sagte er zu mir: ›Geh mit Eric in die Kneipe und mach ihn betrunken.‹«

Julia weiß noch, dass sie zu ihren Großeltern Tom und Beatrice gebracht wurde und erst dort erfuhr, dass ihr Vater gestorben war. »Kein besonders guter Tag«, sagte sie. Sie erinnerte sich an ihre Gefühle: »Ich verstand nicht, warum das passiert ist, und offenbar konnte niemand es zufrieden stellend erklären. Wie konnte sich das Leben an einem einzigen Nachmittag so ändern? Du warst bei deiner Mutter und alles war okay, und im nächsten Moment zogst du dir eine gute Hose an, gingst zum Haus deiner Großeltern, und dein ganzes Leben war anders.«

Eric übernahm die Vorbereitungen für die Beisetzung seines Vaters. »Er war sehr nüchtern«, erinnerte sich Dorothy Whitmire. »Er zeigte wenig Gefühle, aber ich weiß, dass er sie hatte.« Dorothy bekam einen Schreck, als sie Walter am 7. Dezember in seinem Sarg im Bestattungsinstitut aufgebahrt sah. »Er war in einem cremeweißen Rollkragenpulli aufgebahrt. Ich hatte noch nie einen Toten gesehen, der nicht formell gekleidet war.« Offenbar hatte Eric entweder gespürt oder von Walter gesagt bekommen, dass er im Tode gern so gekleidet sein wollte wie im Leben – informell und mit einem Rollkragen. »Er wollte verbrannt werden«, sagte Eric Jahre später, »und ich habe seine Asche immer noch in meinem Safe.«

Betty war bei der Totenfeier, bei der Freunde von ihren Erinnerungen an Walter erzählten und vom Tonband Walters Lieblingsmusik, das Liebesthema aus Franco Zeffirellis Film *Romeo und Julia*, lief, nicht dabei. Aber sie ließ Lisa und Julie gehen. Glenda Beard erinnerte sich, dass viele Verwandte von Eric die gemietete Limousine, mit der er vorfuhr, angeberisch fanden. »Es sah so aus, als wolle er die Familie beeindrucken, als wolle er ihnen zeigen, wie weit er es gebracht hatte.«

»Als er starb«, sagte Eric, »verlor ich alles, weil er alles für mich war.«

KAPITEL 6

Walter hatte vor seiner Krankheit kein Testament gemacht, wahrscheinlich weil er dachte, dass er seinen Erben nur sehr wenig hinterlassen werde. Wie sich dann aber herausstellte, hatte er mehr als 100 000 Dollar aus Eileens Besitz geerbt, vor allem aus dem Nachlass ihrer Mutter, die achtzehn Monate vor Eileen gestorben war. Zum Erbe gehörte ein Viertel eines Bürogebäudes in der Innenstadt von Atlanta, das an das Verkehrsministerium von Georgia verkauft werden sollte. Deshalb machte Walter nur Tage vor seinem Tod noch ein Testament, bezeugt von zwei Krankenschwestern in seinem Zimmer, in dem er all sein Geld und seine persönlichen Besitztümer seinen drei Kindern vermachte und Eric als Treuhänder einsetzte.

Drei Wochen nach Walters Beisetzung bat Eric das Gericht, das Testament zu bestätigen und ihn als Vormund von Lisa und Julie einzusetzen. Betty legte Einspruch ein. Sie stellte den Antrag, Walters Testament nicht anzuerkennen und sie als Treuhänderin und Verwalterin von Walters Besitz einzusetzen. Ansonsten wollte sie, dass eine Bank diese Aufgabe übernehme. Und schließlich verlangte sie, falls das Gericht zu Erics Gunsten entscheiden sollte, dass er die Auflage bekäme, Sicherheiten im doppelten Wert des Erbes zu hinterlegen. »Eric Anthony Roberts ist nicht fähig und geeignet, als Vormund und Treuhänder zu agieren«, begründete Betty ihren Vorstoß und fügte dann hinzu: »Er ist in New York Schauspieler ohne festes Einkommen, und die Antragsteller [Lisa und Julia] befürchten die Verschwendung ihres Erbes.«

Wegen eines Gerichtsverfahrens, das einer der anderen Anteilseigner an dem Bürogebäude anstrengte, wurde Walters und Eileens Nachlass erst am 12. Dezember 1979 geregelt, als der Oberste Gerichtshof von Georgia im Sinne der Entscheidung eines nachgeordneten Gerichts beschied, dass Eric, Lisa und Julie die rechtmäßigen Erben von Eileen und Walter Roberts waren. Nachdem Betty und Eric einen Kompromiss in der Frage der Vormundschaft gefunden und beide zugestimmt hatten, dass ein Anwalt aus Cobb County, ein gewisser C. R. Vaughn, sich um das Vermögen der Mädchen kümmern sollte, erhielten Eric, Lisa und Julie jeweils eine Auszahlung von annähernd 28000 Dollar nach Abzug der Gerichts- und Anwaltskosten. Eric bekam das Geld sofort, da er volljährig war; Lisas und Julies Anteile wurden auf Treuhänderkonten angelegt, bis sie achtzehn waren.

»Meine Kindheit erschien mir wirklich seltsam«, hat Julia einmal gesagt. »Ich habe das Gefühl, dass ich zweimal groß geworden bin. Einmal bis ich etwa zehn war. Danach war alles ganz anders. Mein Vater starb um diese Zeit, was mich wahrscheinlich viel mehr veränderte, als ich damals merkte. Es war eine schwere Zeit.«

»Noch Wochen nach der Beisetzung«, so soll ein Freund der Familie erzählt haben, »lief Julie herum wie in Trance.« Sie fühlte, so sagte sie, dass man ihr ein »unendliches Unrecht« zugefügt habe, »und das ist nicht gerade besonders witzig. Ich glaube, man verändert sich für immer«, wenn man ein Elternteil verliert, solange man jung ist. »Ich war völlig durcheinander, total am Boden.«

Jetzt konnte der Vater ihr keine Erholungszeiten, wie kurz auch immer, mehr von dem Familienleben mit ihrem Stiefvater bieten, das Eric als »Misshandlung« bezeichnet hat.

Freunde der Familie sagen, dass Julie Michael Motes »fürchtete und verachtete« und dass er seine beiden Stieftöchter abwechselnd ignorierte, herumschubste und bei ihrer Mutter schlecht machte, wenn nicht Schlimmeres. Kein Wunder, dass Julie ihrer Mutter die Schuld an dieser Situation gab. »Ich habe meine Mutter nicht immer so lieb gehabt wie jetzt«, sagte sie Jahre später. »Und ich glaube auch nicht, dass sie mich so sehr geliebt hat. Ich muss zugeben, dass ich zeitweise nicht genießbar war.«

Zumindest der finanzielle Druck auf die Familie nahm nach dem Tod von Motes' Vater am 6. September 1977 ab. Mit dem Erbteil kauften er und Betty ein Haus im Ranch-Stil mit drei Schlafzimmern auf einem dicht bewaldeten 4000-m^2-Grundstück an der Maner Road in einem abgelegenen Außenbezirk von Smyrna. Jetzt hatte Julie ihr eigenes Zimmer, und das Haus war so groß, dass sie und Lisa ihrem Stiefvater leichter aus dem Weg gehen konnten als in dem voll gestopften Häuschen an der Privette Road. Das bot einen gewissen Schutz vor Familienstreitigkeiten – ebenso wie der Schutzpanzer, den Julie um ihre Seele zu legen begann, um mit dem Schmerz ihrer Kindheit fertig zu werden.

Betty Motes arbeitete jetzt für *The Georgia Bulletin*. Am 21. September 1978 brachte die Wochenzeitung eine Kurzbiografie von Betty, in der weder ihr Sohn Eric noch ihre Ehe mit Walter Roberts erwähnt wurde und auch der Name ihres damaligen Ehemannes nicht auftauchte. »Mit einem Ehemann, drei Kindern, einem Vollzeitjob und einer halbinvaliden Mutter, für die sie sorgt, hatte Betty in den letzten Jahren nicht mehr viel Zeit für das Theater ... Heute arbeitet Betty in ihrer Freizeit mit Kindern und engagiert sich in mehreren historischen Verbänden. Letztes Jahr war sie als Vorsitzende des Elternbeirats der Fitzhugh Lee Elementary School aktiv, an der ihre mittlere Tochter Julia Schülerin war ... Als Sekretärin von Pater Noel Burtenshaw im Büro des *Bulletin* wie auch als ›Mommy‹ von Lisa, Julia und Nancy zu Hause bleibt dieses Mitglied der Pfarrei vom Heiligen Herzen – unsere Katholikin der Woche – ganz sicher ständig auf Trab.«

Theresa Gernazian arbeitete mit Betty beim *Bulletin*, und sie erinnerte sich, dass auch Michael Motes eine Zeit lang dort beschäftigt war, dann aber wieder kündigte. »Als er nicht mehr für die Zeitung arbeitete, hatte er Schwierigkeiten, einen Job zu finden, und das war ein Grund für die Probleme, die Betty später mit ihm hatte.«

Die Zehnjährige, die später Amerikas »Pretty Woman« werden würde, empfand sich an der Griffin Middle School in Smyrna eher als hässliches Entlein. Sie trug eine dicke Brille und eine Zahnspange, um die Lücke zwischen ihren Vorderzähnen zu schließen, die, wie sie es ausdrückte, groß genug war, »um einen Eisstiel dazwischen zu schieben«. Klassenkameraden zogen sie wegen ihres breiten Mundes auf. »Ich hatte einen ungewöhnlichen Mund, anders als die Mädchen, die vollkommene Münder mit kleinen herzförmigen Lippen hatten.« Weil sie außerdem größer war als viele der Jungen, fühlte sie sich immer unbeholfen und plump. Sie war nicht besonders beliebt – so erinnert sie sich an einen hässlichen Zwischenfall in der sechsten Klasse, als »die Kinder mich beschimpften und Schimpfworte auf meinen Spind schrieben, weil ich mit einem schwarzen Klassenkameraden an einem Tanzwettbewerb teilnahm«.

Kinder aus Julies Schülergruppe an der Griffin Middle School haben sie, in den Worten eines Klassenkameraden, als »schüchtern, bescheiden und sachlich« in Erinnerung. »Sie war ein gutes Kind – sie hatte nie Ärger.« Wohl wahr. Julie gehörte zu den Girl Scouts of America und erzählte später einer Schauspielerkollegin, dass sie »jede Auszeichnung für vorbildliches Verhalten« gewonnen habe.

Bis zu ihrer Reise nach New York hatte Julie Tierärztin werden wollen. »Ich hielt mich für Dr. Doolittle«, sagte sie. »Ich war davon überzeugt, dass ich mit den Tieren reden konnte. Aber in der Schule stellte ich dann fest, dass ich Naturwissenschaften hasste, also war dieser Traum gestorben.«

Im Frühjahr 1978 wuchs allmählich und ganz zaghaft ihre Vision von einer Zukunft als Schauspielerin, die, wie sie sagte, »die ganze Zeit schon irgendwie da war«. Erics Film *König der Zigeuner* sollte bald anlaufen, und Eric selbst wurde von Paramount in einer viele Millionen Dollar schweren Werbekampagne als Sexsymbol aufgebaut. Ein Foto von ihm mit nacktem Oberkörper, das sein hübsches Gesicht und seine Muskeln zeigte, strahlte von den Filmpostern und Werbeplakaten, und in Hollywood wurde davon geredet, dass Eric Roberts der Thronerbe der jungen Rebellen wie Montgomery Clift, James Dean und Marlon Brando sei.

Als der Film in Atlanta herauskam, bot Eric seinen Großeltern und Schwestern an, sie mit Limousinen abholen zu lassen. »Onkel Tom und Tante Beatrice waren nicht gerade wild darauf, aber sie gingen zur Premiere«, erinnerte sich Glenda Beard. »Eric war in manchen Dingen angeberischer und prätentiöser, als es der Familie gefiel.«

Allerdings war Eric zu Recht stolz auf sich – sein Filmdebüt bleibt eines der Aufsehen erregendsten in der Geschichte Hollywoods. Die Story des Films dreht sich um ihn und wird von seiner Figur erzählt, einem jungen Mann aus der Zigeunersubkultur New Yorks, den wir im Film aufwachsen sehen; Eric taucht zum ersten Mal nach fünfundvierzig Minuten auf, als seine Figur, die zuvor von einem jüngeren Schauspieler gespielt wurde, etwa achtzehn ist. Er sieht hinreißend aus – und seinem Vater sehr ähnlich –, mit traurigen dunkelblauen Augen, die auch den härtesten Kritiker mitfühlen ließen. Eine seiner ersten Textzeilen muss ihn und seine Schwestern besonders berührt haben: »Wer kann sich schon aussuchen, wo er geboren wird – oder mit welcher Mutter oder welchem Vater? Niemand redet groß darüber. Aber sein ganzes Leben muss er damit leben – oder dagegen ankämpfen.«

Ihren Bruder auf der Leinwand zu sehen – und die ganze Aufregung, die die Premiere in ihrer Familie verursachte (trotz des Widerstands von Tom und Beatrice) –, all dies beeindruckte die zehn Jahre alte Julie sehr. *Wenn er das schafft*, dachte sie, *warum dann nicht auch ich?* Zu Beginn des folgenden Schuljahrs fragte einer ihrer Lehrer sie nach ihrem Berufswunsch, und sie antwortete: »Ich will in Filmen mitspielen, genau wie mein Bruder.« Sie begann in den Stücken des Drama-Klubs der Schule aufzutreten, und ihre Klassenkameraden bemerkten, dass sie sich sehr veränderte. »Sie war eine durchschnittliche Schülerin«, erinnerte sich eine Klassenkameradin, »die in der Masse unterging. Außer wenn sie an den Theaterproduktionen teilnahm. Dann strahlte sie. Sie war ein anderer Mensch, wenn sie im Rampenlicht stand.«

Ein paar Jahre später experimentierte Julie das erste Mal mit Make-up. »Ich schlich mich vor der Schule ins Badezimmer meiner Mutter«, erzählte sie Billy Crystal in *Harper's Bazaar*. »Meine Mutter hat wirklich schöne Augen, und sie trug immer diesen flüssigen Eyeliner, etwa wie Audrey Hepburn, wenn sie abends zu einer Party ging oder so … Ich nahm ihn und hielt ihn hier hin [sie zeigt auf den Rand ihres unteren Augenlids] und dann schloss ich die Augen. Meine Augäpfel wurden schwarz – ich dachte, ich würde blind. Nicht, dass ich dann die Finger vom

Make-up ließ. Es ist das zwölfjährige Mädchen in dir, das sagenhaft, elegant, graziös aussehen will – eben so [wie die Filmstars]. Wie Grace Kelly – du willst, dass dein Haar, wenigstens einmal im Leben, so weich und glänzend ist. Aber du weißt, dass das nie passieren wird, also verlegst du dich darauf, so eine flüsternde, hauchende Stimme zu bekommen … Ich rede wie Popeyes Freundin Olivia. Ich bin Shelley Duvall. Nach einem doppelten Espresso.«

Betty nannte ihre Ehe mit Michael Motes später immer »den größten Fehler meines Lebens«. Ob sie wusste, dass er den 13-jährigen Shawn Melton sexuell belästigt hatte, ist unklar, aber 1982 hatte Betty die Nase voll von Motes' mürrischem Benehmen ihren Töchtern gegenüber, seinen sporadischen Arbeitsverhältnissen und den aufreibenden Prozessen wegen unbezahlter Rechnungen. Sie trennten sich im Oktober des Jahres und in ihrer Scheidungsklage beschuldigte Betty ihn der »unmenschlichen Behandlung« und bezeichnete die Ehe als »unwiederbringlich gescheitert«. Die Scheidung wurde ein Jahr später, im Oktober 1983, rechtskräftig.

Das Gericht erlaubte Betty, weiter im Haus an der Maner Road zu wohnen, und übertrug ihr das Sorgerecht für die siebenjährige Nancy. Motes erhielt ein Besuchsrecht für jedes zweite Wochenende. Betty bekam auch den 1977er Ford Pinto der Familie zugesprochen, während ihr Exmann sich mit dem 1975er Plymouth zufrieden geben musste. Außerdem sollte er wöchentlich 75 Dollar Unterhalt für Nancy zahlen. (1990 verklagte Betty Motes auf 1950 Dollar nicht gezahlten Unterhalt.) In den Akten der Motes-Scheidung ist von Lisa oder Julia nicht die Rede.

Als Michael Motes aus dem Heim der Familie ausgezogen war, fiel eine gewaltige Last von Julie ab, und die Beziehung zu ihrer Mutter verbesserte sich gewaltig. »So zwischen zehn und fünfzehn lief es nicht so gut«, hat sie zugegeben, »aber als ich so etwa sechzehn war [die Zeit der Scheidung von Motes], haben wir uns zusammengerauft und sind seitdem die besten Freundinnen. Sie hört sich all meine Probleme, große wie kleine, an und hat so eine Art, sie alle in einem Satz zusammenzufassen, wie nur Mütter es können. Es ist großartig.«

Motes' Auszug ließ die Familie in den größten finanziellen Schwierigkeiten zurück. Weil das Geld immer schon knapp war, hatte Julie ihren ersten Job bereits mit dreizehn Jahren angenommen. Nach der Schule fuhr sie zu einer Pizzeria, wo sie kassierte und ab und zu ein Bärenkostüm überzog, um einen Kuchen für einen Kindergeburtstag auszuliefern. »Das waren die Probleme meiner Jugend. [Meine Mutter] war allein stehend, pleite und hatte drei Kinder. Als Kind bekam ich keine Unmengen von Geschenken zu Weihnachten, weil meine Familie sich das gar nicht leisten konnte. Aber ich bekam das eine perfekt passende Geschenk, durch das mir klar wurde, dass Mum nicht nur das ganze Jahr über Geld in der Kaffeedose sammelte, sondern auch alles, was ich ihr erzählte, registrierte. Sie hatte aufmerksam zugehört.«

1982 lebte Julies 77-jähriger Großvater Tom Roberts bei seiner Tochter Shirley und ihrer Familie in Smyrna. Als Shirley einmal nicht in der Stadt war, kümmerte sich Ernestine McElhaney, eine Krankenschwester aus der Nachbarschaft, eine Woche lang um den weißhaarigen Mann. »Er war beweglich, zog sich selbst an und rasierte sich auch selbst«, erinnerte sich Ernestine. »Er bekam keine Medikamente; er schlief gut und aß gut. Er mochte gern Kekse und Braten und Hafergrütze. Seine Augen waren gut. Er machte noch nicht einmal ein Nickerchen tagsüber.«

Auch geistig blieb Tom offenbar fit. Seine Nichte Gloria Jones erzählt, dass sie ihn nicht lange vor seinem Tod im Jahr 1983 bei Shirley zu Hause besuchte. »Er hatte dieses riesige Porträt von Eric, Lisa und Julie an der Wand – es muss einen Meter auf anderthalb Meter groß gewesen sein. Ich sagte zu ihm: ›Das ist aber eine hübsche Truppe, die du da beisammen hast.‹«

»Sie sind völlig verrückt«, antwortete Tom Roberts.

Im September 1982 schrieb sich Julie in die neunte Klasse der Campbell Highschool an der Atlanta Road in Smyrna ein, einem ausgedehnten einstöckigen Ziegelbau in einer vornehmen Wohngegend mit riesigen Kiefern an einer Seite. Sie wusste bereits von ihrer Schwester, die ihr vorletztes Jahr an der Schule absolvierte, dass die Campbell High anders als die Griffin Middle School keinen Drama-Klub besaß.* Das war kein Problem für die aufstrebende Schauspielerin. Julie musste ihre Künste nun eben im Klassenzimmer statt auf einer Bühne zur Geltung bringen.

* Heute besitzt sie einen und verleiht dem besten Schauspieler oder der besten Schauspielerin den Julia Roberts Award.

KAPITEL 7

Julies Englischlehrer in der zehnten Klasse, David Boyd, konnte sich einfach nicht darüber klar werden, warum sie sich so angezogen hatte. Dass sie mit einer Toga über ihrem üblichen Outfit aus Jungen-Levi's und einem Hemd mit offenem Kragen in den Unterricht kam, war Boyd noch einigermaßen begreiflich, da sie zusammen mit einem Mitschüler eine Szene aus Shakespeares *Julius Caesar* lesen sollte. Über der Toga jedoch trug sie ein altes T-Shirt. »Ich konnte mir um alles in der Welt nicht vorstellen, wozu das gut sein sollte«, erinnerte sich Boyd.

Einzelne Gruppen von Schülern aus Boyds Klasse sollten jeweils eine Szene vor der Klasse rezitieren. »Diese Präsentationen waren normalerweise ziemlich gut, aber die meisten Schüler schlüpften nicht so richtig in ihre Rollen hinein, sie taten halt, was man von ihnen verlangte. Ich gab ihnen ein paar Tage zum Üben. Sie mussten die Texte nicht auswendig lernen; es war ja kein Schauspielunterricht, aber sie sollten beim Vorlesen versuchen, die Gefühle hinter den Worten, die sie da lasen, rüberzubringen und das Stück zum Leben zu erwecken.«

Julie und ihr Klassenkamerad hatten die 3. Szene im 4. Akt zugewiesen bekommen, in der Cassius (gespielt von Julie) Brutus, seinem Komplizen in der Verschwörung gegen Caesar, entgegentritt und ihn beschuldigt, Cassius in vielerlei Hinsicht Unrecht getan zu haben, nicht zuletzt dadurch, dass er ihm seine Zuneigung verweigerte. Die beiden Schüler lasen die Passage mit so viel Gefühl, dass Boyd, wie er sich erinnerte, dachte: *Junge, Junge, sie sind wirklich eins mit dem Stück.* »Und die Klasse ging auch mit«, sagte Boyd. »Man hätte wirklich eine Stecknadel zu Boden fallen hören können.«

Julie sprach folgenden Monolog:

CASSIUS:
Komm, Marc Anton, und komm, Octavius, nur!
Nehmt eure Rach allein am Cassius.

Denn Cassius ist des Lebens überdrüssig:
Gehasst von einem, den er liebt, getrotzt
Von seinem Bruder; wie ein Knecht gescholten.
Man späht nach allen meinen Fehlern, zeichnet
sie in ein Denkbuch, lernt sie aus dem Kopf,
Wirft sie mir in die Zähne. Oh ich könnte
Aus meinen Augen meine Seele weinen!
[Er bietet seinen blanken Dolch an]
Da ist mein Dolch, hier meine nackte Brust;
Ein Herz drin, reicher als des Plutus' Schacht,
Mehr wert als Gold …

Als Julie die Worte »hier meine nackte Brust« rezitierte, riss sie ihr T-Shirt vorne auseinander. Boyd und seine Schüler waren baff. »Die Klasse regierte mit: ›Wow, was ist *das* denn?‹«, erzählte Boyd. »Wir waren einfach hingerissen. Es war ausgezeichnet, und ihre Gruppe erhielt fast die volle Punktzahl. Ich habe nachher nicht mehr weiter darüber nachgedacht, bis sie dann mit der Schauspielerei anfing und ich dann dachte, dass da etwas war, schon ganz früh, das gewisse Etwas eben.«

Paula Monteith, eine Klassenkameradin, erinnerte sich an eine andere, nicht vorher geprobte Situation, bei der Julies dramatisches Talent zum Tragen kamen. »Sie war – na, ich würde nicht sagen spastisch, aber ein bisschen hyperaktiv. Sie war wild, sie war begeistert, sie lachte immer und hatte viel Spaß.« Wegen ihres lauten Lachens – ein Mitschüler verglich es mit dem einer Hyäne – bekam sie oft Schwierigkeiten mit den Lehrern.

»Einmal bekam sie Ärger, weil sie geschwätzt hatte«, erinnerte sich Paula. »Die Lehrerin rief sie nach vorn, vor die ganze Klasse, und verkündete, dass sie nach dem Unterricht dableiben und all die Dinge aufsammeln müsse, die auf den Boden gefallen waren. Na, und Julie reagierte überaus dramatisch. Sie fiel auf ihre Hände und Knie, schlug mit den Fäusten auf den Boden und schrie: ›Oh bitte, Miss Partridge, das dürfen Sie nicht tun!‹ Wir fanden das alle ziemlich witzig, und unser Lachen feuerte sie noch weiter an. Schließlich sagte die Lehrerin: ›Okay, verschwinde auf deinen Platz und vergiss das Ganze!‹«

David Boyd, bei seinen Schülern bekannt als Coach Boyd, weil er das Basketball-Team der Schule betreute, erinnerte sich, dass Julie oft mit einem Trick versuchte ihn davon abzuhalten, Hausaufgaben zu geben. »Sie hob plötzlich die Hand und stellte eine Frage, die rein gar nichts mit dem Thema zu tun hatte. Irgendwie bezirzte sie mich und ich begann über etwas anderes zu reden, und dann ging die Klingel und es war zu spät. So schaffte sie es, dass die ganze Klasse keine Hausaufgaben bekam. Erst wenn ich die Klingel hörte, merkte ich, dass ich mal wieder hereingefallen war.«

Andere Lehrer ließen sich nicht so um den Finger wickeln wie Boyd. Julies Algebralehrer mochte sie überhaupt nicht, und sie fiel mit Pauken und Trompeten durch. Sie hatte jedoch den Mut, sich dem Lehrer zu stellen. »Ich sagte: ›Lassen Sie uns doch ehrlich sein, ich habe keine Chance, in diesem Fach durchzukommen‹«, erinnerte sie sich in der TV-Sendung *Inside the Actors Studio* im Jahr 1998. »›Ich glaube nicht, dass Sie mich vermissen würden, wenn ich nicht da wäre. Wenn ich also verspreche, jeden Tag in die Bücherei zu gehen – ich verlasse nicht die Schule, gehe nach Hause oder so –, muss ich dann bitte nicht mehr an diesem Unterricht teilnehmen?‹«

Überraschenderweise stimmte der Lehrer zu, und in ihren ersten paar Stunden in der Bücherei entdeckte sie Walt Whitmans Gedichtband *Grashalme.* »Ich verbrachte den ganzen Rest des Quartals damit, dieses Buch jeden Tag in der Bücherei zu lesen.« Es blieb eines ihrer Lieblingsbücher, und sie rezitierte später eine Zeile aus einem Gedicht der Anthologie mit dem Titel »Für Dich«: »Fremder, ich gehe an dir vorbei und möchte mit dir sprechen. Warum sollte ich nicht mit dir sprechen, und warum solltest du nicht mit mir sprechen?« Warum diese Verse ihr im Gedächtnis geblieben waren, erklärte sie so: »Ich genieße es, mit Menschen zu sprechen.«

Eine andere Lehrerin, die Julie mochte, war Mrs. Gutterman. »Sie gab mir ein Referat über die *Canterbury Tales* auf, und ich war hingerissen. Danach zeigte sie uns den Film *Becket* mit Peter O'Toole. Ich war so fasziniert davon. Es schnürte mir fast die Kehle zu … zum ersten Mal erlebte ich wirklich hohe Schauspielkunst.« (Offenbar hatte Erics Leistung in *König der Zigeuner* sie nicht so sonderlich beeindruckt.) Wieder regten sich ihre schauspielerischen Ambitionen. »Ich überlegte, ob ich Schauspielerin werden sollte«, erinnerte sie sich, »aber ich sagte es nicht laut.«

Keith Gossett, Julies Lehrer für amerikanische Literatur im vorletzten Jahr, hat sie als »reizend, faszinierend« in Erinnerung, »sehr interessiert an allem, was um sie herum vor sich ging. Sie hatte eine wirklich einnehmende Persönlichkeit und war eine hervorragende Schülerin. Sie hat gesagt, dass sie gern Thoreau und Whitman las, aber sie schrieb auch. Ich weiß nicht mehr, wie gut sie war, aber sie tat es mit Begeisterung.«

Die meisten ihrer Werke zeigte sie niemandem; sie waren ihrer Mischung aus Tagebuch und Zeitschrift vorbehalten, der sie den Titel »Alle Spielarten des Wahnsinns« gab. Einmal sagte sie, halb im Spaß, dass dessen Inhalte (»Momente meines Lebens, die mich beeinflusst haben«) »eine echte Qual sind … im Grunde ist es vor allem diese verfluchte Herz-und-Blumen-Poesie«.

»Die meisten von uns dachten wirklich, sie würde Schriftstellerin werden«, erinnerte sich ihre Klassenkameradin Joan Raley. »Sie schrieb wunderbare Gedichte. Ich habe noch immer ein Gedicht, das sie für mich gemacht hat, über einen Jungen, mit dem ich ausging.«

1984, sie war noch auf der Campbell High, war Julie kein kleines Mädchen mehr mit Brille und Zahnlücke. Sie trug jetzt Kontaktlinsen, und ihre vorstehenden Zähne mit der Lücke in der Mitte hatte die Zahnspange wunderbar in Ordnung gebracht. Sie hatte eine ungezähmte rotbraune Mähne – schulterlang, mit blonden Strähnchen durchzogen und lockig – und das Lächeln, das noch nicht einmal vier Jahre später Millionen von Kinogängern begeistern würde. Ihre Größe ließ sie noch immer manchmal unbeholfen wirken, gab ihr aber bei anderen Gelegenheiten eine gewisse Eleganz und das »Fohlenhafte«, das Beobachter später an ihr bemerken sollten.

»Es gab eine Zeit, da fand ich alles einfach großartig«, hat Julia einmal gesagt. »Ich war einfach gut drauf – zumindest dachte ich das. Aber ich muss entweder meiner Zeit voraus oder ihr hinterher gewesen sein, weil lange Zeit niemand etwas von mir wissen wollte.« Dies hinterließ einen schmerzhaften Stachel bei ihr. Die große Schönheit der Schule und das beliebteste Mädchen, so erinnerte sich Julia, war Homecoming Queen Kelly Jones. »Sie war einfach das Nonplusultra an unserer Schule. Ich verbrachte Stunden in dem Bemühen, es dieser Frau gleichzutun. Ich war keine Cheerleaderin, ich war keine Jahrgangsschönste, keine Homecoming Queen. Ich habe keine Ahnung, was aus Kelly Jones geworden ist.«

Kelly erinnerte sich, dass Julie »immer sagte, mein Haar sei so vollkommen, und sie strich mit den Händen hindurch und sagte: ›Oh, jetzt fühle ich mich viel besser.‹ Sie riss ständig Witze.« Laut Paula Monteith war Julie »beliebt bei den Jungen, aber sie war nicht in der kleinen inneren Clique, um die sich immer alles drehte. Eine Freundin behauptete, dass Julie gern dabei gewesen wäre, aber den Eindruck hatte ich nicht. Sie wirkte auf mich nicht wie jemand, der um der Selbstbestätigung willen unbedingt in dieser beliebten Clique sein musste.«

Ein gewisser Joe Thompson trug nicht gerade dazu bei, Julies Selbstbewusstsein, was ihr Aussehen und ihren Sex-Appeal betraf, zu steigern. Sie schwärmte für den hübschen, fast zwei Meter großen Basketball-Star, und Coach Boyd bemerkte, dass sie plötzlich beim Training und bei den Spielen auftauchte. »Sie hatte irgendwie einen Narren an ihm gefressen«, erinnerte sich Boyd. »Er war ein unabhängiger Denker, intelligent, aber einfach ein bisschen anders. Er war irgendwie reserviert.« *Kalt* wäre vielleicht das Wort, das Julie benutzt hätte. Offenbar erklärte Thompson ihr, nachdem sie einmal miteinander ausgegangen waren, dass sie doch besser nur Freunde sein sollten, aber Julie konnte ihre Gefühle für ihn nicht ablegen. »Je stärker er sie zurückwies«, erzählte Boyd später, »desto größer wurde die Herausforderung für sie.« Holly Aguirre, eine enge Highschool-Freundin von Julia, erinnerte sich, dass Joe »ihr eine Abfuhr erster Klasse gab. Sie ist total besessen von Männern, weil sie so abhängig von ihnen ist … Eine Menge Männer gaben ihr einen Korb.«

Vielleicht muss man Joe Thompson ein wenig Schuld für Julias spätere Neigung geben, bei einer langen Reihe von Männern Bestätigung zu suchen. Doch einige Jungen, darunter ihr Klassenkamerad Jeff Hardigree, fühlten sich auch von Julie angezogen. »Ich versuchte ein paar Mal, bei ihr zu landen, aber es klappte nicht«, sagte Hardigree. Ein anderer Mitschüler, Keith Leeper, ein Schüler im letzten Jahr an der Campbell High, hatte mehr Glück. 1990 erzählte er einem Reporter, er habe sich 1983 bei einer Weihnachtsparty bei ihm zu Hause in Smyrna mit Julie in sein Zimmer geschlichen, nachdem sie schon sechs Monate miteinander befreundet waren. »Wir waren allein und küssten uns«, erklärte er. »Wir hatten das nicht geplant. Das Timing stimmte einfach. Ich nahm sie bei der Hand und führte sie nach oben in mein Zimmer. Wir blieben dort etwa eine Stunde, bevor wir wieder zur Party runtergingen. Sie hat mir erst viel später erzählt, dass das ihr erstes Mal war.« Julie war ganz aufgeregt, weil sie es endlich getan hatte, wie Holly Aguirre sich erinnerte. »Sie rief mich fünf Minuten später an. Sie hatte ihre Unschuld an Weihnachten mit Keith verloren. Sie verglich es mit einer Qualifikation für die Olympischen Spiele.«

Julie und Keith hatten sich in einem Teenie-Klub in Atlanta kennen gelernt. »Ich stand an der Bar, und sie kam zu mir rüber und sagte, dass ich wie Sting aussähe«, erinnerte sich Leeper. »Ich fragte, ob sie tanzen wolle, und wir tauschten unsere Telefonnummern aus.«

Die sexuelle Beziehung wurde fortgesetzt, oft im Fond von Keiths Pick-up in den abgelegenen Nebenstraßen rund um Smyrna. »Wir waren immer nackt«, sagte er. »Ich sah sie mit anderen Augen, nachdem wir miteinander geschlafen hatten. Ich verliebte mich in sie. Zunächst war es eher körperliche Anziehung, aber dann wurden wir auch die besten Freunde.«

Julies Affäre mit Keith Leeper dauerte nicht lange, wohl aber ihre Begeisterung für Joe Thompson. Nachdem sie ihre Karriere als Schauspielerin begonnen hatte, verfolgte sie seinen Werdegang, als er Georgia verließ, um als Privatdetektiv und als Immobilienmakler in verschiedenen Städten zu arbeiten, bevor er sich als Zimmermann in Vermont niederließ. Sie lud ihn zu Previews ihrer Filme ein. Bei einer solchen Gelegenheit ließ sie ihn mit einer Limousine abholen, und als er ankam, rannte sie aufgeregt auf ihn zu und umarmte ihn stürmisch. Aber es war klar, dass sie selbst als Filmstar bei Joe nicht landen konnte. Freunden stellte sie ihn vor als »den Typen, der mich in der Highschool abblitzen ließ«.

Thompson sieht sich lieber als eine Verbindung zum wirklichen Leben für Julie Roberts denn als eine unerwiderte Liebe. »Ich glaube, Julie ruft mich an, wenn sie vielleicht den Eindruck hat, dass die Menschen um sie herum egoistische Ziele verfolgen. Ich nehme an, ich bin ein Seelenfreund, ein Mensch in der normalen Welt, auf den sie sich verlassen kann. Sie weiß, dass ich ihr die Wahrheit sage.« Eine dieser Wahrheiten, die Julie wehtat, war, dass für Joe ihre Berufswahl »eine dumme Art ist, sein Leben zu verbringen«.

In vielen Punkten war Julie Roberts ein typischer Teenager aus den Südstaaten. Wenn man einmal vom Bekanntheitsgrad ihrer Eltern in Atlanta als Theaterpioniere und vom Erfolg ihres Bruders in New York und Hollywood absah, gab es kaum Grund zu der Annahme, dass sie nicht den abgesteckten Weg, wie sie sagte, weitergehen würde: College, Heirat, Mutterschaft und ein ruhiges Leben in oder in der Umgebung von Smyrna. »In der Highschool war ich wie alle anderen. Ich hatte meine Freundinnen, ich trieb Sport. Ich war nicht besonders gut bei irgendwas, nur so guter Durchschnitt, ein unauffälliges Kind. Ich fand die Schule gut, aber irgendwie passte ich doch nie ganz dahin.« Allerdings hat Julie auch gesagt, dass ihre »liebsten Erinnerungen die an die Highschool sind, als ich mit meiner besten Freundin Paige Amsler herumhing. Wir aßen Thunfisch-Sandwiches, tranken Cola light, schauten Soaps an [ihre Lieblingsserie war *Days of Our Lives*] und redeten darüber, was wir nach der Schule mit unserem Leben anfangen wollten.« Sie hörten auch Platten. Julies Lieblingssänger war Elvis Costello, aber sie mochte auch Styx, Abba, Billy Idol, Rick Springfield und die Rolling Stones. Sie erinnerte sich, dass sie Jahre später einmal ihre Mutter zu Ostern besuchte, ihre alten Platten hervorzog und überrascht feststellte, dass sie »immer noch *jedes* Wort in *jedem* Song kannte«.

Julie war zwar nicht gerade eine Sportskanone, aber drei von den vier Jahren, die sie an der Campbell High verbrachte, spielte sie Tennis. »Sie gab [das Tennis] auch dann nicht auf, als sie sagten, dass ihr linkes Auge nicht gut genug sei«, erinnerte sich ihre Mutter. »Sie war zu wild entschlossen.«

Das Leben der Teenager von Smyrna drehte sich vor allem um die Galleria Mall. »Das war unser Treffpunkt«, erinnerte sich Paula Monteith. »Es war ein exklusives Einkaufszentrum, also nichts, wo Kinder Geld ausgeben würden. Aber es hatte ein Kino und eine Passage und einen Restaurantbereich. Julie arbeitete dort. Die Kids standen dort herum, um gesehen zu werden – die Mädchen hofften, dass die Jungs sie sahen.« In ihrer Highschool-Zeit arbeitete Julie im Kino der Mall, in einem Snack-Shop und einer Eisdiele.

Nur in einer wichtigen Sache stach Julie dank ihres Bruders unter ihren Klassenkameraden hervor. Seit 1981, sie war noch keine vierzehn, erlaubte Betty ihr, in den Schulferien Eric in New York zu besuchen. Die meisten ihrer Mitschüler gingen in den Frühjahrsferien nach Fort Lauderdale, erklärte Julie, und kamen sonnenverbrannt zurück. »Ich kam blass zurück, weil es in New York Frost gegeben hatte. Also war ich immer ein bisschen anders als alle anderen. Es war lustig, weil ich in New York berühmte Leute kennen lernte, aber keiner mir das abnahm. Ich kam mir ziemlich dumm vor, weil sie alle über diese Riesenpartys redeten und über die Leute, die wir alle kannten, und ich saß daneben und sagte: ›Also, Robin Williams hat mir erzählt …‹«

Vor den Weihnachtsferien 1984, sie war in ihrem letzten Highschool-Jahr, war Julie ganz hektisch, weil ihr Bruder sie nach Australien einfliegen lassen wollte, wo er den Film *The Coca-Cola Kid* drehte. »Sie war so aufgeregt und konnte es kaum erwarten«, erinnerte sich Paula Monteith. »Eric bezahlte ihr das Ticket, weil sie sich so lange nicht gesehen hatten. Als sie zurückkam, redete sie nur noch über ihre Reise. Sie hatte Bilder von sich und Eric. Aber das Wichtigste war, dass sie Billy Idol auf dem Flug dorthin getroffen hatte, und das war *die* Sensation für sie. Sie flogen beide erster Klasse, und sie bekam ein Autogramm von ihm. Billy war total angesagt, als wir in der Highschool waren. Ich frage mich, ob er noch weiß, dass er sie kennen gelernt hat.«

Als Julie nach Hause kam, wartete eine weitere Überraschung auf sie: ein brandneuer Volkswagen. Ein Geschenk von Eric.

KAPITEL 8

Seit seinem Aufsehen erregenden Leinwanddebüt in *König der Zigeuner* glich Eric Roberts' Leben und Karriere einer Achterbahnfahrt; die Tiefen waren von den Dämonen bestimmt, mit denen er leben musste, die Höhen von seinem großen Talent. Obwohl *König der Zigeuner* an den Kinokassen ein Flop gewesen war, hatte sein Spiel den Produzenten Dino Di Laurentiis so beeindruckt, dass dieser ihm einen Vertrag für drei Filme anbot, und Paramount Pictures lockte ihn mit einem Vertrag über 900 000 Dollar und einer Rolle im III. Teil von *Der Pate*.

Eric lehnte beide Angebote ab; das erste, weil, wie er später erklärte, Di Laurentiis ihm Hauptrollen in Filmen wie *Shark Boy of Bora Bora* anbot, und das zweite, weil Paramount ihm nicht die künstlerische Kontrolle einräumen wollte, die er sich wünschte. Und so machte Eric, statt »nach Hollywood zu gehen«, eine Reihe kleiner, aber hochklassiger Filme, die ihn als Schauspieler gut zur Geltung kommen ließen, Fernseh-Versionen von Willa Cathers *Paul's Case* (1980) und Nathaniel Wests *Miss Lonelyhearts* (1983) sowie eine relativ kleine, aber bewegende Rolle als Matrose und Sissy Spaceks zärtlicher Liebhaber in *Raggedy Man* (1981).

Die ganze Zeit hatte Eric mit Depressionen und Drogen, vor allem Kokain und Marihuana, zu kämpfen. Mit einundzwanzig begann er eine Affäre mit der Schauspielerin Sandy Dennis, die zwanzig Jahre älter war als er und 1967 als beste Darstellerin in einer Nebenrolle einen Oscar für *Wer hat Angst vor Virginia Woolfe* gewonnen hatte. Dennis hatte Eric in *Paul's Case* im Fernsehen gesehen, fand ihn interessant und rief ihren gemeinsamen Manager Bill Treusch an, um Erik in ihr Haus einzuladen und dort »über die Schauspielerei zu reden«. Als Eric an das Treffen zurückdachte, sagte er mit gespielter Abscheu: »Ich *hasse* es, über die Schauspielerei zu sprechen, über die Auswahl von Filmen, all das Zeug.«

Doch wie Dennis zweifellos gehofft hatte, sprachen sie bald über andere Dinge, und Eric fühlte sich genauso angezogen von der freundlichen und sanften Blondine, die ihm mit einer Mütterlichkeit begegnete, die er bei Betty nie gespürt hatte. Er kaufte sich ein Haus in Connecticut ganz in ihrer Nähe und verbrachte einen Gutteil seiner Zeit bei ihr, zusammen mit ihren Dutzenden von Katzen (einmal sollen es sage und schreibe sechzig Tiere gewesen sein).

»Wir zogen uns so sehr an, weil wir so gegensätzlich waren«, sagte Eric. »Sie ist sehr gesellig und bringt mich dazu, mit Menschen zusammen zu sein. Und ich mag das Alleinsein und ziehe sie für fünf Tage in ein Zimmer und schließe die Türen und die Fenster.«

1996 erzählte Eric der Zeitschrift *The Advocate,* dass er nie auch nur das geringste Interesse an homosexuellem Sex gehabt und seine Jungfräulichkeit »sehr jung« an zwei Frauen verloren habe. »Und das ist der letzte Dreier, den ich je hatte … und da offenbare ich mich als echter Spießer: Ich schaue auf dieses Treffen zurück … und mir kam überhaupt nicht in den Sinn, die beiden Frauen zusammen zu beobachten. Ich stand eher vor dem Problem: *Wie kann ich sie beide gleichzeitig beschäftigen?*«

Eric gab zu, dass Sandy Dennis ihm von ihren vorherigen lesbischen Affären erzählt habe. »Sie erzählte mir alles. Mit einundzwanzig fand ich es gewagt, mir diese Geschichten anzuhören: ›Wahnsinn! Wirklich!‹ Sandy schätzte die Schönheit von Frauen. Aber Sandy mochte und schätzte auch, was ein sehr, sehr junger Mann einer Frau geben konnte. Nehme ich an.«

Am Abend des 4. Juni 1981 fuhr Eric mit Sandys Schäferhund neben sich in seinem Jeep von ihrem Haus weg. Als er um eine Ecke bog, rutschte der Hund plötzlich auf dem Polster auf die offene Beifahrerseite zu. Eric griff nach dem Tier, schaute nicht mehr auf die Straße und wachte drei Tage später im Krankenhaus wieder auf. »Als ich zu mir kam, stand eine sehr große, schwarze Krankenschwester neben meinem Bett. Ich fragte: ›Was ist passiert?‹ und sie antwortete: ›Schätzchen, du hast versucht, mit einem CJ-5 auf einen Baum zu klettern.‹«

Später erfuhr er, dass die Rettungssanitäter ihn schon als hoffnungslos aufgegeben und auf dem Boden abgelegt hatten, als er plötzlich stöhnte und sie ihn schnell ins Krankenhaus brachten.

Er hatte ein Hirntrauma, gebrochene Gesichtsknochen, gebrochene Nase, Schlüsselbein und Hand sowie zwei gebrochene Knöchel. Julie und Lisa kamen ihn im Krankenhaus besuchen, Betty dagegen wollte er nicht sehen.

»Als ich einen Monat nach dem Unfall aus dem Hospital humpelte«, sagte Eric, »war ich im Grunde ein Krüppel mit Gedächtnisstörungen. Ich dachte, dass ich ohne Gedächtnis nie wieder würde spielen können. Es war eine vernichtende Vorstellung, und ich dachte daran, meinem Leben ein Ende zu setzen. Glücklicherweise wurde ich gesund und kam wieder auf die Beine.«

Mit Hilfe von intensiver Krankengymnastik, Beschäftigungstherapie und schierer Willenskraft war Eric im Herbst weit genug, um Probevorstellungen in Boston mit *Mass Appeal* zu absolvieren, das dann am Broadway herauskommen sollte. Er sah jetzt anders aus; wie Montgomery Clift nach seinem Autounfall war Eric noch immer gut aussehend, aber nicht mehr perfekt; seine gebrochene Nase würde ebenso wie die Narben über seinem linken Auge und auf der Stirn immer zu sehen sein.

Eric kam nie mit *Mass Appeal* auf den Broadway. Er verließ die Produktion in Boston nach einem Streit mit der Regisseurin Geraldine Fitzgerald wegen der Interpretation seiner Rolle. Statt »künstlerische Differenzen« als Grund zu nennen, führten die Produzenten seine Abreise auf den Unfall zurück und behaupteten, er sei noch nicht gesund genug, um den Anstrengungen des Stücks gewachsen zu sein.

Dies erwies sich fast als Todesstoß für seine Karriere. »Die Telefonanrufe hörten praktisch über Nacht auf«, sagte er. Der Regisseur Bob Fosse *(Cabaret)* erwies sich als Erics Rettung, als er sich 1982 nicht für Richard Gere, sondern für ihn in der Rolle des Paul Snider in *Star 80* entschied. In dem Film geht es um Sniders Beziehung zu und den Mord an seiner Frau Dorothy Stratten, Playboy-Girl und Möchtegern-Schauspielerin. Eric spielte Snider, einen schmierigen und äußerst widerlichen Betrüger, mit Ekel erregendem Realismus. Sein Porträt war so treffend, dass es jahrelang auch auf die Meinung vieler Menschen über Eric selbst abfärbte: Er hätte Paul Snider nie so überzeugend spielen können, so argumentierten sie, wenn er selbst diesem Mann nicht so ähnlich sei.

Star 80 kam 1983 heraus und war, wenn man von *Another World* absieht, Erics fünfter Film. »Bis zu meinem sechsten Film lernte ich nicht, die Figuren wieder hinter mir zu lassen«, sagte er. »Manchmal waren sie noch Monate lang präsent. Ich ging allen auf die Nerven, auch mir selbst.« Während er Paul Snider spielte, besuchte Sandy Dennis, mit der er sich inzwischen verlobt hatte, ihn in Kalifornien; und dort erklärte Eric ihr, dass er ihre gemeinsamen Hochzeitspläne nicht weiterverfolgen wolle. Als er eine Affäre mit der Schauspielerin Ellen Barkin begann, endete seine Beziehung mit Sandy Dennis. Eric bat sie, ihm den Verlobungsring zurückzugeben, und sie warf ihm ihren Schmuckkasten vor die Füße. Eric kramte in dem Schmuckhaufen, fand den Ring und ging.

Eric setzte die Reihe hoch gelobter Darstellungen unsympathischer Charaktere fort mit *Der Pate von Greenwich Village* (1984) und *Runaway Train* (1985), für den er eine Oscar-Nominierung als Bester Nebendarsteller einstrich. Doch sein Drogenkonsum und seine Neurosen verhinderten den Durchbruch zum Superstar, den er dank seines Talentes hätte schaffen können, und mündeten kurze Zeit später in seiner Inhaftierung und seiner Entfremdung von allen Mitgliedern seiner Familie einschließlich Julie.

Als sie Smyrna im Juni 1985 verließ, um ihre Schauspielerträume in New York zu verwirklichen, erwies sich die Tatsache, dass sie Erics Schwester war, nicht unbedingt als Vorteil. Zweifellos erleichterten ihr seine Kontakte im Showbusiness den Weg ins Filmgeschäft. Aber sie stellte auch fest, dass »ich zwar viele Menschen traf, die Eric Roberts liebten, aber auch ebenso viele, die ihn für einen Idioten hielten. Es half nicht und es schadete nicht.«

Julie hatte in ihrem letzten Jahr an der Campbell Highschool viel zu tun: Tennis-Team und Schülerrat verlangten ihren Einsatz, außerdem wurde sie im zweiten Jahr hintereinander zum Kassenwart ihrer Klasse gewählt. In ihrem »Wahlkampf« beschrieb sie sich als »jemand, der der Verwaltung die Vorstellungen der Schüler nahe bringen kann«.

Nebenher übernahm sie noch eine wichtige Rolle bei der gespielten politischen Konferenz, die von den Geschichtskursen des letzten Jahrgangs alljährlich veranstaltet wurden, um den Schülern die politischen Abläufe in Amerika näher zu bringen. »Ein paar Auserwählte von uns waren die Präsidentschaftskandidaten«, erinnerte sich Julia. Sie übernahm die Rolle von Elizabeth Dole, Präsident Reagans Verkehrsministerin und Ehefrau des Senators von Kansas, Bob Dole. 1999 bemühte sich Elizabeth Dole um die Nominierung als republikanische Kandidatin für das Amt des Präsidenten, doch 1985 sahen die meisten noch ihren Ehemann als den wahrscheinlicheren zukünftigen Kandidaten. (Er gewann die republikanische Nominierung 1996.) »Da konnte man auch sehen, wie verrückt meine Highschool war«, sagte Julia lachend. »Am Ende war mein Freund Kevin Hester, der den [damaligen Vizepräsidenten] George Bush spielte, Präsident, und mich als Elizabeth Dole hatten sie zur Vizepräsidentin gewählt.« Als Kevin Sessums von *Vanity Fair* sie fragte, was sich denn bei ihrer Rolle als Elizabeth Dole als der Schlüssel erwiesen habe, antwortete Julia: »Also, ein Kleid zu tragen war schon wichtig. Die [passenden] Schuhe zu tragen auch. Das beeindruckt eine Gruppe wirklich.«

In ihrem letzten Jahr hatte Julie genügend Selbstbewusstsein, um beim »Miss Panthera«-Wettbewerb der Campbell High mitzumachen. (Das Maskottchen des Football-Teams der Highschool war ein schwarzer Panther und das Jahrbuch hieß *The Panthera*.) Als eine von mehreren Dutzend Bewerberinnen präsentierte sie sich im Freizeitlook und in festlicher Kleidung und hielt eine kurze Rede darüber, was sie so alles machte und warum sie Miss Panthera werden wollte. Die Kandidatinnen wurden von lokalen Radio- und Fernsehgrößen und früheren Miss-Panthera-Gewinnerinnen bewertet, manchmal wurden auch noch Hausfrauen zur Jury hinzugezogen. Die Siegerin des Wettbewerbs von 1985 war Julie Sams, aber Julie Roberts kam immerhin unter die letzten zwölf. Ein Foto im Jahrbuch zeigt sie bei der Siegerehrung im Cobb County Civic Center – eine hübsche junge Frau in einem mit Volants besetzten Taftkleid, die ein bisschen überrumpelt wirkt. »Oh mein Gott!« soll sie gerufen haben, als sie hörte, dass sie in die engere Wahl kam. »Ich kann gar nicht glauben, dass sie mich ausgewählt haben!«

Den Abschlussball ihres Jahrgangs im Mai 1985 besuchte Julie mit Bill Knight, einem gut aussehenden Elftklässler der Lovett School in Atlanta. Sie und Knight hatten sich im Sommer zuvor kennen gelernt, als beide in einer Eisdiele in Atlanta arbeiteten, und waren etwa vier Monate lang miteinander ausgegangen. »Es war eine Schwärmerei«, erinnerte sich Knight, »und sie dauerte so lange, wie Schwärmereien eben dauern … Es wurde nie richtig ernst. Meist gingen wir essen oder ins Kino.« Sie blieben Freunde, als sie nicht mehr zusammen waren, und Julie bat ihn, sie zu ihrem großen Abend zu begleiten.

Knight fuhr in seinem Oldsmobile vor dem Haus in der Maner Road vor. Er trug ein weißes Dinnerjackett und ein rosafarbenes Ansteckbukett. Julie hatte ein schlichtes schwarzes Taftkleid mit einem Sweetheart-Ausschnitt gewählt. »Sie sah bezaubernd aus«, erinnerte sich Knight. »Sie hatte ihr Haar sehr hübsch hochgesteckt.« Der Abend endete allerdings relativ früh, weil Knight am nächsten Tag eine Zulassungsprüfung für das College ablegen musste; um 23 Uhr brachte er Julie nach Hause und gab ihr einen Gutenachtkuss. »Das war dann später wirklich ein bisschen seltsam«, hat Knight zur Karriere seiner Ballpartnerin gesagt. »Man kann sich einfach nicht vorstellen, dass man seine Freundinnen plötzlich im Kino sieht.«

Julie Roberts hatte allerdings einen *Bruder* im Kino. »Ich erinnere mich, dass sie in der letzten Schulwoche sagte, sie würde in der Woche nach Schulende nach New York City gehen«, sagte Paula Monteith. »Sie sagte, sie würde Schauspielerin werden – keine Broadway-Schauspielerin, sondern Filmschauspielerin. Ich glaube, sie dachte, der Einfluss ihres Bruders würde ihr helfen. Eric und ihre Schwester Lisa* waren beide in New York, und sie konnte deren Beziehungen nutzen.«

Julia sagte: »Ich verspürte eine Rastlosigkeit ohne Ziel, eine

---

* Lisa war zwei Jahre zuvor nach New York gezogen und arbeitete ebenfalls als Schauspielerin.

drängende Notwendigkeit, eine Unruhe, wie wenn etwas kurz davor war zu platzen. Ich habe dieses Gefühl noch heute manchmal, aber aus anderen Gründen als damals, als ich siebzehn war und aus Georgia raus wollte.« Später gab sie durchaus zu, dass sie sich nicht ganz sicher war, ob ihre Träume von einer Filmkarriere wahr werden würden. »Ich wollte es probieren, [aber] ich wusste, dass ich wieder im Haus meiner Mutter in Smyrna landen und als Zahnpflegerin enden könnte.«

Glücklicherweise für ihre Fans überall auf der Welt entwickelten sich die Dinge ein bisschen besser für Julia Roberts. »Wenn ich sonst nichts für meine Schwester getan habe«, hat Eric einmal gesagt, »so habe ich sie wenigstens aus Smyrna rausgebracht.«

TEIL ZWEI

Erste Schritte zum Erfolg

»Julia flirtete mit jedem. Sie hatte einen Freund,
der Kulissenschieber war, und dann hatte sie einen anderen
Freund, und sie waren die ganze Nacht verschwunden.«
– *Lexi Masterson, eine Schauspielkollegin Julias*
in Blood Red – Stirb für dein Land.

KAPITEL 9

»Woher kommst du denn, Mädchen?«

Julie war die Reaktion leid. Als sie bei Vorsprechterminen in New York auf die Frage »Hi. How are you?« mit »Hah! Ahm fahn. How're *yew?*« antwortete, sorgte ihr breiter Südstaatenakzent für verwunderte Blicke. Mary Sames, eine Talentagentin, mit der sich Julie kurz nach ihrer Ankunft 1985 in Manhattan traf, erinnerte sich im Gespräch mit Aileen Joyce, dass »sie den breitesten Südstaatenakzent hatte, den ich je gehört habe – dabei stamme ich selbst aus Texas!«

Abgesehen von dem Akzent war Sames beeindruckt von dem jungen Mädchen, das vor ihrem Schreibtisch saß, »mit übereinander geschlagenen Beinen und verschränkten Armen … [Sie] wirkte so unschuldig, so völlig offen, und gleichzeitig so vorsichtig, so scheu, dass ich von ihrer, wie mir schien, außergewöhnlichen Persönlichkeit fasziniert war. Ich meine, da war dieses aufgeschlossene, atemberaubend schöne junge Mädchen, das dennoch schüchtern und unbeholfen wirkte und den Eindruck eines zarten, verletzten Vogels erweckte.«

Obwohl Sames beeindruckt war, spürte sie, dass Julie mehr persönliche Aufmerksamkeit benötigte, als sie ihr damals geben konnte. »Ich erkannte sofort, dass dieses ernste, schüchterne, an ein herrenloses Hündchen erinnernde Mädchen, das mir gegenüber saß, eine ganz besondere Rund-um-die-Uhr-Betreuung durch eine liebevolle Person brauchte und, um ehrlich zu sein, das habe ich mir damals nicht zugetraut.« Sames riet Julie, sich mit Bob McGowan zu treffen, einem aufstrebenden Manager, der sich auf die Förderung junger Nachwuchskünstler spezialisiert hatte. Sames rief McGowan an, und der antwortete: »Großartig, sage ihr, sie soll mich anrufen.«

Anfang Juni 1985 hatte Julie Kleider, Toilettenartikel und einige ihrer Lieblingsbücher und -schallplatten in ihrem VW verstaut, ihrer Mutter und ihrer Halbschwester Nancy einen Abschiedskuss gegeben und war losgefahren. Sie fuhr fast vierzehn Stunden, bevor sie Erics luxuriöses Apartment an der West Seventythird Street, in der Nähe des Central Park, erreichte. Sie blieb ein paar Tage bei ihrem Bruder, dann zog sie bei ihrer Schwester Lisa ein und teilte sich mit ihr eine Wohnung in der 306 West Eighteenth Street im Manhattaner Stadtteil Chelsea, nicht weit von Greenwich Village.

Julie zog es vor, bei ihrer Schwester zu wohnen, zu der sie ein sehr viel engeres Verhältnis hatte. »Lisa hat mir wirklich sehr geholfen«, gab sie später zu. »Ich hielt sie schon immer für mutig. Als wir klein waren, dachte ich immer, sie würde mich beschützen, wenn ich Angst hätte. Und mit siebzehn in New York war es genauso.«

Nachdem sich Julie eingerichtet hatte, verschwendete sie nur wenig Zeit mit der Suche nach einem Job – zu ihrem achtzehnten Geburtstag im Oktober sollte sie den Hauptteil ihres Erbes von Eileen, 28 000 Dollar, erhalten. »Ich hatte verschiedene Jobs«, erinnerte sie sich. »Ich arbeitete in dieser italienischen Eisdiele unten im Village, und es war schrecklich, denn ich kann keine Eiercreme machen, und ausgerechnet das wollten die Leute immer haben. Eiercreme! Eier und Creme. Schon beim Gedanken an diese beiden Wörter wird mir übel. Selters und Schokolade? *Igitt. Ich kann gar nicht glauben, dass ich das machen musste!*«

Am längsten war Julie bei Athlete's Foot in der Seventysecond Street and Broadway. »Das war ganz lustig … Wir befanden uns direkt neben Popeyes Chicken – und ich muss schon sagen, die Inventur im Keller, direkt neben Popeyes Chicken … das war wie das Fegefeuer, genau das war es.«

Lisa, neunzehn Jahre alt und hübsch, wenn auch auf andere Weise als Julie, nahm Unterricht am Schauspielhaus Neighborhood Playhouse in Greenwich Village. Sie riet Julie, es als Model zu probieren, um leichter ins Filmgeschäft hineinzukommen. Ohne große Begeisterung befolgte Julie ihren Rat. Mit den 850 Dollar, die ihre Mutter von ihrem Treuhandkonto abgehoben und ihr geschickt hatte, ließ sie eine Setcard anfertigen. Unter dem Foto, das sie an Agenturen schickte stand: »Julie Roberts«. Und das Foto zeigte ein hübsches Mädchen in hoch geschlossener weißer Hemdbluse, das übers ganze Gesicht strahlte. Ihr Haar war auf der linken Seite hochgekämmt und fiel wallend über ihre Stirn und die rechte Schulter.

Mit dem Foto – und ihrem jugendlichen Elan – schaffte sie es, in die renommierte Modelagentur Click hineinzukommen. Frances Grill von der Agentur erinnerte sich, dass Julies Größe und Gewicht »ideal für ein Model waren, und sie hat ein unglaublich fotogenes Gesicht«. Doch Julie hielt es nicht sehr lange in diesem Metier. »Ich glaube nicht, dass sie ihr Bestes gab«, meinte Grill. »Sie wollte unbedingt Schauspielerin werden.«

Schrecklich ist das Wort, mit dem Julia ihre Model-Erfahrungen beschrieb. Interessant ist: So wie sie sich in der Highschool als unattraktiv und unbeliebt empfunden hatte – obwohl das Gegenteil der Fall zu sein scheint –, glaubte sie, dass ihr Scheitern als Model auf denselben Grund zurückzuführen sei: »Ich war nicht attraktiv.« Als ihr Interviewer James Lipton ungläubig reagierte, entgegnete Julie: »Nein, mein hübsches Aussehen hat sich erst herausgebildet.«

Der wahrscheinlichere Grund für ihr Scheitern: »Es hat mich nicht besonders interessiert.« Doch als Eric sie 1986 einem Reporter vorstellte, der gekommen war, um ihn wegen *The Coca-Cola Kid* zu interviewen, sagte er: »Das ist meine Schwester Julie. Sie ist Model.«

»Wir sagten immer, dass ich Model sei. *Ich* behauptete immer, ich sei Model. Aber ich war nie ein Model. Ich war einfach nur hübsch und hatte keinen Job, deshalb sagten alle, ich sei ein Model: ›Klar, sie ist hübsch, sie ist ohne Job, sie ist Model.‹«

Julie machte großen Eindruck auf Bob McGowan. »Kaum hatte sie den Raum betreten, erhellte sie das ganze Zimmer«, erzählte er Aileen Joyce. »Zu diesem Zeitpunkt befanden sich einige Erwachsene im Raum, und sie kam herein und nahm das Gespräch mehr oder weniger in die Hand. Sie war erst siebzehn, hatte aber schon damals eine starke Ausstrahlung. Mit ihren siebzehn Jahren wirkte sie schon wie Ende dreißig. Sie sah aus wie ein junges Mädchen, geistig aber war sie sehr viel reifer.«

Obwohl McGowan skeptisch war wegen ihres breiten Südstaatenakzents und ihrer Schlaksigkeit, beschloss er, sie unter seine Fittiche zu nehmen, »weil sie mir Leid tat. Sie war arm wie eine Kirchenmaus.« Er managte Julia vier Jahre lang und erfuhr offenbar nie etwas von ihrer Erbschaft, mit der sie einige Monate, nachdem sie ihn getroffen hatte, bedacht wurde. Obwohl er sich nie in ihre Privatangelegenheiten einmischte, betont er: »Ich kann bestätigen, dass sie so mit neunzehn oder zwanzig Jahren blank war und sich ständig Geld von mir lieh, immer ein paar hundert Dollar hier, ein paar hundert Dollar da ... Ich weiß noch, wie sie mich eines Tages anrief und sagte, sie bräuchte dringend 3000 Dollar. Ich sagte ›Okay, ich stelle dir einen Scheck aus.‹ Aber sie sagte: ›Nein, ich brauche es bar.‹«

Bekannte beschrieben Julia Roberts als »Pfennigfuchserin«, und es scheint, dass sie alles andere tat als das Geld ihrer Stiefmutter zu verschwenden. 1992 sagte Daniel Ramos, ein Freund Julias, dass sie »damals [Ende der achtziger Jahre] mit 28 000 Dollar sehr, sehr lange auskommen konnte. Sie hat sogar noch etwas Geld vom Erbe ihrer Stiefmutter übrig ... So sparsam ist sie, das ist sie wirklich.«

McGowan betonte, dass Julia ihm das geliehene Geld stets zurückzahlte. »Sie war in dieser Hinsicht sehr korrekt.« Gelegentlich zahlte er ihr auch die Miete, obwohl er nur selten genau wusste, wo sie gerade wohnte. »Sie zog ständig um ... einmal wohnte sie bei ihrer Schwester, dann wieder nicht, dann doch wieder ... wer sollte da noch durchblicken?«

Als Erstes empfahl McGowan seiner neuen Klientin, einen Sprachlehrer aufzusuchen, um ihren Akzent loszuwerden. Sie befolgte seinen Rat. »Ich dachte, *entweder spiele ich für den Rest meines Lebens Ellie-May-Clampett-Rollen, oder ich kriege es auf die Reihe.«* Julie ging zu Sam Chwat, einem Neuling in der Branche, der seitdem die Aussprache zahlreicher berühmter Künstler verbessert – oder für eine bestimmte Rolle verändert – hat. Chwat brachte Julie bei, das *g* am Ende von *ing*-Wörtern nicht zu verschlucken und ihre *r*-Laute weicher auszusprechen. Außerdem lernte sie, die *t*-Laute nicht zu verschlucken und unnötige Betonungen bestimmter Wörter in einem Satz, etwa in »Wha'are you *up* to, honey?«, zu vermeiden.

»Ich konnte meinen Akzent nicht mehr hören«, gestand Julia später. »Es war zum Verrücktwerden. Deshalb ging ich in den Sprachunterricht und musste Dinge wie ›Katze. Hund. Ich gehe ins Restaurant‹ sagen.« Sie bewies eine schnelle Auffassungsgabe, und es dauerte nicht lange, bis sämtliche Spuren ihrer Herkunft aus ihrer Aussprache getilgt waren. Dennoch musste sie etliche Zurückweisungen hinnehmen, wie alle, die je eine Karriere im Showbusiness starten wollten. Immer bekam sie dieselben Ausreden zu hören: Du hast zu wenig Schauspielerfahrung, du hast nicht das richtige Aussehen, du bist zu eigen, ein zu spezieller Typ.

Bei Julie bemängelten die Besetzungschefs hauptsächlich ihre Unbeholfenheit und ihre mangelnde Erfahrung. Als sie für eine Rolle in der Soap *All My Children* vorsprach, lehnte die Besetzungschefin Joan D'Incecco sie ab, weil sie der Meinung war, dass Julie zu wenig Bühnenpräsenz hatte. »Sie war als Schauspielerin noch unfertig.« Bei den Vorsprechterminen für andere Soaps hatte Julie ebenso wenig Erfolg.

Die Zurückweisungen waren ihrem seit den frühen Highschool-Tagen schwach ausgeprägten Selbstvertrauen nicht eben förderlich. »Ich bewarb mich für etliche Fernsehsendungen, und nie hat es geklappt. Ich dachte: ›*Warum bekomme ich keinen Job? Ist es wegen meines Aussehens oder der Art, wie ich spreche?*‹ Aber ich gab nicht auf.«

Bob McGowan legte Julie dringend ans Herz, Schauspiel zu studieren. Das tat sie, allerdings nicht sehr lange. »Ich brach die Kurse immer wieder ab. In der Mitte des Kurses dachte ich: ›*Dieser Typ redet nur Mist*‹ … Es wurde nur über unnütze Dinge diskutiert. Weißt du zum Beispiel, was man mit seinen Augen macht und was man nicht mit seinen Augen macht. Es führte nicht nur dazu, dass man penibel darauf achtete, was zum Teufel man mit seinen Augen machte, sondern es kam mir einfach übertrieben vor. Man wurde besessen von sich selbst.«

Julie beschloss, für einen bevorstehenden Vorsprechtermin Eric um Hilfe zu bitten. Dies erwies sich als keine gute Idee. »Beim einzigen Mal, als Eric mir bei einem Vorsprechtermin geholfen hat, wurde ich fast wahnsinnig. Er führte mich zum

Abendessen aus, und wir sprachen über diesen Vorsprechtermin, den ich für *Spencer for Hire* hatte. Und dann lasen wir die ganze Zeit dieselbe Szene. Er gab nicht auf. Es ödete mich an, weil ich einfach nur zu Abend essen wollte. Ständiges Proben ist sowieso nicht mein Ding.«

Julie bekam die Rolle nicht und fast achtzehn Monate lang auch keine andere, obwohl sie extra nach Los Angeles geflogen war, um für die Rolle der Hayley Benson in *California Clan* vorzusprechen. Eine weniger ehrgeizige Person hätte sich vielleicht von den wiederholten Rückschlägen entmutigen lassen, doch Bob McGowan erinnerte sich, dass Julie ganz versessen auf eine Schauspielkarriere war. »Sie nahm sogar Aufforderungen zum Vorsprechen wahr, die eigentlich meinen anderen Klienten galten. Sie nervte mich oder meine Sekretärin so lange, bis sie wusste, wo das Vorsprechen stattfand, und tauchte dann einfach dort auf. Sie ist eine Nervensäge, dieses Mädchen.«

Im Herbst 1986 bekam Julie endlich eine Rolle. Die gute Nachricht war, dass es um einen Spielfilm ging. Die schlechte Nachricht war, dass es sich um eine fünfzehn Sekunden dauernde Statistenrolle ohne Dialog handelte. Und die noch schlechtere Nachricht war, dass der Film, *Firehouse,* sich als viertklassige Sex-Komödie erwies, mit an den Haaren herbeigezogenen Situationen und miserablen schauspielerischen Leistungen, die, wie die Kritikerin Pauline Kael über den Film *Hello, Dolly!* sagte, »Zahnschmerzen verursachen, und nur etwas minderbemittelte Kinder finden die geschraubten Dialoge witzig«.

Regie führte J. Christian Ingvordsen, der sich bisweilen auch John Christian nannte. Der Film handelt von drei jungen Frauen, die ihre Feuerwehrausbildung in der Feuerwache 1 beginnen, die den übelsten Ruf von ganz New Jersey hat. Die unterbelichteten Feuerwehrmänner und ihre ebenso stupiden Vorgesetzten verbringen mehr Zeit damit, weibliche Feuer der Begierde zu löschen als echtes Feuer. Der Film enthält auch mehrere Szenen, in denen Frauen oben ohne in einer Bar tanzen.

Peter Onorati spielte Ron J. Sleek, den übelsten Frauenheld der Mannschaft.

Julies Kurzauftritt ist nach siebenundzwanzig Minuten zu sehen. Arm in Arm läuft sie mit Onorati ins Bild, der auf der linken Seite eine andere schöne junge Frau untergehakt hat. Der Frauenheld trägt einen Jogginganzug, ein rot-weißes, diagonal gestreiftes Hemd, das bis zur Brust hinab aufgeknöpft ist, und mehrere Goldketten. Julie trägt eine hautenge rote Vinylhose, eine schwarz-weiß gemusterte Bluse, einen schwarzen Vinylgürtel und klimpernde Ohrringe und Armreifen. Das andere Mädchen, das spanischer Abstammung zu sein scheint, trägt einen schwarzen Vinyl-Minirock und eine Bluse, ähnlich der von Julia.

Als Sleek die Feuerwache betritt, erklärt der Feuerwehrhauptmann den weiblichen Neulingen: »Wir arbeiten hier streng nach Vorschriften.« Er dreht sich zu Sleek und seinen beiden verruchten Kameraden um. »Ich weiß, ich habe Dienst«, sagt Sleek, »aber ich habe etwas Wichtiges zu erledigen.« Dann gehen er und die Mädchen eine Treppe hinauf, und Julie lächelt dabei strahlend in die Kamera und kaut Kaugummi. »Was hast du eben gesagt?«, fragt eine der Rekrutinnen den Hauptmann. (Die Komik nimmt kein Ende in diesem Film.)

Onorati fühlte sich zu Julie hingezogen. »Was für ein Glück, bei dieser Rolle ein so schönes Mädchen an meiner Seite zu haben. Sie hatte unglaublich viel Ausstrahlung. Es war eine Sache zwischen Mann und Frau. Mit Talent hatte es nichts zu tun, ich dachte nur: ›Wow!‹« Er beschloss, auf die beste Art und Weise, die ihm einfiel, anzubandeln: Er bot ihr einen Job an. »Was hältst du davon, Anzeigen zu verkaufen?«, fragte er sie, als sie darauf warteten, ihre Szene zu spielen. »Das ist ein toller Beruf.«

»Oh, sei still«, sagte Julie.

Es dauerte nicht einmal einen Tag, bis Julia Roberts' Filmdebüt* im Kasten war. Sie wurde im Abspann nicht genannt, und wenn man sich den Film unaufmerksam anschaut – was verständ-

---

* Einige Filmografien führen einen 1983 für das britische Fernsehen gedrehten Film namens *Forever Young* als ihren Debütfilm auf. Im Hintergrund einer Klassenzimmer-Szene ist ein Mädchen zu sehen, das eine gewisse Ähnlichkeit mit Julia aufweist. Dennoch ist es ziemlich unwahrscheinlich, dass sie einen Film in Großbritannien machte, während sie noch in ihrem zweiten Highschool-Jahr war. Auch Eric erinnerte sich nicht daran, dass sie einen solchen Film gemacht hätte.

lich ist –, kann man sie leicht übersehen. *Firehouse* lief nie in den Kinos, sondern wanderte im Juli 1987 direkt in die Videotheken. »Ich glaube, ich habe mir den Film nie angesehen«, sagte Onorati. »Meine Eltern besitzen ein Exemplar davon, aber es ist kein Film, den man gerne seinen Eltern zeigt – mein erster Sexfilm.« Wahrscheinlich forderte auch Julie ihre Mutter nicht gerade auf, in die nächste Videothek zu rennen und sich das Video auszuleihen.

Kurz nachdem *Pretty Woman* Julia Roberts 1990 zum Superstar gemacht hatte, brachte der *National Enquirer* eine Story mit der Überschrift »Die Sexgeheimnisse der Pretty Woman«. In dem Artikel, der angeblich auf Interviews mit Julies Klassenkameraden von der Highschool basierte, wurde behauptet, dass sie »gerne anderen Mädchen die Freunde ausspannte und allein zum Ball der oberen Highschool-Klassen ging, um mit den Liebhabern anderer Mädchen anzubandeln«. »Sie hatte regelmäßig ›Jagdsaison‹ – in der Football-Saison stellte sie Halfback-Spielern nach, in der Basketball-Saison den Basketball-Stars und so weiter«, und »ihre Mitschüler nannten sie ›Hot Pants‹«. In dem Artikel schilderte eine namentlich nicht genannte Klassenkameradin eine Samstagabend-Party. »Wir hatten alle viel Spaß, tranken Wodka und Cola. Dann bugsierte Julia meinen Freund in eine dunkle Ecke und fing an, ihn zu küssen. Ehe ich mich versah, waren beide verschwunden und ich musste alleine nach Hause. Julie ließ die Jungs wissen, dass sie zu haben war. Alle anderen Mädchen fühlten sich von ihrem Verhalten abgestoßen.«

Der Artikel erscheint wenig glaubwürdig. Ein Problem dabei ist, dass Julie in Wirklichkeit zusammen mit Bill Knight den Highschool-Ball besuchte. Und keiner von Julies Klassenkameraden, die für dieses Buch interviewt wurden, zeichnete ein ähnliches Bild. »Ich kann mich an diesen Wesenszug von ihr nicht erinnern«, sagte ein Mitschüler, Bill Nazarowski. »Ich denke, ein Großteil davon ist erfunden.«

Wie groß der Wahrheitsgehalt dieser Geschichte auch sein mag, tatsächlich scheint Julie Roberts ein sehr starkes Interesse an gut aussehenden jungen Männern gehabt zu haben – zumindest von der Zeit an, als sie nach New York kam. »Man kann wohl sagen, sie war verrückt nach Jungs«, bestätigte auch Bob

McGowan. Er erinnerte sich, dass Julie ihn einmal vom Empire Diner aus anrief und sagte: »Bob, mich bedient hier ein total süßer Typ. Er heißt Charlie Walsh. Ich werde ihm sagen, dass du ihn treffen möchtest, weil du ihn gesehen hast, als du mal abends hier gegessen hast. Und dass du mich hierher geschickt hast, um ihm auszurichten, dass er sich mit dir in Verbindung setzen soll, da du nicht wusstest, wie du ihn erreichen konntest. Okay? Und wenn er dich anruft, machst du einen Termin mit ihm aus, und ich bin dann wie zufällig auch in deinem Büro.«

Das Treffen war für alle Beteiligten erfolgreich. McGowan nahm Walsh unter Vertrag, der sich später Dylan Walsh nannte und einer von McGowans erfolgreichsten Klienten wurde, mit Dutzenden von Film- und Fernsehrollen. Und Charlie und Julie gingen miteinander, »eine Zeit lang, mit Unterbrechungen« erzählte McGowan, »und ich glaube, sie sind heute noch Freunde«.

Aileen Joyce zitierte in ihrer 1993 erschienenen Biografie *Julia* einen namentlich nicht genannten früheren Bekannten, der sagte: »In dieser Zeit war Julia sehr extravertiert, ein richtiges Partygirl, und sie hatte eine Menge Freunde, besonders Jungs. Sie flirtete mit jedem, sogar mit Typen, die sie gar nicht interessierten. Sie hatte etliche Lover, hier in New York weiß ich von mindestens vier. Wie ich gehört habe, hat sich ihr Lebensstil wohl auch bei den Dreharbeiten nicht geändert. Sie war damals genauso.«

Julias nächstes Film-Engagement – ihre erste Sprechrolle in einem Spielfilm mit den Anfangsworten *»Sí, Papá«* – lieferte ein Paradebeispiel. Eric war für eine Rolle in Peter Mastersons Film *Blood Red* unter Vertrag genommen worden, nicht lange nach seiner Oscar-Nominierung für den Besten Nebendarsteller in dem Film *Runaway Train* (1985). Masterson, der selbst Schauspieler gewesen war *(Die Frauen von Stepford)* und der Vater von Mary Stuart Masterson ist, hatte im selben Jahr mit seinem ersten Film als Regisseur, *Trip to Bountiful – Reise ins Glück*, Geraldine Page zu einem Oscar als Beste Darstellerin verholfen. Hemdale Films bat ihn, die Regie bei *Blood Red* zu übernehmen, einem Projekt, das seit 1977 in Hollywood die Runde machte. Masterson erklärte sich bereit, obwohl für das Projekt ein Budget von nur 6,5 Millionen Dollar veranschlagt war. (»Sehr knapp«, klagte er.) Er reiste nach New York, um sich mit Eric zu treffen, der zu diesem Zeitpunkt als Einziger für die Besetzung feststand. »Ich hatte Eric kurz kennen gelernt und ich hatte ihn beim Vorsprechen in den Actors Studios gesehen. Ich hielt ihn für einen hervorragenden Schauspieler. Wir verstanden uns prima und beschlossen, die Sache zusammen zu machen.« Eric erhielt 500 000 Dollar; was Julia an Gage erhielt, wusste Masterson nicht mehr, nahm aber an, dass es die Mindestgage der Screen Actors Guild (SAG) gewesen war, des amerikanischen Verbandes der Kino- und TV-Schauspieler.

Julias Mitwirkung in *Blood Red* bedeutete, dass sie in die SAG eintreten musste. Als sie sich dort bewarb, sagte man ihr, dass in dem Verband bereits eine Darstellerin mit dem Namen Julie Roberts registriert war, und die Vorschriften verboten es, dass zwei Schauspieler denselben Namen benutzten. Julie fragte ihre Mutter um Rat – sie konnte sich nicht entscheiden, ob sie ihren richtigen Vornamen Julia oder ihren zweiten Vornamen Fiona nehmen sollte. Betty riet ihr zu Ersterem. Und so war Julia Roberts (wieder)geboren.

Eric spielte in *Blood Red* Marco Collogero, den hitzköpfigen Sprössling einer Winzerfamilie im kalifornischen Napa Valley um 1890. Das Familienoberhaupt ist der auf Sizilien geborene Patriarch Sebastian Collogero (Giancarlo Giannini). Die Familie gerät in eine Krise, als Sebastian sich weigert, sein Land an den Eisenbahnmagnaten William Berrigan (Dennis Hopper) zu verkaufen, der die Verlegung einer Bahnlinie durch die Weinberge plant. (In einer Nebenhandlung verliebt sich Marco in die Tochter einer rivalisierenden Winzerfamilie.) Berrigan heuert Schläger an, um Sebastian zum Verkauf seines Landes zu zwingen, und entfacht eine blutige Fehde. Sebastian wird getötet und vor den Augen seiner Töchter neben seiner Scheune aufgehängt. Marco rächt Sebastians Tod, indem er die Killer erschießt und einen Eisenbahntunnel in die Luft jagt. Berrigan gibt schließlich den Kampf auf, und der Film endet mit einem Sieg der Collogeros.

Masterson hatte Giannini und Hopper ihre Rollen zugewiesen, Francesca de Sapio spielte Sebastians Ehefrau Rosa und Lara Harris jene Angelica, auf die Marco ein Auge geworfen hat.

Mastersons Gattin Carlin Glynn spielte Miss Jeffreys, die örtliche Lehrerin, und seine Tochter Alexandra die Nebenrolle der Anna, einer von Sebastians Töchtern. Die etwas größere Rolle von Sebastians anderer Tochter, Maria, war noch nicht besetzt.

»Eric fragte mich, ob Julia eine kleine Rolle in dem Film bekommen könnte«, erinnerte sich Masterson. »Ich wusste nichts über sie. Doch sie waren in einer Schauspielerfamilie aufgewachsen, deshalb hatte ich keine Bedenken, ihr eine Rolle zu geben. Ich nahm sie auf Erics Empfehlung. Ich dachte, wer könnte besser Erics Schwester spielen?«

Am 17. August brachte die »People«-Spalte des New Yorker Boulevardblattes *Daily News* einen kleinen Artikel darüber, dass Julia im Film ihres berühmten Bruders mitspielte. Die Überschrift lautete: »Julie Roberts spielt Erics Schwester«. Seltsamerweise – vielleicht weil Julia nicht als Nutznießerin von Vetternwirtschaft angesehen werden wollte –, beteuerte sie dem Journalisten, Eric habe erst nach seiner Rückkehr vom Filmfestival in Cannes erfahren, dass sie die Rolle bekommen hatte. »Er hat nicht einmal gewusst, dass ich für die Rolle geprobt und dass ich sie bekommen habe … ich erzählte es ihm und er war total begeistert. Es ist meine erste Rolle, und ich bin erst achtzehn. Irgendwann möchte ich aufs College gehen, aber diese Pläne habe ich vorerst aufgeschoben. Ich möchte das hier erst voll auskosten.«

Zehn Wochen später, im November 1986, flogen Julia und Eric zusammen von New York nach San Jose, für Außenaufnahmen an einem Weinberg außerhalb der Stadt. Julia und Alexandra (Lexi) Masterson waren den größten Teil des Drehs Zimmergenossinnen, und Julia hinterließ einen bleibenden Eindruck bei Lexi. »Sie war jemand, der einen Raum betrat oder auf den Set kam und sich mit *jedem* anfreundete. Der Raum erstrahlte richtig, und alle drehten sich nach Julia um, wenn sie hereinkam. Sie hatte sehr viel Ausstrahlung und Charisma. Ich würde nicht unbedingt sagen, dass sie sich damals ein Netz an Beziehungen schuf, aber letztlich lief es darauf hinaus. Ich weiß nicht, ob sie es bewusst tut, aber wenn ja, dann kenne ich niemanden, der das besser kann. Ich glaube, es ist einfach ihre natürliche Art und Weise, Dinge zu tun.«

Lexi war verblüfft über Julias Schauspieltechnik – oder vielmehr darüber, dass sie eigentlich überhaupt keine Schauspieltechnik besaß. »Ich versuchte, meine Arbeit zu tun – *meine Rolle zu spielen* –, und sie *tat* es einfach. Ich sah sie nie proben, sie bereitete sich nicht einmal auf ihre Szenen vor. Sie quasselte, bis sie ›Fertig!‹ riefen, und dann machte sie ihren Job. Sie war sehr natürlich. Ich kenne niemanden, der so im Einklang mit seinem eigenen Körper ist wie sie, und das schon in der Zeit, als sie noch kein großer Star war.«

Lexi merkte schnell, dass zwischen Eric und Julia eine starke Verbundenheit bestand. »Ich hatte den Eindruck, dass sie sehr liebevoll und zärtlich miteinander umgingen. Sie waren sehr persönlich, sehr vertraut miteinander. Ich spürte deutlich, dass es bei ihnen irgendeine Familiengeschichte gab. Zwar hatte ich keine Ahnung, was es war, aber ich merkte, dass er ihr gegenüber sehr fürsorglich war, ein toller älterer Bruder. Ich spürte, dass es dort viel Familiendrama gab – als kämen sie aus Dysfunctionville.«

Julias einzige große Szene im Film zeigt ihr Entsetzen, als sie zusehen muss, wie ihr Vater ermordet und aufgehängt wird. »Ich war sehr zufrieden mit ihrer Leistung«, erzählte Masterson. »Ich fand sie sehr gut in dem Film. Wir drehten einige Szenen unter äußerst schwierigen Bedingungen. Es war eiskalt nachts, und sie legte da draußen eine großartige emotionale Szene hin. Sie arbeitete sehr hart an dieser Szene – sie wollte sie unbedingt richtig gut hinkriegen. Ich brauchte ihr nicht zu sagen, was sie tun musste, um die Gefühle rüberzubringen; sie machte es instinktiv richtig.«

Lexi rechnete dieses Verdienst Eric an. »Wenn sie eine Szene hatte, bei der sie Gefühle zeigen oder weinen musste, kam er zu ihr, sprach mit ihr und flüsterte ihr etwas ins Ohr. Ich hatte keine Ahnung, was er zu ihr sagte, aber sie brach in Tränen aus und ich war total baff, da ich auf andere Weise gelernt hatte, Gefühle auszudrücken. Doch offenbar gab es etwas sehr Persönliches und Intensives zwischen ihnen.«

Obwohl Lexi sagte, Julia habe ihre Freundschaft mitten in den Dreharbeiten zurückgewiesen, fand sie es zunächst sehr »lustig«, mit Julia ein Zimmer zu teilen. »Sie war unterhaltsam. Es war wie eine Nachthemdparty – wir quatschten und quatschten, bis schließlich eine von uns sagte: ›Komm, lass uns schlafen!‹ Julia bestellte fette Burger und Bratkartoffeln und ich sagte: ›Warte, ich esse lieber nur Salat!‹ Sie machte sich nie Gedanken über ihre Figur – sie war ja auch ein großes Mädchen.«

Ein paar Tage nach Drehbeginn stellte Lexi fest, dass Julia nicht immer in ihrem Zimmer übernachtete. »Sie flirtete mit jedem. Sie hatte einen Freund, der Kulissenschieber war, und dann hatte sie einen anderen Freund, und sie waren die ganze Nacht verschwunden, und dann hatte sie wieder einen anderen Freund, der Kulissenschieber war. Man wusste nie, mit *wem* sie sich traf! Sie zog von einem Jungen zum anderen, und es verlief sehr schnell und intensiv. Sie bandelte einfach mit jemandem an und das war's auch schon. Mit einigen von ihnen war sie nicht länger als eine Nacht zusammen.«

Die Dreharbeiten waren kurz vor Weihnachten abgeschlossen. »Es war ein schwieriger Dreh«, sagte Peter Masterson. »Wir hatten keine Zeit, die Aufnahmen oft zu wiederholen. Aber ich denke, es ist ganz gut geworden – ein ziemlich monumentales Werk.« Die meisten Journalisten, die über Eric oder Julia schreiben, übergehen diesen Film. Einer von Julias Biografen bezeichnete ihn als »einen peinlichen Film, der allenfalls fürs Video taugt«. Doch das ist weder korrekt noch fair. In Wirklichkeit lief der Film 1989 in wenigen Kinos an und wurde 1997 von MGM auf Video vertrieben. Die Handlung ist ein wenig sprunghaft, doch der Film enthält herrliche Bilder. Die schauspielerischen Leistungen und das Staraufgebot sind beeindruckend, und wie bei den besten Western drücken die Zuschauer den Guten die Daumen und verabscheuen die Bösen. Dank Masterson sieht man am fertigen Produkt, wie jeder Penny des geringen Filmbudgets effektiv eingesetzt wurde.

Im Vorspann des Films wird Julia überhaupt nicht genannt, und im Abspann an neunzehnter Stelle. Sie sieht reizend aus in ihrer ersten Szene, in ihrem weißen, langärmeligen viktorianischen Baumwollkleid, das ihr bis zu den Knöcheln reicht und am Kragen mit Spitze versehen ist. Ihre Haare sind im Stil eines Gibson Girls hochfrisiert. Sie musste für den gesamten Film ein

Korsett tragen, und »das hasste sie«, erinnerte sich Lexi. »Aber sie schien sich nicht groß darum zu scheren, wie sie aussah. Sie wartete einfach, bis die Garderobieren und Friseusen sie hergerichtet hatten und sagte ›Okay‹. Das überraschte mich, denn sie schien die Dinge nicht ernst zu nehmen. Aber vielleicht war sie einfach nicht eitel.«

Ein Kritiker schrieb über den Film, nachdem Julia zum Star geworden war: »Eric Roberts wirkt zahmer als sonst. [Aber] die Szenen mit Julia Roberts, seiner Schwester aus dem richtigen Leben, fesseln den Zuschauer aufgrund der äußerlichen Ähnlichkeit der beiden Darsteller. Sie hat zwar nicht viel Gelegenheit, Gefühle zum Ausdruck zu bringen, doch die Qualitäten eines werdenden Stars sind bereits zu erkennen.«

Eric sagte 1989, dass er in *Blood Red* »mehr Spaß hatte als bei jedem anderen Film. Ich wollte schon immer gerne einen Cowboy spielen, um reiten und die Bösen töten zu können, und ich bekomme sogar das Mädchen! Was könnte perfekter sein?« Was Julia angeht, »sie ist großartig darin. Sehr schön und sehr elegant. Aber ich bin natürlich auch sehr voreingenommen.« Er liebe seine beiden Schwestern, erklärte er, »wie ich mein eigenes Leben liebe«.

Julia selbst hat sich kaum über ihre Erfahrungen bei *Blood Red* geäußert, doch 1989 gab sie dem *Rolling Stone* gegenüber einen aufschlussreichen Kommentar ab: »*Blood Red* war für Eric und mich eine spannende Sache. Denn wir erkannten, dass wir, obwohl wir Geschwister sind, uns ähnlich sehen und den gleichen Beruf ausüben, völlig unterschiedliche Auffassungen von unserer Arbeit als Schauspieler haben. Wir sind grundverschieden. Er hat die Royal Academy of Dramatic Arts in London besucht. Ich dagegen bin eine Kamikaze-Schauspielerin.«

Kurz nachdem sie ihre Arbeit für *Blood Red* abgeschlossen hatte, erhielt sie eine kleine, aber lukrative Rolle in einer Folge der NBC-Fernsehserie *Crime Story*. Sie flog kurz nach Weihnachten zu den Dreharbeiten nach Las Vegas. Ihre Folge mit dem Titel »The Survivor« wurde am 13. Februar 1987 ausgestrahlt. Julia spielte Tracy, die sexuell missbrauchte Stieftochter Steve Altmans, des neuen Kollegen der Hauptfigur Lt. Torello (Dennis Farina). In mehreren emotionsgeladenen Szenen, die insgesamt etwa acht Minuten dauern, offenbart Tracy dem Lieutenant nach und nach, was Altman mit ihr angestellt hat. Daraufhin haben Torello und Altman eine erbitterte Auseinandersetzung.

Julia meisterte die schwierige Rolle überzeugend und machte einen starken Eindruck auf die Zuschauer. Als sie zehn Monate nach der Ausstrahlung der Folge nach Smyrna zurückkehrte, um dort ihren Urlaub zu verbringen, merkte sie, dass die Leute sie anstarrten, als sie mit ihrer Freundin Paige Amsler im Einkaufszentrum war. »Zuerst dachte ich, ich würde mir das nur einbilden, aber Paige hatte es auch bemerkt. ›Warum starren dich die Leute eigentlich so an?‹, fragte sie. Dann kamen sogar ein paar Leute auf uns zu, weil sie mich von meiner Nebenrolle in *Crime Story* kannten.« Oder die Leute *glaubten*, sie zu erkennen. »Sie wussten nicht genau, woher sie mich kannten«, erzählte Julia lachend. »Sie fragten dann zum Beispiel: ›Sind Sie …‹ Und ich antwortete schnell: ›Nee, nee, Sie befinden sich hier im Cumberland-Einkaufszentrum!‹«

Doch bald schon sollte diese List nicht mehr dazu taugen, übereifrige Bewunderer abzuwehren.

KAPITEL 10

Bob McGowan bemühte sich intensiv darum, Julia Jobs zu beschaffen. Er schickte sie zu Vorsprechterminen für jede Rolle, für die sie in Frage kam, und sogar für mehrere Rollen, für die sie nicht geeignet war. (Viele Manager sind der Meinung, dass Schauspieler durch jeden Vorsprechtermin an Erfahrung gewinnen, selbst wenn sie die Rolle wahrscheinlich nicht bekommen werden.) McGowan hörte, dass Joanna Ray, eine Besetzungsagentin aus Los Angeles, vier Mädchen für die Hauptrollen in *Sweet Little Rock'n'Rollers* suchte, eine romantische Low-Budget-Komödie über eine Mädchenband namens Jennie Lee and the Mystery.

Er rief Ray an, und sie fragte, ob Julia ein Instrument spiele. McGowan antwortete, er sei sich nicht sicher. Er wusste, dass Julia kein musikalisches Talent besaß, doch er fragte sie, ob sie jemanden kenne, der Schlagzeug spielte und es ihr beibringen könnte. »Ich habe mir das Schlagzeug ausgesucht, weil ich annahm, es sei das Instrument, das am einfachsten zu lernen ist«, erklärte er. Als Julia sich mit Joanna Ray traf, absolvierte sie bereits einen Crashkurs im Schlagzeugspielen, doch Ray hatte die Rolle bereits an Trini Alvarado vergeben. Julia versicherte Ray, sie könne die Bassgitarre gut genug lernen, um das Spiel auf dem Instrument zu simulieren. Ray gab ihr die recht kleine Rolle der Daryle Shane, einer jungen Dame, die, wie es Jennie Lees Bruder im Film formuliert, »an einem guten Tag eine Schlampe ist«.

Sweet Little Rock'n'Rollers, das glücklicherweise in *Satisfaction* umbenannt wurde, hatte seinen Ursprung in der blühenden Phantasie des Drehbuchautors Charles Purpura. Dessen erstes Drehbuch, *Die Himmelsstürmer,* hatte kurz zuvor grünes Licht für die Produktion bekommen, und er war im Hollywood-Jargon »heiß«. »Alle wollten mit mir zusammenarbeiten«, entsann sich Purpura. »Einer der Menschen, mit denen ich mich traf, war Alan Greisman, Sally Fields Ehemann. Er wollte einen Film machen, in dem es um eine Gruppe junger Frauen ging, die gemeinsam ihre Sommerferien verbrachten.«

Purpura war eifrig damit beschäftigt, *Die Himmelsstürmer* umzuschreiben und verschwendete kaum einen weiteren Gedanken an die Sache, bis Greisman erneut anrief und ihn drängte, eine Idee zu liefern. Schließlich rief Purpura zurück und meinte: »Rockband.« Greisman gefiel diese Idee, auch wenn sie noch unausgegoren war, und er und Purpura präsentierten sie Alan Stewart von Warner Brothers, der ihnen grünes Licht gab, das Drehbuch auszuarbeiten. »Ursprünglich war die Story sehr düster«, sagte Purpura. »Eines der Mädchen starb und es gab lesbische Szenen – ich glaube, die Schlagzeugerin war in Jennie verliebt. Der Film enthielt komische, aber auch melodramatische Elemente.«

Warner Brothers, unzufrieden mit dem deprimierenden Drehbuch, gab die Rechte zurück, wodurch das Projekt für dieses Filmstudio gestorben war. Greisman und Purpura erhielten daraufhin etliche Absagen von anderen Studios. »Ständig kam ein Nein, sie sagten, es müsse zu einer leichteren Komödie umgemodelt werden, zu einem heiteren Musikfilm.«

Aaron Spelling, der eine Projektentwicklungsvereinbarung mit dem Fernsehsender NBC hatte, rettete das Projekt, als er den Sender überzeugen konnte, den Film zu finanzieren – mit der Zusage, dass das Drehbuch aufgelockert werde. »NBCs Engagement reduzierte das Budget automatisch auf rund zwei Millionen«, erinnerte sich Purpura, »was ziemlich wenig ist. Am wichtigsten war die Besetzung. *Familienbande* wurde nach wie vor gesendet, und Alan konnte Justine Batemans Interesse wecken – der Film sollte ihr den Einstieg ins Filmgeschäft ermöglichen [ihr Co-Star in der Serie, Michael J. Fox, hatte diesen Schritt bereits vollzogen]. Ich hörte, dass NBC mit dem Projekt einen Spielfilm, einen Pilotfilm fürs Fernsehen und dann eine Serie plante.«

Als das Drehbuch Gestalt annahm, beschloss Purpura, dass eines der vier Bandmitglieder ein Junge sein sollte. Die Produzenten Robert Alden und Armyan Bernstein verpflichteten Scott Coffey für die Rolle des Nickie Longo. Britta Phillips erhielt die Rolle der Billy Swan. »Dann sagten sie mir, dass sie ›Eric Roberts' Schwester‹, wie sie damals genannt wurde, engagiert hatten«, erzählte Purpura. »So hatten sie die Gruppe also zusammen.« Liam

Neeson, der irische Schauspieler, der in der Rolle des Oskar Schindler in Steven Spielbergs *Schindlers Liste* zu großem Ruhm gelangen sollte, wurde für die Rolle von Batemans Schwarm verpflichtet.

Sobald Julia die Rolle, die so groß war, dass ein Vertrag erforderlich war, in der Tasche hatte, musste sie einen Agenten finden. Denn Bob McGowan als ihr Manager konnte ihr lediglich Jobs verschaffen, handelte jedoch keine Verträge in ihrem Namen aus. McGowan rief seine Freundin Risa Shapiro von der renommierten William-Morris-Agentur an. Er hatte sie schon häufig gebeten, Julia Filmrollen zu verschaffen. »Aber die Antwort lautete immer gleich, nämlich: ›Bob, ich kann es nicht machen.‹ Trotzdem haben sie Julia hin und wieder zu irgendwelchen idiotischen Terminen geschickt, wo sie für einen Werbefilm oder sonst irgendeinen Quatsch vorsprechen durfte. Diesmal sagte ich zu Risa: ›Hör zu, Julia wird wahrscheinlich um die 50 000 Dollar [für *Satisfaction*] verdienen, und ihr könnt das Geschäft machen.‹« Risa blieb dennoch skeptisch, doch die Agentur willigte ein, Julia in ihre Klientenkartei aufzunehmen, nachdem McGowan sie darauf hingewiesen hatte, dass Aaron Spelling an dem Film beteiligt war und dass aus dem Film möglicherweise eine Fernsehserie würde. Keiner der etablierten Agenten wollte eine Anfängerin betreuen. Deshalb wurde Julia zunächst Risa zugewiesen, die relativ neu in der Firma war, und später Elaine Goldsmith, die seitdem mit Julia zusammenarbeitet, zuerst als ihre Agentin, später als Partnerin in ihrer Produktionsgesellschaft. »Elaine Goldsmith wollte sie gar nicht. Keiner von ihnen wollte sie«, erzählte McGowan. »Seltsam, was?«

Julia verbrachte vier Wochen damit, Bassgitarre spielen zu lernen. Morgens nahm sie Privatstunden, und nachmittags probte sie gemeinsam mit den anderen Akteuren. Sie empfand den Prozess als schwierig. »Es gibt nichts Frustrierenderes, als dieses wunderbare Instrument und einen großartigen Song zu haben und nicht in der Lage zu sein, das eine mit dem anderen in Einklang zu bringen.« Sie übte unermüdlich und wurde schließlich so gut, dass sie das Bassspielen zumindest simulieren konnte. Und mehr wurde auch nicht von ihr verlangt. »Wir waren uns alle darüber im Klaren, dass es umso mehr Spaß machen würde, je besser wir unsere Instrumente beherrschten«, sagte Julia. »Wir lernten es rasch und hatten eine tolle Zeit miteinander.«

Charles Purpura nahm an einigen Lesungen in New York mit der Regisseurin Joan Freeman und den Schauspielern teil. Purpura war zutiefst beeindruckt von Julia. »Ich war begeistert, als sie an der Reihe war. Sie spielte ein sexbesessenes Dummchen, aber sie verlieh der Figur einen besonderen Touch. Sie vermittelte den Eindruck, dass hinter der Filmfigur mehr steckte, als man auf den ersten Blick meinte. Und Julia hatte diesen Enthusiasmus, der sich auf die anderen Darsteller übertrug. Als ich die Akteure zum ersten Mal traf, probten sie als Band, und man sah sofort, dass Julia sich dort ausgesprochen wohl fühlte. Sie war sehr attraktiv und sehr lebhaft, nicht aufgedreht, sondern einfach gut drauf. Nach der Probe gingen wir alle zum Essen, und sie sagte zu mir: ›Dank dir haben wir alle einen Job.‹«

Am 12. Mai 1987 flog Julia nach Charleston, South Carolina, zu den Dreharbeiten, die nur fünfunddreißig Tage dauern und somit in einem noch engeren Zeitrahmen stattfinden sollten als die zu *Blood Red*. Das Drehbuch gab ihr einen weniger aktiven Part als den anderen Akteuren. Im Mittelpunkt der Geschichte steht die von Justine Bateman gespielte Sängerin Jennie Lee. Die bunt zusammengewürfelte Gruppe schafft es, bei dem ausgebrannten Songschreiber Martin Falcon (Liam Neeson), der mittlerweile Klubbesitzer ist, einen Sommergig herauszuschinden, und später verlieben er und Jennie sich ineinander. Eifersüchteleien, Drogenprobleme und Jennies Unschlüssigkeit, ob sie lieber aufs College oder aber mit der Band eine Klubtour durch Europa antreten soll, machen alles noch komplizierter.

Trotz der kurzen Dreharbeiten kam es zu Problemen. Purpura berichtete: »Ich hörte von Alan Greisman, dass die Schauspieler mit der Regisseurin nicht klarkamen. Ich denke, es gab ein Problem zwischen Joan Freeman und Justine, das mit Liam zu tun hatte. Ich glaube nicht, dass er Justine mochte. Er mochte Julia.«

Neeson mochte Julia *sehr*, und die beiden begannen eine Affäre, die dazu führen sollte, dass sie den Großteil des darauf folgenden Jahres zusammenlebten. »Die Beziehung zwischen Liam und

Julia war ein Problem für Justine«, sagte Purpura. »Wenn man als Hauptdarstellerin eine Romanze mit einem anderen Darsteller hat, dieser jedoch in eine Nebendarstellerin verliebt ist, dann kann einen das fertig machen. Schauspieler sind sowieso ein seltsamer Haufen. Vielleicht hat sich Justine so sehr mit ihrer Rolle identifiziert, dass sie glaubte, Liam wäre tatsächlich in sie verliebt. Wer weiß?«

Neeson wusste, dass er einen Flop produzierte. Julia dagegen war froh, überhaupt Arbeit zu haben, und wollte so viel wie möglich von der Erfahrung profitieren. »Den Film zu machen war keine angenehme Erfahrung für Liam«, sagte Joan Freeman. »Er fand, dass er in kreativer Hinsicht eingeengt wurde … Es gab dort auch Leute, mit denen er Probleme hatte … Aber die Sache hatte auch etwas Positives – er lernte dadurch Julia kennen.«

Ein Freund Neesons erzählte dessen Biografin Ingrid Millar: »Sie waren völlig vernarrt ineinander. Sie konnten die Hände nicht voneinander lassen. Es war unglaublich, ihnen zuzusehen. Liam ist ziemlich distanziert, aber er ging sehr auf Julia ein. Für Julia dagegen ist Körperkontakt sehr wichtig. Sie schien ein Feuer in ihm entfacht zu haben, und sie konnten gar nicht genug voneinander kriegen.«

Charles Purpura war über die sich anbahnende Beziehung zwischen der neunzehn Jahre alten Julia und dem 35-jährigen Neeson nicht überrascht. »Affären sind auf Filmsets keine Seltenheit, denn dort ist es wie im Krieg, wo sich jeder stark mit anderen verbündet. Es herrscht eine besondere Mentalität, ganz nach dem Motto: ›Die gegen uns.‹ Jeder andere ist ein Zivilist. Es ist sehr intensiv und unglaublich verlockend, zu einer Filmfamilie zu gehören.«

Psychologen könnten den Schluss ziehen, dass Julia, als sie sich in einen fast sechzehn Jahre älteren Mann verliebte, die Liebe eines Ersatzvaters suchte. Doch obwohl sie in den nächsten zehn Jahren zahlreiche Beziehungen am Set und außerhalb des Sets hatte, so war keiner dieser Männer mehr als ein paar Jahre älter als sie selbst. Einige Jahre später wurde sie von einem Reporter gefragt, ob die Aussage korrekt sei, dass ihre erstaunliche Reihe von Beziehungen »etwas mit der Suche nach einer Vaterfigur zu tun« habe. Julias Antwort fiel besonders offen aus: »Ich glaubte immer, diese Suche des kleinen Mädchens nach einem Vater umgangen zu haben, weil es für mich wirklich nicht genug gab, worauf ich mich stützen konnte«, entgegnete sie. »Ich war so jung, als er starb, ich wusste nicht genug darüber, um nach jemandem wie ihm zu suchen. Aber vielleicht bestand meine Version eher darin, mich mit Leuten wie meinem Bruder und nicht meinem Vater zusammenzutun.«

Neeson war wie Eric ein attraktiver, ernsthafter Schauspieler, gut gebaut (wenn auch mit ein Meter fünfundneunzig viel größer als Eric) und, wie Eric, hatte er eine gebrochene Nase, was seinem Gesicht Charakter verlieh. Und wie Eric war er unter lauter Schwestern aufgewachsen, eine Situation, die, wie er erläuterte, in ihm eine tiefe Bewunderung für das andere Geschlecht erzeugt hatte. »Ich liebe Frauen! In jeder Form, Größe und Farbe. Sie sind das bessere Geschlecht.« Und wie Eric und Julia kam er aus dem Arbeitermilieu (aus Ballymena, einer nordirischen Kleinstadt), fluchte wie ein Weltmeister und betrachtete sich voller Stolz als Salz der Erde. Wie hatte Eric gesagt: »Wenn ich nicht Schauspieler wäre, wäre ich Cowboy. Ich liebe es, zu rauchen und zu trinken und nicht zu baden.«

Auch Liam und Julia waren passionierte Raucher. (Julia gestand, dass sie gewöhnlich zwei Schachteln am Tag rauchte.) Und beide konnten so kräftig fluchen, dass es sogar einem Seemann die Schamesröte ins Gesicht getrieben hätte. Als sie Anfang 1988 zusammenzuleben begannen, kam es offenbar häufig zu Streitereien. »Wenn man auf sehr engem [Raum] zusammenlebt, wie wir es taten«, erklärte Neeson, »ist der Raum die Streitursache – wenn irgendjemand in dein Revier eindringt, tust du alles, um es zu schützen.« Es ist amüsant sich vorzustellen, wie Liam und Julia sich zu Hause zoffen, wie sie paffen und fluchen, was das Zeug hält. Aber bei aller Impulsivität war es eine »ernsthafte Beziehung«, betonte Neeson 1993 im *Hello!*-Magazin. »Wir lernten uns kennen, bevor sie die Königin der Kinokassen wurde ... Julia und ich werden unser ganzes Leben lang Freunde auf einer geistigen Ebene bleiben. Sie ist etwas ganz Besonderes.«

Vielleicht wegen der Parallelen zwischen ihrem Freund und ihrem Bruder war Eric während der Dreharbeiten zu *Satisfaction* in Julias Gedanken stets präsent. Dies irritierte sie, als sie merkte, dass sie Gefühle auf dieselbe Weise mimte, wie ihr Bruder es getan hätte. »Es gab einen Moment in *Satisfaction*, der wirklich erschreckend war«, erinnerte sie sich, »weil ich für einen Sekundenbruchteil Eric Roberts *war.*«

Julia hatte in diesem Film ihre erste Sexszene und das machte sie nervös – erst recht, weil es fast in eine Vergewaltigung übergeht. In dieser Szene bringt Daryles gut aussehender, blonder und reicher Verehrer sie während einer Party im Haus seiner Eltern in ein Zimmer. Er drückt sie aufs Sofa und beginnt sie zu küssen und sich an ihr zu reiben. Als sie protestiert, sagt er: »Wirst du wohl für zwei Minuten die Klappe halten.« Dann fährt er mit seinen aggressiven Avancen fort.

»Was willst du – du willst, dass ich hier liege und still bin, während du mich vögelst?« Als er bejaht, greift sie nach einer hölzernen Ente auf dem Tisch hinter dem Sofa und haut ihm damit eins über die Rübe. Er fällt von der Couch, und sie sagt zu ihm: »Du bist ein Arschloch«, bevor sie aus dem Zimmer stapft. »Ich war so ängstlich und nervös«, als der Dreh der Szene näher rückte, gestand Julia 1991 dem *Playboy*. »Ich kam mir vor, als wäre ich zwölf Jahre alt und noch nie geküsst worden. In meinem Wohnwagen lief ich auf und ab. Ich glaubte, mich übergeben zu müssen. Dann rief ich meine Mutter an und daraufhin habe ich mich tatsächlich übergeben. Aber es ging glatt über die Bühne.«

»Wenn ein Film *Satisfaction* heißt, schreit das geradezu nach Befriedigung«, schrieb der Kritiker Michael Healy in den Los Angeles *Daily News*, »vor allem, wenn es gar nicht dazu kommt.« Die Besprechungen der meisten anderen Kritiker, nachdem der Film im Februar 1988 ohne großen Werberummel angelaufen war, fielen ebenso negativ aus. »Zu schade, dass Hollywood nichts gelernt hat, als Michael J. Fox in *Light of Day* scheiterte, dem letztjährigen Versuch, einen Schauspieler aus der Serie *Familienbande* in einem Teenie-Film über eine sich abrackernde Musikband unterzubringen. Dieser Film nun ist genauso dumm, aber noch um einiges unbefriedigender.«

Julia ging mit Eric in Westwood ins Kino, um sich den Film anzusehen. »Er lachte«, erinnerte sie sich, »aber wir sprachen darüber und es klang so, als fände er den Film gar nicht so schlecht. Aber durch *Satisfaction* habe ich viel darüber gelernt, was ich nie wieder in einem Film machen möchte.« Dennoch, fügte sie hinzu, sei ihr nur eine einzige Szene wirklich peinlich, und zwar eine, bei deren Dreh sie nicht einmal dabei gewesen war. »In einer Szene bin ich angeblich mit meinem Freund im Lieferwagen, der Lieferwagen schaukelt hin und her, das geht eine ganze Weile so, als würden wir es ewig lang miteinander treiben. Nun ja, in Wirklichkeit war der Lieferwagen leer und wurde von ein paar Kulissenschiebern hin und her geschaukelt. Ich war den ganzen Tag am Strand.«

Julias Fans befriedigt der Film in *vielerlei* Hinsicht. In einer bezaubernden Szene fahren die Bandmitglieder in ihrem Lieferwagen und singen »Hey, Now«, während Julia auf einem Flaschenhals bläst und Mooch wie wild auf einem Koffer herumtrommelt. In einer Szene bei einem Marshmallow-Grillimbiss fragt ein Mädchen die von Julia gespielte Filmfigur, was sie in ihrer Freizeit macht. »Vieles«, erwidert Daryle. »Ich verkrieche mich gerne mit einem guten Buch.« Auf die Frage, was sie zuletzt gelesen habe, antwortet sie: *»Thin Thighs in Thirty Days« – Schlanke Schenkel in dreißig Tagen*.

Satisfaction spielte an den Kinokassen 8,3 Millionen Dollar ein, einige Millionen Dollar Gewinn für NBC und das Filmstudio 20th Century Fox. Als NBC den Film im April 1991 im Fernsehen sendete, änderte man den Titel zu *Girls of Summer* ab und warb mit Julia Roberts als Hauptattraktion des Films.

Jahre später sah Elvis Costello den Film im Fernsehen. »Das war, als träfe Brady Bunch auf die Bangles und als würden alle Acid einwerfen«, erzählte er dem Publikum, bevor er das Lied »Mystery Dance« spielte, jenen Song, den Jenny Lee and the Mystery im Film interpretieren. »Sie singen eines meiner Stücke … Früher träumte ich davon, dass [vier] 18-jährige Mädchen einen meiner Songs spielen. Das gab es nicht, bis ich es *sah* …« Er beließ es dabei.

Es war gegen 2.45 Uhr morgens, am 3. Dezember 1987, als eine Frau in der Nähe eines Wohnblocks an der West 81st Street in Manhattan zwei Streifenpolizisten anhielt. Als die Beamten Brian O'Neill und Theresa Merrigan aus dem Aufzug traten, fanden sie im zweiten Stock des Gebäudes Eric Roberts vor, der »stark betrunken« war und gegen die Tür einer dort wohnenden Frau hämmerte. Die verängstigte Frau hatte ihre Nachbarin angerufen, die auf die Straße hinunterging, um die Polizei zu holen. Die Frau, deren Identität nicht bekannt wurde, öffnete den Beamten die Tür und erklärte ihnen, dass sie, obwohl sie Eric einmal auf einer Party kennen gelernt hatte, »ihn so gut wie gar nicht kannte«.

Presseberichten zufolge sagte Eric der Polizei, die Frau sei »die lesbische Geliebte meiner Mutter und ich wollte nur mit ihr reden«. Angeblich fügte er hinzu: »Heute vor zehn Jahren starb mein Vater und er wurde eingeäschert.« Polizeimeister Ronald Betterle sagte gegenüber Reportern, dass die Beamten Eric aus dem Gebäude führen wollten, als »er anfing, auf sie einzuschlagen«. Er verfehlte einen der Beamten, erwischte den anderen und brüllte: »Ihr werdet eine ganze Armee brauchen, um mich hier rauszukriegen. Ich schlage euch eure verdammten Schädel ein!«

Die Beamten überwältigten ihn. Auf dem Weg zur Polizeiwache West 82nd Street sagte Eric den Beamten: »Ich habe getrunken. Ich bin kein schlechter Kerl ... Ich wollte keine Schwierigkeiten machen. Ich werde Ihnen eine Flasche Dom Perignon schicken.« Trotz des Angebots wurde er des schweren Angriffs auf einen Polizeibeamten angeklagt sowie der Besitzstörung und des Widerstands gegen die Festnahme. Als die Polizei in der Tasche seiner Daunenjacke Marihuana und zwei Glasfläschchen mit Kokain entdeckte, kam noch eine Anklage wegen Drogenbesitzes hinzu.

Eric verbrachte sechsunddreißig Stunden in einer Zelle, danach traf er auf eine »rasende Schar von Paparazzi«, wie es der Journalist Fred Schruers schilderte. Die Zeitungen in New York City hatten mit dieser Story ihren großen Tag. In der *Post* prangte die Schlagzeile: »Filmstar verhaftet – Drogenanklage für ›Schluckspecht‹ Eric Roberts nach Schlägerei mit Polizei«. Sein Anwalt, Roanne Mann, sagte gegenüber der *Daily News*, Eric habe sich bei dem Handgemenge mit den Beamten eine gebrochene Nase zugezogen. »Wie ich höre, ist er in keiner besonders guten Verfassung.« Polizeibeamte bestritten, dass Eric verletzt wurde.

Am 30. April erschien Eric vor Richter Bruce Allen zu einem Strafgerichtsprozess in Manhattan. Er war schick gekleidet, mit einem grauen Nadelstreifenanzug, blauem Hemd und schwarzen Cowboy-Stiefeln. In Absprache mit der Anklage bekannte er sich des Bagatelldelikts der Belästigung schuldig, die anderen Anklagepunkte wurden fallen gelassen. Jahre später leugnete Eric empört, in der Nacht des Vorfalls Drogen genommen zu haben. »Ich habe einen Haufen Drogen genommen«, sagte er, »aber nicht in dieser Nacht.« Was den Vorfall ausgelöst hatte, war, wie er erläuterte, seine Erregung über »all diese pubertären Gedanken à la ›Ich wünschte, mein Daddy wäre hier‹«.

Zu dem Zeitpunkt, als *Satisfaction* anlief, war Julia in Liam Neesons Wohnung in einem dreistöckigen Stuckgebäude, drei Häuserblocks vom Pazifik in Venice Beach, Kalifornien, eingezogen. (Seitdem ist sie an beiden Küsten zu Hause.) Liam weigerte sich, den Film anzusehen. »Ich habe nicht vor, ihn mir jemals anzuschauen«, betonte er. Er fügte hinzu, er habe die Rolle nur deshalb angenommen, weil er, als er das Drehbuch zugeschickt bekam, gerade in *Suspect – Unter Verdacht*, mit Cher und Dennis Quaid, einen taubstummen verlotterten Obdachlosen spielte. »Ich fühlte mich etwas deprimiert, abscheulich und linkisch, und im Drehbuch [von *Satisfaction*] war von vielen hübschen Mädchen die Rede, da dachte ich: *›Klingt großartig!‹*«

Im Februar sendete der private Pay-TV-Sender HBO Julias nächsten Film *Liebe auf texanisch*, der um einiges gelungener war. Der im Sommer 1987 in Texas gedrehte Film basiert auf dem 1983 erschienenen Roman von Dan Jenkins und handelt von den Erlebnissen Juanita Hutchens' (Lesley Ann Warren), einer Kneipenbedienung, die in einer Bar mit dem schönen Namen Herb's Dining and Dancing in Fort Worth, Texas, arbeitet. Sie träumt von einer Karriere als Country- und Western-Musikerin und Songschreiberin. Ihr Leben wird verkompliziert durch die Rückkehr von Slick Henderson, eines Exliebhabers (Peter Coyote), der sie neunzehn Jahre zuvor verlassen hat, sowie durch ihre neunzehn Jahre alte Tochter Candy (Julia), die sich mit einem gut aussehenden und charmanten Drogendealer namens Dove (Bruce Abbott) eingelassen hat. Juanitas beste Freundin Doris (Swoosie Kurtz) ist eine versoffene, intrigante, fluchende und wasserstoffgebleichte Blondine, der Juanita ständig aus der Patsche helfen muss, wenn sie Ärger mit ihrem misstrauischen Gatten hat.

Julia hat in dem Film fünf Szenen und macht das Beste daraus. Sie demonstriert ihre gesamte schauspielerische Bandbreite, als Candy sich von der liebenden Tochter zur verächtlichen Rebellin und dann zur misshandelten Frau wandelt, die ihrem Freund hilflos ausgeliefert ist.

Liebe auf texanisch ist in vielerlei Hinsicht reizvoll. Im Film kommen mehrere Country-Western-Stücke vor, darunter der Titelsong von Willie Nelson und Dan Jenkins. Lesley Ann Warrens Darbietung ist ergreifend. Sie ist eine der besten Schauspielerinnen ihrer Generation und wurde von Hollywood auf schändliche Weise unterbewertet. Doch es ist Swoosie Kurtz, die im Film allen anderen die Schau stiehlt. Ihre exaltierte Darbietung brachte ihr eine Golden-Globe-Nominierung ein. Und das gemeinsam von Jenkins und dem Regisseur des Films, Bobby Roth, verfasste Drehbuch hat witzige Momente. In einer Szene sagt Doris zu Juanita, sie habe erkannt, dass Rosa *ihre* Farbe sei. Von nun an wird sie nur noch Rosa tragen, aber damit nicht genug: Sie hat sich sogar ihre Schamhaare im passenden Ton gefärbt. »Wie hast du das gemacht?«, fragt Juanita entsetzt. »Ich habe Lees [ihr Gatte] Zahnbürste dazu benutzt.« Juanita klappt der Kiefer herunter. »Was hast du gemacht?!«

»Na ja, du glaubst doch wohl nicht, ich würde meine eigene dazu verwenden, oder? Wofür hältst du mich, für eine Perverse?«

In einer anderen Szene sagt ein Musik-Promoter, der Juanitas Gesangskarriere managen will, zu ihr: »Mach dir keine Sorgen wegen deiner Stimme. Wir haben da unten Equipment, damit klingt ein Furz wie ein Kirchenchor der Mormonen.«

Zwei Wochen nach Beendigung der Dreharbeiten zu *Liebe auf texanisch* begann sich Julia auf ihren bislang wichtigsten Vorsprechtermin vorzubereiten, nämlich für eine der drei weiblichen Hauptrollen in einem Spielfilm, der in einer Pizzeria in Mystic, Connecticut, spielte. Ihre Darbietung in diesem Film sollte Hollywood aufhorchen lassen, man wurde endlich auf sie aufmerksam. Und plötzlich ging es mit ihrer noch jungen Karriere steil nach oben.

KAPITEL 11

Als Julia das Drehbuch zu *Pizza Pizza – Ein Stück vom Himmel* las, eine dramatische Low-Budget-Komödie (3,5 Millionen Dollar Etat) über das Erwachsenwerden, glaubte sie, dass nur eine der drei Pizzakellnerinnen für sie in Frage käme. Die hübsche und ernsthafte Kat Arujo war in der Abschlussklasse der Highschool und hatte vor, auf die Yale University zu gehen. Julia war der Meinung, die Figur sei »zu jung« für sie. Die Sexbombe Daisy, Kats ältere Schwester, wurde auf Seite zwei des Drehbuchs als »der Typ Mädchen, für den Männer töten würden«, beschrieben. Julia glaubte nicht, *diesem* Anspruch gerecht werden zu können. Also blieb nur Jojo übrig, die als süß und bodenständig geschildert wurde und sich nicht dazu durchringen konnte, ihren Freund, einen Fischer, zu heiraten. *»Das kann ich spielen«*, dachte Julia.

Als sie jedoch zum Vorsprechtermin erschien, erfuhr sie, dass sie für die Rolle der Daisy vorsprechen sollte. Sie war ziemlich baff, als sie Dutzende anderer Möchtegern-Daisys erblickte, die in ihren Augen allesamt mindestens genauso attraktiv waren wie sie. »Ich weiß noch, wie ich dachte: ›*Wie kann ich diesen Mädchen bloß die Schau stehlen?*‹ Über Walkman hörte ich, wie Jimi Hendrix live in Monterey ›Wild Thing‹ sang. Ich hörte es immer und immer wieder, und je öfters ich es hörte, desto selbstsicherer wurde ich – und immer mehr Frauen im Raum wurden auf mich aufmerksam.« Sie sang das Lied laut mit und fing dann an, Bleistifte in die Schallisolierung an der Decke zu werfen, als wären es Dartpfeile. »Alle Mädchen wurden allmählich sehr nervös, als wüsste ich instinktiv den Weg zum Erfolg oder so. Ich ging also hinein, nachdem ich diese kecke Haltung an den Tag gelegt hatte, und sprach für die Rolle vor. Es lief ganz gut, doch dann sagte man mir, ich sei zwar gut, jedoch optisch für die Rolle nicht geeignet.« Julias Zuhörer bedankten sich bei ihr mit jener Endgültigkeit, die jeden, der für eine Rolle vorgesprochen hat, erstarren lässt. Julia jedoch, die sich nicht so leicht von etwas abbringen lässt (»Ich brauchte dringend einen Job«), nahm Jane Jenkins, die Verantwortliche für die Rollenbesetzung, zur Seite und fragte sie, was genau an ihrem Äußeren verkehrt sei. »Nun ja«, antwortete Jenkins, »du bist blond*, und wir suchen einen dunkleren, ethnischen Typ – es soll schließlich eine Portugiesin sein.« Julia bat um einen zweiten Vorsprechtermin, und Jenkins willigte ein.

Julia kaufte sich eine Dose mit schwarzem Schaumfestiger und verbrachte die halbe Nacht damit, das klebrige Zeug sorgfältig auf ihre üppige Lockenpracht aufzutragen. Schließlich beschloss sie noch, sich für den Vorsprechtermin einen Anzug von Bob McGowan zu leihen. »Damals fing sie an, Herrenanzüge zu tragen«, erinnerte sich McGowan. »Ich fand es ehrlich gesagt ziemlich sexy. Sie trug nur die Hose und das Jackett, weiter nichts. Das sah heiß aus.«

Julia, die beim zweiten Vorsprechtermin um einiges ethnischer aussah, sprach diesmal für den Regisseur des Films, Donald Petrie, vor. Er bat sie, ein paar Tage später zu einem erneuten Termin zu kommen, um gemeinsam mit einem jungen Darsteller (Adam Storke) vorzusprechen, dem sie die Rolle von Daisys Freund zugedacht hatten. Julia trug erneut den Schaumfestiger auf. »Wir sprachen also zusammen vor, und anschließend kuschelten wir uns aneinander, zwei Fremde, und er berührte ständig meine Haare. Er fasst mein Haar an, ich versuche, spontan und körperlich zu sein und all diese wichtigen Dinge beim Schauspielern, und mein einziger Gedanke ist: *›Er fasst meine Haare an, und sie sind gefärbt!‹* Er zog seine Hände vollkommen geschwärzt aus meinen Haaren hervor, und meine Hände waren ebenfalls schwarz. Es sah aus, als wäre eine Menge Wimperntusche ausgelaufen. Es floss überall hin!«

Trotz des Missgeschicks fand Donald Petrie: »Es war sehr geschickt von Julia, sich die Haare rabenschwarz zu färben … Sie sah exotisch aus und schien ideal für die Rolle zu sein. Sie war genau das, was ich brauchte … unberechenbar, mutig, feurig, lebendig und dabei so echt.« Als Petrie später Julias natürliche Haarfarbe sah, staunte er nicht schlecht.

---

* Julias Haare waren im Sommer immer heller.

Einer der Produzenten des Films, Mark Levinson, entsann sich, dass der Figur der Daisy nach Meinung des Kreativteams von *Pizza Pizza* noch der letzte Schliff fehlte – bis sie Julias Interpretation sahen. »Julia kam herein und sie war wie das Licht am Ende des Tunnels«, berichtete Levinson. »In dem Augenblick, in dem sie den Raum betrat, stand eindeutig fest, dass sie die Rolle der Daisy spielen würde. Sie machte diese Figur für uns greifbarer.«

Julia unterzeichnete einen Vertrag, der ihr 50000 Dollar einbrachte, und stieß zu einer Gruppe anderer Filmneulinge: Annabeth Gish (sechzehn Jahre jung und nicht verwandt mit der Stummfilm-Legende Lillian Gish) als Kat; Lili Taylor, zwanzig, als Jojo; Vincent D'Onofrio, neunundzwanzig, als Jojos Verlobter, mit dem sie mal zusammen ist und dann wieder nicht; Adam Storke, fünfundzwanzig, als Daisys wohlhabender blonder Adonis-Schönling; und William R. Moses, neunundzwanzig, der verheiratete Mann, in den sich Kat verliebt. Die wunderbar derbe Schauspielerin Conchata Ferrell sollte Leona spielen, die Inhaberin der Pizzeria und Hüterin des Geheimnisses ihres einzigartigen Rezepts.

Als die Dreharbeiten näher rückten, plagten Julia Zweifel, ob sie die Rolle der Daisy spielen könne. »Ich war so anders als sie und irgendwie wollte ich gerne so extravertiert sein wie sie. Ich stylte wirklich meine Haare und trug den Rock so, dass es seinen Zweck erfüllte.«

Im Jahr 2001 erklärte Julia: »Gewiss habe ich in einem Zeitungsinterview gesagt, ich hätte zehn Kilo zugenommen, um die Rolle zu spielen. Aber nein, es war die Pubertät. Ich war damals neunzehn und ganz verrückt nach Keksen der Marke Oreo. Ich war ziemlich groß, fühlte mich äußerst unwohl in meiner Haut und hatte ein geringes Selbstwertgefühl. Ich war nicht dieses Mädchen.«

Damit das Publikum jedoch kapierte, wie erotisch Daisy war, hatte Donald Petrie die Kamera in den ersten Augenblicken von Julias Auftritt im Film niedrig eingestellt und richtete sie auf ihren wackelnden Hintern – was sie, na ja, erotisch aussehen ließ.

Wie Julia es schon seit jeher getan hatte und es auch den Großteil ihrer Karriere tun sollte, freundete sie sich vom ersten Tag der Dreharbeiten in Mystic mit ihren Schauspielkollegen und dem Filmteam von *Pizza Pizza* an. Adam Storke erinnerte sich daran, wie er beim Lesen des Skripts plötzlich von »grölendem Gelächter« unterbrochen wurde. »Ich stand auf, um nachzusehen, was los war, und auf der Treppe dieses Hauses saß Julia mit etwa fünfzehn Crew-Mitgliedern, die sich um sie herum versammelt hatten. Julia hatte sie so weit, dass sie ihr aus der Hand fraßen. Sie lachten sich kaputt.«

Julia hat zugegeben, dass ein Filmteam in vielerlei Hinsicht einen Ersatz für jene warmherzige glückliche Familie darstellt, die sie nie hatte. »Es ist schön, sich eine Zeit lang gegenseitig zu ergänzen und diese große Waltons-Familie zu sein. Ich habe mir den Drehort immer als eine Art Insel vorgestellt, wo wir nur uns haben. Es herrscht dort eine starke Verbundenheit.« Die Crew neckte Julia unerbittlich wegen der Art und Weise, wie Daisy Arujo im Skript beschrieben wurde. »Ich lief auf dem Set herum und das Team zog mich auf. Sie sagten: ›Da ist ja das Mädchen, für das die Männer heute morden.‹« Julia fand das jedoch nicht so lustig, wie sie gedacht hatten. »Wie, verdammt noch mal, soll man *damit* umgehen?«, klagte sie später.

Julias Freundlichkeit wurde von vielen der anderen Darsteller und Crew-Mitglieder erwidert. »Es herrschte diese besondere Spannung im Ensemble der Schauspieler, weil die meisten von uns noch keine Filme gemacht hatten«, erzählte Julia. »Bob Field war unser Oberbeleuchter. Einige Leute kommen einfach zu dir her, schieben dich woanders hin und sagen: ›Stell dich hierhin.‹ Bob dagegen nahm sich immer noch eine halbe Minute länger Zeit, um es uns zu *erklären*. Er sagte etwa: ›Es ist einfacher, wenn du dort stehst. Siehst du diesen großen Schatten? Wenn du nur so viel weiter rüber gehst, verschwindet er.‹ Deshalb braucht man es mir jetzt nicht mehr zu sagen. Ich kann mein eigenes Licht finden. Für solche Dinge bin ich sehr dankbar.«

Donald Petrie, Sohn des Regisseurs Daniel Petrie und Bruder des Drehbuchautors Daniel Petrie jr., führte erstmals Regie bei einem Film. Beim Anschauen der Vorabkopien der ersten Drehtage erkannte er rasch, dass er eine gute Entscheidung getroffen hatte, als er Julia engagierte. »Sie hat auf der Leinwand eine wunderbare Spontaneität, sodass sie richtig von innen heraus strahlt. Die meisten Schauspieler haben diesen Glanz in den Augen. Julia aber hat ihn in ihren Augen, im Gesicht, einfach überall. Sie ist eine Schauspielerin, mit der du am liebsten ohne Probe filmen möchtest, weil sie so unberechenbar ist, dass du nie weißt, was als Nächstes kommt.«

Julia war froh, die Proben auslassen zu können. »Ich bin schlecht, was Proben betrifft«, sagte sie in der TV-Sendung *Inside the Actors Studio.* »Ich habe nur eine begrenzte Anzahl von Chancen, die Szene genau nach meinen Vorstellungen hinzukriegen, und ich will nicht, dass das bei den sieben Takes passiert, die wir proben und wo die Kamera nicht läuft. Ich habe immer Angst, dass ich es nur ein paar Mal gut hinbekomme, also mache ich es besser gleich vor der Kamera.«

Während der Dreharbeiten entdeckte Julia ein Buch mit dem Titel *Nantucket Solitaire,* eine Mischung aus Prosa und Gedichten von Roy Flanders, einem Immobilienmakler aus Cape Cod. »Ich liebte dieses Buch«, schwärmte Julia. »Es ging um diesen Mann, der ganz allein in Nantucket lebt, und er schreibt all diese Gedichte, über sein Dasein als frustrierter Autor und über Frauen, Drogen, Alkohol und dieses ganze Zeug. Und mit neunzehn war ich sehr leicht zu beeindrucken. Ich fand ihn den coolsten Typen der Welt und für mich sah er wie Sam Shepard aus. Er war einfach perfekt und sagte: ›Die Frauen in meinem Leben kommen und gehen. Ich bin froh, dass sie kommen, ich bin froh, dass ich komme, und ich bin froh, dass sie gehen.‹«

Am 28. Oktober 1987 wurde Julia zwanzig. Da sie Liam, ihre Freunde und ihre Familie vermisste, wurde sie ein wenig melancholisch. Sie hatte weder den Darstellern noch der Crew etwas von ihrem bevorstehenden Geburtstag erzählt. Am Nachmittag jedoch überraschten diese sie mit einer riesigen Torte, die in Form einer Pizza dekoriert und mit zwanzig Kerzen verziert war. Julia wurde so verlegen, dass sie knallrot anlief und vom Drehort floh. Wenige Minuten später kam sie zurück und entschuldigte sich. »Ich bin schüchtern und extravertiert zugleich«, erklärte sie später. »Deshalb scheinen sich alle darüber zu amüsieren, dass ich so leicht erröte. In bestimmten Situationen muss ich einfach sagen: ›Also, ich muss jetzt gehen, bis später.‹«

Pizza Pizza war im November nach sechs Wochen Dreharbeit im Kasten. Julia war ein wenig traurig darüber, ihre neue Familie verlassen zu müssen, freute sich jedoch sehr darauf, Liam Neeson in Venice, Kalifornien, wiederzusehen. Binnen eines Monats würde sie von New York wegziehen, um die ganze Zeit bei ihm sein zu können. »So verschieden Liam und ich auch sind, zusammen werden wir interessanter sein«, sagte Julia 1988 der *Vogue.* »Ich glaube, dadurch bleiben wir beide bescheiden, und wir werden ausgefüllt und glücklich sein – und zusammen.«

Am 6. Mai 1988 blieb das Paar zu Hause, um sich zusammen mit ein paar Freunden die beliebte NBC-Freitagabendserie *Miami Vice* anzuschauen. Im Sommer zuvor hatte Julia zwischen den Dreharbeiten zu *Satisfaction* und *Liebe auf texanisch* die Folge »Blutiger Spiegel« aufgenommen, die an jenem Abend ausgestrahlt wurde. In dieser Folge trauert Sonny Crockett (Don Johnson) um seine ermordete Frau und übernimmt einen brisanten Undercoverjob, um sich von seinem Kummer abzulenken. Auf einem Gangsterboot sucht er nach Spuren, doch das Boot explodiert bei dem Versuch, den Ganoven zu töten. Stattdessen jedoch wird Crockett verletzt und erleidet einen Gedächtnisverlust, wodurch er zu der Überzeugung gelangt, er sei selbst ein Gangster. Im Auftrag des Gangsters Manolo tötet Crockett mehrere Menschen. Als er sein Gedächtnis wiedererlangt, muss er um sein Leben kämpfen. Julia verkörpert Manolos aufreizend gekleidete »Sekretärin« Polly Wheeler, die Crockett verführen soll. Als sie erfährt, dass er Polizist ist, will sie dennoch mit ihm ins Bett steigen, aber er äußert Bedenken. Polly ist enttäuscht.

Julia tritt in fünf kurzen Szenen auf, von denen keine sonderlich wichtig für den Fortgang der Handlung ist, und sie hat kaum Gelegenheit, Gefühle zu mimen. Doch sie sieht umwerfend aus, ob sie eng anliegende Kleider trägt oder den weißen Bademantel ihres Chefs. Diese höchst erfolgreiche Serie machte sie wahrscheinlich einem größeren Publikum bekannt als alles, was sie zuvor gedreht hatte.

Nicht lange nach der Ausstrahlung von »Blutiger Spiegel« begann Julia zu kränkeln. Sie glaubte, sie hätte die Grippe, vielleicht weil sie zu hart gearbeitet hatte. Sie musste eine Zeit lang das Bett hüten und Liam kümmerte sich um sie. Während der nächsten zwei Wochen wurde sie immer kränker, bis ihre Mutter und Liam sie schließlich davon überzeugten, ein Krankenhaus aufzusuchen.

Die Ärzte des St. John's Hospital in Santa Monica diagnostizierten eine Hirnhautentzündung und nahmen sie umgehend ins Krankenhaus auf. Innerhalb weniger Stunden stieg ihr Fieber auf vierzig Grad Celsius und sie fiel in ein Koma. Da es gegen die virale Meningitis kein Heilmittel gibt (anders als bei der bakteriellen Meningitis, die mit Antibiotika behandelt werden kann), besteht die einzige Behandlungsmöglichkeit in Hydration, fiebersenkenden Maßnahmen, Antibiotika, um sekundäre Infektionen zu verhindern, sowie einer sorgfältigen Beobachtung des Patienten. Die Tatsache, dass Julia so lange gewartet hatte, bevor sie Hilfe suchte, machte die Situation nicht besser. Die Ärzte sagten Liam und später ihrer Mutter, die mit dem Flugzeug aus Atlanta gekommen war, dass ihre Überlebenschancen fünfzig zu fünfzig stünden. »Ich war unglaublich krank«, erinnerte sich Julia. »Ich war mehrere Wochen im Krankenhaus ... Ich dachte: ›*Mein Gott, ich werde dieses Zimmer nicht mehr [lebend] verlassen*‹ ... Ich lag nur im Bett und wurde jeden Tag blasser.«

Auch Eric kam sie besuchen – und traf auf diese Weise das erste Mal in siebzehn Jahren direkt mit Betty zusammen. »Es ging sehr gesittet zu«, bemerkte er. »Ich verkniff es mir, das Arschloch zu sein, das ich immer dann gerne bin, wenn ich die Stimme oder den Namen meiner Mutter höre oder wenn ich sie sehe. Ich habe mich korrekt verhalten. Doch das ändert nichts an der Tatsache, was sie ist.«

Nachdem Julia aus dem Krankenhaus entlassen worden war, erholte sie sich noch eine Weile zu Hause, unterstützt von Liam, Betty und Lisa, die aus New York angereist war, um bei Julia zu bleiben. »Es hat wirklich mein Leben verändert«, sagte Julia im

Hinblick auf ihre Krankheit. »Ich nahm mir fest vor, dass ich, sollte ich da je wieder rauskommen, mehr Hochachtung vor dem Gras und dem Himmel und den Blumen und den Menschen haben würde.«

Als es Julia wieder etwas besser ging, bekam sie ein Drehbuch zugeschickt, und Betty fragte sie, ob sie es ihr vorlesen solle. »Nein, ich werde mich besser fühlen, wenn ich es selber lese, ich schaffe das schon«, antwortete sie. Das Skript stammte von Robert Harling und basierte auf seiner erfolgreichen Off-Broadway-Produktion *Steel Magnolias*. Es handelte von sechs kessen, geschwätzigen Südstaatenfrauen, die sich regelmäßig im örtlichen Schönheitssalon treffen, um den neuesten Tratsch auszutauschen und sich gegenseitig moralisch zu unterstützen. Truvy Jones (Dolly Parton) ist die Inhaberin des Salons, und ihre Freundinnen und Angestellten sind ein bunt zusammengewürfelter Haufen: die ernsthafte M'Lynn Eatenton (Sally Field), deren Tochter Shelby (Julia) an Diabetes leidet, kurz vor ihrer Hochzeit steht und von ihren Ärzten gewarnt wird, dass eine Schwangerschaft lebensbedrohend für sie sein könne; die verdrießliche Ouiser Boudreaux (Shirley MacLaine); die selbstgefällige ehemalige First Lady der Stadt, Clairee Belcher (Olympia Dukakis); und ein Neuankömmling in der Stadt, die naive, rätselhafte Annelle Dupuy DeSoto (Daryl Hannah).

Harling hatte die Tulane University verlassen, kurz bevor er sein Jura-Examen gemacht hätte, und war nach New York gezogen, um eine Schauspielkarriere zu starten. Kurz darauf, im Jahr 1985, starb seine Schwester Susan an den Folgen ihrer Diabetes, nachdem sie ein Baby zur Welt gebracht hatte, obwohl ihr die Ärzte von einer Schwangerschaft abgeraten hatten. Als Tribut an sie schrieb Harling innerhalb von zehn Tagen *Magnolien aus Stahl*.

Harling erinnerte sich, dass es Susan war, die ihn auf das Schönheitssalon-Phänomen in ihrer Heimatstadt Natchitoches (das verwirrenderweise NACK-uh-tush ausgesprochen wird) in Louisiana aufmerksam machte. »Sie wies mich darauf hin, dass jeden Samstagmorgen gegen acht Uhr alle Damen aus dem Viertel auf mysteriöse Weise in dem Schönheitssalon verschwinden.

Einige Stunden später kommen sie alle mit derselben Frisur in Form eines lackierten Football-Helms wieder heraus. Richtig unheimlich. Wir betrachteten es als eine »haarige« Version von *Die Dämonischen.*«

Julia sagte später: »Ich bin mit solchen Frauen aufgewachsen. Ich kenne diese Art von Frauen, aber ich wollte nie eine von ihnen sein.«

Eine sterbende Frau zu spielen, kurz nachdem sie selbst nur knapp dem Tod entronnen war, war für Julia, wie sie später scherzhaft bemerkte, »mein erster Versuch des Method Acting«. So sehr sie sich über das Projekt freute, sie war auch etwas eingeschüchtert: Es war ihr erster Hollywood-Film mit einem großen Budget (35 Millionen Dollar), ihr Honorar betrug 90 000 Dollar, und ihre Darstellerkollegen waren Superstars. Sie und Sally Field waren durch deren Ehemann, Alan Greisman, Produzent von *Satisfaction,* Freundinnen geworden. Und Sally höchstpersönlich empfahl Julia für die Rolle, die im Ensemble eine zentrale Funktion hatte. Julia würde sich in Gesellschaft von drei Oscar-Gewinnerinnen befinden: Field (zweimal), MacLaine und Dukakis. Dolly Parton hatte 1980 für die Komposition des Titelsongs zu ihrem Film *Warum eigentlich … bringen wir den Chef nicht um?* eine Oscar-Nominierung erhalten. Die wunderbare Daryl Hannah, die in Ron Howards Film *Splash – Eine Jungfrau am Haken* (1984) Aufsehen erregt hatte, rundete die Gruppe der Hauptdarstellerinnen ab.

Sam Shepard, jener Schauspieler, an den Julia bei der Lektüre von *Nantucket Solitaire* gedacht hatte, würde Truvy Jones' Ehemann Spud spielen, Tom Skerritt M'Lynns Gatten Drum Eatenton und Dylan McDermott, ein gut aussehender junger Schauspieler von dunklem Typ, Shelbys Verlobten (und späteren Gatten) Jackson Latcherie. Als Produzent des Films würde der (nicht immer aus positiven Gründen) legendäre Ray Stark fungieren, am bekanntesten durch die Produktion der Streisand-Filme *Funny Girl* und *So wie wir waren.* Regie führte ein ehemaliger Choreograf, der 62-jährige Herbert Ross, der Richard Dreyfuss in *Der Untermieter* zu einem Oscar verholfen hatte.

Julia Roberts strahlt über das ganze Gesicht, als sie im Jahr 2000 den Oscar für die Beste weibliche Hauptrolle für ihre Rolle als Erin Brockovich gewinnt. In ihrer Dankesrede, die drei Minuten länger als die neuerdings erlaubten fünfundvierzig Sekunden dauerte, rief sie: »Ich bin so glücklich! Danke!« (Foto: Kevork Djansezian/AP)

Julias Urgroßvater John Pendleton Roberts mit seinem Sohn Walter »Tom«, Julias Großvater, auf ihrer Farm in Florala, Alabama, um 1913. (Foto: Mit freundlicher Genehmigung von Gloria Jones)

Julias Großmutter Jimmy Glen Roberts (links) mit ihrer Mutter Jodi Gerke Corbitt um 1913 in Georgia. (Foto: Mit freundlicher Genehmigung von Gloria Jones)

Julias Großvater Tom Roberts 1930 im Alter von 25 Jahren. Ungefähr um diese Zeit heiratete er Julias Großmutter Beatrice Beal. Tom war sein gesamtes Berufsleben bei derselben Firma angestellt. Als Rentner betrieb er einen Reiterhof. (Foto: Mit freundlicher Genehmigung von Gloria Jones)

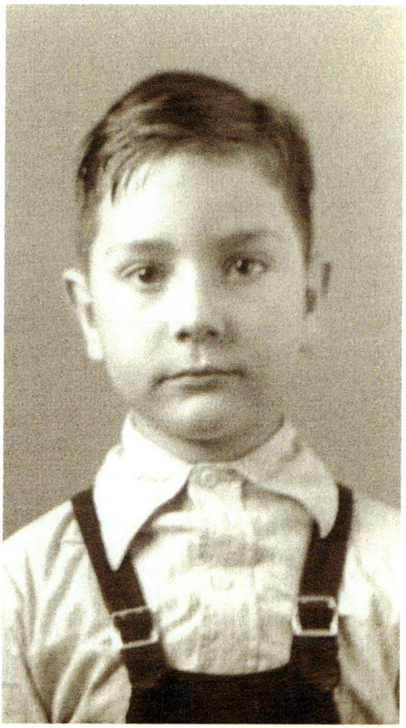

Julias Vater, Walter Grady Roberts, auf einem Schulfoto der ersten Klasse in dem ländlichen Stadtteil West Fulton in Atlanta im Jahr 1940. In seiner Familie galt er als »anders«. (Foto: Mit freundlicher Genehmigung von Gloria Jones)

Julias Mutter, Betty Lou Bredemus, auf einem Schulfoto der neunten Klasse der Austin Highschool in Austin, Minnesota. Der Ort, der für seine Dosenfleischfabrik bekannt war, wurde auch »Spamtown« genannt. Eine Klassenkameradin erinnerte sich: »Sie war ein ruhiger Mensch, aber sie konnte auch ein bisschen dick auftragen. Ich schätze, das war ihre theatralische Ader.« (Foto: John Hockett, mit freundlicher Genehmigung von Barbara Gaddis Patrick)

Ein ähnliches Foto wie das aus Betty Lous Jahrbuch, das anlässlich ihrer Abschlussprüfung in der Austin Highschool im Frühjahr 1952 entstand. Sie wollte Schauspielerin werden und heuerte bei einer Repertoirebühne im Norden Minnesotas an. Dort trat sie in mehreren Stücken auf, unter anderem *A Date with Judy und The Hasty Heart*. (Foto: John Hockett, mit freundlicher Genehmigung von Barbara Gaddis Patrick)

Walter Roberts' Ausweisfoto der Luftwaffe. Nach zehn Wochen Grundausbildung auf der Lackland Air Force Basis in San Antonio, Texas, wurde er 1953 zur Keesler AFB in Biloxi, Mississippi, versetzt. Er diente im medizinischen Corps der Luftwaffe, zunächst als Auszubildender, dann als »Helfer« und schließlich als Spezialist in der Medizinverwaltung. Dort lernte er auch Betty Lou kennen, trat mit ihr gemeinsam auf und heiratete sie. (Foto: Mit freundlicher Genehmigung von Gloria Jones)

Schulfoto von Julia als Zweitklässlerin im Jahr 1974 in der Bibliothek der Fitzhugh Lee Elementary School in Smyrna, Georgia. Ihr Bruder Eric nannte sie »Hoolie«, und ein Freund des Bruders nannte sie »Bucktooth Hoolie« (»Hasenzahn-Hoolie«). (Foto: Guy D'Alema/Archiv)

Julia (10) und Lisa (12) mit ihrer Halbschwester Nancy Motes, Weihnachten 1977. Bettys neue Ehe schaffte eine Situation, die Eric als »entsetzlich« bezeichnete: »Der Mann terrorisierte und misshandelte mich ... Ich hatte schreckliche Angst, wenn ich daran dachte, was meine armen Schwestern wohl bei Motes würden erdulden müssen.« (Foto: Archiv des Autors)

Julia kommt als eine von zwölf Teilnehmerinnen in die Endrunde des »Miss Panthera«-Wettbewerbs der Campbell Highschool 1985. Sie präsentierte sich in verschiedenen Kleidern, hielt eine Rede und beantwortete Fragen des Conferenciers Maddox Kilgore zu ihren Reisen. »Oh mein Gott!«, soll sie gerufen haben, »ich kann gar nicht glauben, dass sie mich ausgewählt haben!« (Foto: Scott Wooley)

Kevin Hester als George Bush, Vater, und Julia als Elizabeth Dole wurden auf dem gespielten Republikanerkongress in der Highschool als Präsident und sein Vize nominiert. In der Schülerzeitung wurde Hester mit den Worten zitiert: »Unseren Sieg verdanken wir dem Zusammenwirken guter Werbekampagnen.« Julia sagte den Wählern: »Wählt uns und ihr wählt ein besseres Amerika.« (Foto: Scott Wooley)

Das Foto von Julias Senior-Jahrbuch zeigt eine reizende junge Frau mit einem Lächeln, das die Welt verzaubern sollte. Trotzdem hielt sie sich für unattraktiv. »Ich muss entweder meiner Zeit voraus oder ihr hinterher gewesen sein, weil lange Zeit niemand etwas von mir wissen wollte.« (Foto: Jimmy Riley Photography)

Dieses Foto schickte Julie 1985 in New York an verschiedene Agenturen. Knapp zwei Jahre später musste sie wieder den Namen Julia annehmen, weil die Screen Actors Guild bereits eine Julie Roberts in ihrer Kartei hatte. (Foto: Guy D'Alema/Archiv)

Als Julie nach New York kam, zog sie zuerst zu ihrer Schwester Lisa, die in Greenwich Village wohnte. Die fröhliche Runde auf diesem Bild zeigt Lisa, Eric, seine damalige Freundin Dana Wheeler-Nicholson und Julie in Lisas Apartment. Sein Drogenkonsum und sein Hass auf die Mutter trieben jedoch einen Keil zwischen die Geschwister, der sie bis heute entzweit. »Wenigstens habe ich meine Schwester aus Smyrna rausgebracht«, sagte Eric einmal. (Foto: Reanne Rubinstein)

1987 bekam Julia eine Rolle in der Serie *Crime Story* des Fernsehsenders NBC. In der Folge, in der sie mitspielte, entdeckt Lieutenant Torello (Dennis Farina), dass die Tochter (Julia) seiner Freundin (Hanna Cox) von einem seiner Arbeitskollegen sexuell missbraucht worden ist. (Foto: NBC/ Globe Photos)

In Julias erster Spielfilmrolle in der viertklassigen Sexkomödie *Firehouse* musste sie gerade einmal fünfzehn Sekunden lang durchs Bild laufen. Peter Onorati (siehe Foto), der in *Firehouse* ebenfalls seine erste Filmrolle hatte, versuchte mit Julia anzubändeln, indem er ihr einen Job als Anzeigenverkäuferin anbot. (Foto: Archiv des Autors)

In der abgebildeten Szene aus dem Film *Blood Red* fällt die Ähnlichkeit zwischen Julia und Eric ins Auge. Julia hatte in dem Film (Dreharbeiten 1986) ihre erste Sprechrolle. Lexi Masterson, die Tochter des Regisseurs, die ebenfalls auf dem Foto zu sehen ist, sagte, Julia hätte mit jedem »geflirtet. Sie hatte einen Freund, der Kulissenschieber war, und dann hatte sie einen anderen Freund, und sie waren die ganze Nacht verschwunden.« (Foto: Archiv des Autors)

Julia in dem Film *Liebe auf Texanisch* aus dem Jahr 1988. In den fünf Szenen, in denen sie mitwirkte, zeigte sie ihr ganzes schauspielerisches Können von liebender Tochter über verächtliche Rebellin bis hin zur misshandelten Geliebten. Auf diesem Bild zeigt sie gerade ihrer Mutter (Lesley Ann Warren) ihre Verletzungen. (Foto: Archiv des Autors)

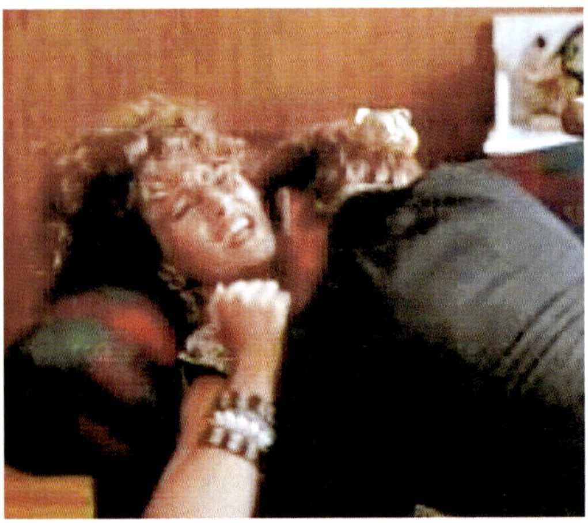

In *Satisfaction* (1988) spielte Julia eine Bassgitarristin in einer aufstrebenden Band. Julia war vor der Aufnahme dieser Szene mit Kevin Haley, in der sie fast vergewaltigt wird, sehr nervös. Bei diesem Film hatte sie zum ersten Mal eine Affäre mit einem Kollegen. Liam Neeson war sechzehn Jahre älter als sie. Eine Freundin sagte: »Es war unglaublich, ihnen zuzusehen, … sie konnten gar nicht genug voneinander kriegen.« (Foto: Archiv des Autors)

Julia als Kellnerin Daisy, die in *Pizza, Pizza* (1988) mit einem reichen Adonis (Adam Stroke) ins Bett geht. Weil sie nicht portugiesisch genug aussah, ließ sie sich ihre Haare pechschwarz färben. Die Rolle fiel ihr nicht leicht – Daisys Selbstbewusstsein und ihre sexuelle Anziehungskraft waren Eigenschaften, die sie bei sich selbst in dieser Lebensphase vermisste. (Foto: Archiv des Autors)

Diese schreckliche Szene aus *Magnolien aus Stahl* (1989), in der Julia einen epileptischen Anfall mimen muss, verhalf ihr zu einem Golden Globe und zu einer Oscar-Nominierung. Regisseur Herbert Ross war von ihrer Darstellung allerdings weniger beeindruckt. (Foto: Archiv des Autors)

Julias zweite Romanze mit einem Kollegen vom Set innerhalb von zwei Jahren. Für den attraktiven jungen Schauspieler Dylan McDermott, der in *Magnolien aus Stahl* ihren Ehemann spielte, verließ sie Liam Neeson. Bei den Aufnahmen zu dieser Szene fühlte sich Julia vom Team wie eine echte Braut behandelt. Das gefiel ihr – sie verlobte sich mit McDermott. (Foto: Archiv des Autors)

Eine strahlende Julia mit dem Golden Globe in der Hand, den sie als Beste Nebendarstellerin für ihre Rolle in *Magnolien aus Stahl* im Januar 1990 erhielt. In ihrer Rede sagte sie: »Ich möchte meinem schönen Jungen mit den blauen und grünen Augen danken, er tut alles für mich.« Damit war allerdings nicht McDermott gemeint. Mit diesem hatte sie nach einer Auseinandersetzung um Richard Gere Schluss gemacht. (Foto: AP)

Julias »schöner« neuer Freund, ebenfalls ein Kollege vom Set, war der 24-jährige Kiefer Sutherland. »Kiefer war anders als alle anderen, die ich kannte«, sagte Julia. »Er hat so etwas Reifes und unglaublich Weises an sich.« Gleich nachdem sie sich kennen gelernt hatten, zogen die beiden zusammen. (Foto: Bob Scott)

Julia und Richard Gere in *Pretty Woman*. Der 1989 gedrehte Film machte sie zum Superstar. Das Foto zeigt den Augenblick, als Julia in unbändiges Lachen ausbricht, ein Lachen, mit dem sie die Herzen von Millionen eroberte. Die Szene kam für sie ganz unerwartet. Der Regisseur wollte sie nach einer schlaflosen Nacht, in der sie mit Dylan McDermott Schluss gemacht hatte, »auf Trab bringen« und sagte Gere, er solle das Schmuckkästchen über ihren Fingern zuschnappen lassen. (Foto: Archiv des Autors)

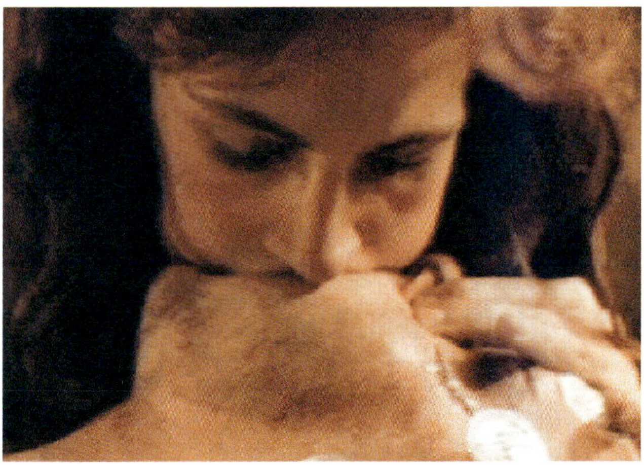

In dem Film *Flatliners – Trip ins Jenseits* (1990) versucht Julia Kiefer Sutherland wiederzubeleben, nachdem dieser »gestorben« ist. Der Regisseur wollte die bedrückende Aufnahme mit ein wenig Humor würzen. »Ich brachte Julia so zum Lachen«, sagte er, »dass sie, als sie sich über den sterbenden Kiefer beugte, plötzlich brüllte vor Lachen«. (Foto: Archiv des Autors)

Julia und Kiefer bei der Oscarverleihung am 25. März 1991. Julia war für *Pretty Woman* als Beste Darstellerin nominiert worden. Einen Monat später gab das Paar die für Juni geplante Hochzeit bekannt, obwohl die Zeitungen Bilder von Kiefer in Begleitung einer Stripperin veröffentlicht hatten. Julia glaubte seinen Unschuldsbeteuerungen, und die Vorbereitungen für eine Traumhochzeit nahmen ihren Lauf. (Foto: Mark Terrill/AP)

Drei Tage vor der Millionen-Dollar-Hochzeit wurde die Verlobung aufgelöst. Anschließend flog Julia mit dem 25-jährigen Schönling Jason Patric nach Irland. Als sie nebeneinander im Flugzeug saßen, machten die beiden schönen jungen Filmstars »praktisch Liebe miteinander«. Sie lebten über ein Jahr lang in Patrics heruntergekommenem Apartment, dann trennte sie sich wieder. (Foto: Globe Photos)

Im Film *Der Feind in meinem Bett* (1991) spielte Julia eine von ihrem Ehemann misshandelte und terrorisierte Frau. Das Foto zeigt eine der wenigen heiteren Szenen des Films. Zu den Klängen von »Brown-Eyed Girl« von Van Morrison tänzelt sie vor einem Spiegel auf und ab. Der Film wurde ihr vierter Kassenschlager innerhalb von zwei Jahren. (Foto: Archiv des Autors)

Campbell Scott und Julia in einer der wenigen heiteren Szenen des Films *Entscheidung aus Liebe* (1991). Julia spielte eine Frau, die sich in einen Krebspatienten verliebt (Scott). Ursprünglich endete der Film damit, dass sie ihn verlässt. Dieser Schluss fiel bei einer Probevorführung jedoch durch. In einer neuen Fassung bleibt sie bei Scott, der am Ende des Films noch am Leben ist. Der Film war finanziell gesehen ein Desaster, Julias erster Flop seit ihrem Aufstieg zum Star. (Foto: Archiv des Autors)

Julia als Tinkerbell in *Hook* (1991). Der Film als auch Julia bekamen schlechte Kritiken. Ein Journalist schrieb, mit Flügeln wirke Julia meist wie eine verwirrte Pferdebremse. Während der Dreharbeiten stand sie unter so starkem persönlichen und beruflichen Stress, dass einige Mitglieder aus dem Team sie nur noch »Tinkerhell« nannten. (Foto: Archiv des Autors)

Zu Beginn ihrer Laufbahn reagierte Julia auf Paparazzi »wie ein Reh im Scheinwerferlicht«. Ihr nachlässiger Stil außerhalb der Studios brachte ihr 1991 den ersten Platz auf der Blackwell-Liste der am schlechtesten gekleideten Stars ein. (Foto: Bob Scott)

Bruce Willis und Julia in einer Filmszene in *The Player*. Ein ehrgeiziger Drehbuchautor möchte in seinem Film weder Stars noch ein Happy End. (»Kein Happy End! Das ist *Realität!*«) Natürlich endet die Geschichte damit, dass Bruce Julia in letzter Minute vor der Hinrichtung rettet. (Foto: Archiv des Autors)

Julia war überwältigt von den Dimensionen ihrer Rolle und dem gewaltigen Staraufgebot. Doch sie wusste auch, dass *Magnolien aus Stahl* ihr eine seltene Chance bieten würde, zu einer großen Nummer in Hollywood zu werden. Sie glaubte nicht, dass sie die Rolle bekommen würde. »Als man mich einlud, für den Film vorzusprechen, fragte ich, wer sonst noch mitspielte. Als sie mir die Namen nannten, sagte ich: ›Okay, alles klar.‹ Ich ging zum Vorsprechen, aber mir war klar, dass ich die Rolle nicht bekommen würde. Trotzdem wollte ich mein Bestes geben, weil ich hoffte, vielleicht irgendjemanden zu beeindrucken, der eine andere Rolle zu vergeben hatte.«

Sie wurde noch verzagter, als sie von Bob McGowan und Risa Shapiro erfuhr, dass Herb Ross an ihr nicht interessiert zu sein schien. McGowan zufolge »wollte sich Ross nicht einmal das Video von *Pizza Pizza* ansehen«, das im Herbst 1988 herauskommen sollte. Schließlich sah sich Ross den Film doch noch an – aber nur, um eine der anderen mitwirkenden Schauspielerinnen zu begutachten. Sie war eine von fünfundsiebzig Anwärterinnen, die Ross alle persönlich prüfte. Sally Field sprach – in einer großen kollegialen Geste – zusammen mit allen Shelby-Darstellerinnen vor, die die erste Hürde geschafft hatten und zu einem erneuten Vorsprechtermin eingeladen worden waren.

Paul Hirsch, der Cutter des Films, erzählte, dass er anwesend war, als Ross die Rolle der Shelby besetzte, und sah, wie er damals jede junge Schauspielerin in Hollywood vorsprechen ließ: »Ich erinnere mich, dass Laura Dern großartig war, aber sie sah Sally, die bereits als Shelbys Mutter ausgewählt worden war, nicht im Geringsten ähnlich.«

1993 sagte Ross zu Stephen Rebello von der Zeitschrift *Movieline*, Ray Stark, der auch *Liebe auf texanisch* produziert hatte, habe ihn gebeten, sich diesen Film anzusehen, um Julia zu begutachten. Das tat Ross dann auch, und er fand, dass sie »schlecht aussah und miserabel spielte … Ich wollte unbedingt Meg Ryan [die sich stattdessen entschieden hatte, die weibliche Hauptrolle in *Harry und Sally* zu übernehmen], und ich war verrückt nach Winona Ryder, aber sie war einfach zu jung.« Zudem ist die freche Daisy ein völlig anderer Typ als die fragile Shelby. Ross weigerte sich auch weiterhin, Julia vorsprechen zu lassen, bis Sally Field einschritt und sich höchstpersönlich für Julia einsetzte. Sie sagte zu Ross, Julia sei ideal für die Rolle ihrer Tochter. Sally erkannte, dass Julia dem Spitznamen *Magnolie aus Stahl* nicht weniger entsprach als die anderen Schauspielerinnen, die bereits vorgesprochen hatten.

Schließlich gab Ross nach. »Ich hatte großes Glück, dass Sally bei meinem letzten Vorsprechtermin dabei war«, sagte Julia. »Sie war großartig und sie machte diese kleine Verbesserung am Ende, und ich sagte: ›Wow, also, dann mal los.‹ Und wir spielten einfach die ganze Szene und es war phantastisch. Sie war der Grund, weshalb ich die Rolle bekam.«

Paul Hirsch erinnerte sich, dass der Regisseur von Julias Darbietung ganz hingerissen war. »Um ehrlich zu sein, ich fand, dass Julia nicht besonders gut gesprochen hatte, aber Herbert erkannte sofort ihre Star-Qualitäten. Nachdem sie gegangen war, hörte er gar nicht mehr auf, von ihr zu sprechen. Immer wieder sagte er: ›Hast du das gesehen?‹«

Im Regiekommentar auf der DVD-Version des Films stellt Ross eine merkwürdige Behauptung auf: »Alle waren dagegen, dass ich Julia nahm, weil sie sie nicht hübsch genug fanden.« Es waren mit Sicherheit nicht alle – zumindest Ray Stark und Sally Field standen hinter Julia. Und nur wenige Beobachter hatten bislang Bedenken bezüglich ihrer Attraktivität geäußert. Obwohl Julia bei ihrem ersten Vorsprechtermin offenbar einen positiven Eindruck hinterlassen hatte, musste sie zu vier weiteren Terminen erscheinen. Sie erinnerte sich, dass sie sich ein Mantra ausdachte, das ihr half, die Ungewissheit leichter zu ertragen: »Vergiss nicht, wer du bist und *woher du kommst.*«

Schließlich rief Ross sie an und verkündete ihr, dass sie die Rolle hatte. Julia weiß noch, dass sie höflich »Danke« sagte und anschließend mit einer Gruppe von Freunden in die Polo Lounge in Beverly Hills ging, um zu feiern. »Wir betranken uns einfach und machten einen drauf.«

Ihre Freude wurde jedoch getrübt, als Ross ein paar Tage später darauf bestand, dass sie abnahm (obwohl sie nach ihrer Krankheit dünner war als normal), ihre Haare in einem helleren

Braunton färbte und die Form ihrer Augenbrauen veränderte. Für all das hatte sie eine gute Woche Zeit, denn danach sollten die Proben in Natchitoches beginnen.

KAPITEL 12

Die rund achtzehntausend Einwohner des heißen, idyllischen Ortes in Louisiana am Cane River (eigentlich ein See, aber ein sehr schmaler) waren nicht mehr so aus dem Häuschen gewesen, seit John Wayne und William Holden 1959 dort ihr Lager aufschlugen, um das Bürgerkriegsdrama *Der letzte Befehl* zu drehen. »Für die Einheimischen war es eine unglaubliche Sensation, so viele große Stars in der Stadt zu haben«, schrieb Robert Harling im Magazin *Life*. Es gab dort nur zwei Restaurants. Eines davon war das Lasyone's, wo die Darsteller und das Filmteam die kulinarische Spezialität des Ortes kosteten, die Natchitoches Meat Pie, ein würzig gebratenes Stück Fleisch, umhüllt von knusprigem Blätterteig. Diese Köstlichkeit rundeten sie mit einer Dessertspezialität der Region, einem Stück Cane River Pie, ab.

Da es keine Hotelzimmer gab, stellte sich für das Produktionsteam »eine wichtige Frage«, erinnerte sich Harling. »Wo würden die Stars wohnen? Die Bürger zogen aus ihren Häusern aus und vermieteten sie an die ›Filmleute‹.« Tom Skerritt, der die auf Harlings Vater basierende Figur spielte, war in dem Haus neben dem der Eltern des Drehbuchautors untergebracht. Shirley MacLaine und Julia suchten sich benachbarte Häuser aus (Julia teilte ihres mit ihrem Basset Gatsby). Dolly Parton und Olympia Dukakis wohnten ganz in der Nähe. Nur Daryl Hannah zog es vor, den Trubel zu meiden. Sie mietete eine Farm am Stadtrand und ritt in ihrer drehfreien Zeit aus. »Eine loyale Republikanerin, die in der Nähe von Olympia wohnte, wollte ein ›Dukakis for President‹-Schild auftreiben, um es in ihrem Hof aufzustellen«, erzählte Harling. (Dukakis' Cousin Michael sollte in wenigen Wochen die Nominierung als Präsidentschaftskandidat für die Demokraten annehmen.) »Die Frau hatte nicht die Absicht, für einen Demokraten zu stimmen, betrachtete es jedoch als Nachbarschaftsdienst.«

Sobald alle Darsteller beisammen waren, wurde gemeinsam mit Ray Stark, Herb Ross, Bürgermeister Joe Sampite und Sheriff

Norm Fletcher eine Pressekonferenz abgehalten. Sie war die wichtigste Meldung in den regionalen Nachrichtensendungen und füllte in den zweimal wöchentlich erscheinenden *Natchitoches Times* eine ganze Seite. »Es ist zweifellos eine sehr große Sache für uns«, schrieb Eric Jenson, der in der Zeitung über die Konferenz berichtete. »Die Stars sagten nette Dinge über die Dreharbeiten in diesem Teil des Landes, und sie machten Witze über das heiße Wetter und darüber, dass sie den Südstaatendialekt lernen müssen.«

Julia freilich hatte gerade erst gelernt, *nicht* im Südstaatendialekt zu sprechen. Sie arbeitete jedoch mit einem Sprachlehrer zusammen, um den Dialekt Louisianas zu meistern. Selbst Dolly Parton, die in den Smoky Mountains von Tennessee aufgewachsen war, passte ihren Akzent mit Hilfe des Sprachlehrers David Stern stärker an den Louisiana-Dialekt an. Schließlich hatten alle sechs Schauspielerinnen eine unterschiedliche Aussprache, aber es schien sich niemand daran zu stören.

Auch wenn der Gedanke, mit so berühmten Stars zusammenzuarbeiten, Julia nervös machte – Beobachter tauften das Projekt bereits *Divas aus Stahl* –, empfand sie diese Frauen eher als Unterstützung denn als Konkurrenz. »Es war, als würde uns unsere Umgebung diktieren, die ängstliche Seite in uns in Schach zu halten«, erläuterte Shirley MacLaine. »Und genau das taten alle. Somit gab es nicht die geringste Spur von Angst, auch nicht einen einzigen Moment lang – und das ist entscheidend für eine gute Atmosphäre.«

In Wirklichkeit erlebte Julia sehr wohl Momente der Angst, insbesondere bei ihrer ersten Begegnung mit Shirley MacLaine, einer Frau, die seit fast vierzig Jahren ein Star war: Sie gehörte zu Sinatras Rat Pack, arbeitete mit Alfred Hitchcock und Billy Wilder, kannte Jack Kennedy, stand zusammen mit Jack Nicholson, Jack Lemmon, Clint Eastwood und Robert Mitchum vor der Kamera, tanzte für den sowjetischen Ministerpräsidenten Nikita Chruschtschow den Cancan. Außerdem hatte sie einen Bruder namens Warren Beatty und behauptete, sie sei im Lauf der Jahrhunderte mehrere Male wiedergeboren worden. »Bei unserer ersten Begegnung kam es mir vor, als würde sie direkt in mein Innerstes hineinsehen«, gestand Julia einige Jahre später. »Eines Tages ging ich hinüber zu ihrer Wohnung und wir vertieften uns in ein intensives Gespräch. Ich redete anderthalb Stunden lang ununterbrochen über Gefühle, Familie, Ideen und Ziele. Und als ich fertig war, analysierte diese erstaunliche Frau alles, was ich gesagt hatte, von Anfang bis Ende. Ich war völlig baff. Sie hatte ein außergewöhnliches Talent, Menschen richtig *zuzuhören.«*

In ihren Memoiren *Glückssterne – Mein Leben* charakterisierte MacLaine Julia mit gewohntem Scharfsinn: »Mit ihren Wangenknochen, ihrem Lächeln, ihrem großen schlanken, Aufsehen erregenden Körper und ihrem rauen Lachen war sie prädestiniert dazu, ein Star zu werden … Es war nicht einmal so sehr ihr Charisma, ihre Haltung oder ihre Körperbeherrschung, die ihre magische Ausstrahlung ausmachten. Es war die Art und Weise, wie sie die Pausen zwischen ihren Worten und Bewegungen füllte. Ihre Mimik harmonierte perfekt mit ihren Gefühlen. Diese Übereinstimmung war so faszinierend, dass man kaum wagte, auf jemand anders zu schauen, aus Angst, einen elektrisierenden Moment eines seltenen Ausdrucks zu verpassen.«

Julias Starkollegen sorgten dafür, dass rasch ein Gruppengefühl entstand. »Ich hatte eigentlich nie Zeit, innezuhalten und zu sagen: ›Das ist Sally Field, sie hat zwei Oscars gewonnen, sie hat so viele Filme gemacht, okay, okay, oh, mein Gott.‹ Ich hatte nie Zeit, das zu tun, weil sie sofort die Rolle übernahmen, einfach Sally und Shirley zu sein und hilfsbereite Freundinnen. Sie behandelten mich wie ihresgleichen, bevor ich überhaupt begann, es zu verdienen.« Sally Field wurde ihre Ersatzmutter und »lehrte mich das Geben«. Olympia Dukakis »machte mich furchtbar politisch«. Daryl Hannah half ihr zu begreifen, »dass ich okay bin und etwas zu bieten habe«. Und Dolly Parton gab ihr ein Gefühl dafür, wie dankbar sie sein sollte, in der einzigartigen Position eines Filmstars zu sein. »Eines Tages war es irre heiß«, erinnerte sich Julia. »Wir trugen Winterklamotten, und *alle* außer Dolly stöhnten. Ich fragte Dolly nach dem Grund, und sie antwortete: ›Vor langer Zeit sagte ich mir: Ich will ein Star sein. Und wenn ich es je schaffe, ein großer Star zu werden, werde ich mich nicht beklagen, weil ich das erreicht habe, was ich mir gewünscht habe. Nun ja, jetzt bin ich ein Filmstar, also beklage ich mich auch nicht.‹«

Julia sagte später, dass aufgrund ihrer engen Beziehung zu Sally Field »die Zeit, die ich mit ihr zusammen war, der längste Zeitraum war, in dem ich meine Mutter nicht angerufen habe. Stattdessen rief ich Sally an. Sie ist nicht nur eine tolle Schauspielerin, sondern hat auch wunderbare Mutterinstinkte.« Eines Tages, als Julias Mutter auf den Set kam, rief Julia »Mom!«, und sowohl Betty als auch Sally drehten sich um.

Julia entwickelte auch eine intensive Bindung an Robert Harling und seine Familie. »Sie sind die nettesten und liebenswertesten Menschen«, schwärmte sie, »und sie nahmen mir, sobald ich das Haus betreten hatte, die Befangenheit. Es war wie, vergiss das Händeschütteln – wir *umarmten* uns. Mr. und Mrs. Harling und ich sprachen erst gegen Ende der Dreharbeiten ausführlich über Susan. Das war wohl besser so, denn je mehr ich über sie wusste, desto mehr weinte ich. Sie war ein fabelhafter Mensch.«

Am ersten Drehtag benötigte Julia jede emotionale Unterstützung, die sie bekommen konnte, denn Herb Ross warf sie ins eiskalte Wasser, indem er gleich mit der »gefürchteten Szene«, wie er es ausdrückte, »die wir endlos geprobt hatten«, anfing. Es war eine schwierige Szene, in der Shelby im Schönheitssalon einen Insulinschock erleidet. Sie erwies sich als Julias bislang schwierigste Filmszene. »Ich konzentrierte mich so stark darauf, wie es dabei wohl in mir selber aussehen würde – wie mein Herz aussehen, wie schnell es das Blut pumpen und wie viel Blut durch meine Adern schießen würde –, ich versank so tief in meinem eigenen Körper, dass mich gegen Ende der Szene Panik erfasste. Ich war da unten hängen geblieben und wollte nicht, dass irgendjemand etwas merkte. Ich dachte: *›Hier komme ich nie wieder raus!‹* Schließlich kam ich doch wieder heraus. Aber ich schluchzte hysterisch, als es vorüber war.«

Shirley MacLaine erinnerte sich: »Als ich sie bei ihrer Arbeit vor der Kamera beobachtete, begriff ich, dass sie sich völlig mit ihren Rollen identifizierte. Sie schauspielerte nicht wirklich. Sie litt tatsächlich … Wenn die Zuschauer spüren, dass ein Darsteller gefährlich echt ist, sind sie gebannt.«

Harling erzählte: »Julia versetzte sich so tief in ihre Rolle hinein, dass es richtig unheimlich war. … Sie kam dem Tod so nahe, wie es einer Lebenden möglich ist. Nach jeder Einstellung mussten sie sie hochheben und in ihren Wohnwagen zurückbringen. Ich hatte das Gleiche mit meiner Schwester durchgemacht und wäre am liebsten zu Julia herübergegangen, hätte sie in den Arm genommen und zu Herbert gesagt: ›Okay, lass es gut sein. Lass uns aufhören.‹«

Sally Field war es, die Herb Ross zu einem späteren Zeitpunkt der Dreharbeiten einen Riegel vorschob. Ross, unzufrieden mit Julias darstellerischer Leistung, war sehr hart zu ihr und rügte sie oft vor versammelter Mannschaft. »Eine Zeit lang setzte er mir so zu, dass Sally, die gute Sally, sagte: ›Wenn du nicht aufhörst, gehe ich. Denn ich kann mir das nicht länger mit ansehen. Es ist zu sinnlos und zu gemein.‹«

Paul Hirsch erinnerte sich: »Herbert bemerkte häufig, Julia habe noch keine Technik, weshalb er wohl glaubte, ihr Lehrer sein zu müssen.« Einmal fragte Ross Julia: »Wirst du nach New York zurückgehen, um [Schauspiel] zu studieren?«

»Wozu?«, gab Julia zurück.

Hirsch ist der Meinung, Ross sei zu anderen Schauspielern ebenso hart gewesen. »Er konnte seinen Darstellern sehr viel abverlangen, und sein Regiestil rührte von seiner Tanzausbildung her, bei der die Choreografen bekanntlich auf sehr direkte, ja sogar brutale Art und Weise Kritik übten. Aber er war auch der beste Regisseur, mit dem ich je zusammengearbeitet habe, und seine Filme wurden oft für die beste Leistung in den Schauspielkategorien nominiert. Ich weiß nicht, wie viele Nominierungen in den Schauspielkategorien er erhalten hat, aber es müssen unheimlich viele sein. Er scheute auch nicht davor zurück, Tricks anzuwenden, um aus seinen Schauspielern das Beste herauszuholen.«

Ross erklärte 1993, er habe mit Julia deshalb ein Problem gehabt, weil »sie die Szenen nur oberflächlich spielen konnte – heiter und fröhlich, auf allgemeine Art. Aber den Subtext ihrer

Filmfigur, deren Angst und Verzweiflung, hat sie nie verstanden. Wir drehten und drehten und irgendwie schaffte ich es, den Subtext mit irgendwelchen Tricks aus ihr herauszubekommen, nämlich indem ich sagte: ›Das ist nicht gut, versuch es so.‹ Das hat sie ziemlich verunsichert.«

Julia schoss unverzüglich zurück. »Lass uns einen Moment über Herbert Ross sprechen«, sagte sie 1993 in der Dezember-Ausgabe von *Premiere* gegenüber Christopher Connelly. »Ich habe soeben einen Artikel in einer Zeitschrift gelesen, in dem Herbert mich auf unglaubliche Weise heruntermacht. Wenn es irgendjemanden gibt, bei dem ich mir alle erdenkliche Mühe gegeben habe, mich diplomatisch über ihn zu äußern, dann ist es Herbert Ross. Denn dieses Spiel spiele ich nicht mit ... [Wenn] jemand mich fragt, ob er hart zu mir war, lautet die Antwort *ja*. Aber ich habe bestimmt nie in der Presse irgendetwas Schlechtes über ihn gesagt. Er sagt, meine fehlende Technik hätte es ihm sehr schwer gemacht – und das war echt hart für mich –, weil ich den Subtext nicht verstanden hätte und nur fröhlich und heiter spielen könnte. Da bin ich völlig anderer Meinung. Habe ich denn keine Technik? Ich habe meine eigene Technik. Ich weiß nicht, was es ist. Es ist nichts, was man in Büchern nachlesen kann. Er tat so, als wäre er *gezwungen* worden, mich zu engagieren. Er ließ sich lang und breit über die Leute aus, die er lieber gehabt hätte, so als wäre ich der letzte Dreck.

Ich war sehr jung und hatte mich gerade erst von einer schweren Krankheit erholt. Er war gemein, und in meinen Augen hat er sich total danebenbenommen. Jetzt stellt er es so hin, als hätte er sich bemüht, eine Leistung aus mir herauszuholen, zu der ich seiner Meinung nach eigentlich überhaupt nicht fähig war. Das ist wohl etwas, worüber wir immer unterschiedlicher Meinung sein werden. Großartig. Es ist mir scheißegal. Aber wenn er glaubt, er kann auf so herablassende Weise über mich sprechen, ohne dass ich meinerseits ein Wörtchen dazu sage ... dann ist er verrückt.«

Shirley MacLaine nahm großen Anteil an Julias Problemen mit Ross, und das rührte von den Erfahrungen her, die sie bei *Am Wendepunkt* mit ihm gemacht hatte. »Er betrachtete Julia als eine seiner ›Baby-Ballerinas‹. Das heißt, er wollte wie ein Ballettmeister die Kontrolle über seine Neuentdeckungen haben. Er verlangte von [Julia], pro Tag nicht mehr als tausend Kalorien zu sich zu nehmen. Er behauptete, er könne am Gesicht einer Schauspielerin sehen, ob sie einen Saltine-Cracker zu viel verspeist hatte.«

Es ist schwer sich vorzustellen, was Ross von Julia gewollt haben könnte, denn ihre Darbietung ist ausgewogen und sehr ergreifend. Und auch wenn er mit ihrer Technik vielleicht nicht zufrieden war, so hatte sie mit Sicherheit eine, wie sich sowohl in der Insulinschockszene als auch in ihrer Todesszene zeigt, wo sie, an Tropf und Schläuchen hängend, in einem Krankenhausbett liegt. Julia lag mehrere Stunden ruhig und wie im Koma da und stand zwischen den Einstellungen nicht einmal auf, um eine Cola zu trinken. »Da bekam man ein unheimliches Gefühl«, erinnerte sich ein Crew-Mitglied. »Man spürte richtig, dass da ein Leben an einem seidenen Faden hing, obwohl wir wussten, dass das alles nur gestellt war. In ihrer Ruhe lag eine unglaubliche Kraft.«

In ihrer drehfreien Zeit schrieb Julia Gedichte, und an einigen Abenden kreuzte sie im Nachtklub Bodacious am Highway 14 auf, schnappte sich das Karaoke-Mikrofon und sang sich Shirley zufolge »die Seele aus dem Leib«.

Am 4. Juli lud Ross die Darsteller zu sich nach Hause ein. Julia erinnerte sich: »Wir gingen zu ihm rüber, aßen zu Abend und hatten ein Feuerwerk, das ganze Programm. Und wir spielten ein Spiel namens ›Sardinen‹, bei dem Herbert sämtliche Lichter im Haus ausmachte und sich in einem Schrank versteckte. Jeder von uns sollte ihn auf eigene Faust aufspüren, und wer ihn fand, sollte zu ihm in den Schrank steigen, bis wir alle wie die Sardinen in dem Schrank zusammengequetscht waren.«

Total verrückt. Doch es kam nie dazu. »Wir hatten alle viel zu viel Angst, als das Licht ausging. Wir hielten uns an den Händen, rannten herum und schrien wie ein Haufen … Angsthasen.«

Das Filmen der Hochzeitsszene von Shelby und Jackson sorgte bei den Statisten für eine Reaktion, mit der Julia nicht gerechnet hatte. »Als wir die Hochzeit filmten, wurde das Ganze, je öfter wir es durchspielten, desto unwirklicher, und wir sagten immer häufiger: ›Das ist Fiktion, das ist nicht real.‹ Den Leuten gefiel es von Mal zu Mal besser und mit immer größerer Freude betrachteten sie die beiden Verliebten. Stunden vergingen, und ich schritt ständig den Gang zum Traualtar vor und zurück, vor und wieder zurück. Und jedes Mal, wenn ich an diesen Leuten vorbeikam, sahen sie mich an und waren noch glücklicher und noch gebannter … Von allen Seiten gratulierte man mir. Die Menschen sind gerne verliebt, und sie betrachten gerne verliebte Pärchen. Ich glaube, wenn sie ein solches Paar näher kennen lernen, ist das Gefühl noch umso stärker.«

Was Julia in ihrem philosophischen Exkurs nicht erwähnte, ist, dass sie soeben im Begriff war, das Klischee der Romanze auf dem Set zu wiederholen (und das gewiss nicht zum letzten Mal). Fast von dem Augenblick an, als Julia den blauäugigen, einszweiundachtzig großen McDermott zum ersten Mal sah, fühlte sie sich zu ihm hingezogen. Er war fünfundzwanzig Jahre alt und von kräftiger Statur.

Der in Waterbury, Connecticut, geborene McDermott wurde nach dem Selbstmord seiner Mutter – drei Jahre nach der Scheidung seiner Eltern, er war damals zwei Jahre alt gewesen – von seinem Vater, einem Kneipenwirt, im New Yorker Greenwich Village aufgezogen.

»Ich war in der Nähe, als es passierte«, sagte McDermott. »Aber ich habe es nicht gesehen. Ich war draußen.« Diane McDermott hatte sich mit der Pistole ihres Freundes in den Kopf geschossen. Laut der Polizei war der Tod auf einen Unfall zurückzuführen. »Zu den näheren Umständen ihres Todes möchte ich mich nicht äußern«, erklärte McDermott. »Ich war fünf Jahre alt, aber wenn so etwas passiert, ist man danach kein Kind mehr. Es machte mich zu dem, der ich bin, gut oder schlecht … Entweder würde es mich töten, oder es würde mich stärker machen.«

Nach eigenen Angaben war McDermott als Jugendlicher »so etwas wie ein Krimineller«, bevor seine Stiefmutter Eve Ensler (Verfasserin der *Vagina-Monologe*) ihn drängte, Schauspieler zu werden. Er hatte in *Hamburger Hill*, dem 1987 gedrehten Drama über den Vietnamkrieg, sein Filmdebüt gegeben. *Magnolien aus Stahl* war erst sein zweites Film-Engagement.

Freunde von Liam Neeson sagten, er sei nach Julias Telefonanruf schockiert gewesen. Neesons langjähriger Kollege Tod Todoroff bestätigte, dass er »am Boden zerstört« gewesen sei: »Liam hat sehr darunter gelitten. Er war sehr verletzt.«

Neeson ist ein Mensch, dem es zuwider ist, mit Reportern über sein Privatleben zu sprechen. Als er nach seiner Beziehung mit Julia und einer späteren mit Barbra Streisand gefragt wurde, gab er bissig zurück: »Wird das etwa später auf meinem Grabstein stehen? ›Er war mit Julia Roberts und Barbra Streisand zusammen?‹«

Später wurde Julia von Freunden wie folgt zitiert: »Ich weiß, es war dumm von mir, meine Beziehung mit Liam zu beenden. Ich liebte ihn als Mensch und bewunderte ihn unheimlich als Schauspieler. Ich habe nur schöne Erinnerungen an Liam. Ich weiß, ich habe ihn verletzt, und es tut mir Leid.«

Kurz nach Abschluss der Dreharbeiten zu *Magnolien aus Stahl* vollzog Julia einen wichtigen Schritt: Sie verlobte sich mit McDermott.

KAPITEL 13

Während Julia unter großen Anstrengungen ihre Verkörperung der Shelby Eatenton Latcherie auf Zelluloid bannte, begeisterten sich die Studiobosse von Goldwyn, jenem Studio, das den Verleih von *Pizza Pizza* übernehmen wollte, für das, was sie auf der Leinwand von Julia Roberts sahen. Joe Roth, der ihr Produktionspartner werden und 2001 als ihr Regisseur in *America's Sweethearts* fungieren sollte, erinnerte sich an seine Reaktion, als er den Film zum ersten Mal sah. »Ich wusste nicht, wer sie war. Ich wusste nicht, dass sie Eric Roberts' Schwester war, und ich konnte den Blick nicht von ihr wenden. Ich merkte, dass meine Augen ihr auf der Leinwand überallhin folgten. Und danach, Mann, da dachte ich, *ich rufe das Mädel am besten gleich an, denn ich glaube, die wird ein großer Star werden.*«

Die Verantwortlichen von Goldwyn erklärten ihre Zustimmung und setzten, ermutigt durch drei erfolgreiche Vorabvorführungen von *Pizza Pizza*, für den Film einen Werbeetat von 6,5 Millionen Dollar an (laut *Variety* eine Rekordsumme für einen Low-Budget-Film). Der Film sollte am 21. Oktober 1988 in dreihundertfünfundsiebzig Kinos in den vierzig größten Märkten anlaufen. Die Werbemaßnahmen umfassten über hundert zusätzliche Vorführungen vom Labour Day bis zur zweiten Oktoberwoche, um die Mundpropaganda anzuheizen, durch regionale Radiosender angepriesene Werbegeschenke in Brautgeschäften sowie gemeinsame Werbeaktionen mit den Pizzaketten Domino's und Numero Uno, die »Mystic Pizzas« (so der Originaltitel des Films) anbieten und Werbemotive des Films auf ihre Pizzaschachteln drucken wollten.

Nicht lange nachdem Julia die Dreharbeiten zu *Magnolien aus Stahl* beendet hatte, schickte Goldwyn sie zusammen mit ihren Starkolleginnen auf eine *Pizza-Pizza*-Promotiontour. Es war das erste Mal, dass Julia Publicity für einen Film machen sollte. Die drei Frauen, die Freundinnen geblieben sind, betonten, was den Film ihrer Ansicht nach so wichtig machte. »Es gibt so wenige

Filme, die die Perspektive von Frauen zeigen«, meinte Lili Taylor. Annabeth Gish fügte hinzu: »Ich denke, der Film ist realistisch. Ich habe viele gute Freundinnen, und die Aufrechterhaltung dieser Freundschaften bedeutet mir sehr viel.«

Auch für Julia war die Realitätsnähe des Films entscheidend. »Ich sehe mir gerne Filme an, die real sind. Filme mit Herz und Seele, in denen es nicht nur um Sex oder dumme, oberflächliche Gefühle geht. *Pizza Pizza* ist zwar nicht *Apocalypse Now,* aber immerhin haben wir ein wenig Herz und Seele. Alle unsere Figuren sind ehrlich.« Alle drei Frauen beklagten den Stellenwert der Frauen in amerikanischen Filmen. »Sie werden wie ein Stück Dreck behandelt«, sagte Taylor. »Oder wie Käsekuchen«, warf Gish ein. »Wenn Schauspielerinnen diese Art von Frauen, mit denen sie selbst bestimmt nicht herumhängen würden, nicht spielen würden«, schlussfolgerte Julia, »gäbe es weniger solcher Rollen. Wir würden nicht so viele oberflächliche Schundfilme sehen.«

Als *Pizza Pizza* anlief, fielen die zumeist von Männern verfassten Filmkritiken vorwiegend negativ aus. Tom Matthews schrieb im Magazin *Box Office:* »Eigentlich seltsam, dass für *Pizza Pizza* vier Autoren nötig waren, wenn man sich anschaut, wie der Film praktisch alle jemals erdachten romantischen Klischees bedient.« Michael Wilmington pflichtete ihm in der *Los Angeles Times* bei. »Oh, Daisy! Oh, Kat! Oh, hübsche kleine Jojo! Oh, ihr quirligen ungebundenen, schönen Junggesellinnen! Wo haben wir dieses Trio schon einmal gesehen? Eine feurige Sexbombe, eine schüchterne Intellektuelle und eine durchgeknallte Ulknudel? Drei Mädchen, die ihre Träume träumen und denen es auf der Suche nach dem Allerbesten das Herz bricht. Selbst wenn es, wie hier, um die perfekte Pizza geht.«

Tatsächlich enthält der rund hundert Minuten lange Film nur wenige originelle Gedanken oder Situationen. Doch die Drehbuchautoren haben zumindest versucht, den geklauten Szenen einen modernen Anstrich zu geben. Als Daisys reicher Freund Charlie auf dem Weg zum Dinner einen Platten hat, schafft es sein ausgestreckter Daumen nicht, irgendein vorbeifahrendes Auto zum Anhalten zu bewegen. Daraufhin versucht Daisy ihr

Glück. Dies ist eine Hommage an eine berühmte Szene aus dem Film *Es geschah in einer Nacht*, der 1934 einen Oscar in der Kategorie Bester Film erhalten hat, mit Clark Gable und Claudette Colbert in den Hauptrollen: Als Clarks Bemühungen, ein Auto anzuhalten, fehlschlagen, hebt Claudette ihren Rock, zeigt ein wenig Bein, und schon das nächste den Highway entlangrasende Auto hält mit quietschenden Reifen an. In *Pizza Pizza* brausen die Autos, nachdem Daisy sich nach vorn gebeugt hat, um ihr Haar auszuschütteln, und eine einladende Pose eingenommen hat, noch immer an ihnen vorbei. Schließlich versucht Charlie es noch einmal: Nachdem er Daisys Haarbewegung nachgeahmt hat, lässt er seine Hose herunter. Und prompt hält ein Wagen mit jungen Frauen an.

Der Film ist jedoch in vielerlei Hinsicht unterhaltsam. Die Szenen in der Pizzeria sind turbulent und witzig, dank Conchata Ferrell als Leona, die wie eine Glucke über ihr streng gehütetes Rezept wacht. Alle drei Mädchen tragen T-Shirts mit der Aufschrift *Ein Stück vom Himmel* über dem Busen. Julias erster Satz im Film, nachdem sie um ein Haar mit ihrer Schwester, die ein Pizzatablett trägt, kollidiert wäre, lautet: »Hey – glaubst du etwa, ich habe Augen in meinem Hintern?« Kat erwidert: »Genau da befindet sich dein Gehirn.« Als Charlie Daisy zu dem winterfest gemachten Strandhaus seiner Eltern führt, ist nicht viel Zeit für Romantik: Daisy ist aus den Kleidern geschlüpft und nach oben gegangen, bevor er überhaupt das Feuer angemacht hat. Sie hat ihre Kleider wie eine Fährte auf der Treppe zurückgelassen und ruft: »Chaaaarlieee – folge einfach den Brotkrumen!«

Die spannungsgeladene Szene, in der Daisy Charlies wohlhabende, snobistische, voreingenommene Familie kennen lernt, ist eine wahre Glanzleistung. Sie gipfelt darin, dass Charlie am Tischtuch zieht, woraufhin fast alle Schüsseln zu Boden fallen. Es wird Hummer gereicht, der Daisy, einer in einem Fischerdorf lebenden Portugiesin, längst schon zum Hals heraushängt. Matt Damon – in seiner ersten Sprechrolle in einem Film – spielt Steamer, Charlies Bruder. Sein erster Satz lautet: »Mom, willst du mein Grünzeug haben?« Sein Vater bemerkt: »Das heißt Hummerleber, Steamer, und es ist das Beste vom Hummer.« Daraufhin sagt Charlie zu seinem Bruder: »Es schmeckt scheiße, Steamer. Iss es nicht.«

Der Film verdankt seinen Charme hauptsächlich den einnehmenden Persönlichkeiten seiner jungen Stars, und die über sie verfassten Kritiken fielen besser aus als die über den Film. »Gish und Roberts (ein echtes Fräuleinwunder aus der Arbeiterklasse) sind besonders attraktiv«, schrieb Tom Matthews. Für Michael Wilmington war Julia so etwas wie eine Offenbarung. »Die Beste von ihnen ist Roberts, die sich durch *Satisfaction* hindurchquälte, hier jedoch als Daisy einen kleinen Triumph feiert. Roberts, die jüngere Schwester von Schauspieler Eric, besitzt eine außergewöhnliche Qualität: Sie strahlt Gefährlichkeit und Unberechenbarkeit aus. Wenn sie geistesabwesend ihre Schwester tadelt oder in der Bar Adam Storke taxiert, beginnt sie, ihre eigene rauchgeschwängerte Spannung zu erzeugen: das Strohfeuer einer Kleinstadt-Schönheit, das in hohen Flammen gegen den drohenden Niedergang der Kleinstadt auflodert.«

Tatsächlich sprüht Julia in ihrer ersten längeren Szene regelrecht Funken. In dieser Billard- und zugleich Verführungsszene sieht sie atemberaubend und sehr sexy aus. Sie versenkt sechs Billardkugeln nacheinander, einmal sogar ohne den Blick von dem blonden Beau zu wenden, auf den sie ihre Augen geheftet hat. Eine solche Szene ist dazu prädestiniert, einen Schauspieler zum Star zu machen. Und genau das tat sie auch. Noch bevor *Pizza Pizza* anlief, sprach man in ganz Hollywood davon, dass die ein Jahr zuvor noch unbekannte Julia Roberts eine steile Karriere vor sich hatte.

Im Rahmen ihrer Publicitytour für *Pizza Pizza* schickte Goldwyn Julia nach Atlanta, wo sie als »Mädchen von hier, das es geschafft hat«, begeistert gefeiert wurde. Julia Roberts kommt, lautete eine Schlagzeile in der *Atlanta Constitution* vom 29. Oktober 1988, dem Tag nach Julias einundzwanzigstem Geburtstag. Das Mädchen aus Smyrna ist nicht mehr nur Erics kleine Schwester.

In schwarzen Radlerhosen und mit »widerspenstigen« Haaren hielt Julia in ihrer Suite im Ritz-Carlton-Hotel in Buckhead, einem Nobelviertel von Atlanta, Hof für den Reporter Steve

Dollar von der *Constitution.* »Ich denke, es gibt etwas zu sagen zu der bescheidenen Herkunft aus einem so kleinen Ort«, meinte sie. »Man erinnert sich, woher man kommt und wie es war, den ganzen Sommer über lehmverschmierte Füße zu haben. Ich finde, hin und wieder hierher zurückzukommen ist eine gute Sache, und es hilft mir, auf dem Boden zu bleiben.«

Dollar beschrieb die Figur der Daisy Arujo als »lebhafte Rolle, in der Miss Roberts fluchen kann, was das Zeug hält, den Porsche ihres Yuppie-Freundes zu Schrott fahren und der Kamera mit ihrem bezaubernden Äußeren schmeicheln kann«. Julia fügte hinzu, dass Daisy »der Typ Mensch war, der ich vielleicht geworden wäre, wenn ich anders gewesen wäre, sofern das überhaupt Sinn macht. Ich konnte mich in vielerlei Hinsicht in sie hineinversetzen. Doch zugleich hatte sie eine unglaubliche Begeisterungsfähigkeit und eine solche Dreistigkeit, die ich nie hatte. Es machte mir ein wenig Angst, die Daisy zu spielen, da sie wirkt, als wäre sie drei Meter groß, und ich bringe es gerade mal auf eins sechsundsiebzig.« Auf die bevorstehende Vorführung von *Pizza Pizza* in der Galleria angesprochen, die ihre Familie besuchen würde, bekannte Julia: »Ich bin glücklich. Es ist schön, nach Hause zu kommen und der Mutter einen Triumph präsentieren zu können. Das ist wirklich ein tolles Gefühl.«

Julia erzählte, sie sei etwas ausgelaugt gewesen, da sie in den vergangenen zwei Jahren fast nonstop Filme gedreht und Promotion gemacht habe. »Ein heißes Bad und ein Nickerchen halfen mir, alles wieder in die richtige Perspektive zu rücken.«

Vielleicht weil Daisy Arujo eine so imposante Erscheinung ist oder weil Julia größer ist als ihre beiden Kolleginnen, jedenfalls hielten die Zuschauer, die *Pizza Pizza* gesehen hatten, Julia für eine sehr große Frau. »Ich glaube, ich habe viele Leute enttäuscht«, sagte sie. »Sie erwarteten diese dunkelhaarige Frau auf hohen Pfennigabsätzen, und dann betritt eine dünne ausgepowerte Blondine ihr Büro.« In Rom, wo sie im Frühjahr 1989 eine Pressekonferenz gab, um den Film zu promoten, spürte sie die Enttäuschung besonders deutlich. »Sie erwarteten, dass dieses vollbusige Mädchen den Raum betreten würde, und zu diesem Zeitpunkt war ich richtig dünn. Ich setzte mich auf das Sofa, und alle Anwesenden hielten mich für die Assistentin des Mädchens, auf das sie warteten. Als ich dann schließlich sagte: ›Also, möchte vielleicht jemand etwas fragen?‹, klappte ihnen förmlich der Kiefer herunter. Das war nicht gerade toll für das Selbstbewusstsein, das kann ich Ihnen sagen.«

Pizza Pizza spielte an den US-Kinokassen 14 Millionen Dollar ein und war somit nicht eben ein Kassenschlager. Für einen Low-Budget-Film jedoch war dieses Ergebnis nicht schlecht. Immerhin hatten so viele Leute den Film gesehen, dass Julia es schwieriger fand denn je, ihre Privatsphäre zu schützen. Kurz nach dem Kinostart des Films, erinnerte sich Julia, »war ich irgendwo auf der Toilette und dieses Mädchen folgte mir und sagte: ›Entschuldigen Sie, Sie da in der ersten Kabine.‹ Ich sagte: ›Ja?‹ Und sie fragte: ›Waren Sie nicht bei *Pizza Pizza* dabei?‹ Ich antwortete: ›Ja.‹ Sie fragte: ›Könnte ich ein Autogramm von Ihnen haben?‹ Und ich sagte: ›Ich bin gerade etwas beschäftigt.‹«

Noch unangenehmer wurde es für Julia, als *Pizza Pizza*, kurz bevor *Pretty Woman* anlief, im nationalen Fernsehen ausgestrahlt wurde. »Ich war in der Hauptstraße von Venice, Kalifornien«, erzählte sie. »Ich lief einfach so herum – ich könnte hinzufügen, dass ich grauenhaft aussah –, und in jedem Geschäft, das ich betrat, erwähnte irgendjemand *Pizza Pizza*. Als ich schließlich nach Hause kam, war ich fix und fertig. Ich meine, es war schön, wie all diese fremden Menschen etwas Nettes über den Film und meine schauspielerische Leistung sagten, denn man möchte mit seiner Arbeit ja unterhalten. Aber als ich mit meinem Hund Gatsby zu Hause war, sagte ich laut zu mir selbst: ›Die Sache gerät allmählich außer Kontrolle!‹ Ich weiß noch, dass ich meine Mutter anrief und einen leichten Zusammenbruch hatte.«

Auch die anstrengende Verkörperung der Shelby Eatenton Latcherie und Ross' missmutige Regieanweisungen hatten Julia ziemlich zugesetzt. Als *Magnolien aus Stahl* jedoch im November 1989 anlief, wurde klar, dass sich die Strapazen gelohnt hatten. Julia spürte, dass sich etwas Großes anbahnte, als sie in der Herbstvorschau des *People*-Magazins vom 4. September zusammen mit ihren fünf weiblichen Starkolleginnen das Titelblatt des dazugehörigen Führers zu den größten und besten Filmen, Fernsehsendungen, Musik und Büchern der Saison zierte. Es war das erste Mal, dass Julia auf dem Titelblatt einer nationalen Zeitschrift war. Interessant dabei ist: Obwohl Julias Kolleginnen alle ein strahlendes Lächeln zeigen, zieht Julia – die bald für ihr »Megawatt-Lächeln« weltberühmt werden sollte – kaum die Mundwinkel nach oben.

Magnolien aus Stahl erhielt gemischte Kritiken. Wieder stammten die meisten negativen Kritiken von Männern, die mit diesem »Weiberfilm« nichts anfangen konnten. Anthony Lane, der brillante Kritiker des *New Yorker*, der einen Film besser mit Witz als mit Bosheit aufs Korn nehmen kann, schrieb später über den Film: »Die Figuren hatten Namen wie Clairee, Truvy und M'Lynn, deren Klang, wie ich mich erinnere, schon ausreichte, damit mir das Mittagessen wieder hochkam.«

David Denby schrieb in einer Kritik in der *Newsweek:* »Regisseur Herbert Ross ist so sehr darauf bedacht, den Zuschauern die herzergreifende emotionale Erfahrung, die der Film seiner Meinung nach enthält, zu vermitteln, dass man fast erwartet, im Kino würden die Teleprompter aufleuchten und die Zuschauer anweisen, wann sie zu lachen und wann sie zu weinen haben.« Er lobte jedoch Julia, die, so schwärmte er, »mit ihrer glühenden Leidenschaft die Leinwand erstrahlen lässt«. Vincent Canby lobte in der *New York Times* die darstellerischen Leistungen von MacLaine, Dukakis, Parton und Field, während sein Kompliment für Julia etwas schwächer ausfiel: »Miss Roberts, die Schwester von Eric, spielt eine schöne junge, zuckerkranke Frau mit einer solchen Mega-Intensität, die die Kamera nicht immer einfangen kann.«

Diese »Mega-Intensität«, besonders in der Insulinschockszene, gepaart mit Julias erfrischender Persönlichkeit und ihrem atemberaubenden Aussehen, war es, was die Zuschauer (rund siebzig Prozent davon Frauen) so faszinierte. Die Menschen strömten in die Kinos und sorgten dafür, dass der Film in den USA einen Bruttoumsatz von sage und schreibe 90 Millionen Dollar erzielte.

»Man konnte definitiv sagen, dass das Telefon nicht mehr stillstand«, sagte Julias Agentin Elaine Goldsmith 1990. »Die Reaktionen, die wir bekommen haben, waren unglaublich positiv. Die Leute spürten wirklich, dass sie etwas Besonderes ist.« In einem Porträt Julias im *Parade*-Magazin vom 7. Juli wurde Dan Polier, ein erfahrener Filmeinkäufer und Repräsentant von Produzenten, wie folgt zitiert: »Meiner Meinung nach vereint Julia Roberts in sich die besten Qualitäten von Debra Winger, Audrey Hepburn, Meryl Streep und Sigourney Weaver: schauspielerische Bandbreite, Intelligenz, Tiefgang und Humor. Nimmt man dann noch das dazu, was sie selbst an einnehmender Persönlichkeit, sympathischer Ausstrahlung und gesundem Sex-Appeal mitbringt, ist der Erfolg vorprogrammiert. Ich sage den Leuten immer wieder, dass sie mehr Potenzial hat, auf längere Zeit hinaus ein Star zu sein, als irgendeine andere junge Schauspielerin. Wenn sie sich nicht gerade für Schundfilme hergeben wird – was ich bezweifle, da sie in Elaine Goldsmith von William Morris eine hervorragende Agentin hat –, bin ich mir sicher, dass die Filmindustrie in ihr einen neuen aufstrebenden Star gefunden hat.«

Julia befand sich an einem Scheideweg in ihrem Leben, der ihr bisweilen Schwindel verursachte. Der Regionalzug zum Erfolg, in den sie drei Jahre zuvor eingestiegen war, hatte sich plötzlich in einen ICE verwandelt. Und die Folgen davon waren für Julia zugleich berauschend, strapaziös und verwirrend. Ihre Karriereentscheidungen mussten jetzt mit größter Sorgfalt getroffen werden, um ihren Stern noch heller leuchten zu lassen. Sie würde, was ihr Privatleben anging, einschneidende Veränderungen vornehmen müssen, wenn sie sich einen Hauch von Privatsphäre bewahren wollte. Und sie lernte, dass es für eine viel beschäftigte Schauspielerin, vor allem für eine, die mit einem ebenso viel beschäftigten Schauspieler liiert ist, sehr schwierig sein kann, Beziehungen zu pflegen.

Den Großteil ihres ersten Verlobungsjahres mussten sich Julia und Dylan damit begnügen, sich gegenseitig an Drehorten zu besuchen, womit Julia schwer klarkam. Im Sommer 1989, als sie ihre erste Hauptrolle in einem Film spielte, der damals noch den Titel *3000* hatte, weilte Dylan im fast 9700 Kilometer entfernten Marokko, um *M.A.R.K.13 – Hardware,* einen Low-Budget-Sciencefiction-Film, zu drehen. Diese Distanz, verstärkt durch Dylans Eifersucht wegen Julias Liebesszenen mit ihrem neuen Filmpartner Richard Gere, sollte ihre Beziehung in unerträglichem Maße belasten.

Julias kometenhafter Aufstieg belastete auch ihre anderen privaten und beruflichen Beziehungen. Bald nachdem *Pizza Pizza* angelaufen war, stand ihr Managementvertrag mit Bob McGowan zur Verlängerung an. Sie suchte ihn in seinem Büro auf, und er fragte sie, ob sie weiterhin mit ihm zusammenarbeiten wolle. »Das werde ich nie vergessen«, sagte McGowan. »Sie kam auf mich zu, umarmte mich und antwortete: ›Bob, du hast den Stein ins Rollen gebracht. Ich will, dass du immer in meinem Leben bist.‹« Zehn Tage später erhielt McGowan einen Anruf von Elaine Goldsmith. »Julia will dich nicht mehr als ihren Manager«, teilte sie ihm mit. McGowan war sprachlos und verletzt, weil Julia es ihm nicht selbst mitteilte – bzw. weil sie ihn womöglich getäuscht hatte. Julias Freunde haben oft hervorgehoben, dass sie Konflikte hasst, eine Folge der Streitereien zwischen ihren Eltern und zwischen Betty und Michael Motes. Es war sehr viel einfacher, Elaine Goldsmith die schlechte Nachricht überbringen zu lassen.

»Das war die schwierigste Entscheidung meines Lebens«, sagte Julia. »Bob hatte sich für mich eingesetzt, aber ich glaubte, ehrlich sein zu müssen. Wir hatten uns auseinander entwickelt. Es haben zu viele Leute um mich herum Entscheidungen getroffen, und ich wollte eine klarere Trennungslinie zwischen meiner Arbeit und meiner Privatsphäre.« McGowan erklärte, er hege keinen Groll gegen Julia. »Ich denke, wir haben uns tatsächlich auseinander entwickelt. Das Einzige, was mich dabei störte, ist die Art und Weise, wie es sich abgespielt hat.«

Julia hatte jetzt auch weniger Zeit, sich um ihren immer unberechenbarer werdenden Bruder zu kümmern. Sie war wieder nach Manhattan gezogen, in eine sonnige Wohnung mit zwei Schlafzimmern im Obergeschoss eines braunen Sandsteingebäudes in

Greenwich Village, mit einem Kamin, Oberlicht und einem Boden aus Eichendielen. In einem Porträt im *Rolling Stone* 1989 beschrieb James Kaplan die Wohnung als »ein Apartment, wie es ein über-optimistischer Ausstatter für die junge Schauspielerin in einem Bühnenbild à la Neil Simon entwerfen würde … Es fehlt nur noch ein süßer, drolliger, alter Kater namens Mr. Raffles.«

Nun, da sie wieder in derselben Stadt lebten, litt Julia unter Erics selbstzerstörerischem Verhalten. Presseberichten zufolge war Julia in Erics Wohnung an der West Seventy-third Street gegangen und hatte ihn »in völlig apathischem Zustand« angetroffen. Unter Tränen bat sie ihn, ihre Hilfe anzunehmen. Sie bot ihm an, ihm einen Flug nach Kalifornien und die Behandlung im Betty Ford Center zu bezahlen. Eric weigerte sich jedoch, den Vorschlag anzunehmen. »Ich habe kein Problem«, sagte er. »Alle anderen haben eines.«

»Ich habe versucht ihm zu helfen, aber ich komme nicht an ihn heran«, soll Julia zu einem Freund gesagt haben. »Ich würde ihm gerne zur Seite stehen, doch ich werde nicht zulassen, dass er auch mich zerstört.« Zu diesem Zeitpunkt weitete sich die Entfremdung in der Familie, die damit begonnen hatte, dass Eric sich weigerte, seine Mutter zu sehen oder mit ihr zu sprechen (außer als Julia mit Meningitis im Krankenhaus lag), auf seine beiden Schwestern aus. Beide zogen sich von ihm zurück. Innerhalb von zwei Jahren sollte Julia jeglichen Kontakt zu Eric abbrechen. Seitdem haben die beiden Geschwister nicht mehr miteinander gesprochen – außer in gereiztem Tonfall und über die Medien.

Eric führt die Kluft auf das Kindheitstrauma zurück. »Die Misshandlungen in unserer Kindheit und unser Unvermögen, damit umzugehen, haben die Familie gespalten.« Und während er seine Mutter ebenso sehr wie seinen Vater und Michael Motes für die Schikanen verantwortlich macht, hält Julia »bei jedem Familienzwist zu meiner Mutter. Meine Mutter und ich kommen nicht miteinander klar, also kommen auch Julie und ich nicht miteinander klar. Aber ich liebe sie. Ich werde Julie immer lieben. Ich glaube jedoch, dass gewisse Unsicherheiten, die sie vielleicht erst jetzt akzeptieren kann, auf ihre schwere Kindheit zurückgeführt werden können, da keinem von uns genug Liebe zuteil wurde.«

Julias Verhalten – sie hatte innerhalb von fünf Jahren fünf ernsthafte Affären – würde die Vermutung bestätigen, dass sie aufgrund des frühen Todes ihres Vaters und der unglücklichen Beziehung zu ihrem Stiefvater ein tief sitzendes Bedürfnis nach der aufrichtigen Liebe eines Mannes hatte. Wenn sie sich auch weigerte, in der Öffentlichkeit über Michael Motes zu sprechen, so hat sie sich immerhin zu Erics langjähriger Marihuana- und Kokainabhängigkeit, die sie für die Entfremdung zwischen ihnen verantwortlich macht, geäußert. »Lisa und ich haben in unserer Jugend oft versucht, Eric aus seinem Drogen-Schlamassel herauszuhelfen«, verriet sie David Hochman 1996 im *US*-Magazin. »Man muss sich einmal vorstellen, er ist elf Jahre älter als ich. Er ist erwachsen. Es ist ein interessantes Szenario, wenn Kinder versuchen, einem Erwachsenen zu helfen. Das kann unheimlich belastend und frustrierend sein.«

2001 räumte Eric, nachdem er mehrere Jahre clean gewesen war, in der Fernsehsendung *The View* seine Schuld in der Angelegenheit ein. »Ich liebe meine beiden Schwestern«, sagte er, »aber ich habe ihnen solche Schwierigkeiten gemacht. Wissen Sie, ich war ungefähr zehn Jahre meines Lebens auf [harten] Drogen und zerstörte jede Beziehung, die ich je hatte … Ich versuche jetzt seit ungefähr sieben Jahren, Kontakt mit ihnen [Julia und Lisa] aufzunehmen, aber sie rufen mich einfach nicht zurück. Und ich habe alles getan, was ich konnte. Ich habe Briefe geschrieben. Ich habe Telegramme geschickt. Ich habe Geschenke geschickt. Ich habe Blumen geschickt. Sie hatten es nicht einfach mit mir. Es ist nicht ihre Schuld. Wenn irgendjemand Schuld daran hat, dann ich.«

TEIL DREI

Julia Superstar

»*Pretty Woman* war in der Stadt, in der ich arbeitete, noch nicht in die Kinos gekommen. … [Meine Agentin] rief ständig an und berichtete über den Stand der Dinge. Ich konnte kaum glauben, was sie mir erzählte.«
– *Julia Roberts, 1990*

KAPITEL 14

Wie so oft, wenn ein Film weltweit über 463 Millionen Dollar einspielt, hat sich auch um den Film, der Julia Roberts zum Superstar machte und ihr den Spitznamen ›Amerikas Pretty Woman‹ einbrachte, eine Legende gesponnen. Heute kennt jeder, der sich in der Kinobranche auch nur ein wenig auskennt, die Geschichte, wie aus dem düsteren Drehbuch mit dem Titel *3000* ein Märchen mit entsprechendem Happyend wurde, nachdem Disney es gekauft hatte. Das ursprüngliche Drehbuch handelte von Vivian Ward, einer drogenabhängigen Prostituierten, die von dem reichen Geschäftsmann Edward Lewis eine Woche lang aus ihrem Aschenbrödeldasein befreit und dann auf die Straße zurückgeschickt wird.

Julia selbst hat diese Geschichte in der TV-Sendung *Inside the Actors Studio* eindrucksvoll geschildert. Das Drehbuch von J. F. Lawton beschrieb sie als »eine richtig düstere, deprimierende, schreckliche Geschichte über zwei schreckliche Menschen … und [ich] sollte diese Drogensüchtige spielen, eine vulgäre, übellaunige und ungebildete Nutte, die eine Woche lang mit einem vulgären, übellaunigen, superreichen, gut aussehenden, aber schrecklichen Mann zu tun hat. Eine grässliche, hässliche Geschichte.«

Julia gab zu, scharf auf die Rolle gewesen zu sein, das würde Lawton Recht geben, der behauptete »die ursprüngliche Geschichte von *3000* unterschied sich bis auf den Schluss kaum von *Pretty Woman*, im Original verliebt er sich nicht in sie und sie landet wieder auf der Straße«. Lawton räumte aber ein, dass Vivian in seinem Originaldrehbuch »manchmal Crack rauchte« und dass ihre Freundin Kit, ebenfalls eine Nutte, sehr krank war, »eine ähnliche Situation wie in *Asphalt Cowboy*«.

Der 28-jährige Lawton, der damals einige Jahre in Hollywood herumhing und Filmtrailer redigierte, wollte schon immer Drehbücher schreiben. Unter einem Pseudonym schrieb er *Amazon Women in the Avocado Jungle of Death* und führte auch Regie.

Danach begann er, das Drehbuch von *3000* zu verschicken. »Alle interessierten sich dafür«, erinnerte er sich. In Robert Redfords Sundance Institute in Utah drehte er ein paar Probeszenen ab, worauf Vestron Pictures das Drehbuch erwarb, um einen Low-Budget-Film (drei Millionen Dollar) zu produzieren, »mit dem ursprünglichen Ende und dem ursprünglichen Tenor«, erzählte Lawton. »In Hollywood herrscht eine merkwürdige Gespaltenheit. Alle wollen sie ans große Geld, aber im Grunde ihres Herzens wollen sie alle auch Oscars gewinnen. Deshalb sind unkommerzielle Projekte immer attraktiv.«

Vestron-Produzent Gary Goldstein hatte Julia in *Pizza Pizza* gesehen und hielt sie für die ideale Besetzung der Vivian. Er schickte das Drehbuch an Julias Agentin Elaine Goldsmith. Laut Lawton fand »Julia es Klasse«. Die zukünftige Pretty Woman erzählte Michael Reese von *Newsweek*, sie sei hinter der Rolle her gewesen »wie ein Hund ... die Figur gefiel mir einfach. Ich empfand ihr gegenüber eine Mischung aus Faszination und Angst – dieselbe Mischung, die ich auch für die Daisy in *Pizza Pizza* und für die Shelby in *Magnolien aus Stahl* empfunden habe.«

Vestron, denen nur ein kleines Budget zur Verfügung stand, wollte Julia Roberts unbedingt engagieren, obwohl diese sich bisher noch nie in einer tragenden Rolle in einem Spielfilm bewährt hatte. Doch mit dem Konkurs der Gesellschaft, sagte Lawton, starb auch das Projekt. Lawton stand nun mit einem unverkauften Drehbuch da und Julia, die nach *Pizza, Pizza* Dutzende Angebote ausgeschlagen hatte, ohne Engagement.

Lawton zufolge erwarb kurze Zeit später »ein äußerst gewitzter Produzent namens Steve Reuter die Rechte für *3000* und tat sich mit Arnon Milchan zusammen. Es gelang den beiden, unter der Hand, einen Preiskrieg zwischen Universal und Disneys Touchstone Films zu entfachen.« Touchstone bekam den Zuschlag und *3000* hatte mit einem Mal grünes Licht, ein 17-Millionen Budget und ein Problem: bei einem so hohen Etat ist ein deprimierender Schluss »nicht unbedingt eine gute Idee«, wie Lawton es ausdrückte. Trotzdem seien die Vertreter von Touchstone dem ursprünglichen Schluss nicht abgeneigt gewesen. »Sie hatten für ihre seichten Streifen wie *Nichts als Ärger mit dem Typ* einiges an Kritik einstecken müssen und waren sehr stolz auf ihre jüngste Produktion *Freundinnen* mit Bette Midler in der Hauptrolle und unter der Regie von Garry Marshall. Dieser Film war sogar noch deprimierender als *3000*.« Touchstone wollte Marshall als Regisseur für *3000* und Lawton zufolge wollten weder Disney noch Marshall einen künstlich aufgepeppten Schluss. »Garry war ein bisschen besorgt, der Schluss könnte zu heiter werden, denn das Drehbuch war in Hollywood gut angekommen und er wollte nicht derjenige sein, der es vermasselt.«

Lawton wurde um einen neuen Entwurf gebeten. Er überlegte sich verschiedene Schlussvarianten: Vivian, die einen ambulanten Pflegedienst aufmacht, die in dem Hotel arbeitet, wo sie sich mit Edward getroffen hat, oder die mit einem anderen Mann fortgeht. Aber nichts schien zu passen. »Ich verfasste zwei Entwürfe, die mehr nach Liebesgeschichte aussahen – am Schluss finden sie sich. Ich strich, dass er seine Freundin betrügt und auch noch ein paar andere Sachen. Aber Disney fand, ich sei zu weit gegangen und hätte das Ganze zu sehr aufgehellt.«

Sie gaben noch einen Entwurf in Auftrag, aber bevor Lawton damit fertig war, »schmissen sie mich raus und engagierten einen anderen Autor, Stephen Metcalfe. Der macht ein noch finstereres Drama daraus, brachte Sadosachen und so etwas mit hinein und ließ Vivian in einer Szene sogar Edward fesseln. Außerdem kam diese langatmige Nebenhandlung über den Drogenhandel dazu und Vivian, die vor den Drogenhändlern davonrennt.« (Das könnte das Drehbuch gewesen sein, von dem Julia in *Inside the Actors Studio* gesprochen hatte.)

»Dann engagierten sie wieder einen anderen, Robert Garland, und dann noch Barbara Benedek. Garry Marshall hatte einen ganzen Trupp ausgezeichneter Autoren, die ihm Material lieferten. Ich gab es auf, obwohl mir Gerüchte zu Ohren kamen, dass ich wieder ins Spiel kommen sollte, aber das war nie der Fall.«

Marshall, ein 54-jähriger Jude aus der Bronx, hatte als Komödienautor für Joey Bishop und Jack Paar beim Fernsehen begonnen. Er schrieb für die *Dick Van Dyke Show* und machte sich mit Comedyklassikern wie *Happy Days, Mork and Mindy* und *Laverne and Shirley* einen Namen. 1982 inszenierte er seinen ersten

Spielfilm, *Küss mich, Doc* (eine Parodie auf die typischen Fernsehkomödien). Erfolge wie *Ein Goldfisch fällt ins Wasser* und *Freundinnen* machten ihn zu einem der begehrtesten Hollywoodregisseure.

Es war ein Glücksfall für Julia, dass Marshall sie für die Idealbesetzung der Vivian hielt. Er überredete die Vertreter von Touchstone zu einem Treffen. Die Unsicherheit darüber, welche Richtung die Geschichte nehmen sollte und ob Julia mit einer tragenden Rolle in einem Big-Budget-Film zurechtkommen würde, machte das Treffen zu einem unvergesslichen Durcheinander. Julia schilderte es so: »Wir waren alle total verwirrt. Marshall sagte: ›Ich verstehe Sie nicht. Die einen sagen, Sie können sie nicht schick genug spielen, andere sagen, Sie können sie nicht schlicht genug spielen. Was soll ich nur mit Ihnen machen?‹ Und ich sagte: ›Ich verstehe *Sie* nicht. Sie machen *Komödien*, aber das Drehbuch ist übel und ich verstehe nicht, was das eigentlich für eine Rolle sein soll.‹ Dann stellten wir uns jede Menge Fragen, und als wir mit dem Drehen begannen, war ich immer noch leicht durcheinander, und das blieb so während der ganzen Dreharbeiten.«

Marshall und Julia fanden sich sympathisch. Julia erzählte ihm, dass sie und Lisa als Kinder *Laverne und Shirley* gespielt hätten und dass sie einen Pullover mit einem großen ›L‹ getragen hätte. Da sich Disney aber immer noch nicht sicher war, ob Julia die richtige Besetzung war, setzte Marshall einige Probeaufnahmen durch. »Ich fand Julia in den Probeaufnahmen gut«, sagte Marshall, »aber ich konnte ihre komische Ader noch nicht spüren. Also begann ich, sie gegen Männer anspielen zu lassen – Tom Conti, Sam Neill. Und dann beschloss ich, sie mit Charles Grodin zusammen aufzunehmen. Ich sagte zu Julia: ›Dieser Mann ist sehr witzig – er wird dich an die Wand spielen.‹ Wir drehten die Szene, natürlich improvisierte Charles und war urkomisch. Mitten in der Szene merkte ich, wie Julia sich plötzlich einen Ruck gab, und dann bestand sie gegen Grodin. Ich hatte ihre komische Ader entdeckt.

Ich erinnere mich, dass ich nach dieser Aufnahme mit Grodin bei Disney anrief und sagte: ›Hören Sie, der Film steht, auch wenn wir keinen großen Star für den Mann haben.‹ Ich sagte ihnen, Julia könne den Film allein tragen, sie sei großartig.« Trotzdem schwankten die Vertreter von Disney noch. Elaine Goldsmith zufolge »musste Julia bis kurz vor zwölf warten, bis sie die Zusage bekam. Das Studio wollte sich zu ihrem Engagement erst äußern, wenn sie die männliche Hauptrolle besetzt hätten. Erst als wir androhten, sie würde eine andere Rolle annehmen, erklärten sie sich einverstanden und unterzeichneten den Vertrag.« Ihre Gage von 300 000 Dollar war mehr als drei Mal höher als ihre Gage für *Magnolien aus Stahl.*

Nun war die entscheidende Frage, wer den Edward spielen sollte. Die Produzenten erwogen Al Pacino, Sting und Sean Connery. Lawton fand, »wenn sie Pacino engagiert hätten, wäre der Film garantiert pessimistischer geworden.« Marshall aber suchte nach einem Schauspieler, der Julia in Bezug auf Schönheit, Frische und Sexappeal ebenbürtig war. »Ich suchte zwei hundertprozentig schöne Menschen«, erzählt er. »Aber es gibt jede Menge gut aussehender Schauspieler, die keine Ahnung vom Spielen haben.«

Laut Julia »hatte dann jemand den glänzenden Einfall mit Richard Gere!« Der gut aussehende 39-Jährige galt nach seinen unvergesslichen Auftritten in Filmen wie *American Gigolo – Ein Mann für gewisse Stunden* (1980), mit dem er seinen Durchbruch hatte, und *Ein Offizier und Gentleman* (1982) als Sexsymbol. Das einzige Problem war, dass Gere schon Monate zuvor ein Angebot für *3000* abgelehnt hatte. Julia und Marshall fuhren nach New York, um mit ihm zu sprechen. Marshall erinnerte sich, wie er gerade aus dem Bad kam und Julia und Richard nebeneinander auf dem Wohnzimmersofa sitzen sah. »Sie waren in so ein unheimliches Licht gehüllt und sahen so fantastisch zusammen aus, dass ich dachte: ›Wir müssen Richard bekommen.‹ Ich sagte Julia, sie müsse ihn überreden mitzumachen.«

Gere wurde von zwei äußerst überzeugenden Menschen bekniet und erklärte sich schließlich einverstanden – aber erst, nachdem Marshall ihm versprochen hatte, die Rolle des Edward aufzuwerten. »Die Figur war sehr schwammig«, meinte Gere, »wogegen Julias Rolle vor Kraft strotzte. Das war mein Problem.«

Später gestand er lachend den Grund für seine ursprünglich ablehnende Haltung: »In diesem Film war das Mädchen die wilde, exotische Blüte. Normalerweise bin *ich* die wilde, exotische Blüte.« Marshall schreibt Geres Meinungsänderung Julia zu. »Ich glaube, Richard erkannte, dass sie kein verrücktes Mädchen war, nicht irgendein Filmsternchen. Sie konnte spielen, und das beeindruckte ihn.«

Die Besetzungsliste wurde noch ergänzt durch Jason Alexander als Edwards niederträchtiger Anwalt Philip Stuckey, Laura San Giacomo als Vivians Freundin Kit, Ralph Bellamy als Edwards Konkurrent James Morse, Alex Hyde-White als Morses Sohn David und Hector Elizondo als Manager des Hotels, in das Edward Vivian entführt.

Es gab noch ein weiteres Problem, das vor Drehbeginn gelöst werden musste. Julia sträubte sich, die im Drehbuch vorgesehenen Nacktszenen zu spielen. »Es gibt Menschen in meinem Leben, die wissen dürfen, wie ich nackt aussehe«, sagte sie, »aber ich finde, meine Algebralehrerin aus der Highschool gehört nicht zu den Leuten, die meinen Hintern sehen müssen.«

Julia erinnerte sich in einem Gespräch mit Christopher Connelly in *Premiere*, mit den Produzenten wochenlang wegen der Nacktszenen gestritten zu haben. »Das ist wirklich ein großer Film für mich«, sagte sie ihnen, »aber trotzdem ziehe ich mich nicht aus, hören Sie? Ich mag die Rolle, aber deshalb spiele ich nicht nackt.« Mitten in einer hitzigen Diskussion zwischen Julia und ihrer Agentin in deren Büro betrat Sue Mengers die Szene, Sue, die berüchtigt aggressive, schwergewichtige Superagentin. »Ich hatte sie noch nie gesehen und wusste nicht, wer sie war«, erinnerte sich Julia. »Sie kommt rein, setzt sich hin und sagt mit dieser komischen Stimme: ›Hallo, Schätzchen, was ist hier los?‹ Und Elaine sagt so ungefähr: ›Ach, es geht mal wieder um diese Sache‹, und Sue sagt: ›Was soll das? Es geht hier doch nicht um eine Mösenschau!‹

Ich sah sie an und dachte: *Wer ist diese Frau?* Warum sagt sie so etwas? Und dann sagt sie: ›Wenn ich Ihre Figur hätte, würde ich im Supermarkt nackt durch die Tiefkühlabteilung marschieren!‹ Ich glaube, ich ging in die Luft. Diese Frau unterhielt sich über meinen nackten Körper und … Was bildete sie sich ein? Natürlich liebe ich Sue. Sie ist nicht auf den Mund gefallen. Junge, Junge, das war eine Begegnung. Das vergesse ich mein Leben lang nicht. ›Oh, es geht doch nicht um eine Mösenschau.‹«

Julias Figur war damals nahezu perfekt. Die fünfzehn bis zwanzig Pfund, die ihrer Daisy in *Pizza Pizza* das sinnliche Aussehen gegeben hatten, waren wieder runter, sie war gertenschlank und hatte oben und unten gerade so viel, dass sie der sprichwörtlichen Sanduhr entsprach. Die Zeiten waren längst vorbei, in denen Studiosprecher die Maße einer Schauspielerin hinausposaunten, trotzdem, Julia hatte damals 86-57-86, eine wirklich wunderbare Figur. Sie blieb trotzdem stur, was die Nacktszenen anbetraf, und ließ sich erst besänftigen, als die Produzenten versprachen, alle Nacktaufnahmen so diskret wie möglich zu halten.

Die Dreharbeiten zu dem Film, der vorläufig ›Garry Marshall Projekt ohne Titel‹ genannt wurde, sollten am 24. Juli 1989 in Hollywood und Beverly Hills beginnen. Das elegante Regent Beverly Wilshire Hotel war das einzige Hotel im Raum Los Angeles, das die Aufnahme seiner Fassade und die Rekonstruktion seiner Lobby gestattete. Marshall erzählte, es sei auch das einzige Hotel gewesen, das gesagt hätte: ›Nun, vielleicht hatten wir ein paar Mal Prostituierte hier im Haus.‹« In Burbank wurden die Kulissen für die Innenräume des Hotels und Edwards Büro errichtet.

Nun musste Julia nur noch lernen, ein Straßenmädchen darzustellen.

KAPITEL 15

Julia war der Meinung, die Straße sei der beste Ort, um sich kundig zu machen. Sie suchte Kontakt mit Mädchen am Hollywood Boulevard. Diese reagierten zunächst misstrauisch und wollten nicht reden – aber, erzählte Julia, als sie sich anbot, ihnen aus dem Del Taco ein paar Burritos zu holen, tauten sie auf. Am Schluss hatte Julia sehr viel Verständnis und Bewunderung für diese Frauen. »Diese Mädchen, mir nicht unähnlich, sehen aus wie die Mädchen von nebenan und reden wie die Mädchen von nebenan«, erzählte sie Myra Forsberg von der *New York Times.* »Sie haben Sehnsüchte wie jedes andere Mädchen auch, nur dass sie sich in einer Situation befinden, die sie gar nicht so toll finden … Die Mädchen weinen viel, aber sie hoffen alle auf eine bessere Zukunft. Ein Mädchen wollte Visagistin für Jane Seymour werden. Sie war etwas ganz Besonderes. Ein anderes Mädchen wollte Psychologin werden. Das fand ich verblüffend.«

Vieles, was Julia von diesen Frauen lernte, schlug sich in ihrer Darstellung der Vivian, aber auch in der Filmhandlung und den Dialogen nieder. »Eine Menge war improvisiert«, erzählte Julia. »Ich sagte oft Dinge, die ich gehört hatte, und Garry hatte nichts dagegen.« Ein komischer Satz im Film stammte ausgerechnet von Elaine Goldsmith: »Elaine sagt ständig: ›Wenn ich dir einen Tipp geben darf.‹ Also, Richard und ich drehen gerade die Szene, wo er ganz auf romantischen Liebhaber tut, und plötzlich begreife ich, wie absurd es ist, einer Prostituierten so romantisch zu kommen, und sage: ›Wenn ich Ihnen einen Tipp geben darf – ich bin eine sichere Bank.‹«

Seit dieser Szene hatte Julia das Gefühl, mit der Rolle der Vivian umgehen zu können. »Ab da hatte ich irgendwie das Gefühl, dass ich das Mädchen im Griff hatte. Dass ich ihre Sprache traf und wusste, was sie komisch und albern machte. Als ich den Film zum ersten Mal sah, konnte ich kaum glauben, wie viel ich mich darin bewegte. Schon wenn ich zur Tür ging, führte ich in meinen Stiefeln regelrecht eine Sinfonie aus Bewegungen auf. Ich konnte in ihnen nicht richtig gehen und drehte fast durch. Aber ich glaube, das entwickelte sich dann ganz von selbst.«

Schon am ersten Drehtag bekam Julia einen Geschmack davon, wie es ist, sich auf Hollywoods Straßen anzubieten. Sie trug eine blonde Perücke und einen zwanzig Zentimeter kurzen Lederrock. Wegen ihres Aufzugs musste sie sich »lauter Mist« von den Passanten anhören. »Mit der Aufmerksamkeit, die Julia Roberts bekommt, kann ich jederzeit umgehen. Aber die Aufmerksamkeit, die Julia in ihrem Aufzug als Vivian am Hollywood Boulevard erregte, war nicht das, woran ich gewöhnt war, und damit will ich auch gar nichts zu tun haben. Einmal pfiffen so viele hinter mir her, dass ich in meinen Wohnwagen floh und mich nur noch scheußlich fühlte. Ich wollte mich nur noch verstecken … Vivian hätte jedem, der sie anmacht, gesagt: ›Fick dich, du Arschloch!‹ Aber ich werde rot und mache mich aus dem Staub.«

Garry Marshall erkannte Julias Verletzbarkeit sehr bald (schon nach wenigen Drehtagen gab er ihr den Spitznamen ›Bambi‹). Er nahm sich vor, ihr ein Gefühl von Sicherheit zu geben. »Julia braucht einen starken Arm und viel Wärme«, erzählte er, »vor allem in den brutalen Szenen. In den Szenen, in denen sie von Richards Anwalt geschlagen wird oder Richard sie anschreit, spielte sie ihre Verletzbarkeit schon hinter der Kamera aus, damit sie vor der Kamera besser damit zurechtkam. Hinter der Kamera hatte ich deshalb oft ein Häufchen Elend zu bemuttern, aber vor der Kamera kämpfte sie dagegen an und ich glaube, das funktionierte auch.«

Marshall erzählte, er hätte versucht herauszuarbeiten, wie deplaziert Vivian sich fühlt, nachdem sie Edward kennen gelernt hat. Er ließ Julia sich auf den Fußboden setzen, auf die Kante eines Schreibtisches oder des Esstisches. Sie sitzt fast nie auf einem richtigen Stuhl, und wenn, dann kauert sie eher darin als dass sie sitzt. Das verlieh der Figur – und Julia – etwas Linkisches, was der Rolle durchaus entsprach.

Julia war froh über Marshalls onkelhafte Fürsorge, vor allem in der Szene, in der sie von Edwards Anwalt angegriffen wird. »Wissen Sie, da kommt so ein Kerl und sagt in etwa ›Ich fick dich jetzt, ob du es magst oder nicht‹, und dann schmeißt er dich zu Boden, springt auf dich drauf und du schreist los – ich glaube, da kommt sich jeder ein bisschen zerbrechlich vor. Garry ist jemand, der einen gern umarmt, der richtig fürsorglich ist, er ist schwer in Ordnung. Und ich wurde ziemlich oft auf den Boden geschmissen, das war nicht gerade schön. Ich will nicht so tun, als sei ich eine Heldin und als sei das alles so einfach.«

Als sich ein Drehtag einmal bis in die frühen Morgenstunden hingezogen hatte, kippte Julia um. »Die Nachricht, Julia sei krank oder habe eine Blinddarmentzündung, machte schnell die Runde in unserer Truppe«, schrieb Marshall in seinen Erinnerungen *Wake me When It's Funny.* »Aber ich kannte Julia inzwischen und vermutete etwas anderes.« Marshall fragte sie: »Schatz, wann hast du das letzte Mal etwas gegessen?« Sie antwortete: »Gestern hatte ich eine Avocado.«

»Hättest du zwei gegessen, hättest du diese Nacht durchgestanden«, riet Marshall. Julia lachte und Marshall gab ihr ein Stück seines Thunfischsandwichs ab, das er jeden Nachmittag pünktlich um halb fünf Uhr aß.

Laut Marshall ist der Schlüssel zu einem guten Film sehr oft, »sich mit den Leuten aus der Maske gut anzufreunden. Sie sagen einem, in welcher Stimmung die Schauspieler sind. Auf diese Weise bekommt man eine Ahnung, wie der Tag laufen könnte. Sie erzählen einem, was passiert ist oder was nicht passiert ist – ›Mein Gott, Julia hat sich von ihrem Freund getrennt!‹«

Einmal wurde Marshall gewarnt, Julia sei nicht in bester Verfassung – aus eben diesem Grund. »Julia kam erschöpft zur Arbeit – sie hatte die ganze Nacht mit ihrem Freund gestritten. Normalerweise hatte Julia eine vorbildliche Arbeitshaltung, aber das war einer der wenigen Tage, an dem ihr Privatleben unseren Drehplan durcheinander brachte. Ich sagte ihr, sie sollte ihr Möglichstes geben, wir würden versuchen, ihr zu helfen. Aber sie war völlig kaputt und machte den Eindruck, als wollte sie für eine Stunde Schlaf ihre ganze Karriere an den Nagel hängen.«

Der Streit, der Julia einen Nachtschlaf – und ihre Beziehung zu Dylan McDermott – kostete, hatte seine Ursache in ihrer kaum verhüllten Verliebtheit in Richard Gere. »Sie mochte ihn sehr«, erzählte eine Freundin, die anonym bleiben möchte.

»Während der Dreharbeiten zu *Pretty Woman* trafen sie sich öfter, aber er war viel zu sehr auf Cindy Crawford fixiert. Sie war schrecklich daneben und weinte vor Kummer, das weiß ich noch. Er hat sich eigentlich ziemlich mies benommen. Am Anfang nahm er sie an der Hand und sie gingen ein paar Mal romantisch essen. Aber als der Film fertig war, ließ er sie fallen. Sie dachte ›*Mensch, der hat sich nur wegen des Films für mich interessiert*‹, und so war es auch.«

Die Gerüchte um Julia und Gere brodelten. Nach zwei Monaten kamen sie auch McDermott zu Ohren, der in Marokko den Film *M.A.R.K. 13 – Hardware* drehte. McDermott rief Julia an, um sie zur Rede zu stellen. Sie leugnete, eine Affäre mit Gere zu haben, aber McDermott ahnte etwas, denn Julia hatte ihn nicht, wie versprochen, in Marokko besucht. Ein Insider, der ebenfalls anonym bleiben will, sagte: »Dylan glaubte ihr kein Wort. Immerhin hatte ihre Beziehung auch bei gemeinsamen Dreharbeiten begonnen, obwohl sie damals einen Freund hatte. Er flog also nach Hollywood, um herauszufinden, was los war.«

McDermott tauchte heimlich am Set auf und belauschte, wie es das Schicksal wollte, eine hochromantische Szene zwischen Vivian und Edward, in der sich Gere besonders um Julia zu bemühen schien. »Als er das sah, haute er ab«, erzählte Julias Freundin. »Julia und Richard kamen sich in der Szene viel näher, als Dylan lieb sein konnte. Sie strahlten ein besonderes Einvernehmen aus. Richard ging sehr zärtlich mit ihr um. Zum Gelingen der Szene machte er sich ihre Verliebtheit zu Nutze. Julia genoss das Ganze wie eine Portion Schokoeis. Sie war albern wie ein Backfisch und hatte keine Ahnung, dass Dylan im Dunkeln lauerte und alles beobachtete. Später gab es einen Riesenkrach. Julia schrie Dylan an: ›Ich gehöre dir nicht, du Arschloch!‹«

Nachdem die Beziehung unwiderruflich kaputt war, kehrte McDermott zu den Dreharbeiten nach Marokko zurück. Freunde sagten, er sei »am Boden zerstört« gewesen. In den folgenden Monaten verlor er zwölf Pfund. Die Klatschkolumnistin Liz Smith schrieb über die Trennung: »Es begann mit einer wilden Affäre und sie waren bis über beide Ohren ineinander verliebt. Julia war rührend zu ihm und völlig auf ihn fixiert. Und auf einmal gab sie ihm den Laufpass. Ihr Zeitlimit für Beziehungen liegt ungefähr bei ein bis anderthalb Jahren. Sobald eine Romanze ernst wird, kann sie nicht damit umgehen. Anscheinend kann sie sich überhaupt schwer zu einer Beziehung bekennen.«*

Als Julia die Beziehung mit McDermott beendet hatte, soll sie versucht haben, ihre Romanze mit Liam Neeson wieder aufzunehmen. »Sie war mit allen Mitteln hinter ihm her«, erzählte eine Freundin, »sie rief ihn an, schrieb ihm Briefe, besuchte ihn bei der Arbeit. Aber er [war immer noch gekränkt] und ging ihr aus dem Weg.«

Und dann war da Richard Gere, ein Mann in greifbarer Nähe. Julia spricht fast niemals schlecht über ihre Kollegen. Wenn doch, dann, weil jemand schlecht über sie gesprochen hat, wie zum Beispiel Herb Ross. Sie hat sich über Richard Gere sehr positiv geäußert, speziell in *People*. »Er hielt sich im Hintergrund, filmisch gesprochen, was für einen begabten Schauspieler einzigartig ist. Er machte aus Vivian einen interessanten Charakter, indem er seinen Edward sie interessant finden ließ – sonst wäre sie einfach nur ein Dummchen gewesen. Er hat es für mich getan – obwohl er selbst dafür zurückstehen musste. Er ist ein unglaublich großherziger Schauspieler.«

Aber in einem anderen Interview äußerte sie untypischerweise Vorbehalte gegen Gere – vielleicht weil er ihre romantischen Gefühle nicht erwidert hatte. »Er beschwerte sich, dass ich nicht so reagierte, wie er es wollte. Aber mir kam es vor, als gäbe er mir die Schuld für seine Fehler. Leider gelang es mir nicht, mich gegen ein so heiliges Idol zu wehren.«

Am Tag nach Julias nächtlichem Streit mit Dylan versuchte Marshall alles Mögliche, sie wieder auf Trab zu bringen. Die erste Szene an jenem Morgen war die, in der Vivian dieses umwerfend

---

* McDermott, der vor allem durch seine Rolle als Bobby Donnell aus dem Fernsehfilm *Practice – Die Anwälte* bekannt ist, hat jahrelang darüber geulkt: »In meinem Lebenslauf stand, ich sei mit Julia Roberts verlobt gewesen.« Aber er sagte auch, er hege keinen Groll gegen sie. »Ich lernte eine Menge durch sie. Für sie geschah alles so schnell, sie wurde regelrecht ins Rampenlicht geschleudert. Es half mir wirklich, das aus der Nähe zu erleben.«

rote Kleid anhat und von Edward ein ebenso umwerfendes Halsband aus Diamanten und Rubinen geschenkt bekommt. »Die Szene war nicht besonders schwierig, trotzdem war Julia nicht bei der Sache«, erinnerte sich Marshall. »Ich sagte Richard, er solle das Schmuckkästchen über ihren Fingern zuschnappen lassen, sobald sie nach dem Halsband griffe. Die Schatulle war mit Samt gepolstert, es konnte ihr also nicht wehtun.«

Als Gere es so machte, reagierte Julia mit einem ihrer bekannten Lachanfälle. Das hellte nicht nur ihre Stimmung auf, sondern verhalf Marshall auch zu einer entzückenden Sequenz, die er in den Film einbaute. Diese Szene brachte Vivian viel Sympathie beim Publikum ein. »Wenn ein Mädchen so aussieht und so einen Typ neben sich hat und trotzdem dieses Lachen zustande bringt, also, so ein Mädchen muss man einfach lieben«, sagte Marshall.

Ein zusätzlicher Stressfaktor für Julia waren die »gefürchteten Nacktszenen«, ein Schaumbad und eine Liebesszene zwischen Vivian und Edward. Marshall sagte ihr, bei der Badewannenszene würde man nichts von ihrem nackten Körper sehen, trotzdem müsse sie sie nackt spielen, weil man bei den Aufnahmen den Badeanzug sehen könnte und so etwas würde die ganze Szene ruinieren. »Natürlich war das Bad voller Schaum«, erzählte Marshall, »aber Badeschaum bietet nicht gerade viel Schutz, wenn ein riesiger Kerl mit tätowiertem Arm eine Lampe über deinen Kopf hält und sagt: ›Honey, beug dich ein bisschen nach vorn und schieb den Schaum hoch. Wir können deine Titten sehen.‹ Da ich Julia nicht in einen Badeanzug stecken wollte, musste ich mir etwas anderes ausdenken, um sie zu beruhigen.«

Marshall beauftragte zwei Frauen aus dem Filmteam, Julia beim Einstieg in die Badewanne mit einem Handtuch vor neugierigen Blicken zu schützen. Die Szene wurde ganz entzückend. Vivian hat einen Kopfhörer auf, trällert ›Kiss‹ von Prince mit und handelt dabei ihr Honorar für eine Woche mit Richard aus. Als sie sich auf 3000* Dollar einigen, ist sie so aufgeregt, dass sie nach unten rutscht und mit dem Kopf untertaucht.

---

* Das war der Grund für den ursprünglichen Titel des Drehbuchs.

Als sie wieder auftauchte und die Augen öffnete, sah sie, dass alle verschwunden waren – sogar der Kameramann (der die Aufnahme schon im Kasten hatte). »Sie war völlig überrascht«, erinnerte sich Marshall, »und dann lachte sie und begriff, dass wir so etwas locker angehen.«

Marshall hatte Julia versprochen, dass ihre Brüste bei der Liebesszene nicht zu sehen sein würden, trotzdem musste sie die Szene nackt spielen. Marshall erinnerte sich, dass Julia am ganzen Körper einen Ausschlag hatte, als sie zum Set kam. Und als sie neben Gere ins Bett stieg, bemerkte Marshall eine geschwollene Ader auf ihrer Stirn. »Das passiert immer, wenn ich nervös bin«, sagte Julia verlegen. »Wir mussten die Szene unterbrechen«, sagte Marshall. »Ich legte mich zu Richard und Julia ins Bett und zusammen, er und ich, massierten wir ihre Stirn, bis die Ader schließlich verschwand. Als der Requisiteur dann den Ausschlag mit einer Zinksalbe behandelt hatte, konnten wir endlich die Szene abdrehen.«

Marshall erinnerte sich noch an ein anderes Beispiel für Julias Verletzbarkeit. Das war während der Szene, als Edward Vivian erzählt, er habe vierzehneinhalb Jahre nicht mit seinem Vater gesprochen. Er sei auch nicht da gewesen, als er starb.

»Das war für Julia anscheinend sehr erschütternd«, erinnerte sich Marshall. »Ich fragte sie nicht näher, nahm sie nur zwischen den einzelnen Auftritten fest in die Arme und sorgte dafür, dass die Maskenbildnerin immer bereit stand, um ihre Wimperntusche aufzufrischen. Eine Umarmung ist manchmal die beste Lösung für ein Problem.«

»Das Dummchen drücken«, bezeichnete Julia diese Situation – und benutzte diesen selbstironischen Ausdruck so oft, dass Marshall sie bald »mein kleines Dummchen« nannte.

Aber, betonte Marshall, auch als Dummchen besaß Julia Eleganz. »Sie ist ständig in Bewegung«, erzählte er. »Sie bleibt nie ruhig stehen. Man sieht sie irgendwie und so haben wir sie auch aufgenommen. Sie ist einfach da, sie ist wunderschön – und bumm, weg ist sie. Wir alberten darüber: ›Also gut, heute spielen wir Bambi im Penthouse.‹«

Nachdem die Zeitschrift *Harper's Bazaar* sie auf Grund der Erfolge von *Pizza, Pizza* und *Magnolien aus Stahl* zu einer der zehn schönsten Amerikanerinnen erklärt hatte, musste sich Julia noch mehr Scherze gefallen lassen. Ihre Schönheit sei »zeitgenössisch«, stand in der Zeitschrift. »Also«, rief Marshall, als sie am darauf folgenden Tag auf dem Set erschien, »wie ich sehe, haben wir eine zeitgenössische Schönheit unter uns.«

Der Chef-Maskenbildner, Bob Mills, sprach freimütig darüber, welche Mühe es kostete, das »durchschnittliche Dummchen« Julia in die Pretty Woman zu verwandeln. »Die Hohlwangen von Frau Roberts und auch ihre Augenhöhlen wurden aufgehellt. Die Kieferlinie wurde ebenfalls hervorgehoben, um sie breiter wirken zu lassen. Zur Verschmälerung der Nase und zum Konturieren der Stirn wurden Schatten aufgelegt. Die Linie der Wangenknochen wurde nach unten gezogen, um das Gesicht voller zu machen. Die Wimpern wurden mit Hilfe künstlicher Wimpern verstärkt, die Lippen wurden korrigiert, um die sehr großzügige Mundpartie abzuschwächen.«

Zu alledem ging das Gerücht, für die erste Einstellung der Vivian sei ein Double benutzt worden: ein Kameraschwenk von den Beinen bis zum Oberkörper, während sie im Slip auf einem Bett liegt. Laut Garry Marshall war das nicht der Fall. »Das war Julias Körper. Die Leute dachten, es sei ein Double, weil Julias Gesicht nicht zu sehen war, was häufig auf ein Double hinweist. Aber der einzige Grund, warum wir ihr Gesicht nicht zeigten, war, dass sie nicht in ihrer blonden Perücke aufwacht, und wir wollten die Zuschauer erst später wissen lassen, dass sie in Wirklichkeit nicht blond ist.«*

Eine der Schlüsselszenen im Film ist die Poloszene, in der Vivian Edward in Verlegenheit bringt, als sie in einem Moment der Erregung in ihren Gassenjargon verfällt. J. F. Lawton weigerte sich, diese Szene zu schreiben, als Marshall ihn darum bat. »Ich fand, das war zu dicht an der Ascot-Szene aus *My Fair Lady*«, erklärte er. »Ich hatte eine ähnliche Szene geschrieben, in der im Grunde genommen dasselbe passiert – allerdings in einem ande-

---

* Aus ungeklärten Gründen wurde für die Werbung in der Presse und für die Filmplakate tatsächlich ein Double benutzt.

ren Rahmen. Die Szene wurde dann richtig pfiffig, aber das ist nicht mein Verdienst.«

Einer der Polospieler war Alex Hyde-White in der Rolle des David Morse, Sohn von Edwards Konkurrenten (der nach Lawtons Drehbuch am Schluss des Films eigentlich mit Vivian anbändeln sollte). Hyde-White, Sohn des bedeutenden englischen Charakterdarstellers Wilfred Hyde-White (der an der Seite von Rex Harrison und Audrey Hepburn in der *My Fair Lady*-Verfilmung von 1964 spielte), war von den Dreharbeiten begeistert. »Es machte Spaß, mit Julia Roberts zu arbeiten. Sie ist eine sehr natürliche, charmante Frau. In vieler Hinsicht gleicht meine Arbeit mit Julia der Erfahrung, die mein Vater [1960] bei den Dreharbeiten zu *Machen wir's in Liebe* mit Marilyn Monroe machte. Es war der erste Hollywoodfilm meines Vaters. Marilyn war in seinen Augen eine der wenigen echten Exzentrikerinnen, die er jemals kennen gelernt hat. Wie Marilyn freundet sich auch Julia mit allen an – aber ohne dabei die Produzenten zur Verzweiflung zu bringen, wie es bei Marilyn oft der Fall war. Wenn die Leute um Julia nicht den Kopf verlieren – und *sie* weiß sehr genau, was sie tut –, dann ist sie wunderbar.«

In gewisser Hinsicht war die Arbeit an diesem Film für Julia eine Lehrzeit für verschiedene, in anderen Filmen geforderte Schauspielstile. J. F. Lawton erinnerte sich: »Von Garry erfuhr ich, dass sie von jeder Szene drei Versionen machten – eine traurige, eine komische und noch eine dritte. Erst im Schneideraum sollte der eigentliche Film dann zusammengefügt werden. Damals kam mir das verrückt vor und mein Arbeitsstil ist das ganz sicher nicht. Aber mit zunehmender Erfahrung habe ich gelernt, wie wichtig es ist, flexibel zu sein, wenn du es mit sehr schwerfälligen Developmentleuten zu tun hast. Garry Marshall ist ein sehr kluger Mann, möglicherweise hat er den Handlungsablauf offen gelassen, um zu sehen, was am Schluss rauskommt.«

»Das Filmmaterial reichte wahrscheinlich für sieben Filme«, erzählte Julia, »darunter ein guter Film, der Rest schlecht, peinlich, von der Sorte ›das ist nicht der Film, den ich machen wollte‹.« Laut Marshall wurden rund hundertfünfzehntausend Meter

Film verbraucht. Etwa neunzehntausend Meter davon wurden für den fertigen Film verwendet.

Als am 18. Oktober 1989 die Dreharbeiten fertig waren, herrschte eine ausgelassene Stimmung. Am Wochenende gab es eine Abschlussparty, auf der eine Band auftrat mit Marshall am Schlagzeug, Gere am Klavier, Julia am Bass sowie zwei Gitarristen, die ein Repertoire zum Besten gab, das die *Los Angeles Times* als »unterhaltsamen Blues mit Einsprengseln von Jazz, Country und ein bisschen Rock« beschrieb. Gere hatte die Idee, als er erfuhr, dass Marshall in seiner Jugend Schlagzeuger in einer Catskill-Tanzkapelle gewesen war. »Dann hörten wir, dass Julia Bass spielt«, erzählte Marshall, »und dachten: Perfekt!«

Knapp eine Woche später flog Julia nach Chicago zu den Probeaufnahmen und Dreharbeiten ihres sechsten Films, *Flatliners – Trip ins Jenseits.* Dort lernte sie schon am ersten Tag Kiefer Sutherland, einen der anderen Hauptdarsteller, kennen. Ihre viel beschriebene Affäre und die bizarre Art, wie sie endete, waren der Stoff, aus dem Hollywoodlegenden gemacht sind.

KAPITEL 16

Joel Schumacher lag am Pool und sonnte sich. Er erwartete den Besuch einer jungen Schauspielerin, die er unbedingt kennen lernen wollte. Der 50-jährige, auf eine knorrige Art attraktive Regisseur war als Kostümbildner ins Filmgeschäft eingestiegen und hatte 1978 seinen ersten Film gedreht, *Die unglaubliche Geschichte der Mrs. K.* mit Lily Tomlin in der Hauptrolle. In den folgenden drei Jahren prägte er den Jugendfilmmarkt mit Streifen wie *Die Chaotenclique, Die Leidenschaft brennt tief* und *Lost Boys.* Letzterer ist eine flotte Vampirgeschichte aus unseren Tagen mit Kiefer Sutherland, Jason Patric, Corey Haim und Corey Feldman in den Hauptrollen. An diesem Sonntag im Spätsommer des Jahres 1989 war Schumacher gerade aus London zurückgekehrt, wo er sich mit Sutherland getroffen hatte, um mit ihm sein neues Filmprojekt zu besprechen. *Flatliners – Trip ins Jenseits,* Drehbuch Peter Filardi, handelt von fünf Medizinstudenten, von denen vier mit dem Tod flirten, indem sie ein paar Minuten lang ihre Herzen zum Stillstand bringen, weil sie wissen wollen, wie es ist zu sterben. Der Film wandelt sich zum Gruselthriller, als die vier nach Selbstversuch und Wiederbelebung merken, dass sie von Personen aus ihrer Vergangenheit verfolgt und verletzt werden.

Schumacher war gerade dabei, die vier männlichen Rollen zu besetzen, die dann an Sutherland, William Baldwin, Kevin Bacon und Oliver Platt gingen. Julia wollte er für das weibliche Mitglied der Studentengruppe haben. Den Regisseur hatte ihr Auftritt in dem Film *Satisfaction* beeindruckt. »Obwohl sie einfach nur eins der Mädchen spielte, strahlte sie Sex und Anziehungskraft aus. Ich beschloss, ein Auge auf sie zu haben. Und als ich sie dann in *Pizza, Pizza* wiedersah, war alles klar. Mehr musste ich nicht sehen. Als ich dann *Flatliners* machen wollte, war sie meine erste Wahl.«

Schumacher war enttäuscht, als Julia wegen des *3000*-Engagements die Rolle der Rachel Mannus ablehnte, die sich die Schuld für den Selbstmord ihres Vaters gab, der sich umbrachte, als sie noch ein Kind war. Im Sommer 1989 jedoch, mitten in den Arbeiten zu *3000*, bekam Julia das Drehbuch in die Hand. »Es wühlte mich innerlich auf«, sagte sie. »Ich stolperte über meine eigenen Füße, so schnell rannte ich zum Telefon, um meine Agentin anzurufen.« Sie hoffte, es würde nicht zu spät sein, und das war es auch nicht – Schumacher hatte für die Rolle noch niemanden unter Vertrag. Allerdings sagte er Elaine Goldsmith, die Dreharbeiten für *Flatliners* müssten direkt im Anschluss an *3000* beginnen. Das machte Julia Sorgen, aber das Drehbuch und die emotionale Verbindung der Rachel zu ihrem toten Vater reizten sie so sehr, dass sie das Angebot in Erwägung zog. »Wir handelten aus, die Zusammenarbeit von einem Arbeitstreffen abhängig zu machen«, erzählte Schumacher. »Das hieß, wenn einer den anderen nicht würde ausstehen können, wäre die Sache gestorben.«

Sie hätten sich keine Sorgen machen müssen. Im Lauf der Jahre hat Schumacher oft mit wortreichen Ausschmückungen seinen ersten Eindruck der lebensechten Julia Roberts geschildert. »Ich saß am Pool, als Julia auf mich zu hüpfte. Sie trug abgeschnittene Jeans und ein kurzes T-Shirt. Sie war barfuß und ungeschminkt, ihre prächtigen roten Haarmassen* waren mit Klämmerchen auf ihrem Kopf aufgetürmt. Sie war eine der schönsten Frauen, die ich je gesehen hatte, und sie hatte absolut keine Ahnung, wie schön und sexy sie war.«

»Als ich zum ersten Mal Joel zu Hause besuchte«, erzählte Julia, »war ich höflich und um ein würdevolles Auftreten bemüht. Als wir uns dann über den Film unterhielten, gerieten wir richtig in Feuer. Ich stellte mich aufs Sofa, so heftig diskutierte ich über das Projekt.« Julia war beeindruckt, mit welcher Intensität sich Schumacher für die Materie interessierte. Sie unterhielten sich über den Tod ihrer Väter (Schumacher verlor seinen Vater, als er vier Jahre alt war), und dieser Aspekt der Rolle war es auch, der Julia am meisten berührte. Mag sein, dass Elaine Goldsmith zu bedenken gab, dass Julia nur eine von fünf Hauptdarstellern sein würde und die Rachel der am wenigsten ausgearbeitete Cha-

* Anscheinend hatte Julia ihre Haare mit Henna gefärbt. Im Lauf der Jahre wechselte ihre Haarfarbe von hellblond über tiefrot bis zu dunkelbraun.

rakter der vier Personen war, die laut Drehbuch den Herzstillstand erproben. Nachdem Julia eine Hauptrolle in einem Film gespielt hatte, der im Wesentlichen von zwei Charakteren getragen wurde, hätte sie auf Angebote ähnlichen Kalibers warten können. Aber sie mochte den Stoff und die Rolle. »Sie [die Rachel] schien als Medizinerin wirklich engagiert und sehr zielstrebig zu sein. Mir gefiel ihre Zuverlässigkeit, weil die Figur in *Pretty Woman* so ziellos war. So eine Geschichte hatte ich noch nie zuvor gelesen.«

Julia erklärte sich einverstanden, den Film zu machen, und Elaine Goldsmith, der klar war, wie scharf Schumacher auf sie war (»Ich hätte mich umgebracht, wenn sie nicht zugestimmt hätte.«), handelte eine Gage von 550000 Dollar aus, fast das Doppelte, was Julia für die wesentlich größere Rolle in *3000* bekommen hatte.

Die Produktion von *Flatliners* war für Julia in vielerlei Hinsicht eine hochemotionale Erfahrung. Nicht nur identifizierte sie sich mit der Verlustempfindung, die der Tod des Vaters bei Rachel hervorrief, hinzu kam auch das sehr belastende Thema des Todes und seiner Auswirkungen, mit denen sie sich auseinander setzen musste. Als Vorbereitung sahen sich Julia und ihre Kollegen verschiedene medizinische Lehrfilme an. Sie sagte: »Wir spielten alle mit Spritzen. Wir trainierten Herz-Lungen-Reanimation ... im Film gibt es eine grausige Autopsieszene. So etwas morgens um sieben zu drehen geht an die Nieren. Ich wäre fast umgefallen. Ich bat Joel, die Leichen umzudrehen, weil sie mir so echt vorkamen.«

Als Teil ihrer Vorbereitung las Julia auch *Das Tibetanische Totenbuch*, woraufhin sie so niedergeschlagen wurde, dass sie zur Aufmunterung *Tao Te Puh* las, das Buch vom Tao und von Puh dem Bären. »Als wir uns am Set über das [Puh] Buch unterhielten, fingen wir alle an zu kichern, auch Joel wurde davon angesteckt, ich merkte, wie er mit sich kämpfte. Er wollte der ausgelassenen Stimmung nachgeben, aber als Regisseur musste er auch irgendwie die Kontrolle behalten.«

Da die drei Männer, die im Film den Herzstillstand erproben, mit entblößtem Oberkörper an die Elektroden angeschlossen werden, sollte Julia ebenfalls oben ohne sein. Sie stimmte unter der Bedingung zu, dass sich alle ganz auszögen. Schumacher brachte Oliver Platt dazu, völlig nackt für ihn zu posieren. Eine dieser Aufnahmen ließ er zu Lebensgröße aufplustern und jagte damit Julia später bei den Dreharbeiten einen Schreck ein. Trotz ihrer Provokation trug sie in ihrer Elektrodenszene dann doch einen Büstenhalter.

Julia fühlte sich bei Schumacher bald gut aufgehoben. »Joel war einfach so stark und so eindeutig. Wenn wir kleinere Szenen drehten, gab er uns ein paar Tipps und schwieg dann. Wenn er aber etwas sagte, war es ganz prägnant und passte genau.«

Schumacher erwiderte Julias Bewunderung. »Sie hat ihre emotionalen Hausaufgaben erledigt, wenn sie zum Set kommt«, sagte er. »Wenn sie eine hochemotionale Szene vor sich hat, hat sie vorher ausgearbeitet, was sie von ihrem persönlichen Leben und ihren Gefühlen einbringen kann. Und sie gibt mir immer, bewusst oder indirekt, zu verstehen, welcher Auslöser aus ihrem Leben stammt. Zum Beispiel der Tod meines Vaters und ihres Vaters. Wenn sie nicht weiterkam und Unterstützung brauchte, mussten wir uns zwischen den Aufnahmen darüber austauschen.«

Wie Garry Marshall vergötterte Schumacher Julia, was für ihre emotionale Ausgeglichenheit unerlässlich war. »Manche Regisseure unterstützen einen«, sagte sie, »aber halten sich mit Schmeicheleien sehr bedeckt, weil sie nicht wollen, dass sie einem Schauspieler zu Kopf steigen, aber ich finde, das ist Quatsch. Die halbe Zeit denke ich, ich liefere den größten Müll ab, und alles, was ich brauche, ist dieses eine freundliche Wort, das mich vor mir selbst beschützt. Wenn wir bei *Flatliners* eine Szene abgedreht hatten, schrie Joel: ›Ich kann kaum die Dailies erwarten!‹ Er schrie einfach los und vermittelte einem ein gutes Gefühl.«

Die erste Szene, die Julia unmittelbar nach ihrer Ankunft am Drehort in Chicago drehte, war gleich ein Höhepunkt des Films. Sie stürzt zu der von Kiefer verkörperten Figur und versucht sie vor dem endgültigen Herzstillstand zu bewahren. »Wir drehten nachts und es war richtig kalt«, erzählte Julia in *American Film*. »Mein Auftritt war ganz einfach, ich musste nur die Stufen hinaufrennen und nach der Figur suchen, die von Kiefer gespielt wurde. Ich fing an mit Joel zu reden und fragte ihn: ›Wie bin ich hierher gekommen? Habe ich den Bus genommen?‹ ›Nein‹, sagte er, ›du bist gerannt.‹ Ich überlegte, wie lang es gedauert haben würde, hierher zu rennen, und begriff plötzlich, wie Angst besetzt die Situation ist. Ich renne und muss aus ungefähr zehn Gründen dorthin – der wichtigste Grund ist, Kiefers Leben zu retten, der unwichtigste ihm zu sagen, dass alles in Ordnung und er mein Freund ist.«

»Ich gehe also im Geist die Stelle der Szene durch, an der ich total aus der Puste bin, und frage Joel: ›Ist Kiefer hier?‹ ›Hm, in seinem Garderobewagen.‹ Ich sage: ›Ich muss ihn unbedingt sprechen.‹ Kiefer kommt heraus, er weiß nicht, was ich vorhabe, er weiß nicht einmal, wer ich bin. Er kam heraus und ich schleuderte ihm einfach an den Kopf, was ich vorbereitet hatte, zerrte an seinem Hemd und musste ihm nichts weiter erklären. Ich brauchte ihn einfach da, als Person. Ich erinnere mich, wie wir drei in der Kälte standen und wie ich diese Unterstützung von Kiefer und Joel spürte. Deshalb machst du einen Film, wegen der Unterstützung, weil man wie eine Familie ist. Mehr kann man nicht verlangen als solche Nächte – sie sind großartig.«

Es dauerte nicht lang, bis Julia und Kiefer merkten, dass sie voneinander angezogen waren. Laut Kiefer hatte er Julia noch nie im Kino gesehen. »Ich hatte keinen Grund, diese Person zu mögen oder nicht zu mögen. Es gab keine Beeinflussung von außen, außer dass mein Agent sagte: ›Ach, ich bin froh, dass Julia Roberts diesen Film macht.‹ Und ich fragte: ›Julia wer?‹ und dachte, okay, ein Grünschnabel. Dann kam sie auf die Probe und hatte eine wirklich unglaubliche Präsenz, einfach als Mensch. Ich musste mich einfach hinsetzen und sie mir anschauen.«

Julia erwiderte seinen Blick nicht weniger intensiv. Sutherland, der 23-jährige, blonde, unverschämt sexy wirkende Sohn des großen Schauspielers Donald Sutherland *(M*A*S*H, Klute, Wenn die Gondeln Trauer tragen)* war 1989 mit seinen sechzehn

Filmen bereits ein alter Hase. Auf und vor der Leinwand pflegte er ein Bad-Boy-Image. Mit fünfzehn flog er von der Schule, er weiß nicht mehr genau warum, meint aber, Auslöser sei gewesen, dass er seine Haare schneiden lassen sollte und sie aus Trotz vollständig abrasiert habe.

1987 heiratete Sutherland 20-jährig die vierzehn Jahre ältere Schauspielerin Camelia Kath aus Puerto Rico. Ein Jahr später kam ihre Tochter Sara zur Welt. Die Ehe kriselte schon, bevor Kiefer Julia kennen lernte, sein Interesse an ihr machte der Ehe jedoch endgültig den Garaus. Sie trennten sich kurz nach Drehbeginn zu *Flatliners* und wurden ein Jahr später geschieden.

»Ich verliebte mich in Kiefer auf den ersten Blick«, erzählte Julia. »Wir filmten … und er steckte bis zu den Ellbogen im Blut. Ich verliebte mich bei einer der grässlichsten Szenen.« Julia und Kiefer merkten bald, dass neben der körperlichen Anziehung auch eine seelische und geistige Übereinstimmung bestand. Beide liebten sie Bücher. Kiefers Eltern hatten sich wie Julias Eltern scheiden lassen, als er vier Jahre alt war. Damals begann sein Vater eine Affäre mit Jane Fonda, seiner Partnerin in *Klute.* Außerdem, erzählte Julia, war Kiefer »anders als alle anderen, die ich kannte. Er hat so etwas Reifes und unglaublich Weises an sich. Kaum zu glauben, dass er nur ein knappes Jahr älter ist als ich. Wir drehten diese Szene, in der er sein Herz zum Stillstand bringt und ich ihn dabei beobachte. Ich war so fasziniert von dem, was er sagte, dass ich mein Stichwort verpasste. Es interessierte mich wirklich, was da vor sich ging. Er hat einen starken Einfluss auf mich.«

Am 27. Dezember erfuhr Julia, dass sie für ihre Rolle in *Magnolien aus Stahl* als beste Nebendarstellerin für den Golden Globe nominiert worden war. »Es war ein ziemlicher Schock«, erzählte sie. Sie hatte einen schlimmen Drehtag hinter sich und das Telefon in ihrem Garderobewagen klingelte ununterbrochen. Da sie mit niemandem sprechen wollte, hob sie nur den Hörer ab und schmiss ihn wieder auf, ohne sich zu melden. »Dann wurde mir ein Blumenstrauß mit einem Briefchen gebracht, darauf stand ›Glückwünsche zur Nominierung‹ … Ich war furchtbar aufgeregt und wollte es jemandem erzählen. Es ist ja nichts Peinliches, aber man möchte ja auch nicht anmaßend wirken. Also erzählte ich es [Joel Schumacher] und er gab bekannt: ›Hier ist jemand, der für den Golden Globe nominiert ist.‹ Von da an nannten mich alle Miss Golden Globe.«

Was sagen Sie nun, Miss Panthera!

Am 20. Januar 1990 nahm sie in Begleitung von Kiefer an der Ehrung teil. Es war ihr erstes gemeinsames Auftreten in der Öffentlichkeit. Außerhalb ihres engsten Bekanntenkreises wussten nur wenige von ihrer Verbindung. Julia hatte in verschiedenen Interviews von ihrem ›Boyfriend‹ gesprochen, ohne jedoch einen Namen zu nennen. Julia gewann den Golden Globe. Obwohl die anderen Darsteller aus *Magnolien aus Stahl* großartige Schauspieler waren, war sie die Einzige, die eine Auszeichnung erhielt. »Ich fiel fast von meinem verdammten Stuhl!«, erzählt sie lachend. »Es war die schrecklichste Nacht meines Lebens. Ich war völlig unvorbereitet. Später hörte ich eine Aufnahme meiner Dankesrede und musste lachen. Was war ich nur für eine Idiotin.« Unter anderem sagte sie bei der Preisverleihung, wo sie in einem Herrenanzug von Armani auftrat: »Ich möchte meinem schönen Jungen mit den blauen und grünen Augen danken, er tut alles für mich.«*

Von der ehrwürdigen Academy of Motion Picture Arts and Sciences ebenso viel Anerkennung zu bekommen, hatte sie nicht zu hoffen gewagt – ihr Bruder hatte immerhin sieben Jahre bis zu seiner Oscarnominierung gebraucht. »Ich hatte das ziemlich verdrängt, man wird nur enttäuscht, wenn man zu hohe Erwartungen hat, nicht wahr? Und dann kam frühmorgens der Anruf. Es dauerte bis zwei Uhr nachmittags, bis ich es richtig begriff. Ich musste einfach loskichern und konnte nicht aufhören zu lachen.«

Flatliners war am 23. Januar im Kasten. Julia und Kiefer fuhren zur Erholung nach Tucson Arizona. Allerdings nicht lange, denn Kiefer musste kurz darauf für die Arbeiten zu *Young Guns II* nach New Mexico reisen und Julia hatte ab Februar Promotiontermine für den am 23. März anlaufenden Film, der nun *Pretty Woman* hieß.

Drei Tage später nahm sie mit Kiefer an der Academy Preisver-

---

* Sutherland hat ein blaues und ein grünes Auge.

leihung teil, wo sie den Oscar an Brenda Fricker verlor, die ihn für ihre Rolle in dem Day-Lewis-Film *Mein linker Fuß* gewann (Daniel Day-Lewis bekam den Oscar als bester Schauspieler). Einen Monat später sollten die Arbeiten zu ihrem siebten Film beginnen, *Der Feind in meinem Bett*, in dem sie eine misshandelte Ehefrau spielen sollte. Für dieses Projekt betrug ihre Gage eine Million Dollar!

Elaine Goldsmith hatte diese außergewöhnliche Summe aushandeln können, weil ganz Hollywood mittlerweile klar war: Julia Roberts würde als *Pretty Woman* wie eine Bombe einschlagen. So etwas kommt bei einem Neuling mit entsprechender Rolle nur ein oder zwei Mal in zehn Jahren vor. Aus den ungefähr »hundert Filmen«, wie Julia es ausdrückte, die Garry Marshall aus dem Filmmaterial hätte zusammenschneiden können, hatte er in fünfmonatiger Nachproduktion ein bezauberndes Märchen montiert, in dem Aschenbrödel eine sagenhafte Garderobe, ein Penthouse und Prince Charming gewinnt.

Das einzige düstere Element, das Marshall stehen gelassen hat, ist eine Szene am Anfang des Films, in der Vivian bei polizeilichen Ermittlungen zu dem Mord an einer Prostituierten auftaucht, sowie die Szene, in der Jason Alexander als Edwards Anwalt (»die böse Hexe aus Aschenbrödel«, sagte Marshall) Vivian attackiert. Ansonsten erzählt Marshall eine heitere, ja, anregende Geschichte über eine sympathische, aufgeschlossene, lebhafte junge Frau in einem hoffnungslosen Gewerbe, die eine Eintrittskarte in ein Leben aus Achtbarkeit und Liebe gewinnt. Die Preview-Zuschauer jubelten, die Produzenten von Disney waren begeistert und es hieß, dieser Film würde Julia Roberts zum Superstar machen.

Nur wenige Monate vor dem Start hieß der Film noch immer »das Garry Marshall Projekt ohne Titel«. Marshall erwog kurz den Titel »Auf dem Boulevard«, war dann aber der Meinung, es sei besser, den Film nach einem Erfolgssong zu nennen und diesen Song in den Film einzubauen, was gängige Praxis war. »Wenn der Filmtitel in einem Song vorkommt, ist das schon die halbe Miete«, erklärte er. Vom Studio kamen drei Vorschläge: der Sinatra-Klassiker »The Lady is a Tramp«, Tom Jones' »She's a Lady« und Roy Orbisons »Pretty Woman«. Es war ein Glück für Julia, dass Marshall sich für den letzten Vorschlag entschied. Er wollte das Lied gleich am Anfang einführen, seine Cutterin, Priscilla Nedd, fand aber, es passe besser zu den Szenen, in denen sich Vivian nach einem Einkaufsbummel auf dem Rodeo Drive in eine zauberhafte, elegant gekleidete junge Dame verwandelt.

Von da an ist Julia Roberts »Amerikas Pretty Woman«. Als sie einige Jahre später gefragt wurde, was sie dabei empfand, antwortete sie lachend: »Am Anfang war ich Julia Roberts, ›Eric Roberts' Schwester‹. Dann war ich die Julia Roberts aus ›Pizza, Pizza‹. Bei ›Pretty Woman‹ zu landen ist nicht das Schlechteste … auf jeden Fall besser als ›Mediocre Woman‹.«

Oder gar als Julia Roberts, ›The Tramp‹.

KAPITEL 17

Kiefer redete Julia ständig ein, sie müsse »Dinge besitzen«. Er selbst hatte eine »kleine« Farm in Whitefish, Montana, erworben (tatsächlich soll sie einhundertundzwanzig Hektar groß sein), wo er sich in Viehzucht und Reiten versuchte, Betätigungen, die er und Julia gleichermaßen mochten. Zusammen mit einem Freund begann er mit dem Bau einer Blockhütte an einem Berghang.

Julia war eher weltoffen eingestellt und kaufte sich als Erstes ein BMW-Cabrio, dann eine Villa in den Hollywood Hills für 1,4 Millionen Dollar. Patrick Goldstein von der *Los Angeles Times,* der zum Start von *Pretty Woman* ein Porträt von Julia veröffentlichen wollte, begleitete sie, ihren Vermögensberater, ihre Agentin und einige Immobilienmakler auf einer Besichtigungstour. Goldstein hatte Glück und bekam dabei auch das Haus zu sehen, das Julia schließlich erwarb. Sie bewunderte den Whirlpool im Garten und den beleuchteten Springbrunnen, untersuchte den Kühlschrank mit Glastür und staunte über das rundum laufende Panoramafenster im Schlafzimmer mit Ausblick auf die Hügel und die darunter liegende Stadt.

Als Julia und Goldstein über die regennasse Straße der Hollywood Hills zurückfuhren, sagte sie: »He, die Möbel müssen weg, aber das Haus ist toll, was? Es ist wunderschön.« Goldstein fragte sie, ob sie ein Angebot abgeben wolle. »Abgeben?«, antwortete sie. »Das habe ich bereits! Ich werde es kaufen. Sie haben gesagt, wenn ich bis morgen warte, ist es weg. Mein Freund flippt aus, wenn er hört, dass ich ein Haus gekauft habe! … Ich weiß noch, wie ich zu ihm sagte: ›Wozu brauche ich ein Haus?‹ Und er sagte ›Na ja, irgendwo musst du doch dein Auto abstellen!‹«

Im Frühjahr 1990 hatte Julia aber so viel zu tun, dass es noch drei Monate dauern sollte, bis sie mit ihren Habseligkeiten umgezogen war. Während Julia in South Carolina *Der Feind in meinem Bett* drehte, überwachte Kiefer den Umzug und die Renovierung des Hauses. Er kümmerte sich sogar persönlich um die Einrichtung von Julias Kleiderkammer. Als sie wiederkam, richteten sich die beiden in einer häuslichen Routine ein, von der Julia behauptete, dass sie ihr gut bekäme. »Kiefer und ich verbringen viele ruhige Stunden zusammen«, sagte sie. »Oft ist alles so laut und hektisch, dass es einfach schön ist, zu Hause zu sein, zu lesen, sich zu unterhalten oder auch einfach zu schweigen.«

Auf der anderen Seite waren beide dafür bekannt, dass sie einem Drink, einer Zigarette oder einem Flirt nicht abgeneigt waren. Vor allem Kiefer galt als Partylöwe. Joel Schumacher hatte ihm einmal ein zweifelhaftes Kompliment gemacht, als er sagte: »Er hat sich immer sehr erwachsen benommen. Wenn er die Nacht durchgefeiert hatte, was für einen 18-Jährigen ganz normal ist, fuhr er um fünf Uhr morgens zum Studio und legte sich in der Stube des Sicherheitsdienstes aufs Ohr. Den Wachmann bat er, ihn zu wecken, damit er pünktlich um sieben am Set war.«

Wie oft Kiefer mit Julia auf Partys ging, wissen wir nicht, ein wilder Abend jedoch ist auf einem Videofilm festgehalten, der, sehr zu Julias Verlegenheit, später in der Sendung *Inside Edition* ausgestrahlt wurde. Auf dem Video, das auf einer Party auf der Insel Maui (Hawaii) von dem Bassisten Scott Schiflett im Juli 1990 aufgenommen wurde, sieht man Julia, wie sie einem Mann die Hosen herunterzieht und den anderen Partygästen zukreischt: »Los geht's!« Im nächsten Moment spritzt Kiefer ihr Schokoladensoße ins Gesicht und beginnt sie abzulecken. Kurz darauf führt das Paar einen selbst erfundenen, lasziven Tanz auf, woraufhin Kiefer mehrere Schlucke trinkt, rülpst und einen anderen Mann küsst. Er sieht in die Kamera und schreit: »Das passiert, wenn man Alkoholiker ist, Kinder – man wird heiß!«

Julia sah *Pretty Woman* zum ersten Mal in Sherman Oaks, einem Vorort von Los Angeles, wo sie sich in eine Vorpremiere stahl. »Ich sah den Film zusammen mit anderen Zuschauern, ich saß ganz hinten. Als wir dorthin kamen, hatte ich keine Ahnung, was uns erwartete. Ich flippte fast aus und musste schrecklich lachen. Ich fand es einfach entzückend.«

Als der Film am 23. März in die Kinos kam, übertraf der Erfolg alle Erwartungen. Am ersten Wochenende spielte er beachtliche elf Millionen Dollar ein. Aber daraus ließ sich noch nicht hochrechnen, wie gut er letztendlich laufen würde, vor allem wenn man die mäßigen Kritiken bedachte. Sheila Benson von der *Los Angeles Times* fand, der Film sei politisch nicht korrekt. »Es wäre verrückt, den Auftritt der Roberts nicht entzückend zu finden«, schrieb sie, »aber macht diese Art von sexueller Atmosphäre wirklich eine Nutte aus Eliza Doolittle? Auch wenn Vivian im ›Sicherheitsfach‹ ihrer Schaftstiefel bunte Kondome aufbewahrt und nicht auf den Mund küsst, kommt man nicht umhin, sie lediglich als eine tickende Sexbombe anzusehen.«

Die Zuschauer sahen das anders. Richard Schickel formulierte das in dem Zeitungsporträt über Julia folgendermaßen: »Es lag nicht zwangsläufig an ihr – oder an Richard Gere –, dass der Film über die 150-Millionen-Dollar-Marke stieß. Der Erfolg lag allein am Publikum, das seine Fantasien daran festmachen wollte.« Schickel hatte nur zum Teil Recht. Die Zuschauer, Männer wie Frauen, waren von Julia Roberts bezaubert. »Wie Audrey Hepburn, Marilyn Monroe und Natalie Wood«, sagte Richard Fischoff, Senior Vice President von TriStar, »hat auch Julia etwas Strahlendes an sich. Wenn sie lächelt, leuchtet die Leinwand auf.«

Mund-zu-Mund-Propaganda trieb die Zuschauerzahlen nach oben. Auch das glühende Interesse der Medien an einem Mädchen, das wahrscheinlich der größte Hollywoodstar seit Barbra Streisand werden würde, trug dazu bei. Insgesamt spielte der Film 178,4 Millionen Dollar allein in den USA ein (im Jahr 2003 bereits 242,2 Millionen) und wurde damit der vierterfolgreichste Film des Jahres nach *Kevin Allein zu Haus* (285,8 Millionen), *Ghost – Nachricht von Sam* (217,6 Millionen) und *Der mit dem Wolf tanzt* (184,2 Millionen).

Pretty Woman war mit Abstand die wirtschaftlich erfolgreichste Filmromanze seit Jahren – was hauptsächlich den gestiefelten Beinen von Julia Fiona Roberts zugeschrieben wurde. Noch bemerkenswerter – auch das ein Verdienst von Julia – war der Kassenerfolg des Films im Ausland, der 280 Millionen Dollar überstieg und *Pretty Woman* zum Kassenschlager Nummer drei weltweit machte. Dass Schauspieler wie Bruce Willis und Arnold Schwarzenegger sagenhafte Zehn-Millionen-Dollar-Gagen einheimsten, während erfolgreiche Schauspielerinnen über Gagen von einer Million froh sein mussten, lag daran, dass die Actionfilme der Männer sich im Ausland gut vermarkten ließen und normalerweise weltweit Kasse machten, auch wenn sie in den USA nur mäßige Ergebnisse einspielten.

Das änderte sich mit Julia Roberts in *Pretty Woman*. Jetzt wollte ganz Hollywood sie unter Vertrag nehmen und ihr wurden fantastische Summen geboten. Elaine Goldsmith hatte schon vor dem Kinostart von *Pretty Woman* eine Gage von einer Million Dollar für *Der Feind in meinem Bett* ausgehandelt. Nach dem Erfolg von *Pretty Woman* bekam Julia für *Entscheidung aus Liebe* drei Millionen Dollar und für ihre Rolle als Tinkerbell in Steven Spielbergs Peter-Pan-Verfilmung *Hook* zwei Millionen plus zwei Prozent Umsatzbeteiligung ab 100 Millionen Dollar, obwohl sie für ihren Auftritt in diesem Film nicht einmal einen Monat lang arbeiten musste.

Julia ahnte zum ersten Mal, dass etwas Großes im Gange war, als sie einen Anruf von Elaine Goldsmith bekam. Sie war gerade auf dem Weg zum Flughafen, um nach South Carolina zu fliegen, wo sie wenige Tage nach den Oscarfeierlichkeiten wieder an *Der Feind in meinem Bett* drehen sollte. »Elaine sagte, *Pretty Woman* sei gut angelaufen und würde gute Zahlen schreiben, aber das sagte mir nichts. Ich antwortete: ›Oh, prima, was das auch immer heißen mag.‹ Ich hatte keine Ahnung! Dann ging ich wieder an die Arbeit. *Pretty Woman* war in der Stadt, in der ich arbeitete, noch nicht in die Kinos gekommen … ich arbeitete eben und wusste von nichts … ich bekam von den täglichen Steigerungsraten des Films nichts mit – das war vielleicht ein Segen, weil es mir ermöglichte, ich selbst zu bleiben, eine junge Frau, die ihrem Beruf nachging … Elaine rief ständig an und berichtete über den Stand der Dinge. Ich konnte kaum glauben, was sie mir erzählte, weil ich es nicht an Ort und Stelle erlebte. Das verschaffte mir einiges an Entlastung in einer Situation, die für mich sehr hektisch hätte werden können.«

Solch einen Luxus hätte Julia brauchen können, als das tolle Treiben der darauf folgenden zwei Jahre losbrach.

Julias Kopf schlug auf dem Marmorboden auf. Schmerzverzerrt brach sie in Tränen aus. »Die Aufnahme ging total schief«, erzählte Julia über eine Szene aus dem Film *Der Feind in meinem Bett*, der in Abbeville in South Carolina gedreht wurde. »Eigentlich sollte ich einen Stoß erhalten und mit dem Kopf auf dem Boden aufschlagen. Dann sollte Patrick Bergin [der Schauspieler, der ihren schlagenden Ehemann Martin spielte] auf einen Sandsack treten, der neben meinem Bein lag und der aus Kameraperspektive wie mein Bauch aussah. Beim ersten Mal versuchte ich, mich beim Fallen mit den Händen abzustützen, das sah total verkehrt aus. Beim zweiten Mal zog ich meine Hände wirklich zurück und ließ mich einfach fallen. Mein Kopf prallte wie ein Basketball auf dem Marmorboden auf. Sie glauben nicht, wie weh das tat. Und die Kamera drehte immer weiter. Ich war völlig aufgelöst vor Schmerzen, Patrick schrie mich an, ich heulte und irgendwie war das alles zu viel.« Julia sagte, sie sei trotz ihres blauen Auges entschlossen gewesen, die Szene zu Ende zu spielen. »Ich wollte unbedingt weitermachen, weil ich um nichts in der Welt diese Szene noch einmal drehen wollte. Dann holte Patrick aus, verfehlte den Sandsack und traf mich direkt im Magen. Es hätte wirklich nicht schlimmer kommen können.«

Es wäre nicht verwunderlich, wenn jemand in der Rollenauswahl, die Julia Roberts zum damaligen Zeitpunkt ihrer Karriere traf, einen Hang zum Masochismus vermuten würde. In ihren ersten acht Filmen wird sie zweimal sexuell missbraucht, wird zuckerkrank, stirbt, stirbt beinahe bei einem medizinischen Experiment und wird von ihrem Mann brutal geschlagen. Sie erklärte ihre Wahl so: »Wenn ich etwas lese, suche ich nach einer Mischung aus spannenden und herausfordernden Elementen. Vielleicht ist das falsch, aber ich kann nicht anders. *Der Feind in meinem Bett* flüsterte mir zu: ›Riskiere alles und du kannst alles gewinnen. Oder laufe herum und fühle dich verfolgt und leer.‹ Wenn ich ein Drehbuch ausgelesen habe und mich richtig glücklich fühle und gleichzeitig wird mir fast schlecht, dann ist das normalerweise ein gutes Zeichen.«

Fast hätte sie die Rolle nicht bekommen. Kim Basinger war bereits dafür gewonnen worden und Julia interessierte sich für ein anderes Filmprojekt, *Das Gesetz der Macht*. Sie rief Joe Roth, einen Bekannten an, der drei Tagen zuvor Chef von 20th Century Fox geworden war, und bat ihn um die Rolle. »Das war das erste und einzige Mal, dass ein Star mich persönlich wegen einer Rolle angerufen hat«, sagte Roth. Er sagte ihr, für *Das Gesetz der Macht* sei sie zu jung, aber zwei Wochen später rief er zurück, um ihr mitzuteilen, dass sie für *Der Feind in meinem Bett* in Frage käme. Basinger hatte gebeten, aus der Verpflichtung entlassen zu werden, um *Die blonde Versuchung* mit Alec Baldwin, ihrem späteren Ehemann, drehen zu können.

»Wir sahen schon die größten Probleme vor uns, als Basinger absagte«, erinnerte sich Leonard Goldberg, der Produzent des Films. »*Magnolien aus Stahl* lief gerade an und Julia war im Grunde genommen erst eine aufstrebende junge Schauspielerin. Wir tauschten eine optimale Starbesetzung gegen eine nahezu Unbekannte ein. Aber Julia schien uns genau die Richtige für die Rolle zu sein und wir rechneten damit, dass dabei letztendlich ein besserer Film herauskommen würde, der sich vielleicht sogar besser verkaufen würde. Aus heutiger Sicht war die Entscheidung natürlich genial.«

Vor der Vertragsunterzeichnung traf sich Julia mit dem Regisseur des Films, Joseph Ruben. Es war sein achter Film. Im Jahr 1987 hatte er mit *The Stepfather* einen Kassenschlager gelandet. Er war, wie die meisten Regisseure vor ihm, von Julia bezaubert. »Es war diese Schüchternheit. Das ist es, was sie auf der Leinwand so faszinierend erscheinen lässt – diese Widersprüche. Einerseits sehr schüchtern, gleichzeitig aber auch vollkommen präsent. Sie wirkt sehr sexy und gleichzeitig sehr unschuldig … Sie strahlt eine unglaubliche Wärme aus, aber sie kann auch sehr kalt sein, wenn sie zornig ist.«

Der Feind in meinem Bett basiert auf dem Roman von Nancy Price, das Drehbuch ist von Ron Bass. Es ist die Geschichte der Laura Burney, einer jungen Frau, die ihren vorgeblichen Tod inszeniert, um ihrem gewalttätigen Ehemann zu entkommen. Der Mann entdeckt den Betrug und spürt sie in jener Stadt auf, wo sie als Sara ein neues Leben und eine neue Beziehung mit einem Lehrerkollegen, einem Theaterpädagogen, begonnen hat. Die

Handlung spitzt sich in einer hochspannenden – und grauenvollen – Begegnung zu.

Die Dreharbeiten wurden für Julia fast die Hölle auf Erden. Sie durchlitt die ganze, erschreckend realistische Brutalität. »Ich musste das ganz allein durchstehen, es nahm mich psychisch sehr mit«, sagte sie. »Es ist nicht leicht, jemanden zu spielen, der gequält und misshandelt wird. Ich wurde viel herumgestoßen, psychisch und körperlich. Während der Proben musste ich oft einige Zeit an die frische Luft. Es war einfach zu heftig.«

Auch andere Aspekte der Arbeit waren für sie wenig erfreulich. In einer Szene am Anfang des Films muss Julia klatschnass und nur mit Unterwäsche bekleidet aus dem Meer bis in ihr Haus rennen. »Es ist eiskalt und ich renne in Unterhosen herum und werde dauernd mit Wasser bespritzt und friere.« Durch die ständigen Wiederholungen der Szene fühlte sie sich elend und erschöpft. Schließlich kam ihr eine Idee, wie sie das Ganze abkürzen könnte. Sie forderte die gesamte Mannschaft, den Regisseur eingeschlossen, auf, sich ebenfalls bis auf die Unterwäsche auszuziehen. »Ich dachte, das wäre eine großartige Demonstration von, na ja, Liebe und Solidarität, wenn wir alle in Unterwäsche wären«, sagte sie. Ein paar Mitarbeiter gingen beleidigt vom Set. Andere aber, darunter auch Joseph Ruben und der Kameramann John Lindley, machten mit.

»Es war sehr lustig«, erzählte Julia, »vor allem wegen diesem Kameramann, so ein netter, ruhiger Typ. Er stand ein Stück entfernt und pusselte irgendwie an der Kamera herum, so ganz ruhig. Ich sah zu ihm hinüber und er hatte so scharfe, pinkfarbene Boxershorts an. Sie wissen schon, ein echter Knaller!«

Ruben, der ohne Hose einen Autoritätsverlust befürchtete, meinte später, er hätte Julia auffordern sollen »den Mund zu halten und weiterzuarbeiten. Aber ich war schlecht drauf und Julia war so verfroren und es war wirklich ein nerviges Stück Arbeit. Irgendwie kam mir ihre Bitte gar nicht so unvernünftig vor. In der Rückschau würde ich allerdings sagen, sie war sehr unvernünftig.«

Die emotionalen und körperlichen Schläge, die sie während der Dreharbeiten erlitt, wirkten sich auch auf ihre private Beziehung zu Patrick Bergin aus, einem auf eine wilde Art gut aussehenden, 36-jährigen Dubliner, der seinen vierten Film drehte. Als sie sich das erste Mal begegneten, plauderten sie freundlich miteinander. Im Lauf der Dreharbeiten aber, als die Gewalttätigkeit und der Terror, den er verkörperte, für Julia immer bedrängender wurden, wurde auch ihre Beziehung angespannter. »Wir waren nicht gerade befreundet«, sagte Julia. »Ich meine, wenn du zur Arbeit kommst und jemand schlägt dich drei Stunden lang zusammen, hast du nicht unbedingt das Bedürfnis, mehr über ihn zu erfahren und ihm eine gute Nacht zu wünschen.«

Manchmal improvisierten Julia und Bergin die Gewaltszenen so realistisch, dass Ruben erschrak. »Sie wussten, dass sie sich im Griff hatten«, sagte er, »aber ich wusste es nicht.« Und Julia ergänzte: »Es war eine wahnsinnig grausige Erfahrung. Es gab Wochen, in denen ich um fünf Uhr früh am Set erscheinen und anfangen musste zu weinen und Opfer dieser schrecklichen Auseinandersetzungen war.«

So aufreibend Julias angespanntes Nervenkostüm für sie selbst war, der Regisseur fand, dass das ihrer Rolle zugute kam. »Wenn Julia zum Set kam, war sie emotional schon so aufgeladen, dass sie fast einen Zusammenbruch hatte. Sie war vorbereitet, sie war bereit zum Spielen.«

Auch außerhalb des Sets gab es für Julia keine Erholung. Anders als in Natchitoches, wo Julia die Kneipen, das Essen und die ständige Unterstützung durch ihre Kollegen hatte genießen können, boten die Städte Abbeville und Spartanburg nur wenig Abwechslung. »In einer Stadt gab es nicht einmal ein Restaurant. Ich ging nach Hause, saß mit meinem Hund in meinem kleinen Zimmer und sagte: ›Also, zu essen gibt es heute nichts ... willst du schlafen gehen?‹ Mir kam es vor, als sei ich gar nicht mehr am Drehen, als hätte ich gar keinen Job. Es kam mir vor, als würde ich in dieser Hölle leben.« Julias Stimmung verschlechterte sich noch mehr, als sie und ein schwarzer Mitarbeiter des Teams in Abbeville das Restaurant Michael's besuchen wollten. Sie war überrascht und empört, als man den Schwarzen nicht hineinließ. Im Gehen schrie Julia. »Das sollte nicht Michael's heißen, sondern Bigot's.« »Ich war wütend – ich war außer mir«, erzählte Julia. Yolanda Kind fand diese Reaktion sehr typisch für Julia. »Ich sehe sie vor mir, ich meine, so ganz außer sich – die aufrichtige Empörung. Ich sehe die Empörung aus ihr herausströmen. Und das zu Recht.«

Später erzählte Julia der Zeitschrift *Rolling Stone:* »Die Leute waren schrecklich rassistisch, das war wirklich eine schlimme Zeit für mich.« Die Bewohner von Abbeville wollten das nicht auf sich sitzen lassen und verteidigten sich in einer Anzeige von der Größe einer Viertel Seite in der Zeitung *Variety.* Die Überschrift lautete »PRETTY WOMAN? PRETTY LOW«. Julia gab eine Stellungnahme heraus, in der sie erklärte, sie hätte nicht jeden Einzelnen in Abbeville verurteilen wollen, sondern nur auf das eine Erlebnis Bezug genommen. »Ich bin in den Südstaaten geboren, deshalb möchte ich auf keinen Fall in Klischees verfallen. Ich war schockiert, dass so ein Verhalten im Amerika der neunziger Jahre noch existiert – im Süden oder anderswo.«

Julias Stimmung wurde durch Besuche von Betty, Nancy und auch Eric, mit dem sie damals noch sprach, aufgeheitert. Am meisten freute sie sich natürlich über die Besuche von Kiefer, der an jedem zweiten Wochenende während der dreimonatigen Dreharbeiten kam. »Immer wenn Kiefer auftauchte oder eine Weile blieb, war Julia richtig guter Stimmung«, erinnerte sich einer aus dem Team. »Wir waren deshalb immer froh, wenn wir hörten, dass er kommt.«

»Sie waren ein verspieltes Paar«, sagte Joseph Ruben, der dankbar war, dass Kiefer seine Hauptdarstellerin im emotionalen Gleichgewicht hielt. »Sie empfanden sich gegenseitig als Stütze. Ich glaube, sie müssen sich gegenseitig nichts mehr vormachen … sie bringen sich gegenseitig zum Lachen. Sie wissen, welchem Druck jeder ausgesetzt ist, und beide haben ihrer Arbeit gegenüber dieselbe kompromisslose Haltung. Deshalb können sie sich gegenseitig unterstützen und achten.«

»Manchmal war es toll, dass Kiefer einfach da war«, erinnerte sich Julia. »Er nahm mich in die Arme, hielt mich fest und alles war wieder gut. Verliebt sein ist ein großartiges Gefühl.«

Eric erinnerte sich, wie er bei den Außenaufnahmen mit Julia, Kiefer und seiner schwangeren Freundin Kelly Cunningham auf einem Stein saß, etwas vesperte und sagte: »*Pretty Woman* geht hoch wie eine Rakete, Julie. Wie findest du das?«

»Ach, ich weiß nicht«, war alles, was Julia antwortete.

Julia erwähnte, die Leute vor Ort hätten von dem Aufruhr, der überall in der Welt um sie gemacht wurde, nichts mitbekommen. »Ich glaube, im örtlichen Kino lief *Star Wars* [das 1977 herausgekommen war]. Anscheinend hatten sie keine konkrete Vorstellung davon, was mit mir los war.« Das erlaubte ihr wenigstens, in ihrem gemieteten Jeep mit offenem Verdeck, löcherigen Jeans und schwarzer Lederjacke ungestört in der Stadt herumzukurven und lautstark »Life in the Fast Lane« von den Eagles oder »This Year's Girl« von Elvis Costello zu spielen.

Gegen Ende der Dreharbeiten hatte Julia allerdings ein beunruhigendes Erlebnis, das ihr eindrücklich vermittelte, wie drastisch sich ihr Leben verändert hatte. »Ich war zu Hause und todmüde, als es klingelte. Ich ging zur Tür und da steht dieser Typ und ich sage: ›Kann ich Ihnen helfen?‹ Und er sagt: ›Hi, Julia, ich bin der und der, wie geht es Ihnen?‹, als ob er einfach mit mir quatschen wollte! Ich versuchte, höflich zu bleiben und sagte: ›Das ist wirklich nett, auf Wiedersehen.‹ Eine Stunde später höre ich ein Klopfen an der Tür und da ist schon wieder dieser Typ. Er sagt: ›Ich möchte Sie nicht belästigen …‹ Er kam vier Mal an diesem Tag. Jetzt steht ein Polizist vor meiner Tür.«

Flatliners kam im August 1990 in die Kinos und spielte ansehnliche 61 Millionen Dollar an den Kinokassen ein, trotz mäßiger Kritiken. *Pretty Woman* zeigte den ganzen Sommer über Spitzenwerte – wortwörtlich und in harten Zahlen. Die Herausgeber der Zeitschrift *People* konnten es kaum erwarten, eine Titelgeschichte über Julia zu machen. Zu ihrer großen Überraschung verweigerte diese aber ein Interview. Die Herausgeber versprachen sich von einem Titel mit Julia jedoch eine hohe Auflage und entschieden sich für eine Reportage aus zweiter Hand.

Der Chefredakteur der Zeitschrift, Lanny Jones, rief seine Mitarbeiterin Gail Cameron Wescott in Atlanta an, erzählte ihr, Julia sei in der Gegend aufgewachsen und sie solle alle Informationen zusammentragen, die sie kriegen könne. Wescott fand heraus, dass Betty Motes bei der Erzdiözese in Atlanta arbeitete, rief dort an und bat um ein Interview. Betty, die von Julias Weigerung nichts wusste, war mit einem Treffen in ihrer Mittagspause einverstanden.

Beim Essen wurde Betty gesprächig und erzählte Wescott von Julias Kindheit und dem Showmobil ihres Workshops. Sie sagte: »In unserer Familie gab es nicht diese schrecklichen Teenagergeschichten«, etwas, womit Eric nicht einverstanden gewesen wäre. Sie sagte, sie habe sich von Julia einen neuen Mustang schenken lassen, ihr Angebot für ein Haus habe sie jedoch abgelehnt. »Ich sagte ihr, ein Haus hätte ich schon«, erzählte sie.

Nach dem Interview ließ Betty sich von Wescott überreden, ihr für die Reportage Kindheitsfotos, Jahrbücher und andere Erinnerungsstücke von Julia zu leihen. Diese dankte ihr überschwänglich, denn sie wusste, dass sie einen dicken Fisch geangelt hatte. Zwei Tage später rief sie noch einmal bei Betty an, um zusätzliche Informationen über den Workshop zu bekommen. Betty reagierte eisig. »Ich habe mit Julia gesprochen und erfahren, dass sie diese Geschichte nicht möchte.« Sie sagte noch, Julia sei »wütend« gewesen, als sie erfahren habe, dass ihre Mutter mit ihr gesprochen hatte.

Wescott wurde es unbehaglich. Betty Motes konnte das, was sie ihr erzählt hatte, zwar nicht ungeschehen machen, aber sie konnte die Veröffentlichung der Fotos verbieten. Wescott unterließ es, sie darüber aufzuklären, und zu ihrer großen Erleichterung forderte Betty die Gegenstände nicht zurück. Ein paar Tage später rief Wescott wieder bei Betty an, um zu sagen, es täte ihr Leid, es sei wohl ein Missverständnis gewesen.

»Ich habe mit Julia gesprochen«, sagte Betty, »und sie hat gesagt, es sei okay. Sie hofft nur, dass ich nichts Falsches gesagt habe.«

Das hatte sie nicht, und am 17. September 1990 erschien der Artikel in *People.* Das Titelbild zeigte eine strahlende Julia und die Überschrift: JULIA ROBERTS – DER BEGEHRTESTE STAR: 22 JAHRE JUNG, SEXY, GEISTREICH, EIN WUNDER DER LEINWAND. LESEN SIE, WIE DER STOLZ VON SMYRNA HOLLYWOOD EROBERTE UND *PRETTY WOMAN* ZUM HIT DES JAHRES MACHTE.«

Wescott hatte auch eine Reihe von Julias Freunden und Klassenkameraden aus Smyrna interviewt. »Das war wie die letzte Vorstellung, die letzte Julia-Roberts-Reportage, bei der sie mitmachten. Als wir das nächste Mal zu den jungen Leuten gingen, wollte keiner mehr etwas sagen.«

Wie erwartet, wurde die Julia-Roberts-Ausgabe von *People* der Verkaufsschlager des Jahres. Kein Wunder, dass Julia Roberts von da an immer wieder auf dem Titel von *People* erschien, innerhalb der folgenden zehn Jahre über zwei Dutzend Mal. Die Zeitschrift nutzte jeden erdenklichen Anlass, sie auf die Titelseite zu bringen.

Zwei Monate zuvor hatte sich Julia auf der Titelseite von *Rolling Stone* in einem neuen Look gezeigt – und damit ihre Fans schockiert. Ihre üppige Lockenpracht war bis knapp unter die Ohren abgeschnitten. »Ich hatte die langen Haare einfach satt und ließ sie abschneiden«, sagte Julia. »Und wissen Sie was? Alle flippten aus. Sie sagten: ›Lass das. Das wird schrecklich. Das wirst du bereuen.‹ Aber Kiefer sagte: ›He, lass dir einen Igelschnitt verpassen.‹« Bei der Oscarverleihung im darauf folgenden Jahr sollte Julia ihre Fans mit einer wieder neuen Frisur überraschen.

Mitte Juni waren die Dreharbeiten zu *Der Feind in meinem Bett* schließlich abgeschlossen und Julia kehrte geschwächt und erschöpft nach Los Angeles zurück. »Ich möchte einfach nur auf eine Wiese hinaus und Blumen pflücken«, erzählte sie einem Reporter. Stattdessen aber verkroch sie sich mit Kiefer in dem eleganten Hotel Vier Jahreszeiten in Beverly Hills, während in ihrem neuen Haus in Nichols Canyon letzte Hand angelegt wurde. Einmal, als Julia sich am Swimmingpool sonnte, kam John F. Kennedy junior auf sie zu, der sich gerade auf sein drittes Anwaltsexamen vorbereitete. »Der Mann mit dem größten Sexappeal«, wie er 1988 von *People* gekrönt wurde, hatte, laut Augenzeugen, Julia erst eine Weile beobachtet, bevor er zu ihr hinüberging. »John ging zu ihr hin und begann einen Flirt«, erzählte ein Beobachter. »Er wusste zuerst nicht einmal, wer sie war. Aber nachdem sie sich vorgestellt hatte, sprühten die Funken.«

People berichtete, die zwei hätten im Pool herumgetollt und dann an einem Tisch in der Nähe ein paar Drinks eingenommen.

Eine Boulevardzeitung breitete die Geschichte aus und schrieb, John und Julia hätten sich zwei Tage »in seine luxuriöse Penthousesuite zurückgezogen und ein ›Bitte nicht stören‹-Schild an die Tür gehängt.« In dem Artikel wurde Stephen Styles, angeblich ein ›Kumpel‹ von John, zitiert, der gesagt haben soll: »Sie hatten wirklich etwas miteinander … an diesem Wochenende, das war die wahre Leidenschaft.«

Das ist unwahrscheinlich, vor allem da Julia mit Kiefer zusammen war. Dieser hatte offensichtlich von dem ›Herumtollen‹ im Wasser gehört und rief aus seinem Zimmer heraus ständig unten am Pool an und fragte, was Julia gerade machte – allerdings ließ er sie nicht persönlich ans Telefon rufen. Als sie auf ihr Zimmer ging, berichtete *People*, hatten sie einen Streit und er »drohte ihr, sich mit Sherilyn Fenn (aus der Serie *Twin Peaks*) zu verabreden. Aus einer Quelle war zu hören, die Roberts habe daraufhin gesagt, er solle nur zumachen.«

Johns damalige Freundin Daryl Hannah, die neben Julia in *Magnolien aus Stahl* gespielt hatte, versuchte angeblich, John während dieser ganzen Geschichte telefonisch zu erreichen, aber er hatte das Hotel angewiesen, keine Anrufe durchzustellen, solange er lernte.

Reibereien zwischen Julia und Kiefer, die es vielleicht wegen dieses offenkundigen Flirts gegeben haben mochte, waren schon bald wieder vergessen. Ende Juni zog das Paar in das Haus in Nichols Canyon ein. »Ich bin verrückt nach ihm«, sagte Julia über ihre Beziehung. »Und das ist wirklich fantastisch, in einer Welt, in der die Liebe nicht mehr zählt … Die Welt ist so kalt geworden. Aber Kiefer hat mich total gefangen. Seitdem wir uns kennen gelernt haben, sind wir fast nie getrennt gewesen. Manchmal muss ich richtig weinen, wenn wir auseinander sind.« Sie räumte ein, wie schwierig es sei, eine Liebesbeziehung mit ihrem Terminplan zu vereinbaren. »Die letzten paar Monate waren verrückt. Ich kann nicht einmal mehr ein einfaches Abendessen zu mir nehmen. Ich habe keine Zeit, ein Buch zu lesen. Mein ganzes Leben ist durchgeplant.«

Rod Lurie, der Julia im Juli für die Zeitschrift *The West Side Spirit* interviewte, bemerkte einen glitzernden Diamanten an ihrem Finger. »Ist das ein Verlobungsring?«, fragte er. »Hübsch, nicht wahr?«, antwortete sie. »Ich habe ihn in einem Drive-in-Restaurant bekommen. Den hat er mir einfach so geschenkt.«

»Es soll immer wieder vorkommen, dass sich Schauspieler auf dem Set kennen lernen und sich verlieben«, sagte Lurie. »War es so bei Ihnen und Kiefer Sutherland?«

»Nichts, was Kiefer und ich machen, entspricht einem Klischee. Kiefer und ich sind sehr glücklich.«

Julia Roberts war nun das, was man in Hollywood eine »heiße Ware« nennt. Das Gute daran war, dass ihr nun ungefähr jedes Drehbuch mit einer jungen weiblichen Hauptperson geschickt wurde, egal, ob sie für die Rolle geeignet war. Sie konnte sich ihre Filmprojekte, ihre Regisseure und ihre Mitspieler aussuchen und bekam Gagen in Millionenhöhe. Die Kehrseite davon, die jeder Filmstar seit Mary Pickford hat erdulden müssen, war der Verlust der Privatsphäre, die Lügengeschichten, die in der Presse über sie verbreitet wurden, und die Nachstellungen durch Fans und Paparazzi.

Sie bemühte sich sehr, ihr seelisches Gleichgewicht zu bewahren. »Ich empfinde mich nicht als Ware«, sagte sie, »ich bin ich. Ich freue mich sehr, dass die Menschen meine Filme sehen wollen – das beweist der wirtschaftliche Erfolg. Meine Arbeit bereitet den Menschen offensichtlich Vergnügen, und das ist auch der Sinn meiner Arbeit.«

Wenn es stimmte, dass Garry Marshall gewarnt wurde, Julia eigne sich nicht für schicke Kleidung, so war *Pretty Woman* der beste Gegenbeweis. In der umwerfenden Garderobe, die Marilyn Vance-Straker für sie entworfen hatte und die direkt vom Rodeo Drive, der berühmten Shopping-Meile in Beverly Hills, hätte stammen können, sah Julia hinreißend aus. Ihre schlanke Figur und ihre Größe hätten einem Model Ehre gemacht. Im Alltag bevorzugte Julia einen eher unkomplizierten Stil. Sie trug löcherige Jeans und T-Shirts, Baumwolloveralls oder sackartige Hängerchen. Ihre Haare sahen oft aus, als seien sie nachts vom Kopfkissen gestylt worden. Selbst bei hochkarätigen, öffentlichen Anlässen sah sie manchmal einigermaßen underdressed aus. Der

Herrenanzug, den Bob McGowan so »sexy« fand, verfehlte seine Wirkung, weil er drei oder vier Nummern zu groß war und ihre Figur in eine formlose Masse verwandelte.

Sie äußerte sich befremdet darüber, welche Erwartungen seit dem Start von *Pretty Woman* an sie gestellt wurden. Im Gegensatz zu Ava Gardner, Joan Crawford, Marilyn Monroe und Elizabeth Taylor, die niemals die Medien und das öffentliche Interesse außer Acht ließen und ihr Haus grundsätzlich nur in makelloser Garderobe verließen, gehört Julia Roberts einer neuen Generation von Filmstars an, die sich den Erwartungen der Öffentlichkeit nur auf der Leinwand verpflichtet fühlen und vielleicht noch bei öffentlichen Anlässen – aber auch dort nicht immer. »Manchmal sehen mich die Leute im Gemüsegeschäft und denken, ich müsste in Chanel oder so etwas gekleidet sein«, sagte Julia. »Sie können sich nicht damit abfinden, dass ich abgeschnittene Jeans und ein T-Shirt anhabe. Als ob es mein Job wäre, immer makellos auszusehen. Das wird niemals so sein! Niemals! Wenn ich zum Beispiel aus einem Flugzeug steige und die Zeitungen schreiben ›Darling, du solltest mal wieder zum Frisör gehen‹, denke ich mir: ›Ich war achtzehn Stunden unterwegs, ich habe geschlafen. Meine Haut ist völlig ausgetrocknet, meine Haare ein einziges Durcheinander. Was erwartet ihr eigentlich von mir?‹«

Offensichtlich viel mehr, als sie bereit war zu geben. Die Folge davon war, dass sie 1991 die zweifelhafte Auszeichnung erhielt, die Blackwell-Liste der am schlechtesten gekleideten Stars anzuführen.

Ihre Nachlässigkeit in Bezug auf Kleidung machte sie bei den Modemachern nicht gerade beliebt, die Öffentlichkeit jedoch liebte sie dafür umso mehr. Sie war immer noch eine von ihnen, trotz ihrer großen Begabung und ihres überwältigenden Erfolges. Das brave Mädchen aus Georgia, das mit den Großeltern am liebsten Stan Laurel und Oliver Hardy als *Dick und Doof* im Fernsehen angesehen hatte, hatte sich in ihren Augen eigentlich gar nicht so sehr verändert.

Viele der größten weiblichen Stars der Filmgeschichte zeigten verschiedene Seiten ihrer Persönlichkeit und standen zu ihren offensichtlichen Widersprüchen, die sie für die Öffentlichkeit umso attraktiver machten. Der aufreizende Sexappeal von Marilyn Monroe wurde durch ihren mädchenhaften, verspielten Charme gemildert. Grace Kelly besaß eine kühle Eleganz, unter der feurige Leidenschaft loderte. Barbra Streisand konnte in einem Moment die klassische Schönheit verkörpern und im nächsten ganz schlicht erscheinen. Und ihren atemberaubenden Chansons konnte im nächsten Moment eine heitere, jiddische Weise folgen.

Julia fand, dass die widerstreitenden Aspekte ihrer Persönlichkeit zu ihrem Erfolg beitrugen und ihr gleichzeitig halfen, damit umzugehen. »In mir schlummern mehrere Persönlichkeiten«, sagte sie 1992. »Eine erfahrene Frau, eine Heranwachsende, eine junge Frau auf Entdeckung der Sinnlichkeit und ein unschuldiges Mädchen. Ich glaube, nur weil ich so viele Persönlichkeiten in mir habe, konnte ich den Belastungen meines rasanten Aufstiegs standhalten.«

KAPITEL 18

Julia Roberts Ruhm, ihre Beliebtheit in Hollywood und das ungebremste Interesse von Fans und Medien wuchs noch einmal steil an, als am 8. Februar 1991 der Film *Der Feind in meinem Bett* in die Kinos kam. Kurz davor war sie als erste Frau auf der Titelseite von *Gentleman's Quarterly* erschienen. »Ich glaube, mehr geht nicht«, sagte Kiefer über seine Verlobte, »sonst würde man platzen.«

Trotz gemischter Kritiken – die meisten Negativstimmen bezogen sich eher auf die Glaubwürdigkeit einzelner Handlungsaspekte als auf Julias schauspielerische Leistung – spielte der Film in den USA über 100 Millionen Dollar ein und wurde damit der dritte Kassenschlager innerhalb knapp eines Jahres, dessen Erfolg hauptsächlich Julia Roberts zugeschrieben wurde.

Selbst den hartnäckigsten Zweiflern war nun klar: Julia Roberts war nicht nur ein Strohfeuer. Julia war einfach perfekt für die Rolle der Laura Burney, das hatte schon Leonard Goldstein so gesehen, als er sie engagierte. Die Zuschauer mochten sie von der ersten Szene an, einfach weil sie Julia Roberts war, deren sympathische Ausstrahlung und Verletzbarkeit schon in ihren früheren Filmen so eindrücklich zu sehen gewesen waren. Als ihr Filmehemann, der am Anfang einfach nur ein launischer Spießer zu sein scheint, sie brutal schlägt und tritt, ist der Zuschauer bis ins Mark getroffen. Ein Gefühl von Entsetzen, Angst und Spannung bestimmt von da an den gesamten Film.

Joseph Ruben, der den Zuschauern die bekannte, lebenslustige Julia Roberts, die nicht geschlagen und terrorisiert wird, nicht vorenthalten mochte, fügte eine Szene mit Laura/Sara und ihrem neuen Freund in der Theatergarderobe der Schule ein. Als Sara tänzelt Laura vor einem Spiegel auf und ab und probiert Hüte und Federboas an und im Hintergrund spielt »Brown-Eyed Girl« von Van Morrison. Manche Kritiker hielten die Szene für ein weiteres Beispiel der billigen Vermarktung eines Filmstars auf Kosten der dramatischen Integrität. Trotzdem ist die Szene entzückend, und zu ihrer Verteidigung lässt sich sagen, dass sie die unbekümmerte Sorglosigkeit betont, die Laura nach Jahren der Anspannung endlich wiedererrungen hat.

Die Gefühlsskala, die Julia in diesem Film zeigen muss – die aufgesetzte Fröhlichkeit mit dem Ehemann, ihre Angst vor ihm und dem neuen Mann in ihrem Leben, ihr freudiges Annehmen der neuen Beziehung, dann wieder die Angst vor dem Ehemann, als er sie aufspürt –, ist breiter als in jeder Rolle zuvor und zeigt deutlich ihre schauspielerische Reifung. Auch wenn es zutreffen sollte, dass Herb Ross Schwierigkeiten hatte, Julia »falsche« Subtexte auszutreiben, kann man davon ausgehen, dass Joseph Ruben solche Probleme nicht hatte.

Kurz nachdem *Magnolien aus Stahl* 1988 abgedreht war, sicherten sich Sally Field und ihre Produktionsfirma Fogwood die Rechte für Marti Leimbachs ersten Roman *Wen die Götter lieben* (Filmtitel: *Entscheidung aus Liebe)*. Sally war der Meinung, Julia sei die ideale Besetzung für die Hauptfigur der Hilary O'Neil. Das einfache Mädchen aus San Francisco wird Pflegerin des jungen und schwerreichen Victor Geddes, der an Leukämie erkrankt ist, und verliebt sich in ihn. Sally überzeugte 20th Century Fox von dem Projekt. »Ich sagte ihnen, ich hätte ein fantastisches Mädchen für die Rolle«, erinnerte sich Sally. Doch das Studio wollte unbedingt einen Star. Das Casting wurde ausgesetzt, bis ein Drehbuch vorlag. Das Buch von Richard Friedenberg, es war sein erstes, wurde erst nach dem Start von *Pretty Woman* fertig. Sally ging wieder zu Fox und sagte: »Ich wiederhole, ich kenne ein Mädchen, das fantastisch für die Rolle wäre.« Sally erzählte: »Zum Glück musste ich ihnen nicht sagen: ›Ihr kennt sie noch nicht.‹«

Der Geschäftsführer von Fox, Joe Roth, war begeistert, Julia unter Vertrag zu nehmen – so begeistert, dass er bereit war, ihr eine Gage von drei Millionen Dollar zu zahlen. Es sollte ihr achter Spielfilm werden. Innerhalb von drei Jahren waren Julias Gagen um über 3300 Prozent gestiegen. Roth verteidigte die Riesensumme mit den Worten: »Mit Julias Namen auf dem Plakat haben wir den größten weiblichen Filmstar der Welt zu bieten.

Sie gehört zu den maximal zehn Stars weltweit, die einen Film allein durch ihren Namen ›öffnen‹ können.«*

Julia rief Joel Schumacher an und bat ihn, in *Entscheidung aus Liebe* Regie zu führen. Joel war angenehm überrascht. »Das war das erste Mal, dass mich ein Star anrief und mich bat, Regie zu führen. Ich glaube nicht, dass ich gerade diesen Film gemacht hätte, wenn Julia mich nicht gebeten hätte. Ich liebe sie.« Fox verpflichtete für die Rolle des Victor den beeindruckenden jungen Schauspieler Campbell Scott, Sohn des hoch geachteten George C. Scott und der Colleen Dewhurst. Dewhurst und Vincent D'Onofrio, der auch in *Pizza, Pizza* mitgespielt hatte, standen ebenfalls auf der Besetzungsliste.

Julia war sich der Zuneigung ihres Regisseurs gewiss und mit der Wahl der anderen Hauptdarsteller zufrieden, und so konnten die Dreharbeiten am 12. November 1990 in dem kalifornischen Küstenstädtchen Mendocino beginnen. Das Studio ließ an einer Steilküste über dem Ozean eine riesige Villa errichten, wo Hilary und Victor eine kurze, romantische Zeit miteinander verbringen, nachdem er ihr erzählt hat, dass seine Krebserkrankung auf dem Weg der Besserung sei.

Verglichen mit *Der Feind in meinem Bett* verliefen die Aufnahmen zu *Entscheidung aus Liebe* eher ereignislos. Es hieß, Julia sei nach fünf Filmen in weniger als zwei Jahren erschöpft und könne zu jeder Tageszeit und in jeder Lage ein Nickerchen einlegen. Von Ohnmachtsanfällen oder Auseinandersetzungen zwischen Regisseur und Star ist aber nichts bekannt. Am schlimmsten war für Julia die alles beherrschende Melancholie der Handlung. Julie Lew von der *New York Times* erzählte sie: »Gestern habe ich mit Campbell eine sehr traurige Szene gedreht, mir war vorher nicht klar gewesen, wie traurig sie ist. Das ist das Schlimmste an so einer Arbeit, man weiß vorher nicht, wie viel dabei wirklich passiert.«

---

* Im Hollywoodjargon bedeutet, »einen Film öffnen können«, wenn ein Schauspieler die Zuschauermassen in die Eröffnungsvorstellungen des ersten Wochenendes ziehen kann, bevor schlechte Mundpropaganda oder schlechte Kritiken sich auswirken. Mittelmäßige Filme werden dadurch oft vor Verlusten bewahrt.

Im Verlauf der Dreharbeiten wurde Schumacher unsicher, weil die Handlung seiner Meinung nach zu voll gepackt war. Im Roman und im ursprünglichen Drehbuch begeht Victor am Schluss Selbstmord und Hilary tut sich mit dem in der Nähe lebenden Gordon (D'Onofrio), einem Allround-Handwerker, zusammen. Schumacher konzentrierte die Handlung jedoch auf die beiden Hauptcharaktere und schnitt die Nebenfiguren, auch die von D'Onofrio und Dewhurst, zurück. Der Regisseur hatte von Anfang an darauf bestanden, dass Victor nicht Selbstmord begeht, trotzdem drehte er eine Schlussszene, in der Hilary sich gegen Victor und für Gordon entscheidet.

Während der Dreharbeiten erfuhr Julia, dass sie für ihre Rolle in *Pretty Woman* für einen Golden Globe als Beste Schauspielerin in der Sparte Musical/Komödie nominiert worden war. Kurz darauf erhielt sie auch eine Oscarnominierung als Beste Schauspielerin. Davon erfuhr sie während eines Kurzurlaubs auf Kiefers Ranch in Montana.

Nach Außendreharbeiten in San Francisco und im Napa Valley war der Film am 8. Februar 1991 abgedreht – kurz bevor *Der Feind in meinem Bett* in die Kinos kam. Während Schumacher an der Nachbearbeitung des Filmmaterials saß, brodelte es in der Gerüchteküche Hollywoods. Es hieß *Entscheidung aus Liebe* sei in Schwierigkeiten. Vertreter von 20th Century Fox seien mit dem deprimierenden Titel (Original: *Dying Young*) nicht einverstanden. Sie fürchteten, er werde die Zuschauer abschrecken und glauben machen, Julia sei diejenige, die stirbt. Auch der Schluss gefiel ihnen nicht, weil sie fürchteten, Julias Fans könnten enttäuscht sein. Die Premiere, die ursprünglich für den Sommer 1991 geplant gewesen war, sollte verschoben werden.

Schumacher überlegte sich alternative Titel wie *All For Love* und *Forever Young*. Doch diese Titel waren zu weit von der Handlung entfernt. Die Vertreter von Fox beließen es schließlich doch bei dem ursprünglichen Titel, bestanden aber nach einem katastrophalen Preview auf einen anderen Schluss. »Die Zuschauer waren entsetzt«, verriet ein Insider einem englischen Reporter. »Julia Roberts ist sehr beliebt. Sie wollen sie nicht in einem schlechten Licht sehen. In der neuen Schlussfassung tröstet sie ihren Geliebten auf dem Totenbett.«

Dann war da noch das ungelöste Problem mit dem Premierentermin. Als das Studio die Premiere von Juni auf einen unbestimmten Termin im Herbst verschob, rochen Beobachter Schwierigkeiten. »Wir gingen davon aus, dass es eine Sommerpremiere werden würde, falls der Film dem Studio zusagte«, sagte Schumacher. »Aber als sie die Tagesaufnahmen sahen, wurde erwogen, den Film lieber im Herbst oder an Weihnachten zu platzieren, wenn ernste Themen angesagter waren. Als die Leute von Fox dann den fertigen Film sahen, sagten sie: ›Das ist eine Liebesgeschichte. Sie sollte so bald wie möglich erscheinen.‹« Der Premierentermin wurde für den 21. Juni festgesetzt.

In der dritten Februarwoche 1991 brach im Haus von Roberts und Sutherland in den Hollywood Hills die Hölle los. Die Boulevardzeitung *Globe* brachte die Schlagzeile: Caught! Kiefer 2-Times pretty Woman Julia Roberts. (Ertappt! Auch Kiefer gibt Pretty Woman Julia Roberts den Laufpass.) Der Artikel, der mit Fotos von einem offensichtlich peinlich berührten Kiefer und einer hübschen Brünetten ausgeschmückt war, berichtete von einem intimen Tête-à-Tête mit der Unbekannten in einem Restaurant am Sunset Strip in den frühen Morgenstunden.

Es hieß, Julia und Kiefer hätten sich gestritten, dass die Fetzen flogen, worauf er das Haus verlassen hätte – oder hinausgeworfen worden sei. Er zog in eine billige Absteige, das St. Francis Hotel am Hollywood Boulevard Nähe Western Avenue, das ausgerechnet gegenüber dem Hollywood Billiards Parlor lag, wo er im Januar die bewusste Dame kennen gelernt hatte. Es handelte sich um die 24-jährige, vollbusige Amanda Rice, in ihrer Stripshow im Crazy Girls Club in der La Brea Avenue in Hollywood auch als »Raven« bekannt. Rice, die eine gewisse Ähnlichkeit mit der Schauspielerin Demi Moore hat, sagte später in einem unveröffentlichten Interview: »Kiefer spielt oft dort [im Hollywoods Billiards]. Er fragte mich, ob ich eine Runde mit ihm spielen würde und ich sagte ja.«

Die aus Hawaii stammende Rice hatte erst in Washington D.C.

getanzt und war dann nach Los Angeles gezogen, um dort, wie sie sagte, »Schauspielerin« zu werden. Neben ihrer Ausbildung tanzte sie zu den Pfiffen der Männer im Crazy Girls Club, wo Kiefer sie kurz nach ihrer ersten Begegnung besuchte. »Ich hörte ihn fragen: ›Hat sie einen Freund?‹«, erinnerte sich Rice. Als er erfuhr, dass sie frei war, sagte er: »Nun, jetzt hat sie einen.«

Rice räumte ein, von Julias und Kiefers »Verlobung« gewusst zu haben, aber als sie ihn darauf ansprach, habe er ihr ausdrücklich gesagt, er sei nicht verlobt. Obwohl er einen Ring trug, den Julia ihm zu Weihnachten geschenkt hatte, sagte Rice: »Er sagte, sie würden nicht heiraten, die letzten sechs Monate mit ihr seien die Hölle gewesen.«

Rice war natürlich geschmeichelt, von einem Filmstar umworben zu werden, vor allem, als er sie, ihren fünfjährigen Sohn Kelly und seine eigene Tochter Sara aus seiner Ehe mit Camelia Kath zu einem Tagesausflug ins Disneyland einlud, während Julia bei den Dreharbeiten zu *Entscheidung aus Liebe* war. Rice gestand, dass Kiefer ihrem Sohn viele Geschenke gemacht habe, unter anderem eine Spielzeugpistole und ein Gewehr. Ihr selbst gab er einige tausend Dollar. »Er wollte, dass ich mir selber Geschenke kaufe, aber ehrlich gesagt, ich habe jeden einzelnen Cent zum Bezahlen von Rechnungen gebraucht.«

Rice erwähnte nichts von einer Sexaffäre mit Sutherland, sprach aber von einer »Beziehung«. Und sie fügte hinzu: »Er ist ein toller Gesellschafter. Wir machten lange Spaziergänge. Wir aßen zusammen. Wir spielten stundenlang Billard – und er kann einem richtig toll die Füße massieren.«

Laut Fran Padilla, Hotelmanager im St. Francis, in dem es keine Zimmertelefone gab, erhielt Kiefer Anrufe von Julia und seiner Freundin Michelle Pfeiffer. Einmal ließ Julia ihm ausrichten: »Nach einem Unwetter gibt es immer einen Regenbogen.« Anscheinend wollte sie ihm verzeihen. Ende Februar zog Kiefer wieder in das Nichols Canyon Haus ein. Laut Rice wusste Julia, »dass Kiefer mit mir ausgegangen war, aber sie glaubte, es sei alles ganz unschuldig gewesen. Ich hörte, wie sie zu jemandem sagte: ›So etwas ist unter seinem Geschmack.‹«

»Sie ist ein ziemliches Miststück«, fügte Rice noch hinzu.

Am Wochenende nach dem *Globe*-Artikel erschien Julia wieder auf der Titelseite von *People*, diesmal zusammen mit Kiefer. Die Schlagzeile lautete: Julia verliebt – »Meine große Liebe!«, sagt die Roberts über ihre Romanze mit Kiefer Sutherland. In dem Artikel stand, Kiefer habe Julia den Diamantring im Februar geschenkt, aber, wurde sie zitiert, es sei kein Verlobungsring. Später schenkte Kiefer ihr anlässlich ihres vierundzwanzigsten Geburtstags am 28. Oktober etwas sehr Persönliches und, wie es schien, Dauerhaftes: ein Tattoo auf ihrem linken Schulterblatt, ein rotes Herz in einem chinesischen Zeichen mit der Bedeutung »Kraft des Herzens«. Ein Tattookünstler von Sunset Tattoo wurde damit beauftragt. Kiefer sagte: »Es war ein ganz privater, wunderbarer Moment.«

»Meine Liebe für Kiefer wird solange halten wie dieses Tattoo«, schwärmte Julia. »Wir sind ständig zusammen«, erzählte sie der Zeitung *USA Today* Anfang Februar. »Wir arbeiten zusammen, wir sind verliebt. Das ist ein Leben. Was will man mehr.«

Der Artikel in *People* erwähnte mit keinem Wort Kiefers Liaison mit Amanda Rice. Einen kritischen Hinweis jedoch gab es – dass nämlich Julia und Kiefer seit *Flatliners* nicht mehr zusammengearbeitet hätten und ihre berufliche Entwicklung in entgegengesetzte Richtungen zu gehen schien. Ein nicht näher genannter Freund der beiden wurde mit den Worten zitiert: »Es gibt tatsächlich ein Problem, ein Problem, das mit der Arbeit zusammenhängt. Kiefer bekommt zur Zeit keine Rollenangebote und Julias Telefon klingelt alle zwei Minuten. Aber sie ist bis über beide Ohren verliebt und möchte eine funktionierende Beziehung.«

Am Montag, den 25. März, begleitete Kiefer Julia zur dreiundsechzigsten Oscarverleihung. Sie war für ihre Leistung in *Pretty Woman* als Beste Schauspielerin nominiert worden. Beobachter und Fans waren von Julias neuester Haarkreation entsetzt, einem platinblonden Kurzhaarschnitt. Obwohl sie den Golden Globe als Beste Schauspielerin gewonnen hatte, sah sie sich mit Kathy Bates einer starken Konkurrentin gegenüber, die für die Verfilmung von Stephen Kings *Misery* nominiert worden war.

Bates gewann den Oscar – und hatte ihn auch nach Meinung fast aller verdient, weshalb Julias Enttäuschung sich in Grenzen hielt. Aber Millionen Fernsehzuschauer im ganzen Land sahen das Interview, das Barbara Walters in ihrer jährlich stattfindenden Sondersendung mit ihr führte.

Julia erzählte der Walters bewegt, wie sehr sie ihren Vater vermisse, und sagte: »Aber gleichzeitig gibt es jetzt auch keine physische Beeinflussung unserer Beziehung. Wir sind immer zusammen. Wissen Sie, er ist ständig verfügbar, jede Minute des Tages. Da es keinerlei Störfaktoren gibt, ist es die perfekte Vater-Tochter-Beziehung.«

»Ich verstehe nicht ganz, was Sie meinen«, sagte Walters.

»Ich meine, wenn er existieren würde, das klingt vielleicht etwas abergläubisch oder verrückt, aber wenn er am Leben wäre, wäre er dann hier, jetzt, in diesem Augenblick? Könnte er mich sehen? Vielleicht nicht. Aber er ist jetzt hier bei mir, wissen Sie, und wenn ich nach Hause gehe, kann ich sagen: ›Dad, das hätte ich zu Barbara Walters nicht sagen sollen, es war schrecklich.‹ Also, irgendwie wacht er über allem. Ich fühle eine Kraft, wissen Sie, etwas, was da ist … Ich glaube einfach, dass ich eine zusätzliche Orientierung habe, die andere Leute vielleicht nicht haben.«

Sie sprach auch von Kiefer und sagte, sie würden für immer und ewig zusammenbleiben. Walters, die zweimal verheiratet war, fragte sie, ob sie das wirklich glaube. »Ja«, antwortete Julia. »Die ewige Liebe. Daran glaube ich und ich glaube auch, dass unsere Liebe ewig währt. Wir leben zusammen, wir sind glücklich und wir sind ineinander verliebt – bedeutet das nicht dasselbe wie verheiratet sein? Er ist die Liebe meines Lebens. Er ist der Mensch, den ich am meisten liebe, bewundere und achte. Kiefer ist der wunderbarste und verständnisvollste Mensch, den ich je kennen gelernt habe.«

Am 18. April besuchte Julia eine Party zu Erics fünfunddreißigstem Geburtstag. Sie fand in seinem Haus in Los Angeles statt. Im Februar hatte Kelly Cunningham, seine Freundin mit den rabenschwarzen Haaren, ihre Tochter Emma zur Welt gebracht und Julia war zum ersten Mal Tante geworden. Aber das Wiedersehen auf der Party verlief, erinnerte sich Eric, nicht besonders glücklich. »Julia hatte sich die Haare kurz schneiden lassen und blond gefärbt«, erzählte Eric Fred Schruers 1996 in der Zeitschrift *Premiere.* »Ich kritisierte sie dafür. Da flippte sie aus und warf mir vor, ich hätte keine Achtung vor ihr als Schauspielerin. Sie hätte das wegen ihrer Rolle als Tinkerbell in Spielbergs *Hook* gemacht. Sie tobte! Ich würde sie nicht respektieren, ich würde ständig mit einer neuen Frisur herumlaufen, warum sollte sie das nicht auch tun? Und was ich mir eigentlich einbilde. Ich würde ihre Gefühle verletzen, hätte keinen Funken Freundlichkeit in mir und so weiter und so weiter.«

Der Bruch zwischen Eric und Julia war nun endgültig und wurde im Lauf der Jahre immer mehr in die Öffentlichkeit getragen. Julia kommentierte Erics Version dieser letzten Auseinandersetzung in einem Interview mit David Hochman in der Oktoberausgabe 1996 von *Us.* »So war das nicht. Meine Haare sind mir doch nicht so wichtig, dass eine Beziehung auseinander bricht, nur weil jemand mit meiner Frisur nicht einverstanden ist. Diese Erklärung kommt mir ziemlich dumm vor … Im Moment ist es das Beste, wenn ich mich von ihm fern halte.«

Ungefähr zu dieser Zeit war Julia in eine waghalsige Rettungsaktion verwickelt, die aus einem ihrer Filme hätte stammen können, wie sie Rosie O'Donnell im Fernsehen erzählte. Sie war auf dem Heimweg vom Sportstudio, barfuß und nur mit einem lockeren Kleid über ihrem Trikot bekleidet, als sie sah, wie zwei Autos ineinander krachten. Das eine überschlug sich und landete mit dem Dach in einer Ausbuchtung an der Straße. Ihre erste Reaktion war, den Notruf zu verständigen, aber sie hatte kein Handy dabei.

»Ich parkte meinen Wagen an der Seite, sprang heraus und rannte hinüber. In dem Auto war ein junger Mann und ich fragte ihn: ›Sind Sie okay?‹ Er sagte: ›Ich glaube schon‹, und ich sagte: ›Okay, ich glaube zwar nicht, dass ich das tun sollte, aber ich werde Sie jetzt herausziehen.‹ Er saß nämlich kopfüber da und war ganz zusammengesunken und aus dem Auto floss so eine komische Flüssigkeit, die mir nicht geheuer war.«

Sie zog den jungen Mann aus dem Wagen und als er über Schmerzen im Genick klagte, hockte sie sich hin und bettete seinen Kopf zwischen ihre Schenkel, um ihn in einer stabilen Lage zu halten.

»Ich sagte: ›Okay, und jetzt atmen wir schön weiter.‹ Ich redete einfach darauf los, massierte seine Ohren und machte Atemübungen nach Lamaze mit ihm. Ich spielte sämtliche Ärztesendungen durch, die ich je im Fernsehen gesehen hatte, und sagte Sachen, die man eben sagt, wenn man jemanden beruhigen will.«

Der Rettungsdienst kam und brachte den Mann ins Krankenhaus. Julia fuhr nach Hause und dann »bekam ich die Krise« wegen dem, was geschehen war. Kurze Zeit danach erhielt sie von dem Mann einen Brief. Er schrieb, er und seine Freundin hätten am Abend vor dem Unfall *Pretty Woman* angesehen, er hätte den Film nämlich noch nicht gekannt. »Er sagte, als er nach dem Unfall nach oben geschaut und mich mit den hellgoldenen Haaren über sich gesehen hätte, habe er gedacht, er sei tot.«

Am 30. April gab Julias Pressesprecherin Pat Kingsley bekannt, Julia und Kiefer wollten am 14. Juni bei einer »kleinen und privaten Zeremonie« heiraten. »Ich bin unendlich glücklich, dass ich diesen Menschen kennen gelernt habe«, sagte Julia in einer vorbereiteten Erklärung.

Damit begann der »Fellini-Sommer«, wie Elaine Goldsmith es ausdrückte. Die Pläne für eine kleine und private Feier wurden fast sofort drastisch verändert. *Entscheidung aus Liebe* sollte eine Woche nach dem geplanten Hochzeitstermin in die Kinos kommen und 20th Century Fox wollte Julias Hochzeit in großem Hollywoodstil inszenieren – und so dem Film einen kostenlosen Werbeschub verschaffen.

Das Paar war einverstanden und Anfang Juni gab Studioboss Joe Roth eine »märchenhafte Hochzeitskulisse« in Auftrag. Auf Soundstage 14 sollte ein Garten im Südstaatenstil aufgebaut werden, der direkt aus *Vom Winde verweht* (oder aus *Magnolien aus Stahl*) hätte stammen können, inklusive aus Smyrna eingeflogenen Magnolienbäumen, weißen Spalieren und Naturrasen. Die Kosten wurden auf eine halbe Million Dollar geschätzt.

Elaine Goldsmith, Risa Shapiro, die Visagistin Lucienne Zammit und die Schauspielerin Deborah Porter sollten die Brautjungfern sein. Alle vier bestellten 425 Dollar teure, meergrüne Manolo-Blahnik-Schuhe, passend zu ihren 3200 Dollar teuren Kleidern. Julias Schwester Lisa sollte Trauzeugin werden.

Bei Tyler-Trafficante in West-Hollywood ließ Julia ein 8000 Dollar teures, zweiteiliges Hochzeitskleid mit einer lang geschnittenen Jacke anfertigen, das sich ohne den langen Rock und die Schleppe in ein Minikleid verwandeln ließ. Die vierstöckige Hochzeitstorte sollte mit Veilchen und meerschaumfarbenen Schleifen aus Zuckerguss verziert werden.

Kiefer wollte seine Junggesellen-Abschiedsparty im Dominick's Restaurant am Beverly Boulevard in West Hollywood feiern. *Seine* Torte sollte die Form eines fünfzehnpfündigen Truthahns haben. Anscheinend hatte er das Hochzeitsessen nach Thanksgiving-Tradition ausrichten lassen wollen, aber Julia bestand auf Rind. »Kiefer steht auf Truthähne«, verriet jemand aus der Konditorei der Zeitschrift *People*.

Alles schien wie geplant zu laufen, doch dann platzte die Bombe. Am 7. Mai gab Amanda Rice dem Londoner Boulevardblatt *The Sun* ein Interview, in dem sie einräumte, eine sexuelle Beziehung mit Kiefer gehabt zu haben. Außerdem enthüllte sie Dinge über Julia und über Kiefers und Julias Beziehung, die Kiefer ihr erzählt hatte. Laut Rice klagte Kiefer, dass Julia ichbezogen und fordernd sei, dass es ihr an Selbstbewusstsein mangele, dass sie ihre Fingernägel »bis aufs Blut« abnage, winzige Brüste und keinen Hintern habe und im Bett kalt wie eine »Eisprinzessin« sei.

Rice fuhr fort: »Kiefer sagte, mit ihr zu schlafen sei wie mit einer Leiche zu schlafen. Einmal, nachdem wir Sex gehabt hatten, erzählte mir Kiefer, er könnte Julia niemals heiraten, weil sie so fordernd sei, im Bett nichts tauge und er bei jeder Kleinigkeit für sie da sein müsse. Ich sagte ihm: ›Kiefer, wenn du irgendwann einmal da raus willst, komm für vierundzwanzig Stunden zu mir zurück. Ich sorge dafür, dass du vergisst, sie jemals getroffen zu haben. Ich habe ein paar tolle neue Titten und bin da, wann immer du mich willst.‹ Es würde mich nicht wundern, wenn er mit mir Kontakt aufnähme. Er braucht ein bisschen Liebe.«

In den USA wurde die Story vom auflagenstarken *National Enquirer* aufgegriffen und millionenfach an sämtlichen Supermarktausgängen Amerikas ausgelegt. Julia, die zu dieser Zeit schon wieder am Set war, quälte sich gerade mit ihrem neuen Film ab, Spielbergs märchenhafter Verfilmung *Hook* nach dem Stück und dem Buch *Peter Pan* von J. M. Barrie. Der Film der Tri-Star-Gruppe mit Dustin Hoffman als Kapitän Hook, Robin Williams als erwachsener Peter Pan, Maggie Smith als ältere Wendy und Julia als Tinkerbell hatte ein Budget von sage und schreibe 56 Millionen Dollar. Gerüchte kursierten, nach denen allein Julia sieben davon erhalten sollte, in Wahrheit betrug ihre Gage ungefähr zwei Millionen – auch das eine enorme Summe für die ursprünglich geplanten wenigen Drehwochen, vor allem, wenn man bedenkt, dass Julia zwei Prozent der Bruttoeinnahmen ab 100 Millionen Dollar erhalten sollte.

Als Julia im Herbst 1990 die Rolle angeboten bekam, war sie begeistert, mit einem so berühmten Regisseur und so berühmten Schauspielern zusammenarbeiten zu können. Außerdem reizte sie die Vorstellung, eine Fee zu spielen, die sie als Kind besonders gemocht hatte. »Sie ist als freche Figur angelegt«, sagte sie. »Sie ist sehr schlau und witzig und trägt das Herz auf der Zunge. Vorgestern Abend erst habe ich mich mit Herrn Spielberg zusammengesetzt und er hat mir einige seiner neuen Einfälle erläutert, die einfach großartig sind.«

Die Hauptdreharbeiten sollten im Januar 1991 beginnen und im Februar sollte Julia am Set erscheinen, also direkt nach Abschluss der Dreharbeiten von *Entscheidung aus Liebe*. Sie merkte aber bald, dass diese Planung für sie zu eng war. Sie war erschöpft und mochte nicht von einem Projekt direkt ins nächste springen. »Ich fühlte mich dafür nicht stark genug. Lieber absagen als eine Sache nur halbherzig angehen und die anderen enttäuschen.«

Doch dann erfuhr Julia, dass der Beginn der Dreharbeiten um einige Monate verschoben worden war. Sie veranlasste Elaine Goldsmith, die von William Morris zu International Creative Management gewechselt war, bei Spielberg und den Studioleitern anzurufen. Da zu diesem Zeitpunkt die Rolle der Tinkerbell noch nicht besetzt war, wurde Julia unter Vertrag genommen. Im

April, kurz vor Beginn ihrer Dreharbeiten, sagte sie einem Journalisten: »In einer Woche werden mir die Flügel angepasst. *Die Flügel angepasst!* So etwas liebe ich.«

Wegen der Starbesetzung von *Hook* – und vor allem wegen Julias Mitwirkung – begann es sofort in der Gerüchteküche zu brodeln. Man munkelte von Katastrophen auf der Soundstage und Kostenüberschreitungen. Doch die meisten Negativmeldungen bezogen sich auf Julia – zum ersten Mal in ihrer Laufbahn. Privat stand sie unter enormem Druck und beruflich vor der Aufgabe, eine fünfundzwanzig Zentimeter große, fliegende Fee darzustellen. Die meiste Zeit verbrachte Julia damit, auf die Fertigstellung des Bühnenaufbaus zu warten – manchmal bis zu sechs Stunden – oder in unbequemen Gurten vor einer blauen Leinwand zu hängen. Dieser Hintergrund erlaubte den Filmanimateuren, die Tinkerbell an jeden gewünschten Ort zu zaubern. In den meisten Szenen hatte Julia keine Mitspieler. Steven Spielberg gab ihr die Stichworte vor, manchmal assistierte auch Robin Williams, aber mit Dustin Hoffman trat sie nie zusammen auf.

Aus dem Set sickerte das Gerücht, das Team würde Julia hinter ihrem Rücken »Tinkerhell« (Tinkerhölle) nennen. Sie würde ständig so viel Wirbel machen und sich beschweren, dass Spielberg »der Geduldsfaden gerissen« sei. Einmal hätte sie aus Wut sogar einen Schuh quer über die Bühne geschleudert. Auch das offizielle Presseorgan des Studios, das nicht gerade für reißerische Berichterstattung bekannt war, sprach von den Schwierigkeiten, mit denen Julia konfrontiert war. »Die unberechenbare Technik von Nimmerland erwies sich manchmal als physische und künstlerische Herausforderung. Ihre Arbeit bestand hauptsächlich aus langen Tagen auf überheizten Soundstages, wo sie auf Schauspieler und Geschehnisse reagieren musste, die für sie nicht sichtbar waren und nur erahnt werden konnten. Oft schwebte sie dabei in einem hoch oben aufgespannten Gurt oder tänzelte über eine überdimensionale, mit riesigen Bauten bestückte Bühne.«

In einem Bericht hieß es, Julia hätte, als sie nicht länger auf den Bühnenumbau warten wollte, erklärt: »Ich bin so weit«, woraufhin Spielberg entgegnet habe: »Wir sind so weit, wenn *ich sage,* dass wir so weit sind, Julia.« Andere Berichte deuteten an, die Vertreter der TriStar-Gruppe wären mit den Dailies unzufrieden gewesen, die sie von Julia zu sehen bekommen hatten. Sie sehe dünn, blass und unglücklich aus, ihr fehle das sprühende Temperament, das sie in anderen Filmen gezeigt habe. Ausgerechnet Herb Ross, mit dem sie bei *Magnolien aus Stahl* so sehr zu kämpfen hatte, schwang sich zu einer Art Verteidigung auf: »Julia ist schüchtern und ängstlich. Sie ist eine unerfahrene, aber begabte junge Schauspielerin. Grund für ihre plötzlichen Ausbrüche und häufigen Anmaßungen könnte Überarbeitung sein. Sie hatte in diesem Jahr viel um die Ohren.«

Die Situation spitzte sich dermaßen zu, dass *USA Today* zum Entsetzen der Leser berichtete: »Wundern Sie sich nicht, wenn Julia Roberts aus dem Film *Hook*, den Steven Spielberg gerade in Arbeit hat, ausscheidet.«

KAPITEL 19

Nach nur drei Drehtagen – und fünf Tage nachdem die Amanda-Rice-Story im *Enquirer* die Zeitungskioske überschwemmt hatte – wurde Julia von Kiefer in die Notaufnahme des Cedars-Sinai Medical Center in West Hollywood eingeliefert. Sie hatte hohes Fieber, Schwindel, Kopfschmerzen und litt unter Austrocknung. Die Ärzte nahmen sie unter dem Decknamen Fiona Douglas auf (Kiefers Mutter ist die Schauspielerin Shirley Douglas) und führten eine Reihe von Tests mit ihr durch, unter anderem eine Computertomographie.

Dank der Tests konnte von einem Meningitisschub bis zu Aids alles ausgeschlossen werden. Als die Nachricht von Julias Erkrankung durchsickerte, erklärte der Krankenhaussprecher Ron Wise, Julia leide unter einer »schweren Virusinfektion«. Die Ärzte führten ihr Kochsalzlösung zu und verabreichten ihr intravenös ein Breitbandantibiotikum.

In antiseptisches Blau gekleidet wachte Kiefer vierundzwanzig Stunden an ihrem Krankenbett, er selbst schlief auf einer Behelfspritsche. »Kiefer war ein richtig guter Kumpel, als Julia krank war«, sagte Amanda Rice. Auch als Julia am 21. Mai entlassen wurde, war Kiefer bei ihr. Aber in der Gerüchteküche brodelte es immer heftiger. Schon vor ihrem Krankenhausaufenthalt hatte Julias kränkliches Aussehen das Gerücht in Umlauf gesetzt, sie sei heroinabhängig. Danach hieß es, sie sei zur Entgiftung aufgenommen worden. Als solche Berichte auch in den Zeitungen erschienen, dementierte Julia energisch – und verärgert. »Ich war erschöpft. Ich hatte Fieber, hohes Fieber. Das war das Schlimmste. Ich hatte ungefähr vierzig Grad Fieber. Deshalb war ich im Krankenhaus. Kann man nicht einmal mehr krank sein, ohne dass es gleich heißt, man hänge an der Nadel? Ich hatte Grippe, verdammt noch mal!«

Julia erholte sich sichtlich schnell. Schon nach wenigen Tagen, so Army Archerd in seiner Kolumne im *Daily Variety*, hätten Julia und Kiefer ihre bevorstehende Hochzeit im Moonlight Tango

Café im San Fernando Valley gefeiert, wo Julia eine Congaband angeführt habe.

Die Hochzeitsvorbereitungen machten rasante Fortschritte. Am 2. Juni lud Elaine Goldsmith zu einer Brautparty in ihr Haus in Marina del Rey. Julia bekam mehrere Garnituren Spitzenunterwäsche geschenkt und mindestens einen Strumpfhaltergürtel. Auch ihre Mutter Betty war gekommen, sie wohnte bei Julia und Kiefer, um bei den Hochzeitsvorbereitungen zu helfen.

Als der 14. Juni näher rückte, bekam auch die Roberts-Sutherland-Hochzeitsbühne auf der höhlenartigen Soundstage 14 von Fox den letzten Schliff. An über zweihundert von, wie *People* es nannte, »Hollywoods glitziest and ritziest« waren goldgravierte Einladungen verschickt worden. Darunter Joel Schumacher, Garry Marshall, Richard Gere, Bruce Willis, Dolly Parton, Shirley MacLaine, Sally Field, Daryl Hannah und Emilio Estevez.

Zwischen den mit Magnolien geschmückten Spalieren waren fünfzig lauschige Vierertische aufgestellt worden, jeder mit einer Vase in der Mitte, die mit einem Dutzend frischer Rosen bestückt werden sollte. Ein Feinkostgeschäft bekam den Auftrag, zweihundert Mignonfilets zu liefern, und ein Weinhändler sollte einhundert Flaschen des besten Champagners bringen. Ein Partyservice bereitete den Tischschmuck, die Gedecke und das Silberbesteck vor. Die Eisskulpturen für das Büffet waren fertig. Da die Feier auf der Soundstage stattfand, würden keine Pressehubschrauber die Hochzeitsgesellschaft stören können, wie es bei Starhochzeiten schon geschehen war, die im Freien stattgefunden hatten. Trotzdem plante Fox 100 000 Dollar für Sicherheitsmaßnahmen ein, um ungeladene Gäste – und vor allem die Medien – auf Abstand zu halten.

Und dann, drei Tage vor dem großen Ereignis, unerwartet wie ein Erdbeben, erlitt das Cateringgewerbe von Los Angeles einen nahezu vernichtenden wirtschaftlichen Schlag: Die Hochzeit wurde abgesagt. Es war Dienstag, der 11. Juni, auf den Tag genau zwanzig Jahre nach der Trennung von Julias Eltern. Die erschütternde Nachricht, dass die am meisten erwartete Hochzeit seit derjenigen von Prince Charles und Lady Diana nicht stattfinden würde, schlug riesige Wellen und sorgte buchstäblich weltweit für Schlagzeilen.

Sofort stürmten Reporter und Fotografen auf der Jagd nach einer Stellungnahme oder wenigstens einem Foto Julias Haus. Diese jedoch war in weiser Voraussicht schon am Montagabend zusammen mit ihrer Mutter zu Elaine Goldsmith nach Marine del Rey geflüchtet, wo sie, wie Betty sagte, sicher zu sein glaubten. Ihr Aufenthaltsort wurde jedoch bald entdeckt. Schon am nächsten Tag, erzählte Betty später, »sahen wir aus dem Fenster … und trauten unseren Augen nicht. Mindestens einhundertfünfzig Fotografen umringten das Haus. Über uns kreisten Hubschrauber. Ich ging hinaus und sagte: ›Kommt, Leute. Sie hat doch nur ihre Verlobung aufgelöst. Auf der Welt sterben Menschen an Hunger. Geht nach Hause!‹«

Was war geschehen? In der Zeitschrift *Newsweek* gab es ein Quiz mit Scherzfragen:

a) Er hat sich auf seiner Junggesellenparty voll laufen lassen und sich eine Nutte ins Bett geholt.
b) Sie hat einen Nervenzusammenbruch. Er macht eine Umschulung.
c) Er hatte ein Abenteuer mit einem Callboy. Sie hat eine lesbische Geliebte.
d) Ihre Karriere schießt ins Unendliche. Er erlebt einen Absturz.
e) Sie sind immer noch zusammen und wollten die Medien nur an der Nase herumführen.
f) Alle oben genannten Punkte treffen zu.
g) Keiner der oben genannten Punkte trifft zu.

Die Londoner *Daily Mail* steuerte noch weitere Spekulationen bei. Zum Beispiel, Amanda Rice sei nicht die einzige andere Frau in Kiefers Leben. Rice sagte dazu: »Er erzählte mir: ›Seit ich Julia kenne, habe ich mehrere Affären gehabt. Aber du bist anders, dich mag ich wirklich.‹« Die Zeitung schrieb weiter, Julia und Kiefer hätten Riesenauseinandersetzungen wegen Geld gehabt und Kiefer hätte sich geweigert, einen Ehevertrag zu unterschreiben. Die *Daily Mail* äußerte sich auch besorgt über Julias körperlichen und seelischen Gesundheitszustand. Sie täte gut daran, ein Jahr Pause einzulegen, um ihr Gleichgewicht wiederzuerlangen. »In den letzten Wochen gab es Anzeichen für eine Besorgnis erregende Nervenkrise. Talkmaster John Nicholls von Radio Los Angeles sagte: ›Ich sah, wie sie mit ihrem weißen BMW an einem Kaufhaus im Zentrum vorfuhr. Sie hielt im Parkverbot und stieg barfüßig und nur mit einem Bademantel bekleidet aus. Sie war nicht geschminkt und sah schrecklich aus. Sie schien die Passanten gar nicht wahrzunehmen.‹«

Der Artikel erging sich dann in ähnlichen Spekulationen wie die *USA Today*, nämlich, dass Julia die restlichen Drehwochen von *Hook* nicht würde durchhalten können. Ein Geschäftsführer von Spielbergs Firma Amblin Entertainment wurde mit folgenden Worten zitiert: »Julia ist dünn, blass, erschöpft und krank.«

Der *Mail*-Artikel schloss mit den Sätzen: »Vertragsanwälte aus Hollywood sagen, der Ausstieg aus dem *Hook*-Projekt sei nur unter bestimmten Bedingungen möglich, zum Beispiel, wenn Julia sich in psychiatrische Behandlung begebe. ›Das käme ihr als auch dem Studio zugute‹, erklärte ein Experte. ›Ihre ganze Karriere steht auf dem Spiel.‹«

Allgemein setzte sich die Auffassung durch, Julia hätte Kiefer wegen seiner Affäre mit Amanda Rice vor die Tür gesetzt. Ein Freund von Kiefer gab allein Julia die Schuld. »Was würden Sie sagen, wenn eine, die in sämtlichen Talkshows erzählt, wie sehr sie dich liebt, so etwas täte? Sie wären schockiert!« Bald stellte sich jedoch heraus, dass es sich bei dem Beziehungsreigen nicht um ein Dreiecksverhältnis, sondern um ein Vierecksverhältnis handelte: Julia hatte einen anderen Mann kennen gelernt und Kiefer wusste davon.

Zwischen ihrer Brautparty und der Absage der Hochzeit war Julia zusammen mit ihren Schwestern Lisa und Nancy, Elaine Goldsmith und der Schauspielerin Ally Sheedy nach Arizona geflogen, um sich in dem eleganten Erholungsbad Canyon Ranch verwöhnen zu lassen. Im Flugzeug traf Julia ganz unerwartet den 23-jährigen Schauspieler Jason Patric, der Sohn von Jason Miller (Pater Karras in *Der Exorzist*) und Enkel des großen Komödianten Jackie Gleason. Die beiden hatten sich kurz zuvor über

Kiefer kennen gelernt, der mit Patric in *The Lost Boys* zusammengespielt hatte. Auf diesem kurzen Flug jedoch funkte es zwischen den beiden und zufällig hatten beide dasselbe Ziel. Am 9. Juni, einem Sonntagabend, speisten sie gemeinsam in Canyon Ranch und gingen danach zusammen fort.

Kiefer erfuhr davon und lud Jason prompt von der Hochzeit aus. Julia hatte die Hochzeit aus mehreren Gründen schon länger in Frage gestellt – unter anderem wegen Amanda Rice und wegen Kiefers übermäßigem Alkoholkonsum –, aber es erschreckte sie, welche Ausmaße die Feier angenommen hatte, wie enttäuscht alle wären, wenn sie abgesagt würde, und wie peinlich das alles für sie wäre. Doch nachdem sie Jason getroffen hatte, wurde sie sich ihrer wahren Gefühle bewusst. Sie war sich sicherer als je zuvor, es wäre »der größte Fehler meines Lebens«, Kiefer Sutherland zu heiraten. Als sie aus Arizona zurückkam, war sie fest entschlossen, ihm zu sagen, dass es in ihrer beider Interesse wäre, nicht zu heiraten.

»Aber die nächste Gelegenheit, mit Kiefer zu sprechen«, erzählte Julia später der *Entertainment Weekly*, »war, als er *mich* anrief ... und anfing, mir genau das zu sagen, was ich ihm eigentlich sagen wollte, nämlich dass er mich nicht heiraten wollte ... Ich war ziemlich überrascht, dass er so etwas sagte, bevor ich überhaupt Gelegenheit hatte, es selbst zu sagen, deshalb schwieg ich. Aber er ging dabei viel grober vor, als ich es getan hätte. Er legte einfach auf und rief nach ein paar Stunden wieder an und sagte: ›Also, ist es aus oder nicht?‹ Da sagte ich ihm, was ich ihm eigentlich hatte sagen wollen.«

Julia fühlte sich ungeheuer erleichtert, aber sie wusste, dass ihr – bezüglich der Medien – die Hölle bevorstand. Die Wirklichkeit übertraf noch ihre Befürchtungen. »Die Lawine kam ins Rollen«, sagte sie in jenem Interview mit der *Entertainment Weekly*. »Die Leute lieben den Skandal, sie lieben das Drama ... Und ich finde, Kiefer versuchte, aus welchen Gründen auch immer, sich als das Opfer darzustellen ... Aber er hätte nicht versuchen sollen, mich schlecht zu machen und sich in ein besseres Licht zu rücken. Irgendwie kam es so heraus, als sei Kiefer vor dem Altar von mir im Stich gelassen worden. Also, offen gesagt, das verstehe ich nicht.«

Julia sagte, sie hätte jede Menge Fanpost erhalten, alle in dem Tenor »Kopf hoch, Mädchen«. Viele gaben Kiefers Affären die Schuld. »Ich glaube, es war ein Gemisch von allem«, sagte Julia, »und die Leute waren verwirrt. Ich glaube, da wurde so viel mit hineingemischt, was das Ganze noch verworrener machte. Zum Beispiel das mit Kiefer und – wie soll ich sagen, *diesem Mädchen* …« Hier half ihr der Interviewer von *EW* weiter: »Wir sprechen von ›der Stripperin‹ …«

»Hm, genau das war sie!«, sagte Julia lachend. »Und als das herauskam, überwand ich meinen Stolz irgendwie und sagte: ›Okay, die Frauen erfahren es immer als Letzte.‹ Ich meine, das ging schon eine ganze Weile so. Also, ich musste endlich begreifen, dass ich einen großen Fehler gemacht hatte, überhaupt in die Heirat einzuwilligen. Und ein noch größerer Fehler war, dass ich die Sache so groß werden ließ. An diesem Punkt wurde mir klar, dass das alles ein riesiger Witz geworden war. Da war nichts Anständiges, Ehrliches oder Schlichtes mehr daran. Und all das hätte es sein können.«

Steven Spielberg bestand darauf, mit Julia am Donnerstag, den 13. Juni, eine Pressekonferenz auf dem Fox-Gelände abzuhalten. Er wollte Gerüchten entgegentreten, nach denen der ganze Aufruhr in Julias Privatleben sich negativ auf die *Hook*-Produktion ausgewirkt hätte. Der Regisseur und der Star gaben ihr Bestes, stellten sich untergehakt den Journalisten und dementierten jedwede Probleme hinter den Kulissen. Ein Angestellter des Studios, der damals dabei war, sagte, Julia »wirkte wohlgelaunt und sehr glücklich. Überhaupt nicht so trübselig und traurig wie früher.« Ein heimlicher Hinweis auf ihr neues Glück ruhte auf ihrem Kopf – eine Baseballkappe mit dem aufgestickten Schriftzug Notre Dame. Notre Dame's Fighting Irish war die Lieblingsfootballmannschaft von Jason Patric. Am Abend desselben Tages wurde Julia gesehen, wie sie in Jasons Apartment in West Hollywood verschwand. Sie kam erst am nächsten Morgen wieder heraus und fuhr mit ihrem BMW davon.

Am Freitag, dem 14. Juni, dem ursprünglich geplanten Hochzeitstag, schaffte Kiefer seine Habseligkeiten aus dem Haus in

Nichols Canyon und zog in ein Apartment. Zur selben Zeit aßen Jason und Julia in dem schicken Naturkostcafé Nowhere am Beverly Boulevard in West Hollywood Putenhamburger. Wenige Stunden später bestiegen sie am Los Angeles International Airport eine Maschine nach London. Sie waren auf dem Weg nach Dublin. Für die Flitterwochen hatte Julia Urlaub vom Set erhalten, und den wollte sie offenbar auch nutzen – allerdings nicht mit Kiefer, sondern mit Jason.

Als sie dann nebeneinander in der ersten Klasse der Aer-Lingus-Maschine von London nach Dublin saßen, machten die beiden schönen jungen Filmstars, wie die *Daily Mail* zu berichten wusste, »praktisch Liebe miteinander«.

TEIL VIER

Die Pause und Lovett

»Wenn ich nicht in Ordnung bin«, sagte sie, »bin ich wertlos.
Ich glaube, es ist Zeit, dass ich eine Weile weggehe.
Ich will einfach etwas kürzer treten.«
– *Julia, 1991*

»Ich reagierte sehr stark auf ihn, als ich ihn kennen lernte,
anders als je zuvor auf irgendjemanden
auf diesem Planeten.«
– *Julia über Lyle Lovett, 1993*

KAPITEL 20

Dublin, 17. Juni – Nur wenige Tage nach der Absage ihrer Hochzeit mit dem Schauspieler Kiefer Sutherland, um die es viel Wirbel gegeben hatte, ist Amerikas »Pretty Woman«, 23, mit dem gut aussehenden Star aus *After Dark, My Sweet*, Jason Patric, der heute seinen fünfundzwanzigsten Geburtstag feiert, nach Irland geflohen.
Verfolgt von einer Schar aufgeregter Paparazzi wurde das Paar im Shelbourne-Hotel, wo die Übernachtung 400 Pfund kostet, eng umschlungen und sich küssend gesehen. Julia fuhr Jason durch das Haar. Sie aß mit ihm im intimen Rahmen zu Abend, und später nahmen sie noch einen Imbiss zu sich. Ein Augenzeuge berichtete: »Sie machten aus ihrer Romanze keinen Hehl. Sie turtelten wie ein Liebespaar.« Ein Hotelangestellter fügte hinzu: »Sie hatte ihren Verlobungsring abgenommen. Sie wirkte sehr abgespannt und hatte stark abgenommen. Ihr Haar war hellorange, als wäre beim Färben etwas schief gegangen.«
Bei Sonnenuntergang sah man die beiden Händchen haltend in der Grafton Street, einem exklusiven Einkaufsviertel in Dublin. Julia trug einen Blazer, Jeans und Cowboystiefel. Als Julia und Jason um 1 Uhr 30 ins Hotel zurückkehrten (wo sie separate Zimmer gebucht hatten), stürzten sie nach drinnen, um den Fotografen zu entkommen. Um 4 Uhr 30 checkten sie aus und man vermutet sie jetzt auf einer Farm an der irischen Westküste, die Julias Freund Adam Clayton von der Rockband U2 gehört.

Für Beobachter schien die Sache System zu haben, wenn sie solche Presseberichte lasen: Zum vierten Mal in vier Jahren hatte sich Julia wahnsinnig, heftig und unsterblich in einen hinreißend aussehenden leidenschaftlichen Schauspielerkollegen mit launischem Naturell verliebt. Wieder einmal hatte sich Julia mit einem Mann eingelassen, dessen Eltern aus der Theaterwelt stammten. Jason Patric Millers Mutter Linda, die Tocher von Jackie Gleason, ist Schauspielerin und spielte 1978 in dem Jill-Clayburgh-Film *Eine entheiratete Frau* mit. Sein Vater Jason Miller gewann zusätzlich zu seiner Rolle als Pater Karras, für die er eine Oscar-Nominierung erhielt, den Pulitzer-Preis für das Drehbuch zu *Champions.* Und wie bei zwei der drei bisherigen Freunde von Julia hatten sich Jasons Eltern scheiden lassen, als er noch jung war (sechs Jahre alt), und wie Kiefer Sutherland hatte Patric die Highschool vorzeitig verlassen (Patric war sechzehn). Dann zog er mit seiner Mutter aus dem Stadtteil Queens in New York nach Santa Monica in Kalifornien. »Mein Bruder und ich waren etwa drei Monate lang allein«, erzählte er, »bis meine Mutter auch hierher zog. Als wir alle wieder zusammen waren, absolvierte ich die letzten beiden Highschool-Jahre und beschloss, es mit der Schauspielerei zu versuchen.«

Jason Patric verabscheute Publicity, vielleicht mehr als je ein junger Schauspieler vor ihm. Nur sehr widerstrebend, fast unhöflich, gab er Interviews und er lehnte es strikt ab, eingehender über sein Privatleben zu sprechen, insbesondere über seine kurze Ehe (1988–1990) mit Robin Wright, der späteren Mrs. Sean Penn. Über seinen berühmten Großvater, der 1987 starb, sagte er nur: »Er war sehr talentiert. Doch er spielte nie eine Rolle in meinem Leben.« Über seinen Vater, dessen Familiennamen er zu Beginn seiner Schauspielerkarriere ablegte, hatte er sogar noch weniger zu sagen. »Als Kind wurde ich immer Jason Patric genannt, besonders, wenn ich etwas angestellt hatte«, sagte er. »Das ist auch ein bisschen ödipal. Man muss seine Eltern töten, um man selbst zu werden«.

Liz Smith schrieb am 21. Juni 1991 in ihrer Kolumne über Jason und Julia, Patrics Managerin Dolores Robinson habe ihr gesagt, ihr Klient sei eine »reine Privatperson, der nicht in den Klatschspalten erscheinen und nicht berühmt sein will.«

»Haben Sie das verstanden?«, fragte Smith. »Das bedeutet, wir müssen über die Beziehung zwischen Julia und Jason schweigen und dürfen nicht hinter ihnen herschnüffeln. Allerdings hat sich Jason Patric mit genau der einen Frau in der Unterhaltungsbranche eingelassen, die ihm mehr Publicity garantiert, als er sich vorstellen kann.« Jason räumte später ein, er habe wohl »gewusst, dass [mit Julia zu gehen] Ärger bedeutete. Doch für mich ... war das der absolute Alptraum.«

Einen ersten Vorgeschmack auf das ihm Bevorstehende erhielt er, als er nach einer zwölftägigen Besichtigungstour in Irland mit Julia am 25. Juni in die Vereinigten Staaten zurückkehrte. Am Ende jener Woche prangten ihre Köpfe auf dem *People*-Titelblatt – Julia zum dritten Mal in weniger als einem Jahr und Jason zum ersten Mal, zusammen mit einem Nebenbild von Kiefer und der fett gedruckten Schlagzeile DER GROSSE KRACH!

In einer Spalte mit der Überschrift »Die Geschichte der Übernahme«, führten die Herausgeber schadenfroh aus, dass die vier Filme mit Kiefer Sutherland, die 1990 angelaufen waren (darunter auch *Flatliners – Ein schöner Tag zum Sterben*), im Schnitt 26,2 Millionen Dollar an heimischen Kassen eingespielt hätten, während Julias letzte vier Filme (darunter auch *Flatliners*) fast viermal so viel eingebracht hatten. Doch »Geld ist nicht das Problem«, sagte ein Hollywood-Insider gegenüber der Zeitschrift, »auch nicht andere Frauen, sondern Julia. Immer wenn sie kurz davor steht, kneift sie.«

Julia konnte aber auch kaum auf etwas zurückgreifen, das ihr Zuversicht für eine erfolgreiche Ehe hätte vermitteln können (auch nicht aus der Reihe ihrer Liebhaber, mit Ausnahme von Liam Neeson, dessen Eltern zusammenblieben). Obwohl sie damals wiederholt den Wunsch nach einem Ehemann und einer Familie geäußert hatte, hatte sie innerhalb von vier Jahren mit vier Partnern zusammengelebt. Wenn es in einer Beziehung Schwierigkeiten gab, wenn die anfängliche Leidenschaft und die romantischen Träume verblassten, beendete sie die Beziehung abrupt, weil sie die Konfrontation scheute. Manchmal schickte sie dazu sogar eine Stellvertreterin wie Elaine Goldsmith vor, um größeren Unannehmlichkeiten aus dem Weg zu gehen.

Autoren, die Julia auf der Leinwand einst als »übermütig« beschrieben hatten, bezeichneten sie nun als »kapriziös«, wenn es um die Ehe ging, und allmählich hing Julia Roberts das Image vom romantischen Dummchen an. Das verletzte sie. »Meine Beziehungen ereigneten sich im Verlauf von drei Jahren meines Lebens und nicht an einem wilden, zügellosen Wochenende«, erwiderte sie scharf. Über die abgesagte Hochzeit sagte sie: »Diese Sache hatte ein Tempo und eine Eigendynamik entwickelt, das wussten alle. Da konnte ich nicht einfach sagen: ›Lassen wir es bleiben.‹ Und deshalb konnte ich nur mit Einschränkungen sehen, was ich eigentlich hätte sehen müssen – dass es mir *scheißegal* sein muss, was eine Dame in Boise zu sagen hat, die findet, dass ich den größten Fehler meines Lebens gemacht habe oder dass ich ein schlechter Mensch bin, weil ich das getan habe. Das ist *mein* Leben. Einmal *werde* ich es tun. Und diese Entscheidung habe ich für mich getroffen. Ich habe mir damit das Leben gerettet.«

Kiefer zog auf seiner Farm in Montana Bilanz über sein Leben und seine Karriere. »Ich bin kein ruhiger Mensch«, sagte er zu Peter Stevenson vom Männermagazin *Details*. »Eigentlich bin ich eher zwanghaft. Ich kann schrecklich irrational sein und ich bin oft gereizt.« Er sagte, Julia habe ihm gezeigt, »dass das Leben Spaß machen kann, wenn man nicht ständig arbeitet. Dafür werde ich ihr immer dankbar sein. Es war das erste Mal in meinem Leben, dass mich etwas anderes interessiert hat als meine Arbeit. Zwar war die Aufmerksamkeit für uns beide irgendwie peinlich und erschreckend, weil es nicht eben die freundlichste Art von Aufmerksamkeit war. Man fühlte sich so entfremdet von allem«.

Kiefer räumte gegenüber Steve Pond von *Us* ein, dass er ein Alkoholproblem hatte. »Ich habe immer wieder einmal in meinem Leben zu viel getrunken. Man kann schon sagen, dass es Zeiten gab, in denen ich auf Sauftouren ging und zu viel trank. Durchaus. Man kann auch sagen, dass so etwas in meinem Leben jetzt immer weniger Platz findet.«

Während Julia und Jason in Irland waren, lief *Entscheidung aus Liebe* in den Vereinigten Staaten an. Die Kritiken waren im Großen und Ganzen positiv, besonders für die schauspielerische Leistung der beiden Stars und für Schumachers Umgang mit dem Stoff, weil er ihn eben nicht ausschlachtete. Doch wurde der Schluss rundweg kritisiert. David Ansen fasste in der *Newsweek* den Konsens der Kritiker zusammen, als er den Film als »Hochglanz-Hollywood-Schnulze« bezeichnete, die »angesichts der bestehenden Möglichkeiten zur rührseligen Darstellung weitaus weniger unangenehm ausfiel, als man befürchten konnte ... Doch was hat guter Geschmack in einem Schmachtfetzen verloren? Ein Film wie dieser hat nur eine einzige, weniger edle Daseinsberechtigung – uns zum Weinen zu bringen. Und das funktioniert einfach nicht. Sogar der bedrohliche Titel erweist sich als irreführend. Wie kann ein Film mit dem Titel *Dying Young* [so der engl. Originaltitel] den Zuschauern eine Sterbeszene vorenthalten? Das ist nicht nur feige, das ist dramatisch ungeschickt.«

Der Erfolg von *Pretty Woman* hatte kurz zuvor erst wieder die Lehre vom Glück um jeden Preis bestätigt, und wenn man einmal vernachlässigt, das MacGraws Tod in *Love Story* dem finanziellen Erfolg des Films keineswegs schadete, so waren die Verantwortlichen von Fox überzeugt gewesen, die richtige Entscheidung getroffen zu haben.

Aber das hatten sie nicht, wie auch Julia bestätigen musste. »Ich war sehr stolz auf den Film, den wir gemacht hatten«, sagte sie und meinte die Version mit dem Original-Schluss. »Der Film, den ich schließlich sah, berührte mich nicht so wie die Originalfassung.« *Entscheidung aus Liebe* spielte weniger als ein Drittel dessen in die Kassen, was jeder der drei vorhergehenden Filme von Julia eingebracht hatte. Zwar wandte Julia ein, 33 Millionen Dollar seien »eine Menge Geld«, doch das war weitaus weniger, als die Branche inzwischen von ihr erwartete. Schlimmer noch, der Film spielte in Amerika keinen Gewinn ein. (Mit den Einkünften im Ausland und dem Videoverkauf kam er schließlich in die Gewinnzone.)

Zum ersten Mal kamen Zweifel an Julia als Garantie für wirtschaftlichen Erfolg auf. Martin Grove schrieb in der Filmzeitschrift *The Hollywood Reporter*: »Man sagte, Julia Roberts könne jeden Film öffnen. Man sagte, es könne auch das Telefonbuch sein. *Entscheidung aus Liebe* bewies das Gegenteil.« Das Timing hätte nicht schlechter sein können, weil dieser Fast-Flop mit dem Chaos in ihrem Privatleben und den um sich greifenden Gerüchten über »Abmagerung«, »Erschöpfung«, »Zusammenbruch«

und »Drogenprobleme« zusammenfiel. In mehreren Presseberichten, die sich darüber ausließen, dass der Film nicht »erste Sahne« war, klang Schadenfreude an, Mrs. Roberts hätte schließlich einen Dämpfer versetzt bekommen.

Das schockierte und verletzte sie. Die Presse und manche Personen der Öffentlichkeit, sagte sie, bauten eine Persönlichkeit auf, »bis sie über ihnen steht. Dann wird ihnen das unheimlich und sie machen aus einem – *mir* – jemanden, der nicht mehr *wie sie* ist, sondern eine Art *Berühmtheit*, etwas, was sie als höher stehend empfinden. Und dann nehmen sie Anstoß daran. ›Nun, was macht *dich* besser als mich?‹ Das führt zu Unannehmlichkeiten, Gerüchten und Gerede und so weiter. Man soll nicht nur dorthin zurückkehren, wo man angefangen hat, sondern noch weiter zurück, damit sie sagen können: ›Siehst du, sie war nie besser als andere. Sie ist nur Bodensatz.‹«

Steven Spielberg musste sich in jenem Sommer mit einigen Problemen bei der Produktion von *Hook* herumschlagen. Er hatte das Budget überzogen und war Ende Juni bereits zwei Wochen hinter dem Plan, und als dann auch noch Julia nach Irland verschwand, war Spielberg nicht besonders erbaut. Es stand ihr zwar laut Vertrag zu, aber Spielberg (der einräumte, dass er »seit vierundzwanzig Jahren die Arbeit mit Filmstars fürchtete« und jetzt plötzlich mit drei Großen arbeitete) konnte nicht noch mehr Ärger gebrauchen. Offensichtlich informierte Julia weder ihn noch irgendjemand anderen, wann sie wieder zur Arbeit kommen wollte. Ausstatter Norman Garwood: »Es herrschte große Anspannung, weil man nie wusste, ob sie nun auftaucht oder nicht. Die Produzenten schienen ernsthaft beunruhigt, und das übertrug sich auf die anderen am Set. Wir mussten dann an einer anderen Szene arbeiten und weiter auf sie warten.«

Aufgrund dieser Unsicherheit entschied Spielberg, wenn Julia bis zum 1. Juli nicht wiederkäme und bereit sei zu arbeiten, würde er sie ersetzen. Er bestellte Michelle Pfeiffer zur Kostümprobe, nur für den Fall. Am 26. Juni wurde Julia jedoch in der Studiokantine gesehen. Sie aß mit Jason zu Mittag, von dem sie offensichtlich nicht einen Tag lang getrennt sein konnte. Sie war zwar noch mager, wirkte aber eindeutig zufriedener als vor Wochen. Trotzdem hatte Julias schlechte Laune während der Filmarbeiten in den vergangenen Wochen zumindest bei Robin Williams ernsthafte Zweifel an ihrem Gemütszustand aufkommen lassen. Ein Mitglied der Besetzung erzählte: »Robin sagte zu mir: ›Hoffentlich ist Julia nett zu all den Kindern, die zu ihr kommen und sie für Tink halten. Tinkerbell ist zauberhaft.‹«

Julias Stimmung hatte sich eindeutig verbessert, doch nicht ihre Arbeitsbedingungen – immer noch musste sie stundenlang warten, bis Szenen abgedreht waren, oder stundenlang in einem Geschirr vor einem blauen Bildschirm hängen und vor einem Regisseur spielen, der von sich selbst sagte, dass er kein Schauspieler sei.

Julia rechtfertigte ihre Unzufriedenheit mit ihrer Situation: »Ich bin ein normaler Mensch. Wenn ich sechs Stunden untätig in meinem Wohnwagen sitze, werde ich sagen: ›Was zum Teufel ist hier los?‹ Ich finde, das ist keine unverschämte Frage. Ich glaube auch nicht, dass das etwas mit meinem Temperament zu tun hat.« Und, fügte sie hinzu, »ich glaube nicht, dass ich mir noch mal eine Rolle aussuchen werde, bei der man stundenlang an einem Draht hängt«.

Ein Zwischenfall machte deutlich, dass Julia emotional immer noch sehr aufgewühlt war, wenn es um Kiefer Sutherland ging. Als sie an einem Nachmittag von ihrem Wohnwagen zum Set ging, hörte Julia jemanden rufen: »Hey Kieffo, komm rüber!« Sie hielt an, drehte sich um, rannte zurück in ihren Wohnwagen und sagte zum Set-Koordinator: »Schaff ihn hier weg! Ich will ihn nicht sehen! Ruf den Sicherheitsdienst. Wie ist er ins Studio gekommen?«

»Wer?«, fragte der verblüffte Mitarbeiter.

»Kiefer!«, antwortete Julia.

»Kiefer? Sie haben *Kieffo* gerufen, wissen Sie, das ist Dustins Double für die Stunts.«

Ein Freund von Julia, der anonym bleiben möchte, hat verraten, dass Julia »nach der Sache mit Kiefer eine Zeit lang« in psychotherapeutischer Behandlung war. Julia räumt das ein, gibt aber zu verstehen, dass das auch mit den schnellen Veränderungen in ihrem Leben seit der Trennung zu tun hatte. »Das war eher eine kurze Sache, die mich in die Lage versetzte, auf mich selbst aufpassen zu können … Man sollte alles nutzen was einem hilft, etwas besser oder ruhiger durch den Tag zu kommen, egal ob man singt, joggt oder zum Therapeuten geht.«

Erstaunlicherweise nahm Julia inmitten all dieser Wirrnisse einen Tag frei, um eine kleine Nebenrolle in Robert Altmans Film *The Player* aufzunehmen, der auf einem Roman von Michael Tolkin basiert. »Julia Roberts wäre hierfür die perfekte Besetzung!« war schon dermaßen zum Standardsatz in den Studios geworden, dass Altman beschloss, ihn als Running Gag in seiner brillanten, ätzenden, köstlich direkt auf Hollywood gemünzten Satire zu verwenden, in der es um einen rätselhaften Mord geht. In den Hauptrollen spielen Tim Robbins, Greta Scaachi, Whoopi Goldberg und Lyle Lovett neben fünfundsechzig Hollywood-Berühmtheiten von Jack Lemmon bis zu Cher, die sich selbst spielen.

Es ist eine phantastische, witzige Geschichte über den ehrgeizigen britischen Autor (gespielt von Richard E. Grant), der einen düsteren Film über eine Frau auftischt, die hingerichtet wird, bevor der Staatsanwalt (der sie angeklagt und sich dann in sie verliebt hat) schließlich erfährt, dass sie unschuldig ist. »Keine Stars!«, fordert der Autor. »Kein Happyend! Das ist *Realität!*« Ein Studioangestellter (Robbins) hält die Story für eine so fürchterliche Idee, dass er sie seinem Rivalen andreht, ein schlechter Ausgang und eine Besetzung ohne Stars seien genau das, was die Story brauche. Er ist sicher, dass die Sache floppen und den unglücklichen Mann um seinen Job bringen wird. Die Pointe am Ende von *The Player* ist eine Voraufführung der Schlussszene jenes Films, in der eine von Susan Sarandon angeführte Mahnwache die Exekution der Frau auch nicht verhindern kann. Julia Roberts sitzt in einem Stuhl angeschnallt, atmet das Gas ein und stirbt. Der Staatsanwalt – gespielt von Bruce Willis – eilt zu ihrer Rettung heran. Mit seiner Waffe schießt er ein Fenster heraus, damit das Gas sich verteilt und – oh Wunder! Sie ist noch nicht tot! Er rettet sie und sie fragt:

»Warum kommst du so spät?«

»Der Verkehr war fürchterlich!«, antwortet er. Alle in der Vorführung sind sich einig, dass der Film ein Kassenschlager wird.

Robert Altman war mit Julias Leistung vollkommen zufrieden. »Sie kam einfach herein, setzte sich in den Stuhl und starb.« Julia sieht in der Szene dünn, bleich und müde aus. Für eine Frau, die in der Todeszelle gelitten hatte, schien das angemessen, ob es für Tinkerbell gepasst hat, ist eine ganz andere Sache.

Als sie später zur Arbeit an *Hook* befragt wurde, zog Julia es vor, nur die positiven Aspekte zu betonen, sogar die Isolation bei der Arbeit in einem Geschirr auf einer abgesonderten Bühne. »Das machte Spaß«, sagte sie. »Wir hatten diese Sprühsahne – wenn man eine Sahnesprühdose verkehrt herum hält oder so, kann man Luft [Lachgas] heraussprühen, und das macht einen berauscht oder schwindlig oder irgend so was. Ich weiß nur, dass es nie richtig funktionierte, weil sie immer alles mit Sahne voll sprühten … Ich meine, wir haben viel Blödsinn gemacht.«

Der Film lief im ganzen Land am 11. Dezember an und erhielt größtenteils negative Kritiken. Peter Travers schrieb im *Rolling Stone*, der Film sei »für Merchandising-Zwecke gemacht und für den größtmöglichen Zuschauerkreis … Es fehlt das Wichtigste: der Zauber.« Andere Kritiker bezeichneten die Handlungsführung als »eine Katastrophe« und fanden außerdem, Riesenbudget und Staraufgebot widersprächen dem leisen Charakter des Originalstücks. »Dieser Riesenulk wirkt wie der sprichwörtliche Film mit einer 40-Millionen-Dollar-Ausstattung und einem Fünf-Cent-Script«, schrieb Angie Errigo in der britischen Zeitschrift *Empire*. Sie fügte hinzu, *Hook* »sei für Kinder unter fünf sicher interessant, wird die meisten anderen aber kalt lassen«.

Julias Kritiken waren genauso schlecht. Die meisten Kritiker stimmten Travers' Einschätzung zu: »Zwar bemüht sich Roberts nach Kräften, einen flüchtigen Special Effect zu spielen, doch lässt man sie so wenig tun, dass man ihr Bummelei vorwerfen könnte.« Ein Autor der *New York Times* kommentierte, Julia wirke im Film meistenteils wie »eine verwirrte Pferdebremse«. Viele Kritiker stellten fest, dass man ihr ihre persönlichen Probleme während der Filmaufnahmen ansehe – Tinkerbell sah dünn und bleich aus und schien oft den Tränen nahe. Sogar Julia, verriet ihre Mutter indiskret bei einer Voraufführung in Atlanta, »sah ihn neulich abends und war nicht gerade zufrieden damit«. Doch *Hook* war als Kinderfilm gedacht, und nach seinem Start drei Wochen vor Weihnachten brachte er den geplanten Kassenerfolg: 119 Millionen Dollar Einnahmen in Amerika und 181 Millionen international. (So verdienten Julia und ihre Produktionsfirma noch vier Millionen Dollar zusätzlich.)

Am 29. März 1992 brachte das CBS-Nachrichtenmagazin *60 Minutes* ein Porträt von Steven Spielberg. Als Ed Bradley den Regisseur nach den Gerüchten über Unstimmigkeiten zwischen ihm und Julia befragte, antwortete er vorsichtig: »Besonders spaßig war die Zusammenarbeit für Julia und mich nicht gerade.« Auf Bradleys Nachfrage, ob er denn mit Julia wieder zusammenarbeiten würde, sagte Spielberg zögernd: »Das ist eine typische *60-Minutes*-Frage, nicht wahr?« Dann sagte er leise: »Nein.«

Julia, die sich gut zu wehren weiß, widersprach Spielberg anderthalb Jahre später heftig in der Zeitschrift *Vanity Fair.* »[Spielberg] zögerte und tat so, als müsse er seine Worte sorgfältig wählen. Als ich das sah, dachte ich: *Ist das derselbe Mann, der mit mir Sahneschlachten am Set veranstaltet hat?* Ein Freund drehte ein Video von meinem letzten Filmtag bei *Hook* … und das war sehr komisch. Ich spielte auf einem Picknicktisch meine Szene mit diesen Riesenpilzen, und er kam immer wieder zur Videokamera und sprach hinein: ›Du bist einfach die beste Tinkerbell!‹ … Das war so schön. Nachdem ich also das gesehen hatte und dann ahnungslos den Fernseher einschaltete und *60 Minutes* sah … da war ich überrascht.«

In einem anderen Interview sagte Julia: »Ich erinnere mich jedenfalls, dass Steven und ich viel Spaß am Set hatten. Wenn er das anders in Erinnerung hat, ist das sein gutes Recht. Ich war vielleicht angespannt, und mein Privatleben war zu der Zeit sehr bewegt, aber ich glaube nicht, dass mich das von meiner Schauspielerei abgelenkt hat.«

KAPITEL 21

Nachdem Julia ihre Arbeit an *Hook* am 31. Juli beendet hatte, kehrte sie mit Jason in den Kurort Canyon Ranch in Tucson zurück – wo ihre Romanze begonnen hatte – und gönnte sich eine Woche Ruhe und Erholung. Im wunderschönen Vorgebirge der Santa Catalina Mountains ließen sich die beiden massieren, nahmen Moor- und Salzwasserbäder, genossen Aromatherapie und Algenbehandlungen. Sie nahmen an Yoga-, Tai Chi-, Qi Gong- und Meditationsstunden teil und besuchten Workshops über Ernährung und gesunde Küche. Die dort ebenfalls angebotenen Outdoor-Aktivitäten wie Tennis, Wandern und Radfahren interessierten Julia und Jason nicht. In Tucson ist es sehr heiß im August. Wenn die beiden nicht gerade verwöhnt wurden, entspannten sie sich in einem der drei Außenbecken des Bades.

Nach einem kurzen Trip nach New York City kehrten sie nach Los Angeles zurück, doch anstatt in Julias luxuriöses Haus in Nichols Canyon – das sie zu sehr an Kiefer erinnerte – zogen die beiden in Jasons kleine Einzimmer-Maisonettewohnung in der North Stanley Avenue, im alles andere als vornehmen Ostteil von West Hollywood zwischen der Melrose Avenue und dem Santa Monica Boulevard.

Die Zeitschrift *People* hatte in jenem Sommer Julia auf dem Titel ihrer Sondernummer »50 Most Beautiful People in the World 1991« abgebildet. »Der Mund ist zu groß«, heißt es in dem Artikel, »die Nase sticht heraus. Ihr Lachen ist ein bisschen pferdeartig. Doch beschreiben diese Details nicht das Fernsehpferd Mr. Ed, sondern eine Botticelli-Göttin, die unbeschwert durch den Frühling schlendert … Die frische, schwungvolle und sinnliche Roberts hat eben genug von einer Elfe, um jeden an Märchen glauben zu lassen.«

Die Werbefachzeitschrift *Advertising Age* berichtete, Julia sei 1991 das beliebteste Thema auf den Titelseiten gewesen, was Jason Patric die Suche nach Privatsphäre nicht gerade erleichterte.

Doch wenn Patric die Publicity als Last des Starlebens missfiel, so verabscheute er offensichtlich ebenfalls das materielle Drum und Dran. Obwohl er damals etwa 500 000 Dollar pro Film verdiente, wirkte seine Wohnung eher wie eine ärmliche Studentenbude als wie das Heim eines Filmstars. Anstelle von Vorhängen verdeckten Betttücher und Decken die Fenster. Die Schauspielerin Jami Gertz, eine Freundin Jasons, sagte: »Immer wenn ich hereinkomme und die alte abgenutzte Couch sehe, bin ich entsetzt.« Jemand anderes aus Patrics Bekanntenkreis sagte: »Das ist, als würde ein Kind aus wohlhabendem Hause nicht so aussehen wollen, wissen Sie? Also nimmt er viele Mühen auf sich, um auszusehen und zu leben, als sei er von Armut betroffen.«

Allem Anschein nach war das für Julia in Ordnung. Die Frau, deren Nettoeinkommen bald über fünf Millionen Dollar liegen würde, wohnte mit ihrem Partner zufrieden in seinem Boheme-Nest, putzte, kaufte ein und kochte für ihn, saß auf diesem »Heilsarmee«-Sofa und sah fern. Wenn sie den Müll hinausbrachte, trug sie unförmige »Omakleider« oder zerrissene Jeans, und sie hatte sich wieder im Salon von Mr. Pillow die Haare machen lassen, was den Paparazzi viel Freude machte. Sie schossen schreckliche Fotos von ihr und titelten dazu mit Schlagzeilen wie JULIAS HEISSE AFFÄRE MIT JASON – DER SONDERBERICHT AUS DEN SLUMS!

Ebenso viel Aufmerksamkeit zog Julias silberfarbener Porsche auf sich, der in Jasons Einfahrt parkte. Schließlich schliefen nur wenige Straßen entfernt Obdachlose, und Prostituierte schafften auf dem Santa Monica Boulevard an. Nachdem Julia zwei Typen ertappt hatte, die mit einem Abschleppwagen das Fahrzeug im Wert von 78 000 Dollar stehlen wollten, stellte sie ihren Porsche irgendwo unter und erlaubte Jason, ihr einen VW-Bus zu kaufen. Ein Freund sagte: »Man beschwor sie, sie möge Millionen Dollar einnehmen und einen Film machen. Doch alles, was sie wollte, war dieses klapperige alte Ding.«

Das wollte sie – und ansonsten von praktisch allen, auch von ihrer Agentin, in Ruhe gelassen werden. Fast die gesamten nächsten zwei Jahre stand »die heißeste Schauspielerin in Hollywood« nicht vor der Kamera. Das nächste Mal erschien sie am 8. Februar

1993 auf dem Titel von *People*, das zum beliebten Barometer für ihr Leben und ihre Karriere wurde. Diesmal fragte die Schlagzeile: »WAS IST NUR MIT JULIA ROBERTS LOS?«

»Roberts' Abwesenheit von der Leinwand«, hieß es in dem Artikel, »ist in Hollywood nicht unbemerkt geblieben, wo, wie der *Variety*-Herausgeber Peter Bart schrieb, ›der Trend dahin geht, dass die großen Stars mehr Filme machen, damit die neuen Rollen ein weniger großes Risiko für die Karriere bieten‹.« Die *Variety*-Ausgabe vom 18. Januar hatte eine Story über Julia Roberts in seinem Ressort »Fundsachen« gebracht, in dem es normalerweise um Aussteiger, Comebacks und weniger bedeutende Personen ging. Die Pressesprecherin der Schauspielerin fand das allerdings gar nicht komisch. »Wir haben es satt, dauernd zu hören, mit ihrer Karriere sei etwas nicht in Ordnung«, sagte sie.

Später gestand Julia, sie hätte bereits vor dem Fellini-Sommer beschlossen, »einige Zeit frei zu nehmen«, und der Rummel hätte sie in ihrem Entschluss nur bestärkt. »Ich kann immer noch nicht begreifen, was ich da erlebt habe«, sagte sie später. »Das Schlimmste war das Gefühl, von allen beobachtet zu werden. Das war die größte Demütigung. In dem Moment, in dem ich am dringendsten allein sein wollte, hatte ich das Gefühl, keinerlei Privatsphäre zu besitzen.« Julia fürchtete, von alldem erdrückt zu werden, und beschloss, sich einfach zurückzuziehen. »Wenn ich nicht in Ordnung bin«, sagte sie, »bin ich wertlos. Ich glaube, es ist Zeit, dass ich eine Weile weggehe. Ich will einfach etwas kürzer treten.«

Julia gab widersprüchliche Gründe für ihre Auszeit an. Sie sagte, es habe einfach keine Drehbücher gegeben, die sie interessierten. Dem *Rolling Stone* gestand sie jedoch, sie hätte »nicht genügend Selbstvertrauen. Ich weiß, wo die Brüche in meinem Leben sind, wo es nicht so ist, wie ich es haben wollte. Und dass ich die volle Verantwortung dafür trage, dass sie nicht richtig waren.« Über ihre Männer sagte sie: »Man hält das Selbstvertrauen eines anderen für das eigene. Aber letztlich ist es so ... wenn man sich selbst nicht so interessant findet, dann wird man nie jemand anderem glauben, der das tut.« Auf die Frage, ob sie sich selbst nicht mochte, sagte sie: »Ich glaube, ich habe immer kritische Selbstprüfung und Selbstbespiegelung betrieben, und aus diesem Instinkt heraus, der wahrscheinlich in meinen Genen angelegt ist, fand ich immer wieder etwas an mir, mit dem ich nicht unbedingt zufrieden war.«

Als eine von Julias engsten Freundinnen hatte Elaine Goldsmith Verständnis für ihren Wunsch, aus dem Rampenlicht zu fliehen und wieder ein »normales« Leben zu führen. Doch sie war auch Vertreterin eines Unternehmens, und ihre Klientin Nummer eins brachte dem Unternehmen kein Geld ein. Goldsmith hoffte, Julia baldmöglichst mit einer unwiderstehlichen Filmrolle aus ihrer selbst gewählten Abgeschiedenheit locken zu können. Ein Produzent erinnerte sich: »Es war komisch, alle drei Monate rief Elaine mich an, fragte, ob ich nicht irgendein Projekt für Julia hätte, und sagte: ›Sie will arbeiten. Haben Sie nicht eine Komödie oder was Dramatisches?‹ Dann schickte ich die Drehbücher, und Julia lehnte sie alle ab. Dann, pünktlich wie die Uhr, rief Elaine wieder an und alles ging von vorne los.«

Jeglicher Gedanke an ein relativ normales Leben durch den Rückzug aus dem Filmgeschäft verflüchtigte sich schnell im Ansturm der Paparazzi, die sie und Jason auf Schritt und Tritt belauerten. Während seiner Reise nach New York City in der zweiten Augustwoche 1991 war das Paar umgeben von »schreienden, bedrohlich aussehenden Typen, die Metallobjekte auf sie richteten«, wie es Liz Smith dramatisch schilderte, als sie Morgan's Hotel verließen und zum Essen mit dem Regisseur James Foley in Nick and Eddie's Restaurant gingen. Eine Gruppe von Fotografen folgte ihrem Taxi und stieg an den Ampeln aus, um sie durch die Fenster ihres Taxis zu fotografieren. (Die Fotos zeigen die beiden zusammengekauert in ihren Sitzen, die Gesichter verdeckt.) Als Julia vor dem Restaurant aus dem Taxi stürzte, wurde ihr Fuß überfahren und sie verlor einen Schuh.

Der Geschäftsführer des Restaurants, Scott Henkle, packte ihren Knöchel in Eis. »Sogar altgediente Beobachter der Paparazzi-Kriege um die Stars fanden, die Szene am Sonntagabend ... sei jenseits der Grenzen des Erlaubten«, schrieb Smith. »Die Fotografen verspotteten die beiden, um ihnen eine ›Reaktion‹ zu entlocken ... versuchten, die Tür ihres Taxis gewaltsam zu öffnen ... lauerten vor dem Restaurant ... dann bezahlten sie nach dem Abendessen ein Taxi dafür, dass es abfuhr, ehe Julia und Jason einsteigen konnten.« Smith berichtete auch, dass verärgerte Stammgäste ein »menschliches Schutzschild« bildeten, damit das Paar ein anderes Taxi rufen konnte. Schließlich fuhr Scott Henkle Julia zurück ins Hotel, während Jason allein zurückkehrte.

Am nächsten Tag sagte Jason zu Jeannie Williams von der Tageszeitung *USA Today*: »Genug ist genug. Man hat doch ein Recht auf ein Privatleben.« Er hätte Lust, die Männer, die sie jagten, mit den Fäusten zu bearbeiten, sagte er, doch sei ihm klar, dass eine solche Aktion die Sache nur schlimmer machen und großes öffentliches Aufsehen erregen würde. »Wäre ich Bauarbeiter und nicht Schauspieler, hätte ich das Recht, meine Freundin zu verteidigen.«

»Dieser hässliche Zwischenfall«, schloss Liz Smith, »wird nur dazu führen, dass Jason und Julia sich noch mehr zurückziehen und noch weniger bereit sind, mit der Presse zusammenzuarbeiten – wem hat das nun genutzt?«

Tatsächlich war der perverse Pas de deux, den Julia und die Presse tanzten, schon zum Teufelskreis geworden. Julia wollte nicht mit den Fotografen kooperieren, und aus Rache machten sie ihr das Leben zur Hölle. Die meisten Paparazzi geben sich zufrieden, wenn ein Star stehen bleibt, einige Minuten lang lächelt und sich fotografieren lässt. Das tat Julia kaum einmal, nicht einmal bei einer öffentlichen Veranstaltung wie einer Premiere. Bob Scott, ein Fotograf aus Los Angeles, erinnerte sich: »Immer wenn wir Julia am Flughafen oder im Restaurant in die Enge getrieben hatten, erstarrte sie wie ein Reh im Scheinwerferlicht und rannte dann mit Höchstgeschwindigkeit davon. Einmal warteten wir vor einem Restaurant in der Melrose Avenue auf sie. Als sie uns sah, rannte sie mit ihren Schwestern einfach los, die drei Straßen bis zu Jasons Wohnung, und ließ das Auto am Restaurant stehen. An dem Abend [im Dezember 1991], als Jasons Film *Fieberhaft*

Premiere hatte,* rannten sie an den Fotografen vor dem Kino vorbei ohne zu posieren. Deshalb beschlossen wir, uns nach der Vorführung bei ihnen zu Hause in Stanley einzufinden. Etwa zwanzig Fotografen standen in ihrer Einfahrt aufgereiht und warteten, bis sie nach Hause kamen, als läge da ein roter Teppich! Die Nachbarn kamen heraus und wollten wissen, was da los war. Als die Limousine vorfuhr, *rannte* zuerst Julia ins Haus; dann folgte Jason, *schrie uns an* und beschimpfte uns. Er nahm den Gartenschlauch und spritzte uns nass. Das war zum Schreien.«

Abgesehen vom Interesse der Paparazzi fühlte sich Julia nach ihrer Auszeit erfrischt und regeneriert. »Die letzten beiden Jahre waren super für mich«, sagte sie danach. »Ich konnte viel Zeit mit meinen Freunden und mit meiner Familie verbringen. Ich las [F. Scott Fitzgerald und Anton Tschechow gehörten zu ihren Lieblingsautoren], schrieb Gedichte, hörte Musik [Mozart, Bach, Elvis Costello, Beatles] und reiste herum. Ich führte ein ruhiges, ganz gewöhnliches Leben.«

Im Januar 1992 besuchte Julia ihre Mutter und ihre Halbschwester Nancy in Smyrna, ohne Jason. An einem Nachmittag fuhr sie kurz in der Campbell Highschool vorbei und sah sich ein Stück an, bei dem Nancy mitspielte. Sie schaute bei David Boyd im Unterricht vorbei, dem Englischlehrer, der damals so beeindruckt von ihrer Cassius-Lesung in *Julius Caesar* gewesen war. »Nun, Coach Boyd, manche Dinge ändern sich nie, wie ich sehe«, sagte sie mit einem breiten Grinsen und verschwand gleich wieder. »Etwa fünf Schüler jagten ihr den Flur entlang hinterher«, erinnerte er sich, »und holten sie zurück.« Julia plauderte einige Minuten mit den frechen Schülern und sagte dann, sie müsse gehen.

Im Februar reiste Julia nach Indien und verbrachte zwei Wochen auf Mutter Theresas Missionsstation für Kinder in Kalkutta.

---

* In *Fieberhaft* spielte Patric sehr überzeugend einen Junkie, was Gerüchte nährte, dass sowohl er als auch Julia Probleme mit Drogen hätten. Jetzt war Jason an der Reihe, verärgert Dementis zu streuen. Beim Pressetermin für *Fieberhaft* fragte ihn doch tatsächlich eine Reporterin, ob zu seinen Vorbereitungen für den Film auch Drogenkonsum gehört hätte.

»Die Reise nach Indien war etwas Besonderes«, sagte sie. »So etwas holt einen wirklich wieder auf den Boden der Realität zurück. Nicht dass ich jemals das Gefühl gehabt hätte, ich wäre zu abgehoben, hätte die Bodenhaftung verloren und mich zu weit von meinen Ursprüngen entfernt. Doch man sieht die Dinge wieder im richtigen Verhältnis, was im Alltag oft nicht der Fall ist.«

Julia kehrte im Mai nochmals nach Smyrna zurück, wieder ohne Jason. Sie besuchte eine ihrer früheren Lieblingskneipen, Miss Kitty's, eine Country-Western-Bar, und hörte eine ihrer Lieblingsbands, die Confederate Railroad. Sie trug schwarze Cowboystiefel, Jeans und ein weites T-Shirt und saß mit Freunden oben auf dem Balkon. Einer Kellnerin fiel auf, dass Julia sich weniger extravertiert verhielt als sonst. »Sie wirkte ein bisschen unsicher und versteckte sich irgendwie hinter ihren Haaren, als wollte sie nicht erkannt werden.« Als einige Leute auf sie zukamen, verließ sie zusammen mit ihren Freunden die Bar. Das überraschte die älteren Mitarbeiter beim Personal, denn seit Julia berühmt geworden war, war sie einige Male dort gewesen, hatte sich immer gut amüsiert und normalerweise auf der Tanzfläche den texanischen Twostep getanzt.

Im folgenden Monat fuhr Julia mit Jason fünf Tage lang nach Cabo San Lucas, als Geschenk zu seinem sechsundzwanzigsten Geburtstag. Im Juli ließ sie sich wieder auf der Canyon Ranch verwöhnen, und im August flog sie erstmals nach der berüchtigten Video-Party mit Kiefer wieder nach Hawaii, diesmal in Begleitung von Elaine Goldsmith und Susan Sarandon, die sie über Tim Robbins kennen gelernt hatte und die eine gute Freundin geworden war.

Als Julia aus Hawaii zurückkehrte, verkündeten die Branchenblätter in Hollywood die Neuigkeit, dass sie auf die Leinwand zurückkehren werde, und zwar in Alan Pakulas Filmversion von John Grishams Roman *Die Akte.* Die Aufnahmen sollten jedoch nicht vor dem folgenden Sommer beginnen. Also würde Julia Roberts noch einmal fast ein ganzes Jahr lang fehlen.

Im September war Julia bei der Taufe von Tim Robbins' und Susan Sarandons Sohn Miles Guthrie. Die Gäste stellten fest, dass

Julia an der Stelle, wo einmal die Geburtstagstätowierung von Kiefer gewesen war, ein Pflaster trug. Julia hatte erklärt, ihre Liebe für Kiefer würde so lange währen »wie die Tätowierung«. Tatsächlich überdauerte das Kunstwerk die Romanze um gerade mal fünfzehn Monate. Im selben Monat erschien Julia zur Premiere von *Bob Roberts*, einer politischen Satire aus Robbins' Feder, bei der er Regie geführt und eine Hauptrolle gespielt hatte. Jason war nicht dabei, was sofort Gerüchte zur Folge hatte. Einige Tage später sah man das Paar jedoch beim Footballspiel Michigan gegen Notre Dame in South Bend in Indiana. Sie trugen Kappen mit der Aufschrift »Fighting Irish« und feuerten Jasons Lieblingsteam lautstark an.

Wer Julia und Jason beobachtet hatte, entdeckte eine neue Seite an ihrer Beziehung, als beide am 22. September bei einer Aufnahme einer MTV-Sondersendung »Bruce Springsteen Unplugged« in den Warner-Brothers-Studios teilnahmen. Bei einer Backstage-Party nach dem Konzert begann Julia eine Unterhaltung mit Richie Sambora, einem Bandmitglied von Bon Jovi und Chers damaligem Freund.

Patric war offensichtlich unglücklich darüber, dass Sambora seine Freundin so mit Beschlag belegte und begann Julia mit Lakritzstückchen zu bewerfen, um sie abzulenken. Sie ignorierte ihn. Er stand auf, ging hinüber zu Julia, die neben Sambora saß, ergriff Julias Hand und sagte: »Lass uns gehen.« Julia zog ihre Hand zurück, erwiderte: »Ich bin nicht dein Eigentum.« Doch wenige Minuten später ging sie mit Jason und am folgenden Abend tauchte das Paar im L. A. Forum auf, um Springsteen erneut zu hören. Jason ging auch die folgenden drei Abende, allerdings ohne Julia, zu Springsteens Konzerten.

Im Oktober 1991 hatte Eric Roberts vor Gericht versucht, Kelly Cunningham aus ihrem einst gemeinsamen Haus in Rhinebeck in New York hinauszuklagen. In den Akten erklärte Eric, Cunningham habe sich ihm gegenüber »bösartig verhalten« und ihn »physisch misshandelt«. »Kelly ergriff ein schnurloses Telefon mit einer scharfen, abgebrochenen Antenne und schlug es mir ins Gesicht«, erklärte er. »Ich hätte ernsthafte Verletzungen am Auge davontragen können. Die Wunde war so groß, dass sie im Northern Duchess Hospital mit drei Stichen genäht werden musste. Dabei hielt sie unser Baby Emma auf dem Arm, die auch hätte fallen und sich verletzen können … Ich fürchte mich vor Kellys Körperkraft. Ich bin einfach nicht in der Lage, mich zu verteidigen.«

In einer eidlichen Aussage hatte ein Freund von Eric, James Pollock, angegeben, dass Kelly während ihrer Beziehung mit Eric »immer nur davon sprach, was Eric ihr kaufen sollte. Sie wurde immer geschmackloser mit ihrer Gier, ihrer Härte und ihren erbarmungslosen Forderungen nach Geld, Kleidern, Schmuck und einer Farm, wie Eric sie sich nicht leisten konnte. Jede Ablehnung von Eric hatte einen Gewaltausbruch zur Folge. … Im letzten September [1990] erzählte mir Eric, dass Kelly einen bösen Streit mit ihm anfing, weil er sie mitnahm, um einen Volvo Kombi anzuschauen. Sie wollte unbedingt ein Jaguar Cabrio, das doppelt so viel kostet und nicht halb so praktisch ist mit einem Kind. An jenem Abend rief mich Eric um elf Uhr wieder an, und Kelly kreischte im Hintergrund: ›Verschwinde bloß … Verschwinde aus diesem Haus … Ich hasse dich, du wirst deine Tochter nie mehr sehen!‹ Dann hörte ich ein Grunzen oder Stöhnen … Eric sagte: ›Sie hat mir in die Eier getreten. Ich weiß nicht, was ich tun soll, J. C. Ich muss hier weg.‹«

Im Juni 1992 war Kelly aus dem Haus in Rhinebeck ausgezogen und in Erics neue Wohnung in der West Seventy-Eighth Street gezogen. Wieder weigerte sie sich auszuziehen. Am Samstag, dem 7. Juni, war Kelly in Kalifornien und Eric kam mit einem Umzugswagen und einem Schlosser in die Wohnung. Er räumte alles aus und ließ die Schlösser austauschen. Ein Freund von Kelly erzählte Richard Johnson von der *Daily News* in New York: »Kelly rief die Polizei, und sie sagten, sie könnten nichts tun, weil die Miete auf seinen Namen läuft.«

Zwei Jahre später machte Erics und Kellys erbitterter Streit immer noch Schlagzeilen – und auch die immer größer werdende Kluft zwischen Eric und Julia.

Im Herbst 1992 berichteten die Branchenblätter in Hollywood, Julia würde in *Shakespeare in Love* auf die Leinwand zurückkehren, ehe sie mit *Die Akte* beginnen würde. Die Originalstory zu *Shakespeare in Love* stammte von Marc Norman und Tom Stoppard. Die Zeitschrift *The Hollywood Reporter* behauptete, Julias Agenten verlangten die gewaltige Summe von vier Millionen Dollar für die Dienste ihrer Klientin, was das Budget des bescheidenen Projektes gesprengt hätte, doch Universal Pictures suchten zusätzliche Finanzierungsmittel. Ihr hatte das Drehbuch gefallen, ein bezauberndes romantisches Märchen über den jungen Barden mit Schreibblockade, der versucht, sein neuestes Stück mit dem Arbeitstitel *Romeo and Ethel* zu vollenden. Er findet seine Muse in der schönen Lady Viola, die sich als Mann verkleidet hat, um Eingang in die allein Männern vorbehaltene Welt des Theaters zu finden. Nach einiger Verwirrung wegen seiner Gefühle für die Person, die er für einen Mann hält (ein bekanntes Dilemma bei Shakespeare), entdeckt William Violas wahre Identität. Sie verlieben sich, und seine Kreativität erblüht wieder.

Abgesehen von dem erfreulichen Drehbuch muss Julia auch die Gelegenheit gereizt haben, mit dem brillanten englischen Schauspieler Daniel Day-Lewis zusammenzuspielen, der 1989 den Oscar für die beste schauspielerische Leistung in der Rolle des spastisch gelähmten Christy Brown in *Mein linker Fuß* erhalten hatte. Faszinierend und sexy war er auch als tschechischer Arzt in *Die unerträgliche Leichtigkeit des Seins,* der den Frauen nachlief, und als nackter und eingeölter Siedler, den amerikanische Ureinwohner adoptiert hatten, in *Der letzte Mohikaner.*

Der 34-jährige Day-Lewis, Sohn des verstorbenen Cecil Day-Lewis, einst Poeta laureatus von England, und die Schauspielerin Jill Balcon hatten ihr Interesse signalisiert, bei dem Shakespeare-Streifen mitzuwirken, hatten den Vertrag aber noch nicht unterschrieben. Auch Julia nicht. Sie wollte, dass die männliche Hauptrolle feststand, ehe sie unterschrieb. Sie flog irgendwann im Frühherbst nach London, um sich mit Day-Lewis zu treffen und ihn wahrscheinlich zu überreden, den Vertrag zu unterschreiben. Als der Rauch sich gelegt hatte, war die Produktion von *Shakespeare in Love* auf unbestimmte Zeit verschoben, Julias Beziehung mit Jason Patric vorüber, und sie hatte eine neue Romanze begonnen.

KAPITEL 22

Am kalten Abend des 18. Januar 1993 hörten Julias und Jasons Nachbarn auf der North Stanley Avenue Geschrei auf der Straße. Einige stürzten nach draußen und fanden die beiden Filmstars, die sich vor dem Haus des TV-Stars Jasmine Guy, wenige Türen von Patrics entfernt, Obszönitäten zuriefen.

»Jason war so betrunken, dass er kaum noch stehen konnte«, berichtete ein Nachbar, und Julia hatte offensichtlich auch etwas intus, wenn auch deutlich weniger. Jedenfalls warf Jason ihr immer wieder vor, sie habe mit Day-Lewis geschlafen und schrie: »Ihr habt gefickt, ich weiß, dass ihr gefickt habt!« Dann schrie Julia zurück: »Ich kann ficken, mit wem ich will!«

Dann sprang Julia in ihren VW-Bus und fuhr davon. Man sah sie nie wieder mit Jason Patric, und es hieß, Elaine Goldsmith habe Jason angerufen und gesagt, Julia würde nicht zurückkommen. Er war so verzweifelt über das Ende der Beziehung, dass er nicht mehr in dem Bett schlafen konnte, das er einmal mit Julia geteilt hatte. Als er auch nicht auf der Couch schlafen konnte, zog er für über einen Monat aus der Maisonettewohnung aus. Ein Freund des Paares berichtete, dass Jason sogar so weit gegangen war, in Julias Haus in Nichols Canyon nach Liebesbriefen oder anderen Beweisen für eine Liebesaffäre mit Day-Lewis zu suchen.

Vielleicht um Julia eins auszuwischen, begann Patric fast unmittelbar danach eine Affäre mit der hübschen französischen Schauspielerin Isabelle Adjani, die gerade eine fünfjährige Beziehung mit Day-Lewis hinter sich hatte. Sie hatte in der ersten Jahreshälfte einen Sohn von ihm, Gabriel-Kane, geboren und klagte, dass Day-Lewis zur Zeit der Geburt bei Julia gewesen sei und nicht bei ihr: »Ich war unglaublich traurig und enttäuscht.«

Etwa ein Jahr später enthüllte der sonst so verschlossene Patric gegenüber der Wochenzeitschrift *Entertainment Weekly*, die Beziehung mit Julia sei »ein Alptraum« gewesen und habe sein sorgfältig auf Abgeschiedenheit und Arbeit ausgerichtetes Leben, das er sechs Jahre lang geführt habe, zerstört. »Einfach so – innerhalb einer Woche!« Patric fand, Julia sei selbst Schuld an dem außerordentlichen Interesse, das die Paparazzi an ihrer Person hatten. »Sie ist ein Mensch, der sich selbst in der Öffentlichkeit inszeniert. Ich finde, jeder hat ein Recht auf ein Privatleben, doch sobald man es zur Förderung seines Ruhmes einsetzt, hat man, glaube ich, kein Recht mehr, sich der Presse zu entziehen.«

Patric fand nicht, dass Julia zu jung gewesen sein könnte, um mit dem Ruhm umzugehen. »Sie war nicht jünger als die meisten 19-Jährigen in Vietnam oder jeder andere Soldat – oder als Mütter, die plötzlich mit 21 mit drei Kindern und ohne Geld dastehen. Wissen Sie, es kommt auf den Charakter an.«

Jasons Worte trafen Julia hart. »Die Behauptung, ich hätte all diese Aufmerksamkeit aus Prestigegründen erregt, hat mich wirklich verletzt. Das ist im höchsten Maße falsch. Und das Schlimmste: es wurde von jemandem hervorgebracht, den ich kenne – und die Menschen, die uns wichtig sind, verletzen uns am meisten.«

Anfang März 1993 konnten erstaunte Julia-Fans in der *New York Daily News* lesen, sie habe für Kelly Cunningham im Streit mit Eric um ihre Tochter Emma einen Anwalt bezahlt.

1992 hatte Eric Eliza Simon geheiratet, die Tochter des Drehbuchautors David Rayfiel *(Drei Tage des Condor, Havanna)*, die selbst Schauspielerin und Besetzungschefin war, und hatte um das Sorgerecht geklagt. Er legte Kelly zur Last, sie hätte ihm ein Besuchsrecht der Zweijährigen ohne Aufsicht verweigert. »In der Vorladung stand, Cunnigham solle sich um acht Uhr am folgenden Morgen bei Gericht einfinden«, hieß es in der Story, »doch da sie kein Geld für einen Anwalt hatte, bekam sie Angst. Zu ihrem Glück griff Julia Roberts zu Cunninghams Verteidigung ein und fand nicht nur einen guten Anwalt für sie, sondern auch einen, der bereit war, sofort vor Gericht zu erscheinen.«

Kelly sagte aus, sie habe Eric Besuche ohne Aufsicht »aufgrund seiner Gewalttätigkeiten in der Vergangenheit« verweigert. »Nur weil er eine fertige Familie hat (mit Eliza) und meint, Emma sollte nun bei ihnen leben, wird sich nichts ändern. Mein Gott, man kann ein Kind nicht einfach seiner Mutter wegnehmen, nur weil man es will.«

Der Richter erließ eine einstweilige Verfügung, die Eric Besuche unter Aufsicht zugestand. Kurz darauf erschien Eliza im Fernsehmagazin *Hard Copy* und sprach über die Auseinandersetzung vor Gericht, die Meinungsverschiedenheiten zwischen Eric und Julia und deren Erziehung: »In ihrem Elternhaus gab es viele Spannungen.« In einem Interview mit dem *Rolling Stone* im Juli reagierte Julia darauf. »Eric erzählt seine Geschichten, seine Frau erzählt ihre Geschichten. Am interessantesten finde ich, dass Erics Frau über mich spricht, über meine Ansichten und Vorgehensweisen bei bestimmten Themen, wo wir uns doch nie begegnet sind ... Mein Bruder weiß genau, wo unsere Probleme liegen. Er ist im Bilde. Es liegt bei ihm, sie auszuräumen, wann immer er es für richtig hält.«

Eliza antwortete in einem dreiseitigen, einzeilig geschriebenen Brief an den *Rolling Stone*, der dort in Auszügen abgedruckt wurde: »Zu *Hard Copy* bin ich nur gegangen, um klarzustellen, dass Eric und ich nie versucht haben, wirklich das Sorgerecht für seine Tochter zu bekommen. Im Gegensatz zu ihrer Aussage im *Rolling-Stone*-Interview habe ich mich nie über Julias ›Ansichten und Vorgehensweisen bei bestimmten Themen‹ geäußert. Ich habe keine ›Befugnis‹ über sie zu sprechen und ich habe nie behauptet, sie zu kennen ... Eric hat zwar mehrere Versuche zu einer Aussprache mit seiner Familie unternommen (hauptsächlich, um seinen Anteil am verletzenden Verhalten in der Vergangenheit einzugestehen), doch diese Bemühungen wurden ignoriert.«

Eliza schickte denselben dreiseitigen, einzeilig beschriebenen Brief an Julia. »Ich habe Eric gedrängt zu erkennen, wie sehr er dich verletzt und brüskiert hat ... Wenn er, wie so oft, wirklich traurig, hilflos und ohne Perspektive ist, kann einen das schon rasend machen ... Doch das geht vorbei ... Ich frage mich, ob du und Lisa an euren Vater denkt, wie sehr ihn das verletzen würde ... zu wissen, dass seine Kinder nicht willens sind, sich gegenseitig zuzuhören.«

Julia beantwortete den Brief nicht. Später räumte sie ein, sie sei des unlösbaren Familiendramas überdrüssig. »Wir alle haben Probleme in unserem Leben – Gepäck, das uns unsere Familie auflädt. Und ich bin irgendwie dahin gekommen, mich damit zu befassen und diese Probleme zu lösen. Doch an einem bestimmten Punkt geht einem die Luft aus, wenn man nämlich immer wieder auf dasselbe alte Thema zurückkommt, das gelöst werden könnte, wenn ›man nur ein bisschen mithelfen würde‹. Ich weiß nicht. Ich wünsche Eric viel Erfolg bei seiner Genesung, *wirklich*, denn es hat lange gedauert.«

Etwa zu diesem Zeitpunkt hörte Eric auf, Kokain zu nehmen – weil er einen Herzinfarkt hatte und das auf die Droge zurückführte. »Ich musste aufhören«, sagte er. »Die ersten Jahre waren wirklich hart. Aber Eliza stand mir bei. Es gab schon Zeiten, da hielt niemand zu mir, auch nicht meine Familie. Ich habe gelernt, dass man sich auf niemanden verlassen kann. Eliza ist jetzt meine Familie.«

Wie weit Julias Beziehung zu Daniel Day-Lewis auch gediehen sein mag, die beiden hielten sich erfolgreich von den Kameras der Paparazzi fern. Darin war Day-Lewis Experte geworden: In seiner fünfjährigen Affäre mit Adjani sind die beiden offensichtlich nie zusammen fotografiert worden.

Shakespeare in Love hatte Julia und Daniel zusammengebracht, doch das Projekt stand unter keinem günstigen Stern. In London sollen schon zweihundert Leute an dem Film gearbeitet haben, Szenen wurden in den Pinewood Studios aufgebaut, und Julia hatte schon Kostüm- und Frisurenproben hinter sich, als Day-Lewis beschloss, aus dem Projekt auszusteigen. Als Grund gab sein Agent an, der gut aussehende, einsneunundachtzig große Schauspieler habe gerade *Zeit der Unschuld* abgeschlossen und sollte danach Gerry Conlon spielen, einen Iren, der fälschlicherweise bei einem IRA-Anschlag in London verhaftet worden war. (Der Film mit dem Titel *Im Namen des Vaters* lief Ende 1993 an.)

In Londoner Zeitungen wurde spekuliert, der wahre Grund für Day-Lewis' Ausstieg aus *Shakespeare in Love* sei Verärgerung, weil ihm zwei Drittel weniger Gage angeboten worden war als Julia. Außerdem glaube er nicht, dass eine so amerikanische

Schauspielerin eine britische Aristokratin angemessen darstellen könne. Was seine Gründe auch gewesen sein mögen, Day-Lewis stieg aus dem Projekt aus, Julia auch. Als potenzielle Mitspieler in der Hauptrolle lehnte sie den aufstrebenden Schauspieler Sean Bean aus Yorkshire ebenso ab wie Ralph Fiennes, der gerade mit Juliette Binoche eine Hauptrolle in *Stürmische Leidenschaft (Wuthering Heights)* gespielt hatte, auch Colin Firth, einen weiteren aufstrebenden Schauspieler, akzeptierte sie nicht.

Am 20. Oktober um zehn Uhr dreißig rief der Produktionsleiter des Films die zweihundertköpfige Crew in den Pinewood Studios auf Bühne B zusammen und teilte ihnen mit, dass die Produktion abgebrochen werde. Das war ein schwerer Schlag für die bereits angeschlagene britische Filmbranche. Julias Pressesprecherin Nancy Seltzer erklärte am 23. Oktober gegenüber der Tageszeitung *Daily Variety*, Julia »war nie wirklich für *Shakespeare in Love* verpflichtet«, und meinte, sie hätte keinen Vertrag unterschrieben. »Ihr war letztlich nicht wohl bei der Vorstellung, an diesem Film mitzuwirken.« Elaine Goldsmith fügte hinzu: »Ich denke, die Frustration rührt daher, dass alle dieses Projekt vorantreiben wollten und keinen richtigen Ersatz für Daniel Day-Lewis finden konnten.«

Julian Belfrage, der Agent von Day-Lewis, sagte gegenüber der *London Evening Standard:* »Julia hat den Film nicht gemacht, weil sie Daniel anbetet und nicht ohne ihn sein will. Ich glaube, sie hatte damit gerechnet, dass er es sich nach ihrem Ausstieg noch einmal überlegen würde. Doch jetzt, wo Hollywood Daniel die Schuld [am Scheitern des Projekts] gibt, wird er den Film niemals machen.«*

Ein Insider berichtete, Julias Zuneigung für Day-Lewis sei »Gesprächsthema Nummer eins in der [britischen] Filmbranche« und Day-Lewis hätte wissen lassen, »er würde gern Probeaufnahmen mit Julia machen, mit ihr ausgehen, sogar mit ihr ins Bett

---

* Der Film kam 1998 mit Joseph Fiennes (Ralphs Bruder) und Gwyneth Paltrow in den Hauptrollen heraus. Er bekam sieben Oscars, unter anderem für den besten Film, die beste Schauspielerin (Paltrow) und die beste weibliche Nebenrolle (Judi Dench als Königin Elizabeth I.).

gehen. Er sei aber nicht bereit, seine berufliche Karriere aufs Spiel zu setzen und einen Film mit ihr zu drehen.« Warum Day-Lewis darin eine Gefahr sah, wurde nicht erklärt.

Während Hollywood Day-Lewis für den Fehlschlag mit *Shakespeare in Love* verantwortlich machte, ging die britische Presse mit Julia unbarmherzig ins Gericht, weil sie aus dem Film ausgestiegen war. Der *London Evening Standard* machte ihr in einem Artikel von Neil Norman mit dem Titel »HAT JULIA SICH JETZT ALLES VERDORBEN?« die Hölle heiß: »Roberts packte ihre Koffer und flog nach Los Angeles zurück. In England ließ sie eine bestürzte und plötzlich arbeitslose Crew zurück. Damit hat sie sich kaum Freunde gemacht. Doch auch in der Vergangenheit sah es nie danach aus, als habe sie das Buch ›Wie man Freunde gewinnt und Menschen beeinflusst‹ jemals gelesen und verstanden.«

Norman hieb weiter nach Kräften (und oft ungerechtfertigt) auf Julia ein und interpretierte sogar Robin Williams' Humor gegen sie. »Bei einer Pressekonferenz in London [für den Film *Hook*«, berichtete er, »wurde Williams gefragt, wie es war, Julia Roberts zu küssen … Er schürzte seine Lippen zu einem unschönen Kussmund. ›Wir hatten Stunts für die Lippen‹, sagte er. ›Sie hat einen sehr interessanten Mund. Sie ist der einzige mir bekannte Mensch, der auf den Lippen Unterwäsche trägt.‹«

»Wer braucht Feinde, wenn er solche Freunde hat?«, fragte Norman, der mit Robins Humor nichts anfangen konnte, und schrieb weiter: »Die Sache mit *Shakespeare in Love* war der Höhepunkt in einem schlechten Jahr für Roberts, was ihre Beliebtheit angeht. In der Zwischenzeit lehnte sie Drehbücher ab oder rannte aus dem Studio, wenn nicht alles nach ihrem Kopf ging. Man fragte sich: Verhält sich so eine erwachsene, verantwortungsbewusste Frau? Natürlich nicht. Aber warum sollte man auch von ihr erwarten können, sich wie eine erwachsene, vernünftige Frau zu verhalten, wenn Leute bereit sind, ihr sieben Millionen Dollar dafür zu zahlen, dass sie vorgibt, jemand anderes zu sein?«

Julia war schockiert und verletzt über den heftigen Gegenschlag. »Ich kann nicht sagen, dass mich das nicht ärgert, berührt und verletzt … das wäre gelogen«, sagte sie zu Katie Couric in der NBC-Nachrichtensendung *Today.* »Doch gleichzeitig gießt die Tatsache, dass man sich davon betroffen zeigt, natürlich Wasser auf ihre Mühlen.«

Als Julia Mitte 1993 immer noch nicht ins Filmgeschäft zurückgekehrt war, fragten sich immer mehr Beobachter, ob Neil Norman nicht doch Recht hatte und Julia tatsächlich dabei war, ihre Karriere selbst zu zerstören. Ein ehemaliger Studioleiter sagte gegenüber der Zeitschrift *People:* »Das ist sicher kein normales Verhalten für einen Filmstar. Inzwischen fragen sich viele Leute, was nur in aller Welt mir ihr los sein mag.«

Julia räumte ein, dass ihr der kometenhafte Aufstieg zur Berühmtheit zwischen *Pizza, Pizza* und *Hook* nicht nur Angst gemacht, sondern sie auch orientierungslos gemacht und Selbstzweifel bei ihr ausgelöst habe. »Ich hatte lange Probleme mit meinem Selbstvertrauen«, sagte sie mehrere Jahre später. »Auch jetzt ist noch etwas davon da, so absurd das klingen mag. Als könnten sie morgen kommen und sagen: ›Okay, deine Zeit ist um. Geh zurück nach Smyrna‹, wissen Sie? Ein Traum ist wahr geworden und gleichzeitig fragt man sich: *Wie bin ich denn hierher gekommen?* Und dann noch die ganzen Interviews und die Menschen, die einen auf der Straße fotografieren … das alles hat mir eine Heidenangst eingejagt. Mit einundzwanzig Jahren versucht man immer noch, sich freizuschwimmen, wie jedes Mädchen vom Lande, überall auf der Welt.«

Es schien, als wollte Julia nun auch in Liebesdingen mit beiden Beinen auf dem Boden stehen. Liz Smith berichtete am 9. März: »Julia Roberts besucht ihre alte Flamme Daniel Day-Lewis. Er ist zur Zeit der Mann in ihrem Leben.« Julia hatte nun den fünften Liebhaber in fünf Jahren, einen solchen Lebenslauf könnte man fast als pathologisch bezeichnen, selbst in Hollywood. Beobachter fragten sich, ob sie panische Angst vor einer Bindung hatte, ob sie fürchtete, die Fehler ihres Bruders zu wiederholen oder einfach die Phase noch nicht überwunden hatte, in der Mädchen verrückt nach Jungen sind, obwohl sie es zu weltweitem Ruhm und Wohlstand gebracht hatte und viele ihr schmeichelten.

Es schien klar, dass Julia Roberts männliche Aufmerksamkeit

brauchte, wie ein Vertrauter später sagte. Ihr Vater hatte, als sie fünf Jahre alt war, in seinem Antrag auf das Sorgerecht geschrieben: »Sie ist ein unschuldiges Kind, das Zärtlichkeit braucht, und die bekommt sie eindeutig nicht. Ich fürchte, das wird sie in späteren Jahren beeinträchtigen. Ich will nicht, dass sie als Erwachsene darunter leidet, was ihr als Kind angetan wurde.« Eric ist der Ansicht, dass genau dieses auf seine Schwester zutrifft, weil sie die Selbstbestätigung in einer aufregenden neuen Romanze zu brauchen scheint und das auch sucht – oder zulässt, dass es geschieht –, wenn ihre momentane Beziehung schwierig oder langweilig wird.

Mit Day-Lewis hatte sich Julia wieder einmal einen gut aussehenden, leidenschaftlichen Schauspieler ausgesucht, dessen Vater früh gestorben war, der eine unglückliche Kindheit erlebt hatte und der als Teenager von der Schule abgegangen war, um Schauspieler zu werden. Day-Lewis besaß einen irischen Pass, und Julia besuchte ihn gern sowohl in England als auch in Irland. Im Februar schrieben die britischen Zeitungen, Julia hätte ein Cottage für 60000 Dollar in Mayo, »Irlands schönster Grafschaft«, erstanden, als »Liebesnest« für sie und Day-Lewis, der in seiner Kindheit immer die Ferien dort in der Nähe verbracht hatte. *The Sun* berichtete am 10. März, Julia hätte »ein Vermögen für Transatlantikflüge« ausgegeben und »in vielen unterschiedlichen Verkleidungen heimlich ungestörte Wochenenden mit Daniel erlebt«.

»Ich kann nur hoffen«, meinte der Journalist der *Sun* (und meinte es offensichtlich aufrichtig), »dass Irland ihrer Karriere förderlich ist – und dass die gute Landluft ihrem Liebesglück gut tut.« Man sah sie selten, doch an einem Nachmittag im Mai 1993 wurden sie im Pub Strawberry Beds in Chapelizod, einem Stadtteil von Dublin, gesichtet. »Sie hatten viel Spaß, sie war dauernd um ihn herum«, erzählte der Barkeeper Francis Heffernan dem Day-Lewis-Biografen Garry Jenkins. Die beiden waren in einem roten Mercedes gekommen. Beide trugen Jeans. »Sie lachten und flüsterten viel«, fügte Heffernan noch hinzu.

Eine Frau, laut *Daily Mirror* eine Freundin von Julia, sagte, die Schauspielerin sei »vernarrt [in Day-Lewis]. Trotz ihrer Berühmtheit ist Julia immerhin erst fünfundzwanzig und eigentlich ein Mädchen aus einer Kleinstadt in Georgia. Diesen gut aussehenden Mann von der anderen Seite des Atlantiks findet sie unheimlich romantisch. Sie blickt ehrfürchtig auf sein Talent und ist überwältigt von seiner sexuellen Anziehungskraft. Doch Daniel versucht, nicht viel Aufhebens um die Sache zu machen. Er will keine Öffentlichkeit. Das ist das Richtige für Julia. Anscheinend verbringt sie gerade die Hälfte ihrer Zeit im Jetlag.«

Einige Tage später berichtete eine andere britische Zeitung, der »elegante Schauspieler Daniel Day-Lewis ist NICHT in Julia Roberts verliebt, verrieten seine Freunde gestern. Doch der Star aus *Pretty Woman* ist bis über beide Ohren in den irischen Darsteller verknallt … Die Freunde sagten, der 36-jährige Daniel mochte Julia sehr gern – ›aber er möchte nicht, dass etwas Ernsteres daraus wird‹.«

Einer aus Day-Lewis' Freundeskreis sagte Jahre später, Julia sei »wahnsinnig verliebt« in den Schauspieler gewesen, doch er sei »besessen von seiner Karriere. Er *will nicht* heiraten. Er hat es nicht *nötig,* zu heiraten«. Day-Lewis selbst hatte einem Reporter gegenüber einmal gesagt: »Die Ehe als Idee bedeutet mir nichts. Über so etwas denke ich nicht nach.«

Als Julia im Juni mit den Aufnahmen zu ihrem Comeback-Film *Die Akte* begann, waren sie und Day-Lewis kein Thema mehr. Der Grund für ihre Trennung mag wohl seine Aversion gegenüber der Ehe gewesen sein, denn *sie* dachte sehr wohl an Heirat. Einige Jahre später gestand sie etwas in der Art: »Das ist etwas Kindliches, diese Aschenbrödel-Vorstellung, dass mit der Heirat das Glück beginnt. Man glaubt, wenn man heiratet, wird man glücklich … Als kleines Mädchen hört man, Barbie und Ken sind glücklich, eben so Micky Maus und Minnie – sie sind schon ewig zusammen.« Doch als Julia Roberts sich auf die Proben vorbereitete, war für die Möchtegern-Braut weit und breit kein Bräutigam in Sicht.

Bevor Julia mit den Aufnahmen begann, machte sie mit ihrer Freundin Susan Sarandon, deren Tochter Eve und Susans Bruder Terry Tomalin eine Reise nach Costa Rica. »Costa Rica ist wirklich sehr schön«, erinnerte sich Susan. »Das erzählte ich Julia, und so kam es zu dieser kleinen Reise.« Auf der Reise entdeckte Susan, dass Julia »sehr flexibel ist, und dass Skorpione hinter ihr her sind. Wir mussten auf dem Boden schlafen, und zum Essen hatten wir nur ein Besteck. Wenn wir Nudeln kochten, mussten wir mit einem Messer oder einem Löffel essen. Nicht jeder kommt mit solchen Umständen zurecht.«

Doch Julia machte es Spaß, wie sie sagte. Und sie war ihrerseits beeindruckt von Susans Anpassungsfähigkeit. »Susan organisierte alles, und ich fand die Konversation beim Essen immer sehr interessant. Susan stellte unseren Führern Fragen, auf die ich nie gekommen wäre.«

Nach einigen Tagen stellte Susans Bruder fest, das Julia fast nur Musikkassetten von Lyle Lovett dabeihatte.

KAPITEL 23

Julia wollte Denzel Washington küssen. »Wenn man so einen wie ihn sieht, ruft man gleich seine Freundinnen an«, sagte sie über Washington, den gut aussehenden Schauspieler in der männlichen Hauptrolle bei *Die Akte*, den die Zeitschrift *People* den »lebenden Mann mit dem meisten Sexappeal« genannt hatte. »Er ist der Beste, denn wenn einer so talentiert und so komisch und so süß und so ungeheuer brillant und so großartig ist, ist das fast mehr, als man ertragen kann. Ich wollte ihn in diesem Film küssen, und ich will das jetzt sagen, ich war für den Kuss, ich wollte den Kuss, ich war bereit, ihn zu küssen.«

Mehrere Faktoren sprachen jedoch gegen eine Verbindung der Lippen zwischen der von Julia dargestellten Darby Shaw, Jurastudentin aus Tulane, deren Leben in Gefahr ist, nachdem sie in einer Akte (richtige) Theorien über die Identität der Mörder von zwei Richtern des Obersten Bundesgerichts entwickelt hat, und dem von Denzel dargestellten Washington-Herald-Reporter Gray Grantham, den sie zu ihrer Unterstützung gewinnen kann. In John Grishams Roman ist Gray Grantham Weißer, und obwohl Darbys Professor/Liebhaber zu Beginn der Geschichte von einer für sie bestimmten Autobombe ermordet wird, entwickelt sich am Ende eine Romanze zwischen Gray und Darby.

Tom Rolf, der Cutter der Films, erinnerte sich, dass Denzel es ablehnte, ein so offensichtliches Zeichen einer Liebesbeziehung wie einen Kuss darzustellen: »Er sagte: ›Das werden mir die Schwestern nie verzeihen.‹« Washington sprach aus schmerzlicher Erfahrung. In seinem Film *Big Bad Man* aus dem Jahre 1989 hatte Denzel Mimi Rogers geküsst, und während einer Testvorführung waren laute Buhrufe von den schwarzen Frauen unter den Zuschauern gekommen. Denzel bat das Studio, die Kussszene herauszunehmen, und es willigte ein. Er schwor, keine Liebesgeschichten zwischen Schwarz und Weiß mehr zu drehen, und da die Hollywoodbosse im Großen und Ganzen wenig Interesse an schwarzen Liebesgeschichten hatten, gab es wenig Liebesszenen in Washingtons Leinwand-Leben.

Julia war schon immer völlig frei von Vorurteilen gewesen und verstand deshalb das Problem überhaupt nicht. »In diesem Film geht es nicht um Schwarz und Weiß«, sagte sie. Ironischerweise warfen viele Beobachter, denen der Mangel an Liebesszenen auffiel, Julia entweder Feigheit oder Rassismus vor. »Ich habe im Laufe der Jahre so viel Blödsinn darüber gehört, warum ich Denzel nicht geküsst habe«, sagte sie später. »Es war seine Idee, die verdammten Szenen wegzulassen.«

Julia sagte in der Sendung *Inside the Actors Studio,* einer von Denzels Einwänden hätte nichts mit der Hautfarbe zu tun. Er fand, dass nach dem Tod von Darbys Liebhaber im Film zu wenig Zeit vergeht, um ihre Beziehung zu einem anderen Mann nachvollziehbar erscheinen zu lassen. »Schließlich mussten wir die Tage im Drehbuch zählen. Denzel fand, es muss mindestens ein Monat vergehen, ehe man auf die Frau zugehen kann. Also zählten wir, siebzehn, oh los, es müssen dreißig werden … aber es waren nur etwa zweiundzwanzig Tage, und das ging nicht.«

Trotzdem, sagte Julia, sind die beiden zum Schluss des Films »total verliebt«, auch wenn das nicht offensichtlich ist. »Am Ende des Films, wenn ich Denzel im Fernsehen sehe … alle sollen wissen, dass das in seiner Hütte ist. Okay, es ist inzwischen Zeit vergangen. Aber da sind wir ein Paar, nur dass ihr das wisst. Geht, leiht euch den Film aus und schaut ihn euch noch mal an, dann werdet ihr das schon sehen.«

An einem warmen Junimorgen des Jahres 1993 stand Julia Roberts zum ersten Mal seit fast zwei Jahren wieder auf einem Filmset. Eine Woche zuvor hatte Elaine Goldsmith für sie in Hollywood eine Art Abschiedsparty veranstaltet, mit dabei waren Nick Nolte (mit dem Julia im nächsten Film *Nichts als Ärger* zusammen die Hauptrolle spielen sollte), Billy Baldwin, Shirley MacLaine, Vincent D'Onofrio, Oliver Stone und Joe Roth, der ehemalige Leiter der 20th Century Fox, mit dem Julia einen Produktionsvertrag abgeschlossen hatte.

»Ich bin bereit, die Tür einzutreten«, sagte Julia dem Kolumnisten Army Archerd vom *Hollywood Reporter* und meinte damit ihren neuen Film, für den sie acht Millionen Dollar erhielt, die höchste Gage, die je eine Frau in Hollywood erhalten hatte, obwohl sie so lange abstinent gewesen war. Sie fügte hinzu, sie hätte die Pause »kein bisschen bedauert«, in der sie zwei Jahre lang ein »häuslicher Mensch« gewesen sei und ein möglichst »ruhiges, einfaches Leben« geführt hatte. Mit einem Seitenblick auf ihren Ruf als Serientäterin bei den Männern sagte sie: »Ich bin zu niemandem gemein.«

Tom Rolf erinnerte sich, dass die Crew bei *Die Akte* keine Bedenken hatte, mit ihr zusammenzuarbeiten, trotz der Gerüchte über Spielbergs Probleme mit Julia und all der düsteren Spekulationen über die Gründe für ihre lange Pause. »Nein, an so was erinnere ich mich nicht. Ich glaube, die Leute waren hocherfreut, bei ihrem Comeback mitzuwirken. Ein *bisschen* wurde geredet, eine kleine Unsicherheit bestand, aber ich glaube nicht, dass jemand wirklich beunruhigt war, weil er an einem Film mit Julia Roberts mitarbeitete, das ist sicher.«

Julia jedoch kam aufgeregt und sehr verunsichert in New York an, um unter der Regie des angesehenen Alan J. Pakula *(Die Unbestechlichen, Sophies Entscheidung)* zu arbeiten. »Ich hatte zwei Jahre lang nicht mehr gearbeitet, und auf dem Weg zum Set dachte ich wirklich: *Was ist, wenn ich vergessen habe, wie man schauspielert? Wenn es ›Action‹ heißt und ich da nur rumstehe?* Ich war wirklich ganz aus dem Häuschen. ... [Aber] Alan Pakula ist fantastisch. Er gab mir Selbstvertrauen. [Und] ich arbeitete mit Sam Shepard zusammen, den ich schon von der Arbeit an *Magnolien aus Stahl* kannte, und das war tröstlich, schon jemanden zu kennen.«

Allerdings gab es während der Dreharbeiten mehrere Gelegenheiten, wo Julia mehr Trost als diesen brauchte. Während sie an verschiedenen Drehorten in New Orleans arbeitete, erreichten sie, adressiert an die Warner Brothers Studios, die ersten Briefe von einem Mann, der sich als ihr treuester Fan bezeichnete. Bald darauf nahmen die Briefe einen bedrohlichen Ton an, sadomasochistische Praktiken wurden erwähnt und erzwungener Sex. Das Studio übergab die Briefe einer Detektei, die den

Mann als eindeutig gefährlich einstufte und empfahl, dass Julia rund um die Uhr bewacht wurde.

Anfänglich wollte sich Julia vor der 24-Stunden-Überwachung drücken, aber nach einem erschreckenden Zwischenfall in New Orleans änderte sie ihre Meinung. Während einer Drehpause ging sie um den Block, um eine Tasse Kaffee zu trinken. Plötzlich fielen zahlreiche Fans über sie her und drängten sie gegen eine Wand. Fast wäre sie in Panik ausgebrochen, doch dann kam ein Streifenbeamter vorbei und zerstreute die Menge. Später sagte Julia: »Mir war immer durch den Kopf gegangen, in dieser Menge könnte der Mann sein, der hinter mir her ist. Ich wagte nicht, jemanden direkt anzusehen. Ich bat immer nur: ›Bitte treten Sie zurück. Bitte lassen Sie mir etwas Raum zum Atmen. Sie machen mir Angst.‹« Von da an wurde Julia von Wachmännern in Zivil begleitet, auch noch beim nächsten Film, denn die bedrohlichen Briefe rissen nicht ab.

Die emotionalste Szene des Films verlangte Julia ebenfalls einiges ab. In der Szene verlässt sie mit Sam Shepard ein Restaurant am Vieux Carré. Er hat zu viel getrunken, und sie will nicht, dass er fährt. Er sagt zu ihr, sie müsse zu Fuß nach Hause gehen, und setzt sich ins Auto. Als er den Zündschlüssel herumdreht, explodiert das Auto, und er ist sofort tot. Pakulas Kamera beobachtet Julia, während Fassungslosigkeit, Schock, Ungläubigkeit, Angst und Schmerz sich binnen weniger Sekunden auf ihrem Gesicht spiegeln. »Über diese Szene habe ich länger nachgedacht als über irgendetwas anderes«, sagte sie. »Das verfolgte mich fast, denn das konnte einer dieser großen Momente sein. Und natürlich ist es eine besondere Herausforderung: Wie wechselt man X Emotionen in einer bestimmten Zeitspanne? Diese Abende waren wirklich sehr anstrengend.«

Pakula war beeindruckt von Julias emotionalem Einsatz in der Szene. »Sie geht in einen dunklen Teil ihrer selbst. Nach der ersten Aufnahme – die exzellent, wirklich voll emotional war – ging ich zu ihr. Es war, als hielte man einen zitternden Vogel in der Hand. Sie konnte kaum sprechen. Sie hatte Tränen in den Augen. ›Willst du etwas anderes?‹, fragte sie. Ich zögerte, und sie sah mich an und sagte: ›Du willst weniger.‹ Ich sagte: ›Ja.‹ Wir drehten die Szene noch einmal, und sie nahm sich zurück. Das verblüfft mich immer wieder, wie die Schauspieler das machen, denn einerseits befinden sie sich in einem nicht kontrollierbaren Gefühlszustand und andererseits reflektieren sie darüber als Rolle.«

Eine weitere Szene forderte Julia ebenso. »An einem Tag arbeiteten wir an einer sehr intensiven Szene und ich dachte: ›Das kann ich nicht noch mal machen.‹ Bis zur letzten Minute lehnte ich ab, das zu tun, und sagte zu Denzel: ›Was soll ich denn tun?‹, und er sagte: ›Spielen.‹ Das hat die Sache wirklich in einem ganz anderen Licht gezeigt. Ich werde einfach *spielen* müssen.«

Die Anspannung in diesen Szenen machte Julia oft müde. »Ich schlief neben unserem Kameramann ein«, erinnerte sich Julia. »Wir saßen nebeneinander, und ich döste irgendwie an seiner Schulter ein, und er war so höflich und so süß, er traute sich nicht – eigentlich hätte er arbeiten sollen, und nun saß er zwanzig Minuten lang wie gelähmt da, während ich einfach schlief.«

Während der Dreharbeiten zu diesem Film fand Julia eine neue Methode, sich zu entspannen – Stricken. »Ich lernte das von einem hübschen Jungen, der Maler [für den Film] war. Er hat auch einer Freundin von mir das Stricken beigebracht. Ich saß und strickte, und die Leute kamen zu mir und sagten: ›Oh, das will ich auch lernen.‹ Am Ende des Films war fast eine Art Strickkreis entstanden. Das Schöne ist, dass man sich dabei unterhalten kann. Ich kann am Set zwischen den Szenen sitzen, mit den Leuten sprechen und weiterstricken.«

Am 21. Juni, nach einem Monat Drehzeit, veranstalteten die Obersten von *Die Akte* eine Pressekonferenz an ihrem neuen Drehort in Washington, D.C. Die Reporter stellten fest, dass Julia sich kolossal verändert hatte und nicht mehr der widerspenstige, misstrauische Star war, den die Presse im Dezember 1991 bei der Vorstellung von *Hook* angetroffen hatte. Sie war entspannt, sogar freundlich, und sie hatte eindeutig ihren Humor wiedergefunden. Auf die Frage, ob sie sich nach den zwei Jahren ohne Arbeit eingerostet fühle, sagte sie mit breitem Lächeln: »Ich fühle mich nicht eingerostet, oder *sehe ich so aus?«*

Keinesfalls – das strahlende Lächeln, das Julia zum Superstar gemacht hatte, war wieder voll erblüht. Ihr Haar war wieder lang, hellbraun und fiel unbekümmert um ihre Schultern. Die Pause hatte ihr eindeutig ungeheuer gut getan. »Ich glaube, ich kehre mit neuen Kräften zurück … Mir ist ganz schwindelig.«

Die versammelten Journalisten schrieben das Zitat fleißig mit: »Mir ist ganz schwindelig«, ohne den vollen Sinn zu kennen. In einer Notiz über die Pressekonferenz gab die Zeitschrift *Time* in ihrer Ausgabe vom 5. Juli einen Hinweis darauf. »Wenn Hollywood eine Milchpackung wäre, wäre Julia auf der Seite abgebildet. ›Riesenstar vermisst in Spielfilmen. Zuletzt gesehen in: *Hook* 1991.‹ Suchen Sie nicht länger. Bei einer Pressekonferenz zum Beginn der Dreharbeiten in Washington an ihrem Thriller *Die Akte* … forderte Julia die Journalisten auf, sich nur mit ihrer Arbeit zu beschäftigen – diese Bitte blieb eindeutig unbeachtet. Tage später konzentrierte sich ein New Yorker Boulevardblatt stattdessen auf die Gerüchte über ihre Romanze ›mit dem schrulligen Balladensänger Lyle Lovett‹.«

Lyle Lovett? Der schlaksige Countrysänger mit dem zerfurchten Gesicht, dem Säufergrinsen und der hochragenden Frisur, die einmal als »Schopf nuklear bestrahlter Alfalfa-Sprossen« beschrieben wurde? Das konnte nicht sein. In der Galerie der Liebhaber von Pretty Woman hatte es bis dahin nur die bestaussehenden Männer der Welt gegeben.

Julia leugnete eine Liebesbeziehung mit Lovett. Auf die Frage eines Reporters, ob sie sich mit ihm treffe, antwortete sie: »Das ist komisch … Ich meine, ich *kenne* Lyle nicht. Er spielte hier in D.C. und wir gingen in einer Gruppe hin. Wir fuhren mit einem großen Bus, weil wir etwa fünfundzwanzig aus der Crew waren. Und wissen Sie, was vorn als Ziel auf unserem Bus angegeben war? ›Verirrt.‹ Das war genau richtig.«

In diesem Fall schien das Dementi zur gerüchteweisen Liebesgeschichte eines Stars glaubwürdig. Doch als die Leser eine Woche später die nächste Ausgabe der *Time* durchblätterten, erfuhren sie, dass Julia und der schrullige, introvertierte Sänger und Songwriter in Marion in Indiana die Eheringe getauscht hatten.

KAPITEL 24

Julia war entschlossen, diese Hochzeit zum Gegenteil der mit Kiefer Sutherland geplanten zu machen. Anstelle einer aufwändigen, in einer Soundstage in Hollywood aufgebauten Kulisse sollte die kleine, ländliche St. James Kirche der Lutheraner im zweiunddreißigtausend Einwohner zählenden Marion in Indiana der Schauplatz sein. Ausgewählt wurde der Ort, weil er in der Nähe von Noblesville liegt, einem Vorort von Indianapolis, wo Lovett und seine Large Band auf ihrer Sommertournee auftraten. Anstatt zweihundert der »glitziest and ritziest« kamen fünfundsiebzig Leute. Der einzige Glamour kam von den Frischvermählten selbst und Julias besten Freunden Susan Sarandon und Tim Robbins. Anstelle aufeinander abgestimmter Designerkleider trugen ihre Brautjungfern (Deborah Porter, Sarandon, Lisa Roberts, Paige Sampson und Elaine Goldsmith) was sie wollten und was sie innerhalb von zweiundsiebzig Stunden auftreiben konnten. Anstatt in Schuhen von Manolo Blahnik ging Julia barfuß – und konnte so die in den Gang der Kirche gestreuten Rosenblätter besser fühlen.

Vor allem sorgte sie dafür, dass diese Hochzeit im privaten Rahmen stattfand. Am Tag vor der Trauung gab sie im Jefferson-Hotel in Washington, D.C., Kevin Sessums ein Interview für ein Porträt in der Zeitschrift *Vanity Fair.* »Im Laufe unseres Gesprächs«, schrieb er später, »nahm sie drei Telefonanrufe entgegen, bei denen sie Organisatorisches klärte ... Ich habe inzwischen überlegt, ob ich nicht lieber Kühlschränke reparieren soll.«

Als Sessums sie zu dem Gerücht befragte, dass sie mit Lovett ginge, leugnete sie – »und das, ohne mit der Wimper zu zucken«, sagte Sessums, »was beweist, was für eine wundervolle Schauspielerin sie ist«. Später gab Julia gegenüber Sessums und anderen zu, dass diese Fragen über Lovett sie »in Panik« versetzt hätten, weil sie wieder an das Sutherland-Debakel denken musste. »Wir wollten in sechs Monaten heiraten«, sagte sie zu Roald Rynning von der Zeitschrift *Time Out,* »doch ich saß nach einem

Drehtag in meiner Küche in Washington und hatte große Angst, die Presse könnte dahinterkommen und man könnte unseren Müll durchsuchen.«

Sessums sagte sie auch: »Ich rief meinen ach so gelassenen Verlobten an und sagte ihm, wie ich mich fühlte. ›Wie wäre es denn, wenn wir an diesem Wochenende heiraten würden?‹ Und er, als vollkommener Gentleman, sagte: ›Ganz wie du willst, Liebling.‹«

Um diese überraschende Hochzeit weniger übereilt erscheinen zu lassen, schlugen Julias Sprecher vor, sie und Lyle könnten sich 1991 während der Dreharbeiten an *The Player* kennen gelernt haben, und seitdem habe sich ihre Beziehung entwickelt. Das Dumme an dieser Geschichte war nur, dass Julia und Lyle in *The Player* nirgends zusammen aufgetreten waren, auch hatten sie nie am selben Tag gedreht. Lyles damalige Freundin Allison Inman erinnerte sich sogar, sie und Lyle hätten sich darauf gefreut, Julia kennen zu lernen, doch »wir waren schon wieder weg, als sie ihre Szene drehte«.

Wie ist das seltsame Paar dann zusammengekommen? Lovett sagte, jemand hätte ihm einige Jahre zuvor erzählt, Julia sei ein Fan seiner Musik. (Seine Stimmfarbe und seine intelligenten, introspektiven Lieder erinnern an Bruce Springsteen mit gelegentlich etwas schärferen Klängen.) »Ich fand, das ließ sich hören«, sagte er, »und wollte ihr gerne schreiben, aber ich traute mich nicht.« Lovett bewunderte Julia ebenfalls: Ein Bekannter sagte, er hätte auf der Tournee immer eine Videokassette von *Pretty Woman* dabeigehabt und »muss die schon hundertmal gesehen haben, bevor er sie überhaupt kennen lernte«.

Dann interviewte Susan Sarandons Bruder Terry, der für die *St. Petersburg Times* in Florida schrieb, Anfang 1993 den Sänger und erzählte ihm, dass Julia seine Musik auf ihrer Reise nach Costa Rica dabeigehabt hätte. Diesmal rief Lovett an, und nachdem Julias Beziehung zu Day-Lewis beendet war, trafen sich die beiden am 8. Juni in New Orleans. »Ich reagierte sehr stark auf ihn, als ich ihn kennen lernte«, sagte Julia, »anders als je zuvor auf irgendjemanden auf diesem Planeten ... Lyle ist der süßeste Mann im Universum. Er hat diese unglaubliche Ruhe und dieses Selbstbewusstsein. Viele mögen ihn für nicht sehr emotional halten, doch genau das Gegenteil ist der Fall. Er denkt mehr nach als irgendwer sonst, aber er hat sich auf seine Art an die Welt angepasst. Ich wünschte, ich hätte diese lockere Haltung. Vielleicht hätte ich dann weniger Probleme damit, was andere von mir denken.«

Anders als Julias letzte vier Liebhaber kam der 35-jährige Lovett aus Texas nicht aus einer zerrütteten Familie (seine Eltern Bill und Bernell waren seit siebenunddreißig Jahren glücklich verheiratet), war nicht von der Highschool abgegangen (er hat einen Abschluss in Journalismus und Deutsch von der A & M University in Texas), und er sah nicht gut aus. Nach fünf fehlgeschlagenen Beziehungen in fünf Jahren hatte Julia im Augenblick genug von großartigen jungen Schauspielern. Lovett muss für sie eine sehr angenehme Abwechslung gewesen sein.

Unfreundliche Beobachter nannten das Paar »Die Schöne und das Biest« und sogar Lyle war von Ehrfurcht ergriffen gewesen, dass Julia seine Gefühle erwiderte. Auf seinem Album aus dem Jahre 1992, *Joshua Judges Ruth*, hatte Lovett nicht weniger als fünf Songs über unerwiderte Liebe geschrieben. »Nachdem ich Julia kennen gelernt hatte, bekam alles einen Sinn für mich«, sagte er. »Irgendwie rechtfertigte es all die Hoffnung, die ich immer hatte.«

Eine langjährige Bekannte von Lovett, Sandy Lovejoy, sagte der Zeitschrift *People:* »Was Frauen bei Männern suchen, das hat er im Übermaß. Er ist süß, freundlich und sanft, wirklich eine gute Partie. Und ich wette, er würde alles tun, um eine Frau glücklich zu machen.« Allison Inman, mit der Lyle immer noch freundschaftlich verbunden war, sagte: »Er hatte jemanden [Julia] gefunden, der verrückt nach ihm war und wirklich an ihn glaubte und ihn verstand … Ich glaube, er braucht jemanden, der ihm wirklich vertraut, und das tat sie. Ich glaube, dass sie so verrückt nach ihm ist, hat seinem Selbstvertrauen sehr gut getan … Wissen Sie, das hat er zu mir gesagt. Eine Zeit lang war es ihm irgendwie schlecht gegangen, und dann traf er jemanden, der so gut zu ihm war.«

Julias einziger Kommentar zu Lyles Aussehen lautete: »Ich mag seine Frisur. Wenn man ihn länger kennt, wirkt sein Haar gar nicht so dick wie alle behaupten. Immer, wenn jemand über seine Frisur schreibt, bezieht er sich auf ein Bild, auf dem sein Haar extrem absteht. Ich habe Bilder gesehen, die einige Jahre älter waren und sagte: ›Liebling, hier steht es aber wirklich ab.‹«

Anfang Juni war das frisch gebackene Ehepaar im Café Brasil in New Orleans gesehen worden, als sie den Klezmer All Stars aus New Orleans zuhörten. »Sie schmiegten sich aneinander und tanzten«, erinnerte sich einer aus dem Publikum. »Jeder sah, dass zwischen ihnen etwas Besonderes vorging.«

An den Drehpausen zum Wochenende konnte man Julia im Juni bei Lyles Konzerten in Memphis, West Virginia und in New York City hinter der Bühne antreffen. Lovett widmete nun Lieder »Fiona« oder »meiner besonderen Freundin«, doch natürlich wusste niemand im Publikum, wer das war. »Fiona gefällt der Gedanke, ich hätte den Song für sie geschrieben«, sagte Lovett im Paramount Theatre in New York, ehe er »She Makes Me Feel Good« sang. (»Sie hat volle, rote Lippen / Sie hat große braune Augen / Wenn sie gut zu mir ist / Ist das eine große Überraschung.«)

Erst als Lovett die Stadt wieder verlassen hatte, fand die Presse in New York heraus, dass der weiblich wirkende Mann, der Lyles Version von »Stand by Your Man« eingeführt hatte, eigentlich Julia als Mann verkleidet gewesen war. Als Berichte erschienen, dass zwischen den beiden etwas laufen könnte, beschlossen sie, die für den 27. Juni geplante Hochzeit vorzuziehen – und sie so geheim zu halten wie das Manhattan Project [die Entwicklung der Atombombe im Zweiten Weltkrieg].

Und so beantragten Lyle Lovett und Julia Roberts an einem verregneten Sonntag um elf Uhr fünfundvierzig, weniger als zwei Stunden vor der anberaumten Zeremonie, im Gerichtsgebäude von Grant County eine Heiratserlaubnis. Anders als in anderen Staaten waren in Indiana kein Bluttest und keine Wartezeit vorgeschrieben, nur ein Nachweis, dass die Braut gegen Röteln geimpft war. Die Urkundsbeamtin Karen Weaver fragte: »Sind Sie die *echte* Julia Roberts?« Als Julia das leise bejahte, unterschrieb Weaver die Erlaubnis. Später sagte sie, die beiden waren

»nette Leute. Ich war sehr beeindruckt, aber nicht von Ehrfurcht ergriffen. Das war ich, als ich Dan Quayle traf.«

Um drei Uhr (mit anderthalb Stunden Verspätung, weil einige Gäste sich verspätet hatten) ging Julias Schwester Lisa den Gang der St. James Kirche hinunter – die Orgel spielte »Jesu, Joy of Man's Desiring«. Es folgte Julia mit ihren Brautjungfern. Der einzige Schmuck in der Kirche waren Sträuße mit roten, gelben und purpurfarbenen Blumen, die an den Enden der hölzernen Bankreihen befestigt waren.

Als die Blumenmädchen – Susan Sarandons achtjährige Tochter und Deborah Porters fünfjährige Tochter – Rosenblätter aus ihren Weidenkörbchen verstreuten und der Ringträger – Susans und Tims vierjähriger Sohn Jack Henry – folgte, begann ein Cellist Mendelssohns »Hochzeitsmarsch« zu spielen. Julia schritt den Gang hinunter am Arm eines alten Freundes, des Schauspielers Barry Tubb, den wenige Wochen zuvor die Boulevardpresse als neuestes Objekt ihrer Liebe ausgemacht hatte.

»Sie sah großartig aus«, sagte Deborah später – wenn auch manche Gäste überrascht waren, weil sie ein so einfaches, loses, bodenlanges weißes Futteralkleid trug. »Es sah eher wie ein Unterkleid aus, das man *unter* einem Hochzeitskleid trägt«, sagte eine von Lyles Verwandten. »Man konnte ihren Bauchnabel [durch]sehen!« Das Kleid, von Rei Kawakubo von der New Yorker Boutique Comme des Garçons entworfen, hatte 2000 Dollar gekostet und war ein Geschenk von Lyle gewesen, das er Julia zu den Dreharbeiten an *Die Akte* schickte. »Als wir ursprünglich beschlossen, [im Herbst] zu heiraten«, sagte Julia, »sprach ich mit meiner Freundin, die im Kostümfundus arbeitete, und sie wollte mir helfen, mein Hochzeitskleid zu machen. Als dann alles so furchtbar schnell gehen musste, suchte ich einfach irgendetwas in weiß! Und glücklicherweise hatte ich dieses schöne Kleid, das er mir geschenkt und das ich noch nie getragen hatte.«

Um den Kopf trug Julia einen bodenlangen Tüllstreifen, der im Nacken gekreuzt war und über den Rücken hinunterhing. Er hielt ihr Haar aus der Stirn und konnte sich mit jedem Schal von Isadora Duncan messen. Und sie ging barfuß, inmitten der verstreuten Rosenblätter. Lyle trug einen konservativen schwarzen

Anzug (den er auch zu seinen Konzerten trug), eine graue Krawatte, eine Gardenie an seinem Revers und sein Haar türmte sich so wie immer, als er mit dem Trauzeugen, dem Filmregisseur Wayne Miller, auf Julia wartete.

Die zwanzigminütige Zeremonie wurde gemeinsam vom Geistlichen von Lyles Familie, Pastor DeWyth Beltz von der Trinity Lutheran Church in Lyles Heimatstadt Klein (benannt nach Lyles Ur-Urgroßvater), und von Reverend Mark Carlson, dem Pastor von St. James, abgehalten. »Als ich niederkniete«, sagte Julia, »fühlte ich einen Luftzug an meinen Füßen und dachte: *Bestimmt schauen alle auf meine Fußsohlen,* und dann dachte ich: *Oh Gott, hoffentlich sind meine Füße sauber.*«

Nachdem sie zu Mann und Frau erklärt worden waren, fuhren die frisch Vermählten mit ihren Gästen in einer Karawane von drei Bussen zum Amphitheater des Deer Creek Music Center in Noblesville. Vor dem Amphitheater war ein großes, grünweißgestreiftes Zelt aufgebaut. Die Festgemeinde wurde mit Truthahnbraten (der hätte Kiefer geschmeckt), Prime Rib, Garnelen vom Grill, einer fünfstöckigen Hochzeitstorte und Champagner bewirtet.

Als Lyle niederkniete, um Julias hellblaues Strumpfband* von ihrem Bein zu lösen, wandte sie sich an die Gäste und sagte: »Er macht mich so glücklich ... Er ist so gut zu mir.« Als Julia ihren Strauß in die Menge von Junggesellinnen warf, fing ihn Elaine Goldsmith auf.

»Es war wie ein *großes* Ereignis«, schwärmte Julia später über die Hochzeit. »Jemand, der nie bei den Oscar-Verleihungen war, würde es sich so vorstellen ... Ich versuchte, gefasst zu bleiben, denn mir war wirklich schwindelig.«

Das frisch gebackene Ehepaar verließ den Empfang früh, weil Lyle sich für den Auftritt an jenem Abend vorbereiten musste.

* Strumpfbandwerfen ist (neben dem Werfen des Brautstraußes) ein Brauch auf amerikanischen Hochzeiten. Der Bräutigam nimmt der Braut ihr Strumpfband ab und wirft es den Junggesellen zu. Wer es fängt, heiratet als Nächster.

Julia hatte nicht einmal Zeit sich umzuziehen, ehe sie auf die Bühne im Deer Creek Amphitheater trat und verkündete: »Meine Damen und Herren, mein Mann ... Lyle Lovett und seine Large Band!« Und wie es im Song »Stand by Your Man« heißt, blieb sie neben ihrem Mann stehen, während er das Lied sang. Dann küsste sie ihn unter dem Beifall von zehntausend Lovett-Fans und rief dann: »Willkommen zum glücklichsten Tag in meinem Leben.«

Die Nachricht, dass Julia Roberts jetzt Lyle Lovetts Frau war, war so unwahrscheinlich, dass der Journalist, den Nancy Seltzer bei Associated Press am Telefon erreichte, ihr nicht glauben wollte, er hielt das für eine Falschmeldung. »Ich konnte nicht beweisen, wer ich war«, erinnerte sich Seltzer. »AP bat mich, meine Klienten zu nennen, und das tat ich. Dann sagte ich: ›Wie wäre es mit Julias Agentin Elaine Goldsmith? Sie ist hier.‹ Doch dann konnten wir auch *ihre* Identität nicht nachweisen.« Schließlich holte Seltzer Susan Sarandon ans Telefon, und sie konnte den Journalisten schließlich überzeugen, dass das richtig war. »Sie wusste zu viele Einzelheiten«, sagte der Mann.

Und so war die Neuigkeit schließlich heraus. »YA GOTTA LOVETT!« (dt.: Das muss euch gefallen!) verkündete eine Schlagzeile.

Die Zeitschrift *People* war noch stärker als sonst in das Drama von Julia Roberts' Leben verstrickt. Als die Herausgeber erfuhren, dass sie als Mann verkleidet in Lyle Lovetts Konzert in New York gesehen worden war, und dann Wind von der Sache bekommen hatten, dass das Paar heiraten könnte, beauftragten sie Steve Kagan, einen Fotografen aus Chicago, zu Lovetts Konzert in Noblesville zu gehen und zu sehen, ob er einige Aufnahmen von den frisch Vermählten machen könnte. Kagan traf sich mit Janna Wilson, einer Autorin, die die Story schreiben sollte, und sie fuhren dann am späten Sonntagnachmittag zum Konzert. Wilson hatte Pressekarten, die nicht schwer zu beschaffen gewesen waren, weil das Konzert nicht ausverkauft war.

Als sie ankamen und nach ihrem Presseabzeichen fragten, erfuhr Kagan jedoch, dass keine Bildpresse zugelassen war, weil

»sie gerade geheiratet haben«. Kagan schwirrte der Kopf. Hier stand er mitten in der wahrscheinlich größten Prominenten-Story des Jahres, und sie wollten ihn nicht hineinlassen. Er fragte, ob er eine Pressekarte *kaufen* könne. »Nein, es gibt keine Pressekarten«, sagte die Frau am Kartenschalter. Dann fügte sie hilfreich hinzu: »Aber Sie können eine [normale] Karte kaufen, wenn Sie wollen.«

Das taten Wilson und Kagan, doch dann trafen sie einen Mann von Lovetts Plattenfirma MCA, der Freikarten hatte und Kagan riet, »sich seinen Weg zu suchen«, sobald er einmal drin war. »Der Sicherheitsdienst ist sehr lax hier«, sagte der Mann. »Wedeln Sie einfach mit Ihrem [allgemeinen] Presseausweis, wenn das nötig sein sollte. Gehen Sie hinein, sagen Sie, Sie seien offiziell hier, und machen Sie Ihre Bilder.«

Kagan war entmutigt, als er sah, dass sein Platz weit hinten lag, nicht nah genug an der Bühne, um solche Bilder zu schießen, wie sie die Leute von *People* brauchten, nicht einmal mit dem Teleobjektiv. Doch als Roseanne Cashs Eröffnungsnummer zu Ende war, sah Kagan, dass vor ihm einige Sitze leer geblieben waren. Er setzte sich nach vorn, näher an die Bühne, nahm diskret seine Kamera heraus, die einen Schwarzweißfilm enthielt, und wartete.

Als Julia in ihrem Hochzeitskleid herauskam und Lyle vorstellte, war die Menge wie elektrisiert. Kagan fotografierte unbemerkt, denn für den sehr lichtempfindlichen Film brauchte er keinen Blitz. Er rückte noch zweimal während des Konzerts näher zur Bühne vor, und als Julia gegen Ende in einem anderen Kleid, geblümt im Landhausstil, wieder herauskam und ein Duett mit Lyle sang, war Kagan nur vier Reihen von der Bühne entfernt. Er legte einen Farbfilm ein und fotografierte weiter.

In dem Moment entdeckte ihn ein uniformierter Wachmann und sagte, er solle aufhören. Kagan erklärte, er arbeite für *People*, und hoffte, das würde den Wachmann besänftigen. Tat es aber nicht. Der junge Mann (»ein Schüler von der Highschool«, sagte Kagan) bat ihn herauszukommen. »Wahrscheinlich hätte ich einfach weggehen oder auch Nein sagen können, und er hätte nichts dagegen tun können.« Doch Kagan willigte ein, weil er dachte, er würde einfach aus dem Konzert herausgeführt werden. Er war froh, dass er wenigstens seine Bilder geschossen hatte.

Stattdessen wurde er in einen Raum an der Hinterseite der Konzerthalle geführt und eine Stunde lang von drei schwarz gekleideten Männern in die Mangel genommen. Sie fragten, wer er sei, wie er hereingekommen war, wie er seine Kameras hereingebracht hätte und warum er Bilder aufnähme. Kagan wusste nicht, wer die Männer waren, nahm jedoch an, dass sie entweder Vertreter von Lyle, Julia oder dem Deer Creek Music Center sein müssten. Kagan berichtete von dem MCA-Vertreter, der ihm stillschweigend sein Okay zum Fotografieren gegeben hatte, und er zeigte den Männern die Visitenkarte, die ihm der Mann gegeben hatte. Die Befrager blieben unbeeindruckt. »Dazu hatte er keine Berechtigung«, sagte einer der Männer zu Kagan. »*Wir* haben Sie, und Sie werden uns Ihren Film geben müssen.«

Jetzt rutschte Kagan wirklich das Herz in die Hose, doch er blieb eisern entschlossen. »Nein, das kann ich nicht«, erwiderte er. Er war nicht vom Besuch des Konzerts abgehalten worden, argumentierte er, und der Film sei sein Eigentum. »Okay«, sagte der Mann. »Wir werden den Sheriff rufen müssen.« Einige Minuten später stand Kagan dem fast ein Meter neunzig großen Lieutenant Gelhausen gegenüber, einem Beamten des Hamilton County Sheriff's Department, an dessen Gürtel ein großer Revolver baumelte. Nachdem beide Seiten ihren Standpunkt dargelegt hatten, wollte Gelhausen den Staatsanwalt fragen, was zu tun sein. Als er zurückkam, sagte er zu Kagan, er müsse den Film »als Beweisstück« einbehalten und einen Richter entscheiden lassen, wem er gehörte.

Widerwillig übergab Kagan den Film. »Ich weiß nicht, wovor sie Angst hatten«, sagte er. »Vielleicht ging es ihnen nur um die Kontrolle, oder sie fanden, Julia sah auf der Bühne aus, wie sie sie nicht abgebildet haben wollten. Ich weiß es nicht. Ich habe immer wieder darüber nachgedacht, warum sie so hart reagiert haben, und ich weiß es immer noch nicht.«

Als Kagan um zwei Uhr morgens wieder in sein Hotel kam, rief er M. C. Marden, Art Direktorin von *People*, an und erzählte ihr, was passiert war. Am nächsten Tag beriet sich Marden mit dem Anwalt der Zeitschrift, Nick Jollymore. Der sagte ihr, dass sie entweder auf Herausgabe des Films klagen oder die Sache aufgeben könnten. Das war das erste Mal seit fast zwanzig Jahren, dass *People* sich in einer solchen Situation befand. Die Zeitschrift wollte die Bilder unbedingt: Die Hochzeit war eine *bedeutende* Nachricht, und Julia Roberts gehörte zu den Titelthemen, die am besten gingen.

Am Mittwoch war der Redaktionsschluss für den Umschlag. Wenn *People* die Bilder bis dahin nicht bekam, wären sie wertlos. Am Montagnachmittag forderte der allgemeine Rechtsberater von Time-Life, Harry Johnston, Jollymore auf: »Zeig die Schweine an!« Die Zeitschrift zog den Spezialisten für das First Amendment in Indiana, Robert Johnstone, zu Rate. Diese erste Ergänzung der Verfassung beinhaltet unter anderem das Recht der Öffentlichkeit auf Information. Johnstone erhob am Dienstag zur Mittagszeit Klage beim Bundesgerichtshof.

»Johnstone war gut«, erinnerte sich Kagan. »Er rief gleich [die Anwälte von Deer Creek] an und stellte Fragen wie: ›Wie sind Sie versichert? Wie weit reicht Ihre Haftung? Wissen Sie, wie viele Millionen Dollar es kosten würde, eine Ausgabe von *People* aufzuhalten?‹ Da bekamen sie es mit der Angst zu tun, man könnte sie für einen riesigen Schaden verantwortlich machen.«

Johnstone sagte auch dem Sheriff's Department von Hamilton: »Sie haben den Film jemandem weggenommen. Es gibt kein Strafverfahren gegen die Person und sie haben keine richterliche Verfügung, kein Zivilverfahren. Welches Recht, um alles in der Welt, haben Sie auf unser Eigentum? Bedenken Sie, der Film könnte Millionen Dollar wert sein, so viel kann ein Titelbild beim Verkauf der Zeitschrift ausmachen.« Der Sheriff wollte lieber nichts mehr mit der Sache zu tun haben und übergab den Film den Vertretern von Deer Creek. Deren Anwälte sagten zu Kagan: »Wir haben den Film, Sie wollen ihn, Lyle Lovett will ihn. Wir wissen nicht, wem wir ihn geben sollen, und wir werden das morgen vor Gericht klären.«

Am Dienstagnachmittag sagte Steve Kagan eine Stunde lang im Gerichtssaal der vor Richterin Sarah Barker im Bundesgerichtsgebäude in Indianapolis aus. Inzwischen erfuhren die Herausgeber von *People* in New York, dass es vertrauliche Farbfotos von Julias und Lyles Hochzeit gab, für die das Paar posiert hatte und die Peter Nash aufgenommen hatte. Julias Pressesprecherin Nancy Seltzer hatte sie. Als die Herausgeber Seltzer baten, die Bilder von Nash abdrucken zu dürfen, wollte sie stattdessen die Fotos von Kagan sehen und dann freigeben. »Wenn wir die Bilder von Steve vorher sehen dürfen«, sagte sie, »wäre ich gern bereit, sie Ihnen zu übergeben, doch ich will sie durchsehen und mich versichern, dass Sie ein schönes aussuchen, wenn sie es für den Titel nehmen.«

Das kam immer häufiger vor – dass Pressesprecher jedes Foto und jedes Stück Text über ihre Klienten kontrollieren wollten. Wie üblich lehnte *People* das ab, sie beschwatzten Seltzer aber weiter wegen Nashs Bildern.

Kurz darauf gab Seltzer nach und die Herausgeber erhielten Zugang zu Nashs Bildern. Was sie – im Gegensatz zu Seltzer– noch nicht wussten: Richterin Barker hatte gerade zugunsten von *People* entschieden. Seltzer wusste, dass Nashs Fotos wahrscheinlich die besten waren, und ohne sie würde die Zeitschrift die von Kagan nehmen müssen, über die sie keine Kontrolle hatte. Sie war in Zugzwang geraten.

»Im Allgemeinen«, sagte Richterin Barker in ihrer Stellungnahme, »muss bei der Verwendung einer Abbildung einer Person zur Illustration eines nicht kommerziellen Artikels, der von Interesse für den Zeitungsleser ist, das Interesse dieser Person an der Verwendung ihres Bildes vor dem Hintergrund verfassungsmäßiger Interessen aus dem First Amendment betrachtet werden.« Die Heirat von Julia Roberts und Lyle Lovett, schloss sie, »war ein berichtenswertes Ereignis von großem öffentlichen Interesse«, und so hatte die Zeitschrift *People* das Recht, die von Kagan geschossenen Fotos zu verwenden.

Auch wenn die Herausgeber jetzt die offiziellen Hochzeitsfotos hatten, wollten sie trotzdem Kagans Bilder abdrucken, denn das waren die ersten Fotos des Ehepaares und sie würden den Artikel abrunden. Kagan stellte sein Auto in einer Garage in Indianapolis unter und flog am Dienstagabend nach Newark, die braune Papiertüte mit dem Film fest umklammernd. Um ein Uhr in der Nacht kam er an, stellte fest, dass die Taxifahrer streikten und musste mit dem Bus nach Manhattan fahren. Nach einigen Stunden Schlaf im Waldorf-Astoria, dem einzigen Hotel, in dem er um diese Uhrzeit noch ein Zimmer bekam, brachte er den Film zum Time-Life-Gebäude. Dann erst erfuhr er von Peter Nashs Hochzeitsfotos.

»Meine Bilder wurden gebraucht, um an die anderen heranzukommen«, sagte Kagan, »doch plötzlich hatten sie weniger Wert für die Story. Sie waren wichtig, weil es die einzigen Bilder von den beiden zusammen sind, direkt nach der Hochzeit, doch dann hatten sie all die Bilder von Julia barfuß in der Kirche und all das, was bildmäßig viel besser war und auch für die Story.«

Die Zeitschrift veröffentlichte in ihrer Ausgabe vom 12. Juli zwei seiner Bilder – eines mit Julia auf der Bühne, wie sie Lyles Gesicht in den Händen hält, und ein anderes von der St. James Lutheran Church. Die Titelzeile lautete: EXKLUSIVFOTOS – JULIAS HOCHZEITSALBUM! Es war die meistverkaufte Ausgabe des Jahres.

Julia und Lyle verbrachten ihre Hochzeitsnacht in einer Luxussuite im Omni Indianapolis North Hotel in Indiana, wohin sie sich sofort nach seinem Auftritt zurückzogen. Sobald sie im Zimmer waren, bestellte Lyle eine Flasche Dom Perignon. Der Hotelangestellte, der die Flasche brachte, erinnerte sich: »Lyle öffnete die Tür, und ich konnte Julia im Hintergrund kichern hören. Er gab ein großzügiges Trinkgeld und konnte es offensichtlich kaum erwarten, zu seiner Braut zurückzukehren.«

Sie konnten jedoch nicht gleich in die Flitterwochen fahren. Am nächsten Tag war Lyle auf dem Weg nach Ohio zur nächsten Station seiner Tournee, und Julia flog zurück nach Washington zum Drehort von *Die Akte*, deren Crew von der Hochzeit genauso überrascht worden war wie alle anderen. Tom Rolf erinnerte sich: »Als Julia geheiratet hatte, das haute alle vom Hocker. Sie fuhr ins Wochenende und kam als verheiratete Frau zurück. Wir hatten keine blasse Ahnung. Wir fanden alle, Lyle Lovett war die seltsamste Wahl, die sie hätte treffen können. Ein netter Junge, aber trotzdem … Doch er war sehr talentiert und Gott sei Dank geht es ja nicht nur ums Aussehen.«

Am Dienstag, Julias erstem Tag wieder am Set, organisierte Alan Pakula eine Party für die Braut, bei der alle T-Shirts mit dem Aufdruck WILLKOMMEN, MRS. LOVETT trugen, und auf der Rückseite stand: ER IST WIRKLICH EIN NETTER JUNGE … ABER SIE MÜSSEN ETWAS MIT SEINEM HAAR MACHEN.

In einer Szene, bei der Julia mit John Heard am Telefon spricht, huschte der Kameraassistent Dick Mingalone mit Amors Pfeil und Bogen ins Bild. Zu Beginn der Szene erwartete Julia Heards Stimme am anderen Ende der Leitung, die ihr den Text vorsagen sollte. Stattdessen hörte sie Lovetts Stimme, doch sie fiel nicht aus der Rolle. Pakula hatte Lyle den Text gegeben und dafür gesorgt, dass er anrief. Als die Szene fertig war, strahlte Julia: »Das ist mein Mann.«

Julias Beziehung zu Pakula, der schon mit so bedeutenden Stars wie Liza Minnelli, Warren Beatty, Jane Fonda, Meryl Streep und Robert Redford gearbeitet hatte, war von gegenseitigem Respekt geprägt. »Sie gab alles«, sagte er über seinen Star. »Am Ende hatte sie sich den Respekt der gesamten Crew erworben. Julia geht auf andere Schauspieler ein, das machen nur die Besten.«

Laut Tom Rolf *gab* es einige Reibereien zwischen Schauspielerin und Regisseur. »Pakula war immer frustriert, wenn Julia eisern darauf bestand, eine Zeile auf eine bestimmte Art und Weise zu sprechen. Sie zankten ein bisschen. Er mochte sie und unterstützte sie immer – aber sie sind beide Menschen, die mit Leidenschaft bei der Arbeit sind, und es gab immer einen Dialog zwischen ihnen. Ich würde sagen, die Meinungsverschiedenheiten gingen fifty-fifty aus. Sie respektierten sich auch gegenseitig zu sehr, um einen Streit zu riskieren, aber *Diskussionen* gab es wohl.«

Gegen Ende der Dreharbeiten für *Die Akte,* in der zweiten Augusthälfte, entging Julia wieder einmal nur knapp einer Gefahr, was sie sehr erschütterte. Während sie mit Denzel bei über achtunddreißig Grad eine Szene in einer Tiefgarage drehte, wurde das Gebäude von einer Explosion erschüttert und ein drei mal vier Meter großes Stück Ziegelsteinmauer stürzte nur wenige Meter von den Schauspielern entfernt ein. »Es gab ein gewaltiges

Poltern«, erinnerte sich ein Mitglied der Crew, »ein schnell stärker werdendes Zittern wie bei einem Tornado, und dann barsten die Ziegelsteine einfach aus der Mauer. Julia war zu Tode erschrocken. Sie fürchtete lebendig begraben zu werden.«

Julia, Denzel und die Crew flohen vier Treppen hinauf, um aus dem Gebäude herauszukommen. Ein Sprecher der Produktion, Jeanmarie Murphy-Burke, sagte: »Wir wurden aufgefordert, das Gebäude zu verlassen, und durften erst am nächsten Tag wieder hinein.« Die Explosion war von den großen Klimaanlagen verursacht worden, die die Crew auf Pritschenwagen hereingebracht hatte, um die Bedingungen für die Dreharbeiten in dem von ihnen so genannten »Höllenloch« angenehmer zu machen. Sie hatten die Abluftrohre der Kühlgeräte im Belüftungssystem der Tiefgarage befestigt. Doch die Abzugsöffnungen des Gebäudes waren mit Brettern zugenagelt, weil man Angst vor Vandalismus hatte. Als nun die Klimaanlagen angeschaltet wurden, konnte die heiße Abluft nirgendwohin abziehen. Durch den Druck barst schließlich das Stück aus der Ziegelmauer.

»Denzel und der Regisseur versuchten, Julia zu trösten«, sagte das Crewmitglied. »Sie war völlig traumatisiert durch das Geschehen. Als Lyle auftauchte, brach sie in seinen Armen zusammen. Er nahm sie fest in den Arm, bis sie aufhörte zu zittern und das Blut wieder in ihre Wangen zurückkehrte.«

An den Tagen vor dem Zwischenfall waren Julia und Lyle (dessen Tournee zu Ende war) in Washington Händchen haltend und sich küssend gesehen worden. Sie teilten sich eine Tüte Popcorn, während sie Woody Allens *Manhattan Murder Mystery* in einem Kino in der Nähe des Hauses in Maryland ansahen, das Julia für die Dauer der Dreharbeiten gemietet hatte.

Nach dem Schrecken blieb das Paar öfter zu Hause, und Lyle begleitete sie jeden Morgen zum Set. »Er bringt sie sogar die vier Treppen [ins Parkhaus] hinunter und hat dabei die ganze Zeit seinen Arm um sie gelegt«, sagte das Mitglied der Crew. »Der Junge macht sich Sorgen. Zu jemandem von der Besetzung sagte er, er habe wirklich Angst um sie. Wenn es nach ihm ginge, würde sie aus dem Film aussteigen und mit ihm nach Hause gehen. Aber Julia ist Schauspielerin – sie steht das durch.«

Die Dreharbeiten zu *Die Akte* endeten im September, und nun mussten sie sich beeilen, die Nachproduktion rechtzeitig abzuschließen, damit der Film zu Weihnachten anlaufen konnte. Tom Rolf erinnerte sich an ein großes Problem, das den Druck verschlimmerte. »Wir hatten keine Schlussszene – es war noch nicht entschieden worden, wie der Film enden sollte. *Eine Woche,* ehe wir damit in den Kinos sein sollten, hatten wir immer noch keinen Schluss. Es herrschte Panik. Ich weiß, dass Pakula etwa zwanzig Locationscouts in die ganze Welt geschickt hatte – überallhin, von Südostasien bis nach Afrika, Fidschi, zum Tadsch Mahal, was Sie sich vorstellen können –, um einen Drehort für eine Schlusssequenz zu finden. Und nach all dem Aufwand drehten wir schließlich in Santa Barbara – man sieht die vor der Küste gelegenen Bohrinseln im Hintergrund, was eigentlich nicht sein sollte.« Julia drehte schon ihren nächsten Film, als sie zu der Schlussszene gerufen wurde, in der Darby Gray im Fernsehen sieht. Und, wie sie schon sagte: »Da sind wir ein Liebespaar, nur dass ihr das wisst.«

Als *Die Akte* am 17. Dezember anlief, erntete er unterschiedliche Kritiken. Brian Lowry vom Branchenblatt *Variety* bezeichnete ihn als »spannenden, intelligenten Krimi, der auf fast allen Ebenen gelungen ist … Angesichts all der Beschreibungen einer langbeinigen … Schönheit im Buch ist es nicht schwer, sich vorzustellen, an wen Grisham dachte, und Roberts ist einfach fantastisch, wie sie Darbys anfängliche Verwirrung spielt und dann Einfallsreichtum und eiserne Entschlossenheit zeigt.« (Grisham hatte tatsächlich an Julia gedacht, als er Darby schuf.)

David Ansen in der *Newsweek* war anderer Meinung: »Reden wir nicht drum herum: Dieser Film ist nicht *Die Unbestechlichen* … die Dialoge haben keinen Pep und [Pakula] dämpft seine Schauspieler, als wäre ein Mangel an Vitalität wirklichkeitsnäher … Washington unterspielt ein bisschen, aber sein Charisma zu dämpfen ist fast unmöglich. Doch die Fans von Roberts, die zwei Jahre auf ihre Rückkehr auf die Leinwand gewartet haben, könnten das Gefühl haben, sie bekommen nicht die maximale Leistung für ihr Geld. In der Rolle wird sie darauf reduziert, die meiste Zeit nur flüsternd und in Panik zu agieren. Sie macht das gut, aber es ist eine Verschwendung. Warum nimmt man der lebhaften Julia ihre besten Charakterzüge?«

Julias Fans schien das nichts auszumachen. *Die Akte* spielte über 100 Millionen Dollar in den Vereinigten Staaten ein und zerstreute Befürchtungen, Julias lange Abwesenheit von der Leinwand könnte ihre Macht als Star gemindert haben. In Hollywood wusste man nun, dass Pretty Woman, als Schauspielerin und frisch Vermählte, wieder an der Weltspitze stand.

KAPITEL 25

Die Ehe von Julia Roberts und Lyle Lovett entwickelte sich unkonventionell, selbst nach den Maßstäben des Showbusiness. Ihre miteinander kollidierenden beruflichen Verpflichtungen hinderten sie nicht nur daran, traditionelle Flitterwochen zu verbringen, sondern die beiden bekamen sich auch während ihres ersten Ehejahres nur selten zu Gesicht. »Wir haben bislang nie mehr als sieben Tage [am Stück] zusammen verbracht«, eröffnete Lyle fünf Monate nach der Hochzeit einem verblüfften Reporter.

Eine Woche nach der Hochzeit konnten sie über den 4. Juli ein verlängertes Wochenende zusammen verbringen: Julia schloss sich Lyles Tournee an, was sie zunächst nach Minnesota und dann nach Illinois führte. So hatte das Paar drei Nächte nacheinander für sich. In Chicago verkrochen sie sich in einer Luxussuite im Ritz Carlton mit Panoramablick über den Lake Michigan. Lyle wies die Hotelleitung an, keinerlei Telefonanrufe durchzustellen, und bat darum, dass das Management persönlich den Zimmerservice oder andere Dienstleistungen übernahm, um zu vermeiden, dass ein unbedarfter Page oder Kellner gegenüber der Boulevardpresse etwas ausplauderte.

Wie in ihrer Hochzeitsnacht besuchte Julia Lyles Konzerte. Er fügte den Namen Fiona so oft wie möglich in seine Songtexte ein, und als er für eine Zugabe nochmals auf die Bühne kam, war Julia an seiner Seite. Zur großen Freude des Publikums sangen sie wieder ein Duett, und anschließend gab Julia ihrem Gatten einen, wie ein Beobachter es nannte, »dicken, feuchten Kuss«.

Einen Tag später war Lyle bereits in der nächsten Stadt seiner Tour und Julia zurück am Drehort. Dieses Schema setzte sich während ihres ganzen ersten Ehejahres fort. Julia eilte von Drehtermin zu Drehtermin, wie auch schon zu Beginn ihrer Karriere, wobei ihr zwischen den jeweiligen Filmen nur sehr wenig Zeit blieb. Lyle tourte, schrieb Songs und ging zu Aufnahmesessions. »Wenn Julia einen Film dreht«, sagte ein Freund Lovetts, »steht sie im Mittelpunkt. Aber Lyle ist genauso beschäftigt.« Ein Verwandter von Lovett fügte hinzu: »Lyle ist ein Workaholic.«

Das Ungewöhnlichste an der Lovett-Ehe war vielleicht die Tatsache, dass sie getrennte Wohnungen hatten. Lyle nannte noch immer das mit Schindeln gedeckte Bauernhaus mit fünf Zimmern, das sein Großvater in den zwanziger Jahren im ländlichen Klein, Texas (nur einen Steinwurf von Houston entfernt), erbaut hatte, sein Zuhause. Er hatte dort als Kind viele glückliche Stunden verlebt. Als Städteplaner das Haus abzureißen drohten, ließ Lyle es mitsamt seiner gusseisernen, mit Füßen versehenen Badewanne, dem Holzofen und den Zimmerdecken aus gepresstem Zinn anderthalb Kilometer weiter weg versetzen, auf ein Grundstück, das an das seiner Eltern grenzte. »Lyle liebt dieses Haus«, sagte sein Onkel John Klein. »Der Lieblingstreffpunkt der Familie ist die Vorderseite der Veranda, die um das ganze Haus geht. Auf dieser Veranda wurden viele Hochzeiten und sonstige Feste gefeiert, während im Garten Schafe, Schweine und Rinder am Spieß über Feuerstellen brieten.«

Julia dagegen hatte sich im April 1993 eine Maisonettewohnung mit vier Schlafzimmern in einem siebenstöckigen Gebäude im New Yorker Nobelviertel Gramercy Park gekauft. Sie bezahlte an die 400 000 Dollar für die Wohnung, weitere 100 000 steckte sie in eine umfangreiche Renovierung. Sie ließ gekrümmte Wände einziehen, Decken höher setzen und die Wände in Pastellblau und -grün streichen.

Am selben Tag kaufte sie für 173 000 Dollar die Wohnung darunter, angeblich für ihre Schwester Lisa. Im Januar und Februar 1994 erwarb sie zwei weitere Apartments in dem 1957 errichteten Gebäude, eines für 171 000 Dollar und das andere für 450 000 Dollar. 1995 schließlich ergatterte sie noch mal eine Wohnung im selben Gebäude, diesmal für 365 000 Dollar.

Julia hatte ihr Haus in Nichols Canyon verkauft und in Los Angeles ein anderes gemietet. Dort wohnten die Lovetts, wenn beide in Südkalifornien waren. In dieser Zeit, sagte Julia, konnten sie und ihr Gatte »so tun, als wären wir ein ganz normales Ehepaar … Wir stehen morgens auf und frühstücken, er geht zur Arbeit, ich gehe zur Arbeit, wir kommen abends heim. ›Wie war dein Tag, Liebling?‹ All diese Dinge.«

Eine derartige häusliche Routine war jedoch selten, doch Julia enthüllte gegenüber Reportern, dass die häufige Trennung sich keineswegs negativ, sondern eher positiv auf ihre Ehe auswirkte. Denn so befanden sie und Lyle sich in einem permanenten Zustand des Glücks. »Es ist, als wären wir ständig in den Flitterwochen«, sagte sie ein paar Monate nach der Hochzeit, »vor allem, wenn wir fünf oder sieben Tage voneinander getrennt sind. Denn danach fängt es wieder ganz von vorne an. Er macht mir die Tür auf und [ich] sage [keuchend]: ›O mein Gott!‹ Wie viele Ehefrauen haben schon das Glück, sagen zu können, dass ihr Herzschlag jedes Mal, wenn ihr Gatte die Tür aufmacht, für eine Sekunde aussetzt?«

Ehen, die nur wenige Wochen, nachdem sich zwei Menschen kennen gelernt haben, geschlossen werden, können für einen oder beide der Frischvermählten zu unangenehmen Überraschungen führen, sobald sich das Paar näher kennen lernt. Julia und Lyle hatten zwar vieles gemeinsam, doch sie hatten ebenso viele unterschiedliche Interessen und Vorlieben. Julia hatte seit ihrer Zeit in Smyrna einen ausgeprägten Sinn für die schönen Dinge des Lebens. Dies zeigte die Penthouse-Wohnung sowie die Tatsache, dass sie gerne kleine *Nouvelle-Cuisine*-Dinnerpartys mit gegrilltem Fisch und Gemüse gab, bei denen die Gäste nach dem Essen laut Gedichte vortrugen. Lyle war in vielerlei Hinsicht eher ein Barbecue-Mann, der sich in seiner Freizeit am liebsten um seine Hühner kümmerte, mit seinen alten Kumpels herumhing und mit seinem Pick-up durch die Gegend fuhr.

Wenn Julia sich jedoch bei Lyle in Texas aufhielt, war sie ganz das Landmädchen: Sie genoss es, barfuß zu laufen, wie sie es auch an ihrer Hochzeit getan hatte, trug Kattunkleider und Jeans-Overalls, band ihr Haar zu einem Pferdeschwanz, kümmerte sich um die Hühner und kochte für Lyle. Das Klischee ist jedoch »barfuß *und schwanger*«, und nach einem Ehejahr hörte man nichts davon, dass Julia schwanger wäre. In den vergangenen Jahren hatte sie Reportern mehrmals gesagt, dass sie unbedingt

Kinder wolle. Lyles Familienpfarrer DeWyth Beltz zufolge fühlte Lyle genauso. »Ich habe mich ausführlich mit Lyle unterhalten und er will eine so große Familie haben wie möglich. Er ist Einzelkind und hätte gerne Geschwister gehabt – jetzt will er mehrere Kinder. In seinem ganzen Leben hat er nur in zwei Häusern gewohnt – im Haus seiner Eltern und dem seiner Großeltern … Lyle hat allen erzählt, dass dort auch seine Kinder aufgezogen werden sollen. Er will, dass die Kinder in der Nähe ihrer Cousinen aufwachsen, und Julia weiß, wie er fühlt.« Doch es sollte nicht sein, aus welchem Grund auch immer.

Trotz dieser Unterschiede sagte Julia, ihre Liebe zu Lyle sei immer stärker geworden, je besser sie ihn kennen gelernt habe. »Er ist wie der Gott des Universums«, schwärmte sie ein paar Monate nach der Hochzeit. »[Im] Einklang mit den Dingen, wissen Sie? … [Er lässt] sich durch nichts erschüttern – was nicht heißt, dass er ein Mann ohne starke Gefühle wäre. Ich denke, in seiner Musik zeigt sich ganz deutlich, dass er sehr emotional ist und eine wirklich interessante Sichtweise über die Dinge hat. Zugleich ist er so ausgeglichen, dass es richtig erfrischend ist, wenn nicht … *phänomenal.*«

Jedenfalls konnte er die Tatsache, dass Julia immer und überall im Rampenlicht stand, mit größerer Gelassenheit akzeptieren als einige ihrer Verflossenen. »Ich weiß, dass diese ganze Faszination nichts mit mir zu tun hat«, gestand der Musiker, dessen Karriere, wenn sie auch beständig war, außerhalb der Countrygemeinde nicht so sehr ins Gewicht fiel. »Aber ich nehme es in keiner Weise persönlich. Ich glaube, dass nichts, was ich in der Öffentlichkeit tun werde, für die Medien von so großem Interesse sein wird, [wie seine Ehe mit Julia] … Man muss die Realität der Beziehung und nicht die Publicity im Auge haben.«

Nach allem, was man hörte, ging Julia ganz in ihrer Rolle als Mrs. Lovett auf. Sie hinterließ telefonische Nachrichten als »Julia Lovett«, strickte Lyle einen Pullover, den er voller Stolz trug, und sagte, sie fühle sich durch die Ehe »befreit«. »Es ist, als wäre diese wirklich angenehme Ruhe [in] mein Leben gekommen … Es hat damit zu tun, dass man seine eigene Fähigkeit erkennt, eine völlig richtige Entscheidung zu treffen. Ich glaube, das ist eine tolle

Leistung: Man schaut sich etwas an, was man gemacht hat, und sagt: ›Das ist goldrichtig.‹ Jedes Mal, wenn ich mit ihm rede, sein Bild anschaue, seine Musik anhöre oder über ihn nachdenke, denke ich: *Wow, ich bin so … ich bin so klug!*«

Julia sollte noch zu spüren bekommen, dass sie eine weniger kluge Entscheidung getroffen hatte, als sie ihr nächstes Film-Engagement annahm. Vielleicht hätte ihr die Tatsache, dass es ihr dreizehnter Film war, oder der Titel des Films eine Warnung sein sollen: Das ursprüngliche Drehbuch für *Nichts als Ärger* stammte von dem Regisseurs- und Autorenehepaar Nancy Meyers & Charles Shyer *(Vater der Braut, Baby Boom – Eine schöne Bescherung)*. Es war außerdem die erste Produktion von Julias Projektentwicklungsvereinbarung mit Joe Roths Caravan Pictures, die von Disney/Touchstone herausgebracht werden sollte. Meyers war auch als Produzentin und Shyer als Regisseur des Films über Sabrina Peterson vorgesehen, eine ehrgeizige Nachwuchsjournalistin aus Chicago, die sich wegen einer großen Zeitungsstory mit Peter Brackett (Nick Nolte), dem barschen, egoistischen Frauenheld und Starreporter eines Konkurrenzblattes, zusammenraufen muss. (Man denke an Katharine Hepburn und Spencer Tracy in *Die Frau, von der man spricht* oder an Cary Grant und Rosalind Russell in *Sein Mädchen für besondere Fälle.*) Julia sagte, dass sowohl die Russell als auch die beiden Hepburns (Katharine und Audrey) sie als Teenager am meisten beeinflusst hätten.

Julia, die in diesem Jahr erst sechsundzwanzig Jahre alt wurde, gefielen die flotten »Kampf-der-Geschlechter-Dialoge« in einem Drehbuch, das an die Filme der Jugendzeit ihrer Mutter angelehnt war. Und sie freute sich sehr auf die Zusammenarbeit mit Nolte, dem blonden, gut aussehenden, 52-jährigen Actionstar mit den kantigen Gesichtszügen, der 1992 eine Oscar-Nominierung für seine Darstellung eines emotionale Qualen leidenden Football-Trainers in Barbra Streisands Filmversion von Pat Conroys *Der Herr der Gezeiten* erhalten hatte. Der Name von Julias Filmfigur, Sabrina, schien eine Hommage an Billy Wilders gleichnamige romantische Komödie aus dem Jahr 1954 mit Audrey Hepburn in der Hauptrolle zu sein.

Auf dem Papier schien das Projekt eine sichere Sache zu sein. »Julia Roberts in einer romantischen Komödie? Ich denke, das könnte funktionieren«, meinte Joe Roth mit einem vielsagenden Lachen. Julia war derselben Meinung – bis sie etwa einen Monat nach Beginn der Dreharbeiten im Spätherbst 1993 zu zwei beunruhigenden Erkenntnissen kam: Erstens, dass der Film weniger wie *Pat und Mike* (eine Cukor-Komödie mit Katharine Hepburn und Spencer Tracy) und mehr wie ein Pseudo-Spannungsthriller à la Hitchcock war. Zweitens, dass im Gegensatz zu Tracy und Hepburn sie und Nick Nolte, wie es ein Journalist formulierte, »sich so vertrugen wie Hund und Katze«.

»Wenn Sie das Drehbuch lesen würden«, sagte Julia später, »würden Sie verstehen, warum ich den Film gemacht habe. Es war geistreiches Geplänkel im Stil der vierziger Jahre, mit viel Drive, ein bisschen verrückt, ein bisschen verschroben, ein bisschen Abenteuer. Aber diese Dinge wurden während der Dreharbeiten von den Verantwortlichen zu wenig berücksichtigt. Es wurde letztlich ein Neunziger-Jahre-Film, der selbst nicht genau wusste, was er eigentlich war.«

Die Abenteuer-Aspekte des Skripts ermöglichten Julia eine Verschnaufpause, als der Dreh dieser Szenen anstand. »Die Actionszenen zu drehen, in denen ich Angst haben sollte, bereitete mir keine Schwierigkeiten, weil ich tatsächlich Angst hatte. Ich verließ mich voll und ganz auf unseren Stuntberater Jack Gill. Und ich glaubte, dass ich, falls sie den Nerv haben würden, mich aufzufordern, es zu tun, ebenfalls den Nerv hätte und es tatsächlich tun würde.«

Was Julias Beziehung zu Nolte betraf, so ging aus Berichten in der *Los Angeles Times* hervor, dass sie seine Machismo-Attitüde derart abstoßend fand, dass »zwischen ihnen die Fetzen flogen ... Die gegenseitige Antipathie war so stark, dass die beiden, wie die Quellen berichten, mehr mit den Doubles des jeweilig anderen spielten als miteinander.«

Es gilt in Hollywood als schlechter Stil, wenn Schauspielkollegen sich vor dem Kinostart eines Films gegenseitig herabsetzen, vor allem wenn es sich um eine romantische Komödie handelt. Denn die Auseinandersetzungen können sich negativ auf die Einnahmen auswirken. Und Julia zieht selten über jemanden her, außer sie wird provoziert. Als die Promotion des Films anstand, äußerte sie sich so diplomatisch wie möglich über Nolte. Allerdings machte sie kein Hehl daraus, dass er nicht gerade ihr Lieblingsfilmpartner war: »Von dem Augenblick an, in dem ich ihn traf, machten wir uns gegenseitig das Leben schwer und gingen uns sichtlich auf die Nerven.«

Auch wenn sie einräumte, Nolte könne »sehr charmant und nett« sein, fügte sie hinzu, dass »er zugleich total widerwärtig ist. Er wird mich dafür hassen, dass ich das sage, aber er scheint sich wirklich alle erdenkliche Mühe zu geben, die Menschen vor den Kopf zu stoßen.« Einem anderen Reporter sagte Julia: »Sein Humor ist … beeindruckend und lustig, aber … er ist richtig abstoßend, auf eine kindische Art und Weise, er ist ein Typ, der eine Spinne auf die Mädchen werfen würde, um sie zum Schreien zu bringen. Er würde über stinkende Füße sprechen und sich noch witzig dabei vorkommen. Ich versuche taktvoll zu sein …« Später gestand Julia, dass es »kein Geheimnis ist, dass Nick und ich nicht miteinander klarkamen«.

Wenn die Chemie zwischen einer Schauspielerin und ihrem Filmpartner nicht stimme, sagte Julia, »reißt man sich den Arsch auf und keiner wird das je zu schätzen wissen. Denn zur Presse sagt man nicht: ›War die Chemie zwischen uns nicht großartig?! Und, wissen Sie, ich hasste ihn!‹ Stattdessen sitzt man zu Hause und denkt: ›Wo bleibt mein Oscar für Durchhaltevermögen?‹«

Paul Hirsch, der Cutter von *Magnolien aus Stahl*, der auch an diesem Film mitarbeitete, bemerkte die Spannungen zwischen Julia und Nick. »Als sie die Liebesszene [mit Nolte] spielen musste, sagte sie zu Charles Shyer, sie werde nur einen einzigen Take machen. Und angeblich [musste] sie zuerst eine Flasche Wein [trinken], um die Szene durchzustehen. Sie machten tatsächlich nur einen Take.«

Dies war Hirsch zufolge höchst ungewöhnlich für Shyer. Als Cutter empfand Hirsch die Dreharbeiten zu *Nichts als Ärger* als »eine schwere Geburt. Charles und Nancy hockten nach einem Take vor dem Videomonitor und er fragte sie: ›Was meinst du?‹

Sie antwortete: ›Ich fand es großartig.‹ Und er sagte: ›Ich auch. Ich wüsste nicht, wie man es besser machen könnte.‹

Dann sagten sie zu Julia: ›Okay, noch einmal genauso!‹ Sie drehten und drehten und drehten. Zwanzig Takes von einem Kellner, der in einem Restaurant eine Bestellung aufnimmt. Wir hatten vier Cutter, darunter Walter Murch, den Charles zunächst nicht haben wollte. Er engagierte ihn erst, nachdem ich darauf bestanden hatte.« Die scheinbar endlosen Takes brachten Julia und Nick schier zur Verzweiflung, vor allem, als Shyer und Meyers sie aufforderten, ihre Dialoge immer wieder zu improvisieren. »Es machte sie wahnsinnig«, berichtete eine Quelle.

Julia hatte weder über Meyers noch über Shyer etwas Negatives zu sagen. Shyer seinerseits hatte nur Lob für Julia übrig. »Julia hat ›es‹«, schwärmte er während der Dreharbeiten, »dieses undefinierbare Etwas. Sie erreicht die Zuschauer. Sie stellt eine Beziehung her. Das Publikum fühlt mir ihr. Manchmal, wenn ich Filmmuster durchsehe, um eine bestimmte Einstellung zu finden, vergesse ich, wonach ich eigentlich suche, weil mein Blick an Julia hängen bleibt.«

Leider reichte Julias »gewisses Etwas« nicht aus, um *Nichts als Ärger* Kritikern und Publikum schmackhaft und den Film zu einem kommerziellen Erfolg zu machen. Bei einer Voraufführung der fertigen Kopie registrierten Studiobosse von Touchstone bestürzt, wie der erhoffte Knüller mit Roberts und Nolte sich als Fehlschlag erwies. In letzter Minute beschlossen sie, den Film als Spannungsthriller anstatt als romantische Komödie zu vermarkten. »Er hat sich binnen kürzester Zeit von einem Film à la *Die Frau, von der man spricht* mit Hepburn und Tracy in einen Film à la *Die Akte* verwandelt«, höhnte ein Verantwortlicher eines Konkurrenzstudios in der *Los Angeles Times*.

Diese Mischung wollte auf der Leinwand nicht so recht zünden und stieß bei den Kritikern nicht gerade auf Wohlwollen. »Dieser unglückselige Film diskreditiert seine beiden Stars, als Einzelne und als Team«, schrieb Lisa Schwarzbaum in *Entertainment Weekly*. »Roberts hat nicht genug zu tun, um scharf zu bleiben. Nolte hat nicht genug zu tun, um soft zu bleiben. Die Chemie zwischen den beiden stimmt nicht. Sie könnten ebenso gut auf separaten Studiobühnen agieren. Die Gags sind dürftig, die Komödie ist diffus, und die Spannungselemente sind chaotisch im Film verstreut ... Obwohl *Nichts als Ärger* etwas Neues hätte schaffen können, bereitet es lediglich eine alte Geschichte auf.«

Viele Kritiker bemängelten auch hier wieder, dass Julia keine Figur wie Vivian Ward *(Pretty Woman)* verkörperte. Kenneth Turan schrieb in der *Los Angeles Times:* »Zum zweiten Mal in zwei Filmen war Roberts eine unüberlegte Fehlbesetzung. Sie ist eine Schauspielerin mit einem unwiderstehlichen Lächeln, die mühelos Wärme und Fröhlichkeit vermitteln kann. Doch in diesem Film sieht sie viel zu oft düster und traurig aus, wenn sie nicht gerade, was sporadisch der Fall ist, blöde angegafft wird. Wenn nicht alle Betroffenen bald aufwachen und sich erinnern, worauf sich ihr Ruhm gründet, könnte Roberts' Karriere ein rasches Ende finden.«

Julia befand sich also in einer klassischen Hollywood-Zwickmühle: Sollte sie Rollen annehmen, in denen sie gnadenlos jene Stärken ausspielen konnte, die sie zum Star gemacht hatten (wofür sie zweifellos ebenfalls von vielen heftig kritisiert würde)? Oder sollte sie Risiken eingehen, die ihre Popularität bei den Kinogängern gefährden könnten? Dieses berufliche Dilemma sollte sich im Lauf der nächsten Jahre auf faszinierende Weise entwickeln.

Nichts als Ärger erwies sich an den Kinokassen als ein enormer Fehlschlag. Als der Film im Juni 1994 anlief, spielte er in den Vereinigten Staaten am Startwochenende nur 7,8 Millionen Dollar und insgesamt 30,6 Millionen Dollar ein. Es war Julias am wenigsten erfolgreicher Big-Budget-Film. Sie soll den Film als »Katastrophe« bezeichnet haben, doch sie hat auch gesagt: »Um ehrlich zu sein, ich kann mir den Film durchaus ansehen ... Einiges daran war wirklich lustig. Nachdem ich mir den Film angesehen hatte, sagte ich nicht: ›Was für eine schreckliche Katastrophe! *Was* habe ich mir bloß dabei gedacht?!‹ ... Was mich enttäuscht hat, ist, dass das Originalkonzept des Films sich irgendwie verflüchtigt hat.« Bei einer anderen Gelegenheit war sie sehr viel direkter: »Ich weiß nicht, was ich über *Nichts als Ärger* bereits gesagt habe, außer dass der Film ein Haufen Mist ist.«

Im Februar 1994 war Julia mit Disneys Firmen-Jet vom Drehort von *Nichts als Ärger* in Los Angeles nach Aspen in Colorado geflogen, wo Lyle für zwei ausverkaufte Konzerte im Wheeler Opera House Soundcheck machte. Als Julia am Spätnachmittag eintraf, bat Lyle höflich alle Anwesenden – von Roadies und Helfern bis zu seinen Bandmitgliedern –, den Saal zu verlassen. Und dann gab er ein Akustikkonzert für eine einzige Zuhörerin: Julia.

Bei dem Konzert an diesem Abend ging Julia wieder einmal für einen Song zu Lyle auf die Bühne, dieses Mal gemeinsam mit John Denver. Später gab es für die Lovetts ein Mitternachtsmahl im Caribou Club, der ausschließlich Mitgliedern offen stand. »Sie lachten und unterhielten sich, bis wir zumachten«, erinnerte sich ein Tischnachbar. »Sie schienen ein sehr inniges Verhältnis zu haben, gingen sehr liebevoll miteinander um.«

Am nächsten Tag kehrte Julia, wie üblich bei dieser modernen Ehe, nach Los Angeles zurück und Lyle war wieder *on the road.* »Ich bin nicht einsam«, protestierte Julia, als ein Reporter sie nach ihrem seltenen Zusammensein mit dem Ehegatten fragte. »Ich habe viele Freunde in New York und eine Menge zu tun. Einige Leute stellen sich die Zweisamkeit als etwas Körperliches vor. Ich denke, wenn man eine große Liebe hat und sich derer gewiss ist, spielt es keine Rolle, wie weit man voneinander entfernt ist. In Wirklichkeit verbringen Lyle und ich sehr viel mehr Zeit zusammen, als die Leute glauben. Ich habe das Gefühl, dass ich aufgrund unserer Ehe mittlerweile überall, wo ich ohne ihn hingehe, uns beide repräsentiere.«

Eine Möglichkeit für viel beschäftigte Künstlerehepaare, Zeit miteinander zu verbringen, besteht darin, an derselben Produktion mitzuwirken. Genau das bot Robert Altman den Lovetts an, als er beide für seinen neuen Film *Prêt-à-Porter* (in den Vereinigten Staaten unter dem Titel *Ready to Wear* veröffentlicht), eine Satire auf die Pariser Modewelt, engagierte. Die Dreharbeiten zu dem Film begannen im März, kurz nachdem Julia ihre Arbeit an *Nichts als Ärger* beendet hatte, in der französischen Metropole. Es sollte Lyles dritter Film sein, und bei allen führte Altman Regie. Julia nahm für die erneute Zusammenarbeit mit Altman, bei dessen Filmen es sich stets um *art house*-Produktionen mit relativ geringem Budget handelte, eine erhebliche Honorareinbuße in Kauf.

Lyle sollte Clint Lammeraux spielen, einen Texaner, der mit einem ehemaligen *Vogue*-Redakteur unterwegs ist. Julia erhielt die Rolle der Anne Eisenhower, einer Modejournalistin des *Houston Chronicle*, die sich ein Hotelzimmer mit einem amerikanischen Sportreporter (Tim Robbins) teilen muss, dessen Chefredakteur ihn beauftragt, in Paris zu bleiben, um über den Mord an einem Modepapst kurz vor der Präsentation der Frühjahrskollektion zu berichten. Unter den anderen im Film mitwirkenden Stars, die verzweifelte Zeitschriftenredakteure, sensationsgeile Reporter, exzentrische Designer, ehemalige oder gerade angesagte Models und bunt zusammengewürfeltes Gefolge verkörpern, waren Sophia Loren, Marcello Mastroianni, Danny Aiello, Anouk Aimée, Kim Basinger, Lauren Bacall, Linda Hunt, Rupert Everett, Teri Garr, Sally Kellerman und Richard E. Grant.

Julia und Lyle hatten keine gemeinsamen Szenen, außer, wie Julia erzählte, »einige Flughafenszenen zu Beginn des Films, wo die gesamte Besetzung beteiligt ist«. Fast alle ihre Szenen waren mit Tim Robbins, und die beiden hatten bei den Dreharbeiten eine Menge Spaß, was auf der Leinwand zu sehen ist. Wie auch in ihrem vorigen Film spielte Julia eine Reporterin, die einen anderen Reporter zuerst verabscheut und sich dann in ihn verknallt und mit ihm schläft – in diesem Fall jedoch erst, nachdem sie einige Drinks konsumiert hat. Diesmal stimmte die Chemie, und Julias und Tims Szenen sind die ergiebigsten und unterhaltsamsten im ganzen Film.

Tim – einen ihrer engsten Freunde – zu küssen war für Julia das Schwierigste, was sie je in einem Film tun musste. »Er ist wie mein Bruder! Deshalb dachten wir uns diesen Gag über Casper, den freundlichen Geist, aus, der es tatsächlich in den Film schaffte. Er zog sich das Laken über den Kopf und wir küssten uns ungefähr vier Stunden lang *durch* Laken hindurch. Deswegen bekam ich *ziemliches* Laken-Brennen auf den Lippen!«

Als Altman bei *The Player* Regie führte, fragten ihn viele der fünfundsechzig Schauspieler, die Gastrollen übernommen hatten, was sie tun sollten. »Keine Ahnung«, hatte er ihnen geantwortet. »Spielt euch selbst. Seid einfach ihr selbst!« Offenbar gab er Julia und Tim bei *Prêt-à-Porter* kaum genauere Anweisungen. »Tim und ich aßen zu Mittag«, erinnerte sich Julia. »Und er sagte: ›Okay, was machen wir heute?‹ Wir wussten es nicht! Wir hatten diese nicht sonderlich originelle Story – Junge lernt Mädchen kennen, Junge vögelt Mädchen, Junge verliert Mädchen. Deshalb versuchten wir, das Ganze verrückter und witziger zu gestalten, auf sehr subtile und zugleich sehr, sehr alberne Weise.«

Altman war begeistert von der Dynamik des Paars auf der Leinwand. »Sie erinnern mich an Clark Gable und Claudette Colbert in *Es geschah in einer Nacht*«, sagte er. Julia lobte er besonders. »Sie hat Klasse, sie hat wirklich Klasse. Und sie ist selbstbewusst. Sie weiß, was sie tut. Von Platitüden ist sie weit entfernt. Ich meine, sie hat wirklich dieses gewisse Etwas. Und ich rede nicht von den Umsätzen an den Kinokassen. Ich rede von der künstlerischen Leistung.«

Lili Taylor, die zusammen mit Julia in *Pizza, Pizza* gespielt hatte und auch bei *Prêt-à-Porter* mitwirkte, sagte, sie habe eine große Veränderung an ihrer alten Freundin bemerkt. »Bei den Dreharbeiten zu *Pizza, Pizza* war sie unschuldig, fast schon naiv«, erinnerte sich Taylor. »Sie hatte dieses Funkeln in den Augen. Als ich sie wiedersah, war sie *viel* älter geworden – und klüger. Manchmal verliert man dieses Funkeln und gewinnt dafür an Lebenserfahrung.«

Als Julia in Paris eintraf, rannte sie Lyle auf dem Flughafen entgegen und umarmte ihn in aller Öffentlichkeit. Sie nahmen sich eine Hotelsuite für 2000 Dollar pro Nacht und blieben dort über zwölf Stunden. Anschließend wurden sie gesehen, wie sie Hand in Hand die Champs-Elysées entlangschlenderten. Später dinierten sie in trauter Zweisamkeit in romantischen Bistros und nannten sich stets ›mein Mann‹ und ›meine Frau‹.

»Es ist eine echte Romanze«, sagte Altman über seine beiden Stars. »Die Beziehung wird lange fortbestehen, nachdem der Medienrummel abgeflaut ist.« Besonders aufmerksame Beobachter aber glaubten, Missklänge in dieser scheinbaren Liebessinfonie zu bemerken. Julia trug ihren Ehering nicht immer. Und sie begleitete Lyle nicht zu einer Veranstaltung zu Ehren Altmans in New York City am 18. April, obwohl sie ebenfalls in Manhattan war. Einem Bericht zufolge wohnte Lyle in einem Hotel anstatt in Julias Apartment.

Als Lyle einige Tage später nach Paris zurückflog, um an *Prêt-à-Porter* weiterzuarbeiten, blieb Julia in New York. Am 29. April rief sie frühmorgens ihre Pressesprecherin an, um sie vor einem möglichen Eklat zu warnen.

»Was ist los?«, fragte Nancy Seltzer vorsichtig.

»Na ja, äh …«, antwortete Julia. »Ich bin gestern Abend ausgegangen …«

KAPITEL 26

Später sollte Julia die Episode, vor der sie Nancy Seltzer gewarnt hatte, als den »Tiefpunkt« ihres Jahres bezeichnen. Die Schlagzeile in der *New York Post* vom 29. April 1994 brachte das Problem auf den Punkt: Julia hat eine heiße Verabredung zum Essen – und das wird Lyle bestimmt nicht gefallen.

Der Artikel schilderte, wie Julia den vorigen Abend »in der Stadt mit ihrem brandneuen Schatz – dem gut aussehenden Schauspieler und Herzensbrecher Ethan Hawke – verbracht hatte. Hollywoods dynamischstes neues Paar ... sie hielten Händchen und sahen sich in die Augen, als gäbe es kein Morgen. Hawke, dreiundzwanzig, und Roberts, sechsundzwanzig, süffelten bis in die frühen Morgenstunden Dom Perignon.« Mit dem Artikel erschienen Fotos von Julia und Ethan, dem Star aus *Überleben!* und *Voll das Leben*, wie sie im Lola, einem Restaurant in Manhattans Flatiron-Viertel, tanzten und sich umarmten.

»Ihre leidenschaftliche Zweisamkeit scheint einen veröffentlichten Bericht [im *National Enquirer*] zu bestätigen, dem zufolge Roberts sich von Lovett getrennt hat«, hieß es weiter in dem Artikel. Er schloss mit einem angeblichen Zitat Julias gegenüber einem Freund: »Lyle ist okay, aber zwischen uns ist wirklich nichts. Ich habe meine Karriere, und er hat seine. Bald ist unser erster Hochzeitstag. Aber ich möchte nicht, dass irgendjemand eine Party für uns plant. Die Ehe ist am Ende.«

Nancy Seltzer bemühte sich unverzüglich um Schadensbegrenzung. Sie bestritt, dass an den Berichten über eine Romanze zwischen Hawke und ihrer Klientin irgendetwas dran sei, und stellte in *USA Today* die rhetorische Frage: »Warum darf sie keine Freunde haben? Warum darf sie nicht essen gehen? Warum darf sie nicht mit jemandem tanzen?« Sie wies weiter darauf hin, dass Julia und Ethan sich in Begleitung des Miramax Film-Chefs Harvey Weinstein (einer der Produzenten von *Prêt-à-Porter*) sowie des Produzenten Cary Woods befanden und dass sie über einen

Film sprachen, »den sie eventuell zusammen machen wollen. Julia tanzte auch mit Harvey Weinstein.«

Julia rief eine Reporterin der *Vogue* an, die ein Porträt über sie vorbereitete, um die Gerüchte einer Trennung zwischen ihr und Lyle zu dementieren. »Ich empfinde eine tiefe, starke Liebe für Lyle«, betonte sie. »Ich halte ihn für einen der poetischen Genies unserer Zeit.« Als die Reporterin sie fragte, ob die Ehe ihrer Meinung nach monogam sein und ein Leben lang dauern sollte, gab sie eine Antwort – doch dann rief sie zurück und bat, ihre (vermutlich unverbindliche) Antwort nicht zu drucken. Sie wurde dann auch nicht gedruckt.

Später sprach Julia Klartext, und ihre Worte und ihr Tonfall ließen eindeutig erkennen, dass sie trotz der jahrelangen Auseinandersetzungen mit der Presse dünnhäutig geblieben war. »Ich habe getanzt. Ist das ein Verbrechen? Die Fakten sind simpel. Zum ersten Mal seit langer Zeit bin ich zum Essen ausgegangen. Nur ich und ein paar Leute, mit denen ich zusammengearbeitet habe. Wir sprachen über einige Autoren, alles läuft super. Die Band fängt an zu spielen – ›Hey, wollt ihr tanzen?‹ Wir hatten alle eine Menge Spaß. Seit wann ist das etwas Schlechtes?«, fragte sie Ned Zemas in *Vanity Fair.* »Ich tanze sehr gerne. Und ich werde auch weiterhin tanzen. Ja, ich werde hier an dieser Stelle sagen, dass ich bis zu der Zeit, wenn ich arbeite – und vielleicht sogar nachdem ich angefangen habe mit der Arbeit –, so viel wie möglich tanzen werde, und zwar mit so vielen Leuten wie möglich. Ich werde tanzen bis zum Umfallen. Wie wär's damit?«

Später beklagte sich Julia gegenüber David Rensin vom *Rolling Stone* darüber, dass in der Presse Unwahrheiten über sie verbreitet worden seien. »Am Montag bin ich schwanger. Am Mittwoch lasse ich mich scheiden. Am Freitag habe ich Affären. Das ist die Medienversion von meiner Woche. Und meine Version ist: Ich habe ein wenig Hausarbeit erledigt, und ich hatte ein paar Meetings. Fünfmal habe ich trainiert. Ich habe gut gegessen und bin ohne Kartoffelchips ausgekommen. Ich wurde ausgesaugt, über mich wurden Lügen verbreitet, man machte mir die Hölle heiß. Mir wurden Dinge unterstellt, ich wurde missverstanden und falsch zitiert. Aber Lyle kennt die Wahrheit. Im Grunde führen wir eine Bilderbuchehe.«

Bilderbuchehe hin oder her, die Lovetts verbrachten nach wie vor die meiste Zeit getrennt. Ende April quartierte sich Julia mit ihrer Schwester Lisa und einer Assistentin im Canyon Ranch-Wellness- und Gesundheitszentrum in Lenox, Massachusetts, ein. Beobachter bemerkten, dass Julia keinen Ehering trug. Niemand hörte sie von Lyle sprechen, doch ein anderer Kurgast bekam mit, wie sie in Erinnerungen an das Fitnessprogramm schwelgte, das sie und Jason Patric während ihres Zusammenlebens gemeinsam absolviert hatten.

Am 12. Mai verließ Lyle Paris, nachdem er seine Arbeit an *Prêt-à-Porter* beendet hatte. Julia dagegen traf später am selben Tag *in* Paris ein, weil sie noch an dem Film zu tun hatte. Sechs Wochen später verbrachten die beiden ihren ersten Hochzeitstag an verschiedenen Küsten: Julia hielt sich in New York auf, um *Nichts als Ärger* [Originaltitel: *I Love Trouble*] zu promoten, und Lyle drehte in Los Angeles ein Videoclip für sein neues Album *I Love Everybody* ab. (Immerhin war das Wort *Liebe* in aller Munde!)

Vielleicht aber war es nicht genug *Liebe*. Bei einem Konzert auf seiner Sommertour 1994 in Cohasset, Massachusetts, sagte Lyle scherzhaft zum Publikum: »Wisst ihr, es ist ein weit verbreitetes Missverständnis, dass Musiker viel Liebe bekommen. Meine Sorge gilt nicht etwa dem Musiker, der, wie ihr jetzt wisst, keine bekommt. Denn es ist eine Sache, keine Liebe zu bekommen. Doch wenn man keine bekommt, die Leute aber *glauben*, dass dies der Fall sei, nun, das ist tragisch.«

Während Lyle seine US-Tour fortsetzte, flog Julia anlässlich des für den 2. Juni vorgesehenen Drehbeginns ihres neuen Films, Stephen Frears' Filmversion von Valerie Martins Roman *Im Haus des Dr. Jekyll*, nach London. Für den Film hatte sie eine Gage in Höhe von zehn Millionen Dollar erhalten, wieder eine Rekordgage für eine Schauspielerin. Der positiv aufgenommene Roman aus dem Jahr 1990, von der *New York Times* zu einem »bemerkenswerten Buch des Jahres« gekürt, war eine Neufassung von Robert Louis Stevensons Schauerroman *Der seltsame Fall des*

Dr. Jekyll und Mr. Hyde aus dem Jahr 1886. *Mary Reilly* ist aus dem Blickwinkel eines irischen, in Jekylls Haus in Edinburgh angestellten Dienstmädchens geschrieben. Dieses fürchtet und liebt sowohl den Doktor als auch sein böses Alter Ego, Hyde.

»Dafür wird Julia einen Oscar bekommen!«, jubelte Elaine Goldsmith, und nur wenige warfen der Agentin Übertreibung vor. *Mary Reilly* war ein Prestigeprojekt, bei dem der hoch gelobte britische Regisseur von *Das stürmische Leben des Joe Orton* und *Gefährliche Liebschaften* Regie führen sollte. Das Drehbuch stammte von Christopher Hampton, einem der angesehensten britischen Dramatiker. Die Jekyll-Hyde-Geschichte, die auf einem Traum Stevensons basiert und in zehn Tagen geschrieben und veröffentlicht wurde, fasziniert mit ihrer »Gut gegen Böse«-Thematik und ihren Unterströmungen unterdrückter viktorianischer Sexualität Leser (und Kinogänger) seit über einem Jahrhundert. Zwei Monate, nachdem im November 1993 bekannt gegeben wurde, dass Julia von Sony/TriStar für die Rolle der Mary verpflichtet worden war, wurde John Malkovich, einer der meistbeachteten jungen Schauspieler seiner Generation, ins Boot geholt, um Jekyll/Hyde zu verkörpern. Glenn Close als Bordellwirtin Mrs. Farraday, Michael Gambon als Marys widerlicher Vater und George Cole als Jekylls Butler, Mr. Poole, rundeten die Besetzung ab.

Die Mischung aus Verletzlichkeit und Stärke in der Figur der Mary Reilly reizte Julia. »Mary ist eine gute Dienstmagd, weil sie so unglaublich dankbar für ihren Job ist. Sie fühlt sich sicher in dem Haus ... Mary wurde in ihrer Kindheit schlimm misshandelt. Sie hat jedoch eine innere Stärke entwickelt, die von ihrer Einstellung herrührt, dass das, was vorbei ist, vorbei ist und es sinnlos ist, sich mit der Vergangenheit zu beschäftigen. Aufgrund dieser Einstellung und ihrer unendlichen Güte fühlt sich Dr. Jekyll zu ihr hingezogen. Je mehr er über sie und ihre unglückliche Vergangenheit erfährt, desto faszinierter ist er von ihrer positiven Grundhaltung.«

Stephen Frears war fest entschlossen, dem Film und seinen Figuren die Atmosphäre eines viktorianischen Schauerromans zu verleihen. Die Straßen von Edinburgh sollten düster und neblig sein, die Beleuchtung in Jekylls Herrenhaus gedämpft und unheimlich, sein Labor labyrinthisch und bedrohlich. Julia sollte ihr Leinwandimage völlig ablegen und fast während des ganzen Films die langärmeligen, bodenlangen und hochgeschlossenen Dienstmädchengewänder sowie eine Haube tragen. Sie wurde gespenstisch bleich geschminkt, und ihre Augenbrauen wurden aufgehellt. »Diese Rolle kommt ohne einen Funken Glamour aus«, sagte sie. Friseure, Garderobiers und Visagisten brauchten jeden Morgen zwei Stunden, um die Pretty Woman in eine bleiche, etwas verwahrlost wirkende Dienstmagd zu verwandeln. »Mir gefiel das Aussehen«, erzählte Julia. »Ich fand es unglaublich authentisch, sehr schlicht, ehrlich und passend. Es gefiel mir, dass es für mich kein Entrinnen gab. Jedes Mal, wenn ich in den Spiegel sah, war sie da … Ich fand es unheimlich spannend, eine Rolle zu spielen, bei der nie irgendjemand zu mir sagen würde: ›Könntest du bitte einmal lächeln?‹«

Dies sollte, wie sich herausstellte, ein großes Problem für *Mary Reilly* werden. Und es war ein Grund, weshalb die Produzenten zunächst skeptisch waren, Julia zu engagieren. »Sie war ein Kinostar«, sagte Co-Produzentin Norma Heyman, »so ohne jeden Zweifel, dass die Leute skeptisch waren. Aber sie hat Stephen einfach verzaubert. Sie ist eine außergewöhnliche Frau. Ich erinnere mich, wie sie auf dem Weg zum Set an mir vorbeilief. Man wollte sie am liebsten in den Arm nehmen und zu ihr sagen: ›Alles wird gut werden.‹ Sie strahlt in dieser Rolle Verletzlichkeit und das Bedürfnis, geliebt zu werden, aus.«

Die Autorin von *Mary Reilly* gehörte zu denen, die skeptisch waren, ob Julia die richtige Besetzung für die Mary sei. Julia erinnerte sich: »Ich las dieses kurze Interview mit Valerie Martin … und sie fragten: ›Was halten Sie von Julia Roberts?‹ Und sie antwortete: ›Ich denke, sie wird es gut machen.‹ Doch dann fuhr sie fort, dass John Malkovich ihre ›erste Wahl‹ und das Stephen Frears ›einfach perfekt‹ sei. Und ich dachte, na ja, verglichen mit ›erste Wahl‹ und ›einfach perfekt‹ klingt ›gut‹ ziemlich dürftig.«

Julias »Verletzlichkeit und Liebesbedürfnis« hatte bei *Der*

Feind in meinem Bett funktioniert. Doch Joe Ruben hatte es dennoch als notwendig erachtet, die Szene einzubauen, in der Julia als Sara vor dem Spiegel zu »Brown-Eyed Girl« von Van Morrison auf und ab tänzelt und Hüte und Federboas ausprobiert, um die Zuschauer daran zu erinnern, warum sie sich überhaupt in Julia Roberts verliebten. In *Mary Reilly* zieht Julia kaum die Mundwinkel nach oben. Stattdessen sieht sie die ganze Zeit entweder demütig oder verängstigt aus; ihre Augen sind immer abwechselnd gesenkt oder vor Angst geweitet.

Die Produktion war noch mit vielen weiteren Problemen verbunden, als die Dreharbeiten im Frühsommer 1994 fortschritten. Vor allem konnten sich Frears und Hampton nicht entscheiden, wie der Film enden sollte. Im Roman bringt Jekyll sich um, um Hyde zu stoppen. Doch Autor und Regisseur waren skeptisch, ob dies ein zufrieden stellender Schluss sei für das, was in Martins Neufassung im Wesentlichen eine Dreiecksgeschichte war. Sollte Marys gute Seite sich für Jekyll entscheiden? Oder sollte ihre unterdrückte Libido sich für Hyde entscheiden? Wie Corie Brown in *Premiere* schrieb, konnten sich weder Hampton noch Frears entscheiden. »Schließlich hatten sie eine Erleuchtung: Der Ausgang des Films war nebensächlich. Es handelte sich um einen Frauenkonflikt. Roberts' Performance würde sie zur Wahrheit über *Mary Reilly* führen, der Wahrheit über die Frauen. Ihre Mimik und die Art, wie sie sich bewegte, würden den Ausgang des Films bestimmen. Würde sich Julia Roberts durch eigene Regie selbst zu einem Oscar verhelfen? Ein ziemlicher Schritt nach vorn für die Pretty Woman. Ist es nicht Aufgabe des Studios, über diese kniffligen Handlungselemente zu entscheiden, bevor sie 39 Millionen Dollar investieren? Offenbar nicht. Das Studio segnete Frears Plan ab, seinen Film zu drehen, zu schneiden und anschließend Darsteller und Crew zu befragen, um jenen Schlussmoment zu filmen, der sich … nun ja, von selbst offenbarte.«

Sony-Produzent Ned Tanen und seine Gattin und Produktionspartnerin Nancy waren skeptisch und drängten Frears und Hampton, dem Film so bald wie möglich einen klareren Spannungsbogen zu geben. Während Frears ausdrücklich darum gebeten hatte, dass Tanen einer der *Reilly*-Produzenten sei, konnte er Nancy nicht ausstehen und schloss sie vom Set und von Drehbuchbesprechungen aus. Sowohl sie als auch Tanen ignorierten diese Anordnung und drängten Frears weiterhin zu einer Entscheidung bezüglich des Filmendes. Sie forderten ihn auf, Hampton zu feuern und einen Drehbuchautor zu verpflichten, der Marys Charakter besser definieren würde. Als Nancy zu einer Besprechung von Frears und Hampton hinzukam und erklärte, sie wolle nicht, dass *Mary Reilly* zu einem weiteren *Age of Innocence* werde, verließen Drehbuchautor und Regisseur den Raum und drohten damit, alles hinzuwerfen, sollte Nancy weiterhin an der Produktion beteiligt sein.

Als Ned krank wurde und nicht arbeiten konnte, wuchs Nancys Einfluss. Sie begann, ihre Ansichten entschiedener denn je kundzutun, angefangen bei Julias Aussehen (»Sie sieht scheiße aus«) und der Figurenmotivation (»Gebt ihr ein Innenleben!«) bis zu den detailliertesten visuellen Vorstellungen des Regisseurs (»Das ist ein lausiger Kamerawinkel!«). Schließlich wandte sich Frears an den Studiochef Marc Platt, und der entschied, dass es das Beste sei, sich voll und ganz hinter den Regisseur zu stellen. *Mary Reilly* würde so oder so Frears' Vision widerspiegeln.

Im weiteren Verlauf der Dreharbeiten wurde klar, dass es eine dumme Idee gewesen war, sich darauf zu verlassen, dass Julias Performance den Ausgang des Films bestimmen würde. Das Studio drängte Frears und Hampton, sich nicht nur einen Schluss zu überlegen, sondern das gesamte Drehbuch umzuschreiben. Im Lauf von fünf Monaten Dreharbeiten fabrizierte Hampton nicht weniger als zwei Dutzend Neufassungen. »Das Studio wollte jede Woche einen anderen Schluss«, beklagte er sich.

Schon bald hatte *Mary Reilly* den Ruf einer problematischen Produktion. Es kursierten Gerüchte, dass Julia als Mary nicht zu erkennen sei; dass die Beleuchtung so dunkel sei, dass man bestimmte Aspekte der Szenen kaum wahrnehmen könne; dass Frears viele Szenen habe nachdrehen müssen; dass er drei verschiedene Schlüsse gefilmt habe und sich nicht für einen davon entscheiden könne; dass Julia und Glenn Close sich wegen der

Benutzung eines Golfwagens auf dem Set überworfen hätten. Die meisten Gerüchte waren unwahr, doch das Einzige, das Julia entschieden dementierte, war das über den Golfwagen. »Wir haben uns nie wegen eines Golfwagens gestritten«, sagte sie lachend. »Sie hat mich nie nach meinem Golfwagen gefragt. Sie wollte ihn nie ausleihen. Sie hat ihn nie bewundert.«

Im Oktober, nach über fünf Monaten, waren die Hauptdreharbeiten abgeschlossen und Julia kehrte nach New York zurück. Sie war froh, dass es vorbei war. »Ich war sechs Monate im Ausland und hatte ziemliches Heimweh. Außerdem zählt das englische Essen nicht eben zu meinen Vorlieben.« Noch schlimmer war, sagte sie, dass die durchweg düstere Stimmung des Films und der Filmfigur ihr aufs Gemüt geschlagen habe. Zurück in Manhattan, tat sie zunächst wenig, um ihr Aussehen wieder auf Vordermann zu bringen. Als ihre Freunde sie mit kurz geschorenen Haaren und gebleichten Augenbrauen sahen, waren sie schockiert. »Ich sah aus wie ein bizarrer poppiger Außerirdischer. Meine Freunde fragten: ›Was zum Teufel ist denn mir dir passiert?‹ Ich richtete mich also wieder her, färbte meine Augenbrauen. Ich kam mir vor wie Groucho Marx.«

Drei Monate später trommelte Frears die Besetzung nochmals zusammen, um ein neues Filmende zu drehen. Julia war nicht gerade erfreut darüber. »Wenn es ein bestimmtes Set gibt, wo praktisch alles schief geht, würde man sagen: ›Oh Gott, da will ich nicht noch einmal hingehen‹«, meinte sie. »Jekylls Labor etwa, das war das reinste Horrorkabinett, Mann! An dem Ort war gar nichts schön! Ich denke nur an die Gläser mit Embryonen, Fingern und Augäpfeln.«

Im Lauf der nächsten achtzehn Monate wuchsen die negativen Einschätzungen bezüglich *Mary Reilly*. Denn der Kinostart des Films wurde *sieben* Mal verschoben, während Regisseur und Filmstudio über die Endfassung stritten. Frears hatte anfangs einen Film gemacht, der seine ursprüngliche Vision wiedergab – einen nachdenklichen, atmosphärischen Psychothriller in moderatem Tempo und mit einem Ende, das dem des Romans entsprach: dem Selbstmord Dr. Jekylls. Als diese Version beim Publikum einer Testvorführung nur mäßig ankam, verlangte

Studiochef Marc Platt von Frears, den Film neu zu schneiden. Er sollte das Tempo steigern, den Schluss abändern und Marys unterdrückte Begierde nach Jekyll sowie nach Hyde offensichtlicher machen.

Frears war bereits mit einem neuen Film beschäftigt und sagte zu Platt, er solle den Film selber schneiden. Nach vier Monaten Arbeit hatte Platt aus *Mary Reilly* einen Film gemacht, den er als »eine stärker schwarz-weiß-betonte Version über Gut und Böse« bezeichnete, im Gegensatz zu Frears' »grauer Version, einem Film über Ambiguität«. Platt war überzeugt, seine Schnittfassung sei viel kommerzieller. Frears hingegen hielt die neue Version für großen Mist. Platt meinte dazu: »Er verträgt keine Kritik.«

Frears setzte sich durch, und es war seine Vision des *Mary Reilly*-Films, die es schließlich im Februar 1996, fast zwei Jahre nach Beginn der Dreharbeiten, in die Kinos schaffte. Julia Roberts hatte in der Zwischenzeit drei weitere Filme fertig gestellt, einen Gastauftritt in der beliebtesten TV-Sitcom *Friends* absolviert, sich von Lyle Lovett scheiden lassen und eine Affäre mit dem *Friends*-Star Matthew Perry gehabt.

KAPITEL 27

Ertappt!

Es war eine Schlagzeile der Regenbogenpresse, die schon einmal durch Julias Leben gegeistert war. Doch diesmal zeigten die Fotos auf der Titelseite nicht ihren Verlobten in einer kompromittierenden Situation mit einer anderen Frau, sondern ihren Ehemann. »Lyle Lovett betrügt Julia Roberts mit einer sexy Blondine – und der *Enquirer* ertappte die Turteltäubchen auf frischer Tat in einem texanischen Hotel«, berichtete die Zeitung. In dem Artikel hieß es weiter, die Frau sei eine aufstrebende Country-Sängerin, die 26-jährige Kelly Willis, mit der Lovett offenbar seit einigen Monaten zusammen war. Am 5. Oktober 1994 hatten Lyle und Julia die Verleihung der Country Music Association Awards in Nashville besucht. Sie erweckten dabei den Anschein, als wären sie nach wie vor über beide Ohren ineinander verliebt. »Lyle und Julia saßen bei den Awards nebeneinander und küssten sich leidenschaftlich«, sagte ein Beobachter. »Sie zogen eine Wahnsinnsschau ab, um nach außen hin den Eindruck zu vermitteln, sie seien total verliebt.«

Zwei Tage später fehlte Julia allerdings, als Lyle im Paramount Theater in Austin auftrat. Während des Auftritts holte er Kelly, die ein eng anliegendes schwarzes Kleid trug, auf die Bühne und stellte sie den tausend Konzertbesuchern als »meine Lieblingssängerin« vor. Anschließend küsste er sie und flüsterte ihr etwas ins Ohr. Das Pärchen sang dann Lovetts Liebeslied »I Love Everybody« im Duett.

Nach dem Konzert hefteten sich rührige Reporter, die sich stets auf Lyles Konzerten blicken ließen, in der Hoffnung, Julia zu sichten, an Kellys und Lyles Fersen, als die beiden um halb ein Uhr nachts das Theater verließen. Kelly und Lyle rannten durch den peitschenden Regen zu Lyles Chevrolet Suburban. Einer von Lyles Helfern fuhr Kelly zu ihrem Toyota Tercel, der am anderen Ende des Parkplatzes abgestellt war, und fuhr Lyle anschließend zum Hotel Four Seasons. Kelly fuhr zu sich nach

Hause, vier Kilometer vom Hotel entfernt. Damit schien die Geschichte zu Ende zu sein – doch weder Regen noch Schnee, weder Hitze noch nächtliche Finsternis kann diese Journalisten abschrecken, wenn sie einen Skandal wittern. Das Warten vor Kellys Haus wurde belohnt, als sie um ein Uhr herauskam, nun leger gekleidet und eine Tasche tragend, und zum Hotel Four Seasons hinüberfuhr. Erst um elf Uhr am nächsten Vormittag sah man sie in der Hotellobby wieder.

Ein ähnliches Szenario spielte sich in der folgenden Nacht ab. Diesmal erschien Kelly um vier Uhr in der Frühe in Lyles Suite Nr. 741. Ein Bitte-nicht-stören-Schild hing zwölf Stunden lang außen an der Tür, bis die beiden mit Gepäck und Gitarren aus dem Zimmer kamen. Prompt schoss ein Fotograf ein Bild von ihnen. Lyle ging auf den Fotografen los, der sich eilends aus dem Staub machte. Unten in der Lobby war Kelly in großer Sorge. »Oh mein Gott! Was soll ich nur tun? Gerade eben hat jemand mich und Lyle im Flur fotografiert! Es ist wohl besser, wenn ich abhaue.«

Kellys fester Freund Bruce Robison, der mit seinen zwei Metern den ein Meter fünfundachtzig großen Lyle überragte, schäumte vor Wut. »Lyle Lovett hat mich hintergangen«, klagte er einem Freund. »Er hat mir die Frau weggenommen, die ich liebe, und mein Leben zerstört. Am liebsten würde ich ihm seinen dürren kleinen Hühnerhals umdrehen und ihm seinen großen Zinken in den Rachen stopfen!«

Julia gab zu dem Ende Oktober veröffentlichten Artikel keinen Kommentar ab. Ihre Reaktion darauf war jedoch am 26. Oktober im Fernsehen zu sehen, als in der Boulevardsendung *Inside Edition* ein Video ausgestrahlt wurde, auf dem sich Julia die Augen wischte und Jason Patric auf einer Bank im New Yorker Central Park ihr Herz ausschüttete. »Jason tröstete sie, so gut er konnte«, sagte ein Beobachter. »Er saß neben ihr und hörte ihr zu, doch er schien sehr unglücklich darüber zu sein, sie in dieser Verfassung zu sehen.«

Der Produzent der Sendung, Brian Hendl, kommentierte: »Dem Kameramann zufolge schluchzte Julia unkontrolliert, bevor er zu filmen begann. Als die Kamera lief, wischte sie ihre Tränen weg und bemühte sich um Fassung.«

Julia hatte nicht viel Zeit, »sich zusammenzureißen«, denn in wenigen Tagen musste sie in Beaufort sein, dem in South Carolina gelegenen Drehort ihres neuen Films, *The Game of Love.* Der Film basierte auf einem Skript von Callie Khouri, die 1991 einen Oscar für ihr Drehbuch *Thelma & Louise* erhalten hatte, ein originelles, postmodernes Roadmovie über eine Frauenfreundschaft.

Khouri hat nicht verraten, ob sie an Julia Roberts dachte, als sie die Figur der Grace King Bichon schuf, doch das ist durchaus denkbar. Grace ist eine nervöse, leicht neurotische Frau aus dem ländlichen Georgia, eine ehemalige Turnierreiterin, die als junges Mädchen davon träumte, Tierärztin für Großvieh zu werden. Sie lebt in unmittelbarer Nähe ihrer Familie: ihr Vater Wylie (Robert Duvall), ein knallharter gerissener Bursche, für den sie den Reitstall managt, ihre Mutter Georgia (Gena Rowlands), liebenswürdig und (zunächst) fügsam gegenüber ihrem Gatten, ihre scharfzüngige Schwester Emma Rae (Kyra Sedgwick), ihre Tochter Caroline, selbst eine angehende Turnierreiterin, und ihr Gatte Eddie (Dennis Quaid), ein gut aussehender, kumpelhafter Typ, der sie jedoch, wie Grace schon recht bald merkt, betrügt.

Es gefiel Julia, dass sie eine ältere Filmfigur spielen würde, als sie es je getan hatte: eine seit ungefähr zehn Jahren verheiratete Frau und Mutter eines sensiblen Kindes. »Ich habe mir diese Rolle ausgesucht, weil ich nicht immer wieder dasselbe Zeug machen wollte. In dem Film geht es auch ums Älterwerden und darum, dass man immer mehr zu bieten hat. Man wird reifer, und die Rollen reifen mit einem.« (Julia war noch keine siebenundzwanzig Jahre alt.)

Julia verstand sich blendend mit den Darstellern, der Crew und ihrem Regisseur, dem Schweden Lasse Hallström *(Gilbert Grape – Irgendwo in Iowa)*. Hallström schien auf den ersten Blick als Regisseur für einen amerikanischen Südstaaten-Film eine seltsame Wahl zu sein. »Lasse ist großartig«, schwärmte sie. »Wir hatten bei der Arbeit so viel Spaß miteinander, und ich wusste einfach, dass er der perfekte Regisseur für diesen Film sein würde, weil ich der Meinung bin, dass seine Filme von großer Sensibilität und ausgeprägtem Sinn für Familie zeugen. [Er] ist durch und durch Schwede, so wie unser Kameramann Sven Nykvist. Und weißt du, es war immer ein toller Anblick, die beiden in einer Ecke sitzen und miteinander reden zu sehen. Man vernahm jede Menge ›O‹-Laute, wie ›Hejdo, playdo‹, es klang, als würden sie herumalbern, und niemand wusste, worüber sie sprachen. [A-ber] Lasse wusste ganz genau, was er [wollte], er hatte ganz spezielle Vorstellungen.«

Julia verstand sich mit Dennis Quaid um einiges besser als mit Nick Nolte. »Wir haben viel gelacht!«, erzählte sie. »Er stieß spät zur Produktion hinzu. Wir mussten diese große Tanzszene machen, deshalb begannen wir, miteinander zu *tanzen*, bevor wir überhaupt zusammen gespielt hatten. Und das ist wirklich eine tolle Möglichkeit, jemanden kennen zu lernen, weil man quasi zu einer intimen Situation gezwungen wird und einander vertrauen muss.« Auf die Frage, ob Quaid gut küsse, antwortete Julia: »Na ja, nicht jeder, den man küsst, küsst auch wirklich gut, und wenn man alle durchgeht und diejenigen aufzählt, die gut küssen, dann können sich die Leute ziemlich gut vorstellen, wer schlecht küsst … Er gehört nicht dazu.«

Die Szene, in der Grace Eddie folgt und ihn in einem Restaurant zusammen mit einer Frau antrifft, die er geküsst hatte, weckte bei Julia Erinnerungen an ein eigenes Erlebnis. »Ich hatte vor Jahren eine Beziehung«, erzählte sie Oprah Winfrey. »Ich erinnere mich, wie ich dem Typ folgte. Ich sah, wie er nach links bog und zum Haus dieser Freundin fuhr. Und als ich ihn später darauf ansprach, behauptete er: ›Das war nicht ich im Auto. Du siehst Gespenster.‹« Julia hat nie gesagt, um wen es sich bei diesem Freund handelte – man suche sich einen Verdächtigen aus.

Nach den Dreharbeiten in Beaufort und der nahe gelegenen Davant Plantation in Ridgeland, South Carolina, reisten Besetzung und Crew weiter nach Perry, Georgia, um auf dem Georgia National Fairgrounds die Szenen des Grand Prix Championship zu drehen. Das Wetter in Perry spielte allerdings nicht so recht mit. Pat Dozier, eine Großmutter aus Georgia, meldete sich auf eine Anzeige, in der Statisten gesucht wurden, und wurde für 50 Dollar pro Tag als Double für die Schauspielerin Anne Shropshire engagiert, die Aunt Rae verkörperte. »Ich habe noch nie erlebt, dass es im südlichen Georgia derart in Strömen regnete«, erinnerte sich Pat. »An neun von zehn Tagen regnete es. Julia hasste den Regen. Sie sagte: ›Dieser rote Lehm hat alle meine Klamotten ruiniert. Sie haben versucht, sie zu reinigen, aber das ist unmöglich, und ich werde sie wohl alle wegwerfen müssen, besonders die weißen.‹« Julia fühlte sich zweifellos an die Regentage ihrer Kindheit in Smyrna erinnert, an denen sie mit Lehm verschmiert war.

Obwohl Julias Filmfigur Turnierreiterin und Julia eine erfahrene Reiterin ist, ist sie nur in einer einzigen kurzen Szene am Ende des Films auf einem Pferd zu sehen. »Julia liebt Pferde«, entsann sich Pat Dozier. »Und eines Tages ging sie zu einem Pferd und begann mit ihm zu sprechen. Das Tier warf den Kopf zurück, wie Pferde es tun, und warf Julia zu Boden. Sie zog sich einen schlimmen Bluterguss im Gesicht zu. Ungefähr drei Tage lang konnte sie nicht drehen. Und obwohl sie und Lyle Lovett getrennt waren, flog er sofort zu ihr nach Perry und blieb bei ihr, bis man die Wunde mit Make-up abdecken und Julia wieder arbeiten konnte.«

Die Trennung von Julia und Lyle war noch nicht an die Öffentlichkeit gedrungen. Das sollte erst geschehen, als Nancy Seltzer am 28. März 1995, einen Tag nach den 67. Academy Awards, eine Pressemitteilung herausgab. Julia hoffte damals zweifellos, dass die Bekanntgabe der Trennung im Rummel um die Oscar-Verleihung untergehen würde. Doch es sollte anders kommen.

Statt als Hauptthema über die Oscar-Mode der Stars zu berichten, wie es sonst üblich ist, brachte *People* ein Foto von Lyle und Julia bei der Premiere von *Die Akte* im Dezember 1993. Beide lächelten, und die dazugehörige Schlagzeile lautete: »Bye bye, Lovett.« Das Hauptfoto des Artikels, »One Last Sad Song«, zeigte eine missmutig blickende Julia mit Sonnenbrille, sie saß im Fond eines Wagens in London, wohin sie am 29. März gereist war, um die Schlussszene für *Mary Reilly* zu drehen.

Die meisten Beobachter reagierten auf die Nachricht mit einem Achselzucken, ganz nach dem Motto: »Ich hab's euch ja gesagt.« Von Anfang an hatten nur die wenigsten damit gerechnet, dass diese seltsame Beziehung von Dauer sein würde. Es hatte so viele Anzeichen gegeben: die häufigen räumlichen Trennungen; Julias Tanzboden-Flirts mit Ethan Hawke; Lyles offensichtliche Hotel-Rendezvous mit Kelly Willis; sein mehrmaliges Auftreten in der Öffentlichkeit mit der Ex-Freundin Allison Inman; seine »romantischen« Abendessen mit einer weiteren alten Flamme, Ashley Judd; Julias Händchenhalten mit Richard Gere bei einem Strandspaziergang (Nancy Seltzer behauptete, die beiden hätten über eine Fortsetzung von *Pretty Woman* gesprochen; ob sie auch »geknutscht« hatten, hängt davon ab, welche Darstellung in der Presse man las); und Lyles Antwort auf die von einem Konzertbesucher in Buffalo, New York, gerufene Frage: »Wo ist Julia?«

»Sie ist ... sie ist überall«, antwortete er mit müder Stimme. Später hielt er den *Buffalo News* zufolge eine »kurze Rede« über seine Ehe: »Ganz gleich, wie gut man alles geplant hat, die Dinge laufen nicht immer so, wie man es sich gedacht hat.«

Offenbar hatten er und Julia sich große Mühe gegeben, damit die Ehe funktionierte. Sie hatten alle Anstrengungen unternommen, »so zu tun«, als wären sie »ein ganz normales Ehepaar«. Im vergangenen September hatte Lyle verkündet, er und Julia hätten darüber gesprochen, nach der Beendigung ihrer Dreharbeiten zu *Mary Reilly* ein Kind zu bekommen. Und nur wenige Wochen vor der Bekanntgabe der Trennung hatte er geäußert, ihr Leben sei »sehr viel normaler, als die Leute, die die Regenbogenpresse lesen, vielleicht glauben. Ich bin wirklich glücklich darüber, eine so wunderbare Beziehung zu haben.« Doch trotz all ihrer gegenteiligen Beteuerungen war die Beziehung schlichtweg zu unkonventionell, erschwert durch allzu häufige räumliche Trennungen, zu sehr »Showbiz«, um jene Verbundenheit entstehen zu lassen, die einem jungen Paar hilft, schwierige Phasen zu bewältigen und eine sich mehr auf die Realität als auf Phantasievorstellungen gründende Liebe zu entwickeln.

Julia räumte ein: »Wissen Sie, es bedeutet nicht unbedingt, dass man mit jedem verheiratet sein sollte, mit dem man gut befreundet ist oder den man liebt. Ich glaube, wir hatten einfach Probleme. Wir hätten nicht heiraten sollen ... Es war nichts verkehrt daran, es ist nichts Schlimmes vorgefallen, niemand hat irgendetwas getan. So kompliziert ist es gar nicht. Es ist irgendwie unerklärlich.

Ich glaube jedoch, dass es in der Anfangsphase jeder Beziehung eine Art ›Show‹ gibt. Es ist das, wodurch man sich zu einem Menschen hingezogen fühlt. Sobald die Beziehung enger wird, will und braucht man diese ›Show‹ nicht mehr, man will den echten Menschen … Sollte ich jedoch nie mehr in meinem Leben heiraten, dann bin ich froh, dass ich Lyle geheiratet habe. Es war ein Riesenspaß. Wir hatten eine großartige Hochzeit, und wir hatten eine wunderbare Zeit. Es war ein tolles Abenteuer.«

Julia dementierte Berichte, denen zufolge eines der Hauptprobleme ihrer Ehe darin bestanden habe, dass Lyle Kinder wollte und sie nicht (zumindest nicht sofort). Sie empfand es als unfair, wenn Beobachter die Trennung als Zeichen mangelnder Gefühle zwischen ihr und Lyle interpretierten. »Menschen, die sich mit Beziehungen befassen, sind offenbar der Meinung, dass die Aufrechterhaltung einer Beziehung, die Bemühungen, zusammenzubleiben, von Stärke zeugen, während eine Trennung von Schwäche zeugt, weil man es nicht versucht hat oder was auch immer. Also, sehr häufig ist es der einfachere Weg zu bleiben. Es ist die Schwäche einer Person oder eine Situation, die einen zusammenhält.«

Auf die Frage, ob die Trennung »schwer« gewesen sei, antwortete Julia knapp: »Nein.« Doch dann fügte sie hinzu: »Es war nicht einfach. Ich meine, es war nicht gerade angenehm, aber wir sind Freunde, deshalb ist es keine Fehde. Es gab keinen großen Eklat oder so. Zwar ist es kein Zuckerschlecken, sich scheiden zu lassen, aber … wir erhalten unsere Beziehung auf sehr positive Weise aufrecht.«

Wie die meisten Songwriter verarbeitete Lovett seine Gefühle für Julia in seinen Liedern. 1996 brachte er ein Album mit dem Titel *The Road to Enseñada* heraus. Die Hörer durften darüber streiten, welche der mitunter bitteren, in den Liedtexten ausgedrückten Gefühle sich auf Julia bezogen. In einigen Fällen jedoch gab es keinen Zweifel, etwa im Song »Fiona«. Hier sagt Lyle, dass der Vater der in dem Song besungenen Frau »im Himmel« ist, dass ihre Mutter »dich nicht mögen wird«, dass ihre Schwester

»hübsch« und ihr Bruder »verrückt« ist. Der Song endet mit dem Ratschlag, sie nicht zu »verärgern« oder »herumzukommandieren«. Denn wenn man das tue, kämen »eine Tasse und eine Untertasse«.

Obwohl das Album eine eindeutige Botschaft vermittelte, blieben Lyle und Julia Freunde. Sie ließ ein Schwarz-Weiß-Foto von ihm an der Wand in ihrem Büro hängen. Oft redeten sie miteinander, und sie fragte ihn in vielen Dingen um Rat. Sie dementierte einen Bericht, dem zufolge sie nur dann einen neuen Mann in ihrem Leben akzeptierte, wenn Lyle seine Zustimmung gab. Später räumte sie jedoch ein, dass ihre fortbestehende Freundschaft mit ihm Einfluss auf potenzielle Beziehungen hatte. »Ich habe ein Lyle-Barometer, wie ich es nenne. Wenn ein Mann mit der Tatsache, dass Lyle und ich so gute Freunde sind, nicht umgehen kann, okay, dann ist es eben zu Ende.«

Obwohl ihre Ehe gescheitert war, betrachtete Julia es als eine positive Erfahrung, die sie gestärkt habe. »Ich weiß, dass ich stark bin. Ich weiß, dass ich, wenn ich etwas tue, es mit ganzem Herzen tue. Ich weiß, dass ich ein Mensch mit festen Überzeugungen bin. Und ich habe eine enge Beziehung zu Lyle Lovett. Das wird nicht einfach aufhören.«

Doch ein großer Teil der Beziehung *hatte* aufgehört zu existieren, und diese Erkenntnis, gab Julia zu, überkam sie manchmal schlagartig. Als sie und ihre Schwester Lisa eines Tages einkaufen waren, lief im Laden einer von Lyles Songs. »Wir sahen uns nur an«, erzählte Julia, »und kauften weiter Lippenbalsam oder was auch immer. Und dann ging ich aus dem Laden heraus und sagte: ›Mein Gott, *das* hat mir heute gerade noch gefehlt!‹«

Während Julias Ehe zerbrach, wurde auch eine Krise in Erics Ehe öffentlich breitgetreten. Am 8. Februar 1995 war er von der Polizei in Los Angeles wegen Gewalttätigkeit gegenüber seiner Ehefrau verhaftet worden. Er und Eliza waren seit dreieinhalb Jahren verheiratet, und seine Schauspielerkarriere verlief kontinuierlich, wenn auch unspektakulär – er drehte »*Mad-Max*-B-movies«, wie er es nannte. Noch immer war er ein labiler Mann mit emotionalen Problemen. Seine Marihuana-Sucht, die begonnen hatte, als er dreizehn war, hatte sich im Erwachsenenalter noch verschlimmert. »Um ehrlich zu sein«, verriet er *Premiere* 1996, »ich wälzte mich aus dem Bett, schlug mein Drehbuch auf, um mein Tagespensum in Angriff zu nehmen, und als ich damit begann, drehte ich mir meinen ersten Joint.«

Eliza war der Meinung, dass das Cannabis, mit dem Eric »seine Depressionen bekämpfte, diese nur verschlimmerte und seine Launen und Stimmungsschwankungen noch extremer machte. Wenn Eric depressiv wird, wird er tieftraurig.« Gelegentlich wurde er auch beleidigend. In dieser Zeit war er generell in keiner besonders guten Verfassung, da er vor kurzem seinen jüngsten Streit mit Kelly Cunningham um das Sorgerecht für ihre gemeinsame Tochter Emma verloren hatte.

An jenem Morgen im Februar war Eric ganz besonders »aufgedreht«, wie Eliza es ausdrückte, weil er sich auf seine erste romantische Hauptrolle seit Jahren vorbereitete. Das Objekt seiner Begierde war in dem Aids-Drama *It's My Party* jedoch ein Mann, Gregory Harrison. Eric, der sich ein ultramaskulines Leinwand-Image geschaffen hatte, sollte in diesem Film nicht nur Harrison küssen, sondern er stand zudem vor der emotionalen Herausforderung, einen sterbenden Mann zu spielen. »Es ist ein großes Wagnis«, meinte Eliza damals. Doch sie war die Einzige, die ihm dazu geraten hatte, die Rolle zu übernehmen. An jenem Morgen änderte er seine Meinung bezüglich des Projekts, und nach einem hitzigen Telefonat mit seinem Agenten schnappte er seine Tasche mit dem Drehbuch und schickte sich an, das Haus zu verlassen. Eliza versuchte, ihn daran zu hindern. »Er war total aufgewühlt. Ich habe die Erfahrung gemacht, dass er in diesem Zustand besser nicht fahren sollte.«

Eric stieg in sein Auto, berichtete Eliza, und »ich stand neben dem Wagen, und dann stieg er wieder aus und lief an mir vorbei«. Als sie wieder im Haus waren, versuchte Eliza erneut, ihn daran zu hindern, das Haus zu verlassen. »Sie packte mich hinten an der Hose, und so schleifte ich sie quer durch unser Wohnzimmer zur Tür hinaus. Damit ihre Hände meine Hose losließen, schlug ich mit der Tasche nach ihr und ging dann.«

Diesmal ließ Eric den Wagen an und brauste mit quietschenden Reifen die kurvenreiche Straße von ihrem Haus – das einst Judy Garland gehört hatte – hinab in Richtung Silverlake Boulevard. Eliza hatte schreckliche Angst, dass Eric sich selbst oder andere gefährden würde. »Ich rief die Notrufnummer 911 an. Das hatte ich noch nie getan. Doch in diesem Moment hatte ich einfach Angst. Ich glaubte nicht, dass er mir etwas antun würde; ich hatte Angst um *ihn.*«

Eric erzählte die Geschichte weiter: »Ich fahre den Block entlang und denke: *›Ich habe den Verstand verloren.‹* Also fahre ich zurück und sage: ›Schatz, ich liebe dich, es tut mir Leid – warum kommst du nicht mit mir zum Proben?‹ Sie sagt: ›Gut, einverstanden‹, und holt ihre Schuhe.« Als sie gerade im Begriff waren, das Haus zu verlassen, tauchten zwei Beamte des Los Angeles Police Department an der Tür auf. »Sie legten mir Handschellen an – Mann, ich war verhaftet.«

»Eric war sehr kooperativ«, sagte Eliza. »Ich war total baff.«

Er verbrachte drei Stunden in einer Zelle. Während dieser Zeit lieferte ihm ein Mithäftling Ideen für Drehbücher, er wurde um Autogramme gebeten und als ein »Frauenprügler« aufgezogen. Vor seiner Freilassung musste er eine Haftkaution von 50000 Dollar hinterlegen. Der stellvertretende Anwalt der Stadt befragte Eric und Eliza gemeinsam. (Sie sagte, sie müsse mit dem Anwalt nicht unter vier Augen reden.) Beide erklärten, Eric habe seine Frau nicht geschlagen. Ein Sprecher des Anwaltsbüros sagte später: »Es wurde festgestellt, dass es keine ausreichenden Hinweise für eine Anklage gab.«

Die schlechte Publicity trug jedoch kaum dazu bei, dass diejenigen in Hollywood, die Eric als »Unheil« betrachteten – einschließlich Elizas Familie und Freunde, die sie drängten, Eric zu verlassen –, ihre Meinung änderten.

Das Paar begab sich in Therapie, und Eric meinte, diese Erfahrung habe ihm gut getan. Er habe in den Sitzungen beispielsweise gelernt, dass »das ausfallende Verhalten von einem Kind in uns herrührt, das Angst hat … Ein erwachsener Mann, der sich in diesem kindlichen Zustand befindet, ist ein erwachsener Mann, der es tut. Er ist kein verletztes Kind … Ich wollte niemanden misshandeln … Immer wenn ich in diese Zustände verfiel, wiederholte ich mit meinem Tun das, was man mir angetan hatte.«

Der *Harper's Bazaar* brachte in seiner Ausgabe vom Juni 1994 ein Porträt Julias von Jay McInerney, jenem Autor, der seine Karriere mit dem Roman *Ein starker Abgang* begonnen hatte. Eine Passage des Artikels bringt besonders treffend zum Ausdruck, warum Julia Millionen von Kinogängern so sehr ans Herz gewachsen ist. Früh morgens entdeckte McInerney Julia in Manhattans Subway Inn, einer Bar nahe Bloomingdale's, wo sie an einer Jukebox lehnte. Ein »dünner und schlaksiger« Mann, den McInerney auf Mitte sechzig schätzte, erhob sich, ging auf Julia zu und fragte sie, ob sie mit ihm zu einem Willie-Nelson-Song tanzen würde. Julia willigte lächelnd ein. McInerney beschrieb die folgende Szene:

»Er ist ausgesprochen höflich, hält eine respektvolle Distanz zu ihr ein und schaut sie nicht an, als er sie bei einer Art Foxtrott in langsamen Kreisen führt. Sie lässt sich von ihm führen und erweckt dabei ganz den Anschein, als würde es ihr Spaß machen. Als der Song endet, verneigt sich der Mann, entschuldigt sich und verschwindet um drei Uhr morgens in der Dunkelheit Manhattans.«

KAPITEL 28

Im Mai 1995 unternahm Julia als UNICEF-Botschafterin eine sechstägige Goodwillreise nach Haiti. Dieses Amt hatte zuletzt die verstorbene Audrey Hepburn bekleidet. Julias kurze Amtszeit muss als zweischneidige Sache bezeichnet werden. Sie wurde hauptsächlich von Julias ausgeprägtem Misstrauen gegenüber der Presse überschattet. Der Besuch sollte die öffentliche Aufmerksamkeit auf das Elend der verarmten haitianischen Kinder lenken, doch Julia behandelte die Fotografen – in diesem Fall solche von seriösen Zeitungen und nicht von der Regenbogenpresse – wie unerwünschte Eindringlinge. In einem drückend heißen Klassenzimmer in den Slums fand sie einen Fotografen zu aufdringlich und soll daraufhin angeblich gerufen haben: »Sie – im orangenen Hemd! *Raus!*«

Julia erzählte die Geschichte anders. »Wir waren bei dieser Impfstelle«, sagte sie, »und die Kinder sangen mir Lieder vor. Dieser Kerl war irgendwie zwischen diesen beiden Kindern eingezwängt, obwohl er eigentlich auf der anderen Seite stehen sollte. Das irritierte nicht nur die Kinder, sondern auch ich fand es widerlich. Deshalb wies ich den Typ neben mir, der zufällig von der UNO war, an, dafür zu sorgen, dass er zur Seite ging.«

Bei einem Cocktail-Empfang zu Ehren Julias, bei dem sie einen Overall trug, lud die UN-Pressestelle Fotografen von Associated Press ein, um das Ereignis festzuhalten. Als die Herren eintrafen, legten Sicherheitsleute die Hände über die Objektive und drängten die Fotografen weg. Bei einem Barbecue am nächsten Tag wurde die gesamte Presse ausgeladen. Es war nicht die UN-Pressestelle, die das angeordnet hatte. Der Kinderhilfsfonds der UNO entschuldigte sich bei den Medien. Sie führten Julias Verhalten auf ihre »Schüchternheit« und »Unerfahrenheit in ihrer neuen Rolle« zurück. Julia selbst hielt es nicht für nötig, sich zu entschuldigen. Sie betonte lediglich, dass die sich daraus ergebende negative Publicity »zumindest die Aufmerksamkeit auf das Elend der armen haitianischen Kinder lenkt«.

Zurück in den USA, berichtete Julia vor Kongressmitgliedern von der Reise, um auf die Not der Haitianer aufmerksam zu machen. »Ich war dort in einem Klassenzimmer, und als all diese schönen Gesichter mich anstarrten, dachte ich bei mir: ›Sie wissen nicht, wer ich bin. Sie fragen sich sicherlich, was ich hier mache.‹ Deshalb fragte ich sie: ›Wisst ihr, was ich hier tue?‹ Und dieser kleine Junge in der hinteren Reihe stand auf und sagte: ›Sie sind hier, weil Sie uns lieben.‹ Er hatte Recht, und der einzige Grund, warum ich hier ängstlich vor Ihnen stehe, ist, weil ich diese Kinder liebe.«

Im Juni, weniger als zwei Monate nachdem ihre Trennung von Lyle Lovett das Dauerthema der Presse gewesen war, überraschte Julia ihre ehemaligen Klassenkameraden aus der Highschool, indem sie zusammen mit ihrer Freundin Paige Amsler beim zehnten Jahrestreffen der Campbell-Klasse von 1985 auftauchte. »Wir gingen gemeinsam hin«, erzählte Julia, »und sie war schwanger. Ich fungierte also als ihre Begleiterin und passte auf, dass Leute, die uns in der Highschool nicht gemocht hatten, ihren Bauch nicht anfassten – rührt uns auch jetzt nicht an!«

»Julia schlich hinein und hinaus«, erinnerte sich eine ehemalige Klassenkameradin, die anonym bleiben möchte. »Sie tat nichts, um die Aufmerksamkeit auf sich zu ziehen. Verglichen mit dem Rest von uns war sie sehr schlicht gekleidet. Sie trug ein hübsches Kostüm – sehr elegant. Jeder *musste* einfach ein paar Worte mit ihr wechseln. Mein Mann und ich quatschten gerade mit ein paar Freunden, und irgendwie war Julia plötzlich in meiner Nähe. Sie blickte auf, sah mich, kam herüber und nannte mich bei meinem Vor- und Nachnamen. Wir unterhielten uns ein paar Minuten und ließen alte Zeiten wieder aufleben, dann wurde sie von anderen in Beschlag genommen, die sie ein paar Augenblicke für sich haben wollten. Mein Mann war völlig baff, dass sie mich kannte oder sich auch nur an mich erinnerte. Ich sagte ihm, was ich ihm schon zuvor gesagt hatte: Sie ist ein echtes Kleinstadtmädel aus Georgia.«

Trotz ihrer Berühmtheit und ihrer Freundlichkeit allen gegenüber konnte Julia an diesem Abend ebenso wenig die Spitzenposition bei einem Beliebtheitswettstreit erringen wie damals. Ihre Klassenkameradin Jamie Hiatt erinnerte sich: »Julia musste den Titel der ›Begehrtesten Junggesellin‹ des Abends einer Dame überlassen, die in der Highschool beliebter gewesen war.«

Julia fand die beim Klassentreffen gemachten Erfahrungen etwas irritierend. Denn »die Leute sagten: ›Oh, ja, du warst immer die lustigste und du hast immer so tolle Geschichten erzählt, und du warst die Schauspielerin in der Highschool, die ich nie gewesen bin.‹ Es war also seltsam … die Leute erzählen irgendwelche Geschichten, und ich weiß nicht einmal, von wem sie sprechen.« Vielleicht erinnerten sich ihre ehemaligen Klassenkameraden an ihre großartige Cassius-Lesung in Coach Boyds Englischklasse.

Im folgenden Monat flog Julia nach Dublin, um in dem Heldenepos des Regisseurs Neil Jordan, *Michael Collins*, einer wahren Geschichte über irische Freiheitskämpfer des frühen 20. Jahrhunderts, eine kleine Rolle zu übernehmen. Ihr Ex-Lover Liam Neeson spielte darin die Hauptrolle. Julia sollte Collins' Geliebte, Kitty Kiernan, verkörpern, die auch von Collins' bestem Freund und Mitrevolutionär Harry Boland (Aidan Quinn) begehrt wird.

Jeff Berg, der Chef von Julias Talentagentur ICM, hatte Jordan angerufen, um ihm Julias Interesse an der Rolle der Kitty mitzuteilen. Jordan wies Berg darauf hin, dass die Rolle relativ klein war und er Julia nicht annähernd das bezahlen könne, was sie sonst bekam. Berg meinte, beides sei kein Problem. Am 10. März 1995 traf sich Jordan mit Julia in den ICM-Büros in Manhattan. »Von allen Schauspielerinnen, mit denen ich mich wegen der Rolle getroffen habe«, schrieb Jordan in einem Produktionstagebuch, »ist sie diejenige, die am meisten darüber weiß. Ich wusste nicht, dass sie so viel Zeit in Irland verbracht hat. Sie ist einfach großartig, und wie üblich vertraue ich meinem Instinkt und gebe ihr die Rolle.« Jordan war sich im Klaren darüber, dass es Einwände gegen die Besetzung der Rolle mit einem so berühmten Star geben würde, vor allem, da es sich nur um eine Nebenrolle handelte, aber er dachte: »Schon passiert.«

Julia mochte die Figur der Kitty, die in ihren Augen »eine ausgewogene Mischung aus Komplexität und Schlichtheit war. Sie kam aus einer interessanten Familie, und als sie in Michael Collins'und Harry Bolands Leben trat, brachte dies ein bislang ungenutztes Potenzial an Stärke und Mitgefühl zum Vorschein. Und sie war keineswegs dumm. Sie wurde von beiden Männern geliebt, und ich glaube, das gefiel ihr. Ich denke jedoch, dass sie in ihrem tiefsten Inneren Michael Collins liebte und verehrte ... Ich glaube, das sieht man nicht allzu oft in Filmen: eine Liebe, die sich auf etwas so Reines und Schlichtes gründet. Sie liebte ihn ihr ganzes Leben lang.«

Dublin rief in Julia wahrscheinlich Erinnerungen an Jason Patric wach, mit dem sie 1991 ihre erste Irlandreise unternommen hatte. »Als ich zum allerersten Mal hierher kam«, erzählte sie, »war ich hin und weg. Ich fühlte mich dort sehr wohl ... Manchmal glaube ich, ich bin die Reinkarnation eines irischen Fischweibs oder so ... Die Menschen sind so freundlich und gelassen, und das Leben dort scheint in gemächlicherem Tempo abzulaufen. Die Menschen sind nicht gerade verschlafen, aber sie sind nicht in einer solchen Panik, wenn es darum geht, ihre Ziele zu erreichen.«

Julia dagegen geriet allmählich in Panik, da sie am nächsten Tag ihren ersten Drehtag haben würde. »Ich war nervös. Sehr nervös.« Sie übte noch immer ihren irischen Akzent und lernte ihren Text.

Der Regisseur war ein wenig besorgt wegen Julias Zusammentreffen mit Liam Neeson, vor allem da Neeson mittlerweile mit Natasha Richardson verheiratet war und ein einjähriges Kind hatte. »Ich denke, es ist verständlich, dass ich mir am Anfang Sorgen machte«, meinte er. »Schließlich hatten die beiden eine Beziehung. Aber ich habe mit ihnen darüber gesprochen, und uns allen wurde rasch klar, dass Liam ganz in seiner Vaterschaft aufging und dass Julia eine sehr reife Einstellung hat.«

Julia sagte, sie habe Neesons Anwesenheit als »einen enormen Trostfaktor empfunden. Es erfordert eine ganz besondere Dynamik, eine – wie soll ich sagen – gescheiterte Romanze zu einer Kumpelbeziehung ausbauen zu können.« Auch die Liebesszenen fielen ihr jetzt leichter. »Ich begriff, dass es sehr viel schwieriger und vielleicht sogar unmöglich war, mit jemandem, den ich erst seit ein paar Wochen kannte, zu einer solchen Vertrautheit zu gelangen. Deshalb hat es mir wirklich sehr geholfen, ihn zu kennen. Außerdem hatten wir eine Menge Spaß, wissen Sie.«

Am 26. Juli, erinnerte sich Jordan, hatte »Julia ihren ersten Auftritt ... Und die Presseleute sind überall, zumeist in lächerlicher Verkleidung. Wir zerren Fotografen unter Julias Wohnwagen hervor oder von Dächern herunter, aber es ist unmöglich, sie sich vom Leib zu halten.«

Eines der Dinge, die Jordan beeindruckt hatten, als er sich mit Julia wegen der Rolle traf, war die Tatsache, dass sie den Song »She Moves through the Fair«, den Kitty im Film singen sollte, kannte. Julia war ziemlich nervös, als sie das erste Mal in einem Film singen sollte, vor allem da Michael Collins bei ihrem Gesang ausruft: »Sie singt wie ein Engel!« Sie sagte: »Meine Angst hätte nicht größer sein können. Ich bin keine Sängerin!« Dennoch meistert sie den Song auf bemerkenswerte Weise. Jordan erinnerte sich, dass sie das Lied genau wie seine Schwester sang.

Am 3. August schließlich sah Jordan ehrfürchtig zu, wie Julia die Figur der Kitty mit einer »Schlichtheit« spielte, »die das Kameraobjektiv dahinschmelzen lässt«. Am nächsten Tag filmte er die Szene, in der Kitty sich für ihre Hochzeit mit Collins ein Brautkleid kauft. In diese Szene sollten Szenen von Collins' gleichzeitig stattfindendem Tod eingefügt werden. »In dem Augenblick, in dem Julia das Kleid anzog«, entsann sich Jordan, »legte sich eine Düsterkeit auf sie. Ich weiß nicht, was es ist, und ich möchte sie nicht fragen. Ich glaube, sie hat ein Problem damit, deprimierende Szenen zu drehen. Das ist verständlich, aber die Art und Weise, wie es sie aus der Fassung bringt, ist beunruhigend.«

Irland ließ tatsächlich eine alte Liebe Julias wieder aufleben. Es war jedoch nicht Liam Neeson. Es war Daniel-Day Lewis, der ihr einen herzförmigen irischen Claddagh-Ring schenkte, den sie am Ringfinger ihrer rechten Hand trug. Als sie während der Dreharbeiten von einem Reporter auf den Ring angesprochen wurde, starrte sie »mit abwesendem Blick« auf den Ring und sagte: »Ja, derzeit quillt mein Herz über.« Aber sie verriet nicht, von wem sie ihn bekommen hatte. Auf die Frage, ob sich vielleicht eine neue Heirat anbahne, antwortete Julia: »Na ja, man soll niemals nie sagen. Ich glaube an die Liebe, wenn das irgendetwas wert ist. Und eines Tages möchte ich Kinder haben. Wenn ich bei diesem Ereignis verheiratet bin, großartig. Wenn nicht, ist es auch okay.«

Die Boulevardpresse berichtete, dass Julia und Daniel, noch bevor Julia mit den Dreharbeiten zu *Michael Collins* begann, in ihrem Apartment in Manhattan »einen Haushalt gegründet hatten«. »Julia und Daniel versuchen, ihr Zusammenleben geheim zu halten«, zitierte eine Zeitung eine Quelle, »aber Daniel wohnt praktisch dort, und Julia könnte nicht glücklicher sein ... Julia könnte es völlig egal sein, was irgendjemand über ihr Liebesleben denkt, aber sie hat Daniel schon einmal verloren, und sie will nicht, dass dies noch einmal passiert.«

Während Julia in Irland drehte, lief in den Vereinigten Staaten *The Game of Love* an. Der Film erhielt positive Kritiken. »Mit seinen erfrischenden, ausgefeilten Figuren, geistreichen Dialogen und talentierten Haupt- und Nebendarstellern ist dieser Film so gut, wie Sittenstücke Mitte der neunziger Jahre sein können«, schrieb Cathy Thompson-Georges in *Entertainment Today.* Roger Ebert war der Meinung, dass »Julia Roberts, wenn sie Grace verkörpert, uns nur gelegentlich daran erinnert, dass sie Julia Roberts ist ... dies ist eine intelligente eigenwillige menschliche Geschichte, die nicht nur Raum lässt für die bemerkenswerte Entfaltung von Julia Roberts' Filmfigur, sondern auch für einige andere gut durchdachte Figuren.«

Der Film spielte in den Vereinigten Staaten 50,8 Millionen Dollar ein, eine respektable Summe, wenn auch nur die Hälfte dessen, was *Die Akte* eingebracht hatte. Wieder bemängelten einige Kritiker, Julia sei in dem Film nicht »heiter« genug. Kenneth Turan stellte in seiner Rezension in der *Los Angeles Times* die Frage: »Wann wird Julia Roberts sich erlauben, in einem großen Kinofilm mehr als nur kurz zu lächeln? Auch wenn es ermutigend ist zu sehen, wie sie sich in diesen anspruchsvollen Filmen engagiert, bleibt ihre einstige Heiterkeit eine ferne Erinnerung.«

Julia kommentierte die Angelegenheit mit der Frage: »Ist es denn verwerflich, etwas zu machen, wo es nicht viel zu lachen gibt? Soll ich etwa nur lächeln, weil die Leute mein Lächeln sehen wollen? Aber andererseits, wenn ich immer nur romantische Komödien wie *Pretty Woman* machen, immer nur lächeln und Spaß haben würde, würden die Leute sagen: ›*Schluss!* Genug! Mache etwas! Erzähle eine Geschichte!‹ Es ist ein interessanter Catch-22.«

Anfang September waren Julias Szenen in *Michael Collins* – in denen sie nur wenig lächelte – im Kasten. Nach einer erfolgreichen Vorabvorführung am 9. Januar 1996 in Pasadena beschloss Jordan, einige zusätzliche Szenen zu drehen, darunter eine Einleitung und mehrere Szenen mit Kitty. Unter anderem auch eine Szene, in der Kitty von Michaels Tod erfährt. (In der ersten Fassung wurde von Collins' Tod zu Kitty geschnitten, der im Brautmodengeschäft der Brautkranz aufgesetzt wird, womit der Film endete.) Am 8. Februar spielte Julia ihre neuen Szenen, und eine Woche später wurde die neue Schnittfassung bei einer Vorabvorführung in New York gezeigt. Jordan zufolge »versteckten« sich dabei Julia, Liam, Julias Freunde Brad Pitt und Gwyneth Paltrow sowie Neil Jordans Freundin Vanessa Redgrave »alle in der Dunkelheit hinten im Kino. Vanessa kommt nach der Vorführung zutiefst bewegt heraus, ja sie weint sogar. Wir feiern danach, und man kommt sich vor wie bei einer Premiere. Also muss der Filmschnitt fertig gestellt werden.«

Auch wenn Julia in ihrer Ehe mit Lyle Lovett zweifellos nicht glücklich genug war, um seine Frau zu bleiben, gefiel ihr sicherlich die ländliche Lebensweise, die sie durch ihn kennen gelernt hatte. Wenn ihre New Yorker Penthouse-Wohnung ihre kultivierte Filmstar-Persönlichkeit repräsentierte, so gab es doch auch noch das Südstaatenmädchen Julia, das darauf brannte, von Zeit zu Zeit herauszukommen. Um ihre »Barfuß-Gelüste« in sich zu befriedigen, erwarb sie im September 1995 eine fünfzig

Morgen große Ranch mit einem aus Adobeziegeln gebauten Haus in Taos, New Mexico. Das Anwesen besaß ein hausinternes Schwimmbad, Garagen, ein Gewächshaus, Viehställe, Scheunen, Pferche sowie Gärten mit Springbrunnen. Der Preis? 2,2 Millionen Dollar.

Dem *Albuquerque Tribune* zufolge musste der Verkäufer, William West, eine Vertraulichkeitsvereinbarung unterschreiben und durfte nicht bekannt geben, dass Julia Roberts sein Anwesen gekauft hatte. Mehrere Grundstücksmakler in der Region unterzeichneten ähnliche Vereinbarungen. Ein Nachbar, Wesley Jackson, sagte, das Anwesen sei »prächtig, alles ist bewässert. Es ist ein wirklich schönes Weideland.« Er fügte hinzu, das sechshundertdreißig Quadratmeter große Haus im Kolonialstil, mit vier Schlafzimmern und vier Bädern, habe eine Renovierung nötig.

Als ein Reporter des *Tribune* Kontakt zu Julias Buchhalter Victor Meschures aufnahm, sagte dieser, er könne nicht bestätigen, dass er Julia Roberts vertrete. Er fügte dann hinzu: »Ich wünschte, ich könnte es.« Doch unter den Einwohnern verbreitete sich die Neuigkeit bereits. Dutzende von ihnen hatten Julia gesehen, wie sie Fotos von der Umgebung machte, bei Wal-Mart und in Supermärkten einkaufte, in Cafés aß und in einheimischen Geschäften für Tausende von Dollar Antiquitäten kaufte.

Zufrieden mit ihrem neuen Zuhause hat Julia seitdem fünf weitere, angrenzende Morgen Land hinzugekauft und Tennisplätze sowie eine umgepflügte »Tanzfläche« am Rand eines Feldes angelegt, »falls mich das Tanzfieber packt«. Sie hat sieben Pferde und sechs Hunde auf dem Grundstück, welches sie als »die kleine Kommune meiner Träume« bezeichnet. Im Sommer, wenn sie nicht gerade an einem Film arbeitet, steigt sie auf ihren blauen Ford-Traktor und bestellt den Boden, um Sonnenblumen anzupflanzen. Im Herbst pflügt sie diese zur Vorbereitung auf den Winter unter. Sie hat mehrere Bäder neu gefliest und gelernt, auf einem Webstuhl in ihrem Schlafzimmer zu weben.

Offenbar wissen jedoch nicht alle Einwohner von Taos Julias nachbarschaftliches Verhalten zu schätzen. »Niemand hier in Taos mag Julia Roberts«, sagte eine Einwohnerin, Angelina Maceas. »Sie ist ein Snob. Sie lässt ganze Geschäfte zumachen, wenn sie einkaufen geht, um mit den gewöhnlichen Menschen nichts zu tun haben zu müssen. Ich habe ein paar Freunde, die auf ihrem Anwesen gearbeitet haben, und sie schickte sie alle fort, weil sie sie angeblich angegafft hätten, was aber nach Aussage dieser Leute gar nicht stimmte.

Sie ist nicht besonders freundlich, wenn Leute auf sie zukommen oder sie um ein Autogramm bitten. Sie wendet sich einfach ab, wenn Leute sich ihr nähern.«

KAPITEL 29

Julias nächster Film, *Alle sagen – I love you*, war eine Musikkomödie. Doch ihre Filmfigur, eine unglücklich verheiratete Patientin einer Psychoanalytikerin, bot ihr auch diesmal kaum Gelegenheit, zu glänzen. Die Aussicht, bei diesem Film mitzuwirken, versetzte sie jedoch in einen fast permanenten Zustand der Unsicherheit. Wieder hatte sie eine relativ kleine Rolle angenommen – ein Trend, der viele Beobachter verwunderte –, und deshalb dürfte es eigentlich keine allzu beängstigende Herausforderung gewesen sein. Doch es handelte sich um eine kleine Rolle in einem Woody-Allen-Film (sein erstes Musical). »Vor allem ist er *Woody Allen*«, sagte Julia, um ihre Unsicherheit zu erklären. »Daher ist man total nervös und möchte am liebsten sterben. Und natürlich war ich das erste Mal, als ich ihn traf, krank. Das fängt ja gut an, dachte ich, denn er meinte: ›Fort mit dir, Typhus-Mary‹ – aber es war nur eine Erkältung.«

Die Tatsache, dass Julia wieder singen musste, vergrößerte ihre Angst noch. Der Film, einer der Meisterwerke des Regisseurs, erzählt die Geschichte eines wohlhabenden Ehepaares von der Upper East Side in Manhattan (Alan Alda und Goldie Hawn). Zu ihrer vielköpfigen Familie zählen sein verwirrter Vater, ihre gemeinsame Tochter (Drew Barrymore), ihr Verlobter (Edward Norton), ein Sohn und zwei weitere Töchter sowie Goldies Exmann (Woody Allen), der seit dem Ende ihrer Ehe eine Reihe missglückter Beziehungen hatte. Allen plante, dass die Figuren im Stil der Musicals der dreißiger und vierziger Jahre alte Songs wie »Just You, Just Me«, »Enjoy Yourself, It's Later than You Think!« und »Makin' Whoopie« schmettern sollten.

Woody macht Julias Filmfigur, einer Kunsthistorikerin namens Von, den Hof. Durch eine Freundin einer seiner Töchter, deren Mutter Vons Therapeutin ist, erfährt er von ihren Vorlieben und geheimen romantischen Phantasien. Die jungen Frauen belauschen Vons Therapiesitzungen und geben die Informationen an Woody weiter, der während einer Reise nach Venedig ein Treffen mit Von arrangiert. Und Von ist überrascht, wie gut sie beide zusammenpassen.

Julia war überzeugt, dass sie, so sehr der Regisseur sie auch für die Rolle seiner schönen Geliebten haben wollte, schlichtweg eine zu schlechte Sängerin war. Der Cutter des Films, Sandy Morse, erinnerte sich lebhaft an den Tag, an dem Julia den Schneide- und Vorführraum betrat, um sich während der Vorproduktion mit Allen zu treffen. »Woody schlug vor, dass Julia sich einen Augenblick Zeit nahm, um mit mir und meinem Assistenten Kent Blocher ihren Stimmumfang aufzunehmen, damit Dick Hyman [der musikalische Leiter des Films] eine klarere Vorstellung davon bekam, wie er den Song ›All My Life‹, Julias Solostück, arrangieren musste.« Sandy und Kent hatten auch die Stimmen mehrerer der anderen Darsteller aufgenommen, um ihnen ein persönliches Treffen mit Hyman zu ersparen »und damit der ganze Vorgang weniger förmlich wirkte«.

Allen »verließ den Raum, um Julia nicht in Verlegenheit zu bringen«, erzählte Sandy. »Kent stellte das Mikro auf, und ich schlug Julia vor, irgendeinen Song ihrer Wahl zu singen, um eine Kostprobe ihrer Stimme zu geben. Sie sang den irischen Folksong, den sie in *Michael Collins* gesungen hatte. Es war ein reizendes, einfaches Lied und brachte Julias Stimme sehr gut zur Geltung. Anschließend bat ich sie, das Lied ein paar Töne höher zu singen, um zu sehen, wie hoch sie hinaufkam.

Die ganze Angelegenheit dauerte vielleicht drei oder vier Minuten. Doch in dem Moment, als sie mit dem Singen fertig war, sagte sie: ›Jetzt bin ich die Rolle los, nicht wahr? Er wird mich nicht mehr wollen. Ich bin nicht gut genug.‹ Und sie begann zu *weinen*. Ich war sprachlos. Ihre Stimme war zart und leise, aber mit Sicherheit nichts, wofür sie sich zu schämen brauchte. Sie tat mir Leid. Ich ging durch den Raum zu ihr, nahm sie in den Arm und sagte: ›Nein, da täuschst du dich gewaltig. Ich garantiere dir, Woody will dich, und es ist ihm egal, wie gut du singst. Für ihn ist ausschlaggebend, dass die Dialoge fließend in die Lieder übergehen. Auf keinen Fall will er, dass die Darsteller wie eine Gruppe ausgebildeter Sänger klingen. Ihm ist wichtig, dass alle natürlich klingen.‹

Sie schien etwas getröstet, auch wenn sie noch immer Angst davor hatte, was auf sie zukam. Ich empfand in diesem Augenblick eine große Sympathie für Julia. Es machte sie sehr menschlich, und ich würdige ihre Performance nur noch umso mehr.«

Keiner der anderen Darsteller, darunter Lukas Haas, Gaby Hoffmann, Tim Roth und Natalie Portman, konnte viel besser singen als Julia, mit Ausnahme von Goldie Hawn, die gesanglich alle anderen in den Schatten stellte. Doch Julia war nicht die Schlechteste – das war natürlich Woody selbst.

Obwohl Julia Allen »süß und charmant« fand, war sie aufgrund seines Renommees als einer der größten amerikanischen Regisseure in ständiger »Angst«, wie sie gestand. »Am allerersten Tag [am Drehort in Paris]«, erzählte sie in der Sendung *Inside the Actor's Studio*, »wusste ich, ich würde gefeuert werden. Ich spielte eine Szene, und wir hatten Probleme mit der Kamera, es wurde spät, und ich wusste, dass Woody eine Tischreservierung für ein Abendessen hatte und dass er Hunger hatte. Wir mussten diese Szene drehen, und wir zwei waren ganz allein. Die Kamera kriegte es schließlich hin, aber ich sagte: ›Oh, ich war furchtbar.‹ Dann sagte er dasselbe, genau dasselbe, er nimmt da kein Blatt vor den Mund. ›Du warst furchtbar.‹ *Oh mein Gott!* Also gehe ich mit zitternden Schultern zurück zu meiner Startmarkierung, und es ging gerade so weiter: Ich vermasselte es immer und immer wieder. Ich sprach Wörter falsch aus, und in diesem Augenblick war ich völlig von der Rolle. Und dann, beim letzten Take, kurz vor dem Abendessen, klappte es plötzlich wie durch ein Wunder. Er meinte: ›Okay‹, und dann ging er.

Na ja, ich fahre an diesem Abend also heim und denke: ›*Sie werden mich des Landes verweisen, Woody wird mich noch heute Nacht fortschaffen lassen.*‹ Am nächsten Tag musste ich zur Arbeit gehen, und es war die Szene, in der ich ihn küssen musste. Ich dachte: ›*Na großartig, ich bin eine schlechte Schauspielerin, und küssen kann ich auch nicht, jetzt wird er mich endgültig feuern.*‹ Ich war überzeugt davon.«

In dieser Szene pustet Woodys Filmfigur leidenschaftlich zwischen Julias Schulterblätter, was sie, wie er erfahren hat, antörnt. »Ich weiß, wie komisch das ist«, erinnerte sich Julia. »Aber ich versuche, keine Miene zu verziehen. Das ist eine Probe, und deshalb denke ich: ›*Er pustet zwischen meine Schulterblätter, es ist eine Phantasie von mir, dass Männer das mit mir machen.*‹ Und ich fahre herum und umarme ihn. Da ich größer bin als er, blicke ich auf Woody Allens süßes Gesicht mit seiner kleinen Brille herab, und er schaut zu mir hinauf und sagt: ›Du tust mir weh.‹ Dabei hatte ich ihn noch nicht einmal geküsst!«

Trotz all ihrer Befürchtungen waren die Dreharbeiten zu diesem Film letztlich eine positive Erfahrung für Julia. Sie genoss es, in Paris und Venedig zu drehen, und empfand seitdem eine große Bewunderung für Allen. Allen erwiderte dieses Gefühl. »Sie ist intelligent, schön, und es ist ein Vergnügen, mit ihr zusammenzuarbeiten«, sagte er.

Während ihres Aufenthalts in Venedig sagte ihr die italienische Presse eine romantische Affäre mit einem »attraktiven Gondoliere«, Mario Fontanella, nach. Der achtundzwanzig Jahre alte Fontanella hatte Julia während der Dreharbeiten immer von ihrem Hotel, dem prunkvollen Palazzo Gritti am Canale Grande, abgeholt und auf den Kanälen Venedigs umhergefahren. Die beiden wurden anscheinend gesichtet, wie sie sich in einer Disco küssten, »bis zum Morgengrauen« Wange an Wange tanzten und beim Frühstück in einem Café unter Marios Wohnung Händchen hielten.

Julias Romanze mit Daniel Day-Lewis gehörte offenbar schon wieder der Vergangenheit an. Kaum hatte sie Italien verlassen, war auch die Affäre mit Mario beendet. Doch Julia war in Italien sehr aktiv in Sachen Affären. Sie soll auch ein Techtelmechtel mit ihrem italienischen Leibwächter, dem klassisch schönen, fünfunddreißig Jahre alten Lorenzo Sylvan, Inhaber eines Detektivbüros, gehabt haben. Der Lokalpresse zufolge wurde das Paar vier Nächte nacheinander in der Pizzeria Sotto Voce in Lorenzos Heimatort Mestre, einem Vorort Venedigs, gesehen. Sie erfreuten oder schockierten die Einheimischen mit überschwänglichen Liebesbezeugungen. Sie küssten sich, umarmten sich, liefen Händchen haltend durch die Straßen und erweckten bei der ganzen Welt den Eindruck, als wäre es ihnen völlig egal, wer sie sah oder fotografierte. »Mittlerweile redet ganz Mestre über diese Romanze«, sagte ein Einheimischer. Aber so wie es bei Mario der Fall gewesen war, hieß es, sobald Julia in die Staaten zurückkehrte, auch für Lorenzo *ciao bello* – und auf der anderen Seite des Atlantik bahnte sich bereits eine weitere Romanze für Julia an.

Im November 1995 traf Julia auf einer Party Matthew Perry, einen der Stars der erfolgreichen TV-Sitcom *Friends*. Es funkte eindeutig zwischen ihnen, und er schlug ihr beiläufig – und ohne große Hoffnung, dass sie zustimmen würde – vor, in der Serie zusammen mit Brooke Shields und Jean-Claude Van Damme aufzutreten, und zwar für eine einstündige Extrafolge, die nach dem Super Bowl am 28. Januar 1996 gesendet würde. Julia meinte, das würde sie sehr gerne tun: *Friends* war eine ihrer Lieblingsserien.

Während ihre Agenten entsprechende Arrangements trafen, nahm Perry seinen ganzen Mut zusammen und fragte Julia, ob sie mit ihm ausgehen würde. »Ich dachte, sie würde den Anruf erst gar nicht entgegennehmen. Doch ich hörte, einige ihrer Assistentinnen seien recht süß, also dachte ich, dann könnte ich vielleicht zumindest mit *ihnen* reden.« Doch Julia nahm den Anruf persönlich entgegen, und Perry fühlte sich wie ein verliebter Highschool-Teenager. »Man tut sehr gelassen und selbstbewusst, und dann, nachdem man aufgelegt hat, rennt man durchs Haus und erbricht sich.«

Es imponierte Julia, dass Perry den Mut hatte, sie um ein Rendezvous zu bitten. »Mich bittet sonst nie jemand um ein Rendezvous«, sagte sie. »Nie … und ich kann mich nicht erinnern, dass ich jemals irgendjemanden um ein Rendezvous gebeten hätte … Vielleicht ist das ein Teil meines Problems.« (*Problem?* Ein Image von Julia Roberts, das sich in der Öffentlichkeit nicht etabliert hatte, war das eines einsamen Mauerblümchens.)

Julia gestand, vor dem Rendezvous »sehr nervös« gewesen zu sein. Doch sie amüsierten sich prächtig. Perry war angenehm überrascht von Julias sprachlicher Gewandtheit, als sie während des ganzen Essens schäkerten. »Matt sagte, sie sei unheimlich witzig. Das beeindruckte ihn ziemlich«, berichtete eine Quelle am *Friends*-Set. »Es war ihr Humor, mit dem sie ihn für sich gewann.« Julia gab das Kompliment zurück. »Er ist ein kluger, sehr witziger, talentierter, gut aussehender Mann – und er spielt in meiner Lieblingsserie mit«, schwärmte sie. Gegenüber einer Freundin schwärmte sie: »Er ist soooo süß!«

Perry war sich noch immer nicht sicher, ob es ein zweites Date geben würde, bis er am Set Anrufe und Faxe von Julia erhielt. Sie hatte eine Assistentin gebeten, ihr seine Nummern zu beschaffen. »Matt konnte nicht glauben, dass Julia sich für ihn interessierte«, berichtete die Quelle. »Zunächst hielt er die Faxe für einen Riesenscherz, er dachte, man spiele ihm einen Streich. Als er feststellte, dass es tatsächlich sie war, war er völlig aus dem Häuschen. Sie begannen, dreistündige Telefonate miteinander zu führen, und redeten eine Menge romantische Dinge, wie man es normalerweise nur von fest liierten Paaren kennt. Sie sprachen von langen Spaziergängen im Regen und solche schwärmerischen Dinge.« Berichten zufolge stand in einem von Julias Faxen: »Ich liebe einen Mann, der mir an einem Tag fünf Faxe schicken kann.«

Im Dezember nahm Julia ihre *Friends*-Folge auf. Sie spielte Susie, eine sexbesessene Mitschülerin aus der Abschlussklasse von Chandler, Perrys Filmfigur. Sie kreuzt eines Tages wieder auf und überredet ihn, zu einem Doppelrendezvous ihren Slip zu tragen. Dann verführt sie ihn auf der Toilette des Restaurants, wo das Rendezvous stattfindet, bevor sie ihm eine große Überraschung bereitet. Julia scheint mit der Rolle – und mit Perry – eine Menge Spaß gehabt zu haben. Julias Schwester Lisa taucht ebenfalls in zwei Szenen auf, einschließlich der Dinner-Szene. Sie verkörpert Cathy, eine Produktionsassistentin beim Film. (Lisa tritt nur selten als Schauspielerin in Erscheinung, und meist nur in Julias Filmen.)

Dass es zwischen Perry und Julia funkte, war während der Dreharbeiten offensichtlich. »Zunächst dachten alle, das gute Verhältnis zwischen ihnen sei rein beruflicher Natur und habe mit ihren jeweiligen Rollen in der Folge zu tun«, erzählte ein Crew-Mitglied. »Ziemlich bald aber wurde klar, dass da viel mehr dahinter steckte.« Als Perrys Mutter das Set besuchte, überhäufte Julia sie mit Fragen: »War er als kleiner Junge auch schon so lustig? War er schon immer so süß?« Der Quelle zufolge »alberten Matt und Julia herum wie Teenager. Sie drückten und schubsten sich auf verspielte Weise, aber zugleich waren sie sehr scheu und zurückhaltend, und es hatte den Anschein, als sei ihre Beziehung noch ganz frisch.«

Im Januar wurde das Paar an einem frühen Sonntagmorgen vor Perrys Haus in Hollywood Hills gesehen, Julia barfuß, Perry in Socken, und angeblich »kuschelten« sie. Man sah sie auch in einem Restaurant in Malibu speisen, im Strandhaus eines gemeinsamen Freundes ein Barbecue genießen und mit Perrys schwarzem Porsche-Cabriolet durch die Hollywood Hills fahren.

Die Regenbogenpresse stürzte sich natürlich mit Wonne auf die Geschichte und veröffentlichte Fotos der beiden, wie sie an einem öffentlichen Ort knutschten. Der Journalist J. Randy Taraborrelli, der schon mehrere Porträts über Julia geschrieben hatte, sagte: »Nun, das war ein Anblick. Das liebte ich. Es war, als würde sie alle fragen: ›Wollt ihr eine Show? Großartig. Hier ist eine Show für euch.‹« Doch eine Freundin Julias sagte, diese habe die Aktion bereut, als sie die Fotos sah. »Sie dachte wahrscheinlich: *›Was zum Teufel tue ich da? Bin ich verrückt? Sag mal, habe ich denn aus der Erfahrung, als die Sache mit Kiefer breitgetreten wurde, nichts gelernt?‹*«

Als Julia im Februar 1996 mehrere Interviews gab, um den Film *Mary Reilly* zu promoten, der in diesem Frühjahr in die Kinos kam, stellte man ihr mehr Fragen über Perry als über Mary. »Ich finde ihn unheimlich interessant ... Ich liebe es, mich mit diesem Mann zu unterhalten, weil er furchtbar klug ist. Ich finde, Witz ist der Schlüssel zum Herzen eines jeden Menschen, denn wer lacht nicht gerne?« Und dann fügte sie hinzu: »Aber wir *kleben* nicht aneinander, ich meine, wir leben an zwei verschiedenen Orten.«

»Sie ist einfach ein faszinierendes Mädchen«, brachte es Perry seinerseits auf den Punkt. Dann meinte er trocken: »Sie leiht sich ständig Geld von mir, das ist der einzige Haken an der Sache.«

Julia empfand die Ablenkung vom Thema *Mary Reilly* (der Film erwies sich rasch als ihr größter kommerzieller Fehlschlag) sicherlich als angenehm. Tapfer versuchte sie, den Film, die Filmfigur, ihre Interpretation, die Art und Weise, wie sie in der Rolle rüberkommt, ihre Schauspielerkollegen und ihren Regisseur aufzuwerten. Über Mary sagte sie: »Sie ist irgendwie über die Umstände ihrer Kindheit hinausgewachsen und hat sich zu einem ziemlich fröhlichen, glücklichen, dankbaren und zufriedenen Mädchen entwickelt, das keineswegs ein Opfer ist.«

Eines der Hauptprobleme des Films besteht jedoch darin, dass Julias Darstellung der Mary nicht dieser Beschreibung entspricht. Kritiker verrissen den Film als schwerfällig und durchgehend langweilig. Sie bemängelten nicht nur, dass Julia kein einziges Mal lächelt, sondern waren auch der Meinung, Julias Filmfigur sei nicht ausgefeilt genug, um Dr. Hydes Interesse an ihr glaubwürdig erscheinen zu lassen. Eine Szene wie die in *Der Feind in meinem Bett,* in der Julia vor dem Spiegel den Vamp spielte (zum Beispiel eine Szene, in der Mary einen irischen Jig tanzt und nicht merkt, dass ihr Herr ihr zusieht), hätte sie menschlicher erscheinen lassen, dem Film ein paar heitere Momente beschert und Mary als das »ziemlich fröhliche, glückliche Mädchen« gezeigt, das Julia beschrieben hatte.

Die meisten Kritiker kannten kein Erbarmen. David Ansen sagte in *Newsweek:* »Roberts bringt Marys Unruhe und Panik zum Ausdruck – besser, wie sie ihren irischen Akzent hinbekommt – und verzichtet mutig auf jeglichen Glamour. Sie beherrscht jedoch nicht die Technik, um die psychosexuelle Tiefe dieser Figur auszuloten: Sie ist als Hauptfigur zu farblos.« Owen Gleiberman von *Entertainment Weekly* stufte den Streifen als »C-minus« ein und schrieb: »Wer das berühmte Roberts-Lächeln sehen will, bei dem die vollen Lippen zum Leben erweckt werden, schaut sich lieber einen anderen Film an. In *Mary Reilly* sind diese Lippen schmal und nervös, vor lauter Kummer zu einem Strich zusammengepresst ... die Leidenschaft, die wir sehen, ist weder hell noch dunkel – sie ist grau wie der Tod.«

Der Film – und Julia – hatten jedoch auch Fürsprecher, darunter David Thomson in *Movieline.* »Nun ja, ich spreche nicht davon, ein vergessenes Meisterwerk entdeckt zu haben. Ich sage nicht, dass der Streifen etwas anderes als ein Fiasko ist. Aber er hat Atmosphäre; Ort und Dekor haben etwas Alptraumhaftes an sich. Und in Julia Roberts findet das Stück eine wahre Schauspielerin (oder gräbt sie aus), die sich ganz bewusst für eine ziemlich ungewöhnliche Rolle entschieden hat: ein unterdrücktes, ängstliches, unattraktives irisches Dienstmädchen, das in London vermutlich noch die besten Chancen hat, zwischen Jekyll und Hyde für Frieden zu sorgen … Genau das macht *Mary Reilly* sehenswert.«

Als Julia sich mit einer Assistentin Porträts von ihr als Mary ansah, fragte sie: »Meinst du, die Leute werden mich so akzeptieren, obwohl ich total anders aussehe?« Die Assistentin antwortete: »Nun ja, die Leute, die damit Probleme haben werden, sind jene, deren Lieblingsfilm *Dumm und dümmer* ist.« Leider blieben sehr viel mehr Kinogänger fern. Der Film spielte an den heimischen Kinokassen die klägliche Summe von 5,6 Millionen Dollar ein, was knapp die Hälfte von Julias Gage abdeckte. (Sogar *Satisfaction* hatte mehr Geld eingebracht!) Der Grund hierfür war vielleicht, wie David Thomson es ausdrückte, dass »Mary wie ein Gespenst aussieht – der ganze Film scheint sich in einem Leichenschauhaus abzuspielen … Dies ist in der Tat ein Gesicht aus Dachau; die Nobeleinkaufsmeile Rodeo Drive ist nicht einmal eine Erinnerung.« Der Misserfolg von *Mary Reilly* verstärkte noch den Eindruck, dass die Kinogänger eine Julia Roberts bevorzugten, die nicht von Angst, Tod, Depressionen oder einer Tragödie gezeichnet war.

Die Einspielergebnisse von *Entscheidung aus Liebe, Mary Reilly* und später *Michael Collins* ließen ernsthafte Zweifel an Julias Fähigkeit aufkommen, »auch das Telefonbuch ›öffnen‹ zu können«. Sie begriff, dass sie nicht ständig ausgefallene, düstere und kleine Rollen annehmen und gleichzeitig ein kommerzieller Faktor in Hollywood bleiben konnte. »Vielleicht ist es ein zweifelhaftes Kompliment«, sagte sie, »aber die Leute mögen es lieber, wenn ich fröhlich bin.«

Es musste einen Kompromiss geben, eine Möglichkeit, eine interessante, komplexe Figur zu spielen und gleichzeitig den Zuschauern noch genügend Glamour einer Julia Roberts zu bieten, den sie offenbar vermissten. Im Frühjahr 1996 fand sie eine solche Figur in Julianne Potter, einer herrlich neurotischen Restaurantkritikerin in *Die Hochzeit meines besten Freundes.* Mit dieser witzigen romantischen Komödie, geschrieben von Ronald Bass *(Rain Man, Der Feind in meinem Bett)*, erhoffte sich Julia ein grandioses Comeback – das zweite in ihrer nun bald achtjährigen Karriere.

Für diesen Film würde sie ungeachtet ihrer vorherigen Flops 12,5 Millionen Dollar Gage erhalten. Dies machte sie abermals zur bestbezahlten Schauspielerin der Welt. (Die zusätzlichen 500 000 Dollar waren angeblich genau dafür gedacht, denn Demi Moore hatte kurz zuvor für *Striptease* zwölf Millionen Dollar erhalten.) Julia hat dieses Thema oft abgetan. »Ich bin wahrscheinlich die letzte Person auf der Welt, die reich sein sollte«, sagte sie. »Ich mache nichts mit dem Geld. Dass ich so hohe Gagen bekomme, macht mich nicht zu einer besseren Schauspielerin … Es ist schön, dass ich die Kluft zwischen Männern und Frauen überwinden konnte, aber dass ich die Erste war, der dies gelang, bedeutet nicht, dass ich es am meisten verdiene … dass der Penis so viel extra kostet, habe ich nie verstanden.«

Julias Romanze mit Matthew Perry war vorüber, bevor sie überhaupt richtig begonnen hatte. Obwohl Julia in Promotion-Interviews zu *Mary Reilly* von ihm geschwärmt hatte, gab Liz Smith am 23. Februar, als der Film anlief, ihre Trennung bekannt und dementierte Berichte, denen zufolge Julia »furchtbar traurig« darüber sei. »Irgendwie bezweifle ich das«, schrieb Smith. »Sie hatten vielleicht fünf oder sechs Dates, zu wenig Zeit für eine ernsthafte Beziehung.«

Offenbar war die Beziehung jedoch so ernsthaft gewesen, dass Perry zu der Erkenntnis gelangte, dass er und Julia unterschiedliche Vorstellungen von Ordnung hatten. Im *Long Beach Press-Telegram* wurde er wie folgt zitiert: »[Julia] lässt ihre Slips im Badezimmer auf dem Boden herumliegen und das ganze Waschbecken ist voller Zahnpasta«. Und in der Zeitschrift *Woman's Day* wurde Perry von einer Freundin zitiert: »Wenn gelegentlich mal etwas herumlag, störte einen das nicht. Aber es sind Slips, BHs, Strumpfhosen, Tops, Röcke – jede Menge. Sie ist die unordentlichste Frau, die ich kenne … Sie ist sich zu fein, ein Staubtuch in die Hand zu nehmen … und sie kann nicht kochen!«

Julia spielte die Ernsthaftigkeit der Beziehung herunter. »Eine Beziehung würde ich das nicht nennen. Wir waren Freunde. Wir *sind* Freunde. Gingen ein paar Mal zusammen aus, hatten Spaß, aber eine ›Liebesaffäre‹ gab es nie. Für eine solche sollte man wahrscheinlich ineinander verliebt sein.«

Julias Freundin, die an einer früheren Stelle in diesem Kapitel zitiert wurde, sagte, dass Julia und Matthew gute Freunde blieben. »Sie hat noch Kontakt zu ihm. Wissen Sie, er hat dieses kleine Drogenproblem, bei dem sie ihm geholfen hat. Sie mag ihn sehr, aber die Beziehung mit ihm brachte sie zu dem Entschluss: Keine Prominenten mehr [als Freunde]. Das gibt zu viele Probleme, wissen Sie. Ich glaube, sie will ein ruhiges Leben führen.«

KAPITEL 30

Im Sommer 1996 begann Julia in Chicago mit den Dreharbeiten zu *Die Hochzeit meines besten Freundes.* Ron Bass' Originalskript basierte auf einer faszinierenden Idee: Die Ex-Lover und nunmehr besten Freunde Julianne und Michael (Dermot Mulroney) versprechen sich, einander zu heiraten, falls keiner von ihnen vor seinem achtundzwanzigsten Lebensjahr jemand anders heiratet. Ein paar Wochen vor dem »magischen« Geburtstag erhält Jules (wie Julianne von ihren Freunden genannt wird, und wie auch Julia von vielen genannt wird) einen Anruf von Michael und erfährt, dass dieser am folgenden Wochenende Kimberly Wallace, eine schöne, intelligente Millionärstochter (Cameron Diaz), heiraten wird. Er lädt Julianne zur Hochzeit ein. Diese erkennt, dass sie Michael liebt, und kann den Gedanken, ihn zu verlieren, nicht ertragen. Sie versucht mit allen möglichen Intrigen, die Hochzeit zu verhindern.

In einer frühen Phase des Auswahlverfahrens für die Besetzung war Matthew Perry für die Rolle des Michael vorgesehen. Doch wahrscheinlich vereitelte seine Trennung von Julia dieses Vorhaben. Um einen Kommentar gebeten, meinte Ron Bass: »Ich kann mich nicht genau erinnern, aber ich würde sagen, dass zur selben Zeit, als wir ihn in Betracht zogen, äh, diese Gerüchte aufkamen.«

Die verzweifelte, manipulative und intrigante Julianne hätte eine höchst unsympathische Filmfigur sein können. Doch natürlich hätte der Produzent des Films, Jerry Zucker, die 12,5 Millionen Dollar für Julia Roberts nicht besser anlegen können: Das Publikum liebte sie, und ihre Fähigkeit, sogar als Intrigantin Verletzlichkeit zu vermitteln, war genau das, was die Rolle erforderte. Die Komplexität der Figur reizte Julia: »Ich fand sie großartig. Ich liebte ihre Cleverness und ihre Intrigen, und ich verstand ihre Gefühle. Dies ist eine von ihren Emotionen beherrschte Frau. Sie ist in diese Lebenskrise hineingeraten, und es ist kein lineares Denken möglich; es ist wie das prämenstruelle Syndrom, nur binnen vier Tagen tausendfach verstärkt.«

Auf die Frage, ob Julia schon einmal einen Mann so sehr geliebt habe wie Julianne, kam sie auf Joe Thompson zu sprechen, auch wenn sie ihn nicht namentlich erwähnte. »Ich hatte nie die ›Ich-werde-alles-für-dich-tun‹-Philosophie, aber ich war in einen Jungen aus der Highschool verknallt, der einmal mit mir ausging und mich danach nicht mehr beachtete. Nun ja, er lebt jetzt sein eigenes Leben, nicht? Die Redaktion einer Zeitschrift rief seine Mutter an und sagte: ›Julia Roberts hat gesagt, sie sei verliebt in Ihren Sohn.‹ Und sie meinte daraufhin: ›Mein Sohn ist nach Vermont gezogen und hat sich selber ein gutes Leben aufgebaut. Er würde nie mit irgendeinem Hollywood-Starlet zusammenleben wollen.‹«

Das »Starlet« besaß mittlerweile genügend Macht, um ihre eigenen Regisseure auszuwählen, und für *Die Hochzeit meines besten Freundes* wollte Julia den Australier P. J. Hogan. Er hatte schon einmal eine Komödie über eheliche Irrungen und Wirrungen, nämlich *Muriels Hochzeit*, geschrieben und bei diesem urkomischen Film, der 1995 ein Überraschungserfolg wurde, auch Regie geführt. »*Muriels Hochzeit* war so grandios, ich fühlte mich beim Anschauen des Films so gut und zugleich so traurig«, sagte Julia. »Ich dachte: ›*Das ist ein Mann, der die Balance zwischen Komödie und den eher ernsten und düsteren Momenten im Leben wirklich versteht* …‹ Er weiß, wann man es auf die Spitze treiben kann und wann man wieder einen Gang zurückschalten und subtiler sein muss.«

Als Hogan sich mit Julia traf, kannte er nur ihre frühen Filme. »Ihre neuesten Filme hatte ich nicht gesehen«, gestand er. »Als ich sie also zum ersten Mal traf, war die Kraft ihrer Persönlichkeit so etwas wie eine Offenbarung für mich, und das wollte ich auf Zelluloid bannen.«

Julia sagte, die Figur der Julianne habe sie gereizt, weil »ich lächeln und lachen und wieder eine lange Mähne haben wollte. Ich hatte Spaß mit diesem Look.« Spaß hatte sie auch bei den Dreharbeiten. Mit einem soliden Drehbuch und vier großartigen, talentierten Schauspielerkollegen, die alle in Topform waren (angeführt von dem übermütigen, schelmischen Rupert Everett, der in nahezu jeder seiner Szenen den Kollegen die Schau stiehlt), war Hogan der Boss eines fröhlichen Sets, und das trotz der Schwüle eines Chicagoer Sommers. Es kursierten zahlreiche Geschichten über Julias Verhalten, aber diesmal ging es nicht um fliegende Schuhe oder erbitterte Auseinandersetzungen mit dem Regisseur. Sie soll angeblich jedem, dessen Geburtstag in die Zeit der Dreharbeiten fiel – insgesamt vierzehn Personen –, ein Geschenk gemacht haben. Als sie am Ende eines anstrengenden Tages ein Megafon ergriff, befürchteten einige Crew-Mitglieder eine für eine Diva typische Standpauke. Doch stattdessen rief sie einem verblüfften Mitarbeiter »Happy Birthday!« zu. »Es war so süß!«, sagte Bonnie Deutsch, eine Statistin. »Dann drehte sie sich [zu einer Gruppe Schaulustiger] um und bedankte sich für ihre Unterstützung und dass sie uns erlaubt hatten, den gesamten Verkehr lahm zu legen. Alle fanden das einfach großartig. Sie sagte: ›Wir wollen uns einfach nur bei euch allen bedanken. Wir wissen, dass wir euch Umstände bereiten, aber wir freuen uns riesig darüber, hier zu sein.‹«

Julia empfand eine abartige Freude an Juliannes exaltiertem Verhalten. »Oh, na ja, sie ist furchtbar … Sie ist sooo manipulativ, und sie versucht, raffiniert und link zu sein … Ich machte bei der Arbeit immer Witze … P. J. [sagte] Schnitt, und ich drehte mich um und sagte: *›Das Böse* … hat ein *Gesicht.‹* Auf dem Filmplakat wird ein großes Bild von mir sein und darauf steht: *›Das Böse* … hat ein *Gesicht.‹«*

Julia brachte ihren Hund Diego, einen Mischling aus Deutschem Schäferhund und Husky, zum Drehort mit und quartierte ihn in der piekfeinen Hundepension Citizen Cainine ein. Der Inhaber der Pension, Steve Malone, erinnerte sich, dass Julia »normales Hundefutter« für Diego mitbrachte, im Gegensatz zu anderen Hundebesitzern, die ihn bitten, ihren Tieren alles Mögliche, von mexikanischem Essen bis hin zu Mitnahmegerichten vom Chinesen, vorzusetzen. Und Julia »wartete in der Schlange wie alle anderen«, fügte Malone hinzu. »Sie erwartete keine Sonderbehandlung als Star.«

Als Julia eines Nachmittags mit Diego die Michigan Avenue entlangspazierte, hielt sie inne, um einen Polizisten, Jim Meier, zu grüßen, der Geld für die Special Olympics, die internationale

Sportbewegung für geistig und mehrfach behinderte Menschen, sammelte. Julia entschuldigte sich, dass sie kein Geld dabei hatte, versprach jedoch, noch einmal zurückzukommen. Meier erinnerte sich daran, dass er dachte: *Ja ja, schon recht,* doch am nächsten Tag kreuzte Julia tatsächlich wieder auf und ließ einen Hundertdollarschein in Meiers Plastikeimer fallen. »Ich habe versprochen, dass ich zurückkommen werde«, sagte sie, »und hier bin ich.«

Einige Leute erkannten sie, und rasch bildete sich eine Menschenmenge. Alle riefen ihren Namen und fotografierten sie. Statt in Panik zu geraten, wie sie es in der Vergangenheit getan hatte (es war sicherlich nicht von Nachteil, dass ein Polizist direkt neben ihr stand), posierte Julia artig und unterhielt sich sogar mit einigen der Schaulustigen. Einige Minuten später entschwebte sie in Richtung ihres Hotels. »Wir lieben dich, Julie«, rief Jim. »Mach weiterhin so tolle Filme!« Julia drehte sich um, zeigte ihr berühmtes Lächeln und rief zurück: »Ich werd's versuchen!«

Julias gute Laune und ihre Gelassenheit könnten ein Nebenprodukt ihrer jüngsten Romanze gewesen sein. Ende des Jahres 1995 hatte sie den gut aussehenden muskulösen, 35-jährigen Fitness-Guru Pasquale (Pat) Manocchia als ihren persönlichen Trainer engagiert. Manocchia, ein ehemaliger Profi-Hockeyspieler, war der Besitzer von Manhattans La Palestra (»Die Turnhalle«), ein Fitnesscenter mit angeschlossener Gesundheitsfürsorge, das so berühmte Kunden wie John F. Kennedy jun., Liam Neeson und Joan Lunden hatte. Lunden sorgte übrigens dafür, dass für die Fernsehserie *Good Morning America* ebenfalls Manocchia als Fitness-Berater engagiert wurde.

Julias Freundin, die bereits an einer früheren Stelle anonym zitiert wurde, sagte über Manocchia: »Was für ein netter, charmanter Mann, und so ruhig. Und sexy. Ein Wahnsinnstyp! Er war mit ihr hier in L.A., und ich traf ihn zufällig. Er hatte seine Shorts an und ich dachte ›Wow!‹ Er hat einen richtigen Waschbrettbauch. Auf so etwas steht Julia. Sie liebt diese Körperlichkeit bei Männern, deshalb war Lyle Lovett eine seltsame Wahl für sie. Er hat absolut keine Figur. Nun, Jason Patric, der hat einen Körper! Ich liebe ihn, er ist so nett. Aber Pat ist auch nett.«

»Er sieht aus wie ein kleiner Mafioso«, sagte Julia liebevoll über Pat. Anfang Mai lernte Julia Pats Mutter kennen, als das Paar mit ihr im World Café an Manhattans Upper West Side speiste. Die drei konnten durch die Glastür von der Columbus Avenue aus gesehen werden, doch die übrigen Gäste wurden vom Management höflich darüber informiert, dass keine Autogramme gegeben würden. Julia trug Jeans, ein Jeanshemd, und ihre Haare hatte sie zu einem Pferdeschwanz gebunden. Pat bezahlte das Essen, und nachdem sie gegangen waren, sagte der Restaurantmanager zu einem Reporter: »Sie wollten mehr oder weniger von den Leuten gesehen werden. Seine Mom wollte *unbedingt* gesehen werden. Sie liebt die Aufmerksamkeit.«

»Man muss ein mutiger Mann sein, um mich um ein Rendezvous zu bitten«, sagte Julia. Dies erklärte zum Teil, was Julia an Pat so faszinierte. »Die Sache ist die, jeder arme Kerl, der mich zum Essen ausführt, nimmt sein Leben praktisch in seine Hände. Denn zu dem Zeitpunkt, zu dem der Salat serviert wird, sind wir schon auf dem halben Weg zum Traualtar.« Und prompt kamen Gerüchte auf, denen zufolge Pat und Julia eine Heirat in Betracht zogen. »Sie sprachen ungefähr um die Zeit, als Julia Pats Mutter kennen lernte, von einer Heirat«, erzählte Julias Freundin. »Aber dann änderten sie ihre Meinung. Sie mögen die Dinge so, wie sie sind. Er gab ihr einen goldenen Diamantring, aber es war kein Verlobungsring, sondern ein ›ewiger Ring‹. Ich weiß zwar nicht genau, was das ist, aber es ist süß, nicht? Pat ist ihre erste vernünftige Liebesbeziehung, denn sie ereignet sich in einer Phase ihres Lebens, in der sie sehr viel reifer und selbstbewusster ist. Sie kann sie selbst sein … Das ist eine große Sache für sie, sich keine Gedanken darüber zu machen, wie ein Typ sie findet, sondern einfach nur ohne Make-up herumzulaufen, all das eben.«

Der »ewige Ring«, den Pat Julia schenkte, sorgte natürlich für weitere Verlobungsgerüchte, und einige Boulevardblätter berichteten, das Paar plane eine Thangsgiving-Hochzeit. (Vielleicht würde es ja wieder Pute zum Essen geben.) Doch, wie Julias Freundin sagte: »Sie sind total glücklich über die Dinge, so wie sie sind. Ich weiß nichts davon, dass bald die Hochzeitsglocken läuten.«

Ein Pressebericht deutete an, dass Julia einem Rendezvous mit Pat erst zugestimmt habe, nachdem Lyle Lovett seine Einwilligung gegeben habe. Julias Freundin sagte dazu: »Sie war bei mir zu Hause und las die Boulevardblätter, als sie darauf stieß. Sie lachte laut auf und meinte zu mir: ›Du meine Güte. Armer Lyle. Warum glauben die Leute nur, er hätte nichts Besseres zu tun, als meine Romanzen abzusegnen oder zu verbieten? Das ist so verdammt lächerlich.‹« Verlobung hin oder her, Julia hatte den Großteil des Jahres 1996 eine ernsthafte Beziehung mit Manocchia. »Ich gehe nur mit ihm aus«, sagte Julia gegenüber der Heimkinozeitschrift *Us.*

Julia hatte viele angespannte Drehsituationen erlebt. Ihre Erfahrungen bei *Die Hochzeit meines besten Freundes* waren dagegen fast ausschließlich positiv. »Es gibt Zeiten«, sagte sie, »in denen die Chemie nicht stimmt, und dann ist es fast ein Ding der Unmöglichkeit, etwas zustande zu bringen. In diesem Fall war es von Anfang bis Ende ein Segen.« Eine der amüsantesten Szenen des Films spielt in einer Karaoke-Bar, wo Cameron Diaz' Interpretation von Burt Bacharachs »I Just Don't Know What to Do with Myself« derart miserabel ist, dass sie, anstatt sich zu blamieren (wie Julianne gehofft hatte), die Menge mit ihrer Frechheit und ihrem Witz für sich gewinnt. Im Rahmen ihrer Vorbereitung auf diese Szene besuchten Julia und Dermot Mulroney eine Karaoke-Bar in Chicago und meldeten sich, um ein Duett von Sonny und Cher, »I Got You Babe«, zu singen.

»Ohne darüber nachzudenken«, erinnerte sich Julia, »trug sich Dermot unter dem Pseudonym Tom ein, und ich wählte den Namen Nicole, weil ich mich in meinem Hotel als Nicole Diver eingetragen hatte. Als wir als Tom und Nicole vorgestellt wurden, dämmerte uns schließlich, was wir getan hatten. Dermot kniff nach ein paar Zeilen, sodass ich den ganzen Song allein singen musste. Ich glaube, ich habe Nicole Kidmans Ruf für immer ruiniert – und sie kann singen!«

Eine Dokumentation über die Dreharbeiten zu *Die Hochzeit meines besten Freundes* hätte den passenden Titel »Alle sagen – I love Julia« haben können. Ihr Regisseur und ihre Schauspielerkollegen sagten nur die schmeichelhaftesten Dinge über sie – was manchmal lediglich PR-Geschwätz ist, doch in diesem Fall der Wahrheit zu entsprechen schien – und Julia erwiderte die positiven Gefühle voll und ganz. Besonders viel Spaß hatte sie mit Everett, einem sich offen zu seiner Homosexualität bekennenden Schauspieler mit einem feinen Gespür für britischen Humor.

Bei einer Szene improvisierte Everett ein wenig, indem er Julianne in einem Taxi betatschte, um Michael eifersüchtig zu machen. Julia fand es ziemlich komisch und für die Szene passend. Doch der Witzbold Everett machte damit noch weiter, nachdem die Kameras nicht mehr liefen, und schließlich schob Julia energisch seine Hände weg. »Julia war deshalb ziemlich sauer auf mich«, gestand Everett. »Sie mag es nicht, wenn man ihre Brüste anfasst. Ich machte es wieder, als wir herumalberten.«

Von diesen Unstimmigkeiten einmal abgesehen, erklärte Julia, sei sie »so stolz auf alle, die bei dem Film mitwirkten. Alle arbeiteten so hart und waren so reizend. Rupert Everett ist der komischste Typ, der auf diesem Planeten herumläuft. Um ehrlich zu sein, er ist so komisch, dass es Szenen gab, in denen wir irgendetwas taten und ich so heftig lachen musste, dass man nicht einmal versteht, was ich sage! Ich versuchte, die Szene zu Ende zu spielen, aber ich machte mir schier in die Hose vor Lachen! Das ist alles mein Verdienst«, scherzte sie. »Auch wenn es keinen Grund dafür gibt, warum es das sein sollte. Ich neckte P. J. sogar damit, was bei dem Film alles einzig und allein mein Verdienst sei – wenn er lustig ist. Aber wenn er floppt, ist es natürlich P. J. zuzuschreiben.«

Julia hatte allen Grund zu hoffen, dass *Die Hochzeit meines besten Freundes* nicht floppte. 1996 sollte kommerziell gesehen das schlechteste Jahr in ihrer Karriere werden. Der Film *Michael Collins*, der im Oktober anlief und ein Budget von 50 Millionen Dollar verschlungen hatte, erhielt mäßige Kritiken und spielte in den Vereinigten Staaten lediglich elf Millionen Dollar ein. Auch wenn Julia Kitty Kieran als »eine ausgewogene Mischung aus Komplexität und Schlichtheit« betrachtet hatte, ist diese Figur im fertigen Film bedauerlicherweise zu wenig ausgefeilt. Kitty ist eine Frau, bei der keinerlei Motivation erkennbar ist. Ohne ausreichende Erklärung fühlt sie sich immer wieder zu einem anderen Mann hingezogen, und ihre Meinung bezüglich des irischen Aufstands bleibt der Vorstellungskraft des Publikums überlassen. »Alles, was wir über Kitty wissen«, mokierte sich ein Kritiker in der *Newsweek*, »ist, dass sie jedes Mal, wenn sie auftaucht, ein neues und atemberaubendes Outfit hat.«

Alle sagen – I love you lief zwei Monate später in den Kinos an und erhielt exzellente Kritiken. »In der möglicherweise inspiriertesten Besetzung des Films«, sagte Duane Byrge in *The Hollywood Reporter*, »ist Julia Roberts herrlich geeignet als Allens schrecklich unpassendes romantisches Ideal.« Trotz all seines Charmes und seiner guten Kritiken spielte der Film in den Vereinigten Staaten lediglich 9,7 Millionen Dollar ein, eine enttäuschende Summe selbst für Woody Allen, dessen Filme ein kleineres und anspruchsvolleres Publikum ansprechen. (Sein Film *Hannah und ihre Schwestern* spielte 1986 40 Millionen Dollar ein.)

Vom kommerziellen Standpunkt aus betrachtet schienen Julias Karriereaussichten düster. Obwohl man früher davon ausgehen konnte, dass ihre Filme mindestens 100 Millionen Dollar einspielten, hatten ihre letzten vier im Durchschnitt nur 19,3 Millionen Dollar eingebracht – dass diese Summe nicht noch geringer ausfiel, war den 50,8 Millionen Dollar Einnahmen durch *The Game of Love* zu verdanken. Und Kommentatoren fragten sich bereits, ob die Dauer von Julias Filmkarriere wohl eher der von Farrah Fawcett als der von Audrey Hepburn entsprechen würde.

Der Zustand von Julias Karriere war ein gefundenes Fressen für die Medien. In einem Artikel in *Us* wurde ein namentlich nicht genannter »bedeutender Filmregisseur« zitiert: »Dies ist ein Paradebeispiel für eine völlig falsch geplante Karriere. Sie hat sich mit den falschen Leuten umgeben, die falschen Drehbücher ausgesucht, und sie hat zugelassen, dass ihr Privatleben völlig auf ihre Persönlichkeit abfärbte – und das alles hat in der Öffentlichkeit seinen Tribut gefordert. Ich glaube nicht, dass die Leute Julia noch so lieben wie früher.«

Julia setzte sich zur Wehr: »Ich suchte nach etwas, das anders war, nach etwas, das ich noch nie zuvor gemacht hatte.« Im Fall von *Michael Collins* und *Alle sagen – I love you* sagte sie: »Es war mal eine nette Abwechslung, keine großen Rollen zu spielen, und außerdem genoss ich es, nicht ganz so hart arbeiten zu müssen.« Was die Kritik an ihrem Management betraf, verteidigte Julia ihre Berater: »Ich habe seit zehn Jahren dieselbe Agentin, Elaine Goldsmith. Wir sind sehr enge Freundinnen, das heißt, immer wenn ich ein Drehbuch lese, hat sie es mit Sicherheit bereits gelesen, und wir sprechen darüber. Aber letztendlich ist es meine Sache. Ich bin schließlich für mein Verhalten und meine Entscheidungen verantwortlich. Ich habe Dinge gemacht, die Elaine nicht so interessant fand wie ich, und ich habe Dinge abgelehnt, zu denen sie mir geraten hat.«

Jeder, der Julia Roberts einen Rat gegeben hätte, was sie am Abend des 7. September 1996 am besten nicht tun sollte, hätte ihr zweifellos davon abgeraten, in eine »schäbige Biker-Bar« namens Hogs & Heifers in Manhattans Meatpacking District zu gehen. Als sie das Lokal erst einmal betreten *hatte*, hätte jeder ihr vermutlich abgeraten, auf den Tresen zu springen, ihren schwarzen Maidenhead-BH unter der Bluse hervorzuziehen, sich, den BH mit dem Mund haltend, hin und her zu drehen und dann mit der spärlich bekleideten Bardame des Lokals, Margaret Emery, zu dem Song »The Devil Went Down to Georgia« aufreizend zu tanzen.

Vielleicht hatte Julia an diesem Abend etwas zu viel gebechert, um ihr Temperament unter Kontrolle zu halten. »Sie kann ein richtiger Schluckspecht sein«, sagte ein enger Freund, der anonym bleiben will. »Ich meine, wir betrinken uns. Und sie amüsiert sich gut.«

Am nächsten Tag brachte die *Post*, die von Julia am wenigsten geschätzte New Yorker Zeitung, unter der Schlagzeile »Exklusive Post-Fotos« vier Bilder von dieser wilden Nacht. Zwei davon zeigten, wie sich ihr Mund aufreizend nahe dem von Miss Emery befand, ein anderes zeigte ihren verzweifelten Gesichtsausdruck, als sie merkte, dass sie fotografiert wurde; auf einem weiteren

Bild war zu sehen, wie sie Hand in Hand mit zwei sexy Männern die Bar verließ.

»Der Fotograf der *Post*, Gary Miller, erwischte die beiden [Julia und Margaret Emery], wie sie auf dem Bartresen tanzten … ›Ich sah, wie sie beide die Zungen rausstreckten und sich dann küssten. Das war ein langer Zungenkuss, der zwischen dreißig und fünfzig Sekunden dauerte. Dann zog Roberts das andere Mädchen nahe zu sich heran und leckte es am Hals.‹«

Wie es in New York häufig der Fall ist, hatte die *Daily News* große Freude daran, den Artikel des Konkurrenzblattes zu widerlegen. In der »Rush & Molloy«-Klatschkolumne zitierten sie Emery: »Julia Roberts hat mich nicht geküsst … [Dreißig bis fünfzig Sekunden ist] sehr lange für einen Kuss. Das würde ich vielleicht nicht einmal bei einem Typen machen.« In der Kolumne hieß es weiter, Julia sei mit Pat Manocchia in dem Club gewesen, nachdem sie im Anschluss an Lyle Lovetts Konzert im Madison Square Garden zusammen mit Lovett und dessen Freundin Elizabeth Vargas eine Party im Beema Grill besucht hatte. (Es waren Manocchia und ein Leibwächter, mit denen Julia die Bar verließ.)

Am nächsten Tag berichtete die *News*, die *Post* habe einen Artikel von Liz Smith zensiert, in dem Smith den Vorfall verächtlich abtat. »Sie können den Artikel in der *Newsday* [Zeitung von Long Island, in der Smiths Kolumne ebenfalls erschien] lesen«, informierte die *News* ihre Leser. Es stellte sich auch heraus, dass das Hogs & Heifer, obwohl nicht wenige Personen der Beschreibung »schäbige Biker-Bar« zustimmen würden, aus irgendeinem Grund zu einem Anziehungspunkt für Prominente wie Harrison Ford, Brad Pitt sowie Gwyneth Paltrow, Ashley Judd, Drew Barrymore, Daryl Hannah und Elle McPherson geworden war. Auch diese fünf Frauen vollführten ebenso wie Julia den traditionellen BH-Strip und hängten ihre BHs zu den acht- oder neunhundert hinzu, die bereits von den Geweihen zweier, an der Wand prangender Hirschköpfe herabhingen.

»Diese Bar ist berühmt dafür, dass Frauen auf dem Tresen tanzen«, erklärte Julia. »Und sie ist dafür berühmt, dass man seinen BH ausziehen muss, wenn man tanzen will. Also zog ich meinen

BH aus, doch ich zog ihn durch den Ärmel heraus, ohne die Bluse auszuziehen. Ich mache prinzipiell keinen Striptease. Man hat mir dafür Millionen geboten, also werde ich es nicht für umsonst in einer Bar tun.«

Was den angeblichen ausgiebigen Zungenkuss zwischen Julia und Margaret Emery betrifft, so zeigte eine eingehende Prüfung der Kontaktabzüge des Fotografen durch den Verfasser keinerlei Berührung der Lippen. Nach einem tiefen Seufzer erzählte Nancy Seltzer Liz Smith: »Ich wurde um sechs Uhr früh in Kalifornien mit der Nachricht von Julias angeblich wilder Nacht geweckt und verbringe nun den Rest des Tages damit, den Leuten zu sagen: ›Nein, Julia ist nicht lesbisch, sie amüsierte sich nur und war mit Freunden tanzen.‹ … Ihre Freunde forderten sie heraus, auf die Bar zu steigen und einen Tanz hinzulegen, und das tat sie dann … Das war keine große Sache. Die einzige Person, die an diesem Abend einen ernst gemeinten Kuss [von Julia] bekam, war Pat Manocchia.«

Julia beantwortete die unerwartet aufgetauchte Frage nach ihren sexuellen Vorlieben nüchtern und sachlich: »Frauen liebe ich wirklich. Ich weiß die Bemühungen und Anstrengungen und die Intelligenz von Frauen wirklich zu schätzen. Es gibt eben die Mädchen der Mädchen sowie die Mädchen der Jungs, und ich glaube, ich bin immer ein Mädchen der Mädchen gewesen – trotz meiner Fähigkeit, Männer zu schätzen, mich für sie zu interessieren, mich von ihnen bezaubern zu lassen.« Als ein Journalist von *Us* Julia fragte, mit welcher Frau sie am liebsten Sex hätte, beantwortete sie diese Frage ebenso offen wie jede andere: »Hillary Clinton, weil ich glaube, dass sie nicht ausreichend davon abkriegt. Aber ich weiß es wirklich nicht. Sophia Loren vielleicht. Eigentlich Julie Christie. Sie ist diejenige.«

TEIL FÜNF

Goldjungen

»Ich muss nicht gewinnen, denn ich habe
meinen eigenen Goldjungen zu Hause.«
– Julia über Ben Bratt, danach gefragt, was sie angesichts der Möglichkeit empfinde, den Oscar zu gewinnen.

KAPITEL 31

Julia stand im Schlafzimmer einer Suite des Sherry Netherland Hotels in New York, in die sie zu einem Geschäftstreffen geladen hatte, und wählte die Nummer von Elaine Goldsmith-Thomas.* Als sie hörte, wie sich die Tür öffnete, drehte sie sich um und sah, dass Mel Gibson mit einem Lampenschirm auf dem Kopf in der Tür stand.

»Ich versuchte, mich unsichtbar zu machen«, erklärte Mel später. Gibson war mit Richard Donner, dem Regisseur, mit dem er häufig zusammenarbeitet, und dem Produzenten Joel Silver (die *Lethal-Weapon*-Filme, *Ein Vater zu viel*) nach New York gekommen, um Julia dazu zu überreden, neben Gibson die Hauptrolle in *Fletchers Visionen* zu spielen. In der Story von Brian Helgeland, dessen Drehbuch für *L.A. Confidential* 1998 einen Oscar gewann, geht es um Jerry, einen paranoiden Taxifahrer, der überall Verschwörungen wittert, von mit Fluorid versetztem Trinkwasser bis hin zu den Werbekampagnen für Milch. Jerry begehrt und schleicht sich heran an die schöne Anwältin Alice Sutton, die nach und nach, als sich eine von seinen Theorien bewahrheitet, in ein gefährliches Katz-und-Maus-Spiel verwickelt wird.

Julia hatte Joel Silver gesagt, sie fände das Drehbuch zwar interessant, könne den Film jedoch nicht machen, da man mit den Dreharbeiten nur zwei Wochen nach Abschluss von *Die Hochzeit meines besten Freundes* beginne und sie zu müde sein werde, um »einhundertzehn Prozent zu geben«. Silver ist nun aber nicht der Typ, der ein »Nein« einfach so hinnimmt. Als beispielsweise er, Donner und Helgeland versucht hatten, Gibson in dessen Büro auf dem Studiogelände von Warner Brothers zu diesem Film zu überreden, hatte Silver gedroht, die Tür vom Studiotischler zunageln zu lassen, bis der Schauspieler Ja sage. »Sie machten mir ein bisschen Angst«, sagte Mel, »denn sie fixierten mich wie

* Elaine, die bei Julias Hochzeit mit Lyle Lovett den Brautstrauß auffing, heiratete bald danach Daniel Thomas, einen Anwalt.

Raubtiere.« Nach anderthalb Stunden »fand ich die Situation so bizarr und komisch, dass ich sagte: ›Okay, in Ordnung.‹«

Als Nächstes knöpfte das Team sich Julia vor. Sie stimmte einem Treffen zu, »nur um mit ihnen über Termine zu sprechen und darüber, wie lange sie in New York drehen würden – Dinge die mir, da ich schlafen wollte, sehr wichtig waren. Ich gehe also davon aus, dass wir uns darüber unterhalten werden, aber schon nach wenigen Minuten sagen sie: ›Also, nimmst du die Rolle?‹ Mel saß in der Ecke und hatte diesen weltmännischen, einschüchternden Blick, und da wurde mir klar: *Wow, die werden mich nicht gehen lassen, bevor sie nicht eine Antwort haben.* Sie versprachen mir das Blaue vom Himmel und sagten, sie würden es so einrichten, dass ich Zeit für mein Nickerchen hätte. Und ich sagte: ›Also, ich muss jetzt mal telefonieren‹, und ging ins Hinterzimmer.«

Als Julia Gibson mit dem Lampenschirm auf dem Kopf sah, fragte sie natürlich: »Was machst du da?«

»Ich bin eine Lampe. Ignorier mich einfach«, antwortete Mel.

»Offensichtlich hatte man ihn vorgeschickt, um herauszufinden, wen ich anrufe und was ich sage«, erzählte Julia. »Also hab ich ihn rausgeworfen, hab telefoniert, bin dann zurückgegangen und fing an: ›Was zum Teufel?‹, und Joel Silver meinte: ›War das ein Ja?‹, und ich sagte: ›Ja.‹«

Und in diesem Moment kam ein Blasorchester aus einem anderen Zimmer und »begann, direkt vor meiner Nase zu spielen«, erinnerte sich Julia. Die Band war Ausdruck der Freude Joel Silvers, Mel Gibson und Julia Roberts als Stars in seinem jüngsten Film zu haben, und offensichtlich auch seiner Zuversicht, dass Julia Ja sagen würde. Der Produktionsdesigner von *Fletchers Visionen,* Paul Sylbert, erinnerte sich daran, wie Silver ihm die gute Nachricht überbrachte, dass Julia mit von der Partie sein würde: »Joel sagte: ›Ich kann das Geld riechen.‹«

Silver sollte eine Menge für diesen Film ausgeben. Allein die Gagen – 20 Millionen Dollar für Mel Gibson, 13 Millionen für Julia (ein weiterer Rekord) und fünf Millionen für den Bösewicht des Films, Patrick Stewart, sowie die fünf Millionen Dollar für Richard Donner – machten mehr aus als das gesamte Budget der meisten anderen Filme. Silver musste sich angesichts von Julias jüngsten Flops tatsächlich mit Terry Semel, einem der CEOs von Warner Brothers, um die von Julias Agenten verlangte Gage streiten. »Ich erzählte Terry immer wieder, dass *Die Hochzeit meines besten Freundes* ein großer Hit werden würde«, erinnerte sich Silver. »Wir leben in einer so seltsamen Welt – ich schwärme denen von einem TriStar-Film vor, damit sie Julia für unseren engagieren.«

Semel erklärte sich schließlich einverstanden, die von Julia geforderte Gage zu zahlen, aber Paul Sylbert zufolge »mussten wir dies und jenes von unserem Budget kürzen, um uns Julia leisten zu können«. Die Produzenten schafften es tatsächlich, das Budget auf 70 Millionen Dollar zu kürzen.

Dieser Mel Gibson! Der Lampenschirm war, wie Julia bald erfuhr, nur der Anfang. Am ersten Tag der Dreharbeiten Ende Oktober überreichte er Julia ein Willkommensgeschenk, wunderschön verpackt in weißem Seidenpapier und mit violettem Band. »Ein Geschenk von Mel Gibson«, hatte Julia gedacht. »Ich bin wirklich ein Glückspilz.« Sie öffnete die Schachtel und »ich glaub, ich sterbe. Ich schreie, mein Herz hämmert wie wild – es war eine ausgetrocknete Ratte, etwa so groß, mit einem dicken, langen, widerlichen Schwanz.«

»Ich dachte, die gefällt ihr«, sagte Mel mit unbewegtem Gesicht. »Mir gefiel sie, und du kannst nur Sachen für Leute kaufen, von denen du glaubst, dass sie ihnen gefallen. Aber ich war nicht auf die heftige Reaktion vorbereitet. Sie schrie, und ich konnte sie hören, obwohl ich schon draußen war, bestimmt zehn Meter entfernt, und der Verkehr von New York City flog vorbei und ihre Schreie wurden von den Hauswänden zurückgeworfen.«

Ein paar Tage später gab Mel Julia erneut ein Päckchen, das sie vorsichtig öffnete. »Es war wieder eine Ratte«, sagte sie. »Nein, es war dieselbe Ratte«, korrigierte Mel sie. Und Julia erzählte: »Ich hatte sie versteckt und er fand sie und schenkte sie mir noch einmal. Ein paar Tage später hatte ich Geburtstag, und er gab mir wieder ein Päckchen mit einer Karte und flehte mich an, es zu öffnen: ›Bitte, bitte, ich schwöre, es ist keine Ratte.‹ Es war eine wunderschöne Filofax-Brieftasche aus weichem Leder.« Aber Julia konnte (fast) so gut austeilen wie einstecken. »Das Ganze ist so kindisch … Ich kam eines Tages früher zur Arbeit als er, schlich mich in seinen Wohnwagen und umwickelte die Kloschüssel mit Frischhaltefolie.«

Als Mel dann die Toilette benutzte, passte er offensichtlich nicht sonderlich auf. »Ich steppte wie Gene Kelly in *Singing in the Rain*. Gott sei Dank musste ich nur pinkeln.«

Und die Späße nahmen einfach kein Ende. Während einer Szene, in der Mel Julia die Hand schüttelt, spürte sie etwas Matschiges in seiner Handfläche. »Ihr Gesichtsausdruck war unbezahlbar!«, schrie Mel fröhlich. Julia machte anscheinend unbeeindruckt mit der Szene weiter. »Ich gebe mein Bestes, aber ich weiß, dass da irgendwas nicht stimmt. Dann zieht er seine Hand weg, ich schaue nach unten und da ist Dreck [Haargel, sagte Mel] und eine riesige Kakerlake in meiner Handfläche. Natürlich wussten alle, dass das passieren würde. Ich schreie los und die Kamera folgt mir überallhin.«

Inmitten all dieser Ausgelassenheit machte Richard Donner einen teuren, spannungsgeladenen Thriller, und seine Stars, die, wann immer nötig, absolut professionell an die Sache herangingen, enttäuschten ihn nicht. »Ich war überrascht«, kommentierte Paul Sylbert Julias Engagement für den Film. »Ich hatte mit ihrem Bruder bei *Der Pate von Greenwich Village* gearbeitet, wusste also, dass er die Arbeit sehr ernst nahm, hatte bei ihr aber – so viel wie sie lächelte – immer das Gefühl, dass vielleicht der Aspekt, ein Filmstar zu sein, im Vordergrund stand. Doch sie war sehr engagiert, und auch Mel ist ein sehr engagierter Typ. Sie hat den richtigen Ton getroffen, mag sein, es war einfach die Kombination.«

Richard Donner, so Sylbert, »ist ein sehr netter Mensch. [Aber] der Film brachte ihn ziemlich durcheinander – er war die ganze Zeit sehr unsicher. Und der Autor sagte ständig: ›Sie werden ihn kaputtmachen. Ich weiß, sie werden ihn kaputtmachen‹ –, womit er meinte, die Produzenten würden sich einmischen und die Sache vermasseln. Und Donner sagte: ›Es ist mir noch nie passiert, dass ich nicht genau wusste, was für ein Film es werden sollte.‹«

Donner wusste einfach nicht, ob er eine Komödie oder einen Thriller machte. Und wenn es ein Thriller war, sollte er dann spannungsgeladen und wirklichkeitsnah sein oder eher ein »Popcorn«-Film? Joel Silvers Position war, so Sylbert, von Anfang an klar: »Joel sagte Dinge wie ›In jedem meiner Filme, die Geld gebracht haben, ist ein Auto durch ein Fenster gefahren‹ – und er versuchte, uns zu einer solchen Szene zu überreden. Es stand ursprünglich so im Drehbuch, aber Donner hatte die Stelle gestrichen. Aber so denkt Joel – es gibt bestimmte Elemente, die die Leute in Filmen sehen wollen, und sie bezahlen dafür, sie zu sehen. Und man sollte diese Leute nicht enttäuschen. Es gehört dazu wie Popcorn – es *ist* Popcorn.«

Mel Gibson stand vor der schwierigen Aufgabe, den verrückten Taxifahrer glaubwürdig darzustellen, und hatte das Gefühl, Julia mache ihm die Sache leichter. Jerry, so sagte er, »ist ein Stalker, ein Besessener. Er kleidet sich wie einer, der Kinder belästigt. Und er ist völlig verrückt. In vieler Hinsicht ist er irgendwie abstoßend, und ich konnte nicht verstehen, wie irgendeine Frau es mit ihm aushalten würde … Ich glaubte, die Antwort liege in dem, was [Julia] tat – es war einfach eine Mischung aus Stärke und Verletzlichkeit und Mitgefühl nötig. Ich finde, Julia hat das sehr gut hingekriegt. Sie hat die richtige Atmosphäre dafür geschaffen.«

Joel Silver war ebenfalls der Meinung, dass das Einfühlungsvermögen, das Julia sofort bei den Zuschauern wachruft, der Schlüssel zum Erfolg von *Fletchers Visionen* sein würde. »Mel sagt, sie ist eine Meisterin der Untertöne, denn in ihrem Kopf spielt sich sichtlich immer so viel ab. Sie sieht mit den Augen und spricht mit der Stimme des Publikums, wenn sie beobachtet, wie dieser Spinner leidet und die Wahrheit über sich selbst herausfindet, und sie verliebt sich, wie das Publikum, langsam in Jerry.«

Donner verdeutlichte das, was Silver meinte, anhand eines Beispiels: »Es gab eine kleine Szene, in der Alice, die weiß, welche Angst Jerry davor hat, im Krankenbett ermordet zu werden, ins Krankenhaus kommt und auf dem Flur eine Leiche auf einer

Tragbahre entdeckt. Einen Moment lang denkt sie, es ist Jerry, und als sie das Tuch wegzieht, sagt jemand, das FBI wolle sie sprechen. Wie gewöhnlich hatte ich eine Reihe von Notizen gemacht – Schuldgefühle; meine Karriere geht den Bach runter; warum will das FBI mit mir sprechen? –, damit ich, sollte sie ins Schwimmen geraten, ihr auf die Sprünge helfen könnte. Aber wir begannen mit der ersten Aufnahme, sie spielte die Szene, und als sie sich gegen die Wand lehnte, konnte ich in ihren Augen lesen, dass sie genau die gleichen Ideen hatte wie ich. Sie ist eine großartige Schauspielerin … Sie schleppt, wie wir alle, einigen emotionalen Ballast mit sich rum, aber sie lässt sich davon nicht aus der Fassung bringen.«

Ein Teil von Julias »Gefühlsballast« wurde in der Szene deutlich, in der Alice an Fletchers Grab trauert. Gedanken an den Tod des Vaters halfen ihr, in heftiges Schluchzen auszubrechen, und als Donner brüllte »Schnitt!«, konnte Julia die Tränen nicht abstellen. Der Regisseur tröstete sie und ein Beobachter bei den Dreharbeiten sagte: »Jeder konnte sehen, dass sie tieftraurig war und dass ihre Tränen jemand anderem galten, als der von Mel verkörperten Filmfigur.«

So wie in einer ähnlichen Geschichte mit Denzel Washington, plädierte Julia für mehr Romantik zwischen Jerry und Alice. Aber Donner war der Meinung, es solle eher eine mütterliche als eine körperliche Beziehung sein und das Paar sich nur einoder zweimal flüchtig küssen. »Ich wollte die ganze Zeit mehr«, sagte Julia. »Wenn Mel und ich zusammen einen Film machen, warten die Leute auf ein bisschen Geknutsche.« Resigniert, dass ihr das verwehrt wurde, fügte sie hinzu: »Ich hoffe, die Leute wissen zu schätzen, dass wir hier die Realität wiedergeben, und warten nicht darauf, uns knutschen zu sehen.«

Als ein Reporter sie bat, einmal zu vergleichen, wie es sei, Woody Allen beziehungsweise Mel Gibson zu küssen, hätte Julias Diplomatie ihr einen Botschafterposten bei der UNO einbringen können. »Hmmm. Woody habe ich intensiver geküsst. Bei Mel war es nur ein kleiner Schmatzer, so wie ich meine Mum oder so küssen würde, verstehen Sie. Der Kuss mit Woody hat ein bisschen länger gedauert. Da konnte ich eher ein Urteil fällen.

Und es war sehr nett. Aber der Mel-Schmatzer war gut, wissen Sie. Es waren zwei verschiedene Sachen. Es ist wie mit einem Apfel und einer Apfelsine. Das eine ist ein Schmatzer und das andere eher ein Kuss.«

Kapiert?

Wieder einmal waren sich die Filmemacher eines Julia-Roberts-Films völlig uneinig, wie das Ende aussehen sollte. Sie drehten zwei Schlussszenen und überließen die Entscheidung einem Testpublikum. Wie zu erwarten, fuhr dieses auf das Ende ab, das Donner für »weniger rein« hielt und von dem Helgeland befürchtete, dass es »alles vermasseln« würde. Doch ließ dieses Ende – zu Joel Silvers großer Freude – die Möglichkeit einer Fortsetzung offen.

Die Dreharbeiten zu *Fletchers Visionen* endeten am 7. Februar, und Julia zog sich auf ihre Ranch in Taos zurück, um sich endlich die Ruhe zu gönnen, nach der sie sich seit Abschluss von *Die Hochzeit meines besten Freundes* sehnte. »Ich glaube, dieser Ort repräsentiert, was mich das Leben gelehrt hat«, hat sie einmal gesagt. »Ich glaube, jeder der hierher käme, würde sagen: ›Diese Frau versteht und weiß zu schätzen, was das Leben ausmacht.‹« Dem kann man wohl kaum widersprechen, wenn man sieht, wie Julia Cadillac, eins ihrer sechs Pferde, auf ihrem Anwesen durch einen Fässerparcours führt (eins ihrer Pferde, Two For Perks, nimmt an Meisterschaften beim Barrel Racing teil). Julia hat diesen Sport als Kind auf der Pferderanch ihres Großvaters Tom gelernt. »Als ich noch klein war, waren es Ölfässer aus Stahl«, sagte sie. »Meine Knie waren immer kaputt. Aber ich war stolz auf sie.«

Von Julias Anwesen aus hat man einen eindrucksvollen Blick auf die Sangre de Cristo Mountains von New Mexico. Wenn sie nicht reitet, tollt sie mit ihren sieben Hunden herum, bestellt das Land oder tanzt zur Musik eines Ghettoblasters auf dem Lehmtanzboden am Rande ihres vierzig Morgen großen Grundstücks. Zu diesem Zeitpunkt ihres Lebens wusste Julia freie Zeit mehr denn je zu schätzen. »Nun kann ich den Luxus genießen, den mir all die harte Arbeit ermöglicht hat. Den Luxus, einfach völlig entspannt zu sein.«

Julias Beziehung zu Pat Manocchia war nach einem Jahr zu Ende. Offensichtlich trennte das Paar sich freundschaftlich. Im Frühjahr 1997 lernte sie in Kevin Spaceys Haus in Los Angeles den attraktiven, achtundzwanzig Jahre alten Ross Partridge kennen, der gerne Schauspieler werden wollte. Partridge, ein Barkeeper aus New York, führte Spaceys Hunde in Manhattan spazieren, und Spacey war der Meinung, er habe das Aussehen und das Talent, es in Hollywood zu schaffen. Er brachte Patridge in seinem Gästehaus in L.A. unter. Als Julia ihn sah, fragte sie Spacey: »Wer ist dieser tolle Typ?«

»Das ist Ross«, antwortete Spacey. »Ihr beiden wärt ein perfektes Paar.« Julia stimmte ihm zu, und an jenem Abend aßen sie und Kevin im Restaurant Le Colonial zu Abend, wo Ross hinter der Bar stand. »An der Bar war viel los«, bemerkte ein Beobachter, »aber Ross schenkte Julia seine ganze Aufmerksamkeit.« Julia verabredete sich mit Ross, und die beiden kamen so gut miteinander aus, dass sie ihn bat, während der Werbekampagne für *Die Hochzeit meines besten Freundes* bei ihr in New York zu bleiben.

Ross hatte bereits mehrere kleine Rollen gespielt, unter anderem eine in *Jurassic Park: The Lost World*, aber Julia half ihm, von dem gleichen Manager, der auch Chris O'Donnell betreute, vertreten zu werden. »Je mehr Zeit ich mit Julia verbringe«, erzählte Ross einem Freund, »desto mehr verliebe ich mich in sie.«

Ein enger Freund von Ross, der anonym bleiben wollte, empfand Julia als »so natürlich. Ich liebte ihre Persönlichkeit, ich liebte alles an ihr. Sie war so süß und fürsorglich. Ross nannte sie immer einen ›wirklichen Bohemien‹, sagte aber, dass sie nie die Chance bekam, tatsächlich einer zu sein, weil all ihre Manager und Betreuer ihr ständig erzählten, was sie tun müsse – na ja, wie ein Filmstar sich verhalten solle. Um sie herum war immer viel Wirbel – sie stand mit einem Fuß in der Welt und mit einem außerhalb. Ich glaube nicht, dass Julia jemals in der Lage war, wirklich Julia zu sein. Sie wusste nie genau, wer sie sein wollte. [Sie und Ross] liebten sich wirklich innig und passten intellektuell gut zusammen. Ich denke nicht, dass Julia, abgesehen von Ross, der sehr intelligent ist, mit einem Mann zusammen war, der ihr intellektuell ebenbürtig war. Sie braucht geistige Anregung, und ich kann mir nicht vorstellen, dass sie die von den Männern, mit denen sie zusammen war, bekommen hat. Ross ist auch sehr nüchtern und ausgeglichen, was ihr mit Sicherheit gefallen hat.« (Tatsächlich waren einige von Julias Liebhabern ihr intellektuell zumindest ebenbürtig.)

Schon nach wenigen Monaten sprachen die Boulevardzeitungen von Verlobung, doch kam es zwischen Julia und Ross nie so weit. Bis Oktober hatte sich die Beziehung verschlechtert, denn es gab die üblichen Probleme. »Er wurde völlig in ihre Welt hineingezogen«, sagte Ross' Vertrauter, »und es war schwer für ihn, in seiner Welt weiterzumachen und das zu tun, was er wollte. Das machte ihm sehr zu schaffen und setzte die beiden unter Druck. Außerdem ist Julia sehr liebesbedürftig. Sie braucht ständige Zuwendung und will, dass ihr Mann so viel wie möglich an ihrer Seite ist. Als Ross sich dann weigerte, mit ihr nach Borneo zu gehen, wo sie bei einer Dokumentation über Orang-Utans mitwirken wollte, war es das Ende der Beziehung. Ross ist Einzelgänger – er ist gerne allein. Julia hingegen war immer von einer ganzen Entourage umgeben, und er wusste, dass es auf dieser Reise sogar noch schlimmer sein würde. Er wollte nicht im Rampenlicht stehen. Sie harmonierten nicht gut miteinander.«

Ross war so fertig, als Julia im Frühjahr 1998 mit ihm Schluss machte, dass er zu seiner Mutter Enid, die noch immer in dem Haus lebte, in dem er seine Kindheit verbracht hatte, nach Kingston, New York, fuhr. »Er war so deprimiert wegen Julia«, erzählte Mrs. Partridge einem seiner Freunde, »dass er manchmal tagelang nicht aufstand. Wäre er ein Pferd, hätte ich ihn erschossen, um ihn von seinen Qualen zu erlösen.«

Die Hochzeit meines besten Freundes sollte im Juni 1997 herauskommen, und Julia war sehr gespannt, wie der Film ankommen würde. Eigentlich war sie sich sicher, dass er ein Hit sein würde, aber man wusste ja nie. Falls er tatsächlich die Erwartungen nicht erfüllte, konnte das ihr Renommee in Hollywood ernsthaft gefährden. Sie war entschlossen, alles in ihrer Macht Stehende zu tun, damit er ein großer Erfolg wurde. Im März besuchte sie die

ShoWest Convention in Las Vegas, eine Versammlung der Kinobesitzer, bei der die Studios versuchen, für kommende Filme die Werbetrommel zu rühren. Natürlich war Julia die große Attraktion der Veranstaltung, aber einige im Publikum waren der Ansicht, ihre Präsentation habe ein wenig bemüht geklungen. »Mein Haar hat einen wunderschönen Rotton [im Film] und ist sehr lang und lockig, so wie ihr Jungs es mögt«, sagte sie. »Um Himmels willen, seht euch den Film an!«

Sie hätte sich keine Sorgen zu machen brauchen. TriStar war sich so sicher, dass dieser Film ein Hit werden würde, dass die Filmgesellschaft ihn am gleichen Tag wie *Batman und Robin*, ein sicherer Kassenschlager, in die Kinos bringen wollte. Auch wenn dieser Film am Startwochenende das Rennen machte, *Die Hochzeit meines besten Freundes* landete mit Einnahmen von 21,6 Millionen Dollar – einem Rekord für Julia – auf dem zweiten Platz und brachte schließlich sogar mehr ein als sein Rivale – 126,8 Millionen Dollar in den USA (*Batman und Robin* landeten abgeschlagen bei 107,2 Millionen), womit der Film Julias größter Hit seit *Pretty Woman* wurde.

Die Hochzeit meines besten Freundes ist ein Film, der seinem Anspruch, geliebt zu werden, bereits im Vorspann Ausdruck verleiht, als eine Girl Group, die aus einer Braut und ihren drei Brautjungfern besteht, eine theatralische Version von Dusty Springfields »Wishing and Hoping« singt. Auch trägt er, ähnlich wie seine Heldin, das Herz auf der Zunge. Das Gute daran für Julia ist, dass der Film das Publikum bei Laune hält, ohne ihm das Gefühl zu vermitteln, manipuliert zu werden. Julia lächelt breit und viel, und das war genau das, wie viele Kritiker feststellten, was die Kinogänger von ihr wollten. »Packt die Karriere-Nachrufe für Julia Roberts erst mal in die Schublade«, schrieb Rex Reed im *New York Observer.* »Die Neinsager werden klein beigeben müssen, wenn sie ›Pretty Woman‹ in ihrer neuen Komödie sehen.«

Diese eine Mal – was die Filmemacher ehrt – hat ein Julia-Roberts-Film kein künstliches Happyend. Julianne kriegt ihren Mann nicht. Sie erkennt vielmehr, dass sie ein egoistischer Rüpel war, und überlässt ihn Kimmy.

»*Die Hochzeit meines besten Freundes* ist nicht zuletzt deswegen eine so großartige romantische Komödie«, schrieb McGranaghan von *Aisle Seat*, »weil man hier nicht auf Nummer sicher geht. Es wäre so leicht gewesen, aus Kimmy eine unsympathische Xanthippe zu machen und das Publikum sofort auf Juliannes Seite zu ziehen. Stattdessen setzt sich der Film ehrlich mit der Situation auseinander, dass zwei Frauen denselben Mann haben wollen und nur eine ihn bekommen kann. Ich rechne es Julia Roberts hoch an, dass sie eine Figur spielt, die nicht immer liebenswert ist ... Die Filmemacher sind klug genug zu wissen, dass es viel mehr Spaß macht, ein kompliziertes Szenario zu sehen als eines, bei dem das Ende von vornherein klar ist.«

Im Gegensatz dazu wussten die meisten Zuschauer nicht, was sie von *Fletchers Visionen* halten sollten. Richard Donners Unsicherheit in Bezug auf den Ton des Films wurde sofort deutlich. Sollte es ein spannender Thriller über eine Regierungsintrige sein oder die Geschichte eines Spinners mit einer Wollkappe, der Flaschen auf den Türknauf stellt, um zu wissen, ob jemand versucht, in sein Apartment einzudringen – vielleicht, um seine Milch zu stehlen, die er in einer Thermosflasche in einem abgeschlossenen Kühlschrank aufbewahrt?

Bei einem Großteil des Films hat man das Gefühl, es mit einer Monty-Python-Parodie von *Akte X – Der Film* zu tun zu haben, mit Mel als John Cleese in der Rolle des Mulder und Julia als Jamie Lee Curtis, die die Scully spielt. Jerry wirkt zu überspannt, um vom Publikum ernst genommen zu werden. Unglaubwürdig erscheint auch die von Julia gespielte, angeblich intelligente Anwältin, in deren Büro er ständig auftaucht, wobei er die Sicherheitsbeamten mit einer Pistole in Schach hält, wenn sie versuchen, ihm den Zugang zu ihr zu verwehren. Als sie den Lärm hört, sagt sie den einzigen intelligenten Satz, den das Drehbuch für sie vorsieht: »Dieser Typ fordert eine einstweilige Unterlassungsanordnung geradezu heraus.« Aber erwirkt sie eine? Neiiiiin. Sie fordert die Sicherheitsbeamten – zum achten Mal, wie er gezählt hat – auf, ihn hereinzulassen, und er erzählt ihr von seiner jüngsten Theorie: Einer Verschwörung, den Präsidenten durch ein von der NASA ausgelöstes künstliches Erdbeben zu töten.

Filmschulen betonen das so genannte Konzept der »bewussten Unterdrückung des Zweifels«. Diese erstaunliche Fähigkeit des menschlichen Gehirns ermöglicht es uns, zu akzeptieren, dass ein Gorilla auf das Empire State Building klettern, Keanu Reeves kickboxen kann, während er durch die Luft fliegt, oder Madonna eine Schauspielerin ist. Diese Fähigkeit wird in Filmen oft auf eine harte Probe gestellt, vor allem in Horrorfilmen für ein jugendliches Publikum, in denen Menschen mit Messern, Rasierklingen etc. verletzt oder getötet werden und nach denen die am häufigsten gestellte Frage lautet: »Wie konnte sie nur in das Haus zurückgehen?« Die Antwort lautet natürlich, dass der Film, hätte sie das nicht getan, keinen Plot haben würde. Und so haben wir es in *Fletchers Visionen* mit der intelligenten Schauspielerin Julia Roberts zu tun, die eine intelligente Anwältin spielt, die einen Mann in ihr Leben lässt, um den jeder vernünftige New Yorker einen weiten Bogen machen würde.

Fesselte schon der Anfang des Films das Publikum nicht, so änderte auch die völlig verwirrende Handlung nichts daran. An einer Stelle sieht Julia Mel, als er über irgendetwas schimpft, voller Entsetzen an – und man ertappt sich bei dem Gedanken, ihr Gesichtsausdruck spiegele vielleicht ihre Gefühle darüber wider, einer Mitwirkung in diesem Film zugestimmt zu haben. (Nicht gut für die Plausibilität, ein weiterer Begriff aus der Filmtheorie.) Und um das Ganze dann so wunderbar zu krönen wie eine Geburtstagstorte mit Knallerbsen, gibt es in *Fletchers Visionen* ein völlig absurdes Happyend. Jerry – der mit drei Kugeln in der Brust eigentlich tot sein sollte – und zwei Kumpel, die, von ihm für schlechte Typen gehalten, sich dann als gute Typen entpuppen, singen »Can't Take My Eyes off You«, während sie in einem Auto herumfahren und beobachten, wie Alice auf der Farm ihres Vaters ein Pferd reitet. In diesem Moment fällt Alice Jerrys an ihrem Sattel befestigte Gewerkschaftsnadel ins Auge, die er ihr geschenkt und die sie auf sein Grab gelegt hatte. Sie lächelt vor Freude, denn sie weiß, dass sie und Jerry endlich im ewigen Glück vereint sein werden.

Dieser Unsinn bescherte dem Publikum ein erfreuliches Finale und ließ die Möglichkeit einer Fortsetzung offen, machte jedoch jede Spur von Ernsthaftigkeit zunichte, die der Film angestrebt haben mochte. »Ich weiß, dass Joel was damit zu tun hatte, dass der Schluss geändert wurde«, erinnerte sich Paul Sylbert. »Monate bevor wir mit den Dreharbeiten begannen, rief er mich aus Paris an, um mir zu sagen, er habe ein paar alte Popmelodien gehört, die er im Film unterbringen wolle, weil sie sich super darin machen würden. Und so landete dieser dämliche Song, den sie am Ende singen, in dem Film. Er dachte, er würde viele Platten verkaufen.«

Fletchers Visionen war an dem Wochenende, an dem er in die Kinos kam, der Kassenschlager Nummer eins, doch letztlich machte Joel Silver damit nicht das große Geld – der Film spielte weltweit 136 Millionen Dollar ein, nicht genug, um bei einem Budget von 70 Millionen Dollar einen großen Gewinn zu machen.* Nur wenige gaben Julia dafür die Schuld, und von dieser Zeit an blieb sie der absolute Publikumsmagnet – es sei denn, sie spielte absichtlich kleine Rollen in schrulligen Independent-Filmen – und befand sich auf dem Höhepunkt ihrer Macht als bestbezahlte Schauspielerin aller Zeiten.

* Wegen der hohen Werbekosten für potenzielle Kinohits muss ein solcher Film, will man damit einen Gewinn machen, das Zweifache der Produktionskosten einspielen.

KAPITEL 32

An einem kühlen Novemberabend des Jahres 1997 aß Julia mit einigen Freunden bei Raoul's zu Abend, einem eleganten französischen Restaurant in der Prince Street in Manhattans Stadtviertel SoHo. Irgendwann während des Essens blickte sie auf und sah einen etwa ein Meter neunzig großen, dunkelhaarigen, dunkelhäutigen Typen mit einem fein geschnittenen Gesicht, feurigen braunen Augen und einem Körper, der das Modell für die Oscar-Statuette hätte sein können. »Der Typ hat mich völlig umgehauen«, wurde sie zitiert. Später leugnete sie, genau das gesagt zu haben, aber man kann ruhig davon ausgehen, dass die Wirkung so ähnlich gewesen ist.

Julia erkannte, dass es sich bei diesem unglaublich gut aussehenden Mann um Benjamin Bratt handelte, der in *Law & Order*, einer ihrer Lieblings-Fernsehserien, eine Hauptrolle spielte. Außerdem gehörte er zu den begehrtesten Junggesellen Hollywoods. Bratt in Person vor sich zu sehen, versetzte Julia dermaßen in Aufregung, dass sie, obwohl sie noch mit Ross Partridge zusammen war, den ersten Schritt machte. »Der Oberkellner kam und sagte: ›Julia Roberts möchte Ihnen einen ausgeben‹«, erinnerte sich Bratt. Er war skeptisch. »Ich gehe häufig in dieses Restaurant und dachte, einer meiner Freunde würde mir einen Streich spielen. Da ich davon ausging, wollte ich mich ihr nicht aufdrängen. Deswegen bin ich hinausgegangen, ohne ein Wort mit ihr zu reden.«

Am nächsten Tag machte er sich jedoch Gedanken darüber, dass er, sollte es *tatsächlich* Julia gewesen sein, die ihn eingeladen hatte, nicht nur eine unglaubliche Gelegenheit verpasst hatte, sondern auch sehr unhöflich gewirkt haben musste – was ihm absolut nicht ähnlich sah. Er schickte ihr ein paar Zeilen, in denen er die Situation erklärte, aber inzwischen war Julia bereits an der Westküste. Es dauerte mehrere Monate, bis sie ihr erstes Date hatten.

Als sie das erste Mal miteinander essen gingen, stellte Julia

Julia hat ihr »Stepford-Lächeln« aufgesetzt, als sie am 10. Januar 1993 bei der Jahresversammlung der Screen Actors Guild eintrifft. Die erkrankte Audrey Hepburn hatte sie gebeten, in ihrem Namen die Auszeichnung der Guild für ihr Lebenswerk anzunehmen. (Foto: Chris Martinez/AP)

Eine strahlende Julia auf einer Pressekonferenz während der Dreharbeiten zu *Die Akte* im Juni 1993. Sie sagte, ihr sei »schwindelig«. Was hinter dieser Aussage steckte, wurde erst sechs Tage später klar, als sie die Welt durch ihre Heirat mit Lyle Lovett schockierte. (Foto: Marcy Nighswander/AP)

Am Abend ihres Hochzeitstags in Marion, Indiana, gab Lyle ein Konzert in Noblesville. Julia kam auf die Bühne und kündigte ihn an mit den Worten: »Meine Damen und Herren, mein Mann ... Lyle Lovett!« Sie hatte immer noch ihr Hochzeitskleid an. (Foto: Steve Kogan)

Dieser Kuss, den Julia in dem Film *Die Akte* Denzel Washington aufdrückt, fiel wesentlich keuscher aus, als ihr lieb war. »Ich wollte ihn in diesem Film küssen, ich war für den Kuss, ich wollte den Kuss, ich war bereit, ihn zu küssen.« Es war Washington, der ihr einen Strich durch die Rechnung machte, denn er sagte: »Das werden mir die Schwestern nie verzeihen.« (Foto: Archiv des Autors)

Mr. und Mrs. Lovett kurz nach der Hochzeit in einem Hotelzimmer. Es war für beide eine Seltenheit, zur selben Zeit am selben Ort zu sein. Wegen seiner Konzerttourneen und ihren Drehterminen seien sie in den ersten fünf Monaten ihrer Ehe, sagte Lyle, nur ein einziges Mal sieben Tage am Stück zusammen gewesen. (Foto: Globe Photos)

Julia und Ethan Hawke feiern am 28. April 1994 in einem Restaurant in Manhattan. Eine Zeitung schilderte, wie Julia den Abend »in der Stadt mit ihrem brandneuen Schatz verbracht hatte. Hollywoods dynamischstes neues Paar ... Sie hielten Händchen und sahen sich in die Augen, als gäbe es kein Morgen.« Lyle soll über diese Neuigkeiten nicht besonders erfreut gewesen sein, doch Julia bestritt jegliche Ungebührlichkeit. (Foto: Alexander/New York/Globe Photos)

Julia und Nick Nolte wirken auf diesem Foto ebenso distanziert wie in den meisten Szenen ihres Films mit dem bezeichnenden Titel *Nichts als Ärger*. Die beiden Stars kamen einfach nicht miteinander aus. »Er ist richtig abstoßend, auf eine kindische Art und Weise, er ist ein Typ, der eine Spinne auf die Mädchen werfen würde, um sie zum Schreien zu bringen«, sagte Julia. (Foto: Archiv des Autors)

Der Film *Prêt-à-Porter* brachte Julia mit ihrem Freund Tim Robbins zusammen. In diesem Hotelzimmer verbrachten sie fast die gesamte Drehzeit. Julia sagte, Tim zu küssen sei für sie das Schwierigste, was sie je in einem Film tun musste. »Er ist wie mein Bruder! Er zog sich das Laken über den Kopf, und wir küssten uns ungefähr vier Stunden lang durch Laken hindurch. Deswegen bekam ich ziemliches Laken-Brennen auf den Lippen!« (Foto: Archiv des Autors)

In dem Film *The Game of Love* (1995) spielte Julia eine Ehefrau und Mutter, deren Mann (Dennis Quaid, siehe Foto) mit anderen Frauen anbändelt. Diese Tanzszene war die erste gemeinsame Arbeit. Julia sagte: »Und das ist wirklich eine tolle Möglichkeit, jemanden kennen zu lernen, weil man quasi zu einer intimen Situation gezwungen wird und einander vertrauen muss.« (Foto: Archiv des Autors)

Im April 1995 hatte Julia die bevorstehende Scheidung von Lyle Lovett bekannt gegeben. Im November hatte sie einen Gastauftritt in der Comedyserie *Friends*. Von da an traf sie sich mit einem der Stars dieser Serie, Matthew Perry. Paparazzi überraschten die beiden dabei, wie sie eine Szene aus der Serie vor seinem Haus nachstellten. (Foto: Archiv des Autors)

»Das wird Julias Oscar!«, hatte ihre Agentin über den Film *Mary Reilly* begeistert gerufen. Die Romanverfilmung handelt von der Hausangestellten des Dr. Jekyll (John Malkovich, siehe Foto). Doch der Film, der 1996 herauskam, wurde Julias bis dahin schlimmster Flop. Kritiker und Publikum fanden den Film und sein tragisches Ende zu düster. (Foto: Archiv des Autors)

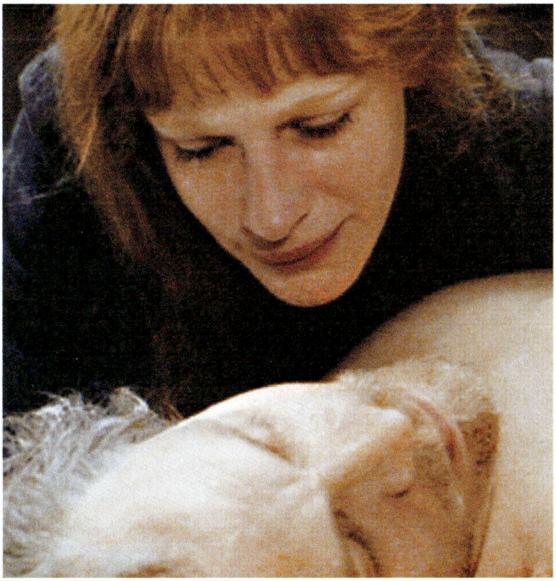

Am 17. Mai 1996 nahm Julia an einem Bankett in der John F. Kennedy Library anlässlich der Haitian Flag Day Awards teil. Neben ihr Sonny Thelusma aus Haiti. Ein Jahr zuvor hatte Julia als UNICEF-Botschafterin eine sechstägige Tour nach Haiti gemacht. (Foto: Steven Senne/AP)

Anlässlich der Verfilmung des irischen Heldenepos *Michael Collins* traf Julia wieder mit Liam Neeson zusammen. Sie hatte nur eine kleine Rolle, aber ihr lag die Figur und sie empfand Neesons Gegenwart als »einen enormen Trostfaktor ... Es erfordert eine ganz besondere Dynamik, eine – wie soll ich sagen – gescheiterte Romanze zu einer Kumpelbeziehung ausbauen zu können«. (Foto: Archiv des Autors)

September 1996 in der Biker-Bar Hogs & Heifers in Manhattan. Julia sprang auf den Tresen, zog sich den BH unter der Bluse hervor und tanzte lasziv mit einem Barmädchen. Der Fotograf sagte, Julia und die Frau hätten einen »langen Zungenkuss« ausgetauscht, »der zwischen dreißig und fünfzig Sekunden dauerte«. Julias Pressesprecher sagte: »Die einzige Person, die an diesem Abend einen ernst gemeinten Kuss [von Julia] bekam, war Pat Manocchia.« (Foto: Gary Miller/New York Post/Globe Photos)

Mr. Manocchia, hier mit Julia bei der Premiere von *Michael Collins,* war Trainer und Besitzer eines Fitnesscenters. Eine Freundin von Julia sagte über ihn: »Was für ein netter, charmanter Mann. Ein Wahnsinnstyp! Er hat einen richtigen Waschbrettbauch. Auf so etwas steht Julia.« Es gab Gerüchte, sie wollte sich verloben, aber nach nicht einmal einem Jahr war die Romanze vorbei. (Foto: Walter Weissman/Globe Photos)

Julia war begeistert, als sie 1996 mit Woody Allen *Everyone Says I Love You* drehen durfte. Vor dem Singen aber (siehe Foto) hatte sie schreckliche Angst. Der Produzent erinnerte sich an eine Probeaufnahme: »... in dem Moment, als sie mit dem Singen fertig war, sagte sie: ›Jetzt bin ich die Rolle los, nicht wahr? Er wird mich nicht mehr wollen. Ich bin nicht gut genug.‹ Und sie begann zu weinen.« (Foto: Archiv des Autors)

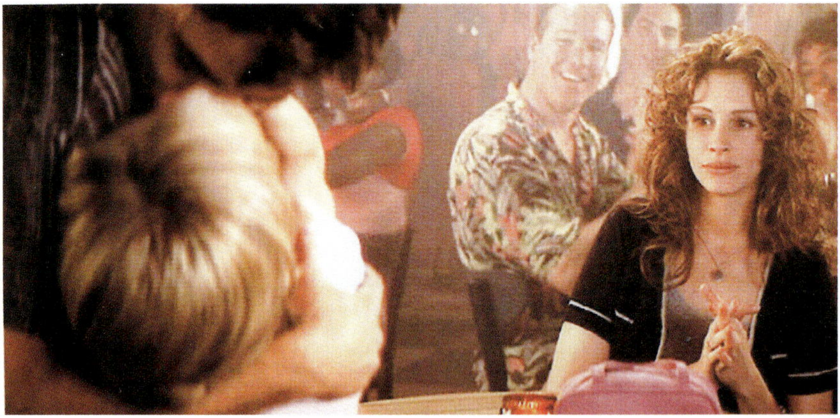

Mit dem Film *Die Hochzeit meines besten Freundes* aus dem Jahr 1997 landete Julia endlich wieder einen Kassenschlager, den ersten seit vier Jahren. Sie hatte Spaß an dem frechen Charme ihrer Figur. Auf diesem Foto sieht man sie niedergeschmettert, nachdem ihr Plan, ihrer Rivalin in einer Karaoke-Bar eins auszuwischen, fehl geschlagen ist. Links im Bild knutschen Dermot Mulroney und Cameron Diaz miteinander. (Foto: Archiv des Autors)

Eine strahlende Julia bei der Premiere von *Der Eissturm von Ang Lee* beim 35. New York Film Festival am 26. September 1997. (Foto: Henry McGee/Globe Photos)

Im Harvard Hasty Pudding Club begeisterte Julia ihr Publikum, als sie am 13. Februar 1997 bei der Preisverleihung zur Besten Schauspielerin des Jahres zur Bassgitarre griff. Vorher hatte sie in einem meergrünen Buick Skylark Cabrio von 1965 die Parade angeführt, nach Clubtradition mit zwei männlichen Harvard-Mitgliedern im Schlepptau. (Foto: Elise Amedola/AP)

In dieser Szene aus dem Film *Fletchers Visionen* aus dem Jahr 1997 tröstet Julia Mel Gibson. Der Regisseur schwankte ständig, ob er eine Komödie oder einen Thriller machen wollte. Diese Unsicherheit zeigt sich auch in dem Film. Heraus kam eine Art Monty Python-Parodie auf *Akte X – Der Film*. (Foto: Archiv des Autors)

Julia und ihre Freundin Susan Sarandon spielten in dem Film *Stepmom – Seite an Seite* aus dem Jahr 1998 zwei Frauen, die nach Susans Scheidung um die Zuneigung ihrer Kinder kämpfen. In dieser entscheidenden Szene macht Susan Julia ein Versöhnungsangebot und bittet sie mit aufs Familienfoto. (Foto: Archiv des Autors)

Hugh Grant und Julia in einer spannungsgeladenen Szene aus der ansonsten leichten und spritzigen Filmromanze *Notting Hill* (1999). Julia leugnete, dass ihre Filmfigur, ein weltberühmter Filmstar, Ähnlichkeit mit ihr habe. Grant sagte dazu in einem Interview: »Entweder macht sie sich was vor, oder sie lügt.« Der Film wurde ein Riesenerfolg. (Foto: Archiv des Autors)

Der Film *Die Braut, die sich nicht traut* aus dem Jahr 1999 war quasi die Fortsetzung von *Pretty Woman*. Die Kinogänger erlagen noch einmal zwei Stunden lang dem Zauber von Julia Roberts und Richard Gere. Und diesmal wurden sie mit einer Hochzeit zum Happy End belohnt (siehe Bild). Der Film, obgleich nicht so gelungen wie die erste Zusammenarbeit des Paars, wurde ein Kassenschlager. (Foto: Archiv des Autors)

Julia in Begleitung ihres neuen Liebhabers Benjamin Bratt, einem Herzensbrecher lateinamerikanischer Herkunft, bei der New Yorker Premiere von *Notting Hill* am 12. Mai 1999. Die beiden hatten sich gut ein Jahr zuvor kennen gelernt. Es war Liebe auf den ersten Blick. (Foto: Trevor Gillespie/Getty Images)

Eine Woche zuvor war Julia in Bens Erfolgsserie *Law & Order* aufgetreten. Sie spielte eine durchtriebene Killerin, die ihn verführen will. (Foto: J. Barrett/Globe Photos)

25. Juli 1999. »Romeo und Julia« haben ihren Auftritt bei der Premiere von *Die Braut, die sich nicht traut*. Das Traumpaar schien direkt auf den Traualtar zuzusteuern, mehrfach wurde ihre Verlobung angekündigt. Ein Stammkunde ihres Lieblingsrestaurants bemerkte: »Julia ist sein Lieblingsgericht. Er sieht selten auf die Speisekarte, so hin und weg ist er von ihr.« (Foto: Mark J. Terrill/AP)

Erin Brockovich beschimpft ihren Anwalt (Albert Finney) in einer Szene jenes Films, der Julia einen Oscar einbrachte. Obwohl sie die Figur der bodenständigen, schlagfertigen Ökokämpferin ganz ausfüllte, fiel es ihr schwer, sich an knapp sitzende, tief ausgeschnittene Kleider zu gewöhnen. (Foto: Archiv des Autors)

Zwei der schönsten Gestalten unserer Zeit – und Hollywoods Megastars – traten in dem Film *The Mexican* (2000) zum ersten Mal gemeinsam auf. Der Film ist eine ungewöhnliche Kombination aus Gaunerkomödie und Charakterstudie. Die Fans von Brad Pitt und Julia waren trotzdem enttäuscht, dass sie so wenige gemeinsame Szenen hatten. Die Szene auf dem Bild spielt ganz am Schluss des Films. (Foto: Archiv des Autors)

Andy Garcia, George Clooney und Julia in einer Szene des Films *Ocean's Eleven* von 2001, einem Remake des Films aus dem Jahr 1960. Julia hatte nur eine kleine Rolle, aber sie spielte Clooneys Exfrau und Garcias Freundin – eine Beziehungskonstellation, die der Handlung Tempo verschaffte. (Foto: Archiv des Autors)

Einen strahlenden Eindruck machten Brad und Julia bei der Premiere von *Ocean's Eleven* am 5. Dezember 2001 in Westwood. Der Film sollte mehr Geld einspielen als alle vorherigen Julia-Roberts-Filme seit *Pretty Woman*. Allein die Gewinnbeteiligung brachte ihr über 20 Millionen Dollar ein. (Foto: Kevork Djansezian/AP)

Julia mit ihrem neuen Liebhaber Danny Moder. Bei einem Bummel in den Straßen von Malibu im Frühjahr 2002 teilen sie sich einen Drink. Durch die Affäre mit dem verheirateten Moder zog sie den Unmut seiner Familie auf sich. (Foto: Fame Pictures)

Am 6. Juni 2002 sprach Julia vor dem amerikanischen Kongress und warb für mehr Unterstützung für Opfer des Rett-Syndroms, einer Krankheit, die hauptsächlich weibliche Säuglinge befällt. (Foto: D. Cook/AP)

Ein Grund, warum Julia niemals dick werden wird: diese Szene aus *America's Sweethearts* zeigt sie, bevor sie dreißig Kilo abgespeckt hat. John Cusack (siehe Foto), Catherine Zeta-Jones und Billy Crystal spielten ebenfalls mit. Der Film war Julias vierter Erfolg in Serie. (Foto: Archivbild des Autors)

Und dann drehte sie den Film *Voll Frontal*, das Zwei-Millionen-Dollar-Experiment von Steven Soderbergh, das in achtzehn Tagen abgedreht wurde. Auf diesem Bild sieht man Julia mit Blair Underwood. Die Szene erinnert an ihre zweischneidige Kussszene mit Denzel Washington in *Die Akte*. Das Einspielergebnis, schäbige 2,5 Millionen Dollar, war der größte finanzielle Flop ihrer Karriere. (Foto: Archiv des Autors)

Nach einer Serie seichter Rollen und leichter Komödien wendete sich Julia wieder ernsteren Themen zu. In dem Film *Das Lächeln der Mona Lisa* (2003) spielt sie eine liberale Professorin, die Einfluss auf das Leben ihrer Studenten nimmt. In dieser Szene sieht man sie mit John Slattery herumalbern. (Foto: Arnaldo)

Julia als CIA-Agentin in der George-Clooney-Verfilmung von Chuck Barris' unautorisierten Lebenserinnerungen, *Geständnisse – Confessions of a Dangerous Mind*. In dieser Szene merkt sie gerade, dass Barris (im Hintergrund Sam Rockwell) ihr einen vergifteten Drink gereicht hat, der eigentlich für ihn bestimmt war. Der Film aus dem Jahr 2002 bekam gute Kritiken, kam bei den Zuschauern aber nicht an. (Foto: Archiv des Autors)

Drei Monate nach der überraschenden Hochzeit in Taos, New Mexico, besuchen Mr. und Mrs. Danny Moder am 5. Oktober 2002 eine Vorstellung von *Punch-Drunk Love* in Manhattan. Angeblich habe Julia der Exfrau von Danny 400 000 Dollar für die Scheidung bezahlt, um Danny heiraten zu können. (Foto: Arnaldo Magnani/Getty Images)

November 2002. Die Moders nach einem Einkaufsbummel vor ihrem Apartment im New Yorker Nobelviertel Gramercy Park. Trotz angeblicher Ehekrisen feierte das Paar seinen ersten Hochzeitstag am 4. Juli 2003. »Das ist der Mann meines Lebens«, sagte Julia. (Foto: Mario Magnani/Getty Images)

entzückt fest, dass Bratt nicht einfach nur schön war. Seine Intelligenz, seine Begeisterungsfähigkeit, seine Eleganz und seine geschliffenen Manieren beeindruckten sie zutiefst. »Er sieht sehr gut aus«, sagte sie, »aber sein Aussehen verblasst neben seiner Nettigkeit. Mehr kann ein Mädchen nicht erwarten, wirklich.« Als sie sich das erste Mal küssten, »fragte ich mich«, so Julia: »Ist mir wirklich klar, dass ich jetzt jemanden zum ersten Mal küsse, den ich eigentlich nie jeden Tag küssen wollte?«

Julia gewährte später einen Einblick darin, wie es dazu kam, dass sie sich in Ben Bratt verliebte. Als sie und ihre Freundinnen einen Fragebogen über Liebe und Sex in einer Frauenzeitschrift beantworteten, habe sie, so erzählte sie einem Reporter, zu ihnen gesagt: »Überlegt mal. Überlegt, wie groß die Chancen sind, jemanden kennen zu lernen, der beim ersten Hinsehen attraktiv genug ist, um gerne mit ihm essen zu gehen. Und dann stellt euch das kleine Wunder vor, dass bei diesem Essen eine interessante Unterhaltung zustande kommt. Und dann stellt euch vor, ihr hättet einen ähnlichen Humor und euer Weltbild sei zwar ähnlich, aber dennoch unterschiedlich genug, um die Sache lebhaft und interessant zu gestalten. Und zu guter Letzt, dass euch die Art gefällt, wie er sich kleidet und wie er küsst. Und dass es dann, Gott bewahre, so weit ist, und ihr, oh Gott, mit ihm schlaft – und es ist fantastisch! Wie groß sind die Chancen? Sie sind minimal! *Minimal!* Es ist erstaunlich!«

Ebenso erstaunlich war, dass Julia und ein neuer Geliebter wieder einmal die gleichen Lebenserfahrungen hatten: Bratts Eltern hatten sich scheiden lassen, als er vier war, Julias Eltern auch. Ben, der am 16. Dezember 1963 in San Francisco geboren wurde, war das dritte von fünf Kindern von Peter Bratt, dem blonden, englisch-deutschen, ein Meter vierundneunzig großen Sohn des Broadway-Schauspielers George Bratt, und seiner Frau Eldy, einer ein Meter siebenundfünfzig großen, dunkelhäutigen peruanischen Indianerin.

1972, fünf Jahre nach der Scheidung im Jahr 1967 – Bens Mutter beschuldigte ihren Mann, einen Metallarbeiter, oft betrunken und gewalttätig zu sein –, machte Eldy sich mit ihren fünf Kindern zum Alcatraz Island auf. Die Bewegung der amerikanischen

Indianer hatte die Gefängnisinsel im November 1969 aus Protest gegen ihre Behandlung durch die US-Regierung besetzt. Der noch nicht neunjährige Ben verstand nicht, was es mit dem Protest auf sich hatte, aber er wusste, dass er gerne dort lebte. »Es war der perfekte Spielplatz. Cool, weil es an ein Spukhaus erinnerte.« Anderthalb Jahre später zog Eldy mit ihren Kindern zurück aufs Festland und hatte, wie Ben sagte, »große Probleme, die Grundversorgung zu sichern. Es war nichts Ungewöhnliches, dass das Wasser oder der Strom abgestellt wurde.« Als Ben ins Teenageralter kam, beschloss er, bei seinem Vater zu leben. »Ich glaube, ich rebellierte gegen das Laisser-faire meiner Mutter«, sagte er. »Ich brauchte eine feste Hand.«

Die fand er bei seinem Vater. »Bei ihm konnte ich mir keinen Mist erlauben. In meiner Erinnerung ist er die dröhnende Stimme Gottes.« Der Großvater, der mit James Cagney auf der Bühne gestanden und Gedichte sowie Fotografien veröffentlicht hatte, ermutigte Ben, Schauspieler zu werden. Ben wehrte sich zunächst dagegen, weil die Schauspielerei nicht zu seinem »Highschool-Image passte«. »Es war so was wie eine Mutprobe«, sagte er, und »den Ausschlag gab, dass sich mir die großartige Gelegenheit bieten würde, hinter dem Vorhang mit den Mädchen zu knutschen.«

Er studierte Schauspielerei an der University of California in Santa Barbara, machte seinen Abschluss mit Auszeichnung und nahm dann am American Conservancy Theater an einem Meisterkurs teil. Er bekam seine erste Chance, als ein Besetzungschef einen südländisch aussehenden Schauspieler für die Rolle eines Hilfssheriffs in einem *Juarez* genannten TV-Pilotfilm brauchte. Weder dieser noch ein weiterer Film, *Lovers, Partners & Spies*, wurde jemals gesendet, aber das Geld, das Bratt verdiente, beeindruckte ihn. »Für ein hungerndes Kind, ein Kind, das von der Wohlfahrt lebte, war ich reich. Und ich dachte: *Das ist kein schlechter Job. Vergiss das Diplom. Ich bleibe hier und sehe, was ich tun kann!*«

Gerade als er dabei war, Karriere zu machen, brach sein Vater aus Gründen, die Bratt nicht erklären möchte oder kann, den Kontakt mit ihm ab – eine schmerzliche Erfahrung. »Ich habe versucht, den Kontakt zu ihm wiederherzustellen«, sagte Ben Jahre später, »aber er reagiert nicht. Das tut mir sehr weh.«

1990 spielte Bratt in der ebenfalls kurzlebigen NBC-Serie *Nasty Boys* mit, die Dick Wolf produzierte, der später auch die Serie *Law & Order* schuf und produzierte. Im selben Jahr hatte Bratt seine ersten Filmrollen, zuerst in *Eine unhimmlische Mission*, dann in *Ketten aus Gold* mit Joey Lawrence und John Travolta, einem Film, in dem er einen brutalen Drogenhändler spielte. Zwei 1994 herausgebrachte Spielfilme machten ihn einem breiteren Publikum bekannt: In *Am wilden Fluss* mit Meryl Streep stellte er einen Ranger dar, der amerikanischer Ureinwohner war, und in *Das Kartell* mimte er einen US-Stabsoffizier, der vom CIA den Auftrag erhielt, mit seinen Soldaten Kolumbien zu infiltrieren. Kurz danach bekam er die Hauptrolle in der ABC-Miniserie *James A. Michener's Texas* (1995). Das war auch Bratts erstes Jahr als konservativer, elegant gekleideter Frauenschwarm Detective Reynaldo Curtis in *Law & Order*, einer Serie, die ihn zu einem großen Fernsehstar machte.

1997 half Ben bei der Produktion und spielte die Hauptrolle in dem wohlwollend aufgenommenen Low-Budget-Film *Follow Me Home*, bei dem sein Bruder Peter Regie führte, während in Hollywood sein Ruf wuchs als engagierter und eleganter Schauspieler und als »wirklich netter Kerl«, wie Dick Wolfe sich ausdrückte. Über Bratts Romanzen erfuhr man nicht viel. Von 1990 bis 1996 war er mit der Dokumentarfilmerin Monika McClure zusammen. Als die Schauspielerin Jennifer Esposito 1996 einen Gastauftritt in *Law & Order* hatte, begannen sie und Bratt eine Beziehung, die acht Monate später wieder zu Ende war. An dem Abend, als er Julia Roberts in Raouls Restaurant sah, war er wieder zu haben.

Sobald sie richtig mit Bratt zusammen war, beschrieb einer von Julias Freunden sie als »unglaublich glücklich. Die Beziehung ist etwas so Besonderes, dass keiner von uns sich dazu äußern möchte.« Julia sagte Reportern, sie sollten sie nicht nach Bratt fragen, denn sie könne eine Woche lang damit fortfahren, ihnen zu erzählen, wie wunderbar er sei. »Ich mag alles an ihm. Wir sind zusammen und wir lieben uns.«

Was die Gäste im Le Madri, einem Restaurant in der Nähe von Bratts Apartment in der 17. Straße in Manhattan, bestätigen konnten. Alle paar Wochen speiste das verliebte Paar dort. Sie kamen oft sehr spät und nahmen einen möglichst weit von der überfüllten Bar entfernten Tisch. Julia bestellte normalerweise Pasta mit Trüffelsauce. Was Ben betraf – na ja, da sagte ein Stammkunde: »Julia ist sein Lieblingsgericht. Er sieht selten auf die Speisekarte, so hin und weg ist er von ihr. Die beiden benehmen sich wie Turteltauben, sitzen dort hinten und küssen sich den ganzen Abend. Sie sind eindeutig sehr verliebt.«

Natürlich waren die Journalisten, was die Dauer von Julias jüngstem Ausflug in die Welt des Schwindel erregenden romantischen Glücks anging, eher skeptisch. In der Titelgeschichte der *People* Julia und ihr »detective« hieß es: »Auf Roberts und eine langfristige Beziehung sollte man nicht wetten.« Eine andere Publikation formulierte es boshafter: »Wir haben das alles schon mal gehört.« Julia war natürlich klar, dass viele die Augen verdrehten, wann immer sie über einen neuen Kavalier ins Schwärmen geriet. »Ich bin glücklich, aber manchmal zögere ich, das zu sagen, weil die Leute daraus folgern, dass ich es manchmal nicht gewesen sei, und ihre Meinung ›Tja, ich wusste es schon immer‹ dadurch bestätigt sehen. Aber ich bin glücklich, und das mehr und mehr.«

Trotz ihrer zahlreichen gescheiterten Romanzen beteuerte Julia 1999, dass Beziehungen »funktionieren können. Aber wenn du wirklich willst, dass sie funktioniert, dann darfst du nicht sagen, ›Ich gehe, weil ich die Presse satt habe‹ oder ›Ich kann nicht arbeiten, wenn ich mit dir zusammen bin!‹ Dann drückst du dich nur. Manche Männer und Frauen kriegen das einfach nicht hin. Aber ich behaupte, dass es möglich ist. Es gibt Leute mit Herz und Verstand, die den Unterschied zwischen dem eigentlichen Menschen und der öffentlichen Person sehen können. Nicht dass es leicht wäre. Nicht dass ich nicht in Situationen war, in denen ich gedacht habe: ›Oje! Das wird Tränen geben.‹«

Im Unterschied zu ihren vorhergehenden Beziehungen zog sie diesmal nicht mit ihrem Partner zusammen. Julia und Ben behielten beide ihre Apartments in Manhattan. Und sie sahen sich, wie immer, mit der großen Herausforderung konfrontiert, zwei erfolgreiche Schauspielkarrieren fortzuführen. Bratts band ihn an Manhattan, wo *Law & Order* gedreht wird, während Julias Filme sie an weit entfernte Drehorte führten, einschließlich London und Maryland in den ersten beiden Jahren der Beziehung.

Dennoch bezeichnete Bratt die Beziehung als »normal«, eine Beziehung, die »ausgewogen ist, weil sie auf dem Boden der Realität steht. Weil wir die Dinge, die uns wichtig sind, nicht nach außen tragen, diese einfachen Dinge, die jeder will: Frieden, Liebe, Sicherheit, Privatheit. Sie würden sich wundern, wie normal unser gemeinsames Leben ist. Wir können durch die Straßen von New York und San Francisco [wo Ben und Julia häufig seine Familie besuchten] spazieren und keiner belästigt uns wirklich. Wir haben keine Bodyguards dabei, weil allein das schon Aufsehen erregt. Wir verhalten uns eben wie ganz normale Menschen.«

Tatsächlich konnte Julia zum ersten Mal in ihrem Leben eine Romanze für längere Zeit aus dem Blickfeld der Öffentlichkeit heraushalten. Die Titelgeschichte der Zeitschrift *People* erschien erst im Januar 1999, mehr als ein Jahr, nachdem Julia und Bratt sich kennen gelernt hatten. Als Erklärung, warum die Paparazzi ihr nicht so nachstellten, wie sie es getan hatten, als sie mit Kiefer, Jason oder Lyle zusammen war, sagte sie lachend: »Ich glaube, er ist einfach ein übler Bursche und alle haben Angst vor ihm.« Und dann fügte sie ernsthafter hinzu: »Aber ich denke, als Team sind wir sehr gut mit der Aufmerksamkeit der Presse umgegangen, und ich glaube auch, dass die Leute, aus welchem Grund auch immer, mehr Respekt zeigen als früher.«

Als man ihr die unvermeidliche Frage stellte, sagte Julia: Die Ehe steht »nicht auf meiner Wunschliste. Rote Ferragamos-Schuhe würden da drauf stehen. Man wünscht sich Dinge wie [die Ehe] nicht – man lässt das Leben einfach seinen Lauf nehmen. Ich sehe die Ehe und Kinder nicht als Ziel an. Warum sind die Medien so ungeduldig? Die drängeln: ›Heirate, krieg Kinder, nun mach schon.‹ Versteht denn keiner, dass sich im Leben einfach irgendwie eins aus dem anderen entwickelt?«

Julias Karriere entwickelte sich jedenfalls und das Geld floss. Nach dem Erfolg von *Die Hochzeit meines besten Freundes* kletterte die Gage, die sie verlangte, auf 17 Millionen Dollar, die TriStar ihr geradezu aufdrängte, damit sie neben ihrer Freundin Susan Sarandon die Hauptrolle in *Stepmom – Seite an Seite* spielte, einem Schmachtfetzen à la Bette Davis, bei dem Chris Columbus *(Kevin – Allein zu Haus, Mrs. Doubtfire)* Regie führte. In diesem Film, dessen ursprüngliches Drehbuch von Gigi Levangie stammt, muss Isabel (Julia, die während der Dreharbeiten dreißig wurde), die eine Beziehung mit Luke (Ed Harris, der während der Dreharbeiten siebenundvierzig wurde), einem geschiedenen älteren Mann, eingeht, nicht nur mit dessen Kindern fertig werden, von denen sie abgelehnt wird, sondern auch mit dessen Ex-Frau Jackie (Susan, die während der Dreharbeiten einundfünfzig wurde). Jackie, die sich mit ihrem Ex das Sorgerecht für die Kinder teilt, hält Isabel für eine völlig unfähige Ersatzmutter, die ihre Kinder in Gefahr bringt. Der Kampf der beiden Frauen wird noch komplizierter und tränenreicher, als man bei Jackie Krebs diagnostiziert. Als Jackie klar wird, dass Isabel die Kinder wirklich gerne mag und die Einzige ist, die nach Jackies Tod die Mutterrolle einnehmen kann, findet eine Annäherung statt.

Julia gefiel der Titel nicht. »*Stepmom* klingt wie ein Monsterfilm. Da denkt man doch gleich, dass ein *schrecklich böser Mensch einem nachts die Kehle aufschlitzt.*« Columbus glaubte zuerst, es handele sich um eine Komödie. Vielleicht hatte er *Meine Stiefmutter ist ein Alien* im Kopf, ein Film, der tatsächlich als Drama über Kindesmisshandlung begonnen hatte. Sarandon fand den Titel »irreführend«, da Isabel Luke während des Films nicht heiratet. Das Kreativteam diskutierte andere Möglichkeiten, doch Columbus fand, dass die meisten »nach schlechten Seifenopern klangen. Keiner schlug einen Titel vor, auf den sich alle einigen konnten.« Also blieb es bei *Stepmom*. »Ich versuche, mich mit dem Gedanken zu trösten, dass ich *wirklich* schlechte Filme mit erstaunlichen Titeln gesehen habe«, sagte Julia. »Vielleicht beweisen wir also, dass ein schlechter Titel noch keinen schlechten Film macht.«

Stepmom – Seite an Seite war der erste Film, in dem Julia, seit sie ein Superstar geworden war, zusammen mit einer gleichermaßen berühmten Schauspielerin auftrat. Deswegen erwarteten einige Beobachter und erhofften vielleicht auch, dass die Fetzen flogen. »Machst du einen Film mit einem männlichen Star, nimmt jeder an, dass ihr miteinander vögelt. Ist es ein weiblicher Star, nimmt jeder an, dass ihr euch streitet«, bemerkte Sarandon treffend.

»Eigentlich«, fügte Julia hinzu, »haben Susan und ich irgendwie gehofft, dass die Leute sagen, wir *würden* miteinander vögeln. *Das* wäre doch mal herrliches Cocktailparty-Futter. Aber dies? *Langweilig.«*

Dies bezog sich auf die Tatsache, dass Roberts und Sarandon, seit 1992 enge Freundinnen und Koproduzentinnen von *Stepmom – Seite an Seite,* einfach gut miteinander auskamen. Sie hatten seit langem gehofft, einen Film zu finden, den sie zusammen machen könnten, aber in Hollywood gibt es schon selten genug Drehbücher mit einer starken weiblichen Hauptrolle, ganz zu schweigen von solchen mit zweien. Als Elaine Goldsmith-Thomas zufällig auf Gigi Levangies Drehbuch stieß, fanden Julia und Susan die Geschichte faszinierend, doch war das Drehbuch Julia zufolge »fehlerhaft« und Susan zufolge »unrealistisch«. Levangie konnte Susans Kritik nicht verstehen: »Ich *bin* Stiefmutter«, sagte sie. »Ich habe auf eigene Erfahrungen zurückgegriffen.«

Da Roberts und Sarandon – die 1995 für ihre Rolle als Nonne, die in *Dead Man Walking* einen zum Tode Verurteilten betreut, mit dem Oscar als beste Schauspielerin ausgezeichnet wurde – Interesse an dem Film zeigten, machte TriStar mehr Geld locker und ermöglichte damit den Produzentinnen, drei weitere Autoren zu engagieren, die sich an dem Drehbuch versuchen sollten. Schließlich wurde Ron Bass, nach dem Erfolg von *Die Hochzeit meines besten Freundes* einer der begehrtesten Drehbuchautoren Hollywoods, mit der abschließenden Überarbeitung beauftragt. Levangie hatte nichts dagegen: »Bei Ron Bass weiß man jedenfalls, dass aus dem Film was wird«, sagte sie.

Julia fand den Job als geschäftsführende Produzentin ein bisschen anstrengend. »Wenn ich vor *Stepmom – Seite an Seite* ein Drehbuch bis zum Ende der Dreharbeiten *zweimal* gelesen hatte, fand ich das schon ziemlich beeindruckend. Obwohl ich die Entwicklung *unglaublich faszinierend* finde, beschäftige ich mich nicht gerade gerne damit. Jedes Mal, wenn es eine neue Version gab, dachte ich: ›Oh, nicht schon wieder!‹«

Nachdem Bass das Ganze viermal umgeschrieben hatte, entschieden Julia und Susan sich dafür, den Film zu machen, und wählten Columbus als Regisseur aus. Dann, so sagte der Regisseur, begann der eigentliche Prozess des Umschreibens, an dem alle beteiligt waren. »In den ersten Entwürfen«, erzählte Sarandon, »wurden Julia und ich sofort dicke Freundinnen. Wenn du krank wirst, fängst du nicht an, dich über die Potenz deines Exmannes zu unterhalten.« Dieser Ansatz ließ auch wenig Raum für eine Entwicklung der Charaktere, ein Grundsatz des Geschichtenerzählens.

Selbst nach Beginn der Dreharbeiten in New York im Herbst 1997 wurde das Drehbuch noch weiterentwickelt, sowohl von den Schauspielern als auch dem Regisseur. »Manchmal sagte ich, ich hätte das Gefühl, dass an einer Szene irgendetwas nicht stimme, und [Chris Columbus] meinte: ›Was stimmt denn deiner Meinung nach nicht?‹ Und ich sagte: ›Ich will einfach, dass sie besser ist. Ich will, dass sie überzeugender ist. Ich glaube, sie sollte aggressiver sein. Oder was auch immer.‹ Es ist leicht, diese Wunschliste zu machen, aber du kriegst nicht immer, was du willst. Aber am nächsten Tag kamen wir zu den Proben und er teilte an alle kleine Szenen aus. Wirklich erstaunlich«, erinnerte sich Julia.

Don McAlpine, der Kameramann des Films, erinnerte sich: »Für Chris war es schon eine Herausforderung, weil er mit zwei Hauptdarstellerinnen arbeitete, die sich für dieses Projekt eingesetzt hatten, geschäftsführende Produzentinnen waren und sehr viel dazu beitragen wollten. Na ja, das war nicht schlecht, machte die Sache aber kompliziert, weil es oft, einschließlich seiner eigenen, drei verschiedene Interpretationen einer Idee gab und er versuchen musste, das Problem auf die bestmögliche Weise zu lösen. Ich glaube nicht, dass ihn das hemmte. Er nutzte es vielmehr zum Vorteil des Films und tat damit genau das, was er hätte tun sollen.«

»Ich hatte mir ein bisschen Sorgen gemacht«, gab Columbus zu, »dass ich mich mit Selbstgefälligkeit und ähnlichen Problemen würde herumschlagen müssen. Aber das musste ich nicht. Julia hatte nichts Anmaßendes. Sie legte nur einen gewissen Maßstab an, den wir ihren Bullshit-Maßstab nannten. Sie wusste immer, wenn etwas falsch oder unecht war, was zum Teil sicher daran liegt, dass sie schon so lange in New York lebt.«

Don McAlpine nannte *Stepmom – Seite an Seite* »einen im Prinzip leicht zu drehenden Film. Ich versuche, wann immer möglich, mich aus Diskussionen herauszuhalten. Wenn ich das Gefühl habe, dass ich in eine Situation gerate, die weder mir noch meiner Karriere dienlich ist, dann kehre ich der Sache den Rücken. Aber hier gab es weniger ›Diskussionen‹ und Probleme als in den meisten Filmen, bei denen ich mitgearbeitet habe. Chris Columbus ist ein sehr geschickter Diplomat, was jeder Regisseur sein muss, und er kriegte die Sache richtig gut hin.« Oft werden die Kameraleute damit konfrontiert, dass die Hauptdarstellerin eines Films eine genaue Vorstellung davon hat, wie die Beleuchtung sein sollte oder aus welchem Winkel sie am besten aussieht. Und da McAlpine es mit zwei dynamischen weiblichen Stars zu tun hatte, deren Aussehen auf der Leinwand von ihm abhing, hätte man es ihm sicher nachgesehen, wäre ihm ein wenig mulmig bei der Sache gewesen. Aber er stellte fest, dass weder Julia noch Susan besonders eitel waren.

»Susan spielte eine Frau, die an Krebs stirbt«, erinnerte sich McAlpine, »und das ist nicht ganz einfach, denn man will ja nicht vom ersten Tag an eine Totenmaske zeichnen. Das Ganze muss sich dahin entwickeln. Susan verlangte nicht, auf eine bestimmte Weise ausgeleuchtet zu werden oder jünger auszusehen oder so was. Aber manchmal hatte ich das Gefühl, dass das Drehbuch [in bestimmten Momenten] verlangte, dass sie so gut wie möglich aussah, in anderen jedoch offensichtlich nicht.«

Eine sterbende Frau zu spielen, sei schwierig, sagte Sarandon, auch wenn sie dafür bekannt ist, nicht eitel zu sein. »Ich will es mal so sagen. Es ist nie toll für dein Ego, wenn du aus der Maske kommst, und du siehst schlimmer aus als vorher.«

McAlpine gab zu, er sei, als er Julia Roberts das erste Mal in Person gesehen habe, »ein wenig enttäuscht« gewesen. Doch schon bald stellte er fest, dass »ihre Stärke darin bestand, wandlungsfähig zu sein – sie hat dieses wunderbare Gesicht, das, ich würde nicht sagen durchschnittlich oder normal aussieht, doch auch bestimmt kein klassisch schönes Gesicht ist. Aber wenn sie plötzlich lächelt oder einen anderen Gesichtsausdruck hat, ist die Wirkung dramatisch. Das ist für mich – neben vielen anderen Fähigkeiten – der Grund, warum sie ein großer Star ist.«

Für McAlpine war es in Bezug auf die Beleuchtung besonders wichtig, »ein bisschen vorauszuahnen, an welcher Stelle der Story sie diesen lebendigen Gesichtsausdruck bekam, und die Scheinwerfer so auf Julia zu richten, dass es besonders publikumswirksam war. Und wenn sie in einer nicht so positiven Phase war, konnte man weniger Licht verwenden oder einen Kamerawinkel herausarbeiten, der nicht so schmeichelhaft war. Ich versuchte im gesamten Film, diese Qualität, die sie hat, zu nutzen.« Julia war nicht immer mit McAlpines Entscheidungen einverstanden, aber sie ließ es ihn nie direkt wissen. »Sie kam nie zu den Tagesbesprechungen«, erinnerte er sich, »aber ihre Visagisten und Friseure waren immer da. Und manchmal machten sie Kommentare, die, wie ich wusste, von ihr stammten, ihre Bedenken ausdrückten. Manchmal waren sie hilfreich, manchmal nicht. Aber ich erhielt nie direkte Anweisungen. Wenn ich mal weniger Licht nahm, dann meinten sie, sie solle während des ganzen Film heller ausgeleuchtet werden. Ich sagte ihnen einfach, was ich dachte, und erklärte ihnen, was ich tat, und die Kommentare hörten auf. Es war ein dramatischer Film und es musste Wechsel geben – es war ja schließlich kein glanzvolles Musical.«

Trotz der engen Freundschaft mit Susan Sarandon war Julia unsicher, wie es sein würde, mit einer so angesehenen Schauspielerin zusammenzuarbeiten. »Ich erinnere mich an den ersten großen Probentag mit Susan. Plötzlich dachte ich, *Was, wenn sie mich beschissen findet?* Und zum ersten Mal kam mir da der Gedanke, *Oje, die Sache könnte schlecht ausgehen.«* Sarandon leugnete nicht, dass sie sich nicht ganz sicher war, wie es sein würde, mit Julia zu arbeiten. »Wäre sie unprofessionell oder nicht in der Lage gewesen, ihren Part zu spielen, hätten wir ein Problem gehabt.« Natürlich war das nicht der Fall. Dennoch fand Julia es seltsam, sich mit einer ihrer besten Freundinnen in den Haaren zu liegen. »Wenn wir die Dialoge durchgingen, schien es Geplänkel zu sein … Aber in den Proben ging Susan schnell zum Angriff über. Ich glaube, sie hat es unglaublich genossen.«

Sarandon bestätigte das. »Irgendwie kriege ich nie die Chance, böse zu sein, und es hat mir wirklich Spaß gemacht, gemein zu sein.« Julia war nicht ganz so glücklich. Sie erinnerte sich, dass sie sich fragte: *Warum habe ich das Gefühl, das mein Leben außer Kontrolle gerät?* »Und dann wurde mir klar. *Oh, es hat damit zu tun, dass ich den ganzen Tag zusammengeschissen wurde* … Manchmal ging Susan vom Set [nach einer Szene] und ich sagte: ›Ein bisschen zu gut. Einfach ein bisschen zu gut.‹ Sie ist unheimlich stark, hat diese großartige Präsenz.« Susan betonte, dass dennoch keine von beiden die Boshaftigkeit der anderen persönlich genommen habe. »Das Gute daran, Schauspieler zu sein, ist, dass du dich nicht selbst spielst.«

Als Julias dreißigster Geburtstag näher rückte, sagte sie: »Kurioserweise lief alles auf diesen Tag hinaus. Es begann mit dem Magazin *InStyle*, und das brachte mich einfach auf die Palme. Ich war auf der Titelseite der *Juli*ausgabe mit der Überschrift Julia wird dreißig. Und ich dachte: ›Yeah, im *Oktober*.‹ Ich verspürte dann diesen Druck. Ich glaube nicht, dass Brad Pitt so eine Überschrift gekriegt hätte. Aber je näher mein Geburtstag rückte, desto größer wurde dieses Glücksgefühl bis hin zu dem Punkt , an dem ich dachte: ›Wenn ich gewusst hätte, wie toll es ist, dreißig zu werden, hätte ich das gemacht, als ich fünfundzwanzig war!‹«

Julia sagte, in diesem reifen Alter könne sie es genießen, Verantwortung für ihr Leben zu übernehmen. »Aber wenn du jünger bist, hast du mehr Angst vor Verantwortung und davor, die falschen Entscheidungen zu treffen. Es gibt wahrscheinlich nichts, mit dem ich nicht fertig werde. Mit jeder Situation, mit jeder Art von Krise – ob persönlicher, beruflicher, direkter oder indirekter –, die ich verursacht habe oder in Ordnung bringen muss, kann ich umgehen. Ich bin in der Lage, mit allem fertig zu werden.«

Im Themenpark Six Flags in New Jersey veranstalteten zweihundert ihrer Freunde und Kollegen an einem Wochenende ohne Dreharbeiten an *Stepmom – Seite an Seite* eine Party für sie: Sie aßen Chicken Fingers und überhäuften Julia mit Geschenken. Jena Malone, die 13-jährige Schauspielerin, die ihre Stieftochter Anna spielte, schenkte ihr ein Gummientchen, »damit sie ihre Kindheit nicht vergaß«, und ein Buch mit Ratschlägen dazu, wie man den dreißigsten Geburtstag überleben kann. Wider bessere Einsicht ließ Julia sich dazu überreden, Achterbahn zu fahren. »Alle«, so Malone, »wollten, dass sie es tat, weil sie das Geburtstagskind war. [Aber] als sie ausstieg, weinte sie, weil sie solche Angst gehabt hatte.«

»Ich fühlte mich sauwohl«, kommentierte Julia ihren Dreißigsten. »Ich fand es einfach herrlich. Meine Zwanziger waren wunderbar, aber der Tag, an dem ich dreißig wurde, war vielleicht der glücklichste meines Lebens. Ich fand, er stand mir zu. Ich hatte das Gefühl, dieses große Geschenk, dreißig zu sein, verdient zu haben.« Es konnte kaum einen Zweifel daran geben, dass Julia nach fast zehn stürmischen Jahren als Filmstar zu sich gefunden hatte. Es gab noch immer ein paar, mag sein auf ihre Kindheit zurückzuführende Unsicherheiten, aber sie konnte jetzt viel besser damit umgehen. Es kam noch immer vor, dass sie überreagierte, um einem Fotografen oder Fan auszuweichen, aber ebenso häufig konnte sie liebenswürdig und entgegenkommend sein. »Sie verhielt sich wie ein Reh im Scheinwerferlicht«, fasste Garry Marshall das Ganze zusammen. »Jetzt hält sie das Auto an.«

Don McAlpine hatte gute Erinnerungen an die Zusammenarbeit mit Julia. »Man muss sie einfach gern haben. Sie gehört gewiss zu den Leuten, die es kennen zu lernen lohnt. Ich freute mich riesig, die Chance zu haben, die Bekanntschaft einer guten Schauspielerin und eines wirklich netten Menschen zu machen. Die Julia hinter der Leinwand ist der Julia auf der Leinwand sehr ähnlich, und sie bringt ihre Qualitäten auf der Leinwand voll zur Geltung … Ich habe sie ziemlich gut kennen gelernt, und es war einfach erstaunlich, mitzuerleben, dass diese schöne, wunderbare Frau hinter der Leinwand genauso reizend war wie auf der Leinwand.«

Die Freundschaft mit Susan Sarandon war für Julia eine große Hilfe gewesen und hatte dazu beigetragen, dass sie schneller erwachsen wurde. »Ob ich bei ihr zu Hause war und über mein erbärmliches Leben gejammert habe? Natürlich habe ich das. Und hat sie das Problem gelöst? Sie hat mich wahrscheinlich zum Lachen gebracht. Einige Freunde machen alles nur noch schlimmer, wenn ich mitten in einer Krise stecke, weil sie sich so verzweifelt bemühen, mir zu helfen. Susan ist ganz anders. Sie strahlt Ruhe aus.«

In Bezug auf Ratschläge sagte Susan: »Mir hilft es immer, wenn jemand Fragen stellt, weil ich dann die Dinge aus einer anderen Perspektive sehe. Am schnellsten ruiniert man eine Freundschaft, wenn man jemandem sagt, was er tun soll, vor allem dass er jemanden verlassen sollte.« Susan fasste auch prägnant Julias Sexappeal zusammen. »Julia vermittelt dir schon mit ihrer Körpersprache, dass sie das Leben hereinlässt. Ich glaube, das ist es, was die Leute als sexuell interpretieren, eine Offenheit, die sagt: ›Ich kann hier Probleme kriegen, es kann mir das Herz brechen, aber ich würde es dennoch gerne versuchen.‹ Julia strahlt dies im wirklichen Leben und auf der Leinwand aus, und ich glaube, wenn die Leute sie sehen, dann denken sie: *Hier habe ich eine Chance!*«

Als die Dreharbeiten für *Stepmom – Seite an Seite* beendet waren, konnten Julia und Ben einige Zeit gemeinsam verbringen, bevor Julia nach London zu den Dreharbeiten für *Notting Hill* aufbrach. Längere Trennungen und viele Filmtermine blieben für das Paar ein ständiges Problem. So erzählte Julia Liz Smith in *Good Housekeeping:* »Das Ganze ist wirklich ein Balanceakt, aber das ist ja immer so, wenn zwei Menschen beruflich sehr eingespannt sind – na ja, wer kauft heute die Lebensmittel ein, oder wer hat Zeit, dieses oder jenes zu erledigen? Aber irgendwie findet man die Zeit zwischendurch.« Julia wiederholte in diesem Interview, dass sie »auf jeden Fall Kinder will«, und sagte über Benjamin: »Wenn Menschen [ihm] begegnen, und sei es nur für eine Minute, haben sie das starke Gefühl, dass er ein liebenswürdiger, großartiger Mensch ist. Und damit haben sie völlig Recht.«

Bratt äußerte sich gleichermaßen überschwänglich über Julia und war optimistisch, dass sie das Problem, das ihrer beider Karrieren für die Beziehung darstellte, lösen könnten. »Das, was ich über Julia zu sagen habe, könnte ich unmöglich in zwei oder drei Sätze packen. Sie ist eine unglaubliche Frau.« Obwohl er einmal behauptet hatte, »Fernbeziehungen könnten nicht funktionieren«, meinte er nun, Julia und er könnten das Problem in den Griff bekommen, indem sie reisten. »Wo immer sie hingeht, werde ich ihr folgen und umgekehrt. Wir sind zusammen. Trotz all der Komplexität und des scheinbaren Chaos in ihrem Leben, ist sie auch ein sehr einfacher Mensch«, fügte Bratt hinzu. »Einfach auf die wunderbarste Weise: Großzügig, gefühlvoll, humorvoll, liebevoll – lauter Eigenschaften, die mir wichtig sind.«

Wann also würden sie das Datum festlegen? Bratt sagte, sie hätten nicht die Absicht. »Wir wissen beide, dass wir eine unheimlich intensive Beziehung haben. Und das zu wissen, genügt.«

KAPITEL 33

Jedes Mal wenn Hugh Grant sich an seine erste Begegnung mit Julia Roberts erinnert, ist sofort das Gefühl der Verlegenheit wieder da. 1992 gehörte Grant, ein gut aussehender Schauspieler, der auf charmante Weise den Eindruck vermittelte, er sei gerade aus dem Bett gestiegen, zu denjenigen, die in London für die Titelrolle in *Shakespeare in Love* vorsprachen. Obwohl Grant seit zwölf Jahren Schauspieler war und in fünfzehn Fernseh- und Spielfilmen mitgewirkt hatte, einschließlich *Maurice* (1987) und *Verliebt in Chopin* (1991), in dem er den großen Komponisten spielte, sollte es noch zwei Jahre dauern, bevor er die Starrolle in *Vier Hochzeiten und ein Todesfall* bekam.

»Ich war damals ein erbärmlicher Schauspieler, der so gut wie nie Arbeit hatte«, erzählte Grant. »Ich erinnere mich, dass es mich so einschüchterte, mit [Julia] in einem Raum zu sein, dass ich vor lauter Aufregung, als ich mich hinsetzen wollte, nicht im Sessel landete, sondern auf der *Armlehne.* Und dann konnte ich mich nicht entscheiden, ob ich sagen sollte: ›Ich habe mich daneben gesetzt‹, oder ob ich so tun sollte, als sei ich wirklich ein etwas schrulliger Typ, der *immer* auf der Armlehne sitzt.«

Julia, die seine extreme Nervosität spürte, sagte ihm, er solle in zwei Wochen zum Vorsprechen kommen. Weder Julia noch Hugh wirkten in diesem Film mit, aber als sie sich 1997 wiedertrafen, um eine Zusammenarbeit in *Notting Hill* zu diskutieren, war Grant ein Star, der, nachdem er 1995 in einer Seitenstraße des Sunset Strip in L.A. mit einer Prostituierten im Wagen aufgefallen war und festgenommen wurde, eine etwas traurige Berühmtheit erlangt hatte. Und dieses Mal war Grant bereits mit dem Projekt vertraut, da das Drehbuch zu *Notting Hill* von Richard Curtis stammte, der auch *Vier Hochzeiten und ein Todesfall* geschrieben hatte.

Julia hatte *Vier Hochzeiten und ein Todesfall* sehr gut gefallen. »Ich habe ihn mir zusammen mit meiner Schwester angesehen. Und ich hatte wirklich einen unglaublich miesen Tag. Es hätte nicht schlimmer sein können. Ich hätte mich nicht schlechter *fühlen* können, nicht schlimmer *aussehen* können, das Leben nicht *beschissener* finden können als in diesem Moment.

Wir gingen also ins Kino, und während des Films verflog plötzlich meine schlechte Laune. Etwas Lustiges passierte und normalerweise hätte ich etwa so gelacht: ›Ha ha ha.‹ Aber an diesem Tag war es eher ›HAHAHAHAHA!!!‹ So, dass die Leute sich umdrehten. Als wollten sie sagen: *Dieses* Mädchen amüsiert sich gut ... Ich lachte hysterisch, wurde dann still und lachte wieder. Ich quiekste und schrie wie ein Schwein.«

In Curtis' neuem Drehbuch ging es um Anna Scott, die berühmteste Schauspielerin der Welt, und ihre unwahrscheinliche Romanze mit William Thacker, dem schüchternen Besitzer einer Fachbuchhandlung für Reiseliteratur, den sie während einer Promotiontour nach London für ihren jüngsten Film kennen lernt. Curtis sagte, die Idee zum Film sei in schlaflosen Nächten entstanden. »Wenn ich nachts nicht schlafen konnte, habe ich mich manchmal gefragt, wie es wohl wäre, wenn ich einfach bei meinen Freunden, bei denen ich einmal pro Woche zu Abend aß, mit der damals berühmtesten Person, sei es Madonna oder Prinzessin Diana, auftauchte. Aus diesem Gedanken entwickelte sich alles. Wie würden meine Freunde reagieren? Wer würde versuchen, cool zu bleiben? Wie würde man das Essen überstehen? Was würden sie anschließend zu dir sagen? Das war der Ausgangspunkt, die Idee, dass eine ganz normale Person mit einer unglaublich berühmten Person ausgeht, und wie sich diese Situation auf ihr Leben auswirkt.«

Obwohl Curtis sagte, die Filmfigur Anna Scott sei nicht Julia nachempfunden, sondern eher eine Kombination aus Grace Kelly und Audrey Hepburn, war Julia für alle am Film Beteiligten die erste Wahl: für Grant, Curtis und den Regisseur Roger Michell *(Der Buddha aus der Vorstadt)*. So schrieb Ned Zeman in der *Vanity Fair:* »Wer könnte den geheimnisvollsten, unerreichbarsten und einschüchterndsten Star besser spielen als der geheimnisvollste, unerreichbarste und einschüchterndste Star der Welt?«

Michell bezweifelte, dass sie eine große Chance hätten, den

Film mit Julia zu machen – vor allem weil die von ihr verlangte Gage von 17 Millionen Dollar aus einem Filmbudget von 38 Millionen Dollar nicht zu bezahlen war. Dennoch schickten sie ihr das Drehbuch und fühlten sich sehr ermutigt, als Elaine Goldsmith-Thomas ihnen sagte, es sei die beste romantische Komödie, die sie je gelesen habe. Da Elaine das Drehbuch sehr empfohlen hatte und der Autor Curtis war, der neben *Vier Hochzeiten und ein Todesfall* einige der lustigsten britischen Fernsehserien – unter anderem *Blackadder, The Vicar of Dibley, Mr. Bean* und *Spitting Image* – geschrieben hatte, war Julia zunächst sehr neugierig auf das Drehbuch. Doch als Elaine ihr eine knappe Zusammenfassung der Charaktere und des Plots gab, meinte sie: »Hu! Warum sollte ich einen großen Filmstar spielen wollen? Die Sache klingt einfach langweilig.« Elaine drängte sie, das Drehbuch zu lesen, und: »Schon nach den ersten paar Seiten, von dem Moment an, wo sie sich zum ersten Mal in dem Buchladen begegnen und dann auf der Straße aufeinander treffen, war ich gefesselt. Richard Curtis geht fantastisch mit Sprache um.«

Das Drehbuch war tatsächlich unglaublich geistreich, aber Julia legte sich nicht fest, bevor sie nicht Curtis, Michell und deren Produzenten Duncan Kenworthy getroffen hatte. Die drei Männer fühlten sich bei der Aussicht, Julia Roberts am 31. Juli 1997 im Four Seasons Hotel in New York zu treffen, wie nervöse Schuljungen. »Wir drei teilten uns eine Suite«, erinnerte sich Curtis, »und gingen alle woanders hin – ich ins Badezimmer, Duncan ins Vorzimmer und Roger ins Schlafzimmer. Nach zehn Minuten tauchten wir alle wieder auf und trugen zum ersten Mal in unserem Leben einen Anzug. Es war eine außergewöhnliche Erfahrung, Julia Roberts, die an einem Tisch im Speisesaal auf uns wartete, leibhaftig vor sich zu sehen. Sie war zehn Jahre jünger als wir – ja sogar zwanzig Jahre jünger als einer von uns – und hatte doch so offensichtlich das Heft in der Hand, dass es schon beängstigend war.«

Obwohl die Männer dachten, das Treffen sei gut verlaufen, legte Julia sich immer noch nicht fest. Sie lud sie zu ihrem Auftritt in *The Late Show with David Letterman* an diesem Abend ein. Nach der Aufnahme gab Julia Michell einen Kuss und sagte:

»Viel Glück mit deinem Film.« Michell war sich sicher, dass sie eigentlich meinte: »Ruf mich nicht an, ich melde mich bei dir.«

Curtis empfand die Rückfahrt zum Hotel als »die schlimmsten zehn Minuten meines Lebens. Ich saß einfach auf dem Rücksitz, atemlos und entsetzt, und sagte schließlich: ›Habt ihr zwei gehört, was sie gesagt hat?‹« Zwei Tage später erklärte Julia sich jedoch einverstanden, bei dem Projekt mitzumachen, und das für weit weniger als ihre übliche Gage, die sie selbst »ein absurdes Gehalt« genannt hat. Sie würde gerne, wie sie sagt, »als jemand bekannt sein, der einfach Dinge tun möchte, die interessant, reizvoll und erstklassig sind. Wenn die Leute, die solche Projekte machen, kein Geld haben, sollten sie wissen, dass das kein Problem darstellt. Aber wenn ein Studio mich bittet, bei irgendeinem Film mitzuspielen, den ich für gut halte, und die haben unglaublich viel Geld, dann müssen sie mich auch gut bezahlen. Denn so funktioniert der Markt. Es hat nichts mit mir als Person zu tun.«

Die Dreharbeiten begannen am 17. April 1998 in Londons Stadtviertel Notting Hill, in dem Curtis wohnt. Grant sagte, er sei »total nervös« gewesen, war ihm sein Verhalten beim ersten Treffen mit Julia doch nach wie vor peinlich. »Ich glaube, das Gefühl, das du hast, wenn du jemanden zum ersten Mal siehst, lässt dich nicht so leicht los. Ich hatte ziemlichen Bammel, und ich muss sagen, ganz losgeworden bin ich die Angst nie.« Was dem Kreativteam nicht anders ging. Als Michell dachte, Julia sei zu stark geschminkt, fürchtete er sich, es ihr zu sagen, und brachte nur flüsternd heraus: »Äm … würde es dir sehr viel ausmachen, dir das Gesicht zu waschen?«

Andererseits fühlen sich viele amerikanische Schauspieler durch britische Schauspieler eingeschüchtert, weil die gewöhnlich mit Shakespeare aufgewachsen sind und, wie Patrick Stewart sagte, »jahrelange Bühnenarbeit« hinter sich haben, »bevor sie eine Kamera sehen«. Julia bildete da keine Ausnahme. Angst machte ihr auch die fast übernatürliche Beziehung zwischen Grant und Curtis, die Kenworthy wie folgt kommentierte: »Hugh gehört zu den wenigen Schauspielern, die Richards Texte perfekt sprechen können, so als würde er Richards innere Rhythmen erspüren.« Und Michell fügte hinzu: »Hugh spielt die von

Richards geschriebenen Rollen besser als jeder andere, und Richards schreibt Rollen für Hugh besser als jeder andere. Ich glaube, diese Autoren/Schauspieler-Ehe wurde im Himmel geschlossen.«

Julia war auch beeindruckt von den britischen Charakterdarstellern, die Thackers Freunde spielten, einschließlich der wunderbaren Emma Chambers, die die Honey spielte. »Ich habe einfach großen Respekt vor den Leistungen in diesem Film«, sagte Julia.

Vielleicht hat Julia zu der Beklommenheit, die ihre Kollegen ihr gegenüber empfanden, noch beigetragen, als sie in London mit ihrer Hantelbank, einem Laufband, einer Coiffeuse, einer Maskenbildnerin und ihrer eigenen Garderobiere anreiste. Aber die *Notting-Hill*-Truppe fand schnell das Gleiche heraus wie andere Kollegen Julias. »Sie hatte keine Superstar-Allüren«, sagte die Haar- und Make-up-Designerin Jenny Shircore, die auch bei *Mary Reilly* mit Julia gearbeitet hatte. »Julia spricht mit allen. Sie nimmt Anteil an unserem Leben.«

Julia spürte, dass die Ehrfurcht, die der Hauptdarsteller vor ihr hatte, ein Problem darstellte. »Ich weiß, dass er ein netter Kerl ist, aber für ihn war ich eine Diva. Er konnte mich nicht als Schauspielerin betrachten, aber vielleicht trug diese Spannung zum Ton des Films bei.« Als sie sich im Laufe der Dreharbeiten jedoch besser kennen lernten, waren sie beide voller Bewunderung füreinander. »Es hat Spaß gemacht, mit Hugh zu arbeiten«, sagte sie. »Wir hatten sehr viel Spaß zusammen, haben viel herumgeflachst und uns sofort gut verstanden. Vom ersten Probentag an habe ich gedacht: *Wir werden gut miteinander auskommen* – und das stimmte.« Grant seinerseits fand, dass Julia »viel herumalberte und stellte fest, dass man sie gut aufziehen konnte. Und ich mochte sie einfach sehr gerne.«

Julia erfuhr von einer wenig bekannten Eigenart Grants während einer Kussszene. »Selbst wenn ich die Schauspielerin nicht wirklich mag«, erklärte Grant, »erregt mich die Sache immer. Manchmal musste ich den Regisseur darum bitten, die dritte Aufnahme noch hinauszuzögern, weil ich darauf warten musste, dass die Erregung nachlässt. Es gab eine Szene, bei der ich im

Zimmer auf und abgehen und darauf warten musste, dass ich mich wieder beruhigte. Das kann sehr peinlich sein.« Jemand vom Set sagte: »Julia konnte nicht glauben, was während der Liebesszene passierte. Es war ihr sehr peinlich, und Hugh erst recht.«

Dennoch, später nahm Grant Julia in einem Interview ins Gebet, weil sie behauptet hatte, sie und Anna Scott hätten nichts – *überhaupt nichts!* – gemeinsam. »Entweder macht sie sich was vor oder sie lügt«, sagte Grant in einem Interview freiheraus. »Es gab Momente in diesem Film, in denen sie etwas sagte, das, wie ich spürte, aus ihrem tiefsten Inneren kam.« Es lässt sich nicht leugnen, dass Anna in diesem Film bestimmte Dinge sagt, die einen an Julia denken lassen, aber in den meisten Fällen spricht sie über Probleme, mit denen jeder Superstar oder jede gleichermaßen gefeierte Person konfrontiert wird.

Angenommen Julia wurde korrekt zitiert, dann hat sie sich zu diesem Thema widersprüchlich geäußert. In der Zeitschrift *Vanity Fair* hieß es, sie habe sich beim Lesen des Drehbuchs sofort Sorgen gemacht, jeder werde denken, sie spiele einfach sich selbst. Und dann erklärte sie: »Nun, da jeder annehmen wird, dass es hier um mich geht, werde ich einfach ein bisschen Urlaub in Europa machen und drei Monate lang *ich selbst* sein.«

Später sagte sie: »Ich weiß nicht, ob es sich hier um Dummheit oder Naivität handelt, aber es ist mir nie in den Sinn gekommen, die Leute könnten denken, ich spiele mich selbst. Aber in zwei Tagen haben mich fünfundsiebzig Leute gefragt: ›Spielst du dich selbst? Wo sind die Ähnlichkeiten?‹ Und ich bin völlig erstaunt. Ich meine, erstens ist es doch völlig langweilig, sich selbst zu spielen, und zweitens eine Anmaßung zu denken, ich sei so interessant, dass es in diesem Film um mich geht.« Vielleicht war es weder Dummheit noch Naivität, sondern Bescheidenheit. Ob es sich dabei um echte oder falsche Bescheidenheit handelt, hängt davon ab, wie man Julia wahrnimmt.

Die Wahrscheinlichkeit, dass es Julia in den Sinn kam, hier jemanden zu spielen, der ihr sehr ähnlich war, zeigt ein weiteres *Vanity Fair*-Zitat zu den Dreharbeiten: »Ich dachte, ich würde bekanntes Terrain betreten, musste mich aber schließlich doppelt so viel anstrengen, weil ich überhaupt nicht darauf vorbereitet war, mich anstrengen zu müssen.« Eine abschließende Analyse ergibt, dass Julia Roberts und Anna Scott viele Gemeinsamkeiten haben, dass es aber auch vieles gibt, was sie voneinander unterscheidet. Mit den Unterschieden hatte Julia einige Probleme, vor allem in dem Moment, als Anna sich vor der Presse versteckt, nachdem die Boulevardzeitungen vor Jahren aufgenommene Nacktfotos von ihr veröffentlichen. »Ich fand es nicht richtig, was sie tat«, sagte Julia. »Ich konnte nicht verstehen, wie sie in diese Schwierigkeiten geriet. ... Mir wäre so etwas nie passiert. ... Ich war mit dem *ganzen* Zeugs nicht einverstanden.«

Wann immer Julia mit dem Regisseur darüber sprach, dass sie Probleme mit Annas Handlungen oder Beweggründen hatte, antwortete Michel: »Anna Scott – *andere Person.*« Julia fand auch schon bald, dass ihre Rolle *lustiger* sein sollte, vor allem weil sie von all diesen komischen britischen Schauspielern umgeben war. »Julias Part war anfangs tatsächlich ein wenig dünn ausgefallen«, gibt Produzent Kenworthy zu. Michell sagte, es habe zehn Drehbuchentwürfe gegeben, bevor man mit den Dreharbeiten begann. Im endgültigen Drehbuch hat Julia nicht so viele lustige Zeilen wie die anderen, aber die, die sie hat, sind unbezahlbar – und oft auf clevere Weise irgendwie mit ihrer Vergangenheit verknüpft.

In einer der vielen irrsinnig komischen Szenen des Films erzählt Anna, die gerade ein Eis isst, William, ihr Vertrag enthalte Konditionen, was Nacktszenen angehe. (Julias Verträge auch.) »Jemand doubelt deinen Hintern?«, fragt William.* Als sie Ja sagt, fragt er weiter: »Gibt es Leute, die in Versuchung geraten, sich für einen besseren Hintern als ihren eigenen zu entscheiden?« Und Anna antwortet: »Ja, ich meine, ich schon ...«

Am Morgen nachdem Anna und William miteinander geschlafen haben, wiederholt Anna die berühmte Zeile, die Rita Hayworth sagte, nachdem sie 1946 die erotische, verführerische Titelheldin im Film *Gilda* gespielt hatte: »Die Männer gehen mit

---

* Schon allein Grant diesen Satz mit seinem britischen Akzent sprechen zu hören, lohnt den Eintrittspreis.

Gilda ins Bett, wachen aber mit mir auf.« Julia muss befürchtet haben, das Publikum würde hören: »Die Männer gehen mit Pretty Woman ins Bett, wachen aber mit mir auf.«

»Ich äußere mich nicht gerne negativ über das, was Richard geschrieben hat«, sagte sie, »aber ich *hasste* diese Zeile. Sie klang wie das Quietschen von Kreide auf einer Schultafel. Ich glaube wirklich *kein* Wort davon.« Doch trotz Julias Einwand wurde die Zeile nicht gestrichen.

Die meisten der Darsteller und der Filmcrew empfanden das Anna-Julia-Rätsel als »surreal«, um es mit dem Wort auszudrücken, das sowohl Grant verwendete als auch die Figur, die er verkörperte. Nachdem sie sich die Aufnahmen von Julias erster Szene angesehen hatten, in der Anna Scott breit lächelnd bei einer glanzvollen Hollywood-Premiere erscheint, während Elvis Costello »She« singt, passierte, wie Curtis sich erinnerte, Folgendes: »Wir sagten: ›Oh, verdammt! *Mit der* haben wir es hier zu tun.‹ Wenn du es mit einer sehr vernünftigen, reizenden, entspannten, 30-jährigen Frau zu tun hast, vergisst du sehr leicht, dass es sich auch um Julia Roberts handelt, an die man zehn Jahre zuvor nie herangekommen wäre. Es war irgendwie verrückt, als uns klar wurde, dass die Frau, mit der wir es hier zu tun hatten, tatsächlich beides war: diese entspannte Person und diese unerreichbare Ikone, von der es so viele Fotos gibt.«

Hunderte von Paparazzi belagerten die Drehorte von *Notting Hill*, und als Ben Bratt nach London kam, um Julia während einer Drehpause zu *Law & Order* zu besuchen, war endgültig der Teufel los, was das Ganze nur noch bizarrer machte.

Als Ben etwa einen Monat später zu einem weiteren Wochenendbesuch nach London kam, überraschte Julia ihn mit einem Mietauto, mit dem sie zum Heathrow Airport gebracht wurden, wo sie ein Privatflugzeug bestiegen, um zur romantischen Insel Capri im Mittelmeer zu fliegen. Und dort gab Julia angeblich 150 000 Dollar dafür aus, ein Privatboot zu leihen. Freunde erzählten, Ben habe Julia inzwischen »Geldverschwenderin« genannt und gesagt, er habe noch nie eine Frau gekannt, die so mit dem Geld um sich werfe wie sie.

Ein Fotograf erwischte die beiden beim Mittagessen in einem Straßencafe. Julia trug eine Anglerkappe und studierte ihren Neapel-Reiseführer, Ben fütterte sie über den Tisch hinweg mit irgendetwas, und die beiden küssten sich, über eine Flasche Mineralwasser gebeugt. Die australische Zeitschrift *Woman's Day* veröffentlichte die Fotos mit der Überschrift: Erst zum Altar und dann auf Hochzeitsreise, und der Einleitung: *»Belissima!* Das ist das einzige Wort, das Julia Roberts und ihren neuen Ehemann, den *Law-&-Order*-Star Benjamin Bratt, beschreibt, die auf der wunderschönen italienischen Insel Capri ihre Flitterwochen verbringen.«

Falschissimo! Glücklicherweise überprüfte die amerikanische Presse das Gerücht, Julia habe geheiratet, und stellte fest, dass da nichts dran war, bevor sie ebenfalls diesen Unsinn verbreitete.

Eine Schlüsselszene in *Notting Hill* – und die Idee, die Richard Curtis zu diesem Drehbuch inspirierte – ist ein Geburtstagsessen für Williams Schwester, zu dem er Anna mitbringt, ohne es vorher jemandem zu sagen. Die Szene ist unglaublich lustig. Williams Schwester flippt aus, andere Gäste lässt es völlig cool. Wieder andere tun so, als würde es sie cool lassen, und einer hat wirklich keine Ahnung, wer Anna Scott ist. »Was machen Sie beruflich?«, fragte er. »Ich bin Schauspielerin«, antwortet sie, und der Gast sagt, es sei sicherlich harte Arbeit und die Gage »ein Skandal«.

»Manchmal.«

Dann fragt er sie, wo sie vorrangig mitspiele.

»Vor allem in Filmen.«

»Oh, großartig. Oh, sehr gut! Wie sieht's mit der Bezahlung bei Filmen aus? Ich meine, wie viel haben Sie für Ihren letzten Film bekommen?«

»15 Millionen Dollar.«

Er sieht sie wie vom Donner gerührt an. »Oh. Da kann man nicht meckern.«

Als wunderbares Beispiel dafür, wie das Leben die Kunst und die Kunst das Leben imitiert, bat die Zeitschrift *Marie Claire* Julia, kurz bevor *Notting Hill* in die Kinos kam, diese Szene bei einer Dinnerparty in Manhattan nachzuspielen. Man fand den 32-jährigen unverheirateten Buchhändler Sasha Jarolim, dem man nur gesagt hatte, die Zeitschrift wünsche, dass er sechs Freunde zum Abendessen einlade, und sie werde ihm ein Rendezvous besorgen. Als Julia zum verabredeten Zeitpunkt auftauchte, erkannte ein völlig überwältigter Sasha sie sofort. »[Aber] Sasha bleibt überraschend gefasst – das heißt, bis sie lächelt … Sasha schmilzt sichtlich dahin. ›Ich war sprachlos. Ich konnte nur eins denken. *Sag irgendwas, mach dich nicht zum Trottel und bleib so gelassen wie möglich.*‹«

Julia gab zu, ein bisschen Angst vor diesem Abend gehabt zu haben, was sich, wie die Zeitschrift berichtete, in ihrem Verhalten zeigte. »Sie hat Schwierigkeiten, mit Sasha Blickkontakt zu halten. Sie sitzt auf einer Couch ihm gegenüber und ihr Körper scheint mit sich selbst uneins zu sein. Der Oberkörper ist steif und praktisch statisch, die unteren Extremitäten hingegen ständig in Bewegung. Unaufhörlich schlägt sie die eleganten Beine übereinander.«

Der erste Gast, ein Mathematikprofessor namens Brian, traut seinen Augen nicht, als er Julia vorgestellt wird. Als sie ihn fragt, mit welchem Forschungsbereich er sich gerade befasse, sagt er: »Differenzialgleichungen«, und Julia meint mit ernster Miene: »Das hatte ich mir fast gedacht.« Die nächsten Gäste, Denis und seine Freundin Alida, reagieren sehr unterschiedlich. Denis, gewöhnlich ein cooler Typ, stottert, als er dem Star vorgestellt wird. »Wenn Leute mich kennen lernen«, sagte Julia, »dann zeigt sich ihre Nervosität auf die unterschiedlichste Weise. Einige schütteln mir zu lange die Hand, andere stottern, wieder andere zittern. Denis war süß. Er tat ein bisschen von allem.« Alida blieb relativ ruhig, konnte es sich aber nicht verkneifen, Julia um ein Autogramm für ihre Schwester, wie sie behauptete, zu bitten.

Megan blieb wie Alida ganz ruhig. Sie und die anderen nahmen an, dass sich zwischen Julia und Sasha etwas abspielte. Megan dachte: *»Mensch, dass so was in New York passiert!* Ich stellte mir vor, wie diese Beziehung funktionieren würde, wie Sasha mit den Paparazzi fertig werden und wie sich sein Leben ändern würde.«

Denis glaubte auch, sein Freund habe es bei Julia »versucht. Ich meine, er sieht doch auf merkwürdige Weise Lyle Lovett ähnlich – abgesehen von den Haaren, natürlich.« Der Name Ben Bratt scheint an diesem Abend nicht gefallen zu sein.

Während die Gäste sich im Laufe des Abends mit ihrem gefeierten Gast zunehmend wohler fühlten, blieb Julia überraschend nervös. Als die Vorspeisen serviert wurden, entschuldigte sie sich und verschwand, wie die Zeitschrift berichtete, in einem Schlafzimmer. Später erzählte sie den Herausgebern, sie habe im Schlafzimmer gestanden und vor sich hingemurmelt: »Was mache ich hier eigentlich? Was erwartet man von mir?« Und so, als bereite sie sich auf eine Schauspielaufgabe vor, sagte sie sich: »Es ist die typische Situation der Julia Roberts in einem Raum mit lauter Fremden. Es ist ein bizarres Paradoxon. Ich habe das Gefühl, als sollte ich die Situation irgendwie bestimmen … Gleichzeitig möchte ich jedoch natürlich und ein bisschen unauffällig sein.«

Unauffällig. Die Zeitschrift berichtete: »Jedes Mal, wenn sie an einem der Gäste vorbeigeht, verfolgt dieser sie sofort aus dem Augenwinkel, so als sei sie ein Magnet.« Doch witzigerweise wandte sich, wie in Curtis' Drehbuch, eine der Gäste, Suzanne, die das Magazin als »wortkarg und vergeistigt« beschrieb, während des Essens an Julia und fragte: »Und was machst du beruflich?«

Den anderen fiel die Kinnlade herunter, und Julia, selbst völlig perplex, antwortete: »Ich bin Schauspielerin.«

»Irgendwas, was ich gesehen haben könnte?«

»Wie wär's mit *Pretty Woman?*«

»Plötzlich fiel der Groschen«, berichtete die Zeitschrift. »Suzanne fällt geradezu in sich zusammen. ›Sie kann sich nicht gut Gesichter merken‹, erklärt ihr Verlobter Jim schüchtern. ›Bitte nimm es nicht persönlich.‹ Julia ringt sich ein Lächeln ab. Die um den Tisch Sitzenden brechen in Lachen aus.« (Später sagte Julia, es habe sie beeindruckt, dass Suzanne sie nicht erkannt habe, »denn ich dachte: *Das ist eine Frau mit einem wirklich interessanten Leben. Sie muss eine Menge wirklich großartiger Bücher lesen und einen so interessanten Job haben, dass sie nicht viel Zeit damit verbringt, ins Kino zu gehen oder Zeitschriften zu lesen und Dinge dieser Art. Deswegen hat sie mich sehr fasziniert.«*)

Als sie fast mit dem Essen fertig waren, klopfte Julia gegen ihr Weinglas und verkündete: »Ich möchte euch allen dafür danken, heute Abend dabei mitgewirkt zu haben, eine Szene aus meinem neuen Film *Notting Hill* nachzuspielen.« Nachdem Julia gegangen war, reichten die Reaktionen der Gäste von Enttäuschung über das Spiel, das man gerade mit ihnen getrieben hatte, und echter Freude über die Erfahrung, auch wenn es sich dabei im Wesentlichen um einen Werbegag gehandelt hatte, bis hin zu der Frage, ob sie die *wirkliche* Julia Roberts erlebt hatten. So sagte Denis. »Wir fragten uns: War das wirklich sie oder hat sie eine Rolle gespielt? Ich würde gerne glauben, dass sie echt war. Als sie Sasha und Brian in den Arm nahm, schien das ganz echt zu sein.« Julia versicherte ihnen in der Zeitschrift, sie hätten ihr wahres Selbst gesehen.

Während eines PR-Interviews für *Notting Hill* erwähnte Julia, dass Ben nicht zur Premiere nach London komme, da er in Hollywood sei, um mit Madonna und Rupert Everett die romantische Komödie *Ein Freund zum Verlieben* zu drehen. Vielleicht war es besser, dass er nicht da war.

Julias Erscheinen bei der Premiere sorgte für *Le Scandale*, um eine Anleihe bei Richard Burton zu nehmen, der mit diesen Worten 1962 seine außereheliche Beziehung mit Elizabeth Taylor beschrieb. In Amerika erfuhr man kaum etwas von dem, was passiert war. Doch der Anblick, den Julia an diesem Abend bot, hatte die britische Öffentlichkeit und Presse so in Aufregung versetzt, dass eine 1999 im Vereinigten Königreich veröffentlichte Julia-Roberts-Biografie mit dem Vorfall *begann*, als stelle er das entscheidende Ereignis in ihrem Leben dar. »Es war nicht zu fassen, was für ein Drama man daraus machte«, sagte sie.

Was hatte Julia getan? Sich vor Hunderten von Fans ausgezogen? Verrückten, leidenschaftlichen Sex mit Hugh Grant auf dem roten Teppich gehabt? Nein, nichts so Prosaisches. Sie hatte der Menge zugewinkt. Nun, normalerweise würde diese Geste nicht einen derartigen Wirbel verursachen. Was diese Geste von allen vorhergehenden unterschied? Sie zeigte, dass Julia sich die Achselhöhlen nicht rasiert hatte!

Sacre bleu! Leicht erregbar wie die britischen Presseleute sind, gerieten sie mal wieder in helle Aufregung und warteten mit Überschriften auf wie: Wagst du es, dein Haar zu zeigen? und Die Frau und ihre Arme. Fleet Street bezeichnete den unrasierten Flecken als »Schwarzwald« und taufte Julia in »Pretty Hair Woman« um. Andere hatte der Anblick wirklich *erschüttert*. Der Kolumnist der *Sun*, Caprice, schrieb: »Igittigitt. Ich hab mich geschüttelt, als ich Julia Roberts Achselhöhlen sah.« Die *Sun* richtete eine gebührenfreie Hotline ein, wo die Leser abstimmen konnten, ob sie Julias Achselbehaarung gut fanden oder nicht, und Radioshows machten Umfragen dazu, ob die Hörer bei ihren Liebespartnern unrasierte Achselhöhlen gutheißen würden. Bei einer Umfrage stimmten dreiundsechzig Prozent mit Nein. Der *Evening Standard* schrieb, Julia scheine nicht im Gleichklang mit ihren Landsleuten zu sein, weil »Amis die persönliche Hygiene über alles gehe«. Was natürlich implizierte, dass Julia nicht nur unrasiert, sondern auch ungewaschen sei.

Den Reiz der Story, der selbst die gesetzte *Sunday Times* ungewöhnlich viel Platz einräumte, war die angebliche Fehde zwischen Julia und Hugh Grants langjähriger Freundin Elizabeth Hurley, einer hinreißenden Schauspielerin und einem Estée-Lauder-Model. Die *Times* berichtete, die beiden Frauen hätten sich geweigert, bei der Premiere miteinander zu reden. Elizabeth habe sich in einem hochgeschlitzten Versace-Kleid aus durchsichtigem Lycra gezeigt und so ausgesehen, als habe man sie sprichwörtlich dort hineingenäht. Im Gegensatz dazu trug Julia ein ärmelloses rotes Kleid mit silbernen Pailletten, das ein gehässiger Modejournalist als »ohne jeden Schick« abtat. Die *Times*-Kolumnistin India Knight interpretierte die Sache auf ganz eigene Weise: »Julia Roberts hat eine wahnsinnig ulkige Idee. Sie stiehlt Liz Hurley, der Miss Allgegenwärtig, mit ihrer Achselhöhle die Show!«

»Der englischen Presse nach zu urteilen, hätte man denken können, ich hätte dort einen Chinchillapelz getragen«, sagte eine gekränkte Julia. »Ich fand, dass ich hübsch aussah. Ich trug ein hübsches Kleid und ich fühlte mich hübsch. Vergessen Sie die Sache mit der Achselhöhle. Und Elizabeth Hurley hat eine tolle Figur und trägt immer wunderschöne Kleider. Nicht solche, die ich mir auswählen würde. Kleider, die an ihr wirklich gut aussehen. Aber wissen Sie, was? Wir sind wie Äpfel und Orangen. Man kann nicht sagen, die einen seien besser als die anderen. Und wenn die uns dann aufs Titelbild bringen und schreiben ›Hinreißende Liz, nachlässig gekleidete Julia‹, dann ist das einfach nicht nett.« Dann holte sie zu einem abschließenden Seitenhieb auf Hurley aus: »Tja, durch meine Kleider kann man jedenfalls keine Zeitung lesen – was wohl nicht gerade für mich spricht.«

Julia glaubte nicht, dass Kusai, ein vierhundert Pfund schwerer Orang-Utan, der im Dschungel von Borneo zu Hause ist, eine große Gefahr für sie darstellen könne. »In seine Nähe zu kommen, schien kein Risiko darzustellen«, sagte sie, »weil er Menschen normalerweise ignoriert. Alle nahmen an, er werde mich ignorieren. Was er aber nicht tat.«

Stattdessen griff Kusai nach ihr. Voller Angst streichelte Julia den Arm des Tieres, um es zu beruhigen, während Mitglieder der Crew versuchten, seine Hände wegzuziehen. Doch er hielt Julia mit den Greiffüßen fest und packte sie dann am Nacken. Nigel Cole, einer der Dokumentarfilmer, versuchte verzweifelt, Julia aus Kusais Griff zu befreien, was schließlich auch gelang. Als Julia Cole dafür dankte, ihr möglicherweise das Leben gerettet zu haben, antwortete er: »Ich würde gerne glauben, dich gerettet zu haben, aber er hat dich losgelassen.«

»Ich glaube nicht, dass er mir etwas zuleide tun wollte«, sagte Julia. »Er war einfach neugierig. Und in einem seiner Finger hat er die Kraft von zehn Männern, deswegen wurde es etwas riskant.«

Julias Besuch auf Borneo war Teil der Dokumentarreihe *In The Wild*, in der berühmte Persönlichkeiten mit der Tierwelt (der wirklichen) interagieren. Bereits teilgenommen hatten Robin Williams mit Delphinen, Anthony Hopkins mit Löwen, Debra Winger mit Pandas und Goldie Hawn mit indischen Elefanten. Hawn, eine Freundin von Julia, hatte diese überredet, bei der

Reihe mitzumachen, und nachdem man ein Jahr lang versucht hatte, einen Zeitpunkt zu finden, reisten Julia sowie drei ihrer Freunde und ein aus sechs Personen bestehendes Team (zu dem jedoch nicht Ben Bratt gehörte) im August 1998 direkt nach Abschluss der Filmaufnahmen zu *Notting Hill* nach Indonesien. Zu Fuß und mit einfachen Booten gelangte die Roberts-Entourage zum Camp Leakey, einem Forschungszentrum, das verwaiste Orang-Utans, eine gefährdete Spezies, rettet.

Die Gäste der Dokumentarreihe suchen sich das Tier aus, mit dem sie sich beschäftigen möchten, und Julia entschied sich für die Orang-Utans, weil »Primaten mich wegen der Ähnlichkeiten mit und der Verbindungen zum Menschen faszinieren. Aber Orang-Utans sind nicht so gesellig wie Schimpansen oder Gorillas. Sie verbringen die meiste Zeit ihres Lebens alleine. Es liegt etwas Abgeklärtes in ihrem Einzelgängertum, das ich unglaublich faszinierend finde.« Der Produzent der Show, Andrew Jackson, sagte, dass der Gast jeder Folge »den Ton angibt, und Julia wollte in jeder Hinsicht bis zum Äußersten gehen«. Sie bestand darauf, im Wald zu schlafen, um in der Nähe der Orang-Utans bleiben zu können. Sie balancierte vorsichtig über wackelige Baumstämme, die über Sümpfe führten, kletterte Leitern zu Plattformen in der Baumspitze hoch und bot Insekten, Spinnen und Schlangen die Stirn.

Mit Ausnahme der Angst einjagenden Begegnung mit Kusai kamen die Orang-Utans und Julia prächtig miteinander aus. Das erste Tier, mit dem sie es zu tun hatte, sprang aus einem Baum heraus und spielte mit ihrem Haar. Ein drei Monate alter Orang-Utan namens Hughie blieb ihr fast den ganzen Tag auf den Fersen und sie gab ihm die Flasche. »Er ist wirklich süß. Er hat mir einen schönen kleinen Knutschfleck am Ohr gemacht.« (Julia hatte bewiesen, dass die höheren Primaten überall auf der Welt sie attraktiv fanden, warum sollten einige der niederen Primaten also nicht deren Beispiel folgen?)

Als Julia eines Tages ihre Kleider im Sekonyer wusch, gesellte sich ein weiblicher Orang-Utan namens Unyuk zu ihr, schnappte sich ein Stück Seife und ein Hemd und fing an, es zu waschen. Als Unyuks halbwüchsiger Sohn mitmachen wollte, gab seine

Mutter ihm das Stück Seife, aber nicht bevor sie genügend davon abgekratzt hatte, um selbst mit dem Waschen fortfahren zu können. »Ich dachte: *Das ist eine gute Mammi*«, sagte Julia. »Sie sorgt für ihre Jungen. Wenn ich mal Mutter bin, erinnere ich mich hoffentlich an diesen Vorfall.«

Aus dem fertigen Dokumentarfilm, der in den USA vom PBS ausgestrahlt wurde, hatte man Julias Begegnung mit Kusai herausgeschnitten, um, wie Julia sagte, »den Leuten ein freundliches Bild der Orang-Utans zu vermitteln«. Doch gab sie zu: »Mir drehte sich der Kopf und mein Herz ... mein Mikrofon war in meinen BH gerutscht ... man konnte hören, wie mein Herz schneller und schneller klopfte. Als ich die Aufnahmen ein Jahr später sah, musste ich lachen, denn im Film war meine erste Reaktion die, ihm den Arm zu tätscheln, so wie wenn man sagt: ›Ist schon gut.‹ Man kann sich nicht vorstellen, wie groß er ist, wenn man nicht direkt vor ihm steht. Neben ihm wirke ich ganz winzig. Und dann versuchte ich, ihn zu beruhigen.«

Julia war nicht ganz glücklich mit Nigel Coles Entscheidung, dem Publikum nicht die gesamte Begegnung zu zeigen – und auf diese Weise den bedrohlichen Moment herunterzuspielen –, denn, »in dem Interview nach dieser Begegnung wirke ich ein bisschen zu sehr durcheinander. Ich möchte nicht, dass die Leute mich für schwach halten. Es sieht so aus, als stehe ich völlig frei da. Tatsächlich aber hält Kusai mich mit einem Fuß am Handgelenk fest, unter dem Bildausschnitt.«

Julia sagte, sie habe sich deswegen dazu entschlossen, bei der Serie mitzumachen, weil sie auf diese Weise ihren Einfluss nutzen könne, um die Aufmerksamkeit auf das Schicksal einer gefährdeten Spezies zu lenken. »Ich weiß, dass ich für das, was ich tue, ein Forum habe. Ich mache das seit etlichen Jahren.«

Notting Hill wurde von den meisten Kritikern begeistert aufgenommen. Doch gefiel die »überraschende Schärfe«, die Julia in dem Film zeigte, nicht jedem Kritiker. Jeff Giles von der *Newsweek* schrieb: »Je besser wir Anna kennen lernen, desto weniger liebenswert erscheint sie uns ... Roberts ist so überzeugend hochnäsig, dass man sie keinem wünschen würde.« (Das stimmt nicht ganz. Julia ist als Anna Scott im größten Teil des Films liebenswert. Erst als sie unter extremem Stress und in der Annahme, William habe sie betrogen, wieder das herrische Wesen eines Filmstars annimmt, verliert sie die Sympathie des Publikums. Aber Anna und Julia gewinnen uns noch vor dem Nachspann zurück.)

Notting Hill erwies sich als unglaublicher Erfolg, Julias dritter innerhalb kurzer Zeit (*Fletchers Visionen* kann man nicht unbedingt als Erfolg bezeichnen). Vom Kreativteam ursprünglich als »kleiner Film« bezeichnet, wurde *Notting Hill* zum Kinohit und spielte weltweit 363,1 Millionen Dollar ein. Nun zweifelte keiner mehr daran, dass Julia Roberts ein Megastar war und bleiben würde. Solange in einem Film die natürlichen Roberts-Merkmale, die das Publikum liebte, nicht zu kurz kamen, würden die Besucher ins Kino strömen und die Produzenten »das Geld riechen«. Es sollte nicht lange dauern, bevor Julias »absurde Gage« noch weiter anstieg und sie in den exklusiven, früher allein Männern vorbehaltenen Club derjenigen aufgenommen wurde, die 20 Millionen Dollar pro Film verdienen.

Langjährigen Beobachtern war aufgefallen, dass Julia, was die Mode anging, etwas Chamäleonartiges hatte: Sie passte sich dem Stil ihres jeweiligen Liebhabers an. In der Zeit mit Kiefer und Jason trug sie schmuddelige Jeans und »viel zu große Baby-Doll-Kleider«, hatte ein Tattoo auf der Schulter und fünf Ringe im Ohrläppchen, trug eine Handtasche, die ein Journalist als Überseekoffer beschrieb, und lief mit einem Schlüsselring in Form eines Augapfels herum. Nachdem sie Lyle Lovett geheiratet hatte, trug sie oft formlose klein gemusterte Baumwollkleider. Sie war zwar nicht ganz sein »kleines Mädchen in Kattun« geworden, der Sache aber ziemlich nahe gekommen.

Jetzt, wo sie mit dem eleganten Bratt zusammen war, dem Anzug und Mantel so gut stehen wie kaum jemandem, entwickelte Julia eine Eleganz, die die Öffentlichkeit sehr überraschte und ihr ausgezeichnet stand. Obwohl sie sich zu Hause oder auf den Straßen Manhattans noch immer wohler in Jeans oder Jogginghose fühlte, erschien sie nun auf Partys oder bei Premieren in atemberaubenden Kreationen der Topdesigner der Welt. »Ich bin ein Spätentwickler, was meine Begeisterung für Kleidung angeht«, gab sie zu. »Die meisten Mädchen durchlaufen dieses Stadium, wenn sie sechzehn oder achtzehn sind. Ich musste mich nie für die Arbeit zurechtmachen. Ich hätte im Pyjama zu den Aufnahmen kommen können und niemand hätte sich darum geschert … Jetzt wird mir langsam klar, dass man sich wohl fühlen kann, Stil haben kann und – wenn ich das sagen darf – gleichzeitig ganz schön sexy wirken kann … Ich mache eine Phase durch, in der Stil Spaß macht, zu einem Wettbewerb wird.«

Und nun wollte Julia es wissen. Im März 2000 erschien sie auf der Titelseite der Modezeitschrift *Harper's Bazaar* und trug einen gelb-grünen Pullover aus Seide und Kaschmir von Prada sowie Diamanten- und Platinohrringe von Cathy Waterman und hatte sich das Haar von Serge Normant aufhellen und glätten lassen. Ein Jahr später zierte sie das Titelblatt von *InStyle* und trug ein knappes, rückenfreies Vera-Wang-Kleid aus, wie es schien, orangefarbenem Tüll, das Haar lang und dunkler als in der letzten Zeit. Im Heft selbst posierte sie in den Hotels, Bars, Straßen und auf den Kanälen von Venedig in einer unglaublichen Ansammlung von Outfits: einer cremefarbenen Strickjacke von Malo über einem rückenfreien Oberteil und Rock von Dolce & Gabbana, einem kurzen Kleid von Alberta Ferretti und einem Tweedmantel von Valentino, einem schwarzweißen Seidenkleid mit langen weiten Ärmeln von Ferretti, einem grauen, figurbetonten Hosenanzug von Armani (sie trug nichts unter der Jacke und strahlte damit den Sexappeal aus, von dem Bob McGowan bereits zu Anfang ihrer Karriere gesprochen hatte) und, während einer Fahrt in einer Gondel, in einem entzückenden blassgelben Bustier und Rock von Thierry Mugler und einem engen Halsreif mit einer Perlmuttmuschel von Pippa Small.

Vier Monate später war Julia noch einmal auf der Titelseite von *Harper's Bazaar* zu sehen und wirkte in einem hautengen, trägerlosen schwarzen Seidenkleid und mit schwarz gefärbtem Haar eleganter als je zuvor. (Daisy Arujo* hat jetzt Stil!) Im

---

* Sie erinnern sich? Ihre Rolle in *Pizza, Pizza* aus dem Jahr 1988.

Heft selbst führt sie ein Seidengeorgette-Kleid von Marc Jacobs vor (1200 Dollar), ein »verführerisch kurzes« schwarzes Minikleid aus Jersey von Calvin Klein (800 Dollar), ein »mädchenhaftes« schwarzes Kleid aus einer Mischung von Jersey und Seide mit weißem Kragen und Manschetten von Marc Jacobs (1200 Dollar) und das todschicke, trägerlose schwarze Seidenkleid von Ralph Lauren (1995 Dollar), lange Lederhandschuhe und Satin-Sandaletten.

Da zeigte Julia sich plötzlich wieder von einer Seite, die die Öffentlichkeit seit *Pretty Woman* und den kurzen Szenen in *Notting Hill*, in denen das Glamourgirl Anna Scott bei den Premieren erscheint, nicht mehr gesehen hatte. Wenn es jemals einen Zweifel gegeben hatte, dann war er jetzt beseitigt: Julia Roberts hatte sich, nachdem sie dreißig geworden war, von einem schlaksigen, unbeholfenen, schlecht gekleideten Mädel in eine Frau verwandelt, um die sich die Modeagenturen rissen. Vielleicht war sie immer noch »übermütig wie ein Fohlen«, aber Diana Vreeland* wäre stolz auf sie gewesen.

* Diana Vreeland war Herausgeberin der *Vogue*. Sie starb 1989.

KAPITEL 34

In den acht Jahren seit *Pretty Woman* wurden Richard Gere und Julia Roberts ständig gefragt, ob und wann sie eine Fortsetzung wagen würden. Die Stars und ihr Regisseur, Garry Marshall, waren tatsächlich daran interessiert, noch einmal ein solches Zauberwerk wie 1990 zu schaffen, doch ein geeignetes Konzept zu finden, erwies sich als schwierig. »Eine Weile redete man davon, *Pretty Woman 2* zu machen [und schrieb ein Drehbuch], aber das hielt ich für eine schlechte Idee«, sagte Julia. »Wenn man eine Fortsetzung von einem Film macht, von dem die Leute begeistert sind, dann ist der Flop vorprogrammiert.«

Also hoffte man, ein Drehbuch zu finden, dass die Stars in einer anderen, aber gleichermaßen reizvollen, komischen und romantischen Geschichte vereinen würde. Viele Drehbücher genügten den Anforderungen nicht, aber als Julia in London war, schickte Gere ihr ein Skript von Josann McGibbon & Sara Parriott, das seiner Meinung nach funktionieren könnte: Ein Remake eines Mary-Astor-Films von 1930 mit dem Titel *Runaway Bride – Die Braut, die sich nicht traut*. In der neuen Version macht Ike Graham, ein zynischer Reporter der *U.S.A. Today*, sich in einer Kolumne über Maggie Carpenter lustig, eine Frau aus einer kleinen Stadt in Maryland, die, wie er gehört hat, schon viermal mitten während der Hochzeitszeremonie das Weite gesucht hat. Maggie schreibt an die Zeitung, führt eine Reihe von Fehlern in besagtem Artikel auf und droht mit einer Klage. Daraufhin reist Ike nach Maryland, um selbst herauszufinden, was an der Geschichte dran ist, erfährt von Maggies verrückten, abgebrochenen Hochzeitsfeiern und verliebt sich natürlich selbst in sie.

Julia war ziemlich überrascht, dass ihr das von Gere geschickte Drehbuch gefiel, denn »wir haben einen unglaublich unterschiedlichen Geschmack, wie unsere Karrieren zeigen. Deswegen schien nie etwas zustande zu kommen.«

Dennoch war sie sich nicht ganz sicher. So sehr es ihr auch Richard Curtis' trockener englischer Humor angetan hatte, diese amerikanische Kleinstadtgeschichte schien ein bisschen prosaisch zu sein. »Deswegen hab ich meinen Freund angerufen und gesagt: ›Ich glaube, es ist wirklich ganz lustig, aber ich bin nicht sicher.‹ Und er konnte am Ton meiner Stimme erkennen, wie aufgeregt ich war. Also schickte ich es ihm umgehend und er las es sofort. Und er rief mich an und sagte: ›Da brauchst du erst gar nicht groß überlegen.‹«

Wie üblich, wenn Julia beteiligt war, nahmen die Dinge schnell Gestalt an. Garry Marshall erklärte sich bereit, die Regie zu übernehmen, und auch Hector Elizondo (in *Pretty Woman* der Hotelangestellte Barney Thompson) schloss sich der früheren Truppe an und machte in seinem elften Marshall-Film mit. Joan Cusack sollte eine der boshaften Freundinnen der Ausreißerin spielen.

Als das Projekt angekündigt wurde, war im Blätterwald einiges Gekicher zu hören. So schrieb die Zeitschrift *Premier: »Die Braut, die sich nicht traut* könnte bei einer Schauspielerin, die zwei gescheiterte Verlobungen und eine Scheidung hinter sich hat, als mutige Wahl betrachtet werden.« So wie Julia jegliche Ähnlichkeit zwischen sich und Anna Scott von sich gewiesen hatte, leugnete sie auch jede Ähnlichkeit zwischen sich und *Der Braut, die sich nicht traut*. »Wissen Sie, *Die Braut, die sich nicht traut* ist ein großartiger Titel, unglaublich sinnträchtig, aber er hat überhaupt nichts mit meinem Leben zu tun«, beteuerte sie nicht gerade überzeugend.

Doch wie üblich stellte Julia später eine Beziehung zwischen Aspekten von Maggie und ihrer Person her. »Ich glaube, sie ist ein bisschen extrem, aber ich denke, man muss die Möglichkeit haben, Fehler zu machen, denn ohne einige unserer Fehler sind wir nichts, und ich glaube, man wird auf eine sehr harte Probe gestellt, wenn man nach etwas beurteilt wird, das jeder Mensch auf dieser Welt tut, nämlich eine schlechte Wahl treffen und dann das Beste daraus machen. Jeder tut das, warum wird dann der Stab über sie gebrochen, warum über mich?«

Julias Gage, 17 Millionen Dollar, ärgerte, wie vorauszusehen, den einen oder anderen. Liz Braun äußerte sich in der *Toronto Sun* sehr ironisch über Julia: »Roberts' Gage für den Film übertrifft alles, was Demi Moore oder Jodie Foster oder Babs oder Meryl oder wer auch immer verdient hat, und warum auch nicht? Man denke nur an das große Vergnügen, das ihre Frisur den Kinogängern seit Jahren bereitet hat. Ist irgendjemand in Sicht, der eines Tages mehr verdienen könnte als Julia? Wie wäre es mit Cameron Diaz? Jemand, der sie in punkto dramatisches Talent übertreffen könnte? Wie wäre es mit Tori Speeling? Pam Anderson? Einem Türstopper aus Gummi?«

Miauuuuu.

Mit den Dreharbeiten begann man im Herbst 1998 in Maryland. Garry Marshall sagte, es habe ihn sehr beeindruckt, wie viel reifer Julia geworden sei, als Person wie auch als Schauspielerin, und deutete an, dass sie Margaret 1990 viel ähnlicher gewesen sei als jetzt. »Sie hat jetzt alles viel besser im Griff, beruflich wie auch privat. Damals hatte sie mehrere Freunde, trennte sich, fing wieder von vorne an usw. Aber jetzt hat sie einen festen Freund, wissen Sie. Ich glaube, sie mag den Jungen. Ich meine, manchmal kommt er nach Baltimore, nur um Hallo zu sagen. Für mich heißt das was. Wo findest du einen Typen, der das macht?« Sowohl Gere als auch Roberts »sind jetzt reifer«, fügte Marshall hinzu. Und Hector Elizondo sagte: »Das Leben hat sie geformt und stark gemacht.« Marshall witzelte, Gere habe sich auch in anderer Hinsicht geändert. »Richard sieht großartig aus, aber sein Haar ist jetzt so weiß, dass ich Julia gesagt habe, ich bräuchte sie, wenn sie nahe genug bei ihm stehen würde, nicht ausleuchten.«

Richard zufolge hatte Julia sich »sehr geändert … Wenn man bedenkt, was Julia durchgemacht hat, dann ist sie ziemlich heil aus der Sache rausgekommen. Ich halte sie für besser denn je, im kreativen wie im persönlichen Bereich.« Julia sagte, ihr sei Folgendes aufgefallen: »Richard und Garry haben sich irgendwie nicht verändert und ich bin größer und dünner geworden.« Den größten Unterschied bei sich selbst sah sie jedoch hinsichtlich ihres Selbstvertrauens. »Als wir *Pretty Woman* drehten, hatte ich viele Ideen, habe aber nur hin und wieder mal eine geäußert, weil ich irgendwie Angst hatte, dumm zu wirken. Jetzt sage ich alles, mag es noch so dumm sein, ich sage es trotzdem, und vielleicht kann jemand daraus etwas Besseres machen. Oder vielleicht ist es einfach eine so schlechte Idee … Aber ich habe keine Angst mehr davor, was die Leute von dem, was ich sage, halten könnten.«

Marshall fiel ein weiterer interessanter Unterschied in Bezug auf Julia auf. 1990, als sie noch kein Superstar war, hatte sie Angst vor großen Haufen von Fans oder Paparazzi. Inzwischen gab es, so Marshall, jedoch eine interessante neue Entwicklung. Wenn sie im Freien drehten, nahm Marshall Julia und Richard abends meistens an der Hand und spazierte mit ihnen hinüber zu den Fans, die sich am Rande des Sets versammelt hatten. »Deswegen ist es so schwer, Julia Roberts zu sein«, meinte er. »Mich sehen sie an und sagen: ›Hi, Pennys Bruder, stimmts?‹ [Garry Marshalls Schwester ist die Schauspielerin Penny Marshall.] Und zu Richard sagten sie: ›Hi Richard, du bist so sexy!‹ Und dann kommt Julia rüber [die sie wirklich gerne begrüßt], und man hört nur ein Raunen. Sie sagen nicht Hallo oder sonst was, sie starren sie einfach an und einige von ihnen brechen tatsächlich in Tränen aus … das habe ich nur noch bei Prinzessin Diana gesehen.«

Etwas hatte sich, wie Marshall bemerkte, seit 1990 jedoch nicht geändert: Die Chemie zwischen seinen Stars stimmte. »Es ist etwas Besonderes. Das kann man niemandem beibringen. Wenn die beiden sich ansehen, braucht man eigentlich keine Geigen. Aus irgendeinem Grund ist es da. Ich habe mit einigen Leuten gearbeitet, bei denen man ein ganzes Orchester braucht, die Dixieland Band, eine verdammte Parade. Aber sie tun es und es ist einfach nicht greifbar. Sie fühlen sich wohl miteinander. Sie ergänzen sich. In anderen Filmen, in denen ich sie gesehen habe, geht sie nicht ganz aus sich heraus. Aber wenn sie mit Richard zusammen ist, dann macht sie es.«

Die Dreharbeiten zu *Die Braut, die sich nicht traut* verliefen ohne größere Probleme. So sagte Marshall: »Wir gingen zusammen aus und erzählten uns viele Geschichten aus alten Zeiten.« Für Julia waren die Dreharbeiten allerdings nicht gerade ein Spaziergang. »Julia musste für diesen Film topfit sein«, erzählte Marshall,

»weil die Filmfigur sehr athletisch war. Sie kickboxt, sie springt Seil und sie läuft bei den Hochzeitsfeiern davon!« Danach gefragt, ob ihr die Bauchlandungen und ›Dämlichkeiten‹, die ihr in diesem wie auch in einigen anderen Filmen abverlangt werden, leicht von der Hand gehen, lachte Julia und sagte. »Ich fürchte, ja! Ich war ein sehr unbeholfenes Kind und zu einem bestimmten Zeitpunkt wurde mir klar, dass sich diese Unbeholfenheit irgendwie auszahlen könnte!«

Wie bei *Notting Hill* scheinen einige Aspekte von *Die Braut, die sich nicht traut* direkt Julias Leben entnommen zu sein. Eine von Margarets geplanten Hochzeiten, die wir in einer Rückblende sehen, spiegelt Julias geplante, alle Register ziehende Extravaganz mit Kiefer bei Century Fox wider; eine weitere das Hippiehafte ihrer Hochzeit mit Lyle Lovett. Leben, Kunst, Kunst, Leben … wer weiß, wo das eine beginnt und das andere endet?

Trotz des guten Willens und der Kameradschaft der Beteiligten sowie dem scheinbar großen Potenzial von *Die Braut, die sich nicht traut* für wunderbare Komik, erwies der Film sich, zumindest künstlerisch, als er im Juli 1999 in die Kinos kam, als Enttäuschung. Vielleicht verglichen die Kritiker ihn, wie auch Julia es anfangs getan hatte, mit *Notting Hill,* womit die Enttäuschung vorprogrammiert war. Kirk Honeycutt vom *Hollywood Reporter* schrieb: »Erstaunlicherweise sehen die Schauspieler mit zunehmendem Alter noch besser aus und zweifellos stimmt die Chemie zwischen den beiden, wenn es um eine leichte romantische Komödie geht, immer noch. Doch ein überbewertetes, mageres Drehbuch macht einen Großteil der Bemühungen zunichte.« Der Kritiker der *Los Angeles Times* behauptete, der Film werde beim Publikum »einen schlechten Geschmack im Mund« hinterlassen.

Die Zeitschrift *Daily Variety* brachte eine der wenigen begeisterten Kritiken und sagte den Erfolg des Films voraus: »Dieser Paramount-Film kann kaum ein Reinfall werden.« In der Tat. Die Vorfreude auf eine Neuauflage Gere-Roberts brachte Julia mit 35 Millionen Dollar den größten bisher an einem Premierenwochenende erzielten Umsatz ein, und der Film spielte in den USA insgesamt 152,1 Millionen Dollar ein, 36 Millionen Dollar mehr als *Notting Hill.* Wieder einmal hatte Julia Roberts ihre absurde Gage mehr als verdient.

Einige fanden es merkwürdig, dass Julia und Ben nach fast zwei Jahren noch immer getrennt, wenn auch im gleichen Viertel, wohnten, vor allem weil es sich hier eindeutig um Julias bislang wichtigste und längste Beziehung handelte. Andere meinten, gerade das Fehlen ständiger Nähe halte die Liebe jung ... und am Leben.

»Julia und ich konzentrieren uns nicht auf unsere Beziehung«, sagte Bratt etwas rätselhaft, »es wäre uns also lieber, wenn andere das auch nicht täten. Mit Julia zusammen zu sein, ist nur ein Teil des Glücks, das ich zurzeit empfinde.« Gleichzeitig gab er jedoch zu: »Ich wusste, dass ich ins Rampenlicht rücken würde, wenn ich mit Julia zusammen war. Ich gebe zu, dass ich früher die gleiche Neugier in Bezug auf berühmte Paare empfunden habe, die die Leute heute in Bezug auf uns empfinden.« Und dann witzelte er: »Julia und ich haben beschlossen, unser Leben so zu leben, wie es in den Boulevardzeitungen dargestellt wird. Das bedeutet, dass wir uns in den vergangenen zwei Wochen verlobt und wieder getrennt haben. Diese Woche wird Julia von Außerirdischen entführt werden. Wenn sie zurückkehrt, werden wir wieder zusammenkommen.«

Julias und Bens Liebe triumphierte über eine Reihe von Unterschieden hinsichtlich des Lebensstils. Er hockt gerne zu Hause, sie ist gerne mit Leuten zusammen, vor allem mit engen Freunden. Er treibt unheimlich gerne Sport, sie überhaupt nicht. Sie ist eine Leseratte, er sieht lieber fern. »Ich versuche noch immer, ihn zum Lesen zu bringen«, sagte sie, »aber was kann ich tun? Er guckt gerne Fernsehen!«

»Romeo und Julia« beschlossen, sich eine ihrer wichtigen Gemeinsamkeiten, die Schauspielerei, zunutze zu machen. Und so stimmte Julia einem Gastauftritt in der zweihundertsten Folge von *Law & Order* zu. Darin spielte sie die Katrina Ludlow, »ein böses, männermordendes Weib«, wie Julia sie nannte, die von Detective Curtis, den sie zu verführen versucht, festgenommen wird. Bis zum Ende weiß das Publikum nicht, ob sie schuldig ist oder nicht. Angeblich hat man Julia für den Gastauftritt 4500 Dollar bezahlt.

Julia fand die Erfahrung »ziemlich aufregend«, aber in vieler Hinsicht auch »nervenaufreibend«. »Weil du versuchst, diese unglaublich mordgierige, raffinierte Hexe vor deinem Freund zu spielen. Es war irgendwie peinlich, aber es hat uns allen viel Spaß gemacht.« Sie zeigte sich erstaunt, wie hart – und in welchem Tempo – Benjamin und die übrigen Darsteller arbeiten mussten. »Er arbeitet für diese Serie härter als ich es in meinem ganzen Leben getan habe. Ich habe vier Tage gearbeitet und anschließend ein ganzes Wochenende geschlafen. Und ich hatte dazwischen zwei Tage Pause. Ich kann es kaum fassen, dass er von der Arbeit nach Hause kommt und sagt: ›Wo willst du zum Essen hingehen?‹ Das ist für mich unbegreiflich. Mein Respekt vor ihm hat sich vervierfacht.«

Der Respekt vor Julias schauspielerischen Fähigkeiten nahm ebenfalls zu, als die Folge am 5. Mai 1999 ausgestrahlt wurde. Sie spielte auf beeindruckende Weise eine bösere Figur als je zuvor, und die Darstellung brachte ihr die Nominierung für einen Emmy ein.

Später in jenem Jahr verließ Bratt *Law & Order*, um eine Karriere im Kino zu verfolgen und nach San Francisco zu ziehen. »Ich hatte das Gefühl, dass es Zeit sei, zurück nach Hause zu meiner Familie zu gehen«, sagte er. »Wie kann man den besten Job der Welt aufgeben und eine Gruppe von Menschen, die man lieben gelernt hat, einfach so verlassen? Das ist nicht leicht und die Entscheidung ist mir sehr schwer gefallen.« Am 26. Mai 1999 wurde Bratts letzte Folge ausgestrahlt. Zwei Wochen zuvor war er von der Zeitschrift *People* zu einem der »fünfzig schönsten Menschen der Welt« ernannt worden.

Jetzt war seine Beziehung zu Julia mehr denn je eine Fernbeziehung, doch ihre Liebe war stark genug, um die Trennungen zu überdauern, wie man von Julia hörte. Während eines *20/20*-Interviews mit Julia, das am 12. Mai 1999 gesendet wurde, hatte Diane Sawyer sie gefragt: »Was hat sich für ein Mädchen, das nicht zum ersten Mal verliebt ist, geändert? Wer ist sie jetzt?«

»Menschenskind, ich glaube, wenn er in meiner Nähe ist oder auch nicht ganz in meiner Nähe, habe ich das Gefühl, einfach Selbstbewusstsein auszustrahlen und ... Gott mein Herz rast im Moment total. Es ist einfach ein Gefühl der Stärke, das wir uns meiner Meinung nach geben. Eine unglaubliche Kraft, die uns diese Beziehung gibt ... die mich verblüfft.«

»Wissen Sie, was mir an diesem Moment am meisten gefällt?«, sagte Sawyer. »Selbst Ihre Ohren werden rot! Bedeutet das Heirat?«

»Das hat mich schon mal jemand vor nicht allzu langer Zeit gefragt, und das ist lustig, weil ich vom Hier und Jetzt so geblendet und so davon gepackt bin, dass ich das, was im Moment wirklich wichtig ist, nicht mitkriegen würde, wenn ich zu weit vorausplanen würde, und ich will auf gar keinen Fall etwas verpassen.«

Der Ort, an dem Ben und Julia während ihrer eheähnlichen Beziehung die meiste Zeit verbrachten, war Julias Ranch in Taos, wo sie manchmal wochenlang blieben, wenn keiner von beiden arbeitete. Julia schätzte, dass sie vierzig Prozent ihrer arbeitsfreien Zeit auf der Ranch verbringt und den Rest in New York, wo sich auch die Büros ihrer Produktionsfirma befinden.

Julia hatte Millionen investiert, um den Rückzugsort in Taos zu dem zu machen, was sie als »das kleine Dorf meiner Träume« bezeichnet. Sie sitzt oft auf der Terrasse vor ihrem Haupthaus (es gibt fünf weitere) und beobachtet den einzigartigen goldenen Sonnenuntergang New Mexikos. Im Haupthaus gibt es ein beheiztes Schwimmbad, draußen einen Tennisplatz. (Da kommt einem Julias Aussage in den Sinn, sie bräuchte eigentlich nicht so viel Geld, da sie doch keins ausgeben würde.) »Benjamin ist ein großartiger [Tennis-]Spieler, und er hat mich irgendwie wieder dazu inspiriert, zu spielen.« Oft nimmt das Paar einen Ghettoblaster mit zur Tanzfläche am Rande eines Feldes. »Manchmal brauchen wir ihn nicht einmal.« Die Vorstellung, dass Ben und Julia eng umschlungen an einem Abend in der Wüste New Mexikos mitten auf einem Feld langsam zu Nichts als den Geräuschen der Natur tanzen, ist tatsächlich eine sehr erfreuliche.

Julias Freund Barry Tubb, selbst ein Rancher, sagt, sie sei zwar fraglos ein großartiger und glamouröser Filmstar, aber »du solltest sie morgens um halb sechs sehen, wenn sie wissen will, wie man den Traktor von Scheibenegge auf Sämaschine umstellt. Dann hat sie nichts mehr von einem Filmstar.«

In einem Sommer bestellte sie von morgens bis spätabends mit ihrem blauen Ford-Traktor den Boden neben ihrer Auffahrt, um Sonnenblumen zu pflanzen. »Ich wollte etwas ganz Besonderes schaffen«, sagte sie – und bekam es, als die prächtigen Blumen blühten. Bei unfreundlichem Wetter oder wenn Julia Lust auf Gemütlichkeit verspürte, zog sie sich in ihr Schlafzimmer zurück, wo sie an einem riesigen Webstuhl weben lernte. Sie krempelte auch die Ärmel hoch, um ein paar Räume neu zu tapezieren, wobei sie sich so verrückte Dinge ausdachte, wie die Wände eines Schlafzimmers mit Georgia-O'Keefe-Postkarten und -Drucken zu tapezieren oder eine andere mit bunten mexikanischen Ausschneidefiguren. In ihrem Badezimmer stellte sie eingerahmte Porträts von Clark Gable und Cary Grant auf. »Cary und Clark bewachen mich, wenn ich Pipi mache«, sagte sie lachend. Eine andere Badezimmerwand zieren Kunstwerke ihrer Nichte Emma, Erics Tochter, zu der sie eine ziemlich enge Beziehung entwickelt hat. Diese Badezimmerkunst entstand, als Julia kein Zeichenpapier für das Mädchen finden konnte.

Zweifellos war Julia Roberts, die in ihren Zwanzigern so viele zögernde und öffentliche Versuche unternommen hatte, sich selbst zu finden, mit zweiunddreißig mit sich selbst im Reinen. Sie war Teil der feinen Gesellschaft New Yorks oder aber sie genoss die einfachen Freuden des Südwestens, je nachdem, wonach ihr der Sinn stand. Sie hatte sehr viele langjährige Freunde, eine enge Beziehung zu ihrer Mutter, ihrer Schwester und ihrer Nichte, wenn auch immer noch nicht zu Eric, und einen Mann, von dem sie unablässig schwärmte.

»Er verkörpert Stärke«, sagte Julia von Ben. »Er ist ein ein Meter neunzig großes, mächtiges Energiebündel. Als ich das erste Mal an einer Straßenecke, an der wir uns getroffen hatten, vor ihm stand, habe ich mich ganz klein gefühlt. Er ist ein Mann. Natürlich bin ich dafür, dass Frauen die Welt regieren, aber jede will einen Mann. Er ist ein Mann und das ist schön. Oje, ich habe so oft so viel von ihm geschwärmt, das wird ihm sehr peinlich sein. Lassen Sie mich nicht zu einfältig aussehen – was sich einfach schwer vermeiden lässt, wenn man über Benjamin spricht. Er ist *himmlisch.*«

Leider wurde Bens erster Film, nachdem er aus der Serie *Law & Order* ausgestiegen war, von den Kritikern nicht gerade als himmlisch gefeiert. In *Ein Freund zum Verlieben* haben eine Hetero-Frau (Madonna) und ihr enger schwuler Freund (Rupert Everett) nach dem Genuss von zu viel Wein Sex miteinander und bekommen ein Kind. (Was schwulen Männern *so* oft passiert.) Sie beschließen, zusammenzuleben und das Kind gemeinsam großzuziehen. Fünf Jahre später lernt sie den Mann ihrer Träume (Bratt) kennen, der sie heiraten und mit ihr und dem Kind fortziehen will. Eine hässliche Schlacht um das Sorgerecht beginnt.

Julia gab zu, bei dem Gedanken, dass ihr Mann sich mit einem blonden Sexsymbol im Heu wälzt, ein wenig eifersüchtig gewesen zu sein. Ben ließ Julia, wie sie erzählte, an dem Tag, an dem die Liebesszene gedreht werden sollte, nicht aufs Set. »Ich tat dann so, als sei ich furchtbar wütend, und er spielte mit und sagte: ›Oh, Schätzchen, bitte sei nicht wütend.‹ Und wir haben uns sehr über die ganze Sache amüsiert. [Aber] Rupert Everett ist mein Freund, und ich habe [ihm] gesagt. ›Du passt auf! Du sorgst dafür, dass alles gut geht.‹«

Julia hätte sich keine Sorgen zu machen brauchen, Ben an Madonna zu verlieren. Tatsächlich fühlte Ben sich angesichts der dicken Freundschaft zwischen Madonna und Everett ein bisschen ausgeschlossen. »Die beiden haben eine Art von Beziehung, bei der man gar nicht dazwischen kommt«, sagte er. »Ihr Verhalten hat etwas Verschwörerisches, vor allem zwischen den Aufnahmen … sie haben mich an die Unruhestifter in der Highschool erinnert.«

Ben glaubte, das Thema des Films könne »die Parameter in Bezug auf das, was eine Familie ausmacht, erweitern. Dass ein praktizierender Homosexueller ein gutes Elternteil sein kann, ist vielleicht eine Vorstellung, die von den Konservativen nur schwer nachzuvollziehen ist – aber sie ist durchaus realistisch.«

Da es sich bei den Hauptdarstellern um große Stars handelte, schien die Geschichte, wie quälend und schwierig es für die »Konservativen« auch sein musste, sich mit ihr anzufreunden, Aussicht auf Erfolg zu haben, aber die Kritiker reagierten auf den Film, als sei er radioaktiv. Shawn Levy von der in Portland erscheinenden Zeitung *Oregonian* betrachtete den Film als »ein Desaster erster Güte, schlecht gespielt, ohne jedes Schamgefühl geschrieben, voller Klischees, Peinlichkeiten, schockierenden Geschmacksverirrungen und Fehlurteilen sowie schlecht inszeniert«. Wesley Morris von San Franciscos *Examiner* war auch nicht freundlicher: »Alles an diesem Film ist sonderbar: die Schauspielerei, die Aufnahmen, die Produktion, die Regie, das Drehbuch und die Musik – es ist nicht zu fassen.«

Ein Freund zum Verlieben spielte in den USA nur 18 Millionen Dollar ein. Ben konnte sich ein wenig damit trösten, dass keiner ihn dafür verantwortlich machte, dass der Film ein Flop war. Doch mit seinem nächsten Film, einem Mars-Abenteuer mit dem Titel *Red Planet,* in dem Val Kilmer, Carrie-Anne Moss und Tom Sizemore mitspielten, erging es ihm nicht viel besser. Julia flog nach Australien, um Ben auf dem Set zu besuchen und ihm – unter anderem – Mut zu machen. »Ich habe nur herumgeknutscht. Das ist alles, was ich in Australien gemacht habe«, sagte sie. Leider hatte es in den letzten Jahren mehrere Marsmission-Filme gegeben, ja sogar einen mit dem Titel *Mission to Mars,* und so wurde dieser von den Kritikern wie auch vom Publikum mit einem müden Gähnen aufgenommen. »Irgendwann auf dem Weg ins 21. Jahrhundert muss Hollywood heimlich beschlossen haben, dass Science-Fiction eigentlich nur ein Synonym für Blödsinn ist«, schrieb Rene Rodriguez im *Miami Herald.*

Red Planet, mit einem Budget von 80 Millionen Dollar, spielte in amerikanischen Kinos läppische 17 Millionen ein. Bens Filmkarriere fing nicht so an, wie er es sich erhofft hatte. Das muss ihn an David Caruso erinnert haben.* Doch sein nächster Film,

---

* Caruso, der mit *NYPD Blue* ein Fernsehstar geworden war, verließ die Show 1995 nach zwei Staffeln, um einer Filmkarriere nachzugehen, die jedoch zu nichts führte. Er wurde erst wieder zum Star, als er zum Fernsehen zurückkehrte und 2002 eine Rolle in dem *C.S.I.*-Spin-off *C.S.I.: Miami* erhielt.

Miss Undercover, in dem er neben Sandra Bullock die Hauptrolle spielte, brachte in den Vereinigten Staaten über 106 Millionen Dollar ein, und der darauf folgende Film, *Traffic,* 124 Millionen Dollar. Er wurde zudem als Bester Film nominiert und gewann vier Oscars, unter anderem einen für die Regie (Steven Soderbergh). Außerdem wurde Benicio del Toro als »Best Supporting Actor« geehrt.

Auch Julia arbeitete schon bald mit Steven Soderbergh zusammen, und zwar in der wahren Geschichte der allein erziehenden Mutter *Erin Brockovich,* die einen Feldzug vor Gericht führt. Auch bei diesem Film klingelten die Kassen (125 Millionen in den USA) und er wurde nominiert für die Auszeichnungen Bester Film, Bester Regisseur und Beste Schauspielerin. Mit ihm drang Julia in die exklusive Sphäre der Schauspieler vor, die 20 Millionen Dollar pro Film verdienen. Am wichtigsten war jedoch, dass er ihr in jenem Jahr jede Auszeichnung einbrachte, die ein Schauspieler erhalten kann, einschließlich des Oscars.

KAPITEL 35

Der Einfall für den Film, mit dem Julia ihren ersten Oscar gewann, wurde auf dem Behandlungstisch eines Chiropraktikers in Los Angeles geboren.

Während ein Arzt Carla Santos Shamberg, ihres Zeichens Vizepräsidentin der Jersey Films und verantwortlich für Special Projects, die Nackenwirbel einrenkte, erzählte er ihr die unwahrscheinlich klingende Geschichte einer anderen Patientin, Erin Brockovich. Die zweimal geschiedene Mutter von drei Kindern, die keinerlei juristische Ausbildung vorzuweisen hatte, hatte sich fast ohne jede Hilfe gegen den Konzern Pacific Gas and Electric durchgesetzt, der den Bürgern Hinkleys in Kalifornien mit seinen giftigen Abfällen großen Schaden zugefügt hatte, und dafür gesorgt, dass in einem Vergleich die höchste Schadensersatzforderung in der amerikanischen Rechtsgeschichte erstritten wurde: 333 Millionen Dollar.

Carla Shamberg, die Ehefrau von Michael Shamberg, dem zusammen mit Danny DeVito und Stacey Sher Jersey Films gehört, ließ sich dann von Erin Brockovich selbst, einer 40-jährigen Blondine aus Kansas, die einst zur Miss Wichita gekürt worden war, beim Tee ihre Geschichte erzählen und war von ihr außerordentlich beeindruckt. Sie schien ihr eine Frau mit Charakter zu sein, eine, die kein Blatt vor den Mund nahm und redete, wie ihr der Schnabel gewachsen war, die kurze, grelle Röcke und knappe, ihre ausladende Oberweite betonende Oberteile sowie Schuhe mit hohen, dünnen Absätzen trug. Während sie den Kampf Davids gegen Goliath in Gestalt des PG & E führte, hatte Erin alle Mühe, mit ihrem Einkommen über die Runden zu kommen, sodass sie oft sogar auf ihre Mahlzeiten verzichtete, damit ihre Kinder etwas zu essen hatten – was die dramatischen Möglichkeiten der Story noch erhöhte.

Carla Shamberg erinnerte sich, gedacht zu haben: *Daraus könnte man einen großartigen Julia-Roberts-Film machen.* Jersey Films hatte einen Produktionsvertrag mit Sony, und zusammen mit Brockovich stellten sie die Idee den Sony-Managern vor. Die nahmen sie an. Daraufhin sprach Stacey Sher mit Steven Soderbergh, der großen Erfolg mit dem Independent-Film *Sex, Lügen und Videos* gehabt hatte und nun bei dem von Jersey Films produzierten, mit großem Budget ausgestatteten Film *Out of Sight* mit George Clooney und Jennifer Lopez Regie führte. Soderbergh meinte, es sei die schlechteste Filmidee, die ihm je vorgelegt wurde.

Dennoch beauftragte Jersey Films Susannah Grant, ein Drehbuch zu schreiben. Grant hatte den Sandra-Bullock-Film *28 Tage* und Drew Barrymores modernes Cinderella-Märchen *Auf immer und ewig* geschrieben. Als sie dann nicht in der Lage war, ihr Drehbuch umzuschreiben, engagierte Jersey Films zu diesem Zweck Richard LaGravanese, einen der angesehensten Drehbuchautoren Hollywoods *(König der Fischer; Brücken am Fluss)*. Sein Beitrag blieb später jedoch unerwähnt.

Das Drehbuch landete bei der Agentur ICM und gelangte in Julias Hände, die sofort ihr Interesse bekundete. Und als Soderbergh das Drehbuch las, änderte er seine Meinung und flog nach New York in der Hoffnung, bei einem Abendessen mit LaGravanese und Julia die Schauspielerin zum Mitmachen überreden zu können.

Michael Shamberg wartete derart ungeduldig auf eine Nachricht bezüglich Julias Entscheidung, dass er das Restaurant anrief und Soderbergh verlangte. Eine Kellnerin meldete sich: »Schätzchen, der Typ nach dem Sie suchen, war nicht besonders lange hier. Sie sind alle längst gegangen und haben nicht gerade einen glücklichen Eindruck gemacht.«

Shamberg war enttäuscht – aber dann hörte er Julia schallend lachen. Die ganze Zeit über hatte er mit ihr geredet, während sie die Getränkekellnerin mimte. Vorsichtig fragte er, wie sie sich entschieden habe. »Wann fangen wir an?«, lautete ihre Antwort.

Am 25. Mai 1999 begannen sie mit Aufnahmen in verschiedenen Kleinstädten in der Mojave-Wüste in Kalifornien, darunter auch in Hinkley, wo die Wasserversorgung durch Chrom verseucht worden war; in Boron, wo sich die Borox-Minen befinden und die NASA Raketenantriebe testet, sowie in Barstow im Gerichtssaal von Richter LeRoy A. Simmons. Der Richter, dessen Entscheidung, die Klage zuzulassen, für Brockovich und ihre Partner ein Meilenstein auf dem Weg zum Erfolg war, unterbrach seinen Ruhestand, um sich in dem Film selbst zu spielen.

Julia war begeistert von dem, was das Drehbuch über Erin Brockovich verriet. »Erin ist eine faszinierende Persönlichkeit. Ich bin voller Bewunderung für das, wofür sie steht. Viele Frauen in unserer Gesellschaft müssen als allein stehende Mütter klarkommen. Sie sind doch die Heldinnen unserer Zeit, oder? ... Erin ist, wer sie ist, und verbiegt sich für niemanden – das ist genau das, was sie zu einer solch bemerkenswerten Persönlichkeit macht. Sie gerät in Situationen, in denen sie sich völlig unangemessen verhält, ohne sich dessen überhaupt bewusst zu sein, und konzentriert sich einfach auf die vor ihr liegende Aufgabe.«

Trotz all ihrer Bewunderung für die Frau, die sie spielen würde, bereitete es Julia anfänglich Schwierigkeiten, sich in die Filmfigur hineinzuversetzen. Obwohl Soderbergh Brockovich interviewt hatte, traf Julia sie erst, als die Dreharbeiten zur Hälfte abgeschlossen waren und Erin in einem Esslokal eine Kellnerin mit dem Namensschild JULIA spielte. Erins Konfrontationsbereitschaft war Julia recht fremd. »Ich bin im Süden aufgewachsen. Man hat mir Respekt beigebracht und ›Yes, Sir‹, ›Yes, Ma'am‹ zu sagen.«

Viele Schauspieler bestätigen, dass die Kostüme dabei helfen können, sich in eine Rolle hineinzufinden, und im Fall Erin Brockovich waren sie nicht nur der Schlüssel zu ihrer Persönlichkeit, sondern auch zur Handlung. Julia fühlte sich nicht besonders wohl in den Röcken und Blusen, in denen sie aussah wie Vivian Ward, wenn diese auf den Strich ging. »In meinem Schrank hängt manches, was ich Kleid nenne«, sagte Julia. »In ihrem Schrank hängt etwas, bei dem das ganze Stück, das den Hintern bedeckt, einfach fehlt.« Und hochhackige Schuhe waren noch nie ihr Fall.

Andererseits gefiel dem Kostümbildner, Jeffrey Kurland, der mit Julia schon in *Alle sagen: I Love You* und *Die Hochzeit meines besten Freundes* zusammengearbeitet hatte, dieser Auftrag ungemein. »Erin trägt, wozu sie Lust hat, wann sie dazu Lust hat, und es macht immer Spaß, eine Filmfigur wie diese anzuziehen. Meine Gespräche mit Steven drehten sich hauptsächlich darum, wie man Erin so authentisch wie möglich darstellen konnte. [Sie] ist eine sehr exaltierte Persönlichkeit, aber wir wollten nicht, dass sie komisch oder lächerlich wirkt – das Exaltierte musste annehmbar sein. Andererseits wollten wir den Charakter auch nicht verwässern.«

Erin Brockovich zeigte Jeffrey Fotos von sich aus der Zeit, als die Geschichte sich abspielte. »Sie trug tatsächlich zwanzig Zentimeter lange Miniröcke und sieben Zentimeter hohe Pumps sowie tiefe Ausschnitte. Das trägt sie heute noch. Sie sah und sieht noch immer überwältigend aus.«

Noch nie hatten Kleidungsstücke Julia so verwandelt wie diese. »Ich kam zu den Proben und sah aus wie ein 14-jähriger Junge, und wenn ich mich dann umzog und fünfundvierzig Minuten später wieder auftauchte, sagten die Leute: ›Was ist denn mit der passiert?‹ Ich hatte den meisten Spaß, war von meiner neuen Persönlichkeit fasziniert.«

Was Julia nicht realistisch fand, nicht einmal in der Welt der Brockovich, war, dass sie nach der Vorstellung der Filmemacher Miniröcke und kurz geschnittene Tops auch in Szenen tragen sollte, in denen sie solche Kleidung völlig unangebracht fand. »Ich fühlte mich durch diese ganze Klamottengeschichte richtig missbraucht. Das ursprüngliche Drehbuch verlangt von ihr, dass sie im Minirock einen Schacht hinunterrutscht. Das erschien mir nicht plausibel, denn wenn sie so schlau ist, wie ich dachte, und sie weiß, dass sie da gleich hinabrutschen muss, dann zieht sie doch keinen superkurzen Minirock an.«

Und dann war da natürlich das Thema ihrer »Möpse« (Erins Ausdruck). Im Drehbuch – und augenscheinlich auch im richtigen Leben – verschaffte die üppige Oberweite Brockovich oft Zugang zu Bereichen, die anderen verschlossen blieben. Das Problem bestand hier natürlich darin, dass man Julia, auch wenn sie eine beneidenswerte Figur hat, niemals als vollbusig beschreiben würde. Man erwog mehrere Möglichkeiten, unter anderem auch eine Art von Brustprothese, einigte sich aber schließlich darauf, dass es am besten wäre, Julias Dekolleté so gut wie möglich zur Geltung zu bringen.

Als die Kinogänger Julia als Erin Brockovich sahen, nahmen viele von ihnen fälschlicherweise an, sie habe eine brustvergrößernde Operation vornehmen lassen. »Benjamin behauptet, man habe ein ganzes Bataillon gebraucht, um dieses Dekolleté hinzubekommen«, witzelte Julia. »Dazu braucht man keine Pumpen oder Stützen oder so, nur ein bisschen althergebrachtes Knowhow.« Sie verwendeten Einlagen, die *Schnitzel* genannt werden, erzählte sie. »Polster – und wir schnitten die BHs auseinander und setzten sie so wieder zusammen, dass wir den gewünschten Effekt erzielten. In der Wüste geriet ich ein bisschen ins Schwitzen, da musste ich aufpassen, dass sie nicht verrutschten.«

»Die Reaktion war so«, erinnerte sich Jeffrey Kurland, »als hätten wir das Dekolleté neu erfunden.« Julias Kleider und Busen in *Erin Brockovich* erinnern an den Marilyn-Monroe-Film *Niagara* von 1952, bei dem es von der Figur, die Marilyn verkörpert, heißt, sie trage Kleider, »die vorne so kurz geschnitten sind, dass man ihre Knie sehen kann«. Ein Kritiker bemerkte: »Miss Monroe hat sehr hübsche Knie.« Die hat Miss Roberts auch.

»Ich brauchte etwas Übung«, sagte Julia. »Ich kam gut mit den Schuhen zurecht, bis ich alles [andere] anhatte, und dann wurde es etwas schwierig mit der Balance, da ich sehr groß und ausladend war.«

Während der Dreharbeiten in Barstow übernachtete Julia im Holiday Inn, aß nur vom Catering-Wagen und ging mit dem Team zur Bowlingbahn. Ihre Zählkarte unterschrieb sie mit »Lulu«, doch darüber, wie gut sie spielte, haben wir keine Kenntnis. Wenn ein Teil des Equipments direkt vor ihren Szenen zu brummen begann, sprang Julia auf und gesellte sich zu den anderen, um daran herumzufummeln und herauszufinden, was damit los war. »Sie ist nicht der Typ, der sitzen bleibt und alle anderen für sich arbeiten lässt«, meinte Marg Helgenberger, die eine der von der Vergiftung betroffenen Bürgerinnen Hinkleys darstellte.

Während der Dreharbeiten traf Julia auf alte Bekannte: Conchata Ferrell, die Besitzerin des Pizzarestaurants in *Pizza, Pizza,* spielt hier eine Büroangestellte, die Erin auf die Nerven geht. »Leck mich am Arsch, Donutschnitte«, knurrt Erin sie an einer Stelle an. Und Peter Coyote von *Liebe auf texanisch* spielte den Spitzenanwalt, den Erins Arbeitgeber ihr als Partner für den Prozess zur Seite stellt.

Julia arbeitete unheimlich gerne mit Steven Soderbergh, den sie als »Genie« bezeichnete. Sie hatte festgestellt, dass »manche Regisseure dich erst mal richtig zuquatschen, bevor du überhaupt irgendetwas getan hast. Und du denkst: ›Warum bin ich hier? Der hat offensichtlich kein Vertrauen in das, was ich machen werde.‹ Aber bei Steven spürt man das Vertrauen und die Zuversicht die ganze Zeit über.« Soderbergh gab ihr das Kompliment zurück. »Ich schätze mich sehr glücklich, denn es ist, als hätte ich sie zu einem Zeitpunkt erwischt, wo sie in Hochform war ... als würde man Michael Jordan bei einem direkten Pass zusehen. Sie ist als Schauspielerin auf ihrem absoluten Höhepunkt. In technischer Hinsicht beherrscht sie alles ... Wie lautet noch mal das Adjektiv, das sie in der Zahnpastawerbung verwenden. *Überschäumend?* Das trifft es genau ... Ich stelle sie mir als kleines Glas mit Blasen vor ... Sie ist eine der wenigen Schauspielerinnen, die man mit Audrey Hepburn vergleichen kann, ohne vom Blitz getroffen zu werden.«

Ebenso angenehm fand Julia die Arbeit mit dem englischen Schauspielveteran Albert Finney, der 1966 mit der Hepburn die Hauptrolle in *Zwei auf gleichem Weg* gespielt hatte. Finney stellte Erins Vorgesetzten, Ed Masry, dar. Die beiden sind zunächst wie Feuer und Wasser, aber Masry, ein guter Mensch, lernt Erin schätzen und respektieren. Finney und Anthony Hopkins, sagte Julia, seien die beiden Schauspieler, die sie am meisten bewundere. »Ich empfinde für Albert dasselbe wie Erin für Ed«, erzählte Julia. »Ohne ihn an meiner Seite, ohne seine Freundschaft und Unterstützung, hätte ich in diesem Film nicht erreicht, was ich erreicht habe, und ich empfinde für ihn Respekt und echte Zuneigung.«

Finney äußerte sich so: Julias »Engagement in diesem Film berührte mich richtig. Als ich das Drehbuch las, dachte ich: *Großartiger Part für sie* – mal etwas anderes, als ich von ihr gesehen habe, und eine tolle Gelegenheit zu zeigen, was in ihr steckt. Nach drei Wochen sagte ich ihr, wie gut sie ihre Rolle spiele … Mit ihr zu arbeiten, machte Freude, weil es so unberechenbar, so unvorhersehbar war. Als Berufskollege war ich stolz auf sie. Genau so sollte eine Schauspielerin sein.«

Besonders viel Spaß hatte Julia mit den Schauspielern, die ihre Kinder darstellten. Mit Scotty Leavenworth (Erins Sohn Matthew) und Gemmenne de la Peòa (ihre Tochter Katie) sowie ihrer Nichte Emma, die mehrmals am Set zu Besuch war, spielte sie Verstecken. Brenda Leavenworth, Scottys Mutter, erzählte: Julia »besuchte die Kinder in ihrem Wohnwagen und ließ sie auch in ihren eigenen hinein. Einmal sagte sie zu ihnen: ›Ach so, da kommt ihr einfach herein, bringt alles in Unordnung und haut dann wieder ab?‹ Und sie antworteten: ›Na, klar.‹ Sie hat oft mit ihnen herumgealbert. Mir gefiel, wie sie mit ihnen fertig wurde – genau wie eine Mutter. Wenn sie aus der Reihe tanzten, rief sie: ›Hey, kommt sofort her!‹ Aber liebevoll … Sie veranstaltete Ringkämpfe mit Scotty.« Scotty, der fünfundfünfzig Pfund wog, war erstaunt, dass Julia »mich hochhob, über die Schulter warf und wieder auf den Boden ließ – so stark ist die nämlich«.

Das Drehbuch zu *Erin Brockovich* hielt sich relativ eng an die Fakten, doch um den Film kommerzieller zu gestalten, hatte man sich einige Freiheiten erlaubt, vor allem im Hinblick auf die Figur des George, Erins Freund. Der wahre George ist beträchtlich älter und sieht nicht so gut aus wie Aaron Eckhart, der seine Rolle im Film übernahm. Auch war er nicht annähernd so selbstlos, wie er im Film porträtiert wird. »Wir hatten ungefähr ein Jahr zusammengelebt, als der Hinkley-Fall mein Leben umkrempelte«, sagte Erin. »Damit ich ungehindert daran arbeiten konnte, stellte Ed Masrys Anwaltskanzlei George als Kindermädchen für meine Kinder ein. Das entspricht den Tatsachen, George wurde dafür *bezahlt*, dass er auf die Kinder aufpasste!«

Die Dreharbeiten zu *Erin Brockovich* wurden am 5. August 1999 in den Santa-Ventura-Studios in Ventura, Kalifornien, beendet. Während Soderbergh die nächsten acht Monate an der Fertigstellung des Films arbeitete, um ihn im Frühjahr 2000 auf den Markt zu bringen, machte Julia wieder mal eine schöpferische Pause. »Das war wahrlich die perfekte Dreherfahrung, von Anfang bis Ende, durch und durch, in jeder Beziehung«, berichtete sie Oprah Winfrey im März 2000. »Da habe ich mich gefühlt, unglaublich. Was könnte ich jetzt tun, das so viel Spaß macht und so kreativ und anspruchsvoll wäre? Deswegen habe ich seitdem keinen Tag mehr gearbeitet.«

»Und was machst du jetzt so den ganzen Tag?«, fragte Oprah.

»Äh, also weißt du, *Oprah* gucken oder Soap Operas, so was in der Art.«

Sie tat natürlich viel mehr, ob in New York oder in Taos. In Manhattan fuhr sie mit der Subway zu ihrem Shoelace-Productions-Büro, spazierte Hand in Hand mit Ben Bratt durch den Gramercy Park, holte sich im Delikatessenladen ihres Viertels Sojamilch oder kaufte Schmuck in ihrem Lieblingsladen für Modeschmuck, einer Boutique mit dem Namen Me & Ro, ging zu ihrem Work-Out ins Kraftstudio und fast jeden Morgen zum Joggen. In *Harper's Bazaar* erzählte sie Billy Crystal, dass ein typischer Tag mit einem Frühstück beginnt und »vielleicht gehe ich dann ein bisschen spazieren, damit ich wieder Appetit bekomme. Dann gehe ich zu meiner Schwester. Sie bereitet ein hübsches kleines Mittagessen zu und wir gucken unsere Lieblingsserie *[Days of Our Lives]* und erzählen uns das Neueste. Aber ich bin sehr häuslich. Ich putze gerne, vor allem wenn ich von Aufnahmen nach Hause komme. Damit kann ich Wochen verbringen. Und gegen Ende des Tages geht Benjamin dann mit mir ins Kino und zum Essen. Dann gibt es einen Eimer Popcorn. Irgendwie esse ich in New York immer zu viel.«

Julia und Ben stellten fest, dass die Größe New Yorks und die Tatsache, dass dort viele berühmte Persönlichkeiten leben, ihnen mehr Privatsphäre ermöglichten, als sie andernorts erfuhren. Es war einfach anders als Los Angeles, wo Julia ein weiteres Mal erlebte, dass plötzlich die Paparazzi aus dem Gebüsch auftauchten, etwas, das sie einfach schrecklich fand. »Es war schon spät am Abend und es hat mir schreckliche Angst gemacht«, erzählte sie. »Nachher habe ich gedacht: *Warum sind die nicht geradewegs auf mich zugekommen und haben gesagt: ›Guten Abend, Miss Roberts.*

Darf ich ein Foto von Ihnen machen?‹ Ich vermute, das kam nicht in Frage.«

(Es gibt eine Antwort auf Julias rhetorische Frage. Die Paparazzi verkaufen ihre Fotos an die Boulevardzeitungen, und die sind nicht sonderlich an einem artigen Foto von Julia interessiert. Ein Bild von ihr, wenn sie verängstigt aussieht, ihr Gesicht verdeckt oder wegläuft, passt viel besser zu ihrer Story darüber, wie Julia an einer »rätselhaften Krankheit« stirbt, einen Nervenzusammenbruch hat, sich von Ben trennt oder wie immer die Julia-»Tragödie« der Woche aussehen mag.)

Als die Premiere von *Erin Brockovich* näher rückte, ahnte Universal Pictures, dass man einen großen Hit landen würde. Ein Kenner der Szene, der sich auf der Urban Cinefile Website in Australien »Dr. Richard Kimble« nennt, berichtete, dass der Film bei zwei Vorführungen »besser abschnitt als *Notting Hill* ... Er hat eher etwas von *Norma Rae* als von *Silkwood* und es ist unglaublich. Kein vorzeitiges Verlassen des Kinos, zweiundneunzig Stimmen für einen der ersten zwei Plätze und achtundachtzig eindeutige Empfehlungen ... Universal weiß gar nicht, wohin mit all dem Geld und möchte den Film erst im Sommer bringen, damit er gegen die ganz Großen antreten kann, aber Soderbergh hat sich im Sommer davor mit *Out of Sight* die Finger verbrannt und möchte bei Frühjahr 2000 bleiben. Sony, Miteigentümer der Rechte, glaubt, egal wann der Film veröffentlicht wird, er wird der Knaller.« So war es auch. *Erin Brockovich* kam am 17. März 2000 in die Kinos und wurde auf der Stelle ein Kassenschlager. Am Eröffnungswochenende brachte er 28,1 Millionen Dollar ein und anschließend 125,5 Millionen Dollar innerhalb sowie 132,9 Millionen außerhalb der USA.

Der Film veränderte die Art, wie die Zuschauer und die Filmindustrie Julia Roberts wahrnahmen, grundlegend. Sie war über die romantische Komödie hinausgewachsen. Man hatte sie zwar immer als gute Schauspielerin angesehen, aber auch in die Schublade der »Stardarstellerin« einsortiert, deren Persönlichkeit und Aussehen beeindruckender und besser zu vermarkten waren als ihre schauspielerischen Fähigkeiten, und die heiter sein und breit lächeln musste, um als Kassenmagnet den Kartenverkauf anzukurbeln. Ihr Auftritt als Erin Brockovich gab ihr die Möglichkeit, in einen ihr bislang fremden Charakter hineinzuschlüpfen und eine Gefühlspalette zu zeigen, die sie bis dahin nie ausprobiert hatte.

Erin Brockovich selbst war eindeutig davon angetan. Sie sagte zu Julia: »Du hast es so *genau* getroffen! … Alles, was du gezeigt hast, der Kampf, die Gefühle und das *Dekolleté* … Einfach großartig!« Die meisten Kritiker waren derselben Meinung. Sie gerieten förmlich in Verzückung – in Bezug auf Julia wie auch auf den Film. Andrew Johnston schrieb in der *Us Weekly:* Julia »gibt die überzeugendste Vorstellung ihrer Karriere … Dank des untrüglichen Instinkts [Soderberghs] ist das, was ein Film hätte sein können, der dem Starkult huldigt, durchdrungen vom Wortwitz einer Screwballkomödie und dem Gefühl eines großen Countrysongs. Den frechen Auftritt von Julia Roberts muss man einfach gesehen haben.« Leah Rozen schrieb in der Zeitschrift *People:* »Julia Roberts' Darstellung ist eine Wucht … Ohne auch nur ein Watt ihrer Starausstrahlung zu opfern, spielt sie die vom Schicksal geschlagene Frau, die im Kampf für andere entdeckt, dass sie wichtig ist … Roberts ist der Mittelpunkt eines beeindruckenden Dramas.«

Es gab natürlich einige Andersdenkende – zum Beispiel Julias Bruder Eric. In Howard Sterns Show meinte Eric, seine Schwester sei »unbrauchbar« in *Erin Brockovich.* »Was hat sie gemacht? Einen Push-up-BH getragen! Das war keine große schauspielerische Leistung.« Er sagte auch, Julia wäre »größenwahnsinnig« geworden. »Ich habe ihr die erste Rolle besorgt«, fügte er hinzu, »aber sie kehrt mir seit Jahren den Rücken zu.«

Im Oktober 1999 reiste Julia nach Asien, um den Dokumentarfilm *The Wild Horses of Mongolia* zu drehen, der die neunzehnte Saison von *Nature* am 22. Oktober 2000 einläutete. Julia wohnte zwei Wochen lang bei einer Nomadenfamilie in ihrem transportablen, aus einem Raum bestehenden »Ger«, einem runden Zelt, über dessen Holzrahmen Schichten von Segeltuch und Filz gelegt werden. »In der Mongolei kennt man keine Städte«, sagte Julia. »Die meisten Mongolen sind Nomaden … Ein hartes Leben, das sich seit Tausenden von Jahren kaum geändert hat … Was werden sie mit mir anfangen – einem Mädchen aus New York?« Natürlich mochten sie sie. Julia und die Familie kommunizierten, so gut es eben ging, ohne ein Wort der Sprache des anderen zu kennen. Julia knüpfte besonders engen Kontakt zu den Kindern, mit denen sie spielte und sich balgte.

Als Julia eines Morgens aufwachte, stellte sie fest, dass die Familie die Zelte abbrach, um woanders frisches Weideland für ihre Pferde zu finden. »Ach, das steht heute auf dem Programm«, sagte sie. »Wir bringen das Haus woanders hin.« Die Männer deckten die *gers* ab, und Julia wurde klar, dass es sich hierbei um eine Art soziales Ereignis handelte. »Es war wie eine Party … und es hat mir Spaß gemacht, in der Eiseskälte ein Haus abzubauen. Wer hätte das gedacht?«

Im Mittelpunkt des Dokumentarfilms stand das enge Verhältnis der Mongolen zu ihren Pferden, auf deren Milch sie angewiesen sind – Julia melkte selbst eins – und die sie für den Transport brauchen. Pferderennen sind Teil der nationalen Religion und kulturellen Festivitäten. Julia war erstaunt, wie ergeben die Tiere ihren »Herren« waren. Sie sagte: »Dass diese Pferde einfach herumstreifen dürfen und nicht auf Nimmerwiedersehen verschwinden … ist erstaunlich. Überall in Amerika, wo man Tiere sieht, sieht man auch Zäune … Hier liegt es tatsächlich an der Liebe und dem Respekt des Menschen dem Tier gegenüber, dass sie zusammenbleiben.«

Bevor sie wieder fortging, sagte man Julia, es gehöre dazu, dass sie eines der Pferde reite, das erst noch für sie zugeritten werden müsse. Obwohl sie eine erfahrene Reiterin ist, gab sie zu, Angst zu haben. »Es ist wie ein Blinddate, ein Pferd zu besteigen, das man nicht kennt. Und wie wir alle wissen, können Blinddates verhängnisvoll enden. Deswegen hoffe ich, dass in dem Pferdekörper dort jemand Nettes wie Benjamin Bratt steckt, mit dem ich einen lustigen Tag verbringe. Und der mich nicht abwirft. Das wäre schrecklich!« Nervös wartete sie in der windigen, kargen Steppe, während ein Pferd für sie ausgesucht wurde. Dann ritt sie das Pferd, ohne dass etwas passierte.

Um für *Erin Brockovich* zu werben, hatte Universal Pictures eine Publicitykampagne gestartet, die Julia einen Haufen Zeitschriftenartikel, darunter Titelgeschichten in *People* und *Film Review*, sowie ein Interview im *Rolling Stone* einbrachte. Der Höhepunkt der Kampagne war am 10. März eine Stunde bei Oprah Winfrey, in der beide, Julia und Erin Brockovich, auftraten. Julia verblüffte Oprah mit der Eröffnung, dass sie längst mit Benjamin Bratt verheiratet sei. »Ein Typ fragte mich [bei der Verleihung des Golden Globe]: ›Wann werden Sie heiraten?‹ Und ich antwortete: ›Wir sind seit achtzehn Monaten verheiratet!‹«

Nachdem sie erläutert hatte, dass ihre »Heirat« eine Geisteshaltung und nicht rechtlich bindend sei, fügte sie hinzu: »Ich bin vierundzwanzig Stunden am Tag im Freudenrausch. Benjamin ist ein wunderbarer Mensch und er liebt mich bedingungslos. Er akzeptiert mich als Individuum mit Fehlern und liebt mich trotzdem.« Ihren pfirsichfarbenen, weichen Teint und die leuchtenden Augen hielt Julia ihrem Freund zugute. »Ich bin sehr aktiv – außerdem, all das Liebe machen wirkt Wunder für den Teint. Man muss es allerdings schon ein Weilchen machen – um solch rosige Wangen zu kriegen«, sagte sie mit einem Lachen.

Ein Jahr später, als sie den Oscar gewann, bekam die ganze Welt die Königin von Hollywood und ihren Begleiter in Aktion zu sehen. Sie waren ein hinreißendes Paar, und Bens schnelle Reaktion, als Julia auf den Stufen stolperte, festigte seinen Ruf als einen der wahren Gentlemen Hollywoods. Jeder, der die Oscar-Verleihung im Fernsehen sah und nicht wusste, dass Ben und Julia ein Paar waren, wurde dies an diesem Abend deutlich vor Augen geführt.

Jeder konnte sehen, dass Julia Roberts, dreiunddreißig, eine Frau war, die alles hatte – enormen Erfolg in ihrem erwählten Beruf, ein Aussehen, das mit zunehmendem Alter immer besser zu werden schien und einen liebevollen Sir Galahad an ihrer Seite. Die einzige Frage schien zu sein: Wann würden Ben und Julia, nach einer dreieinhalbjährigen Liebesbeziehung, Nägel mit Köpfen machen und eine Familie gründen?

KAPITEL 36

Julias nächsten Film, *The Mexican* mit Brad Pitt und James Gandolfini in weiteren Hauptrollen, herauszubringen war eine langwierige Angelegenheit. J. H. Wyman, ein kanadischer Fernsehschauspieler, wurde zum Drehbuchautoren und verkaufte 1998 sein zweites Drehbuch – das erste war *Mr. Rice's Secret,* ein Film, der 2000 in die Kinos kam – an Newmarket Films, nachdem alle anderen Studios in Hollywood abgewinkt hatten. Die Story enthielt zwei voneinander unabhängige Handlungsstränge. In dem einen muss der in Los Angeles lebende Jerry Welbach (Brad Pitt), ein junger Mafia-Kurier, der versucht, aus dem schmutzigen Geschäft auszusteigen, noch einen letzten Auftrag annehmen: Er soll nach Mexiko fahren und eine wunderschöne Pistole holen, die »Mexican«, an die eine fast mythische Geschichte geknüpft ist – und die viele sehr schlechte Menschen gerne stehlen möchten. Im zweiten Handlungsstrang agiert Jerrys Freundin Samantha Barzel (Julia Roberts), die wütend ist, dass Jerry noch einen Auftrag angenommen hat. Deswegen fährt sie allein nach Las Vegas. Bei einer Rast wird sie in der Toilette von einem bewaffneten Mann (Sherman Augustus als Leroy »the Hitman«) angegriffen, der sie zum Mitkommen zwingen will. Als der die Toilettentür öffnet, schießt ein zweiter Mann (James Gandolfini als Winston Baldry) mehrmals auf ihn und nimmt Samantha als Geisel. Beide Männer haben den Auftrag, Sam als Köder zu nehmen, um Jerry zur Herausgabe der Pistole zu zwingen. Für einen Auftragsmörder ist Winston, wie sich herausstellt, ungewöhnlich einfühlsam, und obwohl Sam seine Gefangene ist, entwickelt sich zwischen den beiden eine Freundschaft.

Bei Jerrys Aufenthalt in Mexiko kommt es, während die Pistole mehrmals ihren Besitzer wechselt, zu einem Autodiebstahl, zu Schießereien, Geiselnahmen, Betrügereien, Verfolgungsjagden und Autounfällen. Jerry ist die ganz Zeit über verzweifelt bemüht, die Pistole für seinen Auftraggeber zurückzubekommen, da es ihm sonst selbst an den Kragen geht. Am Schluss geht alles gut aus, obwohl Jerry Winston umbringen muss: Die Pistole wird dem rechtmäßigen Besitzer zurückgegeben und Jerry und Samantha gestehen sich ihre ewige Liebe.

Beide, Wyman und das Studio, wollten eigentlich ein Independent-Projekt mit kleinem Budget und sie engagierten Lawrence Bender *(Pulp Fiction)* und John Baldecchi *(Simon Birch)* für die Produktion. Im Frühjahr 1999 kam Kevin Reynolds *(Robin Hood: König der Diebe)* als Regisseur dazu und verschiedene Stars, darunter Ben Stiller und Meg Ryan, bekundeten ihr Interesse am Drehbuch. Als Ende August keine Besetzung feststand, zog sich Reynolds aus dem Projekt zurück. Dann erhielten die Produzenten einen Anruf von einem der Manager von Brad Pitt (der zwei Jahre hintereinander von der Zeitschrift *People* zum »Mann mit dem größten Sexappeal« gekürt worden war): der Superstar sei an dem Film interessiert. Baldecchis Reaktion? »Sie wollen mich wohl auf den Arm nehmen!«

Brad schickte das Drehbuch an David Fincher, den Regisseur von *Fight Club*, der jedoch zu sehr mit der Nachbearbeitung dieses Films beschäftigt war, um es zu lesen. Im September schickte Bender das Drehbuch an Gore Verbinski, der bei den Budweiser-Werbespots mit den sprechenden Fröschen sowie der Nathan-Lane-Komödie *Mäusejagd* Regie geführt hatte. Bender war zuversichtlich, dass Verbinski mit großen Stars genauso gut umgehen könne wie mit kleinen Tieren. Der Regisseur zeigte Interesse, erhielt jedoch keine Zusage, bis Fincher erneut abgelehnt hatte. In der Zwischenzeit hatte David Geffen, neben Steven Spielberg und Jeffrey Katzenberg einer der Partner von DreamWorks, vom Drehbuch und Pitts Interesse daran gelesen und war erstaunt, dass sich noch kein Verleih gemeldet hatte. Nachdem Katzenberg das Drehbuch gelesen hatte, teilte er den Produzenten mit, DreamWorks wäre gerne mit von der Partie. Jetzt, wo *The Mexican* ein großes Studio hinter sich hatte und einen Superstar in der männlichen Hauptrolle, musste die weibliche Hauptrolle mit einer Schauspielerin ähnlichen Formats besetzt werden.

Im Januar 2000 traf Pitts Manager bei einer Veranstaltung zufällig Elaine Goldsmith-Thomas und erwähnte das Projekt.

Goldsmith-Thomas war begeistert. »Es war eine Mischung aus *Out of Sight* und *Pulp Fiction*«, sagte Elaine. Julias Interesse war ebenfalls geweckt. Besonders reizte sie die Aussicht, mit Pitt zu arbeiten, mit dem sie befreundet war, seit Gwyneth Paltrow, seine damalige Liebe, sie vor Jahren miteinander bekannt gemacht hatte. Pitt hatte Julia das erste Mal in *Pizza, Pizza* auf der Leinwand gesehen. »Sie war großartig, von einer Spontaneität zum Verlieben ... Sie ist eine liebenswerte Frau und sehr intelligent.«

Noch im gleichen Monat flogen Katzenberg und Verbinski zu einem Treffen mit Julia nach Manhattan. Katzenberg hatte Joe Roth angerufen und ihn gebeten, Roberts von Verbinski »vorzuschwärmen«. »Ich wusste, wenn ich Julia treffen würde, wäre das für mich wie ein Vorsprechtermin«, sagte Verbinski. »Wenn sie den Film gut fände, aber nicht mich, würde ein anderer Regisseur den Film mit ihr drehen.«

Julia mochte Verbinski, und nun hatte *The Mexican* zwei heiße Stars und einen Regisseur. Das Budget schwoll – hauptsächlich wegen der Gagen von Julia und Brad – von 10 Millionen Dollar auf 35 Millionen an. Beide Stars bekamen 7,5 Millionen Dollar. Verbinski verneinte die Frage, ob es schwer gewesen sei, sie zu einer so merklichen Verringerung ihres Verdienstes zu überreden (Pitt bekommt gewöhnlich 20 Millionen Dollar). »Aufgrund des ein wenig ausgefallenen Themas war es nicht unbedingt ein auf die Stars abgestimmter Film. Es war mal etwas ganz anderes. Es war für beide ein Abweichen vom Üblichen, ganz bestimmt für Julia.«

Eine wichtige Rolle war noch zu besetzen, die des Killers, der Julia entführt. Julia schlug James Gandolfini vor, Star in *Die Sopranos*, einer ihrer Lieblingsfernsehserien. Es war sicherlich eine geniale Wahl – aber würde Gandolfini eine Figur spielen wollen, die im Grunde ein schwuler Tony Soprano wäre? Der Schauspieler hatte kein Problem damit. Er war genauso begeistert von der Vorstellung, mit Brad und Julia zu arbeiten, wie die beiden davon begeistert waren miteinander – und mit ihm – zu arbeiten, auch wenn er ein Jahr zuvor ein nicht gerade ermutigendes Erlebnis mit Julia gehabt hatte. »Ich sah sie bei einer Preisverleihung und sie machte so [er lächelt und wedelt brav mit der Hand, wie Königin Elizabeth ihre Untertanen von ihrer Kutsche aus grüßt]. Zu der Zeit hätte ich nie im Leben daran gedacht, dass sie *mir* zuwinken könnte.«

»Er hat mich ignoriert!«, sagte Julia zu Ben Bratt, der neben ihr saß. »Ich habe ihm quer durch den Saal zugewinkt und er hat mich ignoriert.«

»Ich blickte über die Schulter und dachte: ›Was macht sie da?‹«, fuhr Gandolfini fort, »und meine Frau meinte: ›Sie winkt dir zu, du Trottel!‹« Julia erzählte, sie sei »rot geworden. Und ich habe mich zu Benjamin umgedreht und gesagt: ›James Gandolfini hat mich einfach ignoriert.‹« Aber ganz offensichtlich trug Julia ihm den unbeabsichtigten Affront nicht nach.

Die Außenaufnahmen für *The Mexican* begannen am 17. April 2000 in Mexiko, in der hübschen, Jahrhunderte alten Bergarbeiterstadt Real de Catorce. Für Julia fingen sie mit einem unangenehmen Erlebnis an, als sie in der ersten Nacht von einem schreienden Esel unter ihrem Fenster wach gehalten wurde. Das Hotel schickte einen Wachmann, der den unhöflichen *Equus asinus* dazu bewegen sollte, sich einen anderen Platz zu suchen.

Nach ungefähr einem Monat Dreharbeiten geriet Julia in einem Allrad-Sportwagen in Panik. Ein Einheimischer, Eduardo Castaneda, erinnerte sich, dass »Julia von Matahuala auf der Kopfsteinpflasterstraße zurück nach Real de Catorce [gefahren wurde]. Die Straße ist sehr unwegsam und uneben und auf halbem Wege platzte ein Reifen. Es hätte schlimmer kommen können, aber zum Glück für Julia kam das Auto zum Stehen und der Fahrer rief über Funk ein anderes Auto, das sie dann abholte.«

Abgesehen von diesen Ereignissen hatte Verbinski angenehme Erinnerungen an die Dreharbeiten »Nach dem Drehen tranken wir jeden Tag ein bisschen Tequila«, erzählte er. »Wir kochten Ziege in einem Erdloch und an den Wochenenden veranstalteten wir große Barbecues.«

Obwohl Julia und Brad, wie vorauszusehen, gut miteinander auskamen – »Er ist ein super Typ«, sagte sie –, stellten ihre unterschiedlichen Arten zu spielen Verbinski vor ein kleines Problem. »Ich glaube, Brad experimentiert viel. Er hat keine Angst zu versagen und geht einer Sache nach, bis es sich richtig anfühlt, während Julia eine Art weiblicher Gene Hackman [der auch mitspielte] ist. Sie ist die Frau für ›zwei Takes‹. Wenn du drei machen willst, musst du eine Pause von fünfzehn Minuten einlegen und diskutieren, warum du das machen willst.« Dass Verbinski Brads Methode bevorzugte, legte eine Bemerkung über den bei diesem Film angewendeten »Guerilla-Stil beim Drehen« nahe. »Für mein Gefühl war *Mäusejagd* zu geplant. In diesem Film habe ich nichts festgelegt. Es war viel mehr ein intuitiver Prozess, in der Hoffnung, etwas viel Lebendigeres einzufangen.«

Verbinski sorgte sich, dass die Zuschauer es möglicherweise nicht so gut fänden, wenn sie in einem Film mit Brad Pitt und Julia Roberts in den Hauptrollen die beiden nur zwanzig Minuten zusammen auf der Leinwand zu sehen bekämen. Er überlegte, ob er das Drehbuch überarbeiten sollte, um ihnen mehr gemeinsame Szenen zu verschaffen, »aber sie hatten sich aufgrund des Drehbuchs verpflichtet, und ich glaube, es wäre dumm gewesen, [es] zwei Wochen vor Drehbeginn zu ändern, nur weil wir zwei der größten Stars der Welt hatten. Es war Segen und Fluch zugleich.«

Julia machte sich ebenfalls Gedanken darüber, denn sie und Brad küssten sich bis zum Ende des Films nicht ein einziges Mal. »Als ich das dem Regisseur gegenüber erwähnte, versuchte ich, es so zu verpacken, dass es nicht klang wie ›Ich will Brad küssen‹, na, das wäre doch peinlich.«

Wenn wir die beiden Hollywoodstars das erste Mal sehen, sind sie im Bett, aber sie wachen gerade auf und von der vermutlichen Leidenschaft der Nacht ist nichts weiter geblieben als ein Kater. Julia sagte, es sei ihr wichtig gewesen, dass die Szene realistisch wirkte, deswegen habe sie kein Make-up getragen. »Ich sehe immer *Days of Our Lives*«, sagte sie. »Es stört mich, wenn all diese schönen Menschen mit Lippenstift und Lidschatten aufwachen. Ich möchte nur glamourös aussehen, wenn es angebracht ist. Deswegen war ich ungeschminkt, als ich diese Szene mit Brad drehte.«

Verbinski, so Pitt, »forderte uns auf [während der wenigen Szenen, in denen Jerry und Sam ihre Zuneigung ausdrücken],

Gefühl zu zeigen, aber in den Liebesszenen haben wir uns auf das rein Technische beschränkt, weil wir nicht aufhören konnten zu lachen. Da war keine Liebe im Spiel. Etwas mit Julia anzufangen, wäre wie eine Affäre mit meiner Schwester. Davon abgesehen bin ich bis über beide Ohren verliebt in Jennifer [Aniston, die er kurz nach Drehschluss heiratete].«

Als die Dreharbeiten sich dem Ende zuneigten, sah sich Julia den gefühlvollsten Szenen des Films gegenüber. »Ich erinnere mich, dass ich gegen Ende zehn Tage lang die Hysterische spielen musste und jeden Tag in irgendeiner Form mit Angst und Schrecken zu kämpfen hatte. Und Tag für Tag musste ich zum Set und vierzehn Stunden lang heulen. Danach war ich nur noch ein Schatten meiner selbst.«

Wie bei den meisten ihrer Filme schloss Julia mit vielen aus dem Team Freundschaft, was sie bei der Crew zu einem der beliebtesten Stars hatte werden lassen. Vor allem einer zog Julias Aufmerksamkeit auf sich: der jungenhaft hübsche 33-jährige Dan Moder, dessen wenig beeindruckende Berufsbezeichnung »Erster Kameraassistent, B-Team« lautete.

Julia unterhielt sich gerade mit Pitt, als sie Moder bemerkte, der Khakihosen trug und kein Hemd und dem der Schweiß auf dem Waschbrettbauch glänzte. Ein Beobachter vom Set, der das Folgende gehört und gesehen hatte, sagte, Julia habe Moder über ihre Sonnenbrille hinweg gemustert und Pitt gefragt: »Wer ist der attraktive, liebeshungrige junge Mann?« Pitt, der offensichtlich an Ben Bratt dachte, ermahnte sie: »Jetzt sei mal schön artig, sonst petze ich!«

»Schätzchen«, erwiderte Julia, »irgendjemand muss dem Jungen die Kleider ausziehen, ihn waschen und zu meinem Wohnwagen bringen.« Dann ging sie zu dem blonden, einsachtzig großen Moder mit den grünen Augen und sprach mit ihm. Einer seiner Freunde, Barry Livingston, meinte: »Danny hätte sich im Leben nicht an Julia herangemacht. Es wäre ihm gar nicht in den Sinn gekommen, dass eine Berühmtheit wie sie an ihm interessiert sein würde. Auch hätte er nie seinen Job gefährdet und irgendeine der Schauspielerinnen angemacht.«

Danny schien sich zuerst nicht ganz wohl zu fühlen, genoss dann aber wohl doch Julias Aufmerksamkeit – vor allem als sie ihm mit den Fingern über den Waschbrettbauch strich. Später ließ sie ihm eine auf eine Seite ihres Drehbuchs gekritzelte Nachricht zukommen, die Moder »ziemlich anzüglich« nannte.

Was Julia nicht wusste, der attraktive Mr. Moder war verheiratet. 1997 hatte er Vera Steimberg geheiratet, eine in Argentinien geborene Visagistin aus Hollywood. Als Julia von Moders Ehe erfuhr, stöhnte sie: »Warum sind all die guten Typen vergeben?« Danny sagte ihr, dass seine Ehe praktisch am Ende sei. »Das muss ich ihm wohl glauben. Aber ich verabrede mich nicht mit verheirateten Männern. Punkt.« Aber der reizende Danny war jeden Tag in Julias Blickfeld, und so verwandelte sich der Punkt in ein Semikolon, dann in ein Komma, und schließlich verschwand jegliche Interpunktion, als der »verheiratete« Superstar und der verheiratete B-Team-Kameramann eine Affäre begannen.

Daniel Richard Moder, der so amerikanisch ist wie Ben Bratt exotisch, wurde am 31. Januar 1968 als das jüngste von drei Kindern des Produzenten Mike Moder *(Beverly Hills Cop)* und seiner Frau Patty in Los Angeles geboren. Er wuchs in dem exklusiven Küstenstädtchen Point Dume, nördlich von Malibu, auf und lebte, bis er über zwanzig war, das Leben eines kalifornischen »Beach-Boys«, der Rollschuh fuhr und Beach-Volleyball spielte, während das hellbraune Haar blond und die blasse Haut von der fast unablässig scheinenden Sonne Kaliforniens braun wurde. Nach der katholischen Highschool, wo er der große Mädchenschwarm war, spielte er Baseball und Football und wurde zum Jungen mit dem »schönsten Haar« gewählt. Seine Locken scheinen oft so zu fallen, dass sie unglaublich sexy wirken. Er besuchte das Santa Monica College und ging dann zur University of Colorado, wo er einen Abschluss in Psychologie machte. 1995 arbeitete er als Assistent seines Vaters beim Denzel-Washington-Film *Crimson Tide – In tiefster Gefahr.* Später wandte er sich der Kinematografie zu und wurde Kameramann.

Moder sieht nicht nur gut aus, sondern hat scheinbar auch eine besondere Art, mit Frauen umzugehen. Patricia Hilton, die drei Monate mit ihm zusammen war, beschrieb ihn so: »Er ist sanft, er ist romantisch. Er macht den Mädchen gerne einfache Geschenke. Ich habe gehört, dass er Julia ein Album mit den ersten E-Mails, die sie sich geschickt haben, überreicht hat. Das ist typisch für ihn. Mir hat er mal das Gleiche geschenkt ... Er ist der selbstloseste Liebhaber, den ich je hatte. Er war total großzügig, war ganz für mich da und mit mir in einer Art verbunden, die ich mit einem Mann bis dahin nicht gekannt hatte.«

Eine andere von Dannys Verflossenen fügte hinzu: »Er ist so sexy, dass der Sex ihm einfach aus allen Poren quillt. Wenn du mit ihm zusammen bist, bist du der wichtigste Mensch der Welt. Es ist berauschend. Dabei ist er selbst kein Mensch, der gern Aufsehen erregt. Er ist schüchtern und bescheiden, was ihn umso anziehender macht.«

Barry Livingston sagte, er habe, als er das erste Mal davon hörte, dass Julia Roberts mit Danny »herumhängen« würde, gedacht: »Na, das ist es. Sie gehört ihm. Wir haben ihn immer ›Doctor Love‹ genannt, weil er weiß, wie man mit Frauen umgeht. Julia hatte keine Chance.« Ein Freund der Familie Roberts, Tom Caldwell, pflichtete dem bei. »Sie konnte gar nichts machen. Danny trat in dem Moment in ihr Leben, als sie sich mit Benjamin zu Tode langweilte, einem netten Typ, der in ihr keine Leidenschaft mehr entfachen konnte, wenn Sie wissen, was ich meine.«

Doch Julia und Ben sollten sich erst fast ein Jahr später trennen, nachdem fast buchstäblich alle Welt sie bei der Oscar-Verleihung für das schönste und glücklichste Paar gehalten hatte.

The Mexican, der am 12. März 2001 in die Kinos kam, trennte die Kritiker in zwei Lager, diejenigen, die ihn mochten, und die, die ihn ablehnten. Die meisten kritisierten wie erwartet, dass Julia und Brad so wenig zusammen zu sehen waren. Doch Andrew Johnston war, wie man in der *Us Weekly* lesen konnte, der Ansicht, der Film treffe »ins Schwarze« und die Szenen, in denen die beiden Stars zusammen sind, seien »richtig lustig. Zudem geben ihre eigenen Szenen jedem von ihnen ausgiebig Gelegenheit zu glänzen.« In ihrer überheblichen Kritik in der *Entertain-*

ment Weekly verglich Lisa Schwarzbaum Julia und Brad mit den sprechenden Fröschen in Verbinskis Budweiser-Werbung: »Brad Pitt und Julia Roberts ... bilden die Spitze der Nahrungskette – sie sind BRAD & JULIA, der Prinz und die Prinzessin von Hollywood, die zum ersten Mal in der Geschichte des Films zusammen in einem Kassenschlager auftreten. Und da stoßen Welten aufeinander: Wenn zuweilen die Abenteuer zu verwirrend werden, kann man sich Pitt und Roberts vorstellen, wie sie kokett auf einem Seerosenblatt sitzen und dabei quaken BRAD. JULIA. BRAD. JULIA.«

In Wirklichkeit ist *The Mexican* ein unterhaltsamer, häufig lustiger Film mit großartigen Leistungen seiner drei Stars – jeder von ihnen spielt seine Rolle hervorragend. Die Bilder sind überwältigend; die durch die Zeit und Armut heruntergekommenen, mit Steinen gepflasterten Straßen von Real de Catorce sind der Traum eines jeden Kameramannes, und Dariusz Wolski machte die meisten Aufnahmen vor dem Hintergrund von Sonnenauf- und -untergang. Das Drehbuch, zwar weitgehend vorhersehbar und nüchtern während Pitts Jagd/Abenteuer, sprüht vor witzigen Einfällen, Gefühl und Einfallsreichtum, wo sich die Beziehung des ungleichen Paares, der von Julia und Gandolfini verkörperten Figuren, entwickelt.

Obwohl seine Hauptdarsteller Megastars sind, schnitt der Film beim Kartenverkauf ziemlich schwach ab – 66,8 Millionen Dollar in den USA, die Hälfte des Erlöses von *Erin Brockovich*. Und das, obwohl der Film alle Elemente eines Publikumsmagneten zu haben scheint, außer einem – *Brad und Julia als Paar.* DreamWorks wusste, dass die Kinogänger die beiden schönen und herausragenden Filmstars gerne in einer richtigen Liebesgeschichte sehen würden, denn die gedruckte Werbung zeigte ein Bild der beiden, auf dem sie aussehen, als wollten sie sich gerade küssen, und das die Unterschrift trug: »Liebe ohne Netz und doppelten Boden«. Diese ganz offen irreführende Reklame hat dem Film zweifellos geschadet. Diejenigen, die einen anderen Film erwartet hatten, waren enttäuscht, und die Mundpropaganda war nicht gut.

Zum ersten Mal seit *Pretty Woman* lösten Julias Kleider in

einem Film einen kleinen Modetrend aus. Es war kein solcher Boom wie nach *Bonnie und Clyde* oder *Saturday Night Fever,* aber einige Zeitschriften brachten Beiträge, in denen den Leserinnen Anweisungen zur Nachahmung von Julias lässigem Schick in diesem Film gegeben wurden. Ihr pinkfarbenes, kurzärmliges Top war zum Beispiel bei Scoop in New York für nur 33 Dollar erhältlich; eine Straußenfederboa, die sie um den Hals trägt und mit der sie auf einem Bett tanzt, konnte man bei Neiman-Marcus für 175 Dollar erstehen; ein bestickter Bauernrock kostete bei Urban Outfitters 28 Dollar, und Me & Ro boten verschiedene Perlenketten an (190 bis 405 Dollar), eine silberne Prabhujee-Manschette (235 Dollar), einen winzigen Blumenblatt-und-Perlen-Fußring (465 Dollar) und einen winzigen Fußring mit einer Lotus-Blüte für 310 Dollar.

Es gab auch den von Brad geprägten Look: Cargohosen (54 Dollar bei Stussy) und ein kurzärmliges T-Shirt (Banana Republic, 15,50 Dollar) über einem langärmligen von Stussy zum Preis von 22 Dollar. Die Kostümdesignerin, Colleen Atwood, sagte, sie hätte viele Kleider in erstklassigen Läden gekauft, »wie Decades und Jet Rag in Los Angeles und Calypso in New York ... Für Julias Kostüme habe ich alle Läden abgegrast – von Alberta Ferretti über Gap bis hin zu Banana Republic.« Atwood fand Julia »klug und kooperativ«. Brad hingegen »sehr schwer einzukleiden, da er auf eine intuitive Art elegant ist. Man hat das Bedürfnis, ihn etwas lässigere Sachen anziehen zu lassen. Brads orangefarbenes T-Shirt erregte ziemliches Aufsehen in der Stadt [Real de Catorce]. Die Kinder wussten natürlich genau, um wen es sich handelte.«

Die Publicitykampagne für *The Mexican* brachte Brad und Julia auf die Titelseiten von *Entertainment Weekly* und der englischen *Empire,* die ein Bild aus dem Film zeigte, auf dem Julia ein Gewehr in der Hand hält, und es mit der Unterschrift versah: »Enttarnt: Julia Roberts beim Vorsprechtermin für *Thelma und Louise.«* Ebenso war Julia auf den Titelseiten von *Us Weekly, Seventeen, In Style, Harper's Bazaar, Redbook* und *People* zu sehen. Der *Esquire* ließ sich zu einer »Würdigung« Julias hinreißen, mit bewundernden Zitaten von Kollegen und Kommentatoren. Außerdem kehrte Julia zu ihrer Lieblings-Talkshow, der von David Letterman, zurück. Den Höhepunkt bildete im Juli die Sonderausgabe der *Time*, »America's Best«, mit einer großen Nahaufnahme von Julia auf dem Titelblatt. Das Magazin ernannte sie zum »Besten Filmstar«.

Seltsamerweise lehnte Julia es ab, sich für die Titelseite der Hollywood-Jahresausgabe von *Vanity Fair* zusammen mit anderen Megastars aus der Gegenwart und Vergangenheit wie Meryl Streep, Catherine Deneuve, Gwyneth Paltrow, Kate Winslet, Vanessa Redgrave, Nicole Kidman, Sophia Loren und anderen fotografieren zu lassen. Möglicherweise hatte die Titelgeschichte von Ned Zeman in der Ausgabe von 1999 Julia verärgert, da Zeman dort ihren Vater Walter Motes genannt und behauptet hatte, Roberts sei ein Künstlername, den Julia, Eric und Lisa angenommen hätten. Die Rechercheure des Magazins, die für gewöhnlich so anspruchsvoll sind, waren wohl gerade beim Mittagessen gewesen.

Die Schauspielerdynastie der Roberts begrüßte im Frühjahr 2001 eine neue Generation, als Julias geliebte Nichte Emma im Drogendealerfilm *Blow* als Johnny Depps Tochter auftrat. Eric wusste, dass er eine potenzielle Schauspielerin vor sich hatte, »als sie vielleicht vier Jahre alt war«, sagte er. »Sie spazierte im Haus herum und imitierte englische Akzente.« Emma bat ihre Mutter inständig, sie für *Blow* vorsprechen zu lassen, und Kelly gab nach. »Ich dachte, sie würde dann Ruhe geben, aber sie bekam den Job!«

Der Regisseur des Films, Ted Demme, sagte, Emma, eine Viertklässlerin, habe sich von schwierigen Szenen »nie bange machen lassen«. Allerdings war sie nicht so ganz glücklich mit den Kleidern, die sie für ein Drama aus den achtziger Jahren tragen musste. »Ich habe diese scheußlichen Klamotten getragen ... Kleidchen, die so aufgebauscht waren. Wie konnten sich die Leute nur so anziehen?« (Das Valentino-Kleid von 1982, das ihre Tante Julia zur Oscar-Verleihung trug, fand dagegen ihre Zustimmung.)

Über Julia sagte Emma: »Ich wünschte, ich könnte so gut schauspielern wie sie, aber ich gebe mein Bestes.« Demme war der Meinung, ihr Bestes sei ziemlich gut. »Ich glaube, sie hat eine große Zukunft vor sich.«

KAPITEL 37

Am 28. Juni 2001 schockierte Julia – die auch nach vierzehn Jahren Hollywood immer noch für eine Überraschung gut war – *wirklich* die Öffentlichkeit, als sie bekannt gab, sie und Ben Bratt hätten sich getrennt. Selbst diejenigen, die sich für Julia nur beiläufig interessierten, fragten sich: *Wie ist das nur möglich?* Hatte man nicht gerade gesehen, dass sie sich bei der Oscar-Verleihung wie das liebevollste Paar der Welt verhielten? Hatte nicht Liz Smith am 30. März berichtet, Ben habe bei der Zeremonie auf die Frage »Werden Sie heiraten?« erwidert: »Also, wir haben einen Termin festgelegt. Aber ich verrate Ihnen bestimmt nicht, wann der ist.«

Gerade zwei Monate bevor die Trennung bekannt gegeben wurde, beobachtete man Ben und Julia bei einem Spaziergang über den St. Mark's Place in Manhattan, wo sie Wassermelone aßen und um die Wette die Kerne ausspuckten. Einige Zyniker unterstellten, Bens und Julias Vorstellung bei der Oscar-Verleihung habe nur den Zweck gehabt, ihr nicht den großen Abend zu verderben. Doch mehrere Leute, die Julia nahe stehen, leugneten dies. Dass Julia bei der Promotiontour für ihren neuen Film *America's Sweethearts* so redete, als wären Ben und sie noch zusammen, war jedoch tatsächlich Schauspielerei. Wieder einmal imitierte Julias Leben ihre Kunst, da in diesem Film ein Superstar-Paar eine intakte Ehe vorspielte, damit der Kartenverkauf für ihren neuen Film, eine romantische Komödie, nicht leidet.

Julia wollte nicht, dass ihr Privatleben den Film überschattet, deswegen log sie oder erzählte zumindest nicht die ganze Wahrheit, wenn sie nach Bratt gefragt wurde. Offensichtlich fiel es ihr jedoch nicht leicht, anderen etwas vorzumachen. Als ein Reporter bei einer Pressekonferenz im Regency-Hotel in Manhattan immer wieder nachhakte, was ihr und Bens Zusammenleben »so glücklich und wunderbar« mache, murmelte sie etwas in der Art, er habe sie gelehrt, »ihr Privatleben zu genießen«.

»Aber gibt es eine Eigenschaft, die Sie am anderen bewundern und die die Beziehung zu etwas Besonderem macht?«, hakte der Reporter nach.

Julia antwortete: »Ich würde sagen gegenseitiger Respekt und Integrität.«

»Na, sehen Sie, es war doch gar nicht so schwer«, spöttelte der Reporter.

»Na ja«, meinte Julia mit starrem Blick, »Sie haben ja auch keine Bauchschmerzen.«

Weder Ben noch Julia haben sich darüber ausgelassen, warum sie sich getrennt haben, aber Freunde und Kollegen der beiden zeichnen das Bild einer Beziehung, die mit einigen grundlegenden Konflikten belastet war. Der größte war Bens Herzenswunsch, zu heiraten und eine Familie zu gründen, und Julias Ablehnung dieser Vorstellung – trotz ihres häufig geäußerten Wunsches, eben jenes zu tun. Ben wollte, dass sie weniger arbeitet, nach San Francisco umzieht und mehr Zeit mit ihm verbringt. Stattdessen arbeitete sie mehr denn je zuvor und drehte vier Filme in zwei Jahren.

Ein Freund des Paares meinte in *People:* »Er stürzte sie in einen Konflikt, denn sie konnte nicht ihrer Arbeit nachgehen und gleichzeitig bei seinen Dreharbeiten dabei sein. Mit jedem Film, den sie drehte, wurde er wütender. Er wollte nicht, dass sie ihren Beruf aufgibt, aber sie stritten sich, weil er verlangte, sie solle mehr für ihn da sein. Er sagte nicht: ›Kannst du nicht zu Hause bleiben und für mich kochen?‹ Er sagte: ›Ich hab's gerne, wenn du zu Hause bist.‹ Sie liebten sich sehr, hätten aber ebenso gut versuchen können, die Quadratur des Kreises zu lösen. Ihm wurde klar, dass in ihr eine kleine Zigeunerin steckte.«

Ein Jahr zuvor hatte es Ben ziemlich getroffen, als der *National Enquirer* auf der Titelseite Fotos veröffentlichte, wie Julia und Ross Partridge in einem Restaurant herumpoussierten. Man sah, wie Julia Partridge küsste und, während sie auf seinem Schoß saß, die Beine um ihn schlang. Die Fotos vermittelten den Eindruck, neueren Datums zu sein, doch sie stammten aus der Zeit, als Julia und Ross zusammen waren. Auch von Julia und Jason Patric, die in einem Park in Los Angeles spazieren gingen und sich küssten, hatte man ein Jahr zuvor Fotos veröffentlicht.

Ob Ben von Julia und Danny Moder wusste, ist ungewiss, aber Freunde des Paares sagten, das Gerücht, Julia und George Clooney hätten bei den Dreharbeiten von Steven Soderberghs *Ocean's Eleven* »ein Tête-à-tête gehabt« und »herumgeschmust«, habe Ben tatsächlich geärgert. Aus Las Vegas war zu hören, Julia und George, die im Film ein geschiedenes, aber immer noch verliebtes Paar spielten, hätten während einer Party der Filmcrew im Belagio-Hotel zur Feier der Oscar-Auszeichnung von Julia und zwei anderen Mitgliedern der Truppe eine leidenschaftliche Version von »Dirty Dancing« aufs Parkett gelegt. »Das hatte es in sich …«, meinte ein Zeuge.

Wie Tom Caldwell, ein Freund der Familie Roberts, andeutete, war Benjamin Bratt vielleicht zu sehr Gentleman, zu sehr der gute Junge für eine Frau wie Julia, die sich trotz ihrer zunehmenden Eleganz und Reife sichtlich immer noch von den schlimmen Jungs angezogen fühlte. »Ich scheine in punkto Männer immer wieder die gleichen Fehler zu machen«, hatte sie gesagt, bevor sie Bratt kennen lernte.

Keins der vielen Wochenmagazine, die Storys über eine weitere »schwere Trennung für Julia Roberts« brachten, erwähnten jedoch Danny Moder – mit Ausnahme des *Enquirer.* »Ben … hörte, einem anderen Insider zufolge, von dem Gerücht, dass Julia eine Affäre mit dem Kameramann Danny Moder gehabt hatte, als sie letztes Jahr *The Mexican* drehte«, berichtete das Blatt. »Als der *Enquirer* an Dannys Frau Vera herantrat, wies sie das Gerücht, ihr Mann würde sie mit Julia betrügen, zurück, fügte aber hinzu: ›Natürlich baggerte Julia ihn ständig an. So ist Julia eben.‹«

Als Julia im Mai Ben bei den Dreharbeiten zu *Abandon,* einem Thriller, den er mit Charlie Hannam und Katie Holmes drehte, in Montreal besuchte, hatte er, so berichten Beobachter, sie gedrängt, ihn zu heiraten und nach San Francisco zu ziehen. Julia versicherte ihm augenscheinlich, dass sie heiraten wolle, ein Umzug aber nicht infrage komme. Ein Freund des Paares verriet, dass Ben dann »zu schwereren Geschützen griff. Er beschuldigte sie, mit Clooney und anderen heftigst geflirtet zu haben, und haute ihr die Gerüchte von Affären mit alten Freunden und Crewmitgliedern um die Ohren. Als der Streit eskalierte, geriet Julia in Panik. Sie verteidigte sich nur noch und leugnete, leugnete, leugnete. Und da sagte er: ›Das Entscheidende ist, dass ich nicht das Gefühl habe, dir vertrauen zu können. Das ist keine Basis für eine Heirat. Julia, das war's dann wohl mit uns.‹«

Einer von Julias Freunden meinte: »Julia hat immer das gleiche Problem mit Männern – sie kann keinem treu sein. Und sie kann der Versuchung einer Affäre mit dem einen oder anderen ihrer gut aussehenden Kollegen nicht widerstehen. Aber dieses Mal ist es Julia, die wegen der gescheiterten Beziehung am Boden zerstört ist. Julia ist noch nie verlassen worden – sie war immer diejenige, die verlassen hat.«

Am 10. Juli trat Julia wieder bei David Letterman auf, um für *America's Sweethearts* zu werben. Unweigerlich kam das Thema Trennung zur Sprache und Julia ging souverän damit um. »Ich habe vor dem Spiegel geübt: ›Hi, ich bin Julia. Ich bin Single‹«, sagte sie. »Das macht mich nicht zu einem schlechten Menschen ... Es ist einfach so. Ich liebe Benjamin, er ist ein guter Mann, er ist ein feiner Kerl. Er ist, zum Jubel der allein stehenden weiblichen Bevölkerung, nicht mehr *mein* Mann. Traurig, aber wahr und auch kein Beinbruch, es ist nicht wegen eines anderen, unsere Wege trennen sich einfach, das ist alles, machen Sie daraus, was Sie wollen ... Wir sind beide nur Menschen, die ihren Weg in der Welt finden wollen und ... So still war es ja noch nie in diesem Studio!«

Bratt schien durch das Scheitern der Beziehung zutiefst verletzt. Sogar noch nach seiner Heirat im April 2002 mit der Schauspielerin Talisa Soto, einem hinreißenden ehemaligen Bond-Girl, neben dem er 2001 in *Piñero* die Hauptrolle spielte, wurde er als »angespannt« beschrieben, wenn das Thema Julia aufkam. In einer Titelgeschichte über ihn in *Vanity Fair* im August 2002 sagte er: »Eine Erfahrung habe ich sicherlich gemacht: dass nämlich ein großer Unterschied zwischen dem besteht, was man will, und dem, was man braucht ... Wenn ich jetzt zurückschaue, habe ich das Gefühl, dass es notwendig war, all das durchzumachen, was immer es auch war, um diese großartige

Liebe [zu Talisa] richtig schätzen und genießen zu können.« Durch den Artikel wurde bekannt, dass Mrs. Bratt im dritten Monat schwanger war. Das Kind, Sophia Rosalinda, wurde am 6. Dezember geboren. Benjamin hatte die Ehe und Familie bekommen, die er sich gewünscht hatte – allerdings nicht von Julia Roberts.

Ben und Julia lieferten sich mehr als ein Jahr nach ihrer Trennung einen harten Schlagabtausch. Sie war angeblich darüber verärgert, dass er – so wie zuvor schon Jason Patric – gesagt hatte, ihre große Berühmtheit mache eine Beziehung unmöglich: »Sie ist wie ein Moskito, das dir nachts am Ohr herumschwirrt, wenn du schlafen willst«, sagte er. »Sie ist allgegenwärtig und hört nicht auf und zerstört jede Chance auf Frieden.« Julia schlug in einem Interview bei *Good Morning America*, einen Monat nach Bratts Eheschließung, zurück. »Der Mann ist achtunddreißig Jahre alt. Ich denke, er trifft seine Entscheidungen – alle zu seinem Besten, denn er war unglücklich und trennte sich, ging weiter und fand das Glück … dort, wo es keine Moskitos gibt!«

Julia fühlte sich fett. Wozu sie auch allen Grund hatte, denn man hatte sie für ein paar Rückblenden in ihrem Film *America's Sweethearts* so geschminkt und zurechtgemacht, dass sie dreißig Kilo schwerer wirkte. Wie Julia sagte, machte die lange Verwandlungsprozedur sie immer müde. »Es ist schrecklich langweilig. Ich weiß nicht, wie Eddie Murphy das in den *Verrückte-Professor*-Filmen aushielt, weil es wirklich sehr lange dauert.« Der Mann von der Maske bot Julia an: »Wissen Sie, wir können [die Rückenlehne ihres Stuhls] verstellen, wenn Sie schlafen wollen.«

»Warum sollte ich schlafen und dreißig Kilo schwerer aufwachen wollen?«, antwortete sie. »Dann kann ich womöglich nie mehr schlafen.« Die Erfahrung, sich in einem derartigen Zustand zu sehen, war schrecklich genug, aber das Herumlaufen erwies sich als noch schlimmer. »Ich will nicht indiskret sein«, sagte Julia, »aber der Busen war *so schwer*. Den ganzen Tag tat mir der Rücken weh. Und ich denke, Gott, warum fühle ich mich so, als wäre ich falsch zusammengesetzt?« Nicht einmal die Rolle der Erin Brockovich hatte sie auf *so etwas* vorbereitet. »Wenn dein ganzer Körper sich so verändert, beeinflusst das auch deine Haltung. Du bewegst dich seltsam. Ich merkte, dass sogar meine Art zu sprechen anders war. Es ist *wahnwitzig.*«

Treuen Julia-Fans könnte man die Annahme verzeihen, der Titel *America's Sweethearts* spiele – wie es augenscheinlich *Magnolien aus Stahl, Pretty Woman* und *Die Braut, die sich nicht traut* getan hatten – auf einen Aspekt Julias an. Sicher, von der Presse ist sie verschiedentlich als »America's Sweetheart« bezeichnet worden. Aber tatsächlich spielte Julia keine der Hauptrollen in diesem Film – der Geschichte von Gwen und Eddie, einem Schauspielerehepaar, das trotz der bevorstehenden bitteren Scheidung noch immer eine glückliche Ehe vorgaukelt. Julia spielte stattdessen eine kleine Nebenrolle, die der Kiki (Kathleen) Harrison, Gwens unscheinbarer Schwester und Assistentin, die mit einer Schlankheitskur ein beachtliches Übergewicht losgeworden und heimlich in Eddie verliebt ist.

Als Julias langjähriger Freund und Produktionspartner Joe Roth hörte, dass ein von Billy Crystal und Peter Tolan geschriebenes Drehbuch mit einer Parodie auf Hollywood und den Pressezirkus von Castle Rock abgelehnt worden war, griff er zu. Crystal wollte sowohl Regie führen als auch Eddie spielen, aber Roth war der Ansicht, dass keins von beiden eine gute Idee war. Er glaubte, es sei »verrückt«, dass Crystal den Filmstar spielen wolle. »Ich fand, er solle den PR-Mann spielen, der hinter der ganzen Sache steckt, der Typ, der versucht, die verheirateten Stars durch den Presserummel zu bringen, ohne dass jemandem auffällt, dass sie sich in Wirklichkeit scheiden lassen. Ich war außerdem der Meinung, dass jeder in diesem Film zwanzig Jahre jünger sein sollte.« Crystal willigte in einen Rollenwechsel ein, aber Roth sagte ihm, eine endgültige Entscheidung darüber, wer Regie führen werde, sei noch nicht gefallen. Roth dachte, er kenne die perfekte Schauspielerin für eine der Sweethearts: Julia. Er sandte ihr das Drehbuch mit dem Vermerk »Rolle der Gwen«. Julia gefiel das Drehbuch, aber »die Rolle wollte ich nicht spielen, weil ich fand, sie wäre zickig. Das bin ich den ganzen Tag zu Hause. Ich mochte eher das Mauerblümchen. Das hat mich interessiert … Kiki hatte die meisten Facetten. Außerdem war ich da ein bisschen faul, denn sie spielt eine Nebenrolle, da musste ich nicht so viel arbeiten.«

Als Julia schließlich ihre Mitarbeit am Film zugesagt hatte, rief Roth Crystal an, um ihm davon zu berichten. Aber da war noch was. »Wie fändest du es, wenn ich Julia verpflichtet hätte und ich selbst die Regie führen würde?«

»Wenn es dir tatsächlich gelingt, sie zu verpflichten«, antwortete Crystal, »dann, glaube ich, ist die Antwort Ja.«

Julia dachte, dass es »großen Spaß machen würde«, mit Roth als Regisseur zu drehen, der zuvor *Streets of Gold, Die Supertrottel* und *Wild Boys* geleitet hatte. Da sie Julia jetzt für die Rolle hatten, meinten Tolan und Crystal noch einige Stellen überarbeiten zu müssen. »Wenn man eine so wertvolle Schauspielerin wie Julia hat, tut man gut daran, jede Sekunde, die sie auf der Leinwand erscheint, auszunutzen. Der Zuschauer will Augenblicke der Verletzlichkeit sehen, also fügten wir sie hinzu. In Situationen, in denen sie versucht, dem Mann, den sie liebt, die Rückkehr zu ihrer Schwester zu erleichtern, mussten wir den Konflikt zeigen, den das in ihr erzeugte.«

Die Besetzungsliste wurde vervollständigt mit der großartigen Catherine Zeta-Jones als Gwen und mit John Cusack als Eddie. Dass Cusack und nicht Crystal die Rolle des Eddie spielte, machte weitere Änderungen nötig, sagte Tolan. »Billy weiß, wie man einen Witz an den Mann bringt, John kommt ein bisschen indirekter zum Punkt. Ich bin das Drehbuch vor der Leseprobe durchgegangen und habe jeden derben Witz rausgestrichen. Ich musste den ganzen Rhythmus ändern.«

Ein mögliches Desaster zeichnete sich ab, als Robert Downey jr., der Gwens mexikanischen Casanova spielen sollte, wegen Drogenbesitzes verhaftet wurde. Da es nicht unwahrscheinlich war, dass Downey als Wiederholungstäter bei Drehbeginn noch in Haft sein würde, ersetzte man ihn durch Hank Azaria.

Die Dreharbeiten begannen am 10. Januar 2001. Ty Burr und Steve Daly schrieben für *Entertainment Weekly* einen anschaulichen Bericht des ersten Drehtags.

Zur neuen Arbeit Joe Roths gehörte es auch, dass er es gleichzeitig mit einer Schauspielerin zu tun hatte, die einen weltberühmten Filmstar spielt, und einem weltberühmten Filmstar, der eine durchschnittliche Josephine spielt. Die Szene, die an diesem Tag gedreht wird, zeigt, wie Gwen, Kiki und Eddie sich im Tagungsraum des Hotels vor dreihundert Festteilnehmern immer lauter anschreien, um ihren aufgestauten Gefühlen und Antipathien Luft zu machen. Roberts und Zeta-Jones bringen mit jeder Aufnahme immer neue Varianten, walzen die Sache aus, nehmen sich wieder zurück und führen die Zickerei sogar noch fort, wenn die Kameras ausgeschaltet sind. »Ach, halt einfach die Luft an, Zeta«, knurrt Roberts spaßeshalber, wenn ihre Kollegin eine Zeile vermasselt.

Als das Preview-Publikum negativ auf das romantische Filmende reagierte, wurden die Stars zurückgerufen, um einen komödiantischeren, aber dennoch romantischen Schluss zu drehen, der über das Wochenende geschrieben und in einer Testvorführung im California Cineplex in Thousand Oaks für gut befunden wurde.

In einer Art von Kontrastprogramm kam *America's Sweethearts* am 20. Juli 2001, dem gleichen Tag wie *Jurassic Park III*, in die Kinos. Der Sony-Chef für Marketing und Vertrieb Jeff Blake erläuterte diese Entscheidung: »Wir sind mit unserer romantischen Komödie einfach die große Alternative für den Juli. Wir konkurrieren mit *Jurassic*, halten es aber für einen großen Vorteil, eine Julia-Roberts-Komödie zu dieser Spielzeit zu haben. Der Hochsommer ist immer eine gute Zeit für eine romantische Komödie mit großen Stars.«

Der Film sammelte, was die *New York Times* als »lahme« Kritiken bezeichnete. Deren Kritiker, A. O. Scott, schrieb: »Wie eine lauwarme Flasche Champagner – eine teure, geht man vom Etikett aus – bringt *America's Sweethearts* anfänglich überschwängliches Temperament hervor und wird dann schnell schal ... Es hat etwas Reizvolles, zu sehen, wie ein Star von der Anziehungskraft und Popularität einer Ms. Roberts das hässliche Entlein spielt ... Aber wenn es um die Romantik geht, da springt der Funken nicht über. Ms. Roberts' Szenen mit Mr. Cusack triefen vor einer Aufrichtigkeit, die langweilt, da beide Schauspieler mangels guten Drehbuchs auf bekannte Klischees zurückgreifen.«

Wie so oft verstanden die meisten Kritiker den Film falsch. Das Problem liegt wahrscheinlich darin, dass sie einfach zu viele Filme sehen. *America's Sweethearts* hat viele komische Szenen, vor allem in der ausgelassenen letzten halben Stunde. Hier deckt der von Christopher Walken umwerfend gespielte Regisseur des neuen Films von Gwen und Eddie auf, dass es sich um einen heimlich hinter den Kulissen aufgenommenen Tatsachenfilm handelt, in dem Gwen verrät, dass sie eine Affäre mit Hector Gorgonzolas habe (»Manchmal muss man einfach flach gelegt werden«), er jedoch »da unten« nicht größer sei als eine Rolle 25-Cent-Stücke. Zur Veranschaulichung verwendet sie ihren ausgedrehten Lippenstift, dreht ihn aber wieder ein Stück ein.

Gwen ist entsetzt, Crystals PR-Manager hingegen völlig begeistert. »Sie fanden es richtig geil!«, sagt er mit Blick auf das Publikum. »Sie nennen es das Blair-Bitch-Projekt!«

Zwischendurch erzählt Azaria jedem, der es hören will oder auch nicht: »Nix dünn wie Münzen! Er ist *muy grande!*«

Alle in diesem Film sind in großer komödiantischer Form – vor allem Zeta-Jones und Crystal –, wobei John Cusack das schwächste Glied ist. Er macht seine Sache gut, aber die Figur, die er spielt, wirkt im Kontrast zu den anderen blass. Rupert Everett könnte wesentlich besser gepasst haben, aber die Produzenten in Hollywood haben die absurde Vorstellung, dass das Publikum einen sich zur Homosexualität bekennenden Schauspieler nicht in der Rolle des Liebhabers einer Frau akzeptieren würde. Als ob das nicht ohne Wissen der Zuschauer seit über einem Jahrhundert vorkommt.

Trotz der Kritiken spielte *America's Sweethearts* am ersten Wochenende 30 Millionen Dollar ein und belegte, wie erwartet, hinter *Jurassic Park III*, der 50 Millionen einnahm, einen starken zweiten Platz. Der Film konnte in den USA insgesamt 93,6 Millionen Dollar und 157,6 Millionen Dollar weltweit verbuchen. Das größte Verdienst für den Erfolg des Films wurde wie gewöhnlich Julia zuerkannt.

KAPITEL 38

Die Nachricht von Julias Affäre mit Danny Moder, die Anfang September 2001 durch eine Schlagzeile auf der Titelseite des *National Enquirer* publik wurde, schlug ein wie eine Bombe: JULIA ROBERTS BRENNT MIT VERHEIRATETEM MANN DURCH. Der Reporter des Blattes hatte Vera Moder angerufen und gefragt, was denn passiert sei, und die hatte ihm »unter Tränen« erzählt: »Ich weiß es nicht so genau. Julia weiß es genau. Warum rufen Sie nicht Julia an und fragen sie, was sie getan hat?«

Eine Freundin von Vera berichtete: »Vera ist am Boden zerstört. Sie ist stark, aber es wird eine Weile dauern, bis sie mit dieser Sache fertig wird … Vera war so naiv anzunehmen, Julia sei sowohl [ihre] als auch Dannys Freundin. Sie hatte keine Ahnung, dass Julia darauf aus war, sich ihren Mann zu krallen.« Angeblich hatte Vera zum ersten Mal das Gefühl gehabt, etwas stimme nicht so ganz, als sie eine Rechnung für Dannys Mobiltelefon fand, auf der jede Menge Gespräche mit Julia aufgeführt waren. Danny beteuerte, all diese Anrufe »im Zusammenhang mit der Arbeit« geführt zu haben, und sagte: »Was denkst du eigentlich? Dass ich eine Affäre mit Julia habe? Mach dich nicht lächerlich! Was sollte Julia Roberts von mir wollen?«

Als Danny klar wurde, was Julia Roberts tatsächlich von ihm wollte, zog er aus dem Haus in Woodlands Hills, Kalifornien, in dem er mit Vera wohnte, aus und mietete sich zunächst bei seiner Schwester Jyl ein. Kurze Zeit später stellte Jyl Julia zur Rede, denn sie mochte Vera (alle Moders mochten sie) und war wütend, weil sie glaubte, Julia »spiele« mit ihrem Bruder. »Was willst du von meinem Bruder? Ist dir nicht klar, dass er verheiratet ist?«

»Doch, das ist mir klar«, erwiderte Julia. »Aber Danny hat mir geschworen, dass die Beziehung zwischen ihm und seiner Frau zu Ende ist. Ich liebe Danny, und ich glaube, er liebt mich.«

Er dauerte nicht lange, da bezogen Julia und Danny das Apartment einer Freundin von Julia, der Coiffeuse Bonnie Clevering, die in einen anderen Bundesstaat zog. Das Apartment lag in einem U-förmigen, zweistöckigen Luxusgebäude am Sunset Boulevard in Brentwood. Eine Nachbarin, die anonym bleiben wollte, erinnerte sich, dass Julia und Danny so zurückgezogen lebten, dass die meisten Bewohner des Gebäudes, in dem es zwanzig Apartments gab, in den ersten acht Monaten gar nicht mitbekamen, dass sie dort lebten. Als sie es herausfanden, begannen sie, Julias und Dannys Apartment als »das Liebesnest« zu bezeichnen.

Soviel sie wusste, war die besagte Nachbarin die Einzige, mit der Julia und Danny ein freundschaftliches Verhältnis pflegten. »Sie hatte einen Stellplatz direkt beim Hinterausgang. Sie versteht es gut, einem schnell aus dem Weg zu gehen. Sie sagte Hallo, war aber normalerweise distanziert. Sie machte alles selber: ihre Wäsche waschen, Dinge im Haus erledigen und einkaufen. Ich wollte sie dazu bewegen, meine Putzfrau zu nehmen, aber sie lehnte ab. Die Leute hier waren sehr erstaunt, sie in der Waschküche oder den Abfall wegtragen zu sehen.«

Die Nachbarin erinnerte sich, dass die Wohnung nicht so eingerichtet war, wie man es von einer Frau mit einem Vermögen von über 100 Millionen Dollar angenommen hätte. »Sie schliefen auf einer Matratze auf dem Boden! Sie hatten Möbel, aber nur ganz wenige Stücke, nichts, was man bei einem weltberühmten Filmstar erwartet hätte. Gewöhnlich bestellten sie sich das Essen ins Haus – meist etwas Indisches.«

Die Frau bemerkte schon bald, dass der Superstar von nebenan in Bezug auf seinen Liebhaber »sehr besitzergreifend« war. »Wenn ich ihn im hinteren Teil des Gebäudes traf, wo die Autos geparkt waren, hielten wir ein Schwätzchen – er war sehr charmant. Aber, oje, schon kam sie raus. Es dauerte nur eine Minute und sie kam die Auffahrt runter und fragte sich: *Was macht er da? Mit wem redet er?* Und sie ließ uns nicht allein. Ihre Augen wurden doppelt so groß, wenn sie ihn sah, so verrückt war sie nach ihm. Als ich sie das erste Mal mit ihm sah, wusste ich, dass sie ihn heiraten würde. Ihr Apartment war im zweiten Stock, und eines Tages ging ich mit ihm die Treppe hoch und sie kam aus der Wohnung gerannt und schaute ihn an, wie jemand, der ein Jahr lang nichts zu essen bekommen hat und dann einen gebratenen Truthahn sieht. Sie war so scharf auf ihn. Und ihm war es noch nie so gut gegangen – die Fliegerei mit Privatjets und all das. Er musste mal nach Florida, als sie in Montreal war, und da sagte er: ›Ich muss einen Linienflug nehmen. Wenn ich nicht mit ihr zusammen reise, kann ich keinen Privatjet nehmen.‹«

»Es war anstrengend mit ihr hier«, erinnerte sich die Nachbarin, weil die Boulevardzeitungen das »Liebesnest« aufspürten und das Gebäude umstellten. »Sie hat wegen der Paparazzi öfter die Polizei gerufen. Wir wohnen hier ruhig und schön. Einmal kam ich nach Hause und die Polizei stand vor ihrer Tür und ich fragte: ›Was ist los?‹ Sie antwortete, sie sei die Auffahrt hochgefahren – es gibt zwei, eine zum Reinfahren und eine zum Rausfahren, und sie war die Einfahrt hochgefahren –, aber jemand sei ihr gefolgt, sei die Ausfahrt hochgegangen und habe dann plötzlich direkt vor ihr gestanden, und das fand sie überhaupt nicht gut. Also hat sie die [Polizei] gerufen.

Ich hab mal ein paar Leute im Gebäude herumschleichen sehen und da hab ich die Polizei angerufen und gesagt, dass Julia Roberts in diesem Gebäude wohnt und dass sich ein paar seltsam aussehende Gestalten hinter den Büschen verstecken. Dann erzählte mir mein Gärtner, er habe beobachtet, wie jemand von der anderen Straßenseite aus Fotos vom Haus machte. Ich muss immer an Rebecca Schaeffer* denken, und es macht mir Angst, denn ich will nicht, dass jemand Julia etwas antut. Ich habe zu ihr gesagt: ›Wenn Danny nicht zu Hause ist und jemand bei dir klingelt, ruf mich an. Und ich sehe dann nach, wer es ist.‹«

Danny und Julia waren über die vielen Artikel, die in den Boulevardzeitungen über sie erschienen, ziemlich verärgert. »Sie waren sehr oft im *Enquirer*, und einmal kam er total frustriert hier rein und sagte: ›Weißt du, wir sollten einfach alle verklagen, von denen wir annehmen, dass sie diese Informationen über uns weitergeben!‹ Ich glaube, sie hatten seine Schwester in Verdacht.«

Für die Boulevardpresse war die Geschichte um Julia, Vera

* Schaeffer, eine vielversprechende junge Schauspielerin, wurde 1989 von einem geistesgestörten »Fan« erschossen, der an der Haustür ihrer Wohnung in West Hollywood geklingelt und dem sie aufgemacht hatte.

und Danny, wie vorauszusehen, ein gefundenes Fressen. Sie berichtete schadenfroh, dass die meisten Mitglieder von Dannys Familie Julia hassten, weil sie Vera den Mann ausgespannt hatte. Als Dannys Mutter, Patti, am 21. August 2001 an einem Herzinfarkt starb, machte die Familie Julia für den Stress verantwortlich, der zu Pattis Tod geführt hatte. Julia versuchte, sich mit Dannys Verwandten auszusöhnen, indem sie ihnen ihr Beileid bekundete und ihnen anbot, für das Begräbnis zu bezahlen und bei den Vorbereitungen zu helfen. Ihre Bemühungen machten das Ganze aber nur noch schlimmer. »Die Moders sind über Julias taktlosen Versuch, sich in die Vorbereitungen für die Trauerfeier ihrer Mutter einzumischen, aufgebracht«, bemerkte ein Freund der Familie. »Sie empfinden es als unglaublich herzlos, wie sie versucht, sich in ihr Leben einzuschleichen.« Es war kaum vorstellbar – aber was Julias Privatleben anging, so wurde alles nur noch schlimmer, bevor sich das Blatt wendete.

Nachdem Julia ihren Oscar gewonnen hatte, fühlte sie sich beruflich unabhängig. Sie beteiligte sich an der Finanzierung und spielte neben Bruce Willis eine kleine Rolle in *Grand Champion*, ihrem zweiten gemeinsamen Projekt, bei dem Julias Freund Barry Tubb, der auch das Drehbuch für diesen »Liebesbrief an [seine Heimat] Texas« geschrieben hatte, Regie führte. Sie erklärte sich auch bereit, in *Voll Frontal*, einem unaufwändigen Low-Budget-Film von Steven Soderbergh, mitzuspielen.

In *Grand Champion* geht es um eine Gruppe von Kindern, die sich mit einem siegreichen Rodeopferd namens Hokey davonmachen, bevor das Tier in ein Schlachthaus abtransportiert wird. Der Film wurde im Sommer 2001 in Snyder, Texas (Tubbs Heimatstadt), gedreht. Emma Roberts spielte eins der Kinder und machte während der Dreharbeiten auf die Schauspieler, die Crew und die Statisten großen Eindruck. Bei einer Konzertszene mit dem Country-Star George Strait, einem weiteren Freund von Tubb, bahnte sie sich als Cheerleader in einem schwarzgoldenen Outfit einen Weg durch die Menge, wobei sie dauernd »Entschuldigung, Entschuldigung, Entschuldigung« sagte, und sprang dann auf die Bühne, um mit Strait den Song »Hokey Pokey« zu singen.

Da das Filmbudget so knapp bemessen war, konnte Tubb nicht alle Statisten für die Massenszenen bezahlen. Julia sauste also zum Wal-Mart am Ort, riss die Lautsprecheranlage an sich und verkündete: »Hallo, Leute! Hier spricht Julia Roberts. Meine Nichte macht einen Film und wir brauchen eure Hilfe.« Mitglieder der Crew berichteten: »Die Einheimischen ließen alles fallen, um Julia und Emma zu helfen.«

Natalie Maines, die Sängerin der texanischen Country-Band Dixie Chicks, übernahm ebenfalls eine kleine Rolle und freundete sich während der Dreharbeiten mit Julia an. »[Sie] kam in meinen Wohnwagen und schrieb Texte, und sie war sehr witzig«, erzählte Maines der Hollywood-Kolumnistin Marilyn Beck. »Ich spiele einen West-Texas-DJ mit hochtoupiertem Haar und blauem Lidschatten. Sie hat mir so geholfen, war wie meine Garderobiere und meine seelische Stütze. Zwischen den Aufnahmen kam sie rüber und half mir, die Jacke auszuziehen, setzte sich zu mir und gab mir kleine Schlückchen Wein. Sie wusste, dass ich total nervös war. Gott sei Dank war sie da, sonst hätte ich es nicht gepackt.«

Eine weitere Person, die bei den Dreharbeiten zu *Grand Champion* dabei war und Julia nahe stand, war Danny Moder. Julia hatte dafür gesorgt, dass er als Kameramann angeheuert wurde. Die Darsteller und die Crew wohnten im Beacon Lodge, einer Art Motel, und Moder hatte Zimmer zweiundzwanzig. Julia wohnte nebenan. Auf einer vom Motel eingeschlossenen Rasenfläche veranstalteten Julia und die ganze Mannschaft »Barbecues, musizierten und spielten Fußball«, sagte die Besitzerin des Beacon, Shirley Schulze. »Julia war sehr charmant und pflegeleicht. Dem Zimmermädchen, das vorbeischaute, sagte sie immer, sie solle die Bettwäsche einfach dalassen, sie würde sich schon darum kümmern.« Ab und zu saßen Julia und Danny vor ihren Zimmern, unterhielten sich und tranken Softdrinks, und ihre Freundschaft, so Schulze, schien wirklich »harmlos« zu sein.

Für ihre Rolle im Film hätte Julia nur ein paar Tage am Drehort bleiben müssen, doch dauerte ihr Aufenthalt fast zwei Monate, angeblich, weil sie auf ihre Nichte aufpassen musste. »Das war nur ein Vorwand«, meinte ein Beobachter. »Der eigentliche Grund für ihre Anwesenheit war der, mit Danny zusammen zu sein. Wenn er nicht gerade arbeitete, waren Danny und Julia praktisch unzertrennlich.«

Julia und Emma nahmen im April 2002 im Paramount Theater in Austin an der »Weltpremiere« von *Grand Champion* teil. Danach trafen sich die Schauspieler und die Crew im Hard Rock Café zu einem Schwof. Der Film kam nie landesweit in die Kinos, was überrascht, wenn man bedenkt, dass Julia, Bruce Willis und George Strait darin mitwirkten. Bis dato gibt es ihn auch noch nicht auf Video oder DVD. Die Einnahmen von der Premiere kamen dem Children's Museum in Austin zugute.

Am 11. September 2001 erschütterten die entsetzlichen Terroranschläge auf New York und Washington, D.C., die Welt, bei denen zwei entführte Jets in die Türme des World Trade Centers flogen und sie zerstörten, ein Flugzeug aufs Pentagon stürzte und ein anderes, das aufs Weiße Haus zusteuerte, von den Passagieren umgeleitet wurde und auf einem Feld in Pennsylvania zerschellte. Mehr als dreitausend Menschen kamen ums Leben, Tausende wurden schwer verletzt. Zehn Tage später nahm Julia an der weltweit ausgestrahlten Fernsehspendenaktion *America: A Tribute to Heroes* teil. Die Show war in nur sechs Tagen auf die Beine gestellt worden, um Geld für die Opfer und deren Familien zu sammeln. Julia hatte schon eine Million Dollar für den TV-Fonds gespendet und eine weitere Million für den American Red Cross Disaster Relief Fund, den Katastrophenhilfsfonds des amerikanischen Roten Kreuzes. Sie sagte, da sie seit 1985 in New York lebe, und zwar in einem Apartment nicht weit von Ground Zero entfernt, habe sie die Schrecken des Anschlags noch intensiver erlebt, als das sonst vielleicht der Fall gewesen wäre. »Wie kann man sich etwas so Unbegreifliches auch nur andeutungsweise vorstellen?«, fragte sie Mitchell Fink von der New Yorker *Daily News.* »Es ist schwer, die richtigen Worte zu finden – denn es gibt keine. Die größte Gabe, die mächtigste Waffe, die wir im Moment haben, ist, einander zu lieben.«

Julia trat mit Jack Nicholson, Al Pacino, Brad Pitt, George Clooney, Whoopi Goldberg, Tom Cruise und Penelope Cruz, Jim Carrey, Halle Berry, Willie Nelson und anderen in der Fernsehsendung auf. Bruce Springsteen sang einen neuen Song, »My City of Ruins«, und sagte: »Als ich ihn aufnahm, konnte ich nicht wissen, dass er genau zur richtigen Zeit rauskommen und traurigerweise so passend sein würde.« Billy Joel sang sein »New York State of Mind«. Viele der anwesenden Stars erschienen nicht auf der Bühne, sondern saßen am Telefon und nahmen Spenden entgegen.

Julia sagte, sie habe sich die Veranstaltung anderthalb Stunden lang angesehen, bevor sie die Bühne betreten habe, und die vielen Ehrbezeugungen für die mutigen Polizisten, Feuerwehrleute, Flugzeugpassagiere und Büroangestellten, die ums Leben gekommen waren, hätten sie zutiefst berührt. Sie sagte: »Es war eine gefühlsgeladene Veranstaltung und ein Privileg, dort zu stehen.« Sie war so gerührt, dass sie sich vor ihrem Auftritt erst einmal fassen musste. Jemand von der CBC sagte: »Sie war entschlossen, vor den [weltweit Hunderten von Millionen] Zuschauern nicht in Tränen auszubrechen. Sie wusste, dass sie stark erscheinen musste, um der Welt zu zeigen, dass in Amerika zwar viel Blut geflossen war, wir uns aber nicht geschlagen geben.« Sie berichtete von heroischen Einsätzen im Pentagon und sagte: »Das Leben ist so kostbar. Bitte, bitte, lasst uns einander lieben. Reicht euch die Hände. Seid freundlich zueinander. Friede sei mit euch.« Dann drehte sie einen Satz um, den viele Terroristen benutzen, um ihre Taten zu rechtfertigen, und schloss mit den Worten: »Gott ist groß.«

Die CBC-Quelle bemerkte: »Julia war tapfer und hielt ihre Gefühle so lange zurück, bis die Scheinwerfer nicht mehr auf sie gerichtet waren, und dann brach sie – wie Millionen von Amerikanern seit den Terroranschlägen – zusammen und ließ ihren Tränen, die Stolz und Patriotismus ausdrückten, freien Lauf. Das war nicht geschauspielert. Das war die echte Julia Roberts. Sie war von den Heldentaten, die sie gehört und beschrieben hatte, überwältigt.«

KAPITEL 39

Als die Fachzeitschriften ankündigten, Steven Soderbergh werde bei einem Remake von *Frankie und seine Spießgesellen* (Original: *Ocean's 11*), einem Gangsterfilm mit Frank Sinatra und einem legendären ›Rat Pack‹, Regie führen, wunderte man sich in Hollywood. Dieser Film, der 1960 nicht besonders erfolgreich gewesen war, hätte auf Listen aussichtsreicher Remakes wohl kaum ganz oben gestanden, doch mit Soderbergh als Regisseur und einer Starbesetzung – George Clooney als Danny Ocean, Brad Pitt, Matt Damon, Don Cheadle, Carl Reiner und Elliott Gould als Mitglieder seiner Gangsterbande sowie Julia Roberts in einer kleinen Rolle als die ehemalige Mrs. Tess Ocean – versprach dieses Projekt, nun mit dem Titel *Ocean's Eleven*, ein Kinohit zu werden. (Außerdem kam die lässige Coolness, die das Rat Pack personifizierte, Ende 2000 wieder in Mode.)

Das neue Drehbuch reduzierte die Raubüberfälle auf Casinos in Las Vegas von sechs auf drei und machte deutlich, dass Ocean nicht nur durch seine Wut über die Beziehung seiner Exfrau mit dem Besitzer des Casinos, Andy Garcia als Terry Benedict, sondern auch durch das reine Vergnügen, eine solch komplexe und gefährliche Mission zuwege zu bringen, zu dem Diebstahl motiviert wurde.

Die Hauptfrage, die man sich zu Beginn der Dreharbeiten im Januar 2001 in Hollywood stellte, war die, ob sich die Geschichte wiederholen würde. Würden die neuen Stars – so wie damals Frank Sinatra, Dean Martin, Sammy Davis jr., Peter Lawford und Joey Bishop – den berühmt-berüchtigten Verlockungen in Vegas nicht widerstehen können und damit die Dreharbeiten negativ beeinflussen?

Zur großen Enttäuschung der Klatschmäuler ahmte Clooneys ›Rat Pack‹ die von Sinatra nicht nach. Schließlich befinden wir uns in einer neuen Ära, in der es verpönt ist, während der Dreharbeiten zu trinken, zu spielen und die Nächte durchzumachen. Dennoch hatte die Truppe Spaß. Julia drückte es folgendermaßen aus: »George und Brad sind meine Kumpel. Es ist immer toll, mit seinen Kumpels zusammenzuarbeiten. Steven Soderbergh weiß, wie man eine gute Truppe zusammenstellt. Aber ich war zwei Wochen lang in Vegas und habe nicht ein einziges Mal gespielt.«

Als Julia hörte, dass Soderbergh, den sie bewundert, den Film machte, fragte sie ihn, ob eine Rolle für sie dabei wäre. Der Regisseur ging davon aus, sie habe kein Interesse an einer Rolle, bei der sie vielleicht nur fünfzehn Minuten auf der Leinwand zu sehen sei, und sagte Nein. Dennoch schickte er ihr das Drehbuch, und sie sagte, sie würde gerne die Tess Ocean spielen.

»Meine Rolle in *Ocean's Eleven* ist ziemlich klein«, erklärte sie, »aber sie macht mir Spaß.« Bevor der Film in den Kinos zu sehen war, erzählte sie einem Reporter: »Sie können sich die Kostüme einfach nicht vorstellen! Ich bin total aufgebretzelt – mit Tiffany-Diamanten von Kopf bis Fuß, hochgestecktem Haar und ganz ausgefallenen Kleidern!«

Das Filmbudget belief sich auf 85 Millionen Dollar, doch selbst bei dieser Summe mussten sich die Stars auf sehr viel geringere Gagen einlassen, als sie es gewohnt waren. Clooney, Roberts, Pitt und Damon allein hätten das Budget mit ihren üblichen Gagen gesprengt. Aber sie wurden alle am Gewinn beteiligt, womit sie, wenn man bedenkt, dass der Film ein großer Erfolg wurde, nicht schlecht fuhren.

Das einzig Pikante, das von den Dreharbeiten zu *Ocean's Eleven* zu hören war, waren die Geschichten darüber, dass Julia und George *sehr gut* miteinander auskamen. Kurz nach Beginn der Dreharbeiten hatte es eine Party gegeben, auf der sie obszön miteinander getanzt hatten, und man hatte sie in der Nähe des Sets »rumknutschen« sehen. Beobachtern fiel auf, dass es zwischen ihnen knisterte. Julia erklärte es damit, dass sie »die weibliche Version« von George sei, doch andere interpretierten es als romantische und/oder sexuelle Anziehung.

Julia und George heizten selbst die Spekulationen an, als der *Esquire* in seiner Dezemberausgabe 2002 einen Artikel brachte, in dem sie sich bei einem Lunch gegenseitig »interviewten«. Der Leser kann für sich selbst entscheiden, ob die Unterhaltung als Spaß oder als Beweis dafür aufzufassen ist, dass die beiden Superstars tatsächlich eine Affäre hatten:

Julia: Wie geht's übrigens Waldo?

George: Richtig gut.

Julia: Ist er dabei?

George *[ins Aufnahmegerät sprechend]* Waldo ist unser Spitzname für …

Julia: Großer *Gott*, George!

George: Es geht ihm gut, danke. Er vermisst dich sehr!

[Einige Minuten später]

George: Bist du Organspenderin?

Julia: Klar.

George: Ist ja auch 'ne Selbstverständlichkeit.

Julia: Welche Organe wirst du spenden, George?

George: Ich hab eigentlich nichts, was ich hergeben darf.

Julia: Gib bloß Waldo nicht her!

George: Um Gottes willen, *den* doch nicht!

Julia und Clooney leugneten, dass es mehr gewesen sei, als enge Freundschaft. Clooney sagte, er habe keine Zeit gehabt, eine Romanze mit Julia zu haben, ihre Beziehung sei »rein geschäftlicher Natur« gewesen. Wahrscheinlich. Doch dass Clooney bei einer Auktion der Crew 1000 Dollar für einen Kuss und eine Umarmung von Julia ausgab, trug nicht gerade dazu bei, die Gerüchte aus der Welt zu schaffen.

Ocean's Eleven lief am 27. Dezember 2001 an und wurde weitgehend positiv aufgenommen. Owen Gleibermans Beitrag in *Entertainment Weekly*, in dem es hieß, der Film sei »mit so viel Witz, Intelligenz, Glanz und Virtuosität gemacht, dass schon die Schnelligkeit und Raffinesse des Ganzen einen schwindelig macht«, war repräsentativ für die Mehrheit der Kritiken. Jeffrey Chen gab sich auf seiner Website, windowtothemovies.com, weniger beeindruckt: »Wenn man andere Filme von Raubüberfällen und Gaunereien gesehen hat, findet man hier keine neuen Tricks oder Überraschungen, und es gibt keinen Grund, sich *Ocean's Eleven* anzusehen, es sei denn, man will einfach nur die Stars bestaunen. Immerhin scheinen die Schauspieler Spaß zu haben. George Clooney und Brad Pitt, die zwei alte Kumpels spielen, die wissen, was sie tun, passen in dieser Besetzung blendend zueinander ... Die einzigen weniger überzeugenden Auftritte haben Matt Damon und Julia Roberts. Damon spielt einen dreisten, jungen Gauner, wobei es für ihn kein Kunststück ist, die Rolle irgendeines dreisten Burschen zu spielen. Und Roberts sieht einfach erbärmlich aus. Sie hat eine kleine, undankbare Rolle, und wenn sie begehrenswert und hinreißend aussehen soll, runzelt sie oft die Stirn oder wirkt ganz einfach müde.«

Trotz der negativen Kritiken wurde nach drei Tagen klar, dass sich Soderberghs Rezept der großen Stars in einer seichten Story bewährt hatte. Der Film spielte am Premierenwochenende 38,1 Millionen Dollar ein, ein Rekord für einen Film mit Julia. Mit Ausnahme von *Pretty Woman* waren die weltweit erzielten Bruttoeinnahmen von 446,8 Millionen Dollar höher als bei jedem ihrer anderen Filme. Da Julia, Clooney, Pitt und Damon jeweils fünf Prozent des Bruttogewinns erhielten, machte ihre Gewinnbeteiligung schließlich sogar genauso viel oder sogar noch mehr aus als das, was sie normalerweise an Gage bekommen. Nicht schlecht für das, was Julia als ihren »kleinen, schnellen Auftritt« bezeichnete.

Als Julia im Herbst 1999 nach der Aufnahme zusätzlicher Dialoge für *Erin Brockovich* das Studio verließ, gab Soderbergh ihr einen Umschlag. Darin fand sie einen 20-Dollar-Schein und folgende Notiz: »Wir haben gehört, du bist jetzt [bei] zwanzig pro Film. Vielen Dank für die Zeit, die du uns geopfert hast.« Julia brüllte vor Lachen, so wie nur sie es kann. Doch im Nachhinein hat man den Verdacht, Soderbergh habe sie vielleicht auf die Gage vorbereiten wollen, die er ihr für *Voll Frontal* anbieten würde, einen Ausschnitt aus dem wahren Leben, den er mit einer Handkamera aufnehmen wollte und für den ihm ein Budget von zwei Millionen Dollar zur Verfügung stand – gerade mal zwei Prozent von dem, was es gekostet hatte, *Ocean's Eleven* zu drehen. Der Film war zweimal umbenannt worden, und zwar hatte man den angesichts der Ereignisse des 11. Septembers schrecklichen Titel *How to Survive a Hotel Room Fire* in den noch schlimmeren Titel *How to Negotiate a Turn* umgeändert.

Julia hatte mal wieder Lust, einen Independent-Film zu machen, und akzeptierte so wie die anderen Hauptdarsteller die von der Screen Actors Guild, dem amerikanischen Verband der Kino- und TV-Schauspieler, vorgeschriebene Mindestgage von 25 000 Dollar plus einer Gewinnbeteiligung. Da die letzten drei Filme Soderberghs international einen Bruttogewinn von durchschnittlich 304 Millionen Dollar eingebracht hatten, schien sich der Einsatz zu lohnen. Dazu bemerkte Julia: »Mein Agent kann es überhaupt nicht leiden, wenn ich das sage, aber wenn jemand einen wirklich guten Film machen wollte und einen Nickel übrig hätte, um mich für eine Rolle zu engagieren, würde ich sie annehmen.«

Voll Frontal, vom Performancekünstler Coleman Hough zunächst als Bühnenstück konzipiert, wurde später von ihm als Drehbuch umgeschrieben. In der Geschichte geht es um einen Tag im Leben von sechs Leuten: Lee (Catherine Keener) will ihren Mann Carl (David Hyde Pierce), einen Drehbuchautor und berühmten Journalisten, verlassen und ist einem totalen Nervenzusammenbruch nahe. Lees Schwester Linda (Mary McCormack) plant, nach Tucson zu fahren, um Arty (Enrico Colantoni), einen Stückeschreiber, zu treffen, den sie übers Internet kennen gelernt hat. Arty und Carl haben ein Drehbuch für einen Film mit dem Titel *Rendezvous* geschrieben, in dem eine Reporterin (Julia, mit einer zottigen Perücke, die an Jane Fonda in *Klute* erinnert) einen hübschen schwarzen Filmstar (Blair Underwood) interviewt. Sie diskutieren das Problem, Schauspieler unterschiedlicher Rassen als Liebespaar darzustellen, und dabei kommen natürlich Julias Schwierigkeiten mit dem Küssen in *Die Akte* zur Sprache. Julia hat Underwood tatsächlich geküsst und es hat ihm gefallen. »Sie hat weiche Lippen«, sagte er. »Sie ist großartig. Wir hatten eine gute Zeit miteinander ... Julia ist sehr professionell. Sie ist eine tolle Schauspielerin und einfach nett. Sie ist für das, was sie erreicht hat, dankbar. Sie hat sich bei den Dreharbeiten abgerackert, hatte ihren Text parat, war immer pünktlich und einfach eine sehr engagierte Schauspielerin.«

Am 6. November 2001 begann man mit der Produktion, und Soderbergh filmte meist mit einer digitalen Videokamera, wobei er Licht und Drehorte so nutzte, wie er sie vorfand. Der Film im Film wurde allerdings mit einer 35mm Kamera gedreht. (Soderbergh sagte, er betrachte diesen Film als »inoffizielle« Fortsetzung seines Low-Budget-Hits *Sex, Lügen und Videos* von 1989, der sowohl seine als auch die Karriere mehrerer der Schauspieler begründete.) Die Videoaufnahmen waren zum Teil unterbelichtet, zum Teil überbelichtet; der Ton war einfach das, was der Recorder jeweils aufgenommen hatte, und es wurde auch anschließend keine Nachbearbeitung vorgenommen. »Zum großen Teil war es einfach eine Reaktion auf *Ocean's Eleven* und der Wunsch, eine ganz neue Erfahrung zu machen«, sagte Soderbergh. »Weil das so ein gewaltiges Unternehmen gewesen war, wollte ich jetzt einfach etwas Kleines machen.«

Wie klein es werden sollte, geht aus einer zehn Punkte enthaltenden Mitteilung hervor, die Soderbergh zusammen mit dem Drehbuch an die Schauspieler schickte, die für den Film infrage kamen. Unter der Überschrift »Wichtig« erklärte Soderbergh, alle für diesen Film engagierten Schauspieler müssten selbst zum Set fahren, selbst für ihre Garderobe und ihre Mahlzeiten sorgen, ihr eigener Friseur sein, das Make-up selbst auflegen und ohne eigenen Wohnwagen auskommen. Der letzte Punkt lautete: »Sie werden Spaß haben, ob Sie wollen oder nicht«, und zum Schluss hatte Soderbergh noch hinzugefügt, diejenigen, für die diese Richtlinien ein Problem darstellten, sollten das Drehbuch zurückschicken.

Ob irgendjemand das tat, verriet Soderbergh nie. »Sogar Julia kam selbst angefahren«, bemerkte er. »Ich wollte nicht, dass irgendjemand mit einer Entourage auftauchte. Ich wollte klar machen, dass sie startbereit am Drehort erscheinen müssen, denn es konnte sein, dass sie gefilmt wurden, wenn sie aus dem Auto stiegen. Ich hatte die Kameras die ganze Zeit laufen, überall, selbst Kameras, von denen [die Schauspieler] nichts wussten. Versteckte Kameras.« Wie sich herausstellte, wurde dem Stab dann doch ganz gutes Essen geliefert. »Das war ein psychologischer Trick«, sagte Soderbergh. »Ich hatte sie auf kleine Feldrationen vorbereitet, und als wir dann tatsächlich einen Caterer bestellten, waren alle überglücklich.«

Die in der Mitteilung erwähnten Interviews mit seinen Schauspielern, in denen er ihnen Fragen über sich selbst und ihre Rollen stellte, führte und filmte Soderbergh selbst. »Nur ich und [die Schauspieler] und eine Kamera in einem Zimmer … Die Fragen waren völlig beliebig. *Glauben Sie an UFOs? Welchen Geruch hassen Sie? Welche TV-Shows haben Sie sich in Ihrer Kindheit und Jugend angeschaut?* [Es hört sich an wie eine Folge von *Inside the Actors Studio.* Ich habe das Material im gesamten Film als Text benutzt. Es war Teil des Experiments und dieser Teil hat sich wirklich bezahlt gemacht.]«

Julia wurde durch das Interview völlig aus dem Konzept gebracht. Sie spielte in dem Film eine »Doppelrolle« – die Rolle der Francesca in *Rendezvous* und die Schauspielerin, die diese Rolle spielt, und auch Francesca heißt. Der Regisseur fragte Julia im Laufe des Gesprächs: »Verhalten sich andere Schauspieler Ihnen gegenüber anders, seit Sie den Oscar gewonnen haben?«

Soderbergh berichtete, dass Julia stutzte und »aussah, als ob ihr gleich der Kopf platzen würde«.

»Im Moment weiß ich nicht, wer ich bin«, antwortete Julia. Später fügte sie hinzu: »Ich kam mir vor, als spiele ich eine Schauspielerin, die zwar eine liebe Frau, aber vielleicht nicht besonders talentiert war, und als er das fragte, dachte ich: *Es ist unmöglich, dass Francesca einen Oscar gewonnen hat.* Ich erinnere mich nur, dass ich – wie mir schien – unheimlich oft sagte: ›Wer bin ich?‹ Denn ich spiele zwei verschiedene Frauen in diesem Film und beim Abendessen mit Steven bin ich regelmäßig circa fünf verschiedene Personen. Skandalös oder nicht, ich hatte gerade einen Oscar gewonnen. Also war mir zumute wie: *Oje, was geht hier vor?* Es war einer der entsetzlicheren Momente in meiner Karriere.«

Ohne ihren eigenen Wohnwagen war Julia gezwungen, ihr Nickerchen in einem zu machen, der auch als Set benutzt wurde. Als sie einmal aufwachte, gab es eine unangenehme Überraschung. »Ich mache die Tür auf, und da war nichts auf der Straße, alle waren weg.« Die Truppe war zum nächsten Drehort weitergezogen, und sie hatten keine Zeit gehabt, den größten Filmstar der Welt zu suchen – Soderbergh war entschlossen, die Produktion in atemberaubendem Tempo, nämlich in *achtzehn Tagen*, abzuschließen. Und er tat es.

Während sie in Los Angeles filmten, besuchte Danny Moder Julia am Drehort. Bei ihrem Picknick-Lunch wurden sie von Paparazzi fotografiert und das Foto erschien in *People* und im *Globe*. Julia trug eine mit Fleece gefütterte Baumwolljacke und sah mit dem strengen Haarnetz, das sie unter der Perücke tragen musste, Furcht erregend aus. Sie saßen auf einem Fleckchen Rasen und aßen Artischockensalat, und Julia rollte eine Zigarette, die sie dann gemeinsam rauchten. Die Zeitung deutete an, dass es sich um eine »komische« Zigarette gehandelt habe, was jedoch nicht stimmte. »Als Teenager habe ich ein paar Mal Marihuana geraucht«, so Julia, »aber ich mochte es nicht. Es hat mich schläfrig gemacht. Ich bin gerne so wach wie möglich, warum also sollte ich etwas zu mir nehmen, das mich so müde macht, dass ich schlafen gehen möchte.«

Das Magazin *Star* wollte mit den Fotos, auf denen Julia hager und leicht außerirdisch aussah, andeuten, dass die Schauspielerin wegen ihrer Affäre mit Moder »von Schuld gequält« sei und man ihr ansehe, welch »hohen Preis sie für die verbotene Liebesbeziehung mit Moder bezahlt«.

TEIL SECHS

Mrs. Moder

»Alle meine Freunde sagen Mrs. Moder zu mir. Ich mag das.«
– *Julia, 2002*

KAPITEL 40

Julia war fuchsteufelswild und sie wollte sich das nicht mehr bieten lassen. Vera Moder ließ sich Zeit mit der Scheidung, die Danny im Oktober 2001 eingereicht hatte, und schlimmer noch – in Julias Augen –, sie war mit ihrem Missfallen an die Öffentlichkeit gegangen und hatte der Presse erzählt, »America's Sweetheart« hätte ihr ihren Mann gestohlen. Vera war am Boden zerstört gewesen, als Danny ihr gemeinsames Heim in San Fernando Valley verlassen hatte, und hatte versucht, ihren Mann zu überzeugen: »Schau dir Julias Freunde in der Vergangenheit an. Willst du vier Jahre Ehe für eine flüchtige Affäre aufgeben?«

Doch Vera erkannte bald, dass sowohl für Danny als auch für Julia ihre Affäre alles andere als flüchtig war. »Er ist besessen«, sagte Vera gegenüber einem Reporter. »Er glaubt tatsächlich, er schafft, was all den berühmten Schauspielern nicht gelang: sie vor den Altar zu bringen. Ich habe ihn gewarnt: ›Sie wird dich benutzen und dann wegwerfen.‹ Aber er hörte nicht auf mich. Sie ist ein Megastar und ich bin niemand – aber ich habe Danny geliebt und zu ihm gehalten und wollte den Rest meines Lebens mit ihm verbringen. Ich bin sicher, dass das mehr ist, als Julia sagen kann. Ich glaube, Danny ist noch nicht aufgewacht. Doch wenn das geschieht, wird er feststellen, dass ich weg bin.«

Danny erzählte gegenüber Freunden, seine Ehe mit Vera sei bereits zerrüttet gewesen, als er Julia kennen gelernt hatte – doch kurz davor hatte er Vera ein Dutzend langstielige Rosen geschickt und eine Teddybär-Karte, auf der stand: »Ich werde dich immer lieben.« »*Immer* dauerte fünf Wochen«, sagte Vera bitter. »Jetzt will er raus, damit er Julia heiraten kann.«

Julia war zwiespältigen Gefühlen ausgesetzt – sie war überglücklich über die neue Liebe, die sie gefunden hatte, aber höchst bestürzt über all das böse Blut, das es gab, nicht nur bei Vera und ihrer Familie, sondern auch in der Öffentlichkeit. Zum ersten Mal wurde Julia Roberts nicht nur als romantisches Dummchen, sondern als Ehebrecherin gesehen. Die Zeitungen nannten sie schon die Liz Taylor ihrer Generation.*

Julia hatte alles getan, um die Familie Moder auf ihre Seite zu bringen. Am 4. September 2001 – kurz nach dem Tod von Dannys Mutter, der den Zorn der Familie auf Julia noch verstärkt hatte, lud Danny sie ein, einige Zeit mit seinem Vater in dessen Ferienhaus am See in der malerischen Big Bear-Gegend in den San Bernardino Mountains, etwa einhundertsechzig Kilometer östlich von Los Angeles, zu verbringen.

Als sie aus dem kleinen Flugzeug ausstieg, mit dem sie zum nahe gelegenen Flughafen von Ontario geflogen war, holte sie Danny an der Rollbahn mit seinem Truck mit Vierradantrieb ab. Ihre Umarmung und ihre Küsse wurden von einem Paparazzo eingefangen, bevor Danny Julia die kurvige Hauptverkehrsstraße zum idyllisch gelegenen Erholungsgebiet mit Kiefernwäldern in zweitausenddreihundert Metern Höhe fuhr. In der Hütte der Moders, so schilderte es ein Freund der Familie, »verzauberte Julia [Dannys Vater] Mike Moder total. Er war Wachs in ihren Händen. Sie entschuldigte sich für alle Missverständnisse, die es um ihre Beziehung mit Danny gegeben haben mochte, und versicherte Mike, dass sie seinen Sohn liebte und dass sie niemandem wehtun wollte.« Am nächsten Tag nahm Mike seinen Sohn und Julia auf eine Bootstour auf dem See mit, auch das wurde von dem Paparazzo festgehalten. Die Bilder zeigen, wie Danny und Julia schmusen, während Mike das Boot lenkt, wie Danny Julia fotografiert, wie Julia und Danny nach dem Schwimmen ins Boot zurückklettern und wie sich die beiden abtrocknen. Vor etwas mehr als einer Woche war die Asche von Dannys Mutter genau in diesem Wasser verstreut worden.

Danny und Julia waren sehr froh, weil ihre Beziehung den Segen seines Vaters hatte. »Die Familie ist sehr wichtig für Danny«, sagte ein Freund von ihm. »Sie wollen beide den Segen ihrer Fa-

---

* 1962 wurde Taylor von den Kanzeln herunter wegen ihrer extravaganten Affäre mit dem verheirateten Richard Burton verdammt. Auch Taylor war verheiratet – mit Eddie Fisher, dessen Ehe mit Debbie Reynolds sie zerstört hatte.

milie für diese Beziehung. Und sie wollen, dass ihre Familien wissen, wie ernst es ihnen ist.«

Julias Stimmung sank, als sie hörte, dass Vera vorhatte, Dannys Scheidungsantrag anzufechten und ihm und Julia Ehebruch vorzuwerfen. Sie wollte Julia beschuldigen, sie hätte »Danny mit Sex den Kopf verdreht und ihm dazu Arbeit in zukünftigen Filmen als Zugabe versprochen«, heißt es in einer Quelle. An diesem Punkt beschloss Julia zurückzuschlagen – und zwar öffentlich. Wie viele Personen der Öffentlichkeit beklagt Julia zwar die ständige Anwesenheit von Reportern und Fotografen in ihrem Leben, aber wenn sie sie brauchen kann, setzt sie sie auch ein. In diesem Fall ging Julia ins King's Road Café in West Hollywood. Sie setzte sich an einen Tisch auf dem Gehweg, sichtbar für alle Welt (und für wenigstens einen Fotografen), und sie trug ein T-Shirt mit der aufgestickten Aufschrift »A LOW VERA« (»Eine niederträchtige Vera«), die die eindeutige Botschaft enthielt, dass Julia die Worte und Taten ihrer Rivalin nicht akzeptabel fand. Die Bilder von Julias Botschaft auf Textil gingen um die Welt.

Der Schuss ging nach hinten los. Viele fanden, das sei eine grausame, unreife Geste, die der falschen Frau Salz in die Wunden streute. Raoul Felder, ein prominenter Scheidungsanwalt, fand »sehr geschmacklos«, was Julia tat. »Sie ist die mächtigste Frau in Hollywood und schlägt auf die sitzen gelassene Ehefrau ein.« Mike Moder nahm sich Julia und seinen Sohn vor. »Vera ist eine wundervolle Frau«, sagte er. »Ich habe den beiden [Julia und Danny] klar gemacht, dass mir das nicht gefiel.«

Vera ließ das nicht auf sich sitzen. Sie zog ein T-Shirt mit der Aufschrift »Pretty Ugly Woman« auf dem Rücken an. »Wie man in den Wald hineinruft, so schallt's heraus«, sagte sie. »Julia hat mir meinen Ehemann weggenommen, aber das reicht ihr nicht. Ich kann nicht glauben, dass jemand wie sie sich so erniedrigen würde. Sie ist überhaupt keine Pretty Woman. Sie ist gemein. Mein einziges Verbrechen ist, dass ich meinen Mann liebe.«

Schließlich teilte Danny Julia mit, dass der Scheidungsprozess sich ein oder zwei Jahre hinziehen könnte und dass eine außergerichtliche Einigung dazu beitragen könnte, die Sache beizulegen und ihnen die Heirat zu ermöglichen. Julia soll Vera 200 000 Dollar angeboten haben, was sie ablehnte. Sie hoffte immer noch auf eine Versöhnung mit Danny. »Vera schlug Danny vor, sie könnten immer noch nach Argentinien zurückgehen und dort leben«, berichtete ihr Cousin Juan Sebastian, »aber sein Entschluss stand fest. Er sagte ihr, dass seine Entscheidung endgültig war. Vera sagte, Julia habe ihr geraten, zu handeln.« Nachdem Vera keine Hoffnung auf eine Rettung ihrer Ehe sah, ging sie auf Julias nachgebessertes finanzielles Angebot von 400 000 Dollar ein.

»Es ist wohl Zeit, dass ich in den sauren Apfel beiße«, sagte sie. »Ich wollte Julias Geld nicht, aber nach dem Alptraum im letzten Jahr muss ich handeln. Ich muss wieder von vorne anfangen. Wenn die Sache vor Gericht gegangen wäre, wäre es sicher noch schmerzlicher geworden.« Als die Scheidung am 6. Mai 2002 rechtsgültig wurde, veranstalteten Julia und Danny eine Party in Cabo San Lucas in Mexiko. Von der Familie Moder war niemand dabei.

Im späten Frühjahr 2002 tauchten in der Presse Berichte über eine mögliche zweite Heirat von Julia Roberts auf. Viel Spott wurde über Julias vergangene Schwüre unsterblicher Liebe zu Liam, Dylan, Kiefer, Jason, Daniel, Lyle, Ross, Pat und Benjamin ausgegossen. »Ich werde für den Rest meines Lebens nie wieder über einen anderen Mann sprechen«, sagte sie zu George Clooney in ihrer Flitterwochenplauderei für das Männermagazin *Esquire*. In der Mehrzahl der Berichte wurde gefragt: »Wird sie oder wird sie nicht?« Im Mai zitierte *Us Weekly* die Klatsch-Kolumnistin Marilyn Beck: »Ich glaube nicht, dass sie je heiraten wird oder dass sie überhaupt heiraten will. Sie liebt ihre Freiheit.« Jemand aus Julias Freundeskreis stimmte zu: »Sie liebt Männer, aber ich glaube nicht, dass sie einen heiraten will.« Andere hielten Ehefreuden für unausweichlich. »Danny ist das nicht zu Kopf gestiegen«, sagte sein Vater. »Ich habe gesagt, er soll sich treu bleiben und nicht Mr. Danny Roberts werden, und das hat er getan.« Ein Freund von Danny fügte hinzu: »Er kümmert sich nicht um diesen ganzen Wahnsinn – er würde dasselbe mit Julia wieder tun. Er ist mit ihr zusammen und er ist wirklich sehr viel glücklicher, als ich ihn je erlebt habe.«

Doch Julias Pressesprecher dementierten standhaft, dass eine Heirat bevorstand. Am 3. Juli sagten sie, Julia habe entgegen anders lautender Gerüchte nicht vor, am Unabhängigkeitstag eine ausgelassene Party zu veranstalten, bei der sie und Danny heiraten würden. Stattdessen würde das Paar den Feiertag auf Long Island, New York, verbringen. Sechzig Freunde, Familienmitglieder und andere aus dem Bekanntenkreis von Julia und Danny wussten das besser.

Einige Wochen zuvor hatten Julia und Danny Einladungen zu einem Grillfest auf der Ranch in Taos verschickt. Auf der Einladungskarte war eine farbenfrohe einseitige Werbung für den mexikanischen Film *Fantasia Ranchera* aus dem Jahre 1947 abgebildet, mit Ricardo Montalban in der Hauptrolle. Sie müssen schockiert gewesen sein, als der Großteil seiner Familie absagte. Die Moders hatten den Verdacht, dass eine Party am »Unabhängigkeitstag« wieder ein Seitenhieb auf Vera sein könnte. Als Dannys Bruder John Bedenken äußerte, musste Danny die Karten offen legen. »John, du musst kommen, das ist unser Hochzeitsfest!«

John war verblüfft. »Danny, warum hast du uns das nicht gleich gesagt?« »Es sollte eine Überraschung sein«, erwiderte Danny. John sagte zu, zwei Tage vorher zur Junggesellenfeier seines Bruders zu kommen.

Außer den Moders und Julias engsten Verwandten wusste bis zur letzten Minute keiner etwas. Ab dem 2. Juli holte Julia viele Gäste mit dem von ihr gecharterten Privatflugzeug nach Taos, darunter ihre Mutter, ihre Schwestern, Kelly Cunningham (aber nicht Emma – und natürlich nicht ihren Bruder Eric), Bruce Willis und Steven Soderbergh. Brad Pitt und Jennifer Aniston sagten mit Bedauern ab, ebenso George Clooney, der in Kentucky beim Begräbnis seiner Tante Rosemary Clooney war. Viele der geladenen Gäste übernachteten in Gästehäusern auf Julias Anwesen, andere wurden in einem Hotel garni mit dem Namen Adobe and Stars im benachbarten Arroyo Seco untergebracht.

Die Party begann am 4. Juli, einem Donnerstagnachmittag, in

einem zwölf mal achtzehn Meter großen weißen Zelt mit dem Hors d'oeuvre: gebratene Risottokugeln mit Pesto, Shrimpsklößchen, Frühlingsrollen mit Gemüsefüllung und Lachs mit Ziegenkäse. Es folgten Burger, Hot Dogs und Huhn mit Zitrone und Knoblauch, dazu Fleischspieße vom Sirloinsteak, Kartoffelsalat, Maiskolben, Krautsalat, Gerichte mit grünem Chili und Tamales (mit Fleisch, Käse und Zwiebeln gefüllte Maismehltaschen), von Julia zubereiteter Truthahn, Bier, Wein und Unmengen von Julias Lieblingsgetränk, Margaritas. Die Gäste schwammen und hielten sich am Pool auf, spielten Football und Basketball.

Als die Nacht hereinbrach und die bunten Girlanden angingen, die die wogenden Baumwollbäume erleuchteten, waren manche Gäste müde und wollten am liebsten schlafen gehen. »Bleibt noch«, sagte Julia. Um Mitternacht, als die Sterne am Wüstenhimmel funkelten und eine sanfte Brise wehte, wurden die Gäste gebeten, sich in weiße Plastikstühle in einem Halbkreis vor dem Andachtshaus niederzulassen, das Julia im Jahre 2000 im Stile des 19. Jahrhunderts auf dem Grundstück hatte errichten lassen. Die meisten mögen einen Gute-Nacht-Toast mit Champagner erwartet haben, aber anderen waren die Kerzen und chinesischen Laternen aufgefallen und sie vermuteten: *Da liegt was in der Luft.*

Wenige Minuten vor Mitternacht erschienen Danny und Julia. Sie hatten sich umgezogen. Er trug gelbbraune Hosen und ein dunkelrotes Hemd mit Rüschen an der Knopfleiste und an den Manschetten, eine Kreation von Judith Beylerian, einer Designerin aus Los Angeles. Sie hatte auch Julias langes rückenfreies Kleid mit hoch angesetzter Taille und Nackenband in ausgeblichenem Rosa entworfen, das mit antiken und anderen Perlen bestickt und von Hand mit Blumen bemalt war. In ihrem hochgekämmten Haar trug sie ein kleines Diadem aus Blumen. Diesmal war sie nicht barfuß – sie trug flache Pumps von Manolo Blahnik.

Inzwischen waren die Gäste im Bilde. Als Julia und Danny sich unter einem Baldachin aus rosa und weißer Seide in Bewegung setzten und sich in die Mitte eines Kreises aus roten, weißen und rosafarbenen Rosenblättern stellten, brachen Hochrufe aus – die, wie ein Gast behauptete, von den nahe gelegenen majestätischen, viertausend Meter hohen Sangre de Cristo-Bergen wiederhallten, die vom Mond erleuchtet waren.

Danny sank auf ein Knie nieder und fragte Julia, ob sie ihn heiraten wollte. Als sie Ja sagte, jubelten die Gäste wieder. Das Paar tauschte dann in einer zwanzigminütigen Trauungszeremonie Gelöbnisse aus, die sie von Hand aufgeschrieben hatten. Die Zeremonie nahm Julias Anwalt Barry Hirsch vor, der auch Geistlicher und – wie manche sagen – für die Stars »ein Therapeut« ist. Ein Schamane der Navajo-Indianer gab dem Paar nach der Hochzeit den Segen.

Julia wurde von Mike Devine geführt, dem Fahrer, mit dem sie bei ihrem Aufenthalt mit Jason Patric in Irland 1991 Freundschaft geschlossen hatte. »Die Hochzeit war sehr spirituell und romantisch«, sagte ein Gast. »Danny und Julia sahen sich während der gesamten Zeremonie an. Sie hatten Tränen in den Augen, als sie ihre Gelöbnisse sprachen.« Es gab keinen Trauzeugen, keine erste Brautjungfer, keine Blumenmädchen und keinen Ringträger. »Es war schön«, sagte Dannys Vater. (Nur wenige Stunden vor der Zeremonie hatte die Grafschaftsbeamte von Taos, Jeannette Rael, die Unterschriften unter die Heiratserlaubnis 7631 überwacht. »Sie machten einen sehr glücklichen Eindruck«, sagte Rael. »Sie kamen Händchen haltend herein, lächelten und machten Scherze. Julia sah wunderschön aus.«)

Die müden Gäste, die den ganzen Tag gegessen und getrunken hatten, mussten sich noch einmal aufraffen und sich neuen Köstlichkeiten zuwenden: Räucherlachs, Kaviar, fünf kleinen Hochzeitstorten mit Hindumotiven und Champagner. Sie tanzten zu Country-Oldies und Musik von Sting, Elvis und Fatboy Slim. Die meisten Gäste hatten, wie auf der Einladung erbeten, nur eine Pflanze mitgebracht, aber einer schenkte ihnen einen echten Navajo-Totempfahl.

Julia schenkte Danny ein Paar handgemachte Cowboystiefel, er schenkte ihr zwei Erstausgaben von D. H. Lawrence (1885–1930), darunter das ehemalige Skandalbuch *Lady Chatterley's Lover* – noch 1960 musste der Penguin-Verlag vor Gericht gehen, um in England die erste vollständige Fassung herausbringen zu können.

»Julia und Danny schienen die ganze Nacht nur zu knutschen«, sagte ein Gast. Als es um ein Uhr nachts heftig zu regnen begann, gingen viele Gäste ins Haupthaus und feierten bis zum Morgengrauen weiter. Viele Gäste blieben über das ganze Wochenende.

Es erschienen Berichte, nach denen Julia und Danny ihre Flitterwochen in London, Paris und auf der griechischen Insel Santorin verbracht hätten, aber das stimmt nicht. Einige Tage nach der Hochzeit fuhren sie in ihrem Toyota Land Cruiser fast eintausendfünfhundert Kilometer von Taos nach Los Angeles. Dort gab Julia einige Interviews für die Werbung zu *Voll frontal* und Danny musste für eine Burger-King-Werbung hinter die Kamera. Nach diesen Verpflichtungen fuhr das Paar die Küste hinauf und verbrachte zwei Tage in einem Ferienhaus auf der idyllischen Ranch San Ysidro.

Julia konnte es sich nicht verkneifen, vor den Reportern in romantische Schwärmerei über ihren neuen Mann zu verfallen. »Danny ist höchst erstaunlich. Er beeindruckt mich. Er ist ein Mann, selbstlos, allumfassend, und er steht zu seinen Entscheidungen, die er getroffen hat. Er würde nie jemand anderem die Schuld geben. Und das habe ich noch nie erlebt.«

In einem anderen Interview verglich sie Danny mit Ben Bratt. »Wir jammern so schnell: ›Oh je, wir sitzen auf einem Präsentierteller, und oh je, alle schauen zu!‹ Danny hat nicht nur Verstand, er ist auch über derartige Lächerlichkeiten erhaben.« Julia fuhr fort: »Alle meine Freunde sagen Mrs. Moder zu mir, und das gefällt mir. Erst als ich eines Tages beim Softballspielen zum Schlag kam und mein Freund Mike Oscher zu mir sagte: ›Los, Moder!‹, da dachte ich: *Wow!* Da wurde es mir wirklich bewusst.«

Julia wurde gefragt, ob der Zeitpunkt ihrer Heirat etwas mit Ben Bratts Hochzeit mit Talisa Soto neun Wochen zuvor zu tun hatte oder ob es reiner Zufall sei. »Ich weiß nicht, ob es Zufall ist«, erwiderte sie, »aber ich glaube, es ist doch großartig für alle. Jeder scheint da, wo er hingehört, und für mich ist das entweder Zufall oder ein Wunder.«

Für alle außer für die erste Mrs. Moder. Vera zeterte weiter über die Frau, der sie die Schuld am Zerbrechen ihrer Ehe gab. »Ich werde Julia nie vergeben können. Sie stiehlt Ehemänner! Sie war so darauf aus, ihn vor den Altar zu zerren, und hat schließlich ihren Willen bekommen.« Vera soll auch Freunden gegenüber geäußert haben, die Ehe würde nicht einmal ein Jahr halten. »Danny hat mich betrogen und er wird sie betrügen«, sagte sie.

Veras Gemütszustand besserte sich nicht, als sie in der Woche nach der Hochzeit Julia und Danny auf der Titelseite der meisten Zeitungen und Zeitschriften sah. Wieder hatte die *People* ein Exklusivfoto, aber diesmal war es nur ein Schwarzweißbild von Sante D'Orazio, auf dem sich die frisch Vermählten Auge in Auge gegenüberstehen und sich anstarren. Die Zeitschrift brachte es auf dem Titel und noch einmal ganzseitig innen. D'Orazio hatte Julia schon mehrmals fotografiert und war ein Freund geworden. Er war der einzige Gast, der eine Kamera mitbringen durfte. Doch er sagte: »Ich wusste nicht, dass es eine Hochzeit geben würde an jenem Abend. Deshalb hatte ich keinen Blitz dabei. Ich musste das Ganze mit der Sofortbildkamera machen.«

Auf dem Metallgeländer einer Brücke zweihundert Meter über dem Rio Grande in der Nähe von Julias Grundstück steht die Inschrift: J. LOVES D. Julia hatte Danny auf dieser Brücke gebeten, sie zu heiraten.

Voll frontal lief am 2. August an und wurde der schlimmste finanzielle Reinfall in Julias Karriere seit *Blood Red – Stirb für dein Land.* Er lief in über zweihundert Kinos und spielte am ersten Wochenende gerade mal 739 834 Dollar ein. Die Gesamteinnahmen in den Vereinigten Staaten beliefen sich auf 2,5 Millionen Dollar. (Ja, ein Film mit einem Budget von zwei Millionen Dollar und Julia Roberts in der Hauptrolle war ein *Verlustgeschäft.*) Ein Journalist spöttelte: »Das reicht nicht einmal für Julias Friseurrechnung.«

Die Kritiken waren auch keine Hilfe. Zwar war Richard Corliss in *Time* der Ansicht, »es liegt eine spannungsreiche Größe in *Voll frontal,* teilweise weil die Kassenkönigin Julia in einem Ensemble attraktiver, perfekter Schauspieler spielt«, doch die meisten Kritikerreaktionen waren vernichtend. Lawrence Toppman schrieb im *Charlotte Observer:* »Wenn man drei ordentliche Filme gemacht hat, die über 100 Millionen Dollar eingespielt haben, und einen Oscar für einen davon bekommen hat, kann man im nächsten machen, was man will. Was Steven Soderbergh wollte, war ein Projekt der Eitelkeit: einen nervösen, etwas improvisierten, pseudo-dokumentarischen Blick auf sechs interagierende, aber von sich selbst eingenommene Personen. Man könnte *Voll frontal* als Untersuchung der Filmwelt sehen, die uns alle zu Voyeuren und unempfindlich für echte Emotionen macht, weil unechte auf der Leinwand inszeniert werden. Oder man könnte ihn wie ich als undurchsichtigen und unerträglichen Reigen pseudo-philosophischen Gequassels abtun.«

Peter Travers von *Rolling Stone* fand: »Der Film hat seine komischen Momente, und die Dialoge, von denen manche sicher improvisiert waren, haben einen natürlichen Fluss. Aber Soderbergh erstickt alles mit Stilistik. Die harten Schnitte und die körnigen Digital-Video-Bilder tragen nur zur allgemeinen Verwirrung bei, wer nun wer ist und was was ... Godard und Truffaut brauchten neue Mittel des Ausdrucks, weil sie neues emotionales Territorium erforschten. Soderbergh untersucht nur seinen eigenen Nabel.«

Einem gefiel das fertige Produkt, und das war der Drehbuchautor Coleman Hough. »Als ich erfuhr, dass Steven Soderbergh meine Bühnenshow verfilmen wollte, war ich begeistert. Als ich dann hörte, dass Julia Roberts, David Duchovny und die anderen dabei mitspielen sollten, war ich absolut verblüfft. Ich finde, sie alle haben ihre Sache ausgezeichnet gemacht. Steven ließ die Dinge ganz im Sinne meines ursprünglichen Stücks, und dafür bin ich ihm dankbar.«

KAPITEL 41

Als George Clooney Julia bat, wieder eine kleine Rolle in einem »interessanten« Film zu übernehmen, der Clooneys Regiedebüt werden sollte, sagte sie ohne zu zögern zu, obwohl sie wieder nur nach Tarif bezahlt werden würde und vor ihrem nächsten Film, *Das Lächeln der Mona Lisa,* der Ende 2003 anlaufen soll, nicht mehr in einer größeren Rolle auf der Leinwand zu sehen sein würde – wieder zwei Jahre ohne Hauptrolle.

Doch das Projekt war wirklich interessant: die Filmversion von Chuck Barris' Memoiren *Confessions of a Dangerous Mind: An Unauthorized Autobiography,* in der der gedrungene, energiegeladene ehemalige Fernsehproduzent, Erfinder von *Dating Game* und Gastgeber der *Gong Show* behauptet, dass er gleichzeitig auch noch CIA-Mitarbeiter gewesen sei und dreiunddreißig Menschen getötet habe, was natürlich mit großer Skepsis aufgenommen wurde. Viele hielten die CIA-Geschichte für eine Erfindung, um die Verkaufszahlen des Buches in die Höhe zu treiben. (Der Untertitel schien einen Hinweis darauf zu geben, dass das Buch nicht ganz ernst gemeint war.) Clooney wurde gefragt, ob es für ihn wichtig sei, ob Barris' Geschichte wahr ist. »Für mich war es wichtig, ihm diese Frage nicht zu stellen, als ich ihn traf… Ich wollte diese Geschichte erzählen, ob sie nun wahr ist oder nicht. Ich wollte sagen können, ich finde, es ist eine wirklich faszinierende Geschichte – sollte sie nicht wahr sein –, dass ein so erfolgreicher Mensch wie Chuck Barris das Bedürfnis hatte, diese Geschichte zu schreiben.«

Sobald Clooney sich entschieden hatte, Regie zu führen, fand er das adaptierte Drehbuch des sehr phantasievollen Charlie Kaufman *(Being John Malkovich, Adaptation – Der Orchideendieb),* brillant, aber nicht finanzierbar. Er strich einige Szenen, die das Budget über 40 Millionen Dollar getrieben hätten, und konnte, auch weil er die meisten seiner Stars nur nach Tarif bezahlte, das Budget unter 30 Millionen Dollar drücken. In einer früheren Entstehungsphase des Films – als andere Regisseure sich damit beschäftigten – hatten so unterschiedliche Schauspieler wie Johnny Depp, Mike Myers, Sean Penn und Kevin Spacey ihr Interesse daran bekundet, aber Clooney wollte nicht, dass ein berühmter Schauspieler eine berühmte Persönlichkeit spielte. Er überredete den Chef von Miramax, Harvey Weinstein, ein großes Risiko einzugehen und den relativ unbekannten Sam Rockwell für die Hauptrolle zu nehmen. Weinstein seinerseits verlangte von Clooney die Zusage, in der Zukunft noch einmal ein Miramax-Projekt zu übernehmen.

Mit Rockwell als Barris, Julia als geheimnisvolle CIA-Kollegin Patricia, mit der er eine Affäre hat, Drew Barrymore als Barris' Hippie-Freundin Penny und Matt Damon und Brad Pitt als *Dating Game*-Mitspieler hatte Clooney ein paar große Namen in seinem Film – darunter auch seinen eigenen. Der Regisseur spielte den CIA-Mann Jim Byrd, der Barris anwirbt.

Auf die Frage nach der Besetzung antwortete Clooney: »Erst mal ist mir keiner von denen wirklich wichtig. Sie sind nur Werkzeuge … Sie sind Vieh. Schauspieler sind Vieh. Wer hat das gesagt, Hitchcock? Er meinte das so.« Rockwell bot einen ernst zu nehmenderen Einblick und berichtete, dass er Probeaufnahmen machen musste, um die Rolle zu bekommen. »Ganz altmodische echte Probeaufnahmen, wie bei Scarlett O'Hara.« Rockwell sagte: »Wissen Sie, so was macht man gar nicht mehr. Ich habe einige erlebt, und heute macht man das auf Video. Bei diesem gab es Kamerafahrten, Kamerawagen [und] Tommy Sigel, den Chef-Kameramann. Wir trugen Kostüme. Mir wurden die Haare eingedreht, ich trug Make-up und alles. Sie inszenierten das *Gong Show*-Zeug mit vollständigen Kostümen, Smokings und allem.«

Rockwell sagte, der ausführliche Test war eine gute Möglichkeit für Clooney, als Regisseur den Einstieg zu finden. »In einem gewissen Sinn wurde an dem Tag wirklich ein Film gemacht … Dann, etwa zwei Wochen später, bekam ich einen Anruf. Sie sagten, ich hätte die Rolle, aber noch nicht offiziell. Dann wurde es verschoben, und dann kamen Drew Barrymore und Julia Roberts mit ins Boot. Dann gaben sie mir sozusagen grünes Licht – weil die dabei waren. So ist das gewesen.«

Die Dreharbeiten in Montreal, Kalifornien, Nogales, Mexiko

und Tucson begannen im Januar 2002 und dauerten über zwei Monate. Für Rockwell war die Zusammenarbeit mit Julia eine Offenbarung: »Sie kommt herein, wie ein Laserstrahl, Mann, sie kommt einfach herein und macht es. Sie ist wirklich gut. Ja, sie hat schon Erfahrung. Sie war mit einigen Filmen sehr erfolgreich. Sie kommt da rein und landet einen Treffer, wissen Sie? Julia und Drew sind unterschiedlich, aber beide sind auf ihre Art großartig.«

Bei Miramax traf man die sonderbare Entscheidung, *Geständnisse – Confessions of a Dangerous Mind: An Unauthorized Autobiography* in nur vier Kinos am Silvesterabend 2002, einem Dienstag, anlaufen zu lassen. Viele Kritiken waren exzellent. Roger Ebert sagte: »Die Tatsache, dass dieses das erste Projekt ist, das George Clooney als Regisseur reizte, überrascht nicht so sehr, wenn man weiß, dass sein Vater bei Spielshows Regie führte und er oft hinter den Kulissen zusah. Dass Clooney das so gut kann, überrascht ein bisschen, und so werden wir umdenken müssen und Clooney nicht mehr als sexy Fernsehmann wahrnehmen, sondern erkennen, dass er intelligent und wissbegierig ist. Sein erster Film ist nicht nur als Story faszinierend, sondern auch großartig anzusehen, eine Verbindung von hellen Popbildern aus den sechziger und siebziger Jahren und eiskalten Spionen in Capes, die John le Carrés Geschichten entsprungen sein könnten. Julia Roberts spielt die Marlene Dietrich des CIA, ihr Gesicht ist bei einem Rendezvous verführerisch verdeckt. Sie bringt ein Nietzschezitat, das auch das Motto des Film sein könnte: ›Der Mann, der sich selbst verabscheut, achtet sich noch als der, der verabscheut.‹«

Lloyd Dobler von dobleronfilm.com fand: »Clooney und Roberts gehören zu der Art von Schauspielern, bei denen man auf der Leinwand befürchten muss, dass ihre Persönlichkeit als Star ihre Darbietung überschatten könnte, aber bei *Geständnisse – Confessions of a Dangerous Mind* ist das nicht der Fall … An der Person Jim Byrd fasziniert die Gelassenheit, mit der Clooney sie umgeben hat. Er wirkt äußerlich gelassen, aber seine Augen lassen erkennen, dass in ihm etwas anderes vorgeht. Roberts ihrerseits verführt nicht nur Barris, sondern auch alle Zuschauer während der gesamten Dauer ihrer Leinwandpräsenz.«

Andere schätzten Julias Wert für den Film anders ein. Manche Kritiker fanden, sie lenke ab in der Nebenrolle. Andere fanden sie wenig überzeugend. Elvis Mitchell schrieb in der *New York Times:* »Wenn Julia Roberts als Doppelagentin mit aufreizendem Gang und mit Hüten auftaucht, wie sie sich Diana Vreeland [die 1989 verstorbene Herausgeberin der *Vogue*] ausgesucht hätte, gerät *Confessions* in eine gefährliche Nähe zu *Rocky and Bullwinkle.*« Und Ty Burr von der *Boston Globe* fand: »Manchmal geht der Witz bei der Besetzung daneben – Roberts spielt ihre ausgedehnte Nebenrolle katastrophal affektiert, wie einen Ulk.«

Zunächst schien der Plan von Miramax aufzugehen, *Confessions* in einem minimalen Rahmen anlaufen zu lassen. Am ersten Wochenende spielte der Film pro Kino im Durchschnitt 21 800 Dollar ein, das deutete auf ein großes Interesse hin. Am 24. Januar wurde der Film in 1769 Kinos gezeigt, erzielte einen Gewinn von 5,8 Millionen Dollar und kam auf Platz acht an diesem Wochenende. In der zweiten Woche, in der der Film landesweit anlief, fielen die Einnahmen jedoch um sechsundzwanzig Prozent und in der dritten Woche um achtundsechzig Prozent. Am siebten Wochenende lief der Film nur noch in neunundzwanzig Kinos und hatte bis dahin insgesamt 15,9 Millionen Dollar eingespielt.

Dann zog Miramax *Confessions* zurück, offensichtlich hielt man ihn für einen stattlichen Fehlschlag. Doch am 4. April 2003 berichtete *Variety*, das Studio wolle den Film am 15. August 2003 wieder anlaufen lassen, und zwar, ein ebenfalls ungewohntes Vorgehen, begleitet von einer völlig neuen Werbekampagne. Miramax hoffte, wenigstens tausend Kinos für die Neuauflage zu gewinnen, und wollte dazu einen ursprünglich für das Ausland produzierten Trailer verwenden, der mehr actionbetont war. »Die Kampagne soll mehr den Spaß und die Spannung hervorheben«, sagte der Hauptgeschäftsführer Rick Sands gegenüber *Variety.* »Der Film kam gut an beim Publikum, aber er lief zu einer heiß umkämpften Zeit an. Wir glauben, es gibt noch viele Zuschauer, die den Film für sich entdecken könnten. George hat einen wundervollen Film gemacht, der gute Kritiken erhalten hat, aber leider war so vieles auf dem Markt, sodass er für die Kinogänger nicht die erste Wahl war.«

Zu Anfang des Sommers hatte Miramax seine Pläne für einen zweiten Anlauf von *Confessions* schon beträchtlich zurückgenommen. Am 15. August lief er nur in einigen wenigen Kinos in Los Angeles und in New York an. Als er im September als DVD herauskam, wurde er wieder positiv besprochen. Von nun an wird der Film seine Zuschauer im Fernsehen und nicht in großen Kinokomplexen finden.

Von Dezember 2002 bis Februar 2003, in einem der kältesten und schneereichsten Winter im Nordosten, lebte Julia in Wellesley, Massachusetts, und drehte *Das Lächeln der Mona Lisa* unter der Regie von Mike Newell *(Vier Hochzeiten und ein Todesfall)* und nach einem Drehbuch von Lawrence Konner und Mark Rosenthal *(Mein großer Freund Joe, Planet der Affen)*. In der Geschichte geht es um Primaten einer höheren Ordnung, nämlich um Katherine Watson (Julia), eine Akademikerin von der University of California Los Angeles, die Anfang der fünfziger Jahre Kunstgeschichte am konservativen Wellesley College unterrichtet, und um die Studentinnen, deren Leben sie tief beeinflusst, indem sie ihnen alles andere als enge und altmodische Ansichten bietet.

Der Ort mag an *Der Club der toten Dichter, Mr. Holland's Opus* oder *Dangerous Minds – Wilde Gedanken* erinnern, aber die Ähnlichkeit ist nur oberflächlich, denn das Drehbuch konzentriert sich auf eine Zeit und einen Ort, als Frauen mit ihrer Rolle in der Welt weitaus stärker zu kämpfen hatten als heute. In der Interaktion mit ihren Studentinnen erkennt Katherine, dass auch sie sehr viel von ihnen lernen kann.

Warm gehalten während der Dreharbeiten im kalten Nordosten wurde Julia durch die Gegenwart ihres Mannes, der im Film als Kameramann im zweiten Drehteam arbeitete, sowie ihre langen Fünfzigerjahre-Kleider, die die Zuschauer an Julianne Moores Kleider in *Dem Himmel so fern* erinnern werden. Zur Vorbereitung auf die Rolle besuchte Julia zusammen mit den anderen Schauspielerinnen Kirsten Dunst und Julia Stiles einen

Schnellkurs für Umgangsformen, in dem sie Cha-Cha-Cha, Swing und »die Kunst des Flirtens« lernten (man sollte meinen, Julia könnte darin selbst Kurse geben).

Einige Studenten vom Wellesley College wurden als Statisten und für kleine Rollen engagiert, aber viele waren verärgert, weil keine Farbigen mitmachen durften. Die Präsidentin der Schule, Diana Chapman Walsh, schrieb in der *Boston Globe*, in den fünfziger Jahren seien weitaus weniger Farbige und Latinos immatrikuliert gewesen. »Uns in einem Spiegel zu sehen, der ein halbes Jahrhundert alt ist, war erschütternd, obwohl wir uns bewusst bemühen, die zerstörerischen Muster der Vergangenheit nicht zu wiederholen … Wir baten das Studio, den Studenten, die keine entsprechende Gelegenheit hatten, als Statisten im Film aufzutreten, Angebote in anderen Bereichen zu machen, und das geschah auch. Unsere Studenten haben die historischen Beschränkungen bei der Besetzung gleichmütig und freundlich hingenommen.«

Die Gerüchte, Julia sei schwanger, nahmen ihren Anfang, als Danny mit Mitgliedern der Crew beriet, wie man eine Schwangerschaft in einem Film verbergen könnte – von Kameraeinstellungen bis zu Änderungen am Kostüm. Anfang Dezember 2002 wurde Julia gesehen, wie sie die Klinik für Fortpflanzungsmedizin des New York Presbyterian Hospital verließ. Während ihre Pressesprecherin Marci Engelman sagte, sie sei mit einer Freundin dort gewesen, hatte es schon früher Spekulationen gegeben, Julia könnte Probleme mit der Fruchtbarkeit haben, weil sie nie schwanger geworden war, weder in einer Ehe noch außerhalb, obwohl sie oft den Wunsch geäußert hatte, Mutter zu werden. Moders Interesse an der Frage, wie mit der Schwangerschaft eines Stars umzugehen sei, kann auch rein theoretisch gewesen sein, denn bis zur Entstehungszeit dieses Buches gibt es keinerlei Anzeichen dafür, dass Julia je schwanger war oder gerade ist.

Auch ganz andere Gerüchte kamen während der Dreharbeiten zu diesem Film auf. Mitarbeiter am Set berichteten von einem Wutanfall Julias, als sie von Dannys »Flirtgewohnheiten« mit Kirsten Dunst hörte (die damals mit Jake Gyllenhaal, dem Bruder eines anderen Stars in diesem Film, Maggie, eine Liebesbeziehung unterhielt und heute noch unterhält). Aus einer Quelle verlautete: »Am Set kursierte das Gerücht, dass Julia Danny und Kirsten in ihrem Wohnwagen überrascht hätte. Kirsten entschuldigte sich später bei Julia und sagte, es sei ›eigentlich nichts passiert‹, aber Julia glaubte ihr nicht.« Julia und Danny versöhnten sich wieder.

Ursprünglich hatte Columbia Pictures den 11. Juli 2003 als Starttermin für *Das Lächeln der Mona Lisa* festgelegt. Nachdem sie Newells Final Cut gesehen hatten, fanden sie jedoch, der Film und seine Stars besäßen Oscar-Potential, und verschoben ihn auf den 19. Dezember. Alle Beteiligten wären begeistert, wenn *Das Lächeln der Mona Lisa* Julia Roberts zu einem Mitglied einer seltenen Spezies machen würde: derer mit zwei Oscars.

KAPITEL 42

Julias Ehe mit Danny Moder bietet reichlich Stoff für die Hollywood-Gerüchteküche, wie jede Beziehung, die Julia seit ihrer Verlobung mit Kiefer Sutherland eingegangen ist. Ben Bratt sagte einmal im Spaß, er und Julia hätten beschlossen, ihr Leben daran zu orientieren, was die Boulevardpresse über sie sagte, doch wenn Julia und Danny das täten, würde ihr Leben in einen ziemlichen Sog geraten.

Es gab also diese Gerüchte über Schwangerschaft und die Klinik für Fortpflanzungsmedizin, doch die wurden alle dementiert. (Eines besagte, nicht Julia sei unfruchtbar, sondern Danny. Ein anderes entkräftete diese Behauptung und besagte, Vera hätte kurz vor dem Ende ihrer Ehe mit Danny eine Fehlgeburt erlitten.) Auf der Titelseite der Tageszeitung *Star* war die unerhörte Enthüllung zu lesen, Julia leide an einer seltenen Blutkrankheit, der idiopathischen thrombozytopenischen Purpura (ITP). Marci Engelman sagte, dieser entsetzliche Bericht sei »absolut unwahr. Sie ist völlig gesund«. In einer anderen Story hieß es, weil Julia und Danny keine Kinder bekommen könnten, wollten sie an Weihnachten 2002 ein Kind adoptieren. Die Feiertage kamen und gingen, ohne dass es Nachrichten über ein neues Familienmitglied im Hause Moder gab.

Und natürlich gab es zahlreiche Geschichten über Ehestreitigkeiten: öffentliche Auseinandersetzungen, Dannys Eifersucht wegen Julias enger Beziehung zu George Clooney, Julias Wüten über ihren Ehemann. Einige Artikel berichteten, Danny hätte einen Abend im Stripteaselokal Fourplay in L. A. verbracht. In einem hieß es, er habe gegenüber einem der Mädchen »unerwünschte Annäherungsversuche« unternommen, sei von der Geschäftsleitung ermahnt worden und sei beleidigt gegangen. Ein anderer besagte, Danny hätte die Annäherungsversuche der Frau zurückgewiesen, aus Ärger darüber hätte sie die Geschichte erfunden, und er sei bis in die frühen Morgenstunden dort gewesen und hätte 20-Dollar-Noten in String-Tangas gesteckt.

Es gab die Exklusivgeschichte in der *Star:* ICH HABE MIT JULIAS MANN GESCHLAFEN, in der Rosalie Rung von einer Nacht mit »heißem Sex« berichtete: »Wir waren die ganze Nacht wach, es war sehr leidenschaftlich. Er war ein guter Liebhaber – wir hatten Spaß. Er bewies ungeheure Ausdauer und war sehr rücksichtsvoll. Er war bestimmt nicht egoistisch.« Das hieß im Klartext: Der liebe Danny hatte Julia betrogen. Doch Rosalie erzählte dem Autor dieses Buches: »Ich habe ihn kurz im College kennen gelernt. Er war ein sehr netter Junge und ich war sehr gern mit ihm zusammen, er war sehr umgänglich. Das ist über zehn Jahre her, und seitdem habe ich ihn nicht mehr gesehen. Es war nur eine flüchtige Affäre, ganz gleich, was die Boulevardblätter daraus gemacht haben.«

Dann gab es Bilder von Julia, wie sie mit einem »geheimnisvollen Mann« vor ihrem Gebäude in Manhattan turtelt. Und schließlich die erschreckende Meldung auf der Titelseite des *Enquirer:* JULIA ROBERTS' EHE: VORBEI!

Gerüchte können normalerweise allein durch den Lauf der Zeit bewiesen oder entkräftet werden, aber der Wirbel um den geheimnisvollen Mann war schnell aufgeklärt. In der australischen *New Idea* wurden Bilder von Julia veröffentlicht, wie sie einen attraktiven Mann in einem blauen Hemd umarmt und »sich umschaut, um sicherzugehen, dass niemand sie gesehen hatte«. Der Artikel erweckte stark den Eindruck, dass dem scheinbar romantischen Abschied ein Rendezvous vorausgegangen war.

In der *Star* stand beides. GEHT DIE FRISCH VERHEIRATETE JULIA FREMD?, fragte die Schlagzeile. Sie veröffentlichten ein anderes Bild, wie die beiden sich küssten, und im zweiten Abschnitt der Geschichte wurde ein Augenzeuge zitiert: »Julia ist vielleicht frisch verheiratet, aber das hat sie nicht davon abgehalten, in aller Öffentlichkeit einen großen gut aussehenden Mann zu umarmen und zu küssen, der eindeutig nicht ihr Mann war ... Ich traute meinen Augen kaum. Der Typ kam aus dem Wohnhaus, in dem Julia auch eine Wohnung hat, und sah sich um. Dann folgte Julia. Sie sah sich sorgfältig um, bevor sie zu ihm hinüberging, die Arme um seinen Hals schlang und ihn sehr, sehr eng umarmte.«

Die Unterstellung war unmissverständlich, aber dann lieferte das Boulevardblatt im sechsten Abschnitt die harmlose Erklärung. Der Mann auf den Bildern war Julias alter Freund Barry Tubb. Der Artikel zitierte eine Quelle: »Barry hat im selben Haus wie Julia eine Wohnung. Sie sind seit Jahren eng befreundet.«

So, Barry kam also nicht aus Julias Wohnung, sondern aus seiner eigenen. Und die Küsse und Umarmungen waren ein freundlicher Abschied und kein Hinweis auf eine erotische Beziehung. (Es ist bekannt, dass Julia mit Menschen, die ihr nahe stehen, auf sehr enge Tuchfühlung geht.) Die Tatsache, dass sowohl Barry als auch Julia »sich umsahen«, scheint darauf hinzudeuten, dass sie nicht fotografiert werden wollten, was zu der Frage führt: Warum um alles in der Welt verabschiedeten sie sich nicht innerhalb des Gebäudes? Man fragt sich, warum Julia, die fünfzehn Jahre Erfahrung mit den Paparazzi hat, sich in die Situation bringt, Tubb küssend fotografiert zu werden? Die *Star* zitierte ihre Quelle: »Ich kann mir Dannys Reaktion auf diese Fotos vorstellen. Möchten Sie sehen, wie Ihre junge Braut leidenschaftlich einen anderen küsst – insbesondere in der Öffentlichkeit?«

In zahlreichen Berichten äußern sowohl Julia als auch Danny Unsicherheit, was die Haltbarkeit ihrer Beziehung angeht – Danny wegen Julias Vorgeschichte mit Männern und Julia wegen Dannys erwiesener Anziehungskraft auf das andere Geschlecht. Zwei Tage vor ihrer Hochzeit tauchte die Geschichte auf, Julia hätte einen Wutanfall bekommen, als Dannys Telefon um zwei Uhr nachts klingelte und am Apparat ein Model war, das er bei einem Fototermin kennen gelernt hatte – und dem er offensichtlich seine Nummer gegeben hatte. »Ab und zu ruft ein Mädchen aus seiner Vergangenheit in ihrer gemeinsamen Wohnung in Los Angeles an«, sagte jemand aus dem Freundeskreis. »Er versucht dann höflich, aber gespreizt, Konversation zu machen. Doch sobald er auflegt, wird ihm die Hölle heiß gemacht. Eine solche Konfrontation bringt Julia für einige Tage in Wut. Danny hat [Julia] geschworen, sie sei die Einzige für ihn. Doch sie fürchtet, dass genau das, was sie von Anfang an attraktiv an ihm fand, auch andere Frauen anziehen wird. Ihr scheint [vor der Hochzeit] nie der Gedanke gekommen zu sein, dass sie sich in einen

Mann verliebte, der seine Frau betrog, und dass dasselbe auch ihr passieren könnte.«

Am 4. Juli 2003 waren die Zyniker widerlegt, die vorausgesagt hatten, die Ehe zwischen Julia Roberts und Danny Moder würde kein Jahr überdauern. Anlässlich ihres ersten Hochzeitstages verbrachte das Paar einen romantischen Urlaub in Italien. Am 29. Juni waren sie bei der Hochzeit eines Freundes von Danny, Avi Haliman, in der malerischen Stadt Ovada, einhundertzehn Kilometer von Mailand entfernt. Sie verbrachten einige Tage in der Toskana (in einem mittelalterlichen Schloss mit zwanzig Zimmern) auf dem Weg zu Giorgio Armanis auf einer Klippe gelegenen Villa auf der Insel Pantelleria zwischen Sizilien und Malta. Dort feierten sie ihren Hochzeitstag mit über einem Dutzend Freunden und Verwandten.

Die beiden lagen in der Sonne und schwammen gemeinsam. Danny ging tauchen, während Julia schnorchelte. Julia fuhr mit einem Roller zu einem Laden in der Nähe und kaufte Tomaten, Pastete und Wein. Manchmal ging auch jeder eigene Wege – Danny erkundete zusammen mit anderen das Gewässer um die Insel in einem Schlauchboot, während Julia ausschlief – doch wenn sie zusammen waren, war für alle offensichtlich, was sie füreinander empfanden. »Ständig küsste sie ihn, und er küsste sie«, sagte Fausto Parodi, der Eigentümer eines Cafés, in dem die Moders aßen. »Sie wirkten sehr verliebt.«

Während dieses Buch entstand, waren Danny und Julia immer noch zusammen – Monate, nachdem das Boulevardblatt *Enquirer* erklärt hatte, die Ehe sei nicht mehr zu retten. Julias Fans hoffen, dass diese Beziehung von Dauer sein wird, dass Julia nicht, wie so viele andere weibliche Superstars vor ihr – im Alter allein sein wird.

Nachdem sie die Arbeiten am Film *Das Lächeln der Mona Lisa* im Frühjahr 2003 abgeschlossen hatte, wollte Julia den Rest des Jahres frei nehmen. Wie es bei einem großen Star üblich ist, kursierten zahlreiche Gerüchte über bevorstehende Projekte, etwa sollte *A Time to Be* unter der Regie von Angelica Huston auf Julias Agenda gestanden haben. Der Film spielt im Zweiten Weltkrieg und handelt von wohlhabenden New Yorkern, die sich gegenseitig übervorteilen.

Julia und Brad Pitt standen angeblich »in Verhandlungen« um die Filmversion von *Replay (Das zweite Spiel)*, dem vielbeachteten Roman aus dem Jahr 1990 von Ken Grimwood, in dem ein 43-Jähriger an einem Herzinfarkt stirbt und dann im College wieder aufwacht und seine Jugendfehler korrigiert. Ebenfalls eine Wunschbesetzung wären Russel Crowe und Julia als Spencer Tracy und Katharine Hepburn in einer Filmbiografie über ihre 25-jährige Beziehung gewesen. Crowe wäre zwar phantastisch als Tracy, aber es fällt schwer, sich Julia als die Hepburn vorzustellen. Besser wäre Kate Mulgrew (Captain Janeway in *Star Trek: Voyager – Der Fürsorger*), die in *Tea at Five* die Hepburn gespielt hatte, einer Ein-Frau-Show von Matthew Lombardo im Promenade Theater in New York. Ebenfalls im Zusammenhang mit Julia wurde ein Projekt von Gore Verbinsky erwähnt, das etwas »in der Art« des Klassikers *Das Haus der Lady Almquist* von George Cukor aus dem Jahr 1944 (deutsche Fassung 1947) sein soll, mit Ingrid Bergman und Charles Boyer in den Hauptrollen, in dem ein Mann seiner Frau einzureden versucht, dass sie wahnsinnig wird.

Viele dieser Spekulationen über interessante Filme werden von angehenden Produzenten in Umlauf gebracht, um das Interesse an ihren Projekten zu steigern. Andere Filme hatte Julia ernsthaft in Betracht gezogen, sich aber entweder dagegen entschieden oder sie war nicht in der Lage, sie zu machen. Der einzige Film, für den sie sich verpflichtet hat, ist *Ocean's Twelve*, der die gesamte Besetzung von Steven Soderbergh wieder vereinen wird. Trotz des enormen Erfolges des ersten Films hat Soderbergh sich vorgenommen, wieder mit demselben Budget auszukommen. Seine Stars werden wieder kaum Voraushonorare erhalten, werden aber am Gewinn beteiligt, eine Regelung, die beim ersten Film sehr gut funktioniert hatte. Das Folgewerk wird komplett in Europa gedreht werden, mit völlig neuen Schauplätzen und wahrscheinlich weniger hohen Produktionskosten. »Seit einem Jahr trage ich die Idee mit mir herum«, sagte Soderbergh. »Ich sprach mit allen Beteiligten von damals, und alle wollten wieder mitmachen. Also hoffen wir, dass wir in genau einem Jahr [Anfang 2004] mit den Dreharbeiten beginnen können.«

Ocean's Twelve wird sowohl für Julia als auch für George Clooney das vierte Projekt mit Soderbergh sein. »Er ist einfach einer der besten Regisseure in der Branche«, sagte Clooney. »Man will mit den Guten zusammenarbeiten, und er ist wirklich gut.«

Am 28. April 2003 erregte Julia in Hollywood wieder Aufsehen, als sie sich von der Agentur International Creative Management, die sie seit über zehn Jahren vertrat, trennte. Zwar versuchte jede Agentur der Branche, sie zu umgarnen, doch anfangs hieß es, sie wollte versuchen, ihre Karriere ohne Vertretung zu managen. Zwei Wochen später ging sie dann zur Creative Artists Agency, die gerade Hilary Swank und Tobey Maguire unter Vertrag genommen hatte. Mit Julia hat nun die CAA (für sie würde dort ein Team von »Agenten« arbeiten, sagte sie) den Großteil der weiblichen Stars der Branche unter Vertrag: Swank, Nicole Kidman, Halle Berry, Gwyneth Paltrow, Helen Hunt, Renee Zellweger, Sandra Bullock, Cameron Diaz und andere.

Zu den Gründen ihres Weggangs wollten sich weder Julia noch die ICM äußern, doch wahrscheinlich hatte das mit dem Ausscheiden von Elaine Goldsmith-Thomas zu tun, die nun Julias neue Produktionsfirma Red Om (»Moder«, rückwärts gelesen) führen soll. Daneben ist sie an den Revolution Studios beteiligt. Red Om hat kürzlich die romantische Komödie *Manhattan Love Story* mit Jennifer Lopez und Ralph Fiennes für Revolution/ Columbia Pictures produziert.

Im November 2002 nannte die Zeitschrift *Forbes* Julia auf Platz 26 in ihrer jährlichen Liste der vierzig reichsten Menschen im Alter unter vierzig in Amerika. Das Magazin schätzte ihr Vermögen auf 145 Millionen Dollar. Unwillkürlich fragt man sich: Was würde Walter Roberts dazu sagen?

Marilyn Monroe sagte einmal: »Ich lege keinen Wert auf Geld. Ich will nur wundervoll sein.« Die Monroe war einer der letzten

Stars unter Vertrag, und sie war erbärmlich unterbezahlt angesichts der Millionen, die ihre Filme in die Schatztruhen von 20th Century Fox einspielten. Heute sind viele Schauspielerinnen in der Lage, sich um ihr Geld zu kümmern *und* wundervoll zu sein. Julia ist in der beneidenswerten Situation, sich keine Sorgen um Geld machen zu müssen und gleichzeitig eine Menge zu verdienen. So kann sie in einem Film wie *Voll frontal* herumexperimentieren, sich in *Ocean's Eleven* verkleiden oder in *Geständnisse – Confessions of a Dangerous Mind* Mata Hari weiterentwickeln.

Die meisten ihrer Experimente – bis hin zu *Hook* und *Mary Reilly* – schlugen fehl, wirtschaftlich, künstlerisch oder in beiden Bereichen. Manchmal war es ihr eigener Fehler, manchmal nicht. Nach *Erin Brockovich* sind die Erwartungen an Filme mit Julia Roberts noch einmal beträchtlich gestiegen. Viele waren enttäuscht, dass sie in ihren drei nächsten Filmen kaum mehr als prominente Nebenrollen spielte und dass die anderen beiden Filme relativ belanglos waren. Als dieses Buch geschrieben wurde, deutete *Das Lächeln der Mona Lisa* auf einen weiteren Anstieg der Erwartungshaltung hin. Im September 2003 wurde berichtet, dass die Zuschauer der Previews den Film besser bewertet hatten als je einen Film von Julia Roberts zuvor, und die *New York Times* nannte ihn einen »Zuschauerhit«. Wenn das große Publikum diese Meinung teilt, könnte *Das Lächeln der Mona Lisa* den wirtschaftlichen und künstlerischen Erfolg von *Erin Brokovich* wiederholen und Julias herausragende Position unter ihren Zeitgenossinnen bekräftigen.

Julia Roberts hat sich als Persönlichkeit, als Publikumsliebling und als Kassenschlager hinreichend bewiesen. Jetzt muss sie sich nur noch einen Platz im Pantheon der großen Schauspielerinnen von Hollywood erobern. Kaum jemand bezweifelt, dass sie dazu in der Lage wäre, wenn sie nur mehr Filme wie *The Hours – Von Ewigkeit zu Ewigkeit* oder *Dem Himmel so fern* und weniger wie *America's Sweethearts* machen würde.

Doch Julias Starruhm kann trotz mittelmäßiger Filme weiterhin Bestand haben. Sie ist eine der wenigen Frauen, die die Kinogänger weltweit so lieben, dass ihre Anwesenheit auf der Leinwand weniger gute Drehbücher oder weniger komische

Komödien überragt. Filmstars lassen sich meist entweder als Schauspieler oder als Persönlichkeit beschreiben. Meryl Streep ist eine Schauspielerin, die selbst so tief in eine Rolle eintauchen kann, dass die Zuschauer den Eindruck haben, eine Person zu sehen und nicht eine Darstellerin. Marilyn Monroe war während der ersten fünf Jahre als Star eine Persönlichkeit, die als Schauspielerin viel Freude bereitete, aber selten Anlass zur Überraschung gab. Ihre Entwicklung zur Schauspielerin in Filmen wie *Bus Stop* und *Missfits – Nicht gesellschaftsfähig* fand durch ihren vorzeitigen Tod ein Ende. Bette Davis gelang es, beides zu verbinden. Sie war fraglos eine große Schauspielerin, aber ihre Persönlichkeit war nie weit von ihren Rollen entfernt. Was ihren Ruhm von anderen unterschied, war ihre Bereitschaft, Schurkinnen *(Die kleinen Füchse)* und groteske Charaktere zu spielen *(Was geschah wirklich mit Baby Jane?)*.

Bisher hat Julia in ihrer Karriere noch nie eine Schurkin, eine groteske Persönlichkeit, eine Alkoholikerin oder eine Mörderin gespielt. Wenn sie das versucht, könnten die Zuschauer genauso entschlossen wegbleiben wie bei *Mary Reilly*. Denn, um die Wahrheit zu sagen, was auch immer geschieht, die Kinogänger weltweit geben ihr Geld aus, um die Julia Roberts zu sehen, die sie kennen und lieben.

Anthony Lane hat in seinem Porträt über Julia in der Zeitschrift *New Yorker* geschrieben: »Sie bebt vor Kummer und Not; die berühmte Oberlippe … zittert die meiste Zeit, und sie wirft sich hungrig auf Küsse, als hätte sie seit Wochen keine ordentliche Mahlzeit mehr bekommen … Das Wesentliche an Roberts' Anziehungskraft – ganz schön altmodisch, wenn man darüber nachdenkt – ist, dass sie eher liebenswert als begehrenswert erscheint, und auch wenn es nicht um Liebe geht, ist es unmöglich, sie *nicht* zu mögen. Es gibt keine schmeichelhaftere Illusion in den Filmen, nichts hören wir lieber und immer wieder: Hier ist eine Göttin, und sie will deine Freundin sein.«

In den letzten fünfzehn Jahren hat Julia Roberts' Publikum die Gunst erwidert.

DANKSAGUNG

Ich möchte meinen herzlichen Dank der Familie, den Freunden, Kollegen und Bekannten von Julia Roberts aussprechen, die mir freundlicherweise erlaubten, sie für dieses Buch zu interviewen: Glenda Beard, Keith Bohannan, David Boyd, Joan Dismer Childs, Nancy Collier, Norma Daniels, C. Tad Devlin, Blaise Dismer, Scott DePoy, Pat Dozier, Melissa York Finkenbinder, June Mathias Finn, Bettianne Fishman, Theresa Gernazian, Keith Gossett, Jamie Hiatt, Paul Hirsch, Coleman Hough, Rance Howard, Gloria Jones, Steve Kagan, J. F. Lawton, Evan Lee, Tom Lyle, Angelina Maceas, Lexi Masterson, Peter Masterson, Don McAlpine, Ernestine McElhaney, Paula Monteith, Sandy Morse, Will Nazarowski, Peter Onorati, Greg Patin, Barbara Gaddis Patrick, Shelli Pearce, George Pefanis, Richard Pollard, Charles Purpura, Lucille Roberts, Tom Rolf, Bruno Rubeo, Rosalie Rung, Mary Summerhill, Paul Sylbert, Dorothy Whitmire, Daniece Williams und Eugenio Zannetti.

Ich möchte auch Eric und Eliza Simon Roberts für die Beantwortung vieler meiner Fragen per E-Mail danken und für die Erläuterung von Erics augenblicklichen Gefühlen gegenüber seinem Vater.

Einige der für dieses Buch befragten Personen ziehen es vor, anonym zu bleiben, und sie werden als solche auch im Text kenntlich gemacht. Auch ihnen danke ich, dass sie mit mir sprachen.

Großen Dank schulde ich einigen Personen, die mich bei der Vorbereitung und der Recherche für dieses Buch unterstützten. Mein Autorenkollege und Freund J. Randy Taraborrelli ließ mich in überaus großzügiger Weise an seinen Recherchen für ein Buch über Julia teilhaben, gab mir hilfreiche Ratschläge und äußerte stets seine Meinung. Mein enger Freund und Autorenkollege Christopher Nickens war mir wie üblich eine große Hilfe bei Recherchen und bei der Überprüfung von Fakten. Cathy Griffin, Autorin und Privatdetektivin in Hollywood, war so liebenswürdig, mir Informationen zu geben, die sich als sehr hilfreich erwiesen. Meine Freundin und Autorenkollegin Karen Swanson hat mir durch ihr Feedback zum Manuskript sehr geholfen.

Mein Partner, Terry Brown, war für mich unentbehrlich, nicht nur durch seine Liebe und moralische Unterstützung, sondern auch mit seinen Computerkenntnissen, die mich vor vielen PC-Katastrophen bewahrten. Meine guten Freunde Christopher Mossey und Jamie Smarr boten mir in New York ihre Hilfe und Gastfreundschaft an. Jene, die mir ebenfalls hilfreich zur Seite standen, waren mein Cousin Sonny Ruberto und mein Freund Mike Szymanski.

Glenda Beard, Gloria Jones, Mary Summerhill und Barbara Gaddis Patrick gaben mir Fotografien von Julias Familie. Blaise Dismer (Verfasserin von *Persevering Past Panic*), Evan Lee und Lyn Deadmore schickten mir liebenswürdigerweise Zeitungsartikel, Programme und andere Materialien zum Actors and Writers Workshop.

Die Mitarbeiter der Atlanta-Fulton Public Library, des Atlanta Public Records Office, der Margaret Herrick Library an der Academy of Motion Picture Arts and Sciences, des British Film Institute und der Lincoln Center Library of the Performing Arts halfen mir sehr bei meinen Recherchen.

Eric Retif und Robert Sherer von der Tulane University stellten mir Informationen zur Immatrikulation von Walter und Betty Roberts zur Verfügung. Tom Gunn von der Emory University bestätigte die Daten von Walters Emory-Immatrikulation. Melodie A. Wardell vom National Personnel Records Center der National Archives gab mir für die Öffentlichkeit zugängliche Informationen zu Walters und Bettys Dienstzeit bei der Air Force. Das Fulton County Court Clerk's Office lieferte mir Kopien der Gerichtsunterlagen des Scheidungsfalles *Roberts gegen Roberts;* das Cobb County, Georgia, Superior Clerk's Office stellte mir die Gerichtsunterlagen des Scheidungsfalles *Betty Motes gegen Michael Motes* zur Verfügung.

Elizabeth Beier ist eine Lektorin, wie sie sich jeder Autor und jede Autorin erhofft: enthusiastisch und klug. Sie übernahm dieses Buch von einem anderen Lektor, hat es aber nie stiefmütterlich behandelt, und dafür bin ich ihr sehr dankbar. Ich möchte auch Michael Denneny, Sally Richardson und John Murphy vom Verlag St. Martin's Press für ihr Interesse danken, als ich ihnen das Projekt erstmals vorschlug.

Mein Agent Todd Schuster war vom ersten Moment an, als ich das Buch erwähnte, sehr angetan und verlor nie auch nur ein Quäntchen seiner Begeisterung. Er vertritt mich nicht nur hervorragend, sondern ist auch ein geschätzter Freund.

Andere Menschen in meinem Leben, deren Freundschaft ich sehr schätze, sind Richard Branson und Ned Keefe, Glen Sookiazian, Dan Conlon, Margaret Lowe, Simone Rene, Laura Van Wormer, Janet Smith, Michael Koegel, Tim und Virginia Lilly, mein Vater Joe, meine Brüder Richard und Lewis sowie meine Cousine Anna Zaniewski.

BIBLIOGRAPHIE

Bücher

Altman, Robert, Barbara Shulgasser und Brian D. Leitch, *Robert Altman's Prêt-à-Porter,* New York 1994.
Blackwell, Richard, mit Vernon Patterson, *From Rags to Bitches,* Santa Monica 1995.
Jenkins, Garry, *Daniel Day-Lewis: The Fire Within,* New York 1995.
Jordan, Neil, *Michael Collins,* München 1997.
Joyce, Aileen, *Julia Roberts: Leben und Karriere der »Pretty Woman«,* München 1994.
Kaufman, Anthony (Hg.), *Steven Soderbergh Interviews,* Jackson 2002.
Landowski, Ellen, *Julia Roberts,* New York 1999.
Lane, Anthony, *Nobody's Perfect,* New York 2002.
Leimbach, Marty, *Dying Young,* New York 1990.
MacLaine, Shirley, *Glückssterne – Mein Leben,* München 1996.
Marshall, Garry, *Wake Me When It's Funny,* New York 1995.
Martin, Valerie, *Im Haus des Dr. Jekyll,* München 1990.
Meade, Marion, *Woody Allen. Ein Leben gegen alle Regeln,* München 2000.
Millar, Ingrid, *Liam Neeson. Das sanfte Rauhbein,* München 1997.
Newman, Paul, und A. E. Hotchner, *Newman's Own Cookbook,* New York 1998.
O'Connor, Áine, *Hollywood Irish,* Boulder 1997.
Parton, Dolly, *Dolly,* New York 1994.
Price, Nancy, *Schreie in der Nacht,* Bergisch Gladbach 1990.
Sanello, Frank, *Julia Roberts,* Edinburgh 1999.
Whitburn, Joel, *The »Billboard« Book of Top 40 Hits,* New York 2000.

Wichtigste Zeitschriften und Zeitungen

Allis, Tom, »The Joy of Julia«, *InStyle* (Dezember 1998).
Baker, James N., »Star '83«, *The Movies* (November 1983).
Blair, Iain, »The Reserved Mr. Roberts«, *The Hollywood Reporter* (März 1989).
Brennan Judy, »Trouble on ›Trouble‹ Set?«, *Los Angeles Times* (3. Juli 1994).
Brown, Corie, »What's Wrong with ›Mary Reilly‹?«, *Premiere* (Dezember 1995).
Burr, Ty, »America's Most Wanted«, *Entertainment Weekly* (20. Juli 2001).
Burr, Ty, »Searching for the Real Soderbergh«, *The Boston Globe* (29. November 2002).

Cagle, Jess, »Why Isn't Jason Patric A Star Yet?«, *Entertainment Weekly* (24. Dezember 1993).
Cagle, Jess, »Julia Roberts: Best Movie Star«, *Time* (9. Juli 2001).
Calio, Jim, »Pretty Happy Woman«, *Redbook* (April 2000).
Chun, Rene, »When Julia Came to Dinner«, *Marie Claire* (Juli 1999).
Connelly, Christopher, »Nobody's Fool«, *Premiere* (Dezember 1993).
Coppola, Vincent, »Eric the Angry«, *Atlanta* (November 1992).
Coyne, Cate und Beth Landman, »What Julia Knows«, *Good Housekeeping* (September 2000).
Crystal, Billy, »Sitting On Top of the World«, *Harper's Bazaar* (Juli 2001).
Curtis, Richard, »A Conversation Between Friends«, *Us Weekly* (27. März 2000).
Darling, Lynn, »How Julia Does It«, *Us Weekly* (2. April 2001).
Davis, Sally Ogle, »Julia Roberts: Shooting Star«, *Ladies' Home Journal* (Juli 1991).
Dollar, Steve, »Julia Roberts Arrives«, *The Atlanta Journal Weekend* (29. Oktober 1988).
Egan, Timothy, »Julia Roberts, After the Layoff and With Lyle«, *The New York Times* (12. Dezember 1993).
Eimer, David, »Who Rattled Her Cage?«, *London Sunday Times* (26. März 2000).
Elmer, David, »Julia in the Crown«, *Time Out* (27. August 1997).
Essex, Andrew, »Mothering Heights«, *Entertainment Weekly* (27. November 1998).
Fierman, Daniel, »The Rules of the Game«, *Entertainment Weekly* (1. März 2002).
Forsberg, Myra, »Julia Roberts Faces a Test of Character«, *The New York Times* (19. März 1990).
Galligan, David, »Jason Patric«, *Drama-Logue* (26. November–2. Dezember 1987).
Gannon, Sean, »Julia Roberts: Her Turning Point«, *Redbook* (Oktober 1997).
Garey Julianne, »The Real Julia«, *Redbook* (April 2001).
Gerosa, Melina, »Fascinating Talk with Fascinating Women«, *Ladies' Home Journal* (Januar 1999).
Goldstein, Patrick, »Producing Films, by Way of Jersey«, *Los Angeles Times* (20. März 2001).
Goodman, Joan, »A Leading Man with Character«, *Marquee* (Mai 1984).
Gordoner, Jeff, »Living the Life of Reilly«, *Entertainment Weekly* (23. Februar 1996).
Graham, Caroline, »Eric Roberts: ›I'll Never Forgive Julia‹«, *Night & Day (The Mail on Sunday)* (8. Oktober 2000).
Green, Ray, »Julia Roberts«, *Boxoffice* (Juni 1997).
Hackett, Pat, »Eric Roberts«, *Interview* (Oktober 1986).
Harling, Robert, »Local Boy Makes Good«, *Life* (Oktober 1989).

Haskell, Molly, »How a Small-town Girl Made Good«, *Ladies' Home Journal* (April 2002).
Heath, Chris, »Portrait of a Trash-Talking Lady«, *Rolling Stone* (13. April 2000).
Hedegaard, Eric, »Eric Roberts«, *Details* (April 1996).
Heyman, J. D., »Too Good to Be True«, *Us Weekly* (16. Juli 2001).
Heyman, J. D., »Julia & Danny: ›This Could Go All the Way‹«, *Us Weekly* (13. Mai 2002).
Honeycutt, Kirk, »There's No Business Like Joe Business«, *The Hollywood Reporter Joe Roth Tribute Issue* (Oktober 1994).
Hruska, Bronwen, »Too True«, *Los Angeles Times* (6. August 1995).
Jones, Oliver, »The Lost Boy«, *Details* (Dezember 2002).
Kaplan, James, »A Starlet Is Born«, *Rolling Stone* (12. Januar 1989).
Kasindorf, Martin, »A Summer of Sutherlandia«, *New York Newsday* (2. August 1990).
Kelly, Kevin, »Eric Roberts Has ›Mass Appeal‹«, *The Boston Globe* (4. Oktober 1981).
Knapp, Michael, »Will Julia Ever Settle Down?«, *Redbook* (April 1996).
Kroll, Gerry, »Resurrection«, *The Advocate* (6. Januar 1996).
Lague, Louise, u. a., »Miss Roberts Regrets«, *People* (1. Juli 1991).
Lane, Anthony, »Smiley Face«, *The New Yorker* (26. März 2001).
Levitt, Shelly, u. a., »Hidden Star«, *People* (8. Februar 1993).
Levitt, Shelly, »Lovett First Sight«, *People* (12. Juli 1993).
Levitt, Shelly, »State of Their Union«, *People* (8. August 1994).
Lew, Julie, »›Dying Young‹ Survives a Case of Serious Rumors«, *The New York Times* (16. Juni 1991).
Lyman, Rick, »Oscar Holds Suspense With Races Too Close to Call«, *The New York Times* (21. März 2001).
Marshall, Leslie, »Don't Fence Her In«, *In Style* (Januar 2000).
Marshall, Leslie, »Ain't Life Grand?« *In Style* (März 2001).
McInnerney, Jay, »Julia Roberts Talks with Jay McInnerney«, *Harper's Bazaar* (Juni 1994)
Morgan, Gary, »The Fight to Win Julia's Dress Oscar«, *London Sunday Express* (25. März 2001).
Murphy, Mary, »The Trials of Dylan McDermott«, *TV Guide* (26. Februar 2000).
Nashawaty, Chris, »The Three Amigos«, *Entertainment Weekly* (9. März 2002).
Norman, Neil, »Has Julia Cooked Her Golden Goose?«, *London Evening Standard* (21. November 1993).
O'Neill, Anne-Marie, u. a., »Going for the Gold«, *People* (19. März 2001).
O'Neill, Anne-Marie, »Their Separate Ways«, *People* (16. Juli 2001).
Park, Jeannie, u. a., »Ahoy! Neverland!«, *People* (23. Dezember 1991).
Patterson, M. C., »What's Really Going on with Julia«, *McCall's* (November 1993).

Peretz, Evgenia, »The Bratt Pact«, *Vanity Fair* (August 2001).
Pond, Steve, »Shot by Shot: ›Sleeping with the Enemy‹«, *Premiere* (März 1991).
Pond, Steve, »Kiefer Sutherland«, *Us* (Juni 1994).
Price, Susan, »Julia: Her Lessons in Love«, *Ladies' Home Journal* (Juni 1994).
Rebello, Stephen, »The Man with the Tarnished Halo«, *Movieline* (Juli 1993).
Rebello, Stephen, »But What He Really Wants to Do is Direct«, *Movieline* (Juli 2001).
Rensin, David, »Julia Makes Trouble«, *Rolling Stone* (14.–28. Juli, 1994).
Richman, Alan, »Answered Prayers«, *Gentleman's Quarterly* (Dezember 1989).
Rush, George, »Julia Goes Hog Wild«, *New York Post* (9. September 1996).
Sager, Mike, »What Julia Said to George«, *Esquire* (Dezember 2001).
Schneider, Karen S., u. a., »His Marriage is Unusual, Lovett Says – but Solid«, *People* (15. Mai 1994).
Schneider, Karen S., »One Last Sad Song«, *People* (10. April 1995).
Schneider, Karen S., »Romeo & Julia«, *People* (11. Januar 1999).
Schneider, Karen S., »Then and Wow!«, *People* (20. März 2000).
Schneider, Karen S., »As She Likes It«, *People* (11. März 2001).
Schneider, Karen S., »What Money Can't Buy«, *People* (27. August 2001).
Schneider, Karen S., »Julia's Secret Wedding«, *People* (22. Juli 2002).
Schneller, Johanna, »Barefoot Girl with Cheek«, *Gentleman's Quarterly* (Februar 1991).
Schruers, Fred, »The Howl of the Alpha Wolf«, *Premiere* (Mai 1996).
Sella, Marshall, »Julia Tells a Lie«, *Harper's Bazaar* (März 2000).
Sessums, Kevin, »The Crown Julia«, *Vanity Fair* (Oktober 1993).
Skinner, Michael, »Second Stage«, *Atlanta* (November 1990).
Smith, Liz, »The Joys of Julia«, *Good Housekeeping* (August 1999).
Smith, Liz, »Julia: ›I Want to Be Better‹«, *Good Housekeeping* (August 2001).
Stevenson, Peter, »Don't Look Back«, *Details* (Oktober 1991).
Street, Linda, »Youth Acts On and Off Stage«, *The Atlanta Journal* (14. Dezember 1965).
Svetkey, Benjamin, »The Big Night«, *Entertainment Weekly* (6. April 2001).
Taraborrelli, J. Randy, »Julia Roberts: Runaway Bride«, *The Australian Women's Weekly* (Dezember 2002).
Tauber, Michelle, u. a., »Mrs. Moder's First Year«, *People* (28. Juli 2003).
Thompson, David, »In Defense of Julia Roberts«, *Movieline* (April 1997).
Thompson, David, »Is She All Mouth?«, *Independent on Sunday* (10. August 1997).
Travers, Peter, »She Will Survive«, *Us* (August 1997).
Trebbe, Ann, »Julia Roberts: Still Sitting Pretty?«, *McCall's* (September 1992).
Wagener, Leon, »Our Abusive Stepfather«, *New Idea* (10. Mai 1997).
Zemen, Ned, »Canoodling with Julia«, *Vanity Fair* (Juni 1999).